考証日本霊異記　中

本郷真紹　監修
駒井　匠　編集

法藏館

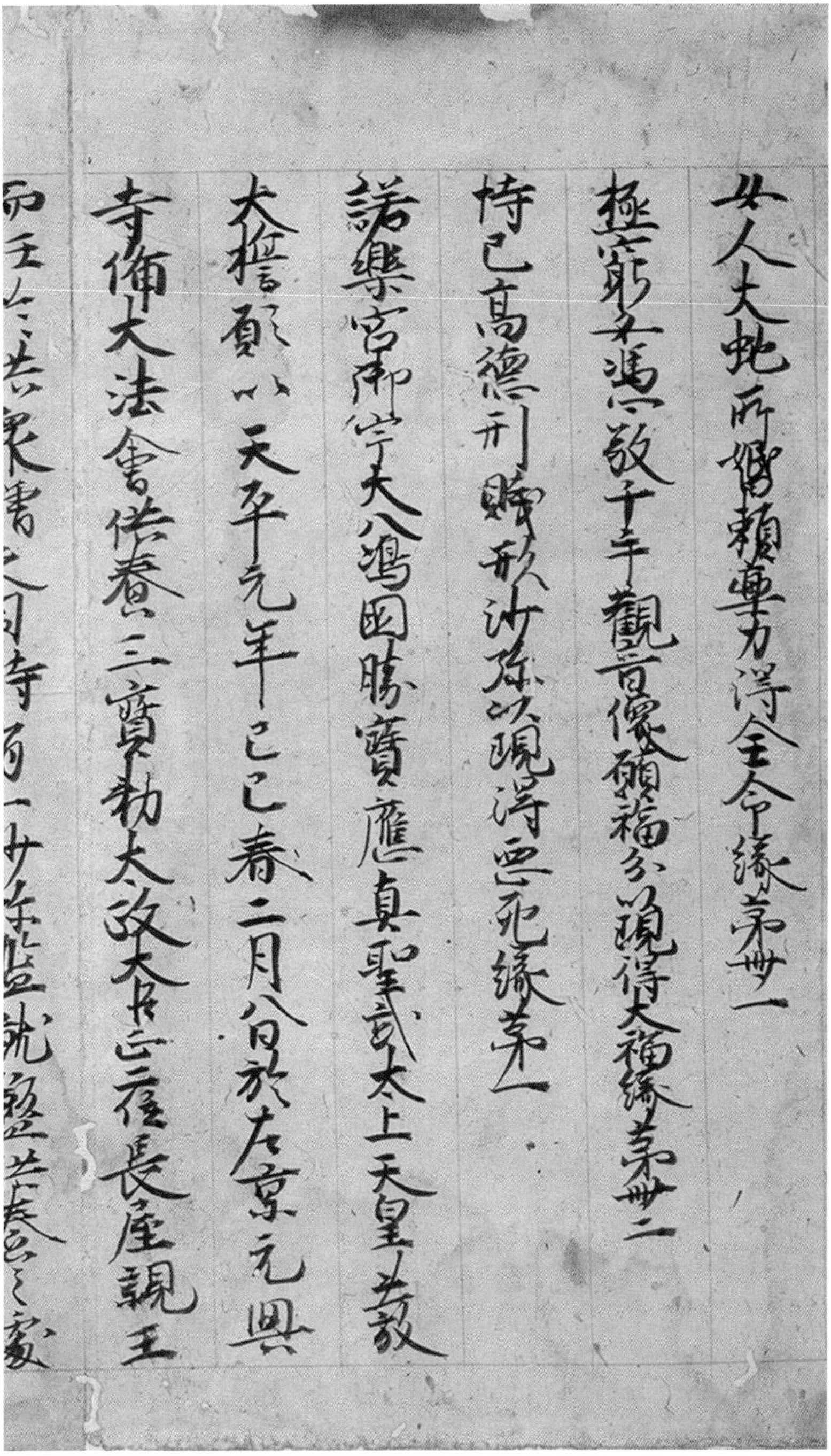
女人大蛇所婚頼藥力得全命縁第卌一
極窮女憑敬千手觀音像願福分以現得大福縁第卌二
恃己高德刑賤形沙弥以現得悪死縁第一
諸楽宮御宇大八嶋國勝寶應真聖武太上天皇發
大誓願以天平元年己巳春二月八日於左京元興
寺備大法會供養三寶勅太政大臣長屋親王
而任於供衆僧之司時寺有一沙弥濫就盛飯之處

真福寺本日本霊異記中巻第一縁冒頭（第三紙）

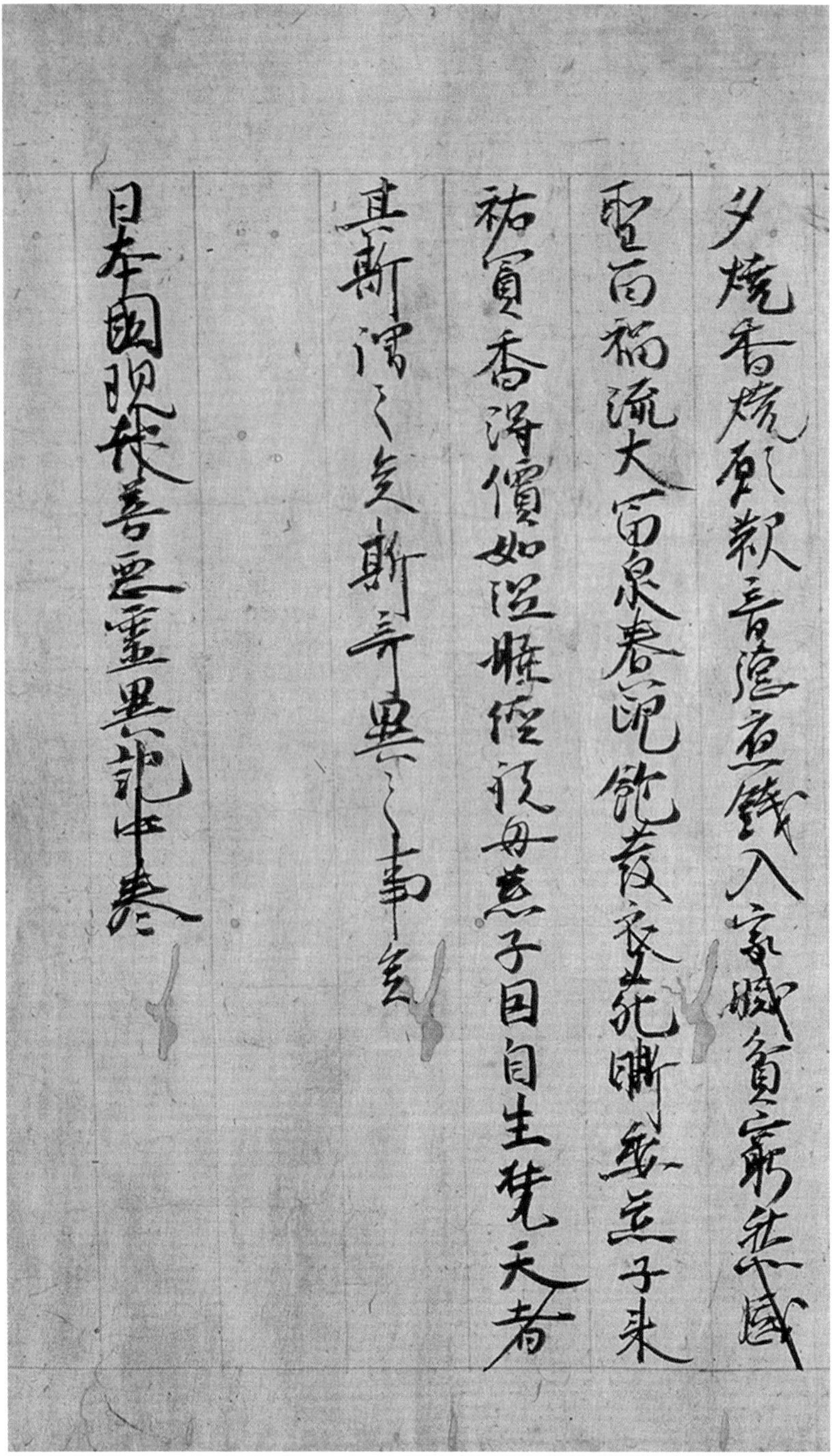

真福寺本日本霊異記中巻第四十二縁末尾（第四十一紙）

目次

凡例

【原文】

一、中巻の底本は、序を除き、真福寺本（大須観音宝生院所蔵、奈良文化財研究所所蔵写真焼付）を用いた。本文の改行は底本に忠実に翻刻した。

一、対校本には、来迎院本（複製本、日本古典文学会、一九七七年）、国立国会図書館本（マイクロフィルム焼付）、群書類従本（群書類従巻第四百四十七木版刷立本）を用いた。その他、今昔物語集（新日本古典文学大系）、東大寺要録所引本（筒井英俊校訂『東大寺要録』全国書房、一九四四年。国書刊行会、一九七一年復刊）を適宜参照した。なお諸本の複製本・影印本として、来迎院本は『日本霊異記・古事談』（日本古典文学影印叢刊1、日本古典文学会、一九七八年）、国会図書館本は、『日本霊異記』（古典資料6、すみや書房、一九六九年）も参照した。

一、表題・本文の校異は、原文の該当文字の右傍に算用数字（1 2…）を付し、下記の略称により示したが、組版の都合により左傍に示した場合もある。［真］真福寺本、［来］来迎院本、［国］国会図書館本、［国訓釈］国会図書館本訓釈、［群］群書類従本、［今昔］今昔物語集、［要録］東大寺要録所引本、［攷証］狩谷棭斎『日本霊異記攷証』。来迎院本、国会図書館本の傍注などの追記、群書類従本の木刷本と活字本の異同は、写本間の校異に関わるものを除き略したものがある。また、校異の全体にわたり、無と无、以と已、華と花、など同義の字は略したものがある。

一、底本は白文であるが、書き下し文と矛盾しないように句読点返点をつけることを原則とした。ただし、底本に誤脱があり読めない部分や、対校本の文字などにより底本の文字を改めて読んだ部分、意味の通じない部分など、一部省略した場合もある。

一、訓釈は、真福寺本中巻にはないので復元はせず、国会図書館本・群書類従本の訓釈を巻末に一括して示した。なお、来迎院本・国会図書館本の傍訓は、できる限り語釈で注記した。

一、字体は常用字体を用い、常用字体のない文字は康熙字典の字体に準拠した。ただし、訓釈の見出し語、廾と菩薩など対句表現の関係から文字数の変わるもの、書写の過程が推測できるもののほか、嶋・龍・虵・咒・尓・祢など一部の文字や著しく字形の異なる異体字は、底本の字体を尊重した場合がある。

【書き下し文】

一、書き下し文は、底本に基づき、訓釈を手がかりとして漢字仮名交り文で作成した。ただし、中巻目録は書き下し文以下の記述を省略した。

一、底本の文字では意味の通じない箇所、明らかな書写の誤りなどについては、対校本の文字や狩谷棭斎『日本霊異記攷証』、意改により底本の文字を改め書き下した箇所がある。また、破損、もしくは脱文が推定される箇所は、適宜文字を補い（ ）で示した。

一、原文の廿、卅、卌は、二十、三十、四十に、廾は菩薩にそれぞれ改めた。底本の重字記号「々」は、「云々」の場合を除き原則として元の文字に改めた。

一、便宜のため、句読点、「 」などを用いて表記した。

一、ふりがなは、読みやすさを考慮して、現代仮名遣いにより平仮名で施した。ふりがなを付す際には、『古語大鑑』（東京大学出版会）、『日本国語大辞典第二版』（小学館）、『岩波古語辞典補訂版』（岩波書店）、『時代別国語大辞典上代編』（三省堂）、『新訂字訓』（平凡社）などを参照した。また、原則として各縁の最初に現れる語に施し、二回目以降は省略した。

【語 釈】

一、語釈は、日本古代史・考古学・歴史地理学・仏教史の立場からみて必要と思われるものに、原則として施した。そこでは、典拠の資料を示すことを心がけた。

一、語釈は、同じ説明が重ならないように配慮し、既出の語には「中3（68頁）」、上巻に既出の場合は、「上31（上354頁）」のごとく示した。

一、見出し語は、校異を反映させて掲げた。語釈を付した語は、原文の左傍に＊で、対校本の文字などにより底本の文字を改め訓読したため項目の字句と異なる場合は、仮に該当する原文の文字の左傍に（＊）で示したが、いずれも組版の都合により右傍に示した場合もある。

一、語義は、以下のものを参照し、引用・摘記する場合は略称をもって示した。日国大（『日本国語大辞典第二版』小学館。なお、縮刷版も適宜参照した。略称、日国大縮刷版）、時代別（『時代別国語大辞典上代編』三省堂）、字通（『字通』平凡社）、字訓（『新訂字訓』平凡社）、大漢和（『大漢和辞典 補訂版』大修館書店）、広説（『広説仏教語大辞典』東京書籍）、例文（『例文仏教語大辞典』小学館）。このほか、適宜辞書辞典類を参照した。いずれも、簡潔を旨としてもとの表記を改めた。経典の理解は、『大蔵経全解説大辞典』（雄山閣出版）によった。地名は、池邊彌『和名類聚抄郡郷里駅名考証』（吉川弘文館、一九八一年）、日本歴史地名大系全五〇巻（平凡社）により、そのつど引用することはしなかったが、全篇にわたり参照したことを明記する。

一、古訓は、必要に応じて示した。古辞書は以下の刊本を用い、引用・摘記する場合は略称をもって示した。和名抄（中田祝夫解説『倭名類聚抄 元和三年古活字版二十巻本』勉誠社、一九七八年）、字鏡（古典研究会『字鏡（世尊寺本）』古辞書音義集成六、汲古書院、一九八〇年）、新撰字鏡（京都大学文学部国語学国文学研究室『新撰字鏡』臨川書店、一九六七年）、字類抄（三巻本色葉字類抄。正宗敦夫編『伊呂波字類抄』風間書房、一九五五年）、名義抄（観智院本類聚名義抄。正宗敦夫校訂『類聚名義抄』風間書房、一九五四年）、字鏡集（龍谷大学仏教文化研究所編『字鏡集』龍谷大学善本叢書八、思文閣出版、一九八八年）。対校本

の加点は、[来]傍訓、[来]傍書などの略称をもって示した。

一、底本および対校本について触れる場合は、校異と同じ略称を用いた。また興福寺本・前田育徳会尊経閣文庫本については、それぞれ[興]・[前]で示す。

一、先行する注釈は以下のものを参照し、その見解を引用・摘記する場合は、頭書の略称をもって示した。

契沖注　契沖『日本国現報善悪霊異記注』（久松潜一校訂者代表『契沖全集』第十五巻、岩波書店、一九七五年）
攷証　狩谷棭斎『日本霊異記攷証』（正宗敦夫ほか編纂校訂『狩谷棭斎全集』第二、日本古典全集、一九二六年）
春陽堂　板橋倫行校訳『日本霊異記』（春陽堂、一九二九年）
明世堂　國學院大學修錬報国団学術部編『校本日本霊異記』（明世堂書店、一九四三年）
全書　武田祐吉校註『日本霊異記』（日本古典全書、朝日新聞社、一九五〇年）
角川　板橋倫行校注『日本霊異記』（角川文庫一〇六一、一九五七年）
校注　小泉道『校注真福寺本日本霊異記』（訓点語学会編『訓点語と訓点資料』別巻第二〈第二十二輯〉、一九六二年）
旧大系　遠藤嘉基・春日和男校注『日本霊異記』（日本古典文学大系七〇、岩波書店、一九六七年）
東洋　原田敏明・高橋貢訳『日本霊異記』（東洋文庫九七、平凡社、一九六七年）
註釈　松浦貞俊『日本国現報善悪霊異記註釈』（大東文化大学東洋研究所叢書九、大東文化大学東洋研究所、一九七三年）
旧全集　中田祝夫校注・訳『日本霊異記』（日本古典文学全集六、小学館、一九七五年）
古典新書　池上洵一訳注『日本霊異記』（全対訳日本古典新書、創英社、一九七八年）
学術文庫　中田祝夫全訳注『日本霊異記』（上）（中）（下）（講談社学術文庫三三五～三三七、一九七八～八〇年）
集成　小泉道『日本霊異記』（新潮日本古典集成六七、新潮社、一九八四年）
新全集　中田祝夫校注・訳『日本霊異記』（新編日本古典文学全集一〇、小学館、一九九五年）
新大系　出雲路修校注『日本霊異記』（新日本古典文学大系三〇、岩波書店、一九九六年）

ちくま　多田一臣『日本霊異記』（上）（中）（下）（ちくま学芸文庫、一九九七〜九八年）
旧全集、新全集、学術文庫（いずれも中田祝夫校注訳）は、とくに異なる見解が示される場合を除き、新全集にて代表させた。

【現代語訳】

一、現代語訳は、原文・書き下し文・語釈によりつつ、分かり易さを旨として作成した。

【関連説話】

一、関連説話は、各縁に関わる説話を掲載した。
一、翻刻は、最も通用している刊本によった。扶桑略記・扶桑略記抄・元亨釈書（新訂増補国史大系）、大日本国法華験記・日本往生極楽記（日本思想大系）、今昔物語集・三宝絵（新日本古典文学大系）、東大寺要録（筒井英俊校訂本）、金沢文庫本観音利益集（古典文庫）、和名抄（中田祝夫解説『倭名類聚抄　元和三年古活字版二十巻本』前掲）、行基年譜（井上薫編『行基事典』国書刊行会、一九九八年）、冥報記（説話研究会編『冥報記の研究』第一巻、勉誠出版、一九九九年）、法苑珠林・太平広記（中華書局）。

【補　説】

一、補説は、各縁を理解する上で必要と思われる日本古代史・考古学・歴史地理学・仏教史などの最新の研究によって項目を定め執筆した。基本的に各縁の担当者が執筆するが、一部については別のメンバーが執筆し、その分担は各縁の末尾に示した。
一、先行注釈の見解を引用・摘記する場合は、語釈と同じ略称により示した。

【参考史料】

一、参考史料は、各縁の理解に必要なもの、および補説の典拠となる史料を掲げた。

一、翻刻は、最も通用している刊本によった。日本書紀・扶桑略記・類聚三代格・延喜式（条文番号は『訳注延喜式』集英社）・元亨釈書（新訂増補国史大系）、続日本紀（新日本古典文学大系）、律令（日本思想大系）、風土記（新編日本古典文学全集）、正倉院文書（大日本古文書）、護国寺本諸寺縁起集（藤田経世編『校刊美術史料 寺院篇』上巻、中央公論美術出版、一九七二年）。いずれも、古写本の写真帳などにより字句の一部を改めた箇所がある。また刊本に付されている訓点・振り仮名などは原則として省略した。この他の史料の典拠は、個別の注記を参照されたい。

【参考文献・関連地図】

一、参考文献は、主に各縁の理解全体に関わるものに限定し、個別の事象に関わる研究は、語釈・補説などに示した。

一、論文は、最新の掲載書によった。執筆者名、論文名、所収誌名、発行所、発行年を記し、再収の場合は、初出年を示した。ただし、内容が大幅に書き換えられている場合など、初出の論考を優先した場合がある。

一、関連地図は、各縁を理解する上で必要な場合に掲載した。基本的に国土地理院作成の二万五〇〇〇分の一地形図を用いたが、場合により、一万分の一地形図、二〇万分の一地勢図、奈良県立橿原考古学研究所『大和国条里復原図』（一九八〇年）のほか、内容に即して、新たに作成した地図を用いた。関連地図の出典などは、関連地図一覧（522頁）に一括して示した。

（駒井）

中巻

序

【原　文】

[1]

*窃□□[2]代、自二(*)寅[3]化天皇一*以往、随二*外道一*濞二*卜者一、
自二*欽明天皇一也[4]後、敬二*三宝一信二*正教一。然(*)或皇焼[5]
臣寺流二仏像一、*或皇臣建レ寺弘二仏法一。之中*勝宝
応真聖武大[6]上天皇、**尤造二大仏一、*長紹二*法種一、*剃[7]
レ髪着[8]二袈裟[9]一、*受レ戒修レ善、以レ*正治レ民。慈及二*動植一、秀[10]二
*千古一。*得レ一撫レ運、居[11]二上(*)三君[12]一。由二*此福徳一、飛レ空之
*螯、咋二*芝草一葺レ寺、走レ地之蟻、構二*金沙一建レ塔。*法幢高
竪、而*幡足*飈[13]二八方一。*慧[14]舩[15]軽*汎[16]、而(*)口[17]*影扇二*九天一。*瑞応
之華、競而開二*国邑一、善悪之報、現而示二吉凶一。故号

[18]称二勝宝応真聖武[19]大上天皇一焉。唯以是天皇代、
所レ録善悪表多数者。由二*聖皇徳一、顕事最多、漏
事[20]□□。今随レ所レ聞、*且載耳。*覆*捜*惟二忖心一、*途易
[21]［　　　　　　　　　　］明[22]□
[23]［　　　　　　　　　　］富[24]□□
*之者、鉄杖加レ身、好レ善之者、金珠装レ鉢。*譬如押
レ之向依、牽レ之避斥。加也損減、除也満益。*流頭
食レ糠、*米明捨レ宝、*許由繞レ耳、巣父引レ牛、豈異二此
意一歟。還二*三界一如二車輪一、生廻二*六道一似二*萍移一。此死彼生、
具[25]受二*万苦一。悪因連レ*轡*[26]趁二苦処一、*善業*攀レ縁引二安
堺一。頼二*頤慈一而[27]勝前[28]徳*[29][illegible]、由二[30]生愛一以頂上々[31]棲
レ羽。*孟嘗*之七善、(*)[32]曽参之*三異、[33]善蓋斯意之矣。
然景戒、稟レ性不レ聡、談レ口不レ利。神[34]遅鈍、同二於*鑷
刀一、連居[35]字華。[36]幡(*)[37]養競、同二於*[38]刻船一、[39]編造文乱レ句。

*不レ勝二貪レ善之至一、[40]拙*黷二浄紙一、*謬注二口伝一。[41]勝レ媿、[42]忝レ慮、[43]顔*酡、耳熱。[44]庶*覯二拾文一者、愧レ天慙レ人、忍忘帝、[45]□(*)心之師、[46]莫着心為。[47][48]*藉二此功徳一、右脇福徳之[49]

[ ][50](*)(*)(*)

性[51][ ]群(*)[52][ ][53]

*中序、【真】前半部分欠損のため、ほぼ全体を遺す【来】を底本とし、【真】および【国】【群】【要録】との異同を示した

1□、【来】破損【国】【群】日本国現報善悪霊異記中巻【攷証】依高野本補按中巻応倒作巻中【国】に従う。また上序に准じ「諾楽右京薬師寺沙門景戒録」を補う

2□□、【来】破損【来】の残画をふまえ新全集「視歴」、集成「以二」とするが疑問

3寅、宣に意改

4也、衍ヵ

5焼臣、【来】顚倒符【要録】臣焼

6大、【要録】太

7剃、【要録】刺顋

8着、【要録】著

9裟、【要録】沙

10秀、【要録】徳秀【要録】に従う

11居、【要録】ナシ

12君、【要録】霊【要録】に従う

13飈、【要録】飃

14慧、【要録】恵

15舩、【要録】船

16汎而、【要録】浮以

17口、【要録】帆【要録】に従う

18称、【要録】ナシ

19大、【要録】太

20□□、【来】破損【来】の残画をふまえ新全集「不顧」、集成「雖多」。二文字目のみ集成に従い意改

21□、【来】破損

22□、【来】破損

23□、【来】破損

24□□、【来】破損

25受、【国】【群】爰

26趁、【国】【群】ナシ

27勝、【国】【群】膝【国】に従う

28徳、【国】【群】壊、懐に意改

29黷、【国】【群】饋

30由、【群】申

31々、【国】【群】ナシ

32曽参、【国】【群】魯恭【国】に従う

33善、【来】見セ消チ【国】【群】ナシ

34遅鈍、【国】【群】鈍遅

35字、【国】【群】字不【国】に従う

36幡、【真】破損【国】【群】情【国】に従う

37養競、【真】【国】【群】惷戇【真】に従う

38刻、【真】以下九字破損

39編、【国】【群】偏

40之、【真】破損

41謬、【国】ナシ

42勝、【真】腃【国】【群】睠

43忝、【国】添

44耳、【国】ナシ

45帝、[真][国][群]事[真]に従う
46□、[来]破損[真][群]作[国]依[真]に従う
47着、[真][国][群]ナシ[真]に従う
48為、[真][国][群]為師[真]に従う
49脇、[真]腋着[国][群]腋著[真]に従う
50□、[来]破損[真][国][群]翮而翔於沖虚之表左脇燭智恵之炬而登於仏[真]に従う
51□、[来]破損[真][国][群]之頂普施[真]に生共成仏道[真]に従う
52群、[国]郡
53□、[来]破損[真][群]生共成仏道也[国]

【書き下し文】

日本国現報善悪霊異記中巻

諾楽《なら》の右京の薬師《やくし》寺の沙門《しゃもん》景戒《きょうかい》録《しる》す

窃《ひそか》に□□代、宣化《せんか》天皇より以往《いおう》、外道《げどう》に随《したが》ひて卜者《かみなぎ》に憑《たの》み、欽明《きんめい》天皇より後は、三宝《さんぼう》を敬《うやま》ひ正教《しょうぎょう》を信ず。然《しか》れども或《あ》る皇臣は寺を焼きて仏像を流し、或る皇臣は寺を建てて仏法を弘めき。之《これ》が中《うち》、勝宝応真聖武《しょうほうおうしんしょうむ》大上天皇は、尤《すぐ》れて大仏を造り、長《とこし》へに法種《ほうしゅ》を紹《つ》ぎ、髪を剃《そ》りて袈裟《けさ》を着《き》、戒《かい》を受けて善を修し、正《しょう》をもつて民を治む。慈《うつくしび》は動植《どうしょく》に及び、徳は千古《せんこ》に秀《ひい》でたり。一を得て運を撫《たも》ち、三霊《さんれい》に居上《いのぼ》れり。此の福徳《ふくとく》に由《よ》りて、空を飛ぶ蟄《むし》は、芝草を咋《く》ひて寺を葺《ふ》き、地を走る蟻は、金沙《こんさ》を構へて塔を建つ。法幢《ほうどう》は高く竪《た》ち、幡足《はんそく》は八方に颺《ひろめ》けり。慧舩《えせん》は軽く汎《うか》び、帆影《ほえい》は九天《きゅうてん》に扇《あお》げり。瑞応《ずいおう》の華は、競ひて国邑《こくゆう》に開き、善悪の報《むくい》は、現《うつつ》に吉凶《きっきょう》を示す。故に号して勝宝応真聖武大上天皇と称するなり。唯《ひと》り以《おもいみ》れば、是《こ》の天皇の代、録す所の善悪の表《しるし》多数《あまた》といへり。聖皇《せいこう》の徳に由りて、顕れし事最も多く、漏れし事□多し。今、聞く所に随《したが》ひて、且《しばら》く載す耳《のみ》。覆《かえ》し捜《あなぐ》り心に惟付《おもいはか》るに、途《みち》易□明□富□□の者は、鉄《くろがね》の杖を身に加へ、善を好む者は、金《こがね》の珠《たま》を鉢に装《かざ》る。譬《たとえ》如ば之を押せば向ひ依り、之を牽《ひ》けば避《さ》け斥《しり》ぞく。加《くわ》ふれば損減し、除《のぞ》かば満ち益《まさ》る。流頭《りゅうとう》の糠《ぬか》を食らひ、米《べい》明《みょう》の宝を捨て、許由《きょゆう》の耳を繞《かく》み、巣父《そうほ》の牛を引くは、豈《あ》に此《こ》の意に異ならんや。三界《さんがい》を還《めぐ》るは車輪の如くして、

生きながらに六道《ろくどう》を廻《めぐ》るは萍《うきくさ》の移るに似たり。此《ここ》に死に彼《かしこ》に生まれ、具《つぶさ》に万苦《ばんく》を受く。悪因《あくいん》は轡《くつわ》を連ねて苦しき処へ趍《はし》り、善業《ぜんごう》は縁に攀《よ》ぢて安き堺に引く。頤《ふか》き慈に頼《よ》りて膝《ひざ》の前に饘《とら》を懐《なつ》け、生愛に由りて以て頂上《いただき》の上に羽《とり》を棲《す》ましむ。孟嘗《もうしょう》の七善《しちぜん》、魯恭《ろきょう》の三異《さんい》とは、蓋《けだ》し斯《こ》の意なり。然《しか》るに景戒、性《しょう》を稟《う》くること聡《さと》くあらず、口に談ずること利あらず。神《しん》の遅鈍《ちどん》なること、鏀《なまり》の刀に同じくして、連《つら》ね居《す》う字は華《うるわ》しくもあらず。情《こころ》の惷贛《おろか》なること、刻みし舩に同じくして、編み造りし文は句を乱す。善を貪《ねが》ふの至に勝《た》へず、拙《つたな》くして浄き紙を黷《けが》し、謬《あやま》りて口伝《くでん》を注す。媿《は》づるに勝へ、慮《こころ》に忝《かたじけな》く、顔酡《おもほてり》て耳熱し。庶《ねが》はくは拾文《しゅうもん》を覩《み》る者は、天に愧《は》ぢ人に慙《は》ぢ、忍びて事を忘れ、心の師と作《な》して、心を師と為すこと莫かれ。此の功徳《くどく》に藉《よ》りて、右の腋《わき》に福徳《ふくとく》の翮《つばさ》を着けて、沖虚《ちゅうきょ》の表《うえ》を翔《か》け、左の脇に智恵《ちえ》の炬《ともしび》を燭《とも》して、仏性《ぶっしょう》の頂《いただき》に登り、普《あまね》く群生《ぐんしょう》に施《ほどこ》し、共に仏道を成《じょう》ぜむ。

【語　釈】

○**窃**　名義抄「ヒソカニ」、字類抄「ヒソカナリ」。

○**宣化天皇**　六世紀前半に在位した天皇。継体天皇の皇子で、安閑天皇に続き即位した。仏教の伝来した欽明天皇の前の天皇にあたる。

○**以往**　「已往」の誤用で、ある時点・基準よりまえ。以前（日国大）。

○**外道**　仏教者が仏教以外の教えをいう語（日国大）。

○**澊**　憑の異体字。たよる、たのむ。上6（上125頁）「澊」「憑」。

○**卜者**　下31 真訓釈 「可三那支」。新撰字鏡「巫　加无奈支」「娍　治也　遊也　喜也　加美奈支」。神に仕え、神楽を奏して神意をなぐさめたり、神おろしをしたりする人。通常は、女性がなる。みこ（日国大「かんなぎ」）。

○**欽明天皇**　六世紀前半に在位した天皇。上序（上21頁）。
○三宝　仏と法と僧。上5（上105頁）。
○**正教**　仏の教え（日国大）。
○**或皇臣焼寺流仏像**　霊異記では、上5に「弓削の大連公、火を放ちて道場を焼き、仏像を将ちて難破の堀江に流す」と、物部守屋による排仏の事例を挙げる（上99頁）。また日本書紀には、欽明天皇十三年（五五二）に仏教が伝来した際、蘇我稲目が向原家を寺として仏を祀ったが、仏教導入に反対する物部尾輿（守屋の父）が火を付けて伽藍を焼き、仏像を難波の堀江に投げ捨てた記事がある（日本書紀欽明天皇十三年冬十月条）。
○**或皇臣建寺弘仏法**　霊異記では、上5における大部屋栖野古の事績を指すとみられるが、寺を建てたという記述はない。あるいは、飛鳥寺を建立した蘇我馬子の事績を指すか。㊨傍訓「建　タツ」。
○**勝宝応真聖武大上天皇**　大上天皇は、太上天皇で、譲位した天皇のこと。聖武天皇の尊号は「勝宝感神聖武皇帝」。上5（上111頁）。
○**尤**　かけはなれる、すぐれる（字通）。名義抄「スクル」。
○**造大仏**　以下の記述は、聖武天皇の事績。造大仏は、紫香楽宮や東大寺での毘盧遮那仏の造営を指す。
○**紹**　つぐ、ひきつぐ（字通）。㊨傍訓・名義抄「ツグ」、字鏡集「ツク」。
○**法種**　さとりをうる種（日国大）。
○**剃髪着袈裟**　法体になること。続日本紀天平勝宝元年（七四九）閏五月己丑条には「太上天皇沙弥勝満」とあり（参考史料A）、また同月丙申条には薬師寺に遷ったとある。聖武はこの時までに出家していたと考えられる。ただし、続日本紀天平勝宝元年（天平感宝元年〈七四九〉）七月甲午条には孝謙天皇の即位がみえ、聖武天皇はこの時に退位したとも考えられる。退位後に出家したのか、出家後に退位したのかは明確でない。
○**受戒修善**　扶桑略記天平二十一年（七四九）正月十四日条（参考史料B）によると、聖武は平城中嶋宮で大僧正行基から菩薩戒を受け、勝満と称したとあるが、事実ではなかろう。唐大和上東征伝には、天平勝宝六年（七五四）四月に、「初於盧遮那仏殿前、立戒壇。天皇初登壇、受菩薩戒・次皇后・皇太子亦登壇受戒。」とある。この頃には、聖武はすでに譲位・出家しており、天皇との記載は誤りであるが、鑑真から菩薩戒を受けたことが分かる。しかし、聖武が出家時に誰からいかなる戒律を受けたのか明らかではない。

○**正**　正しいこと。また、かざりけがなく、まことであること（日国大）。上序（上26頁）「却邪入正」。

○**動植**　動物と植物。動植物（日国大）。

○**千古**　遠い昔から現在にいたるまでの長い間（日国大）。

○**得一撫運**　撫は、[来]傍訓「ナツルニ」、字鏡集「タモツ」。たもつ、さだめる（字通）。「一」は、天子の意で、ここでは天皇位に即く運命を持っているということ。

○**三霊**　天・地・人の三者。天地万物の上に君臨して（新全集）。

○**福徳**　他に恵みを与え、自らの徳を積む善行。上31（上354頁）。

○**螯**　螯は蟹のことで「がざみ」の異名。新撰字鏡「宇弥加尓」。「むし」の訓みは、旧大系・全集・集成などによる。

○**芝草**　きのこの一種で、瑞相をあらわすとされた草。万年茸。幸茸（日国大）。

○**金沙**　金の砂。きんしゃ（日国大）。

○**法幢**　説法の標幟とした旗じるしの意で、仏法のことをいう。また、仏法を、高くそびえる幢、あるいは魔軍を調伏する猛将の幢にたとえていう語（日国大）。

○**幡足**　旗のたれさがった先の方（日国大）。

○**飈**　[来]傍訓「ヒロメク」、名義抄「ヒラメク」。ヒラメクは、ひらひらとゆれうごく。風にひるがえる（日国大）。

○**慧船**　恵船に同じ。仏法の恵みを表わす船。仏法の恵みが広く行き渡ることを、軽やかな船にたとえていう（日国大）。

○**汎**　名義抄「ウカフ」。

○**帆影**　遠くに見える船の帆。また、帆船。ほかげ（日国大）。
○**扇**　来傍訓「アク」、名義抄「アフグ」。
○**九天**　中国で天を九つの方位に分けた称。高い天。天上。大空（日国大）。
○**瑞応**　めでたいしるし。瑞験（日国大）。
○**国邑**　国と村。また、諸国。地方（日国大）。
○**聖皇**　天皇を尊び敬っていう語。聖帝。聖天子。聖王（日国大）。
○**且**　かつ、しばらく（字通）。名義抄「シバラク、カツハ、カツカツ、マタ」。
○**覆**　しらべる、くりかえす、つまびらかにする（字通）。訓みは集成による。
○**捜**　さがす、しらべる（字通）。来傍訓・名義抄・字鏡集「アナクル」。
○**惟忖**　あれこれと考慮する。思い巡らす（日国大）。来傍訓「ヲモヒハカル」、東大寺諷誦文稿平安初期点「オモハク」。
○**途**　来傍訓「ミチ」。
○**之者鉄杖加身好善之者金珠装鉢**　「之者」の一字前は恐らく「悪」で、「善之者」と対応し、対句を作る。「鉄杖加身」は地獄での責め苦を示し、「金珠装鉢」は極楽往生を象徴している。
○**譬如**　名義抄「タトヒ」。仮に想像してみれば。たとえてみれば（日国大）。
○**流頭**　糠を食べるほど吝嗇な人物の個人名。上序（上23頁）「流頭於粉粟粒」。
○**米明**　不詳。文脈から判断して、人物の名前であろう。
○**許由繞耳巣父引牛**　許由も巣父も中国古代の伝説上の高士。堯帝が、許由の高士であることを聞いて天下を譲ろうというと、許由は、汚れたことを聞いたとして、潁水で耳を洗い、箕山に隠れた。また、巣父も、堯から天下を譲られようとして拒絶した高士であったが、耳を洗っている許由を見て、そのような汚れた水は牛にも飲ませることができないと言って、引いていた牛を連れて帰った、という故事。栄貴を忌み嫌うたとえ（日国大）。名義抄・字鏡集「繞　カクム」。

○**三界**　いっさいの衆生の生死輪廻する三種の迷いの世界。欲界・色界・無色界をいう（日国大）。

○**六道**　衆生が業にしたがっておもむき住む六種の世界。地獄・餓鬼・畜生・修羅・人間・天上。上21（上258頁）「六道四生」。

○**萍**　うきくさ、みずくさ、かがみぐさ（字通）。[来]傍訓・名義抄「ウキクサ」。

○**万苦**　多くの苦しみ、苦労（日国大）。

○**轡**　手綱をつけるため、馬の口にかませる金具（日国大）。[来]傍訓「クツワ」、[国訓釈]「久ツ波弥乎」。

○**趁**　[来]傍訓「ハシル」。

○**善業**　よい果報を招くもととなる十善などの身口意の行為（日国大）。

○**攀**　ひく、手をかけてひく（字通）。[来]傍訓「ヨチ」。「よじる」は、あがろうとしてすがりつく。とりつく（日国大）。

○**頤**　[来]「傾」[国]「瀕」[群]「頤」とする。これはいずれも頤の異体字と見る。頤は、深遠であるさま。また、その事柄。深遠な道理（日国大）。[来]傍訓・字類抄「傾　フカシ」、[国訓釈]「深也」。

○**䖇**　[国訓釈]「饋　止良」。いずれも虎の異体字か。

○**孟嘗**　中国・戦国時代の斉の大臣となった孟嘗君とする説（旧大系・新全集・ちくま）と、後漢時代の官吏・孟伯周とする説（集成・新大系）とがある。次の七善との関連はいずれの場合も未詳だが、続く部分を後漢の魯恭とみるならば後者の説がよいか。孟伯周は後漢書に伝がある（後漢書列伝巻七十六・循吏列伝）。

○**七善**　仏教用語としては、経典などに説く七つの善のこと。成実論では、時善、義善、語義、独法、具足、清浄調柔、梵行、涅槃経・名字功徳品は、語善・義善・文善・独一善・行善・慈善・備具善、智顗の法華文句は、時節善・義善・語善・独一善・円満善・調柔善・慈悲善とする（例文）。

○**魯恭**　後漢時代の官吏。平陵の人、字は仲康。後漢書に善政を敷いて徳化は鳥獣にも及んだとの伝がある（後漢書列伝 巻二十五・卓魯魏劉列伝）。[来]は「曽参」とし、[来]傍訓「人名」を付す。曽参は、春秋時代の魯の儒学者・曽子のこと。魯の南武城の人。孔子の弟子となり孝道で認められた。「孝経」の作者と伝えられる。先行注釈に従い、魯恭との説に従う。

○**三異**　仏の説法に三つの方便の差異があることで、随情（相手の考えに応じて種々に説く）、随智（みずからの悟りのままに説く）、随情智（相手の考えに順応して説いても、仏みずからの悟りに反しないとき、相手と同じ説き方をする）の三つ。また、随自意・随他意・随自他意とも（例文仏教語大辞典）。

○**鐫刀**　切れ味の悪い鉛の刀。［国訓釈］「ナマリノ」。

○**惷贛**　［国訓釈］「惷　音忠反愚也」「贛　音下反癡也」。二合して訓む。

○**刻舩**　船（舩）から海中に剣を落とした者が、目印を船に刻みつけ、船が移動することに気がつかなかったという呂氏春秋の故事を指す。愚かなことのたとえ。

○**不勝貪善之至**　上序に字は違うが「不昇貪善之至」と同様の表現がある。上序（上16頁）。貪は、むさぼること。物をほしがること（日国大）。名義抄「貧　子カフ」。

○**黷**　けがす、よごす、にごす（字通）。名義抄「ケガス」、字鏡集「ケカス」。

○**謬注口伝**　霊異記の説話が、口承で伝えられた話を景戒が文字化したものであることを推測させる記述。上序にも同様の推測をさせる記述がある。上序（上20頁）「録」。

○**酡**　［来］傍訓「ホテリト」、［国訓釈］「酡　イテリ之」。［攷証］は「ホテリシ」の誤りとする。

○**拾文**　このつたない書物。捨てられていて拾得した本の意で、自作の著に対する謙辞（集成）。

○**作心之師莫心為師**　自分の心を導く師となるように心がけ、自分の欲心のままに行動することはしてはならない。大般涅槃経巻二十八師子吼菩薩品第十一之二に「願作心師不師於心」とある（大正新脩大蔵経十二－五三四頁）。

○**藉**　名義抄・字鏡集「ヨル」。

○**翮**　つばさ、はね（字通）。新撰字鏡「豆波佐」、名義抄「ツハサ」。

○**沖虚**　大空。淡泊の境地。上28に「飛沖虚之外」と類似の表現がある。上28（上316頁）。

○**表**　和名抄「宇閉」、名義抄「ウヘ」。

○**燭智恵之炬**　真実の智の光をともす。上序に類似の表現がある。上序（上22頁）「秉智燭以照昏岐」。

○**群生**　すべての生きもの。多くの衆生（日国大）。

【現代語訳】

日本国現報善悪霊異記の中巻

諾楽の右京の薬師寺僧の景戒が採録する

窃かに□代を□、宣化天皇より以前は、仏教以外の教えに随って卜者に頼っており、欽明天皇より以後は、三宝を敬って仏教を信じている。そうではあるが、ある臣下は寺を焼いて堀江に仏像を流し、ある臣下は寺を建立して仏教を弘めた。その中で聖武太上天皇は、とりわけすぐれて大仏を造り、末永く仏法をついで、髪を剃り袈裟を着て、受戒して善業を修し、仏教によって民を統治した。その慈悲は動植物におよび、徳は古今に群を抜いていた。皇位に即く天運を持っていて、天地人の上に君臨した。この福徳によって空を飛ぶ虫は、芝を食べて寺の屋根を葺き、地を走る蟻は、砂金を構えて塔を建てた。法幢は高く立ち、旗は八方にはためいた。仏法の恵みを伝える船は軽やかに浮かび、船の帆の影は天の涯まで風をとどかせた。善兆によって咲く華は、競うように国中に開き、善悪の報いは、この世に吉凶を示した。これがために勝宝応真聖武太上天皇とたたえるのである。ただ、この天皇の時代に記録された善悪の因果応報の話は多数あるということである。聖皇の徳により顕れたことは最も多く、漏れ落ちた事は□多い。今聞き及ぶところに随ってわずかに取り上げることとする。繰り返し探しながら考えてみると、□。□の人は、鉄の杖で身を打たれ、善き行いを好んでする人は、黄金や珠によって鉢を装飾するのである。例えていえば、押し返そうとすれば向かって近づき、牽けば逃げ去り、増やそうとすると減っていき、取り除こうとすると増えていくというようなものなのである。流頭が糠を食べ、米明が宝を捨て、許由が耳をふさぎ、巣父が牛を引くことは、まさにこれと同じである。三界をめぐることは車輪のようであり、六道を生きてめぐることは浮き草が動くのに似ている。ここに死に、あちらで生まれて、もろもろの苦しみを受けるのである。悪い行いは、轡を並べて苦しい所へ向かってひた走り、善い行いは、縁にひかれて安らかな浄土を引き寄せるのである。深い慈悲によって膝の前に虎をなつけ、生きものへの愛によって頭の上に鳥を棲まわせることもできる。孟嘗の七善と魯恭の三異とは、このことであろう。しかしながら景戒は、生まれつき賢いというわけでもないし、口がたつわけでもない。精神の鈍さは鉛の刀と同じであり、文字を並べても華やかな文章ではない。心がおろかなことは、船に目印を刻んだ者と同じであり、文を作っても字句が乱れている。善を願う心は抑えることができず。拙い文章できよらかな紙を汚し、謬って口伝も注した。恥ずかしく恐縮するばかりで、顔はほてり耳は熱い。しかし、この捨てられ拾われた文章を見る人は、天に恥じ、人に恥じ、堪え忍んで事を忘れ、心を導く師となし、心に身を任せることがないようにしてほしい。この功徳によって右の脇には福徳の翼をつけ、大空に飛んで行き、左の脇には智恵というともしびをともして仏性を極め、広く命ある者に施しを与え、ともに仏道を成し遂げよう。

【参考史料】

A　続日本紀　天平勝宝元年（七四九）閏五月癸丑条

癸丑、詔、捨大安・薬師・元興・興福・東大五寺、各絁五百疋、綿一千屯、布一千端、稲一十万束、墾田地一百町。法隆寺、絁四百匹、綿一千屯、布八百端、稲一十万束、墾田地一百町。弘福・四天王二寺、各絁三百匹、綿一千屯、布六百端、稲一十万束、墾田地一百町。崇福・香山薬師・建興・法華四寺、各絁二百疋、布四百端、綿一千屯、稲一十万束、墾田地一百町。因発御願曰、以花厳経為本、一切大乗小乗経律論抄疏章等、必為転読講説、悉令尽竟。遠限日月、窮未来際。今故、以茲資物、敬捨諸寺。所冀、太上天皇沙弥勝満、諸仏擁護、法薬薫質、万病消除、寿命延長、一切所願、皆使満足、令法久住。抜済群生、天下太平、兆民快楽、法界有情、共成仏道。

B　扶桑略記　天平二十一年（七四九）正月十四日条

同正月十四日。於平城中嶋宮、請大僧正行基為其戒師、太上天皇受井戒、名勝満。中宮受戒、名徳太。皇后受戒、名万福。即日大僧正改名曰大井。私云、太上天皇者、誰人哉。元正天皇廿年崩。若是□書違歟。可勘之。後高野天皇受戒為尼、名法基。

【参考文献】

八木毅「日本霊異記の序文」(『日本霊異記の研究』風間書房、一九七六年。初出一九七四年)

寺川真知夫「序文・文体・説話配列からみた『霊異記』」(『日本国現報善悪霊異記の研究』和泉書院、一九九六年。初出一九七八年)

小泉道「新出した来迎院本の性格と価値について」(『日本霊異記諸本の研究』清文堂出版、一九八九年)

八木毅「日本霊異記の成立と構想」(『古代文学講座11 霊異記・氏文・縁起』勉誠社、一九九五年)

伊藤由希子「「日本国」と天皇」(『仏と天皇と「日本国」—『日本霊異記』を読む』ぺりかん社、二〇一三年)

(毛利　駒井)

目録

（第二紙）

[15]生愛欲恋吉祥天女像感応示奇表縁第十三
窮女[16]王帰敬吉祥天女像得[17]現報縁第十四
奉写法花経[18]因供養顕母作牛之因縁第十五
依不布施与放生而現得善悪報縁第十六
観音銅像反[19]化鷺形示奇表縁第十七
呰[20]誦持法花経僧而現口喎斜得悪死報縁第十八
憶持心経之女現至閻羅王[21]闕示奇表縁第十九
依悪夢至誠心使誦経示奇表得現[22]全縁第廿
摂神王[23]蹲放光示奇得[24]報縁第廿一
[25]仏銅像盗人所捕示霊表顕盗人縁[26]廿二
弥勒[27]菩薩銅像盗人所捕[28]示霊表顕盗人縁第廿三
閻羅王使鬼得所召人之賂以免縁第廿四
閻羅王使鬼受所召人之饗而報恩縁第廿五
[29]木作[30]畢所棄仏像[31]木示異[32]霊縁第廿六
[33]力女示強力縁第廿七
極[34]窮女[35]於釈迦丈六仏願福分示[36]奇表以現得大福縁第廿八

（第二紙）

行基大徳放天眼視女人頭塗猪油而呵嘖縁第廿九

行基大徳女人携子視過去怨令投淵示異表縁第卅

将建塔発願時生女子捲舎利所産縁第卅一

貸用寺息利酒不償死作牛役之償[37]績第卅二

女人悪鬼[38]見点[39]被食[40]噉縁第卅三

孤嬢女憑敬観音銅像示奇表得現報縁第卅四

打法師以現得悪病而死縁第卅五

観音像示神力縁第卅六

観音木像不焼火難示威神力縁第卅七

因慳貪成大虵縁第卅八

薬師仏木像流水埋[41]砂示霊表縁第卅九

好於悪事者以現所誅利鋭得悪死報縁第卌

[42]女人大虵所婚頼薬[43]力得[44]全命縁第[45]卌一

極窮女[46]憑敬千手観音[47]像願福分[48]以現得大福[49]縁第卌二

29　中巻目録

＊序目録、底本真、国目録ナシ来
　群で校訂
1形、来ナシ
2□、来群沙弥以現得真破損
3殺、来ナシ
4桶、来群捔
5祟、来出示
6妬、群姤
7蝦、来ナシ
8寺、来与
9以、来以現
10死、来怨
11罵、来豊
12邪、群耶
13蝦以下七字、来破損
14所助、来破損
15生以下十八字、来破損
16王帰敬、来破損
17現報、来破損
18因、来内
19反、来及
20誦持、群読持
21王、来ナシ
22現全、来現全命群全命
23蹲、来縛
24得、来群表得現
25仏銅、来銅仏
26縁、来縁第
27菩薩、来井
28捕、来摂
29木、来群未
30畢所、来ナシ
31木、来而棄木
32霊、来霊表
33力以下五字、来破損
34窮、来貧
35於釈迦、来破損
36奇以下四字、来破損
37績、来群債
38見、来ナシ
39被、来仮
40瞰、来敢
41砂、来沙
42女以下五字、来破損
43力、来破損
44全命縁、来破損
45卌、来破損
46憑敬、来破損
47像、来破損
48以、来破損
49縁以下四字、来破損

（駒井）

己が高徳を恃み賤しき形の沙弥を刑ち以て現に悪死を得る縁　第一

【原　文】

*恃二*己高徳一刑二賤[1]形*沙弥一以現得二悪死一縁第一
*諾楽宮御二[2]宇[3]大八嶋国一*勝宝応真聖武[4]太上天皇、発二
*大誓願一、以二*天平元年[5]己巳春二月八日一、於二左京*元興
寺一、[6]備二大法会一、供二養*[7]三宝一。勅二*[8]太政大臣正二位長屋親王一、
而任下於*供二衆僧一之司上。時有二一[9]沙弥一。*[10]濫[11]就下*[12]盬二供養一之処上、
[13]捧受レ飯。親王見レ之、[14]以二*牙冊一、以罰二沙弥之頭一。々[15]破流レ血。
沙弥*摩レ頭*捫レ血、*悕哭而忽不レ覲、所レ去不レ知。時法会衆
*道俗、*偸*[16]𠯗レ之言、凶之、[17]善[18]矣。*遥レ之[19]二日、有二*嫉妬人一、*讒二天皇一
奏、長屋謀レ傾二*社稷[20]一、将レ奪二国位一。[21]*受天心*[22]瞋怒、*遣二軍兵一
*陳之。親王自念、无レ罪而被二*囚執一、此[23]決定死。為レ他刑殺、不

（第四紙）

レ如ニ自死一。即其子*孫、令[24]レ服ニ毒*薬一、而*絞死畢後、[25]親王服レ薬
而[26]自害。天[27]皇勅、捨ニ*彼屍骸[28]於*城之外一、而(*)焼末散[29]所[30]
擲レ海。唯親王骨、流ニ于*土左[31]国一。時[32]其国[33]百姓多[34]死云[35]。百[36]
姓患レ之、而*解レ官言、依ニ親王*気一、国内百姓、可ニ皆死亡一。
天皇聞レ之、為レ近ニ*皇都一、置ニ(*)于紀伊国海部[37]郡[38]椒[39]抄奥
嶋[40]一。嗚呼、*惆哉。*福貴熾之時、高名雖レ振ニ[41]*華裔一、而
*妖[42]*交窘之日无レ所[43]婦、唯一旦滅也。誠知、怙[44]ニ自高徳一、刑ニ
彼沙弥一、*護法嚬嘁[45]、善神悒嫌。著ニ袈裟一之類、雖[46]ニ賤形一、不
レ応レ不レ恐。*隠身聖人交ニ其中一。故、*憍慢経云、先生位上人、
尺迦牟尼仏頂佩レ*履*蹴*人等罪[47]云々。何況、著ニ袈裟一
之人打侮之者、其罪甚深矣。

1形、来ナシ国刑
2宇、来国ナシ
3大、国太
4聖武、国ナシ攷証高野本無
5年、国季
6備、国群修攷証原作備依高野本改
7三宝、国ナシ攷証高野本無
8太、来国大
9一、来十
10濫、国於濫
11就、来傍書挿入
12盋、国飯
13捧、来国群捧鉢攷証原脱鉢字依高野本扶桑略記増来に従う
14以、来国ナシ攷証高野本無以字

15破、〔来〕破々
16嗲、〔国〕嗟〔攷証〕高野本此作嗟
17善、〔来〕〔国〕〔群〕不善〔攷証〕原脱不字依
　高野本増〔来〕に従う
18矣、〔来〕共
19二日、〔国〕旨
20禝、〔国〕穂
21受、〔群〕爰〔攷証〕原作愛意改〔群〕に従
　う
22瞋、〔国〕嗔〔攷証〕高野本此作嗔
23決、〔来〕〔国〕必〔攷証〕高野本作必定
24令服、〔来〕破損
25畢、〔来〕〔国〕了〔攷証〕高野本畢作了
26自害、〔来〕破損〔国〕死自宮
27天皇勅、〔来〕破損
28於城、〔来〕破損
29未、〔来〕未□散として散に抹消符
　〔群〕末〔群〕に従う
30所、〔来〕〔国〕〔群〕河〔攷証〕依高野本改〔来〕
　に従う
31左、〔来〕〔国〕佐〔攷証〕高野本作佐
32時其国、〔来〕時其国時其国として下
　三文字を見セ消チ
33百、〔国〕佰〔攷証〕高野本作佰
34死、〔来〕佼死
35云、〔来〕百〔国〕ナシ〔攷証〕高野本無云
　字
36百、〔来〕ナシ〔国〕佰
37郡、〔来〕ナシ
38椒、〔来〕〔国〕〔群〕枡
39抄、枡に意改
40嶋、〔攷証〕原作潟高野本作鳴
41振、〔国〕搙
42妖交、〔来〕災〔国〕〔群〕妖災〔国〕に従う
43婦、〔来〕〔国〕帰〔攷証〕原作婦依高野本
　改〔来〕に従う
44怙、〔来〕恃
45嘁、〔来〕威
46雖、〔国〕顕
47云々、〔来〕云〔国〕ナシ

【書き下し文】

己《おの》が高徳を恃《たの》み賤《いや》しき形の沙弥《しゃみ》を刑《う》ち以て現《うつつ》に悪死を得る縁　第一

諾楽《なら》宮に大八嶋国《おおやしまのくに》御　宇《あめのしたしろしめ》しし勝宝応真聖武太上《しょうほうおうじんしょうむだいじょう》天皇、大誓願《だいせいがん》を発《おこ》し、天平《てんぴょう》元年己巳《つちのとみ》春二月八日を以て、左京の元興寺《がんごう》に於いて、大法会《だいほうえ》を備《もう》け、三宝《さんぼう》を供養《くよう》す。太政大臣《だいじょうだいじん》正二位《しょうにい》長屋《ながや》親王に勅《ちょく》して、衆僧《しゅそう》に供《く》する司《つかさ》に任ず。時に一《ひとり》の沙弥有り。濫《みだりがわ》しく供養を盛《も》る処に就《つ》き、鉢を捧げ飯《いい》を受く。親王、之《これ》を見て、牙冊《げさく》を以て、以て沙弥の頭《かしら》を罰《う》つ。頭破《わ》れ血を流す。沙弥、頭を摩《な》で血を捫《のこ》ひて、悕《うら》めしみ哭《な》きて忽《たちま》ちに観《み》えず、去《ゆ》く所を知らず。時に法会の衆と道俗《どうぞく》、偸《ひそ》かに之を嗲《さ》しきて言はく、「凶《あ》し、善《よ》くはあらず」と。之を逕《ふ》ること二日、嫉妬《うらや》む人有りて、天皇に讒《しこ》ぢて奏《もう》さく、「長屋、社稷《しゃしょく》を傾《かたぶ》けむことを謀《はか》り、国位《こくい》を奪はむとす」と。爰《ここ》に天心瞋怒《いか》りて、軍兵《ぐんぴょう》を遣《つかわ》して陳《たたか》ふ。親王、自ら念《おも》ふらく、「罪無くして囚執《とらわ》る、此れ決定《さだ》めて死なむ。他《ひと》をして刑殺《うちころさ》るるよりは、自ら死

ぬに如《し》かず」と。即ち其の子孫に、毒薬を服《の》ましめ、而して絞《くび》り死《ころ》し畢《お》はりて後、親王、薬を服みて自ら害す。天皇勅して、彼《そ》の屍骸《しにかばね》を城の外に捨て、而して焼き末《くだ》きて河に散らし海に擲《す》てしむ。唯《ただ》し親王の骨のみは、土左《とさ》国に流す。時に其の国の百姓《ひゃくせい》多く死すと云《い》ふ。百姓、之を患《うれ》へて、官《つかさ》に解《もう》して言はく、「親王の気に依《よ》り、国内の百姓、皆死に亡《う》すべし」と。天皇、之を聞きて、皇都《みやこ》に近づけむが為に、紀伊《きい》国海部《あま》郡椒枡奥嶋《はじかみおきのしま》に置かしむ。嗚《あ》呼《あ》、惆《あわれ》なるかな。福貴《ふっき》熾《さかり》なる時は、高名は華裔《かえい》に振るふと雖《いえど》も、妖災《わざわい》窘《せ》むるの日は帰る所無く、唯に一旦に滅ぶのみなり。誠に知る、自《おの》が高徳を怙《たの》み、彼の沙弥を刑ち、護法嚬嘁《くちひそ》み、善神憾《にく》み嫌ふことを。袈裟《けさ》を著けたるの類は、賤しき形なりと雖も、恐れざるべからず。隠身《いんじん》の聖人《しょうにん》其の中に交はればなり。故《か》れ、憍慢経《きょうまんきょう》に云はく、「先生《せんじょう》に位の上の人すら、尺迦牟尼仏《しゃかむにぶつ》の頂《いただき》に履《くつ》を佩《は》きて踟《ふ》む人等の罪」と云々。何《いか》に況《いわ》むや、袈裟《けさ》を著けたる人を打ち侮《あなど》る者は、其の罪甚《はなは》だ深し。

【語　釈】

○**恃**　名義抄・字類抄「タノム」。上32（上362頁）「憑恃」。

○**高徳**　すぐれて高い徳。またその徳のある人（日国大）。ここでは高位高官ほどの意か（註釈）。

○**沙弥**　出家しているが、まだ一人前の僧侶でないもの。上19（上243頁）。

○**諾楽宮**　平城宮。上31（上355頁）「諾楽宮御宇勝宝応真聖武太上天皇之代」。

○**勝宝応真聖武太上天皇**　聖武天皇。上5（上111頁）、中序（18頁）「勝宝応真聖武大上天皇」。

○**大誓願**　おおいなる誓い（広説）。重大な誓いを立てて神仏に誓うこと（日国大）。

○**天平元年**　七二九年。

○**元興寺**　平城京左京六条四坊におかれた官大寺。奈良市中院町にあり、現在真言律宗。蘇我馬子が建立した飛鳥寺（法興寺）を養老二年（七一八）九月に平城京に移転した（続日本紀同月庚寅条）。上3（上67頁）。なお、元興寺における天平元年（七二九）二月八日（六日）の法会は他の史料にみえないが、金堂の竣工に関わるとする理解がある（太田博太郎「元興寺」『南都七大寺の歴史と年表』岩波書店、一九七九年）。

○**三宝**　三つの宝の意。仏と法と僧。さとりを開いた人と、その教えと、それを奉ずる教団という三つをいう。上5（上105頁）、中序（18頁）。

○**太政大臣正二位長屋親王**　正しくは「左大臣正二位長屋王」とあるべきか。続日本紀によると、「左大臣従一位」とみえ（宝亀五年〈七七四〉十二月丁亥条）、誤記もしくは贈位であろう。贈位の場合、天平宝字七年（七六三）十月にも正二位とみえるので（同月丙戌条）、それ以降か。長屋王は、天武天皇の孫・高市皇子の子で、いわゆる二世王であるが、親王ないしそれに準ずる表記は、いわゆる長屋王家木簡に「長屋親王宮」（『平城京木簡一』四六〇号、『平城木簡概報』二十一－三五頁上）、「長屋皇宮」（『平城京木簡一』七七～七九号、『平城木簡概報』二十一－七頁下）、「長屋皇子」（『平城木簡概報』二十三－一四頁上、二十五－二二頁上）などとみえる。この表記の理解は、東野治之「長屋王家木簡の文体と用語」（『長屋王家木簡の研究』塙書房、一九九六年。初出一九九一年）。なお、発掘調査の結果、長屋王宅は、平城京左京三条二坊一・二・七・八坪に推定されている（奈良国立文化財研究所『平城京左京二条二坊・三条二坊発掘調査報告―長屋王邸・藤原麻呂邸の調査』一九九五年）。

○**供衆僧之司**　供は、備える、すすめる、つかえる（字通）。衆僧に布施を供養する役職。

○**濫**　来傍訓「ミタ□カハシ」、国傍訓「ミタリカハシク」、国訓釈「ミタレカハ之」。「みだりがわしい」は、秩序や規律、作法に反するさま（日国大）。

○**⿱飯皿**　来傍訓「モロ」、国訓釈「母ル」。国字。盛は、飲食物で器をいっぱいにする、食物などを皿などにのせる（日国大）。飯で皿、器をいっぱいにする意か。

○**牙冊**　牙笏。象牙で作った笏（日国大）。延喜式によると、「凡五位以上、通用牙笏・白木笏、前詘後直、六位以下官人用木、前挫後方」とみえる（弾正台式48牙笏木笏条）。また、続日本紀に「初令天下百姓右襟、職事主典已上把笏。其五位以上牙笏、散位亦聴把笏。六位已下木笏」とみえ（養老三年〈七一九〉二月壬戌条）、日本ではこの時から、五位以上と以下でそれぞれ牙笏と木笏が使用された。唐会要によると、「武徳四年（六二一）八月十六日詔、五品已上執象笏、已下執竹木笏」とみえる（輿服下・笏）。笏の使用は養老元年に入唐し、翌二年に帰朝する遣唐使丹治比県守らがもたらした知識によるかという（日本思想大系『律令』補注）。国傍注「冊　尺□」、国訓釈「冊　尺乎」。

○**摩**　国訓釈「ナテ」。

○**捫**　来傍訓「ノコチ」、国傍訓「ノコヒテ」、国訓釈「ノコヒテ」、名義抄「ノコフ」。のごう、手でふく、ふき取る、ぬぐう（日国大）。

○**悕**　来傍訓「チラメク」、国傍訓「ウラミ」、国訓釈「ウラメ之ミ」、名義抄「ウラム」。上30訓釈「有良女之見」。上30（上343頁）。おもう、ねがう、かなしむ（大漢和）。

○**道俗**　僧侶と俗人。上7（上135頁）。

○**偸**　来国傍訓「ヒソカニ」。

○**喭**　国傍訓「タ、イテ」、国訓釈「佐之支弖」、名義抄「サ、メク」。「〓」は喭の通字体（龍龕手鑑）。

○**逕之二日**　二日を経て。続日本紀にも、二日後の二月十日、「左京人従七位下漆部造君足、無位中臣宮処連東人等告密」とみえる（同月辛未条。参考史料A）。

○**嫉妬**　国訓釈「二合ウラヤミ」。

○**讒**　国傍訓「シコチテ」、名義抄「シコヅ」。そしる（大漢和）。上28（上317頁）「託讒」。

○**社稷**　来傍訓「□□ソク　スヘラキノモト」、新撰字鏡「須女良於保毛止乎」、北野本日本書紀巻六室町時代後期点「稷　クニ」（垂仁天皇四年九月条）。国家、朝廷（日国大）。続日本紀に「左大臣正二位長屋王私学左道、欲傾国家」とみえる（二月辛未条。参考史料A）。

○**天心**　天皇・天子の心（日国大）。

○**瞋怒**　いかる（字通）。いかること、腹を立てること（日国大）。

○**遣軍兵**　続日本紀によると、六衛府の兵が王宅を取り囲んだ（二月辛未条。参考史料A）。

○**陣**　名義抄「ノブ」「陣　ノフ、タ、カフ」。彰考館蔵延宝本「陣」。「陣」の誤かとも（註釈）。

○**囚**　国訓釈「止良波留」。

○**子孫**　続日本紀によると、「令王自尽。其室二品吉備内親王、男従四位下膳夫王、無位桑田王・葛木王・鉤取王等、同亦自経。乃悉捉家内人等、禁着於左右衛士・兵衛等府」とみえ、首を括ったという（二月癸酉条。参考史料A）また、「長屋王弟・姉妹并男女等見存者、預給禄之例」とみえ、その他の子孫は許された（同月丁亥条。参考史料A）。補説1。

○**毒薬**　続日本紀によると、服毒の件はみえない。補説1。

○**絞**　国傍訓「ク■リ、抹消符ヒ」。首を絞める（字通）。

○**屍骸**　字類抄「屍　シカハ子」、石山寺一切経大唐西域記巻五長寛元年点「遺骸　シニカハ子」、国訓釈「屍骸　二合死ニ加ハ子」。なきがら、しかばね、死体（日国大）。

○**城**　平城京の意。

○**末**　「抹」の省画か（旧大系）。名義抄「抹　クダク」。

○**土左国**　土佐は遠流の地。補説3。

○**解**　上申文書。公式令11解式条に規定がある。

○**気**　ある物の発する熱気や、ある物の持っている勢い（日国大）。気としてただようもの（字通）。ここでは悪気、毒気。

○**都**　国訓釈「ミヤコ」。

○**紀伊国海部郡椒枡奥嶋**　和歌山県有田市の沖にある沖ノ島を指すか。補説4。国傍訓「椒枡　ハシカミ」、名義抄・字鏡集

「椒 ハシカミ」。

○**惆** [来]傍訓「アハレ」、[国]傍訓「惆哉 カナシキカナヤ」。なげく、かなしむ（字通）。

○**福貴** 富むこと。財産が豊かなこと（日国大）。

○**華裔** [国]傍訓「ミヤコ」、[来]傍訓「裔 ヒコハエ」。都と地方（日国大）。

○**妖** [国訓釈]「災也」。

○**窘** [来]傍訓「セム」、[国訓釈]「せムル」、名義抄「セム」。

○**護法嚬嘁善神憾嫌** 仏法を守る神が、口をゆがめ憎み嫌い。[国]傍訓「嚬嘁 マナカヒスヘ クチヒソウ」、[来]傍訓「嚬 クチヒソミ」、新撰字鏡「嚬 口比曽牟」、名義抄「嚬 クチヒソム」「蹙 口ヒソム」。「くちひそむ」は、にがにがしく思って口がゆがむ（日国大）。[来]傍訓「憾 ニクム」、[国]傍訓「憾 ニクミ」。護法善神は、仏教を保護し守る神。四天王・堅牢地祇などをいう（広説）。坂尻里奈は、[国]傍訓を「マナカヒ（ビ）スベ クチヒソウ（ム）」と訓むのが正確と指摘する（坂尻「『日本霊異記』中巻第一縁「嚬嘁」の訓釈について」国語文字史研究会『国語文字史の研究』一一、和泉書院、二〇一一年）。[来]傍訓「嫌 キラフ」。上5（上107頁）「嫌」。

○**隠身** 本身を隠して、人間として現われた仏。上4（上88頁）。

○**憍慢経** 出典不明。[攷証]は「仏為憍慢婆羅門説偈経」「樹生婆羅門憍慢経」をあげる。

○**佩** [来]傍訓「ハマニ」、[国]傍訓「ハタ」、名義抄「オヒタリ、ハク」。

○**履** [国]傍訓「ワラクツヲ」。くつ。

○**踟** [国]傍訓「ツミヤラスル」。旧大系・新全集・集成などに従い「ふむ」とした。

【現代語訳】

自らの高い徳をあてにして、賤しい姿の沙弥を打ち、この世で悪い死に方をした話　第一奈良の宮で天下をお治めになられた聖武天皇は、大きな誓願を立て、天平元年二月八日に左京の元興寺において大法会を設け、仏・法・僧を供養した。天皇は太政大臣正二位長屋親王に勅して、供衆僧司に任じた。この時一人の沙弥がいて、むやみやたらに食事を配る場にやってきて、鉢を差し出して食事を受けていた。親王はこれを見て、牙冊で沙弥の頭を打った。沙弥の頭は割れて、血を流した。沙弥は頭をなでて、血をぬぐって泣いていたが、すぐに姿がみえなくなり、そのままどこへ行ったか分からなかった。その時、法会に参加していた僧や俗人は、ひそかに囁いて、「不吉な事だ。よいことはない」と言っていた。二日後、親王を怨み妬む人がいて、天皇に讒言して、「長屋親王は、国家を傾けようと謀り、天皇の位を奪おうとしている」と言った。天皇は大いに怒り、軍兵を遣わして親王を討とうとした。親王は、「無実の罪なのに囚われの身になる。これはきっと死罪は免れまい。他人に処刑されるのであるならば、自殺した方がましだ」と思い、そこで、子や孫に毒薬を飲ませた上で絞殺し、親王自身も毒を飲んで自殺した。天皇は勅して、親王一族の亡骸を京外に捨てさせ、さらに焼き砕いて河や海に捨てさせた。ただし、親王の骨のみは土佐国に流した。その時、土佐国の人々に多くの死人が出た。人々は憂いて官に上申していうには、「親王の気にあたり国内の百姓は皆死に絶えてしまいそうです」と言った。天皇はこれを聞き、親王の骨を少しでも都に近づけようとして、紀伊国海部郡椒枡村の奥ノ嶋に置かせた。ああ悲しいことだ。富も地位も盛んな時にはその名声はとどろいているが、災難がめぐってくると頼りにするところもなくすぐに滅んでしまう。本当によくわかる、自分の高い徳をあてにして沙弥を打ったので、護法善神が顔を背け嫌ったのだということが。袈裟を身に着けた人は、たとえ賤しい姿であっても、畏れ敬わねばならない。その中には身を隠した聖人がおられるかもしれないからである。憍慢経にいうには、「前世に位が上の人で、釈迦牟尼仏の頭を履き物で踏みつけた人の罪」と。ましてや、袈裟を身に着けた人を打ち侮れば、その罪はたいそう重いものである。

【関連説話】

1　扶桑略記　神亀六年（七二九）二月六日〜十八日条

神亀六年己巳二月六日、公家於左京元興寺、修大法会、供養三宝。勅左大臣正二位長屋親王、任供衆僧之司。于時有一沙弥。濫就供養之処、捧鉢受飯。親王見之、自以牙笏、罰沙弥頭。々破血流。沙弥摩頭捫血哭、忽不観。不知所去。道俗老少、皆怪言凶。逕二箇日、有嫉妬人、讒奏天皇。仍左大臣遂被誅殺。已上異記。同月七日辛未、左京人従七位下漆部造君足、無位中臣宮処連東人等密、称左大臣長屋王、私学左道、欲傾国家。其夜遣使、固守三関。因遣式部卿従三位藤原朝臣宇合・左衛門佐従五位下津嶋朝臣家道・右衛門佐従五位下紀朝臣佐比物等、将六衛兵、囲長屋王宅。八日壬申、巳時、遣一品舎人親王・新田部親王・大納言従二位多治比真人池守・中納言正三位藤原朝臣武智麿・左中弁正四位下小野朝臣牛養・少納言従五位下巨勢朝臣宿奈麿等、就長屋王。一云、自念無罪被囚、必為他刑、不如自害。即服毒薬、忽以頽死。生年卌六。其室二品吉備内親王幷男、従四位下膳夫王、無位桑田王・葛木王・鈎取王等、同亦自縊。家内人等、禁着於右衛門・兵衛等府。勅曰、吉備内親王者、日並知皇子之皇女、無罪。宜准例送葬、唯停鼓吹。長屋王者依犯伏誅、雖准罪人、莫醜其葬矣。十日甲戌、遣使葬長屋王幷吉備内親王屍於生馬山。又勅、其家令帳内、並従放免。十四日戊寅、勅、従五位下上毛野朝臣宿奈麿等七人坐与長屋王交通、並処配流。自余九十人悉従原免。十五日己卯、遣参議左大弁正四位上石川朝臣石足等、就長屋王弟従四位上鈴鹿王宅、宣勅曰、長屋王昆弟姉妹、子孫及妾等、合縁坐者、不問男女、咸皆赦除。是日、百官大祓。十八日壬午、告人漆部造君足・中臣宮処連東人、並授従五位下。賜食封卅戸・水田十町。于時百姓多夭。世言、依誅長屋大臣也。

2　今昔物語集　巻二十第二十七話

長屋ノ親王、罰沙弥感ル現報ヲ語第二十七

今昔、聖武天皇ノ御代ニ、奈良ノ宮ノ時、天皇天平元年ト云フ年ノ二月八日ヲ以テ、左京元興寺ニシテ、大キニ法会ヲ儲テ、三宝ヲ供養シ給フ。大政大臣ニテ長屋ノ親王ト云フ人、勅ヲ奉テ諸僧ヲ供養ス。

其ノ時ニ、一人ノ沙弥有テ、藍ガハシク此ノ供養ノ飯ヲ盛ル所ニ行テ、鉢ヲ捧テ飯ヲ乞フ。親王此レヲ見テ、沙弥ヲ追ヒ打ツ間ニ、沙弥ノ頭ヲ打破リ、血流ル。沙弥ノ、頭ヲ摩血ヲ巾テ、泣キ悲テ忽ニ失ヌ。更ニ行方ヲ不知。法会ニ臨メル道俗此ノ事ヲ聞テ、窃ニ長屋ノ親王ヲ謗ケリ。

其ノ後、長屋ヲ嫌ク思フ人有テ、天皇ニ讒シテ云ク、「長屋ハ、「王位ヲ傾ケ国位ヲ奪ム」ト思ニ依テ、此ク天皇善根ヲ修シ給フ日、不善ヲ行ズル也」ト。天皇此ヲ聞キ給テ、嗔ヲ成テ、数ノ軍ヲ遣シテ、長屋ノ家ヲ令衛ム。其ノ時ニ、長屋自ラ思ハク、「我罪無クシテ、此ク咎ヲ蒙レリ。必死ナムトス。而ルニ、他ノ為ニ我被殺ムヨリハ□不如ジ、只自害ヲセム」ト思テ、先ヅ毒ヲ取テ子孫ニ令服テ、即チ殺シツ。其ノ後、長屋又自ラ毒ヲ服シテ死ヌ。

天皇此レヲ聞給テ、人ヲ遣シテ、長屋ノ屍骸ヲ取テ、城ノ外ニ棄テ焼テ、河ニ流海ニ投ツ。而ルニ、其骨流レテ土佐国ニ至ル。其ノ時ニ、其国百姓多ク死ヌ。百姓此レヲ愁ヘ申シテ云ク、「彼ノ長屋ノ悪心ノ気ニ依ニ、此国ノ百姓多ク可死シ」ト。天皇此レヲ聞給テ、王城ヲ遠ク去ガ為ニ、彼長屋ノ□ヲ、紀伊国ノ海部ノ郡シテ枡抄ノ奥ノ島ニ置ク。此レヲ見ヲ聞テ人、「彼ノ沙弥ヲ咎ガ無クシテ罰セルヲ、護法憾ミ給ヘル故也」トゾ云ケル。

然レバ、頭ヲ剃リ袈裟ヲ着タラム僧ヲバ、善悪ヲ不嫌ズ貴賤ヲ不撰ズ、恐可敬キ也。其ノ中ニ権者身ヲ隠シテ、交リ給フト可知シトナム語伝ヘタリトヤ。

3　元亨釈書　巻第二十二資治表

五年、春二月、設斎会于元興寺。（中略）

天平元年、二月、於元興寺設大斎会。左僕射長室皇子為監護。時一沙弥連比丘座、捧鉢受飯。僕射以牙笏撃沙弥頭。血流下面、沙弥拭血而哭。忽然不見。経二日、或奏此事。帝怒、賜僕射死。（後略）

4　仁寿鏡　天平元年（七二九）

天平一、始一代仁王会。二月六日、於元明寺修大会。左大臣長屋親王以一寸笏打沙弥。仍彼大臣被誅了。（後略）

【補　説】

1　長屋王の変の経緯と本縁

長屋王の変の詳細は、続日本紀に詳しい（参考史料A）。以下、変の経緯に関わり、とくに本縁独自の内容に注目しつつ整理したい。元興寺大法会での僧への打擲は、続日本紀にみえず、因果応報譚としての本縁において重要な意味を持つ本縁独自の内容である。次いで変の露見は、密告によるものであり、その内容は「左大臣正二位長屋王私学左道、欲傾国家」（続日本紀）、「長屋謀傾社稷、将奪国位」（本縁）と大きな相違はないが、密告した人物を「左京人従七位下漆部造君足、無位中臣宮処連東人等告密」（続日本紀）とするのに対し、「嫉妬人」（本縁）と明記していない。捕縛および詰問に関わる軍兵の派遣は、「遣使固守三関。因遣式部卿従三位藤原朝臣宇合、衛門佐従五位下佐味朝臣虫麻呂、左衛士佐外従五位下津嶋朝臣家道、右衛士佐外従五位下紀朝臣佐比物等、将六衛兵、囲長屋王宅」「以大宰大弐正四位上多治比真人県守、左大弁正四位上石川朝臣石足、弾正尹従四位下大伴宿祢道足、権為参議。巳時、遣一品舎人親王・新田部親王、大納言従二位多治比真人池守、中納言正三位藤原朝臣武智麻呂、右中弁正五位下小野朝臣牛養、少納言外従五位下巨勢朝臣宿奈麻呂等、就長屋王宅、窮問其罪」（続日本紀）と具体的に示すのに対し、「遣軍兵陳之」（本縁）とかなり省略されている。長屋王の自害については、「自尽」「自経」（続日本紀）に対し、「毒薬」「絞死」（本縁）とみえ、「毒薬」の使用は本縁に独自の内容となっている。

本縁により特徴的な点として、変後の処置につき詳細に伝えることがあげられる。「葬長屋王・吉備内親王屍於生馬山」（続日本紀）に対し、「捨彼屍骸於城之外、而焼末散所擲海。唯親王骨、流于土左国」（本縁）として、骨を河川ないし海へ捨て、さらに長屋王の骨は土佐国へ遠流に処したこと、その結果、土佐国で疫病が起こり、百姓等が訴え、紀伊国海部郡椒枡村奥ノ嶋（有田市沖ノ島か）へ骨が移されたと伝える。本縁に独自の土佐国あるいは紀伊国の伝承は、御霊信仰の発生を考える上でも重要な所伝といえる。

2　長屋王と仏教

本縁では、長屋王の沙弥に対する悪行が、いわゆる長屋王の変における非業の死という因果応報を招いたと述べられているが、現在知られる長屋王関係史料には、仏教に関わるものが比較的豊かであり、逆に仏教への篤い理解が窺われる。一つは長屋王願経、もう一つは長屋王家ゆかりの寺院である。

いわゆる長屋王願経は、和銅五年経と神亀五年経が知られる（参考史料ＣＤ）。願文によると、和銅経は文武天皇の菩提追修のためではなく元明天皇の辛酸を除くために、神亀経は両親の菩提追修と聖武天皇などの息災、自身の現世における繁栄と長寿、没後浄土に生まれんことを願って発願書写されたものという（堀池春峰「大般若経信仰とその展開」奈良国立文化財研究所『研究論集Ⅻ　長屋王家・二条大路木簡を読む』二〇〇一年。上代文献を読む会編『上代写経識語注釈』勉誠出版、二〇一六年）。和銅経は、大般若経六〇〇巻のうち二三四巻が現存しており、そのうち滋賀県甲賀市の大平寺・見性庵・常明寺にそれぞれ、一四二巻・四三巻・二七巻とまとまって伝来する。鈴木景二によると、和銅経が滋賀県に集中する理由は、これらはもとは桑実寺に伝来した写経で、同寺がかつて薬師寺領庄園内にあり、薬師寺末寺と推測されることから、長屋王願経（和銅経）が薬師寺に奉納され、後に末寺にもたらされたことに由来する可能性が高いとする（鈴木「現地調査からみた在地の世界—近江国薬師寺領豊浦荘・興福寺領鯰江荘」『土地と在地の世界をさぐる』山川出版社、一九九六年）。なお、常明寺蔵和銅経の伝来は、岩本健寿「長屋王発願経（滋賀県常明寺蔵和銅経）伝来考」（新川登亀男編『仏教文明の転回と表現　文字・言語・造形と思想』勉誠出版、二〇一五年）に詳しい。これに対して、神亀経は断簡も含め五巻のみしか現存しない。長屋王家木簡には、「書法所」（『平城京木簡一』三六号、『同二』一九六九～一九七一号）、「書法模人」（『平城京木簡一』三三三～三三五号、『同二』一九六八号など）、「書法作人」（『同二』一九六六・一九六七号）、「文校帳内」（『平城木簡概報』二十一－二十六頁下）、「経師」（『平城京木簡一』一五九・三二九・七八三号など）、「装黄（潢）」（『平城木簡概報』二十五－十三頁下）、「秩（帙）師」（『平城京木簡一』三二七・三二八号、『同二』一九五八～一九六〇号など）のごとく写経に関わるものが含まれているほか、長屋王宅に南接する平城京左京三条二坊六坪の宮跡庭園下層から出土した木簡には経典の書写と密接に関わる史料も認められ（参考史料Ｅ）、これらの年代は、和銅年間から霊亀年間まで（七〇八～七一七）の和銅経書写の時期と一致することも注目される。

長屋王家木簡によると、長屋王家ゆかりの寺院は、「旦風」（『平城京木簡一』三四〇号、『平城木簡概報』二十一－七頁上）、「竹野王子山寺」（『平城京木簡二』一八二九号）、「志我山寺」（『平城京木簡二』一六八八号）、「観世音寺」（『平城京木簡二』一七三三・一七三四号）の寺名が認められる。旦風と竹野王子山寺は同じ寺で、いわゆる竹野王塔が現存する奈良県高市郡明日香村稲淵の龍福寺との関連が推測される。伝承によると、この石塔は寺の北西約一キロメートルの飛鳥川左岸から運んだものとされ、石塔発見地の南西約二〇〇メートルにはアサカゼの字名が残り、その南西には朝風峠がある。志我山寺は、滋賀県大津市滋賀里の崇福寺にあてる理解も多いが、奈良県吉野郡吉野町志賀にみる理解もある（金子裕之「長屋王の造寺活動」奈良国立文化財研究所『研究論集Ⅻ 長屋王家・二条大路木簡を読む』前掲）。観世音寺は、平城京右京九条二坊に推定されている（福山敏男『奈良朝寺院の研究』綜芸社、一九七八年。一九四八年原本発行）。なお、長屋王邸の軒瓦には、軒丸瓦六二七二型式と軒平瓦六六四四型式がみられ、同型式瓦の分布は二十六遺跡におよぶものの、かなり偏りがみられる。とりわけ観世音寺推定地に隣接する右京九条一坊から大量の出土がみられるとともに、奈良県桜井市橋本の青木廃寺からも出土例が知られ、大脇潔はこの寺も長屋王と関わると指摘する（大脇「忘れられた寺—青木廃寺と高市皇子」久保哲三先生追悼論文集刊行会『翔古論集 久保哲三先生追悼論文集』一九九三年）。また、上記の写経のほか、長屋王家の造寺活動が窺われる木簡として、塔の露盤を製作していた「鏤盤所」（『平城京木簡二』一九五一号など）、造仏に関わる「仏造帳内」に米を支給した木簡（『平城京木簡二』一九一三号など）など活発な活動が窺われる。

以上の事例のほかにも、護国寺本諸寺縁起集によると、元明太上天皇と元正天皇の命を受けて、長屋王が興福寺北円堂を造営し不比等の忌日に完成したとみえ（参考史料F）、同様の記事は興福寺流記にも記されている。また、護国寺本諸寺縁起集、諸寺建立次第によると、薬師寺東院の創建は長屋王ないし吉備内親王によるものと伝える（参考史料GH）。ただしこれらの史料は、いずれも国家的事業の首班として名が記された可能性を否定するものではなく、長屋王個人の仏教への態度を示すものとして速断すべきではなかろう。また、鑑真渡海に際しての唐大和上東征伝にみえる著名なエピソードも、同様の観点から再考すべきものかもしれない（参考史料Ｉ）。

３　長屋王家と南海道諸国

現在知られる限り、長屋王家木簡にみえる南海道諸国の荷札木簡は、紀伊国、阿波国、讃岐国のものである。とりわけ讃岐国には、続日本紀和銅六年（七一三）五月甲戌条にみえる「寒川郡飼丁」など、高市皇子から伝領した家産が存在していたことが知られ、長屋王家との深い関係が窺われる（「甲戌、讃岐守正五位下大伴宿祢道足等言、部下寒川郡人物部乱等廿六人、庚午以来、並貫良人。但庚寅校籍之時、誤渉飼丁之色。自加覆察、就令自理、支証的然、已得明雪。自厥以来、未附籍貫。故皇子命宮検括飼丁之使、誤認乱等、為飼丁焉。於理斟酌、何足憑拠。請、従良色。許之」）。ただし、本縁説話にみえる土佐は全くみえないことからすれば、長屋王家との個別的関係より、「遠流」との関係で理解すべきであろう。

延喜式によると、「凡流移人者、省定配所申官、具録犯状下符所在并配所。良人請内印。賤隷請外印。其路程者、従京為計。伊豆去京七百七十里。・安房一千一百九十里。・常陸一千五百七十五里。・佐渡一千三百廿五里。・隠岐九百一十里。・土佐等国一千二百廿五里。、為遠流。信濃五百六十里。・伊予等国五百六十里。、為中流。越前三百一十五里。・安芸等国四百九十里。、為近流。」とみえ（刑部省式18遠近条）、この規定は、続日本紀の「庚申、定諸流配遠近之程。伊豆・安房・常陸・佐渡・隠岐・土左六国為遠。諏方・伊豫為中。越前・安芸為近」（神亀元年〈七二四〉三月庚申条）に由来することから、土佐は長屋王の変が勃発した天平元年（七二九）には遠流の地であったことが知られる。なお、奈良時代から平安時代初頭までの流刑の事例として伊豆・隠岐・土佐（続日本紀天平勝宝四年〈七五二〉八月庚寅条）、下野（続日本紀天平勝宝六年〈七五四〉十一月甲申条）、土佐（続日本紀神護景雲三年〈七六九〉五月壬辰条）、伊豆（類聚国史大同二年〈八〇七〉二月壬申条）、などが知られる。

4　二つの長屋王墓

続日本紀によると、天平元年（七二九）二月、「遣使葬長屋王・吉備内親王屍於生馬山」とみえ（同月甲戌条。参考史料A）、現在、奈良県生駒郡平群町梨本にある直径約一五メートルの小円墳が、宮内庁により長屋王墓に治定されている。これに対して、もう一つの長屋王墓が、椒枡奥嶋に比定される沖ノ島の対岸、和歌山県有田市初島町浜に存在する。東燃ゼネラル株式会社和歌山工場の敷地内に残る椒古墳と呼ばれるこの古墳は、年代観は適わないものの、地元では長屋王の墓と伝えられている（見学は要事前申込）。古墳は、明治四十一年（一九〇八）四月二十一日に発見され、五月二十九日には和歌山県知事から宮内省へ「古墳発見ニ付報告」なる報告文と添付図面が提出されている。この資料の写しの存在により、古墳発見の経緯や石室内部の様子が詳細に判明する。古墳の出土遺物は、東京国立博物館に保管されている。末永雅雄は、発掘の記録等により、後期初頭を降らない時期と推定している（末永「椒浜古墳」初島町教育委員会『初島町誌』一九六二年）。古墳の現状は、裾部に石垣をめぐらした長径一九メートル、短径一七メートル、高さ約三メートルの楕円形状の円墳で、墳丘頂上に、「長屋王霊跡之碑」と刻まれた高さ約四メートルの石碑があり、その傍らには大正三年（一九一四）に石碑建立に関わった発起人名を記した石碑も建てられている。口伝によると、石碑建立を契機として、毎年春に例祭がとり行われていたが、昭和十四年（一九三九）から石油精製工場の建設が計画され周辺の土地買収が進み、周辺住民の移住のため、例祭は敗戦にいたるまでとりやめられていた。しかし、長屋王霊跡としての信仰が古墳の保存を後押しし、昭和十五年県指定史跡、昭和三十三年県指定史跡に再指定、これを機に長屋王例祭は復活し、現在、毎年四月第三日曜日が祭日とされている。平成二十二年（二〇一〇）度に石垣修理事業に伴う事前調査が行われ、その報告書に関連する過去の報告が再録されている（有田市教育委員会『椒古墳発掘調査概報』二〇一一年）。

【参考史料】

A　続日本紀　天平元年（七二九）二月辛未・壬申・癸酉・甲戌・丙子・戊寅・己卯・壬午・丁亥条

二月辛未、左京人従七位下漆部造君足、無位中臣宮処連東人等告密称、左大臣正二位長屋王私学左道、欲傾国家。其夜、遣使固守三関。因遣式部卿従三位藤原朝臣宇合、衛門佐従五位下佐味朝臣虫麻呂、左衛士佐外従五位下津嶋朝臣家道、右衛士佐外従五位下紀朝臣佐比物等、将六衛兵、囲長屋王宅。壬申、以大宰大弐正四位上多治比真人県守、左大弁正四位上石川朝臣石足、弾正尹従四位下大伴宿祢道足、権為参議。巳時、遣一品舎人親王・新田部親王、大納言従二位多治比真人池守、中納言正三位藤原朝臣武智麻呂、右中弁正五位下小野朝臣牛養、少納言外従五位下巨勢朝臣宿奈麻呂等、就長屋王宅、窮問其罪。癸酉、令王自尽。其室二品吉備内親王、男従四位下膳夫王、無位桑田王・葛木王・鉤取王等、同亦自経。乃悉捉家内人等、禁着於左右衛士・兵衛等府。甲戌、遣使葬長屋王・吉備内親王屍於生馬山。仍勅曰、吉備内親王者無罪、宜准例送葬、唯停鼓吹。其家令・帳内等並従放免。長屋王者依犯伏誅、雖准罪人、莫醜其葬矣。長屋王、天武天皇之孫、高市親王之子、吉備内親王、日並知皇子尊之皇女也。丙子、勅曰、左大臣正二位長屋王、忍戻昏凶、触途則著、尽慝窮奸、頓陥疏網、苅夷奸党、除滅賊悪。宜国司莫令有衆。仍以二月十二日、依常施行。戊寅、外従五位下上毛野朝臣宿奈麻呂等七人、坐与長屋王交通、並処流。自余九十人悉従原免。己卯、遣左大弁正四位上石川朝臣石足等、就長屋王弟従四位上鈴鹿王宅、宣勅曰、長屋王昆弟・姉妹・子孫及妾等合縁坐者、不問男女、咸皆赦除。是日、百官大祓。壬午、曲赦左右京大辟罪已下、并免縁長屋王事徴発百姓雑徭。又告人漆部造君足・中臣宮処連東人並授外従五位下。賜封卅戸、田十町。漆部駒長従七位下、並賜物有差。丁亥、長屋王弟・姉妹并男女等見存者、預給禄之例。

B　続日本紀　天平十年（七三八）七月丙子条

丙子、左兵庫少属従八位下大伴宿祢子虫、以刀斫殺右兵庫頭外従五位下中臣宮処連東人。初子虫、事長屋王、頗蒙恩遇。至是、適与東人任於比寮。政事之隙、相共囲碁、語及長屋王、憤発而罵、遂引剣斫而殺之。東人、即誣告長屋王事之人也。

C　和銅五年（七一二）十一月十五日大般若経巻二十三奥書（根津美術館蔵。寧楽遺文中－六一〇頁）

藤原宮御禹　天皇、以慶雲四年六月
十五日登遐、三光惨然、四海遏密。長屋
殿下、地極天倫、情深福報。乃為
天皇、敬写大般若経六百巻。用尽酸割
之誠焉。
和銅五年歳次壬子十一月十五日庚辰竟。
　用紙一十七張　　　北宮

D　神亀五年（七二八）九月二十三日大般若経巻二百六十七奥書（根津美術館蔵。寧楽遺文中－六一一頁）

神亀五年歳次戊辰五月十五日、仏弟子長王、

至誠発願、奉写大般若経一部六百巻。其経乃
行行列華文、勾勾含深義。読誦者蠲耶（邪）去悪、
披閲者納福臻栄。以此善業、奉資
登仙二尊神霊。各随本願、往生上天、頂礼弥勒、遊
戯浄域、面奉弥陀、並聴聞正法、倶悟無生忍。又以
此善根、仰資　現御禹天皇幷開闢以来代代
帝皇、三宝覆護、百霊影衛。現在者争栄於五岳、
保寿於千齢、　登仙者生浄国、昇天上聞法悟
道、修善成覚。三界含識、六趣稟霊、無願不遂、有心必
獲明矣。因果達焉罪福、六度因満、四智果円。
　神亀五年歳次戊辰九月廿三日書生散位寮散位少初位下張上福
　　初校生式部省位子無位山口忌寸人成
　　再校生式部省位子無位三宅臣嶋主
　　装潢図書寮番上人無位秦常忌寸秋庭
　　検校使作宝宮判官従六位上勲十二等次田赤染造石金
　　検校使陰陽寮大属正八位上勲十二等楢曰佐諸君
　　検校薬師寺僧基弁
　　検校藤原寺僧道慈
　　　用長麻紙伍張

E　平城京左京三条二坊六坪（宮跡庭園）ＳＤ一五二五出土木簡（『平城京木簡一』二五号）（木簡学会方式の釈文に改めた）

・五百卌二
一校授
・　二百七十
　　旦卌
　　(173)×(50)×15　081

F　護国寺本諸寺縁起集　興福寺円堂院（藤田経世編『校刊美術史料　寺院篇』上巻、中央公論美術出版、一九七二年）

一　円堂院　円堂一基。八角方別一丈七尺。瓦端幷大小垂木及高欄等、用裁金銅飾。

養老五年辛酉八月、奈保山太上天皇・飯高天皇、同勅右大臣従二位長房〔屋ヵ〕王、為淡海公忌日造之。（後略）

G　護国寺本諸寺縁起集　薬師寺東院（藤田経世編『校刊美術史料　寺院篇』上巻、中央公論美術出版、一九七二年）

一　東院。正堂一宇、前細舍一宇、僧房一宇。流記云、東禅院舍三口、堂細殿僧房。吉備内親王奉為元明天皇、以養老年中造立也。

H　菅家本諸寺建立次第　薬師寺（藤田経世編『校刊美術史料　寺院篇』上巻、中央公論美術出版、一九七二年）

（前略）東院長屋親王建立也。内有十三重塔也。（後略）

I　唐大和上東征伝（寧楽遺文下‐八九六頁）

（前略）又聞、日本国長屋王、崇敬仏法、造千袈裟、来施此国大徳衆僧。其袈裟縁上繡著四句曰、山川異域、風月同天、寄諸仏子、共結来縁。以此思量、誠是仏法興隆有縁之国也。（後略）

【参考文献】

原田行造「日本霊異記中巻冒頭説話をめぐる諸問題」（『日本霊異記の新研究』桜楓社、一九八四年。初出一九六三年）

原田行造「日本霊異記中巻冒頭説話再論」（『日本霊異記の新研究』桜楓社、一九八四年。初出一九八〇年）

新川登亀男「奈良時代の道教と仏教―長屋王の世界観」（速水侑編『論集日本仏教史』二奈良時代、雄山閣、一九八六年）

大山誠一『長屋王家木簡と奈良朝政治史』（吉川弘文館、一九九二年）

辰巳正明『悲劇の宰相長屋王』第二章（講談社、一九九四年）

永藤靖「『日本霊異記』打たれる乞食僧について―聖と賤のはざま」（『古代説話の変容―風土記から日本霊異記へ』勉誠社、一九九四年）
奈良国立文化財研究所『平城京左京二条二坊・三条二坊発掘調査報告』（奈良国立文化財研究所学報五四、一九九五年）
丸山顕徳「『日本霊異記』長屋王説話の民俗的性格」（上田正昭編『古代の日本と渡来の文化』学生社、一九九七年）
関根淳「『長屋王の変』の構造―『続日本紀』『日本霊異記』の史料的検討」（平田耿二教授還暦記念論文集編集委員会編『歴史における史料の発見』上智大学平田研究室、一九九七年）
寺崎保広『長屋王』（吉川弘文館、一九九九年）
奈良国立文化財研究所『研究論集XII　長屋王家・二条大路木簡を読む』（奈良国立文化財研究所学報六一、二〇〇一年）

（山本）

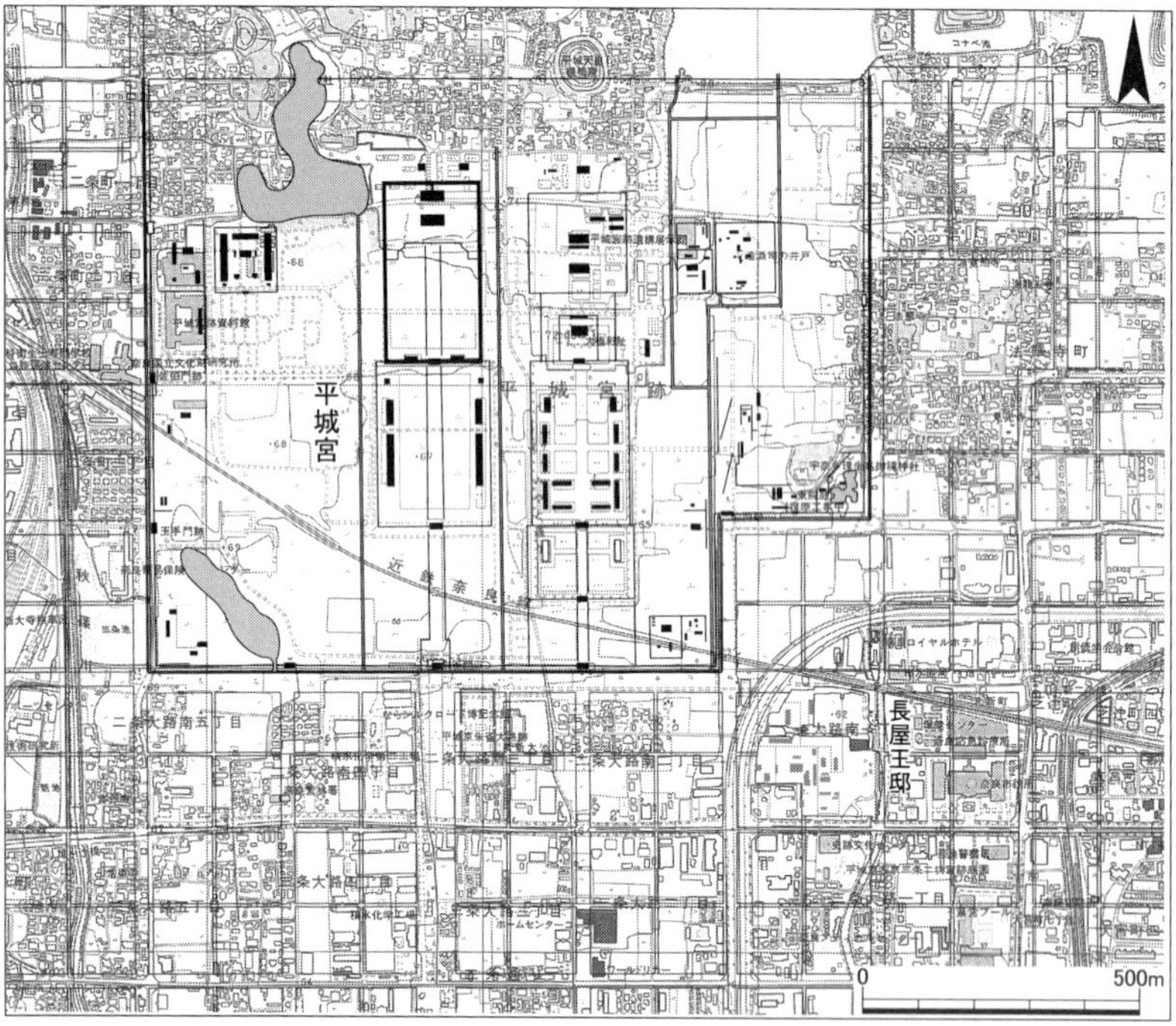

中巻第一縁関連地図（１）

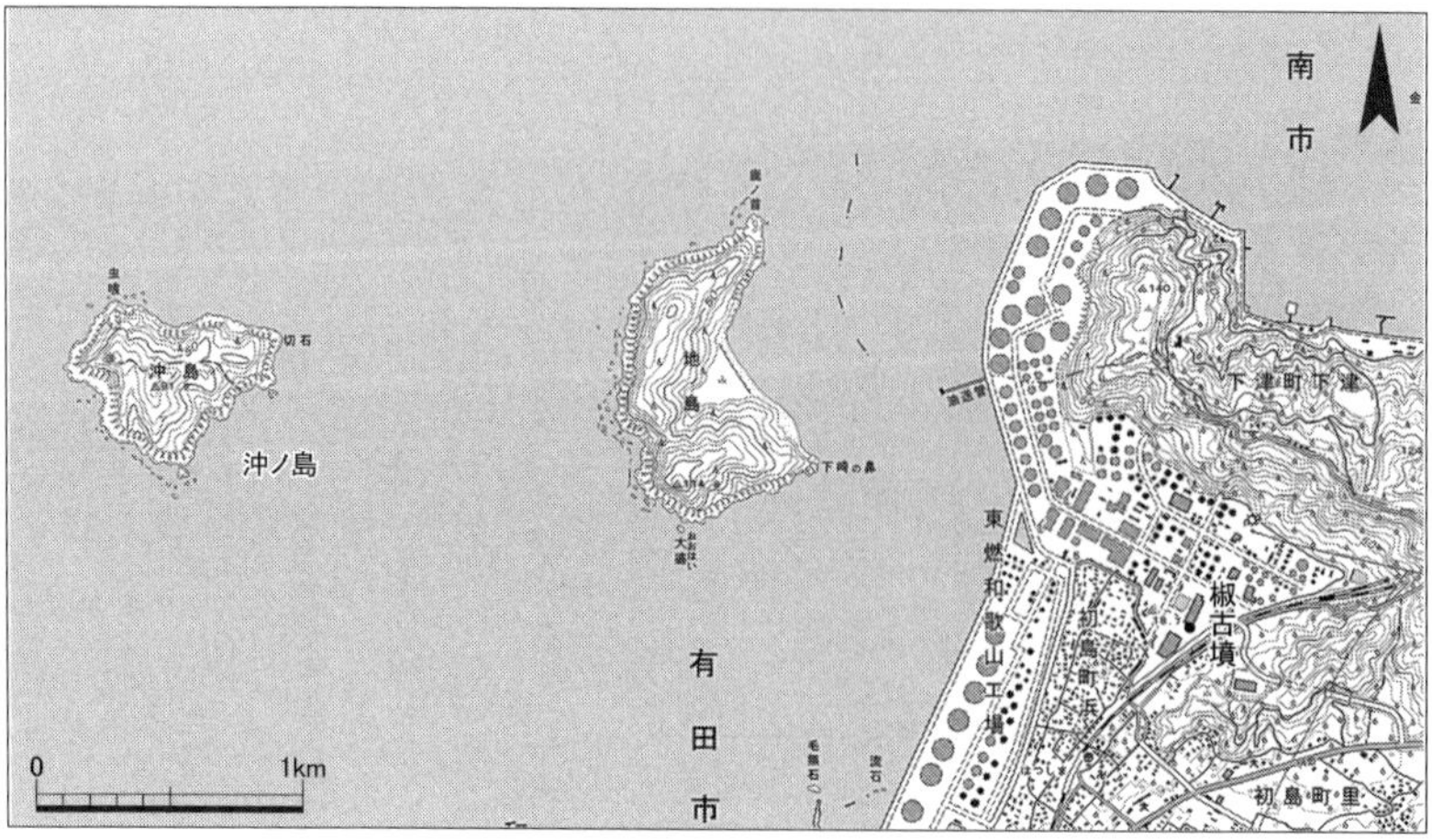

中巻第一縁関連地図（２）

烏の邪婬を見て世を厭ひ善を修する縁　第二

【原　文】

見二烏*邪[1]淫一厭レ世、修レ善縁第二

*禅師*信厳者、*和泉国[2]*泉郡*大領*血沼[3]県主[4]倭麻呂[5]也。聖武天皇御世[6]人也。此大領[7]家[8]之門有二[9]大樹一。烏作レ巣[10]産レ児、抱レ之而[11]臥。雄烏、*遐迩飛行求レ食、養二抱レ[12]児[13]之妻一。求レ食行之頃、他烏、*遁来[14]而[15]婚。*奸二*[16]婚今夫一就レ心、共高*[17]翥レ空、[18]指二[19]於北一而飛、棄レ児不レ*睠。于時先[20]夫烏、食物*哺持来。見レ之[21]无二妻烏一。于レ時、慈レ児抱レ之而臥、不レ求二食物一而経二数日一。[22]大領見レ之、使三人登レ樹見二[23]其巣一、抱レ児而死。大領[24]見レ之、大悲(*)[25]改心。[26]視二烏邪[27]婬一、厭レ世出家、離二妻子一、捨二*官位一、随二行基大徳一、修レ善求レ道。名曰二信厳一。[28]但*要[29]語曰、与二大徳一倶死、

（第五紙）

必当三同往二生*西方一。*大領之妻、亦血沼県主[30]。大[31]領捨レ之者[32]、終无二他[33]心一、々慎*貞潔。爰[34]*男子得[35]レ病。臨[36]二命終時一、而白[37]レ母[38]言、飲[39]二母乳一者、応レ延二我命一。母随二子言一、乳令レ飲二病子一。子[40]飲[41]而歎[42]之言、*噫乎[43]、捨二母*甜乳一而我死哉。即命終焉。然[44]大領之妻、恋[45]二於死子一、同[46]共出家、修二習善法[47]一。信厳禅師、无レ幸少レ縁[48]、自二行基大徳[49]一、先[50]命[51]終也。大徳哭[52]詠[53]、作レ歌曰[54]、加良須[55]止[56]伊布[57]*於保乎[58]蘇[59]止利能去[60]止乎。能[61]米[62]止母尓[63]止伊比[64]天佐[65]岐陁智伊奴留[66]夫将[67]二*火炬一時、先[68]備二*蘭[69]松一。将二雨降一時、兼*潤二石坂[70]一。示二鳥*鄙事一、領[71]発二*道心一。先善*方便、見レ苦[72]、悟レ道者、其斯謂之矣。*欲界*雑類、鄙行如レ是。厭者背[73]レ之、愚者貪[74]レ之。賛曰、可哉、血沼県主[75]氏。瞰[76]二烏耶[77]婬一、厭二*俗[78]塵一、背二*浮[79]花[80]*仮趣一。常浄レ身、*勤[81]二修善一、祈*恵命一。心*尅二*安養期[82]一、*解二脱是世間一。異秀厭レ士[83]者[84]也。

（第六紙）

1淫、[来][国]婬[攷証]高野本作婬
2泉、[国]泉水[攷証]高野本作泉水
3県、[国]懸　下同
4麻呂、[来]麿[国]磨[攷証]高野本作麿
5也聖武天皇、[来]破損
6人也、[来]破損
7家、[来]破損[国]ナシ

8之、来破損
9有、国ナシ
10産児抱之、来破損
11臥雄烏遐迩飛行求食養抱、来破損
12児、来破損国而
13之妻、来破損
14而、群ナシ
15婚、来ナシ
16婚今夫就心、国就心其姧今夫
17翥、国羽
18指、来ナシ
19於、国ナシ
20先、国歩
21无、来無量
22大領、真傍書挿入
23其、来其其とし一字目の其を見セ消チ
24見、国ナシ
25改、来政国群慇攷証依高野本改国に従う
26視、群観
27姪、来姪娘とし娘を見セ消チ
28但、来倶
29語曰、国語語とし二字目を見セ消チして曰を傍書
30主、来主也国聖
31大、国也
32者、来後者
33他、国ナシ
34爰、群愛
35得病、来同病後
36命終、来ナシ
37白、来国曰
38母言、来母言母言国母言領母言
39飲、来飯国領
40子、来子之国々
41飲、来国飲乳攷証下高野本有乳字
42歎、来難
43乎、来国呼
44大、国ナシ
45於死子、国於子死とし顛倒符で訂正
46共、来破損
47善法、来破損
48縁自行、来破損
49大徳先、来破損
50命、来破損国少命
51終也大徳、来破損
52哭、国ナシ
53詠作歌、来詠歌国詠歌作とし顛倒符で訂正
54曰、国ナシ
55須、来破損国酒
56止、来破損国等、以下同じ
57布於、来破損
58乎、来宇
59蘇止利能、来破損
60去止、来コト
61能、来乃国之攷証高野本欠
62米止、来破損攷証米字高野本欠
63止、来と
64比、国ナシ
65岐陁智、来木多知
66留、来留也
67将、国ナシ
68先、攷証高野本作前
69蘭、来ナシ国析攷証高野本作折
70坂、来破損国群板攷証依高野本改
71領、来飲
72苦、来共
73背之、来背之背之とし一つ目の背之を見セ消チ
74貪、来食
75主、国聖
76瞰、国敢
77耶、来国邪来に従う
78俗塵、来国塵俗攷証高野本作塵俗
79浮、来ナシ国泛
80花、来国棄
81勤、来国懃
82期、来斯国祈
83土、来世
84者、国是

【書き下し文】

烏《からす》の邪淫《じゃいん》を見て世を厭《いと》ひ、善を修する縁　第二

禅師信厳《ぜんじしんごん》は、和泉《いずみ》国泉《いずみ》郡大領《たいりょう》血沼県主倭麻呂《ちぬのあがたぬしやまとまろ》なり。聖武《しょうむ》天皇の御世の人なり。此の大領の家の門に大樹有り。烏、巣を作りて児を産み、之《これ》を抱《うだ》きて臥《ふ》す。雄《お》の烏、遐《とお》く迩《ちか》く飛び行き食を求め、児を抱く妻を養ふ。食を求め行くの頃《あいだ》、他の烏、遞《たがい》に来たりて婚《くなが》ふ。今の夫に姧《かだ》み婚《つる》びて心に就き、共に高く空に翥《はふ》り、北を指して飛び、児を棄《す》てて睠《かえり》みず。時に先の夫の烏、食物を哺《ふふ》み持ち来たる。之を見れば妻の烏無し。時に、児を慈《いつくし》び之を抱きて臥し、食物を求めずして数日を経たり。大領、之を見て、人をして樹に登らせ其《そ》の巣を見さしむるに、児を抱きて死す。大領、之を見て、大いに悲しび心に愍《あわれ》ぶ。烏の邪婬を視《み》て、世を厭ひ出家し、妻子を離れ、官位を捨て、行基大徳《ぎょうきだいとく》に随《したが》ひて、善を修め道を求む。名は信厳と曰ふ。但要《ただちぎ》り語りて曰はく、「大徳と倶《とも》に死に、必ず同じく西方《せいほう》に往生すべし」と。大領の妻、亦《ま》た血沼県主なり。大領、之を捨つれば、終《つい》に他の心無く、心に慎《つつし》みて貞《てい》潔《けつ》なり。爰《ここ》に男子、病を得。命《いのち》終《お》はる時に臨《のぞ》みて、母に白して言はく、「母の乳を飲まば、我が命を延《の》ぶべし」と。母、子の言に随ひて、乳を病の子に飲ましむ。子、飲みて歎きて言はく、「噫乎《ああ》、母の甘《あま》き乳を捨てて我死なむか」と。即ち命終はる。然《しか》して大領の妻、死にし子を恋ひて、同じく共に出家し、善法《ぜんほう》を修し習ふ。信厳禅師、幸《さいわい》無く縁少なくして、行基大徳より、先に命終はりき。大徳、哭《な》き詠《しの》び、歌を作りて曰はく、からすといふ　おほをそどりのことをのめ　ともにといひて　さきだちいぬる。夫《そ》れ、火炬《かきょ》せん時は、先づ蘭松《らんしょう》を備ふ。雨降らむとする時は、兼ねて石坂を潤《うる》ふ。烏の鄙《といと》なる事を示して、領、道心《どうしん》を発《おこ》す。先づ善の方便《ほうべん》に、苦を見、道を悟るは、其れ斯《こ》れを謂《い》ふなり。欲界《よくかい》の雑類《ざつるい》、鄙なる行ひ是《か》くの如し。厭ふ者は之に背き、愚なる者は之を貪《むさぼ》る。賛《さん》に曰はく、「可《よろ》し

くあるかな、血沼県主氏。烏の邪婬を瞰《み》て、俗塵《ぞくじん》を厭ひ、浮花《ふか》の仮趣《けしゅ》に背く。常に身を浄め、善を勤修《ごんしゅ》し、恵命《えみょう》を祈《ねが》ふ。心に安養の期《ご》を尅《のぞ》み、是《こ》の世間を解脱《げだつ》す。異《い》に秀れ土《くに》を厭ふ者なり」と。

【語　釈】

○**邪淫**　邪婬に同じ。夫または妻でない者に対して、よこしまな行為をすること。よこしまな淫事、道にはずれた姦淫。また自分の夫または妻であっても、不適当な方法・場所・時間に行うことも含まれる（広説）。

○**禅師**　禅定に通達した高僧。あるいは法師・高僧に対する敬称。上7（上134頁）。

○**信厳**　伝不詳。行基の伝記史料である大僧正記に「信厳法師」が「故侍者千有余人」の中にみえる。本縁によれば、行基に随い、行基より先に死んだとあるから、同一人物と考えられる。

○**和泉国**　畿内の国の一つ。現在の大阪府南部。霊亀二年（七一六）に大鳥・和泉・日根の三郡を河内国から分離し和泉監を置いた。その後、天平十二年（七四〇）に河内国に合併されるが、天平宝字元年（七五七）に和泉国として再設置された。

○**泉郡**　和名抄に「和泉郡」。現在の和泉市・泉大津市・泉北郡忠岡町・岸和田市と貝塚市の過半。行基とその集団の活動が最も盛んであった地域。補説1。

○**大領**　郡司の長官。上7（上135頁）。

○**血沼県主倭麻呂**　天平九年（七三七）和泉監正税帳（正倉院文書正集第十三巻。大日古〈編年〉二―七五頁以下）に「少領外従七位下珍県主倭麻呂」の署名があり、実在する人物。同帳には天平五年段階の主帳として「珍県主深麻呂」もみえる。新撰姓氏録和泉国皇別「珍県主」。血沼は、一般には茅渟と表記され、珍努・珍の表記もある。茅渟は和泉国地域の古称で、日本書紀には、「茅渟山城水門」（神武天皇即位前紀）、「茅渟県陶邑」（崇神天皇七年八月）、「茅渟山屯倉」（安閑天皇元年十月）、「茅渟県有真香邑」（崇峻天皇即位前紀）とあり、允恭天皇八年には茅渟に宮を建てたとある。奈良時代には離宮として珍努宮（和泉宮）があり、和泉監もこの宮のために置かれた特別行政区である。茅渟県主氏の先祖は古くから倭王権と深いつながりがあり、六世紀以降は茅渟に設置された屯倉を管掌し、評（郡）制成立以後は、和泉郡の譜第郡領氏族として勢力を有していたと考えられる。

○**遐迩**　遐は、はるか、とおい（字通）。国訓釈は「ヲヤ」だが「遠也」を万葉仮名と誤解したものか（旧大系）。名義抄・字類抄「遐 トホシ」。迩は邇に同じ。ちかい、ちかく（字通）。名義抄・字類抄「迩 チカシ」。

○**遞**　たがいに、めぐる（字通）。国訓釈「タカヒニ」、名義抄・字鏡集「タカヒ」。

○**奸**　姦・奸に同じ。みだら、たわける（字通）。国訓釈「可陀弥」。上30（上343頁）。

○**婚**　つるむ（交尾）に同じ（日国大）。国訓釈「都流夫」、名義抄「ツルブ」。

○**翥**　鳥が勢いよく飛びあがる。上9（上157頁）。

○**睠**　かえりみる、おもう。めぐむ、なさけをかける（字通）。名義抄・字鏡集「カヘリミル」。

○**哺**　口に含んで子に与える（字通）。口の中にはいるようにする。ふくませる（日国大）。名義抄・字鏡集「フフム」。

○**愍**　いたむ、うれえる。あわれむ、いつくしむ（字通）。名義抄「アハレフ」。

○**官位**　郡の大領は、選叙令によると、任用に際して「外従八位上」の官位を授けられる（選叙令13郡司条）。

○**要**　名義抄・字鏡集「チキル」。

○**西方**　西方浄土の略。阿弥陀仏の浄土。この娑婆世界から西方に十万億の仏土を隔てたかなたにあるという安楽の世界。極楽浄土。西方極楽。西方安楽国。西方安養世界。西方世界。西方（日国大）。

○**大領之妻亦血沼県主**　大領の妻もまた血沼県主の出身である。

○**貞潔**　貞操が堅く、行いが潔白なこと（日国大）。

○**男子**　大領妻子の息子。

○**噫乎**　感嘆のことば。国訓釈「噫 阿」

○**甜**　あまい、うまい（字通）。国訓釈「阿万支」、名義抄「アマシ」。

○**於保乎蘇止利**　大おそ鳥。ばかな鳥（旧大系）、「をそ」は軽率の意（集成）。この歌は、万葉集に収載され、俊頼髄脳・奥義抄・袖中抄など後世の歌論書で解釈が加えられている。俊頼髄脳以下では、和泉郡大領は伊勢国の郡司となっている（参考史料ＡＢＣＤ）。本縁は、もともと古代において有名だった本歌謡の由来として流布していた説話に基づくものか。

○**火炬**　たいまつ（日国大）。

○**蘭松**　付け木のための松の油身。松材のしんの油脂の多い部分は、香りも高く、火もつけやすいことをいうか。「蘭」は香りの高いこと（新全集）。

○**潤**　うるおう、しめる、ぬらす（字通）。名義抄「ウルフ」。

○**鄙**　いやしい、おろか、みだり（字通）。上序興訓釈「止比止奈留」、国訓釈「乃比加南流」。

○**道心**　さとりを求める心。自らさとり、人々をさとらせる心。自利利他の心（広説）。

○**方便**　仏教で、下根の衆生を真の教えに導くために用いる便宜的な手段（日国大）。

○**欲界**　欲望の支配する世界。本能的欲望が盛んで強力な世界。現象的な肉体の世界。三界の一つ。食欲・婬欲・睡眠欲の三欲のある世界。上は六欲天から、中間には人間界の四大洲、下は八大地獄にいたる（広説）。中序（21頁）「三界」。

○**雑類**　いろいろの生物。また、迷いの世界の衆生（日国大）。

○**俗塵**　うき世のちり。俗世間のわずらわしいあれこれ。世塵（日国大）。

○**浮花**　うわべははなやかだが実質・実体のないこと。また、そのさま（日国大）。

○**仮趣**　仮の世界。仮の世の中。六道は仮の世界ということ（例文）。

○**勤修**　修行に励むこと。仏道につとめおさめること（日国大）。

○**恵命**　慧命に同じ。さとりの智慧（ちえ）を生命にたとえた言葉（日国大）。

○尅　ほる、きざむ、しるす（字通）。国訓釈「引也望也」。
○安養　安養国のこと。極楽浄土。安楽国（日国大）。安養は、心を安らかにして身を養うこと（日国大）。
○解脱　迷いの苦悩からぬけ出て、真の自由の境地に達すること。その内容上、さまざまに分類される（日国大）。

【現代語訳】

烏の姦淫を見て世を厭い善を修した話　第二

禅師信厳は、和泉国和泉郡の大領血沼県主倭麻呂である。聖武天皇の御世の人である。この大領の家の門のところには大樹があった。そこに烏が巣を作り、児を産んで抱いて眠っていた。雄烏は遠く近くを飛び回って食料を求め、児を抱く妻を養った。雄烏が食料を求めて飛び回っている頃、雌烏のもとには他の烏がかわるがわるにやって来て交尾していた。雌烏は今の夫をあざむき交尾し、他の烏に心を引かれて、共に高く空にはばたき、北を目指して飛び去って、児を見捨てて世話をしなかった。その時にこの夫の烏が、食料を口に含んで持ち帰ってみると妻の烏はいなかった。時に、雄烏は児を大切にして抱いたまま、食料を求めることなく数日が経った。大領はこれを見て、人を遣って樹に登らせて、その巣を見させたところ、雄烏は児を抱いて死んでいた。大領はこれを見て、大いに悲しみあわれに思い、烏の姦婬を見て、世を厭い出家した。大領は妻子と離れ、官位を捨て、行基大徳に随って、善を修め仏道を求めた。法名は信厳と名乗った。行基に約束して、「大徳とともに死に、必ずともに西方浄土に往生しよう」と言った。大領の妻もまた血沼県主であった。大領は妻を捨て出家したが、妻は最後まで他の男に魅かれることなく、慎みの心を保って貞潔であった。さて夫妻の男子が病となり、臨終にあたって母に申して、「母の乳を飲めば、きっと私の命は延びるであろう」と言った。母は子の言葉に随って、乳を病の子に飲ませた。子は飲んで歎きながら、「ああ、母の甜い乳を捨てて私は死ぬのか」と言って命を終えた。そのため大領の妻は、死んだ子を思い慕い、夫と同じく共に出家し、仏法を修め習った。信厳禅師は、不幸なことに現世に縁が少なく、行基大徳より先に命を終えた。大徳は嘆いて、彼を偲んで歌を作った。「烏といふおほをそ鳥のことをのめ共にと言ひて先立ち去ぬる（烏というそそっかしい鳥のように、言葉では一緒にと言っていたのに、私より先に死んでしまったことだ）」と。そもそも、これから松明を灯そうとする時は、まず火の着き易いに松材を用意する。今から雨が降ろうとする時には、予め石段が湿ってくる。烏のいやらしい行いを見て、大領は仏道を修める心を発した。先に仏が仏道に導くための手段として、苦しみを見せて道を悟らせるというのは、このようなことをいうのである。欲望の支配する世界の衆生のいやしい行いはこのようなものである。欲望を好まない者はそれに背いて仏道に入り、愚かな者は欲望のままに生きる。賛嘆の言葉に、「正しいことである、血沼県主氏は、烏の姦姪を見て、俗世間の塵を避け、うわべだけの仮の世界に背を向け、絶えず身を清らかにし、善行を修め、悟りの智慧を得ることを願った。心に極楽浄土を望んで、この現世から解脱した。この俗世間を厭うことにおいてはとくに優れた者である」とある。

【補　説】

1　行基と和泉国

行基の活動の拠点として「和泉国」という名称がよく見受けられるが、和泉は、霊亀二年（七一六）に河内国南部の三郡（和泉郡・日根郡・大鳥郡）を割いて和泉監が置かれ、天平十二年（七四〇）に河内国に併合された後、天平宝字元年（七五七）に再び分離して和泉国となった。したがって、俗に「和泉国」と称された例は見受けられるものの、正確には、行基存命中に正規の「和泉」という国は存在しなかったことになる。

行基の生まれ育った時点では河内国大鳥郡で、同郡の蜂田里に存した母・蜂田古爾比売の宅で生まれ、十二歳で出家した後は、大和国で修学・修行したと考えられる。のち、故郷の生家を寺に改めて家原寺と称し、和泉郡の大須恵院を建立した後、母の孝養のため生馬仙房に移った。神亀元年（七二四）頃に活動の拠点を大和から移し、河内（含・和泉）、摂津、山背の各国に多くの寺院を建立する。和泉では、大鳥郡葦田里の清浄土院と尼院、檜尾池院、大野寺と同尼院等があり、また、大鳥郡の檜尾池や泉南郡の久米多池等を設けたと伝える。自身の出身地ということもあり、多くの在地豪族の支持者も得て、河内と並びこの地域で広範囲にわたり種々の社会事業を展開したことが、行基年譜等に窺われる。

【参考史料】

A　万葉集巻十四―三五四二番歌（佐竹昭広・小島憲之・木下正俊『補訂版万葉集本文篇』塙書房、一九九八年）

可良須等布　於保乎曽杼里能　麻左但尓毛　伎麻左奴伎美乎　許呂久等曽奈久

B　俊頼髄脳（新編日本古典文学全集八七『歌論集』小学館、二〇〇一年）

からすてふおほをそどりの心もてうつし人とはなになのるらむ

この歌は、伊勢の国の、郡司なりける者の家に、からすの、巣をくひて、こを生みて、あたためける程に、男がらす、人にうち殺されにけり。女がらす、こをあたためて、待ち居たりけるに、やや久しく、見えざりければ、あたためけるかひごを、捨てて、ただの男がらすを、まうけて、いまめかしく、うち具して、ありきければ、かのかひご、かへらで腐りにけり。それを見て、家のあるじの郡司、道心をおこして、法師になりにけり。それが心を、詠めるなり。おほをそ鳥といへるは、からす、ひとつの、名なり。

C　奥義抄（佐佐木信綱編『日本歌学大系』第一巻、風間書房、一九五七年）

二十九　からすてふおほをそどりの心もてうつし人とはなになのるらむ

或物には、伊勢の国の郡司の家に子うみたりける烏、をとこがらすのしにゝければこと烏ををとこにして、子をあたためずしてくさらかしてけり。さればからすをばうきものにしてかくよめりと侍り。たゞしさせる証文も見えず。烏をば文には、貪欲又烏合之群などいひて、鳥のなかにこゝろ貪欲に非常なるものにいひならはしたれば、かくよめるにや。うつし人とはまさしき人といふ也。集には現人とかけり。

D　袖中抄　第八（佐佐木信綱編『日本歌学大系』別巻二、風間書房、一九五八年）

一、おほをそどり

からすとふおほをそどりのまさでにもきまさぬ君をころくとぞなく

顕昭云、此歌は万葉集東歌不知国歌也。古書云、あづまことばに云、東の国には鳥［ママ］をばおほをそ鳥と云也。物ぐひきたなしと云心也。さてからすと云おほをそ鳥とはつゞくる也。まさでにもとはまさでもと云也。てとは万の詞にくはゝれる詞也。ころくと云も東詞也。人をこかしと云をばころくと云也。こはこよと云詞也。ろは詞の助也。くは其も詞の助也。万の詞のはてにろを加たり。人の子をもころと読り。山のねをもねろとよめり。さて鳥のこか〱となくをばころくと鳴と云也。物ぐひきたなければ、おほきにきたなき鳥とておほをそ鳥と云也。をそとはきたなしと云詞也。されば字書には似鶉食糞といへり。万葉浦嶋子歌云、

とこよべにあらまし物をつるぎたち我こゝろからをそやこの君

是もをそやはきたなしと云ことば也。

無名抄云、

からすてふおほをそどりのこゝろもてうつしひとゝはなに名のるらん

此歌は伊勢国の郡司也ける物々家に烏のすをくひて子をうみてあたゝめける程にをとこ烏人に打ころされにけり。めからす子をあたゝめて待ゐたりけるに、やゝひさしく見えざりければあたゝめけるかひこをすてゝ、他のをとこ烏をまうけて、いまめかしくうちぐしてあるきければ、彼かひ子かへらでくさりにけり。其を見て家あるじの郡司道心おこして法師に成にけり。それが心を読る也。おほをそ鳥といへるは烏の一名也。つばくらめの心は事外に似ずぞ聞ゆる。

童蒙抄云、からすてふおほをそ鳥の云々。おほをそ鳥は烏の一名也。

奥義抄云、如前。但、させる証文ども見えず。烏をば文にも貪烏、又烏合之挙など云て鳥の中に心に貪欲に非常なる物に云ならはしたればや、かくよめるにや。（うつし人とはまさしき人といふなり。）集には現人と書り。

今云、両抄大旨同無名抄。仍不書之。但考日本霊異記云、子もちがらすの雄鳥の死たるに、ほどなくことをどりをまうけてあたゝめける卵子をすてゝくさらかしたるにうんじて、和泉国の掾出家して行基菩薩の御弟子になりてもろ共に浄土に

むまるべきよし契申せりけるが、さきにはかなく成にければ行基菩薩のよみ給へる

からすとふおほをそどりのことをみてともにといひてさきだちいぬる

此入道が法名は信教とぞ云ける。付之思之、此歌を本文にてうつし人の歌は読る歟。又和泉国の掾を伊勢国の郡司と書違、又此歌をうつし人と云なしたるなるべし。

【参考文献】

守屋俊彦「中巻第二縁考」（『続日本霊異記の研究』三弥井書店、一九七八年）
吉田靖雄「行基集団と和泉国」（町田章・鬼頭清明編『新版古代の日本　近畿Ⅱ』角川書店、一九九一年）
小林真由美「烏の邪婬極楽往生―中巻第二縁」（『日本霊異記の仏教思想』青簡舎、二〇一四年。初出一九九六年）
新川登亀男『社会的結合としての行基集団に関する基礎的研究』（平成8年度〜平成9年度科学研究費補助金〈基盤研究(C)(2)〉研究成果報告書、一九九九年）
伊藤由希子「仏と人をつなぐ〈恥〉」（『仏と天皇と「日本国」―『日本霊異記』を読む』ぺりかん社、二〇一三年）

（毛利　補説1本郷）

悪逆なる子妻を愛しびて母を殺さむと謀り現報に悪死を被る縁　第三

【原　文】

*悪逆子*愛[1]レ妻[2]将レ殺レ母謀現報被二悪死一縁第三
*吉志火麻[3]呂者、*武蔵国多麻郡[4]鴨里人也。火[5]麻呂之母
者、(*)早[6]部真召[7]也。聖武天皇御世、火麻[8]呂、*大[9]伴名姓不二分明一*筑
紫[10]前守[11]所レ*点、*応レ経二三年[12]一。*母随レ子往[13]而相*節養。其婦
者、留レ国守レ家。時火麻[14]呂、離[15]二己妻一去、不レ*昇二妻愛一而発二
*逆[16]謀一、思下殺[17]二我母一、遭二其[18]喪一服、免レ役而還、与レ妻倶[19]居上。母之*自
性、行レ善[20]為レ心。子語レ母言、東方山[21]中、七[22]日奉[23]レ説二*法花経一
有二*大会一。*率[24]母聞レ之。母所レ欺、念レ将レ聞レ経、*発心洗レ湯浄レ身、
倶至二山中一。以[25]二*牛目一*眦レ母而言、汝地[26]*長跪。母瞻二*子面一、答[27]レ之
曰、何故然言。若汝*託[28]レ鬼耶。子抜二横刀一、将レ殺レ母。々[29]即二子前一、

長跪而言、*殖レ木之*志、為下得二彼*菓一、並隠中其影上。養レ子之志、為下得二子力一、幷[30]被中子養上。如二侍樹漏レ雨、何吾子違レ思、今在二*異[31]心一耶。子遂[32]不レ聴。時母*侘傺、著[33]レ身脱レ衣置二於三処一、子前長跪、遺言而言[34]、為レ我*詠*裹。以二一衣一者、我兄男[35]、汝得レ之也[36]。一衣者、贈[37]二我中男*一既[38]也。一衣者贈[39]二我弟男一既[40]也。逆子*歩前、将[41]レ*殺二母*項[42]一之[43]、*裂レ地而陥。母即起前、抱[44]二陥子髪一、仰レ天哭願、吾子者[45]、託[46]レ物為レ事。非二実現[47]心一。願[48]免レ罪既[49]。猶取レ髪留レ子、々[50]終陥也。*慈母持[51]レ髪帰レ家、為レ子備[52]二*法事一、其髪入[53]レ*筥、置二仏像前一、謹請二*諷誦一矣。母慈深。深[54]故、於二悪逆子一、垂[55]二*哀愍心一、為レ其修レ善。誠知、不孝罪報、甚近、悪逆之罪、非無[56]無彼報矣。

1愛、国愛之
2妻、攷証高野本妻上有已字
3麻呂、来麿国磨
4麻、来摩国磨攷証高野本作磨
5火麻呂、来火丸国麿
6早、国群日下攷証依高野本改国に従う
7畐、来負女国屓攷証高野本作負、刀自に意改
8麻呂、来丸国麿
9大伴名姓不分明、来国ナシ
10紫、国兵
11守、来寺
12年、国季
13往、国性
14麻呂、来丸国麿

（第七紙）

15離、[来]ナシ
16逆謀、[来]破損
17殺、[来]破損
18其喪服、[来]破損[国]其奄服
19倶居母之自、[来]破損
20善為心子、[来]破損
21山、[国]ナシ
22七、[来]破損
23奉、[来]破損
24率、[国]卒
25以、[来][国][群]子以[攷証]依高野本増[来]に従う
26地、[国]ナシ[攷証]高野本無地字
27答之曰、[来]而答之[国]而答何言
28託、[来][国]詫
29々即、[来]頸母即[国]頸即長跪
30幷、[来]並
31異、[国]失
32遂、[国]逐
33著身脱、[国]為著子服
34而言、[国]吐云[来]ナシ
35兄、[国]多南として南を抹消
36也、[来]ナシ
37贈、[来]賜
38貺、[国]賜
39贈我、[来]贈我者贈我
40貺、[来][国]賜
41将、[国]ナシ
42項、[来][国]頸
43之、[来][国][群]之頃[攷証]依高野本改
44抱、[国]振[攷証]高野本作振
45吾、[国]我
46託、[来][国]詫
47実現心、[来]破損
48免、[国]執
49貺猶取、[来]破損
50々、[来][国]ナシ
51持髪帰、[来]破損
52法、[来]破損
53其、[来]破損
54深、[来][国]ナシ[攷証]高野本無深字
55垂、[国]乗
56無無、[来][国][群]无[来]に従う

【書き下し文】

悪逆《あくぎゃく》なる子、妻を愛《うつく》しびて母を殺さむと謀り現報《げんぽう》に悪死を被《こうむ》る縁　第三

吉志火麻呂《きしのほまろ》は、武蔵《むさし》国多麻《たま》郡鴨《かも》里の人なり。火麻呂の母は、日下部真刀自《くさかべのまとじ》なり。聖武《しょうむ》天皇の御世、火麻呂、大《おお》伴《とも》名と姓は、分明ならず に、筑紫《つくし》の前守《さきもり》に点ぜられて、三年を経べしといふ。母は子に随ひて往《ゆ》きて相ひ節養《か》ひき。其《そ》の婦は、国に留まりて家を守る。時に火麻呂、己《おの》が妻を離れて去り、妻の愛に昇《た》へずして逆謀《ぎゃくぼう》を発《おこ》し、我が母を殺して、其の喪に遭《あ》ひて服し、役《えき》を免《まぬか》れて還り、妻と倶《とも》に居らむと思ふ。母の自性《じしょう》、善を行ふを心とす。子、母に語りて言はく、「東の方の山中に、七日、法花《ほけ》経を説き奉《たてまつ》る大会《だいえ》有り。率《いざ》、母、之を聞かむ」と。母欺《あざむ》かれて、経を聞かむと念《おも》ひ、発心《ほっしん》して湯に洗ひ身を浄め、倶に山中に至る。子、牛の目を以て母を眦《にら》みて言はく、

「汝《なんじ》、地に長跪《ひざまず》け」と。母、子の面《おもて》を瞻《み》て、之に答へて曰はく、「何の故に然《しか》言ふ。若し汝は鬼に託《くる》へるや」と。子、横刀《おうとう》を抜きて、母を殺さむとす。母、子の前に即《つ》き、長跪きて言はく、「木を殖うる志は、彼《そ》の菓《このみ》を得、並びに其の影に隠れむが為なり。子を養ふ志は、子の力を得、并《なら》びに子に養はれむが為なり。恃《たの》みし樹に雨の漏るが如く、何ぞ吾が子思ひに違《たが》ひて、今異《け》しき心在るや」と。子遂《つい》に聴かず。時に母侘傺《わ》びて、身に著たる衣を脱ぎて三処《さんしょ》に置き、子の前に長跪き、遺言して言はく、「我が為に詠《しの》び裹《つつ》め。一つの衣を以ては、我が兄の男、汝、之れを得よ。一つの衣は、我が中の男に贈り貺《たま》へ。一つの衣は我が弟の男に贈り貺へ」と。逆《さかしま》なる子、歩み前《すす》みて、母の項《うなじ》を殺《き》らむとすれば、地裂《さ》けて陥《おちい》る。母、即ち起《た》ちて前み、陥る子の髪を抱《うだ》き、天を仰《あお》ぎて哭《な》き願はく、「吾が子は、物に託ひて事を為す。実《まこと》の現心《うつしごころ》に非ず。願はくは罪を免《ゆる》し貺へ」と。猶《な》ほ髪を取りて子を留むるも、子終《つい》に陥る。慈母《じぼ》、髪を持ちて家に帰り、子の為に法事を備へ、其の髪を筥《はこ》に入れ、仏像の前に置き、謹《つつし》みて諷誦《ふじゅ》を請《う》く。母の慈《うつくしび》深し。深きが故に、悪逆の子に於いて、哀愍《かなし》びの心を垂《た》れ、其の為に善を修す。誠に知る、不孝の罪報は、甚《はなは》だ近く、悪逆の罪は、彼の報ひ無きには非ずといふことを。

【語　釈】

○**悪逆**　古代の律に定められた罪名。八虐の一つ。祖父母、父母を殴打し、殺そうと謀ったり、または、伯叔父姑、兄姉、外祖父母、夫、夫の父母を殺した際の罪（日国大）。

○**愛**　篇立「メグム、ウツクシ、アハレフ」。いつくしむ、心を残す（字通）。

○**吉志火麻呂**　未詳。吉志氏は吉士とも書き、新撰姓氏録摂津皇別に「吉志、難波忌寸同祖、大彦命之後也」とある。難波に本拠を持ち、外交を担当した氏族。名の火麻呂は、古代の人名では「大麻呂」の例が圧倒的に多い。本来は大麻呂か。

○**武蔵国多麻郡鴨里**　多麻郡（多摩郡）は、現在の東京都西部地域にあたり、武蔵国の国府所在郡。鴨里は他に見えず。大日本地名辞書は東京都昭島市大神町に比定するが未詳。

○**日下部真刀自**　未詳。[真]「早」は「𣅃」の誤で、日下の合字。刀自は[真]「𠚴」の字体。刀自は一家の主婦、正妻の意。上2（上54頁）「家室」。

○**大伴**　未詳。新撰姓氏録には大伴連、大伴山前連、大伴造がみえる。

○**筑紫前守**　防人に同じ。対外防衛のため九州に配備された兵士。軍防令によると諸国軍団の兵士の中から派遣され、任期は三年。主に東国から徴発されていたが、天平宝字元年（七五七）閏八月壬申の勅により西海道からの徴発に改められた。万葉集巻二十に収める武蔵国の防人歌には妻との離別を悲しむものがあり、本縁の防人とその心情において共通点がある。

○**点**　令制下、正丁男子を兵士や衛士に指定すること（日国大）。軍防令3兵士簡点条に「凡兵士簡点」とある（参考史料A）。

○**応経三年**　軍防令8兵士上番条によれば防人の任期は三年（参考史料A）。

○**母随子往**　防人に親族が同伴する事例。

○**節養**　[国訓釈]「節　加ヒ岐」。ただし「節」には「カフ」の訓はなく、旧大系によれば、[国訓釈]は「養」に対するもので、「節」は「𩚃」「𩚄」の誤りかという。いずれも名義抄「カフ」。名義抄「養　カフ」。ここでは二合して訓む。

○**昇**　「たえず」の訓みは、上序[興訓釈]「昇　勝也」。

○**逆謀**　むほんのはかりごと。反逆のたくらみ。謀逆（日国大）。

○**自性**　物それ自体の独自の本性。本来の性質。本性（日国大）。

○**法花経**　妙法蓮華経。姚秦・鳩摩羅什訳、八巻。上11（上177頁）。

○**大会**　多くの僧侶の集まる説法・法会の会座（広説）。

○**率**　国訓釈・国傍訓「イサ」。「いざ」は相手を誘うとき、自分とともに行動を起こそうと誘いかけるときなどに呼びかける語（日国大）。
○**発心**　求道の念を起こすこと。上33（上367頁）。
○**牛目**　古代における牛に対する認識が現れている。網野善彦は「『北野天神縁起』に見える牛は、らんらんと大きな目を輝かし、鋭い角をたてており（中略）いわば牛は当時、なお野獣に近い動物とみられていたのではないか」と述べる（網野『異形の王権』平凡社、一九八六年、四九頁）。
○**眦**　来傍訓「テラフ」、国訓釈「ニラム」、国傍訓「ニラムテ」、名義抄・字類抄「ニラム」。
○**長跪**　長く地上にひざまずくこと。上30（上345頁）。
○**面**　字類抄「オモテ」。
○**託鬼**　鬼に取り憑かれた。託は名義抄「ツク、ヨル」。
○**殖木之志**　大般涅槃経巻十九光明遍照高貴徳王菩薩品第二十二之一に「人種樹、為得蔭涼、為得花菓及以材木」とある（大正新脩大蔵経十二－七三六頁）。
○**志**　名義抄「コ、ロ」。
○**菓**　名義抄・字鏡集「コノミ」。このみ、くだもの（字通）。
○**異**　名義抄「ケニ」。あるべき状態と異なっているさま。変わっていることに対して不審に思うさま（日国大）。
○**侘傺**　国訓釈「ニ合ワヒテ」、国傍訓「ワヒテ」。侘は来傍訓「ワウ」、名義抄「ワブ」、傺は字類抄・字鏡集「ワフ」。気力を失ってがっくりする、気落ちする。また、困惑の気持ちを外に表わす（日国大）。
○**詠**　興上5訓釈「シノハシム」。上1（上41頁）。
○**裹**　名義抄「ツ、ム」。つつむ、まとう（字通）。
○**貺**　来傍訓「タマフ」、国訓釈「給也」、説文「賜也」、名義抄「タマフ、タマ物」、字類抄「タマハル」。

○**前**　名義抄「ス、ム」。すすむ、まえ、さきだつ（字通）。
○**殺**　字類抄「キル」。
○**項**　うなじ。上30（上343頁）。
○**裂**　国傍訓「サケテ」。
○**慈母**　愛情の深い母親（日国大）。
○**法事**　追善供養などのために行う仏事。仏法の儀式（日国大）。補説1。
○**筥**　名義抄・字鏡集「ハコ」。
○**諷誦**　経典を暗誦すること。経文を唱えること（広説）。
○**哀愍**　名義抄・字類抄「哀　カナシフ」「愍　カナシフ」。二合して訓む。

【現代語訳】

悪逆の子が、妻への愛着のために母を殺そうと謀り、現実に悪い死に方をした話　第三

吉志火麻呂は、武蔵国多麻郡鴨里の人である。火麻呂の母は、日下部真刀自といった。聖武天皇の御世に、火麻呂は大伴名と姓は明らかでない によって筑紫の防人に選ばれ、三年間勤めることとなった。母は子について行き、世話を焼いた。火麻呂の妻は、国に留まって家を守った。時に火麻呂は、自分の妻と離れ離れになって妻への愛着を断ちがたく、孝に背く謀をめぐらし、自分の母を殺して、その喪に服するという名目で防人の任務を逃れて国に帰り、妻と一緒に暮らそうと考えた。母のひととなりは善を行うことを心がけていた。そこで子は母に、「東の山中に七日間法華経を説く法会があります。さあ、お母さん、聞きに行きましょう」と語った。母はだまされて経を聞こうと思い、発心して湯に入って身を清め、子と一緒に山中に至った。子は牛のような目つきで母を睨んで、「おまえ、地面にひざまずけ」と言った。母は子の顔を見て、「どうしてそんなことをいうのかい。もしやおまえ、鬼にでも取り憑かれたのかい」と答えた。子は横刀を抜いて母を殺そ

うとした。母は子の前で跪いて、「木を植える心は、その実を取り、その木陰に入るためだ。子を育てる心は、子の助けを受け、子に養ってもらうためだ。頼りにしていた木から雨が漏れるように、どうしてわが子は私の思いとは違って、今、おかしな気をおこしたのか」と言った。子は聞き入れなかった。その時、母は気落ちして、着ていた衣を脱いで三ヶ所に置いて、子の前に跪いて、「私のために思い遣って包んでおくれ。一つの衣は私の長男であるおまえが取りなさい。一つの衣は私の次男に贈っておくれ。もう一つは私の末の息子に贈っておくれ」と言った。親不孝の子は前に歩み出て、母の首を切ろうとしたところ、地が裂けてそこに落ちた。母はすぐに起き上がって進み出て、落ちる子の髪をつかみ、天を仰いで泣きながら、「わが子は、物の怪に取り憑かれて、こんなことをしたのです。本当の心ではありません。願わくは罪を許してやって下さい」と願った。なおも髪をつかんで子を引き留めていたが、子はとうとう落ちてしまった。慈しみ深い母は髪を持って家に帰り、息子のために仏事を営み、その髪を箱に入れて仏像の前に安置し、謹んで僧侶に読経を依頼した。母の慈悲は深い。深いからこそ、悪逆の子に対しても憐れみの心をかけ、そのために仏事を行う。誠によくわかる、不孝に対する報いはとてもすぐに現れ、悪逆の罪は、その報いを絶対に受けなければならないということが。

【関連説話】

1　法苑珠林　巻二十二　入道篇引証部第四

如雑宝蔵経云、昔有一婦女、端正殊妙、於外道法中出家修道、時人問言、顔貌如是、応当在俗、何故出家、女人答言、如我今日、非不端正、但以小来厭悪婬欲、今故出家、我在家時以端正故、早蒙処分、一生男児、児遂長大、端正無比、転覚羸損、如似病者、我即問児病之由状、児不肯道、為問不止、児不獲已而語母言、我正不道、恐命不全、止欲具述、無顔之甚、即語母言、我欲得母、以私情欲、以不得故、是以病耳、母即語言、自古以来、何有此事、復自念言、我若不従、児或能死、今寧違理、以存児命、即便喚児、欲従其意、児将上牀、地即劈裂、我子即時生身陥入、我即驚怖、以手挽児、捉得児髪、而我児髪、今日猶故、在我懐中、感切是事、是故出家、

2　法苑珠林　巻五十　不孝篇婦逆部第三

如雑宝蔵経云、昔有一婦、禀性佷悷、不順礼度、毎所云為、常与姑反、後方作計、教其夫主、自殺其母、其夫愚癡、即用婦語、便将其母至曠野中、結縛手足、将欲加害、罪逆之甚、感徹上天、雲霧四合、為下霹靂、霹殺其児、母即還家、其婦開門、謂是夫主、問言、殺未、姑答、已殺、至於明日、方知夫死、不孝之罪、現報如是、後入地獄、受苦無量、

3　今昔物語集　巻二十第三十三話

吉志火磨、擬殺母得現報語第三十三

今昔、武蔵ノ国、多磨ノ郡、鴨ノ郷ニ、吉志火丸ト云フ者有ケリ。其ノ母ハ𣅀部ノ真刀自也。聖武天皇ノ御代ニ、火丸筑前ノ守□ト云フ人ニ付テ、其ノ国ニ行テ、三年ヲ経ルニ、其ノ母、火丸ニ随テ行ヌレバ、其ノ国ニシテ、母ヲ養ナフ。火丸ガ妻、本国ニ留リテ、家ヲ守ルニ、火丸妻ヲ恋テ思ハク、「我レ妻ヲ離テ、久ク相ヒ不見ズ。然レドモ不被許ザルニ依テ、行ク事不能ズ。而ルニ、我レ此ノ母殺テ、其喪服ノ間、被許テ本国ニ行キ、妻ト共ニ居ム」ト思フ。

母ハ心ニ慈悲有、常ニ養ヲ修ヌ。而ル間、火丸母ニ語テ云、「此ノ東ノ方ノ山ノ中ニ、七日ノ間法花経ヲ講ズル所有リ、行テ聴聞シ給へ」ト率フ。母此レヲ聞テ、「此レ我ガ願フ所也。速ニ可詣シ」ト云テ、心ヲ発シ、湯ヲ浴身シ浄メテ、子ト共ニ行テ、遥ニ山ノ中ニ至テ見ルニ、仏事ヲ可修キ山寺不見エズ。

而ル間、遥ニ人離レタル所ニシテ、火丸母ヲ眦テ、嗔レル気色有リ。母此レヲ見テ云ク、「汝ヂ何ノ故ニ嗔レルゾ。若鬼ノ託タルカ」ト。其時ニ、火丸刀ヲ抜テ母ガ頸ヲ切ラムト為ルニ、母、子ノ前ニ跪テ云ク、「樹ヲ殖ル事ハ菓ヲ得、其ノ影ニ隠レムガ為也。子ヲ養フ志ハ、子ノ力ヲ得テ養ヲ蒙ラムガ為也。而ルニ、何ゾ我ガ子思ヒニ違テ、今我ヲ殺スゾ」ト。火丸此レヲ聞ト云ヘ共不許シテ、猶殺サムト為ル時ニ、母ノ云ク、「汝ヂ暫ク待。我レ云ヒ可置キ事有」ト云テ、着タル衣ヲ脱テ、三所ニ置テ、火丸ニ云ク、「此ノ一ノ衣ヲバ我ガ嫡男也汝ニ与フ」ト、「一ノ衣ヲバ我ガ中男也汝ガ弟ニ与ヨ。一ノ衣ヲバ我ガ弟男也弟子ニ与ヘヨ」ト遺言ルスニ、火丸刀ヲ以テ母ガ頸ヲ切ラムトス。

而ル間、忽ニ地裂テ、火丸其ノ穴ニ落入ル。母此レヲ見、火丸ガ髪ヲ捕テ、天ニ仰テ、泣々ク云ク、「我ガ子ハ鬼ノ託タル也。此ヲ実ノ心ニ非ズ、願ハ天道、此ノ罪ヲ免シ給ヘ」ト叫ブト云ヘドモ、落入リ畢ヌ。母ト捕タル髪ハ抜テ、手ニ拳リ乍ラ留ヌ。母其ノ髪ヲ持テ、泣々ク家ニ返テ、子ノ為ニ法事ヲ修シテ、其髪ヲ筥ニ入レテ、仏御前ニ置テ、謹テ諷誦ヲ請ク。母ノ心哀ビ深キ故ニ、我レヲ殺サムト為スル子ヲ哀ビテ、其ノ子ノ為ニ、善根ヲ修シケリ。

実ニ知ヌ、不孝ノ罪ヲ天道新タニ憾給フ事ヲ。世ノ人此ヲ知テ、殺サムマデノ事ハ難有シ、只懃ニ父母ニ孝養シテ、努々不孝ヲ不可成ズトナム語リ伝ヘタルトヤ。

4　宝物集 巻六

天竺・震旦までは申さじや、我朝武蔵国に、玉の火丸と云者あり。聖武天皇御時 京上して、人の供に、母などぐして鎮西に下向して、太宰府にすみけるほどに、主人、京上しける供に、のぼるべきにてありけるに、思はしき妻をまうけたりけるに、はなれじとて、障をいだしてとまらんとて、母を山へ具して行て、ころさんとするに、大地俄にさけて、火丸落入けるを、髻を取て、引きあげて生けんとするは母なり。

【補説】

1　遺髪に対する供養

本縁のもととなったとされる法苑珠林巻第二十二の説話では、生きながら地底に堕ちた息子の遺髪を尼となった母が常に懐に入れて持ち歩いていると母自身によって語られ、息子の遺髪への母の愛着が主題となっている。それに対して本縁では息子の遺髪を筥に入れて仏前で諷誦しており、葬礼の対象ともなる遺体の一部としての扱いがより顕著である。遺髪に対する供養については、仏髪など聖者の頭髪に対する尊崇が古来よりあるが、死者一般に対するもので本縁以前の例においては顕著な例は見当たらない。石井公成は、霊異記にみえる筥には鎮魂祭や八十島祭で使用される筥と同じく呪術的な意味があったとし、中巻三十三縁において、鬼に食われた娘の頭部を同じく箱に入れて仏前に置き供養していることと同様、変死者であり遺体の一部しか残っていない場合の蘇生儀礼にかかわるとする。

【参考史料】

A　軍防令

3兵士簡点条

凡兵士簡点之次、皆令比近団割。不得隔越。其応点入軍者、同戸之内、毎三丁取一丁。

8兵士上番条

凡兵士上番者、向京一年、向防三年。不計行程。

12兵士向京条

凡兵士向京者、名衛士。火別取白丁五人、充火頭。守辺者、名防人。

27征行者条

凡征行者、皆不得将婦女自随。

28征行条

凡征行、大将以下、有遭父母喪者、皆侍征還。然後告発。

B　令義解軍防令

23衛士下日条

凡衛士、雖下日、皆不得輙卅里外私行。必有事故、須経本府、判聴乃去。其上番年、雖有重服、不在下限。下番日、令終服。

其防人遭喪、亦准衛士。但火頭者、非在此例。

55防人向防条

凡防人向防、若有家人奴婢及牛馬、欲将行者、聴。謂、若欲将妻妾者亦須聴。為非征人故也。

【参考文献】

猿渡盛厚「日本霊異記の多摩郡鴨里と式外社若雷神社について」（『武蔵野史談』一-二、一九五二年）
益田勝実「日本霊異記に見える母殺し未遂防人の身分について」（『日本文学研究』二〇、一九五三年）
寺川真知夫「『日本霊異記』中巻三縁の形成」（『日本国現報善悪霊異記の研究』和泉書院、一九九六年。初出一九七九年）
今野達「日本霊異記〈吉志火麻呂説話〉によせて」（『国語国文』五五-一一、一九七九年）
石井公成「遺髪を入れた筥―『日本霊異記』中巻第三縁の再検討」（『駒沢短期大学仏教論集』二、一九九六年）
三舟隆之「『日本霊異記』における東国関係説話」（『『日本霊異記』説話の地域史的研究』法藏館、二〇一六年）

（藤田）

力女力を試みに捔し縁　第四

【原　文】

*力女、*捔二力試[1]一縁第四

聖武天皇御世、*三野国[2]片[3]県郡[4]少[5]川市有万女[6]。為レ人大也。名為[7]二*三野狐[8]一。（是昔三野国狐[9]為[10]レ母生人之四[11]継孫也。）力強当二百人力一。住二少[12]川市内一、恃二己力一、*凌[13]二*弊於往還商人一、而取二其物一為レ業。時尾張国愛智群[14]片輪[15]里有万女[16]。*為[17]レ人少也。（是昔有二元[18]興寺一*道場法師之孫也。）其聞下三野狐[19]、凌[20]二弊於人物一、而取上、念レ試レ之、蛤桶[21]五十解[22]載レ船、泊[23]二彼市一也。亦儲備、副二納*熊葛練韃廿段一。時[24]狐来、彼蛤皆取令レ売、然問之言、自レ何来女。蛤主不レ答。亦問不レ答。重四[25]遍問[26]、乃答之言[27]、来方不[28]レ知。狐念レ无レ礼、打起。依[29]即二手待捉[30]、葛韃[31]以一遍打。々[32]韃著レ肉。

亦取二一鞮一一遍打。々[33]鞮著レ肉。十段鞮随レ打皆著レ肉。狐白[34]之言、服也。犯[35]也。惶也。於[36]是[37]知善[38]《盖》於[39]狐之力[40]也。蛤主女言、自レ今已後、在二此市一不レ得。若強[41]住者、終打殺也。狐所二打[42]＊戩[43]一。不レ住二其市一、不レ奪二人物一。彼市人、惣[44]皆[45]悦二安穏一。夫力人、＊㕝継世不レ絶。誠知、先世殖二大力因[46]一、今得二此力一矣。

（第八紙）

1試、[来]誠
2国、[来]傍書挿入
3片、[国]守[攷証]高野本作守県
4郡、[国]部
5少、[来][国]小[攷証]高野本作小
6万、[来][国][群]一力[来]に従う
7名、[来]名[国]ナシ
8狐、[国]孫
9野、[来]野[国]乃[攷証]作乃
10狐、[国]孫
11四、[国]日
12少、[来][国]小
13淩、[来]陵
14群、[来][群]郡[国]ナシ[来]に従う
15片、[来]臣[国]守
16万、[来][群]一力[来]に従う
17人少、[来]小人
18有、[来]ナシ
19狐、[国]孫孫とし一字目を見セ消チ
20淩、[来]陵
21桶、[来]桶[国][群]捕
22解、[来][国][群]斛[攷証]依高野本改[来]に従う
23泊、[国]宿[攷証]高野本作宿
24時、[国]于時
25四、[来]破損
26問、[国]ナシ
27之、[来]破損
28来、[来]破損
29依即、[来]破損
30待、[来]持[来]に従う
31葛、[来][国][群]熊葛[攷証]原脱熊字依高野本及上文増[来]に従う
32々、[来][国]之[攷証]高野本々作之、下同
33々、[来][国]之
34白、[来]日
35犯也、[攷証]原作之依高野本改
36於、[国]ナシ
37是、[来]是邑
38善、[真]善を見セ消チして盖を傍書[来][国][群]益[来]に従う
39於、[攷証]高野本無於字
40力、[来]力事
41強、[来]往
42打、[攷証]高野本擲
43戩、[来]戦[国]檝戩とし檝を見セ消チ[攷証]高野本戦
44惣、[国]物
45皆、[来]皆々
46因、[来]傍書挿入

【書き下し文】

力女《りきにょ》、力を試みに捔《くらべ》し縁　第四

聖武天皇の御世、三野《みの》国片県《かたがた》郡少川《おがわ》市に一の力女有り。人となり大きなり。名は三野狐とす 是は昔三野国の狐を母として生まれし人の四継《よつぎ》の孫なり。力強くして百人の力に当る。少川市の内に住み、己が力を恃《たの》み、往還《おうかん》の商人を凌《しの》ぎ弊《しいた》げ、其《そ》の物を取りて業《なりわい》とす。時に尾張《おわり》国愛智《あいち》郡片輪《かたわ》里に一の力女有り。人となり少《ちいさ》きなり 是は昔元興《がんごう》寺に有りし道場法師《どうじょうほうし》の孫なり。其れ三野狐、人の物を凌ぎ弊げ、取ると聞き、之を試みむと念《おも》ひ、蛤《はまぐり》桶《おけ》五十斛《こく》を船に載せ、然《しか》して彼《そ》の市に泊《は》つ。また儲《もう》け備ふに、熊葛《くまつづら》の練鞭《ねりむち》二十段《きだ》を副《そ》へ納む。時に狐来りて、彼の蛤を皆取りて売らしめ、然して問ひて言はく、「何《いず》くより来れる女ぞ」と。蛤の主答へず。また問ふに答へず。重ねて四遍《よたび》問ふに、乃ち答へて言はく、「来し方を知らず」と。狐、礼《いや》無しと念《おも》ひ、打たむとして起つ。依りて即ち二つの手を持ち捉《とら》へ、熊葛の鞭以て一遍《ひとたび》打つ。打つ鞭に肉著《つ》く。また一つの鞭を取りて一遍打つ。打つ鞭に肉著く。十段の鞭打つに随ひて皆肉著く。狐白して言はく、「服《したが》はむ。犯せり。惶《かしこ》し」と。是《ここ》に狐の力より益《まさ》れることを知る。蛤の主の女、言はく、「今より已後《いご》、此の市に在ること得ざれ。若し強ひて住まば、終《つい》に打ち殺さむ」と。狐打ち戢《ひそ》められき。其の市に住まず、人の物を奪はず。彼の市の人、惣《すべ》て皆安穏を悦《よろこ》ぶ。夫れ力人は、叐《も》ち継ぎて世に絶へず。誠に知る、先の世に大力の因《いん》を殖ゑて、今此の力を得たることを。

【語　釈】

○**力女**　力のある女性。力人は、古代においてはとくに勇猛で強健な男性を指し、国家にとって軍事的に重要視された。兵士である健児には「チカラヒト」の訓が伝えられている（岩崎本日本書紀巻二十四皇極天皇元年七月条平安時代中期点）。力女の場合は、力婦・膂力婦女などと史料にはみえる（参考史料ＡＢ）。力女は、後宮の内侍司に属し、男性のいない後宮で力仕事や警護に従事したという（寺川真知夫説）。尾張には膂力婦女田二町が延喜の頃まで存在していたことが知られ（政事要略巻五三延喜十四年〈九一四〉八月八日太政官符）、膂力婦女・力婦の貢上国であった。力女の力は、動物（狐）や雷神など人間ならざるものに由来する特別な力能であったと観念されていたことが、本縁より窺われる。これは神事に預かる相撲人を含む男性の力人にも共通する性格であろう。

○**捔**　[国訓釈]「久良倍之」。新撰字鏡「知加良久良辺」。漢字の原義は、つのとる、うやうやしいなどの意味がある（字通）が、わが国では「すまひ」（相撲・角力）の意味で用いる。

○**三野国片県郡少川市**　片県郡は、現在の岐阜市周辺、長良川の北流域平野部にあたる。和名抄は六つの郷名をあげている。少川市は、現在の岐阜市古市場とも、同市一日市場ともいわれるが、未詳。尾張から美濃への水上交通路に面していたことが本縁の記述から分かる。片県郡は、下31。

○**三野狐**　上2に登場する狐直の子孫の女性。上2（上55頁）「狐直」。

○**淩**　淩に通じる。上9[興訓釈]「淩　之乃支」。あなどる。見くだす。上9（上158頁）。

○**弊**　[国訓釈]「師倍太計」。むごくあつかうこと。いじめること（日国大）。

○**尾張国愛智郡片輪里**　愛智郡は、現在の愛知県名古屋市・長久手市・日進市他を含む地域。尾張国の中心となる郡で、尾張国造尾張宿祢氏の本拠地であり、熱田神宮が所在する。古代東海道も愛知郡を通過し、延喜式にみえる新溝駅があった。和名抄は十郷を伝えるが、その中に片輪里はみえない。名古屋市中区古渡町に片輪の地名が残り、同じ町内に尾張元興寺跡が所在する。ここが故地と考えられる。愛知郡片輪里は、上3（65頁）。

○**為人少**　雷神の系譜を引いて生まれたものは、体軀が小さいという共通性がある。上1補説1（上42頁）。

○**道場法師**　雷神の系譜を引く僧侶。上3（上69頁）。

○**熊葛練韃**　国訓釈「韃 ムチ」。新撰字鏡「葛 加豆良」、名義抄「葛 カヅラ、ク爪カツラ」。先行注釈は、熊葛をクマツヅラと訓む。クマツヅラは、馬鞭草（バベンソウ）と呼ばれるクマツヅラ科の薬用植物で、日本では本州・四国・九州・沖縄の野原や山地に自生する。ただし旧大系は、和名抄の「馬鞭草 久末豆々良」とは別の植物かとして、クマツヅラ説を否定する。葛は、蔓草の総称（日国大）なので、なんらかの蔓草を打って軟らかくし（「練」の工程）作成した鞭と考えられる。

○**戢**　国訓釈「比曽米ラ縁キ」、字鏡集「ヒソム」。おさめる、兵器を収める、いくさをやめる（字通）。

○**叐継**　国訓釈「叐 持也」、来傍訓「スチ」。旧大系・全集などは国訓釈に従い「もちつぎて」と訓む。集成は、「叐」は「友」の古字であるから、もともと「支」を誤写したものであろうとの説を採り、来傍訓をふまえて、「力人の支（すじ）は世を継ぎて絶へず」と訓読する。

【現代語訳】

力の強い女が、力くらべを試みた話　第四

聖武天皇の御世、三野国片県郡少川市にひとりの力の強い女がいた。生まれつき体が大きかった。名を三野狐といった。これは昔、三野国の狐を母として生まれた人の四世の孫である。力が強くて百人分の力に相当した。少川市の域内に居住して、自分の力の強さにおごって、行き来する商人を押さえつけ虐げ、その売り物を取りあげることを生業としていた。そんな時、尾張国愛智郡片輪里にもひとりの力の強い女がいた。生まれつき体が小さかった これは昔、元興寺にいた道場法師の孫である。三野狐が人を押さえつけて虐げその物を取ると聞き、これと力くらべを試みてみようと決めて、蛤五十斛分の桶を船に載せ、その市で停泊した。また舟にあらかじめ用意していた物に熊葛で作ったよく練った韃二十本があり、蛤と一緒に積んでおいた。そんな時、狐がやって来て、その蛤を皆取りあげて売却させてしまった上、「どこから来た女だ」と訊ねた。蛤の主は答えなかった。再度問われても答えない。重ねて四回目に問われた時に答えて言った。「どこから来たのかなんて知らないよ」と。狐は無礼な奴だと思い、打ち叩こうとして立ち上がった。そこでその両手を持って捕捉し、熊葛の鞭で一度打った。打った鞭には肉が付着していた。また一つの鞭を取って一度打った。打った鞭にはまた肉が付着していた。十本の鞭で打ったところ、そのたびにすべてに肉が付着した。狐は白状し、「あなたに服従します。私は悪事を犯しました。恐れ入りました」と言った。ここに狐の力よりもこの女の力の方が勝っていたことが分かる。蛤の主の女は、「今から以後、この市に居住することは禁止する。もしそれを破って住むならば、最後には打ち殺してしまうぞ」と言った。狐は打ちひしがれてしまった。もうその市には住まず、人の物も強奪することはなくなった。かの市の人はすべて皆、安心して暮らせるようになったことに喜悦した。このように力の強い人の系譜は、代々受け継がれて絶えることがない。誠によく理解できることだ、先の世で大力を得る因縁ができて、今の世でこうした力を得られたことを。

【関連説話】

1　今昔物語集　巻二十三第十七話

尾張国女、伏美濃狐語第十七

今昔、聖武天皇ノ御代、美濃国ノ方県ノ郡、小川ノ市ニ、極テ力強キ女有リケリ。其形チ甚ダ大キ也。名ヲバ美濃狐トゾ云ケル。此レハ昔、彼国ニ狐ヲ妻トシタル人有ケリ。其レガ四継ノ孫也ケリ。其女力ノ強キ、人ノ力百人ニ当リケリ。然ル間、此女彼小川ノ市ノ内ニ住テ、自ラ力ヲ憑テ往還ノ商人ヲ掕躒シテ、其物ヲ奪ヒ取ヲ以テ業トシケリ。亦、其時ニ、尾張国、愛智ノ郡、片輪ノ郷ニ力強キ女有ケリ。其形小カリケリ。此レハ、昔シ其国ニ有ケル道場法師ト云ケル者ハ、元興寺ノ僧也。其レガ孫也。其女、彼美濃狐ガ小川ノ市ニシテ、人ヲ掕躒シテ商人ノ物ヲ奪取ル由ヲ聞テ、試ムト思テ、蛤五十石ヲ船ニ積テ、彼ノ市ニ□ル。亦儲ケ調ヘテ船副納メケリ。物ハ熊葛ノ練鞭二十反也。既ニ市ニ至ケルニ、美濃狐有テ、彼ノ蛤皆抑取テ不令売ズ。然テ美濃狐、尾張ノ女云、「汝ヂ何ニヨリ来レル女ゾ」ト。尾張ノ女答フル事無シ。美濃狐亦重テ問フニ、不答。遂ニ四度問ニ、尾張ノ女答テ云、「我来ル方ヲ不知」ト。其時ニ、美濃狐此ノ言ヲ、「便無シ」ト思テ、尾張ノ女ヲ罰ムトシテ立寄ルニ、尾張ノ女、美濃狐ガ罰ムト為ル其ノ二ノ手ヲ待捕ヘテ、此ノ熊葛ノ韃ヲ一ツヲ返々ス罰ツニ、其ノ韃ニ肉ノ付タリ。亦韃一ツヲ取テ罰ツニ、韃ニ肉付タリ。十段ノ韃ヲ罰ツニ随テ皆肉付タリ。其時ニ美濃狐申サク、「理也。我レ大キニ犯セリ。怖ル、所也」。尾張ノ女ノ云ク、「汝ヂ此ヨリ後ニ、永ク、此市ニ住テ人ヲ悩マス事ヲ止メヨ。若シ不用シテ尚住マバ、我ニ遂ニ来テ、汝ヲ可罰殺」ト云テ、本国ニ返ニケリ。

其後、美濃狐、其市ニ不行シテ、人ノ物ヲ不奪取ラ。然レバ市人皆喜ビトシテ平カニ交易シテ世ヲ継テ不絶。亦尾張ノ女、美濃狐ニ力増レル事皆人知ニケリトナン語リ伝ヘタルト也。

【補　説】

1　本縁の地理的環境

本縁の舞台・少川市について寺川真知夫は、長良川沿いに立った市で、尾張国愛知郡からは、舟で長良川を遡り移動したとする。片輪里の故地は、現在の名古屋市中区古渡町で名鉄金山駅付近の繁華街だが、古代は海岸線に近かった。蛤を運搬していることからも海との関わりが窺われる。中27の後半は、本縁の主人公が草津川の「河津」で洗濯をしているときに「荷を載せた」「商人の大船」の船長とやり合う話であるが、草津川の「河津」は、古代の史料にみえる「草津渡」（かやつのわたり。故地は愛知県あま市甚目寺町萱津）と考えられる。すなわち片輪里から、草津川などを経て長良川にいたり、海産物を美濃国にある市に運ぶ地域交易のルートが存在したと推測される。商品としての蛤、マーケットの秩序維持に関わるエピソード、洗濯女に卑猥なことばをかける船長の存在など、本縁や中27の説話の細部から推定すると、説話成立の背景に商人の交易活動とそれに伴う移動があり、そうした世界で説話が練り上げられてゆき、片輪里にゆかりがある元興寺などを通じて、霊異記に収録される過程を推定することができる。

【参考史料】

A　続日本紀 天平七年（七三五）五月戊寅条

諸国所貢力婦、自今以後、准仕丁例、免其房徭、并給田二町、以充養物。

B　延喜式 民部上式50膂力婦女条

凡諸国所貢膂力婦女、免其房徭幷給田二町、以充資粮。

【参考文献】

黒沢幸三「『霊異記』の道場法師系説話」（『日本古代の伝承文学の研究』塙書房、一九七六年。初出一九七二年）

守屋俊彦「中巻二十七縁考」（『続日本霊異記の研究』三弥井書店、一九七八年）

古橋信孝「説話の流通と形成―道場法師の孫娘の説話をめぐって」（『古代文学』一九、一九七九年）

寺川真知夫「尾張国の力女伝承」（『日本国現報善悪霊異記の研究』和泉書院、一九九六年。初出一九八一年）

原田行造『日本霊異記の新研究』（桜楓社、一九八四年）

守屋俊彦「力女譚」（『日本古代の伝承文学』和泉書院、一九九三年。初出一九八四年）

原田敦子「大力女の原像と変貌―日本霊異記中巻第四縁・第二十七縁考」（『論集古代の歌と説話』和泉書院、一九九〇年）

河野貴美子『日本霊異記と中国の伝承』（勉誠社、一九九六年）

森田喜久男「市と「力女」―『日本霊異記』の分析から」（『朱』五二、二〇〇九年）

三浦佑之『日本霊異記の世界―説話の森を歩く』（角川選書四五七、二〇一〇年）

三舟隆之「道場法師系説話群の成立」（『『日本霊異記』説話の地域史的研究』法藏館、二〇一六年）

（毛利）

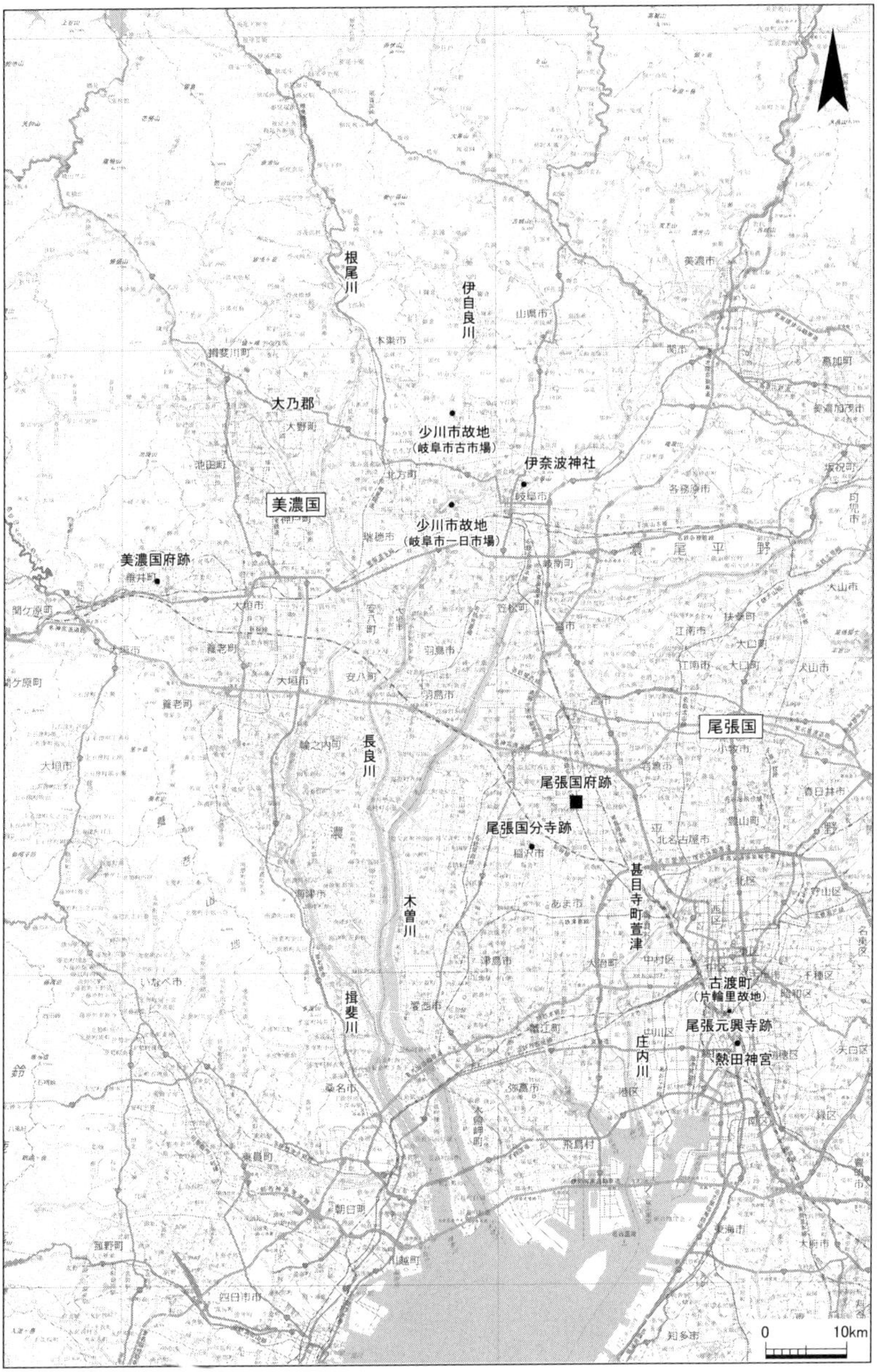
根尾川
伊自良川
大乃郡
少川市故地
（岐阜市古市場）
伊奈波神社
美濃国
少川市故地
（岐阜市一日市場）
美濃国府跡
濃尾平野
尾張国
長良川
尾張国府跡
尾張国分寺跡
木曽川
甚目寺町萱津
揖斐川
古渡町
（片輪里故地）
尾張元興寺跡
熱田神宮
庄内川
0
10km

中巻第四縁関連地図

漢神の祟りに依り牛を殺して祭り又放生の善を修して以て現に善悪の報を得る縁　第五

【原　文】

依二*漢[1]神祟[2]一殺レ牛而祭、又修二*放生善一、以現得[3]二善悪報[4]一縁第五
*摂津国東生郡撫凹村有二一[5]*富家長公一。姓名未レ詳也。
聖武太上天皇之世[6]、彼家長依二漢[7]*神祟[8]一、而禱之祀[9]*限二
于[10]七年[11]一、毎[12]レ年殺祀之以二一牛一、合[13]殺二七頭一。七年祭畢[14]、
忽得二重病一。又逕二七年一間、*医薬方療、猶[15]*不レ愈。喚二集
*卜者[16]二而*祓[17]*祈禱、亦弥増[18]病。於レ茲[19]思レ之、我得[20]二重病[21]一、由二殺
生[22]業一。故自二臥レ病年[23]一已来、毎レ月不レ闕[24]、*六節受[25]二*斎戒一、
修二放生業一、見三他殺[26]二(*)貪[27]生之類一、不レ*論而*贖、又遣二八方一、
買[28]二生物一而放[29]。*迄二七年[30]一、臨二命終時[31]一、語二妻子一曰、我死之後、
十[32]九日置[33]之莫レ焼。妻子置レ之、猶待二期日一。唯歴[34]二九日[35]ミミ

九日一、還(*)蘇[36]而[37]語、有二七人[38]*非人一。牛頭人身[39]。我髪*繫レ縄、捉
之*衛往。見之前路、有二*楼閣宮一。門[40]、是何[41]宮。非人悪眼
*睚眦而逼之言、*急[42]往。入[43]二于宮門[44]一而[45]白、召之。吾自知之、
*閻[46]羅王也。王問言、斯是殺レ汝之*讎[47]。答曰[48]、当是。則*膾机
与二少[49]刀一持出自[50]、*急判許。加[51]殺レ我賊[52]、膾而[53]噉之。時千
万余人、*勃然出来、解二縛縄一曰、非二此人*咎一。所レ*崇[54]鬼神
為レ祀殺害。爰余居レ中、而七非人与千万余人、毎日
訴諍[55]如二水火一。閻羅王判二断之一、不レ定二是非一。々人猶強白
言、明知、是人作[56]レ主[57]、*截二我四[58]足一、祀レ廟乞レ利[59]、賊[60]レ膾[61]食
レ肴[62]。今如レ切レ*侻、猶欲二屠[63]*啗一。千万余[64]、亦白レ王[65]曰、我等[66]*委
曲知レ非[67]二此人咎一、識[68]二鬼神咎一。王自思惟、理就レ多レ証。経二
八日一已、其[69]夕[70]告詔、参二向明日一。奉レ詔而罷、九日集会。閻[71]
羅王即告之[72]言、*大*分理判、由二多数証[73]一。故就二多数[74]一。
判許已訖。七牛[75]聞之、*嘗[76]レ舌飲[77]レ唾、切レ膾為レ*効、噉レ宍[78]為

（第九紙）

レ効、*慷慨捧[79]力[80]而建、各言[81]、不レ報レ怨哉。我当[82]不レ忘。独[83]後
報レ之。千万余人、衛二繞於我左右前後一、自二王宮[84]一出。乗
レ轝[85]而荷、擎幡而導、讃嘆以送、*長跪礼拝。彼衆人皆
作二一色容一。*爰吾問[86]曰、*仁者誰人。若[87]、我等是汝買[88]放生。
不レ忘二彼恩一、故今報耳。自二閻羅*闕[89]一還甦、*増発二*誓願一。従
レ此已[90]後、*効不レ祀レ神、*帰二*信三宝一。已家立レ*幢成レ寺、安レ仏修
レ法放生。従レ此已後、号曰二*那天堂一矣。終无レ*病春秋九十
余歳而死也。如二(*)鼻李[91]那経説一、*迦留陀夷、昔作二*天祀主一、由
レ殺二一羊[92]一、今[93]雖レ作二*羅漢[94]一、而[95]後、得二*怨報於*婆羅[96]門之妻[97]一、
所レ殺云々。如二*最勝王経[98]説一、*流水長者放二*十千魚一。々[99]生二
天上一、以二卅[100]千珠一、現報二流水長[101]者一、其斯謂[102]之矣。

1漢、国供
2祟、来崇
3得、来傍書挿入
4悪、国ナシ
5一、国ナシ
6之、国ナシ
7漢、国供
8祟、来崇
9祀、国礼
10于、国牛
11年、国季、以下同じ
12年、国易
13合、来令
14畢、国矣
15猶、国ナシ
16而、国ナシ

17祈禱亦、[国]ナシ
18増病於、[来]欠損
19茲、[国]慈
20我、[来]欠損
21重病由、[来]欠損
22生、[国]ナシ
23病年、[来]欠損
24闕六、[来]欠損
25受斎、[来]欠損
26他、[国]ナシ
27貪、[来]ナシ[国][群]含[攷証]原作貧[国]に従う
28買、[来][国][群]訪買
29而、[国]ナシ
30年、[来]年頃[国]季頭[群]年頭[攷証]原脱頭字依高野本改増
31終、[来]傍書挿入
32十、[国]千
33置、[国]買
34歴、[国]暦
35九日九日、[真]上二字を見セ消チ
36蘇、[来][国]甦[来]に従う
37而、[来]更
38人、[来]非人[国][群]ナシ[攷証]七下原衍人字依高野本及下文削
39身、[来]傍書挿入
40門、[来]向[国][群]問[攷証]原作門今高野本改[国]に従う
41何、[来]ナシ
42急、[来]忽
43入、[来]人
44門、[国]問
45而、[来]即
46閤、[国]潤、以下同じ
47讎以下二五字、[来]誤脱
48曰、[国][群]白
49少、[国]小[攷証]高野本作小
50自、[国][群]白[国]に従う
51加、[国][群]如[攷証]原作加依高野本改[国]に従う
52我、[国]ナシ
53而、[国]与
54祟、[来][国]微
55諍、[来]ナシ
56作、[来]依
57主、[来]王[国]聖
58四、[国]曰
59利、[来][国]祈[攷証]高野本利作祚
60賊、[国]賤
61瞻、[来][国][群]膽[来]に従う
62肴、[来]又有
63屠、[来]着
64余、[来][国][群]余人[攷証]原作脱人字依高野本増[来]に従う
65王、[来]欠損
66等、[来]欠損
67非、[国]非々
68識、[来][国]誠[攷証]高野本作誠
69其、[来]傍書挿入
70夕、[国]名
71闇、[国]潤
72之、[国]ナシ
73証、[国]終
74数、[来][国]衆
75牛、[来]年牛[国]季
76嘗、[来]嘗の誤字を見セ消チして嘗を傍書挿入
77飲、[来]余
78宍、[群]完
79捧、[来]ナシ
80力、[国]力而捧力[群]刀[群]に従う
81言、[国]聞也を見セ消チ
82当、[国][来]曽
83独、[来][国][群]猶[来]に従う
84宮、[国]ナシ
85轝、[攷証]原作挙依高野本改
86問、[国]可
87若、[来][国][群]答[来]に従う
88買、[国]置
89闕、[国]王
90已後、[来]ナシ
91李那、[来][国][群]奈耶[来]に従う
92羊、[来]欠損
93今、[来]足今
94羅、[来]欠損
95而、[来]欠損
96婆羅、[来]欠損[国]ハラ
97妻、[来]欠損
98経、[来]欠損
99々、[来]之
100卌、[来][国][群]冊[来]に従う
101長、[来]ナシ
102之、[来]也之

【書き下し文】

漢神《からかみ》の祟《たた》りに依《よ》り牛を殺して祭り、又放生《ほうじょう》の善を修して、以て現《うつつ》に善悪の報《ほう》を得る縁　第五

摂津《せっつ》国東生《ひがしなり》郡撫凹《なでくぼ》村に一《ひとり》の富める家長《いえぎみ》の公《きみ》有り。姓名詳《つまびら》かならず。聖武《しょうむ》太上天皇の世、彼《そ》の家長、漢神の祟りに依りて、禱《いの》りて祀《まつ》るに七年を限り、年毎に殺し祀るに一つの牛を以てし、合はせて七頭を殺したり。七年祭り畢《お》はりて、忽《たちま》ちに重き病を得たり。又七年を逕《へ》る間に、医薬方《いやくほう》にて療《いや》すも、猶《な》ほ愈《や》まず。卜者《かみなぎ》を喚《よ》び集め祓《はら》へ祈《い》禱《の》れども、亦《ま》た弥増《いやまし》に病む。茲《ここ》に思ふに、「我重き病を得るは、殺生《せっしょう》せる業《ごう》に由《よ》る」と。故に病に臥《ふ》せる年より已来《このかた》、月毎に闕《か》かず、六節《ろくせつ》に斎戒《さいかい》を受け、放生の業を修し、他の含生《がんしょう》の類《たぐい》を殺すを見れば、論《あげつら》はずして贖《あか》ひ、又八方に遣《つかわ》し、生物《いきもの》を買ひて放つ。七年に迄《いた》り、命終《いのちお》はる時に臨《のぞ》みて、妻子に語りて曰《い》はく、「我死して後、十九日置きて焼くこと莫《な》かれ」と。妻子、之を置きて、猶ほ期日を待つ。唯《ただ》九日を歴《へ》て、還《かえ》り蘇《さ》めて語るに、「七人の非人有り。牛頭にして人身なり。我が髪に縄を繫《か》け、捉《とら》へて衛《かく》み往《ゆ》く。見れば前の路に、楼閣《たかどの》の宮有り。問ふ『是《こ》は何の宮ぞ』と。非人悪《あ》しき眼に睚眦《にら》み逼《せ》めて言はく、『急《すみや》かに往け』と。宮門に入りて白《もう》さく、『召しつ』と。吾自《われおの》づから知る、閻羅《えんら》王なりと。王問ひて言はく、『斯《こ》は、是れ汝《なんじ》を殺しし讎《あた》か』と。答へて白さく、『当《まさ》に是れなり』と。則ち膾机《なますづくえ》と少刀とを持ち出して白さく、『急かに判許《はんきょ》せよ。我を殺し賊《う》ちしが如くに、膾にして噉《くら》はむ』と。時に千万余人、勃然《たちまち》に出で来て、縛りたる縄を解きて曰はく、『此の人の咎《とが》に非《あら》ず。祟る所の鬼神《きしん》を祀らむが為に殺害せるなり』と。爰《ここ》に余を中に居《お》きて、七の非人と千万余人、毎日訴《うった》へ諍《あらそ》ふこと水と火との如くなり。閻羅王、之を判断して、是非《ぜひ》を定めず。非人猶ほ強ひて白して言はく、『明らかに知る、是の人、主と作《な》り、我が四足を截《き》りて、廟《びょう》に祀り利を乞ひ、膾に賊《き》りて肴《さかな》に食ひしことを。今倪《なまな》に切るが如く、猶ほ屠《ほふ》りて啗《くら》はむと欲《おも》ふ』

と。千万余人、亦《ま》た王に白して曰く、『我等委曲《つばひらか》に此の人の咎に非ざるを知りて、鬼神の咎なるを識《し》る。王自《みずか》ら思《お》惟《も》ひたまへ、理《ことわり》は証《あかし》多きに就《つ》くことを』と。八日を経て已《おわ》りて、其《そ》の夕に告げて詔《みことのり》すらく、『明日《あくるひ》参《ま》ゐ向かへ』と。詔《うけたまわ》を奉りて罷り、九日に集《つど》ひ会ふ。閻羅王即ち告げて言はく、『大分《おおむね》の理判《ことわり》は、多数《あまた》の証に由るなり。故に多数に就くなり』と。判許已《すで》に訖《お》はる。七の牛聞きて、舌を嘗《なめ》り唾《つば》を飲み、膾を切るの効《まね》を為し、宍《しし》を噉ふの効を為し、慷慨《ねた》みて刀を捧げて建て、各《おのおの》言はく、『怨《あた》を報《むく》いざらむや。我当に忘れじ。猶ほ後に之に報いむ』と。千万余人、我の左右前後を衛み繞《めぐ》りて、王宮より出づ。輦《こし》に乗せ荷《にな》ひ、幡《はた》を擎《ささ》げて導き、讃嘆《さんたん》して送り、長跪《ひざまず》きて礼拝《らいはい》す。彼の衆人《もろひと》、皆一色の容《かたち》を作《な》す。爰《ここ》に吾《われ》問ひて曰はく、『仁者《にんじゃ》は誰人ぞ』と。答ふるに、『我らは是れ汝が買ひて放生せるものなり。彼の恩を忘れず、故に今報ずるのみ』と。閻羅の闕《みかど》より還り甦《い》きて、増《ますます》誓願《せいがん》を発《おこ》したり。此れより已後、効《ほしいまま》に神を祀らず、三宝《さんぼう》に帰信す。己《おの》が家に幢《はたほこ》を立て寺と成し、仏を安《お》き法を修し放生す。此れより已後、号《なづ》けて那天堂《なでどう》と曰ふ。終《つい》に病無くして春秋《しゅんじゅう》九十余《よ》歳にして死すなり。鼻奈耶経《びなやきょう》に説くが如し、「迦留陀夷《かるだい》、昔天祀主《てんししゅ》と作《な》り、一つの羊を殺すに由り、今羅漢《らかん》と作ると雖《いえど》も、後には、怨報を婆羅門《ばらもん》の妻に得て、殺さるる所なり」と云々。最勝王経《さいしょうおうきょう》に説くが如し、「流水長者《るすいちょうじゃ》は十千《じっせん》の魚を放てり。魚、天上に生まれ、四十千の珠《たま》を以て、現《うつつ》に流水長者に報ぜり」とは、其れ斯れを謂《い》ふなり。

【語　釈】

○**漢神**　上代に大陸から渡来した神。たたりをするからといって、牛を殺してまつることが諸国でおこなわれた（日国大）。補説1。

○**放生**　山野池沼に捕らえられている魚鳥など、生きものを放ち逃がしてやること。上7（上134頁）、上35補説1（上384頁）。
○**摂津国東生郡撫凹村**　現在の大阪市東成区。古代の表記は「東生」が多い。和名抄「比牟我志奈里」。撫凹村は、不詳。
来傍訓・国訓釈「凹　クホ」。
○**家長**　一家の首長。家や家族を頭となって統率する者。上2（上54頁）、上10補説2（上171頁）。
○**祟**　神仏や怨霊によってこうむるわざわい（日国大）。来傍訓「タヽリ」。
○**祀**　来傍訓「マツル」。
○**医薬方**　医方は、病気を治療する方法。医術（日国大）。薬方は、くすりの処方。調剤の方法（日国大）。方は、処方・方法などの意味。
○**不愈**　国訓釈「愈　ヤス万愛」。「愛」は「受」の誤りで「ヤスマズ」であろう。
○**卜者**　下31真訓釈「可三那支」。神に仕え、神楽を奏して神意をなぐさめたり、神おろしをしたりする人。中序（17頁）。
○**祓**　来傍訓「ハラ」。
○**祈禱**　神仏に事を告げて祈ること。その祈り。その儀式、法要（日国大）。来傍訓「イノル」。国訓釈「祈　ノ美」。
○**六節**　「ろくさいにち（六斎日）」に同じ（日国大）。六斎日は、在家の人が心身を清浄にたもち、斎（不遇中食）を持して八戒を守り、善事を行う精進日で、毎月の八・十四・十五・二十三・二十九・三十の六日を指す（広説）。
○**斎戒**　八斎戒のこと。一日一夜を限って男女の在家信者が守る八つの戒め。戒としては出家生活を一日だけ守るという形をとったもの。五戒と衣の贅沢と住の贅沢と食の贅沢についての戒め。①生物を殺さない、②盗みをしない、③性交しない、④うそをいわない、⑤酒を飲まない、⑥装身化粧をやめ（きらびやかに飾らぬ）、歌舞を聴視しない、⑦高くゆったりしたベッドに寝ない、⑧昼以後何も食べない。以上八つを守るもので、八戒ともいう（広説）。
○**含生**　いのちあるもの。生命を有するもの。いきもの（日国大）。衆生に同じ。
○**論**　名義抄「アケツラフ」。

○**贖**　上7興訓釈「阿可比天」、名義抄・字類抄「アカフ」。

○**迄**　名義抄「イタル」。

○**甦**　来傍訓「イキカヘル」。

○**非人**　人間ならざるもの。人にあらざるもの。神や半神を指す。人に対して、天龍八部・夜叉・悪鬼などをいう（広説）。

○**繫**　つながる。つらなる。名義抄「カク」。上27（上306頁）。

○**衛**　まもる、ふせぐ（字通）。名義抄「カクム」、字類抄「カコム」。

○**楼閣**　高層の建物。たかどの（日国大）。国訓釈「多加度野」。

○**睚眦**　目を怒らすこと。目を怒らしてにらみつけること。憎そうに人を見ること。また、そのような目つきや様子（日国大）。訓みは、名義抄・字類抄・国傍訓「ニラム」。来傍訓「睚　ニラフ」。中3（68頁）「眦」。

○**急**　名義抄・字類抄「スミヤカナリ」、字鏡集「スミヤカ」。

○**閻羅王**　閻魔王に同じ。インド神話で、正法・光明の神。のち死の神と考えられ、仏教では、冥界の王、地獄の王として、人間の死後に善悪を裁く者とされる（日国大）。

○**讎**　名義抄・字類抄「アタ」。自分に向かって害を加えようとするもの。かたき。外敵（日国大）。

○**膾机**　肉などを膾にきざむのに用いるまないた（日国大）。膾は、肉の薄片のことをいう。和名抄「鱠　奈万須　細切肉也」。来傍訓「ナマス」。

○**判許**　判定すること（日国大）。

○**勃然**　突然であるさま。急に、また、勢いよく起こるさま（日国大）。国訓釈「二合忽也」。

○**咎**　名義抄「トガ」。

○**鬼神**　ここでは、天地万物の霊魂、また、神々（日国大）とする意味・用例に近く、とくに漢神を指すのであろう。上28（上317頁）の鬼神とは別。

○**截** [国訓釈]「支里天」、上17[興訓釈]「支利天」。

○**倪** [国訓釈]「ナマナ尓」、[来傍訓]「ナマス」。この字自体は、「かよわいもの」「おさないもの」の意。

○**啗** くらわす、くわせる（字通）。名義抄「クラフ」。

○**委曲** [国訓釈]「二合ツ波比良計苦」。「つばひらか」は「つまびらか」に同じ。物事の有様などを細部にわたって認め得るさま。くわしいさま。また、物事の状態などがはっきりわかっているさま（日国大）。

○**大分** 名義抄「オホムネ」。おおよそ。だいたい。あらまし（日国大）。

○**理判** 名義抄「理 コトハル」「判 コトハル」。二合して訓む。判許に同じ。

○**嘗** [国訓釈]「ナメツリ」。舌でくちびるなどをなめまわすこと（日国大）。

○**効** [国訓釈]「万弥乎」、上19[興訓釈]「万尓比」、名義抄「マネブ」。

○**慷慨** 世の中のことや自己の運命を、憤り嘆くこと。また、憤って、心を奮い起こすこと。あるいは、その心（日国大）。[国訓釈]「子タミテ」。[来傍訓]「慷 ハ个ミ」「慨 子タム」。

○**長跪** 上18[興訓釈]「二合比左末川支天」。上30（上345頁）、中3（68頁）。

○**爰** [国傍訓]「ココニ」。

○**仁者** あなた。きみ。なんじ（広説）。

○**闕** 宮城。また、宮城の門（日国大）。上32[興訓釈]「見可止尓」。

○**増** ますます。量や程度がふえたり、はなはだしくなったりするさまを表わす語。増加していっそう。いよいよ（日国大）。大慈恩寺三蔵法師伝天治二年（一一二五）・大治元年（一一二六）点「マスマス」。

○**誓願** 願を起こして、なし遂げようと誓うこと。上6（上126頁）。

○**効** ここでは、名義抄「ホシイマヽ」に拠り訓む。

○**帰信** 帰依に同じ。上31（上354頁）。

○**三宝**　仏と法と僧。上5（上105頁）、中序（18頁）、中1（34頁）。
○**幢**　宝幢・天幢などと称して旗の一種。もとは王や将軍の儀衛や軍旗から、魔軍に対する法の王の象徴として、仏・菩薩の飾りとなった。龍や宝珠を上端につけて竿につるし、堂内の柱にかける（広説）。名義抄「ハタホコ」。
○**那天堂**　不詳。「那天」は、撫凹村の「撫」か（全書・註釈・旧大系・新全集・集成・新大系）。
○**春秋**　年齢。とし。よわい（日国大）。
○**鼻奈耶経**　鼻奈耶戒因縁経。十巻からなる、現存の広律中最古の訳書。本縁では、同巻九の末部分の取意文を載せる。
○**迦留陀夷**　カルダイ。仏弟子の一人。悪行が多かったので、仏がその悪行に従って多くの戒律を設けられたと伝える。阿弥陀経では十六羅漢の一つとする（日国大）。
○**天祀主**　天をまつる人。バラモンの司祭者（日国大）。
○**羅漢**　阿羅漢の略。小乗仏教の最高のさとりに達した聖者（日国大）。
○**怨報**　うらんで、しかえしをすること。あだ。
○**婆羅門**　司祭者。インドにおける四姓（カースト）のうちの最高の者。僧侶階級（広説）。
○**最勝王経**　金光明経の異訳。十巻。唐義浄が七〇三年に訳出した。当該箇所は、巻九長者子流水品に基づく内容。長者子流水品は、仏の前身である流水長者子が水路を断たれた魚を救った因縁話を説く（大蔵経全解説大事典）。なお、四天王護国品には、四天王がこの経典を聴聞することで力を増し、この経典を聞き尊重する国王を護ると説く。日本では護国経典として重視され、この経典に基づいて国分寺が建立された。
○**流水長者**　旱魃に悩む池の魚の命を、二児とともに救ったという人。釈迦の前世の姿の一つといわれる（日国大）。
○**十千**　千の一〇倍。一万。また、数の多いことを表わす語（日国大）。

【現代語訳】

漢神の祟りを鎮めるために牛を殺して祭り、一方で放生の善行を修め、この世で善悪両方の報いを得た話　第五

摂津国東生郡撫凹村に一人の裕福な家長の公がいた。姓名は不詳である。聖武太上天皇の御世にその家長は、漢神の祟りがあったので、祈り祀るのに七年の期限を設け、毎年、一頭の牛を殺して供え、合計で七頭の牛を殺した。七年経過して祀り終えたところ、忽ちに重い病気にかかった。さらにまた七年経過する間、医薬の手段で治療したが、やはり治癒しなかった。卜者を喚び集め祓えをし、祈禱したが、病気はますます悪くなっていった。ここで考えたところ、「私が重病になったのは、生き物を殺した報いによるものであろう」と思った。そこで、病気に伏せた年から毎月欠かさず六斎日に斎戒を受け、放生を行い、他の人が生き物を殺すのを見れば、値段を気にせず買い取り、また八方に人を遣わして生き物を買っては放生した。七年の月日が経ち、命が尽きる時になって、妻子に語って、「私が死んでから後、十九日間はそのままにして、焼いてはいけない」と言った。妻子は、家長の遺体をそのままにし、期日が来るのを待った。九日経って家長は蘇って語った。「七人の人ではない化け物がいた。牛の頭をしているが、体は人間であった。私の髪の毛に縄をつないで捉え、護衛して道を歩いた。道の前方を見ると楼閣の宮があった。『これは誰の宮であるか』と問うた。化け物は、恐ろしい目でにらみつけ、『早く行け』と強要した。宮の門に入って、『連れて来ました』と言った。私は、これが閻羅王であることが教えられなくても分かった。王は、『この男がお前たちを殺した仇なのか』と尋ねた。化け物は答えて『まさにそうです』と言った。そして肉を薄く切るためのまな板と小刀を持ってきて、『早急に判決を下して下さい。私を殺して切ったように膾にして食べてやります』と言った。その時に、千万余人の者が突然現れて、私を縛っていた縄を解き、『この人の罪ではありません。祟っていた鬼神を祀る為に殺したのです』と言った。そこで私を中に挟んで、七人の化け物と千万余人の者が毎日訴え争うさまは水と火のように相容れないものであった。閻羅王はこれを判断して是非を定めなかった。化け物はなおも強引に、『はっきりとしているのです。この人が中心になって私の四本の足を切って神の前に祀って利益を請い、膾に切って肴にして食べたのです。今は、私たちを切ったように、この者を殺して食べようと思います』と言った。これに対して、千万余人

の者は、また王に申し上げて、『わたくしたちは、事細かにこの人の罪でないことを知っており、鬼神の罪であると分かっています。閻羅王様は深く考えて下さい、たくさんの証拠がある方に道理があるということを』と言った。八日経って、その夕方に閻羅王が詔して、『明日、参れ』と告げた。閻羅王の詔を受けて退出して九日目に皆が集まった。閻羅王はすぐに告げて、『大方の判決は、多くの証拠によるものである。故に証人の多い方にしよう』と言った。判決はここに下された。七頭の牛はこれを聞いて舌なめずりをして唾を飲み込み膾に切るまねをしたり、肉を食べるまねをしてくやしがって刀を振り立てて、おのおのが、『仇に報いないでいられようか。私は決して忘れはしない。やはり後に復讐してやろう』と言った。千万余人の者は私の左右前後を護衛し取り囲んで王宮より出て、輿に載せて担ぎ、幡を掲げて誘導し、ほめたたえて送り、跪いて礼拝した。その人たちは皆同じ姿をしていた。そこで私は、『あなたたちは、何者ですか』と尋ねた。『私たちはあなたが買い取り放生してくれた者です。あの時の恩を忘れず、故に今報いるのです』と答えた」。閻羅王の宮殿から蘇ってから家長は、いよいよ誓願を起こし、これ以降、勝手に神を祀ることをせず、三宝に帰依し、自分の家に幢を建てて寺とし、仏を安置し、仏法を修め、放生をした。それより以降、この寺を那天堂といった。終生病気にかかることなく九十余歳で死去した。鼻奈耶経に、「仏弟子の迦留陀夷が、昔、神を祀るものになって一頭の羊を殺したため、羅漢になったにもかかわらず、後に婆羅門の妻の恨みを買って殺された」と説いている。最勝王経に、「流水長者は、一万匹の魚を水に放った。魚たちは天上界に生まれ、四万の珠玉をこの世で流水長者に報いた」と説くのは、このことをいうのである。

【関連説話】

1　今昔物語　巻二十第十五話

摂津国殺牛人、依放生力従冥途還語第十五

今昔、摂国、東生ノ郡、撫凹ノ村ト云フ所ニ住ム人有ケリ。家大キニ富テ、財豊カ也ケリ。而ル間、其人神ノ崇ヲ負テ、其ノ事ヲ遁レムト祈リ祭ケル程ニ、毎年ニ一ノ牛ヲ殺シケレバ、七年ヲ限テ祭ケルニ、七頭ノ牛ヲ殺シテケリ。七年既ニ祭リ畢テ後、其ノ人身ニ重キ病ヲ受テ、又七年ヲ経ル間、医師ニ値テ療治スト云ドモ不愈ズ、陰陽ニ問テ祓祭ルト云ヘドモ不叶ズ。病弥ヨ増リ、形チ漸ク衰テ既ニ死ナムトス。然バ病者心ノ内ニ思ハク、「我レ身ニ重キ病ヲ受テ、辛苦悩乱スル事ハ、年来此牛ヲ殺セル罪ニ依テ也」思テ、此事ヲ悔ヒ悲ムガ為、毎月ノ六節日ニ不闕ズ戒ヲ受ケ、又方々ニ使ヲ散シテ、諸ノ生類ヲ買テ放ツ事ヲ行ケリ。

而ル間、七年ニ至テ遂ニ死ス。死ヌル刻ミニ、何ニカ思ケム、妻子ニ云置ケル様、「我死ナム後ニ、忽ニ葬スル事無シテ、九日置タレ」ト。然レバ、妻子遺言ノ如ク、不葬テ有ル間、九日ト云ニ活テ、妻子ニ語テ云ク、「我レ死シ時、頭ハ牛ノ頭ナル者ノ身ハ人ナル、七人出来テ、我ガ髪ニ縄ヲ付テ、其ヲ捕テ、我レヲ立チ衛テ将行キシニ、道ノ前ヲ見レバ、器量ク造タル楼閣有リ。「此ハ何ナル宮ゾ」ト問ヘバ、此七人ノ者眼ヲ嗔ラカシテ、我レヲ嘗テ云事無シ。既ニ門ノ内ニ将入ヌレバ、気高ク止事無キ人出来テ、我ヲ、此七人ヲ召、向テ宣ハク、「此人ハ此レ、汝等七人ヲ殺セル人也。」ト。其時ニ此七人ノ者、爼ト刀トヲ各具シテ、「膾ニ造テ食テム。此レ、我等ヲ殺セル敵也」ト云フ。其時ニ千万ノ人忽ニ出来テ、我レヲ縛タル縄ヲ解テ云ク、「此事、此人ノ咎ニ非ズ。祟ル所ノ鬼ヲ祭ラムガ為ニ殺セル也。然バ鬼神ノ咎也」ト。此テ此ノ七人ノ者ト千万ノ人トノ中ニ有テ、咎有リ無シヲ毎日ニ訴ヘ訴タフ事、火ト水トノ如シ。然バ、閻魔王、此理非ヲ判断シ給フ事不能ズ。

而ルニ、七人ノ者尚強ニ申シテ云ク、「此人我等ガ四ノ足ヲ切テ、廟ニ祭リキ。然レバ、我等尚此人ヲ得テ、膾ニ造テ食テム」ト。又千万ノ人、王ニ申シテ云ク、「我等吉ク此事ヲ知レル事也。更ニ此人ノ咎ニ非ズ。只鬼神ノ咎也」ト諍フ。王此事ヲ定メ煩ヒ給テ、「明日ニ参レ。判断セム」ト宣テ、各返シ遣ス。九日ト云フニ、又集リ来テ、訴ヘ訴フ事前ノ如シ。王ノ宣ハク、「員多カル方ニ付テ、此ヲ判断セム」トテ、千万ノ人方ヲ理ト被定ヌ。七人者、此レヲ聞テ、舌嘗ヲシテ唾ヲ呑テ、膾造ル効ヲシ食スル様ニシテ、妬ミ歎テ各云ク、「怨ヲ不報サル事無限キ愁也。我等更ニ此ヲ不忘ズ。後ニ尚此ヲ可報」ト云テ、各去ヌ。千万ノ人ハ我ヲ敬テ囲遶テ、王ノ宮ヨリ出テ、我ヲ輿ニ乗セテ送ル。其時ニ我問テ云ク、「汝等ハ誰人ゾ、我ヲ助クル」ト。彼等答テ云ク、「我等ハ此レ、汝ガ年来買テ放チシ所ノ生類也。彼時ノ恩不忘シテ、今報ズル也」ト云キ」トゾ語ケル。其後ハ弥ヨ実ノ心ヲ発シテ、鬼神ヲ不崇ズシテ、深ク仏法ヲ信ジテ、我家ヲバ寺ト成シテ、仏ヲ安置シ奉テ、法ヲ修行シケリ。又弥々放生ヲ行ジテ、怠ル事無カリケリ。其後ハ此人ヲ那天宮トゾ云ケル。遂ニ命終ル時ニ、身ニ病無クシテ、年九十ニ余テゾ死ニケル。

然バ放生ハ心有ラム人ノ専可行キ事也トゾナム語リ伝ヘタルトヤ。

2　冥報記 下、孔恪説話

武徳初遂洲捴管府記室参軍死恪暴病死、一月而蘇自説、被至官前問何因殺牛両頭、恪云不殺、官曰汝弟証汝殺何故不承、因呼恪弟々死已数年矣、既至枷械甚厳、官問汝所言兄殺牛虚実、弟曰兄前奉使招慰俺賊使ム殺牛会之実奉兄奉命、非自殺也、恪因曰使弟殺牛会掩欲以招慰為功用求官賞以為己利何云国事也、因謂恪弟曰以汝証故久留汝兄今既至遣殺汝便無罪放任受生言訖弟忽不見、亦竟不得言叙、官又問、恪（何因復殺他両鴨恪曰前任県令殺鴨供官客耳豈恪）罪耶、官曰官自有科無鴨汝殺鴨供之以求美誉非罪如何、又問、何故殺鶏卵六枚、曰、平生不生食鶏卵唯年九歳時寒食日母与六卵因煮食之、官曰然欲権罪母也、恪曰不敢、但説其因耳、此自恪殺之也、官曰汝殺他命当自受之言訖忽有数十人皆青衣執恪将出、恪大呼曰官府亦大狂濫、官聞之呼還曰、何狂、恪曰生来有罪、皆不遺生来修福皆不記者豈非監耶、官問主司恪有何福何為不録、主司曰福皆録量罪福多少若福多罪少先令受福罪多福少先令受罪恪福少罪多故未論其福、官怒曰、雖先受罪何不唱福示之、命鞭主司一百、儵忽鞭訖血流僟地既而唱恪生来所修之福亦無遺者、官謂曰汝応無受罪我更令汝帰七日可勤追福因遣人送出得蘇恪大集僧尼行道懺悔精勤苦行、自説其事至第七日家人辞決俄而命終、家兄為遂府属故委之、

【補　説】

1　殺牛馬信仰

本縁では、摂津国東成郡撫凹村の家長が、外来の神の祟りによって牛を殺した業によって重病となり、悟って放生を行っ

たことで死後冥界から蘇り、その生を全うしている。日本における殺牛馬信仰については、日本書紀皇極天皇元年（六四二）七月戊寅条（参考史料A）に村々の祝部の教えるところに従い、牛馬を殺し諸社の神に祭ることがみえている。時代が降って類聚三代格延暦十年（七九一）九月十六日太政官符（参考史料B）によると、漢神を祭るための殺牛が禁止されている。参考史料Aにおいては、信仰のための殺牛が禁止された形跡はみられず、八世紀を通じて殺牛信仰が広く行われていた可能性がある。また、信仰とは異なり実用的観点から牛馬の屠殺の禁制が出されている（参考史料C）が、この場合も禁制に反し、百姓による牛馬の屠殺は止まなかったらしい。平雅行は、八世紀中葉まで殺生罪業観は定着していなかったとしている。殺牛による因果応報を説く本縁は、そうした殺生罪業を説く早い例と考えられるのではないだろうか。

【参考史料】

A　日本書紀　皇極天皇元年（六四二）七月戊寅条

戊寅、群臣相謂之曰、随村々祝部所教、或殺牛馬祭諸社神。或頻移市、或禱河伯、既無所効。蘇我大臣報曰、可於寺寺転読大乗経典。悔過如仏所説。敬而祈雨。

B　類聚三代格　巻十九（禁制事）、延暦十年（七九一）九月十六日太政官符

太政官符

応禁制殺牛用漢神事

右被右大臣宣偁、奉　勅、如聞、諸国百姓殺牛用祭、宜厳加禁制、莫令為然。若有違犯、科故殺馬牛罪。

延暦十年九月十六日

C　類聚三代格　巻十九（禁制事）、天平十三年（七四一）二月七日詔

詔。馬牛代人勤労養人。因茲先有明制。不許屠殺。今聞、国郡未能禁止。百姓猶有屠殺。宜有犯者。不問蔭贖。先決杖一百。然後科罪。又聞、国郡司等非縁公事、聚人田猟、妨民産業損害実多。自今以後、宜令禁断。更有犯者。必擬重科。

天平十三年二月七日

【参考文献】

馬渕和夫「今昔物語集巻六第四十一話の源流について」（『山岸徳平先生　頌寿中古文学論考』有精堂出版、一九六六年）
森本朝美「『日本霊異記』にみられる殺牛祭祀─中巻第五話・同二十四話を中心にして」（『仏教史研究』一三、一九八〇年）
平雅行「殺生禁断の歴史的展開」（大山喬平教授退官記念会編『日本社会の史的構造 古代・中世』思文閣出版、一九九七年）

（吉岡）

誠心を至して法華経を写し奉り験有りて異しき事を示す縁　第六

【原　文】

[1]至二誠心一奉レ写二法華経一、有レ験示二異事一縁第六
聖武天皇御代、山背国相楽郡、有二発願人一。姓名未詳也[2]。
為レ報二四恩一、奉レ写二法花経一、為レ納二大乗一、遣二使四方一、求二白檀
紫壇[3]一。[4]乃得二諸楽京一、以二銭百貫一而買、喚二工巧人一、規令
レ造レ函。[5]以奉レ納レ経、[6]々長函短、[7]納レ経不レ得。檀越大悔、又訪
无レ由。故発二誓願一、依レ経作レ法、屈二請衆僧一、限二三七日一悔過、
哭曰、亦令レ得未[8]。歴二一七日一、請レ経試納、函自少延、垂不レ得
レ納。檀越増加二精進一悔過、歴二三七日[9]一納、乃得レ納。於レ是、奇
異疑思、若経短矣、[10]若函若延函矣。即清[11]本経、与二新
[12]経一以均量レ之、[13]猶仵不レ失。誠知、示二於大乗不思[14]議[15]力一、試[16]二于

（第十紙）

願主[17]至*深信[18]心一。更不レ可レ疑也。

国本文ナシ。題目下に「宮因縁也。三宝絵下条ニ書之故略云々」
1至、来到を見セ消チして至を傍書
2祥、来群詳攷証原作祥依法華験記改来に従う
3壇、来群檀来に従う
4乃得、来以奉檀乃
5以奉、来ナシ
6々、来ナシ
7納経、来経納
8未、来群木攷証原作未来に従う
9七、来ナシ
10若函若延函、来群若函延攷証依法華験記改削来に従う
11清、群請攷証原作清意改群に従う
12経以均、来破損
13猶侔不失、来破損
14乗、来破損
15議、来破損
16試、来誠
17主至、来破損
18信心、来破損

【書き下し文】

誠心《せいしん》を至《いた》して法華経《ほけきょう》を写し奉《たてまつ》り、験《しるし》有りて異《あや》しき事を示す縁　第六

聖武《しょうむ》天皇の御代、山背国《やましろ》相楽郡《さがらか》に、発願《ほつがん》の人有り。姓名詳《つまびら》かならず。四恩《しおん》に報《むく》いむが為に、法花経《ほけきょう》を写し奉り、大乗《だいじょう》を納れむが為に、使を四方に遣《つかわ》し、白檀《びゃくだん》・紫檀《したん》を求む。乃ち諸楽《なら》京に得、銭百貫を以て買ひ、工巧《くぎょう》の人を喚《よ》び、規《はか》りて函《はこ》を造らしむ。以て、経を納れ奉るに、経は長く函は短く、経を納れむことを得ず。檀越《だんおつ》大いに悔い、又訪《とぶら》ふに由《よし》無し。故に誓願《せいがん》を発《おこ》し、経に依《よ》りて法を作《な》し、衆僧《しゅそう》を屈請《くっしょう》し、三七日《さんしちにち》を限り悔過《けか》し、哭《な》きて曰《い》はく、「亦《ま》た木を得さしめよ」と。二七日《にしちにち》を歴て、経を請《う》け試みに納れぬに、函自《おのず》から少しく延ぶるも、垂《ほとほと》納れむことを得ず。檀越増《ますます》精進《しょうじん》を加へ悔過《けか》し、三七日を歴て納るれば、乃ち納れむことを得たり。是《ここ》に於いて、奇《あ》異《や》しみ疑ひ思ふに、「若しくは経の短しか、若しくは函の延びたるか」と。即ち本経《ほんきょう》を請け、新経と以て均しく之《これ》を量《はか》るに、猶《な》ほ侔《ひと》しくして失《あやま》たず。誠に知る、大乗不思議《ふしぎ》の力を示し、願主至深《がんしゅししん》の信心を試みしことを。更に疑

ふべからざるなり。

【語　釈】

○**誠心**　心に偽りのないこと。真実の心。またそのさま。まごころ。誠意（日国大）。

○**法華経**　妙法蓮華経。姚秦・鳩摩羅什訳。八巻。上11（上177頁）。法華経は、個々の経文は必ずしも重要視しなくてもよいという思考を生む要素をもち、霊異記での経文引用は少ないという（千本英史『験記文学の研究』勉誠出版、一九九九年）。

○**山背国相楽郡**　現在の京都府木津川市・精華町・和束町・笠置町・南山城村周辺。和名抄「相楽　佐加良加」。

○**発願人**　写経の発願人が、その経を納める箱を作成した檀越で、さらに悔過法会を催した願主であろう。同一人物を指す際、仏事の主体に相応しい呼び方を採用している。

○**四恩**　四種の恩恵の意。すべての人間が受ける四種の恩。上35（上380頁）。

○**大乗**　この場合は経典そのものを指す。上序（上22頁）「大乗経」。

○**白檀**　ビャクダン科の常緑高木。淡色の散孔材で香気を有する。箱類・刀把・彫刻材などに用いられる。白檀材の辺材は白くて香気はなく、心材が色を帯び香りが高いためとくに珍重された。さらに心材部分は色により紫檀・黒檀と称することがあるが、これらは白檀の別称であって、正倉院文書にみえる工芸用材の紫檀（マメ科）・黒檀（カキノキ科）は、白檀（ビャクダン科）とは別物である。仏像成立の起源は、古代インド憍賞弥国の優塡王が最上の栴檀香木で造った釈迦像とされ、この用材の栴檀が唐代中期の中国では白檀と表記された。ところが、中国や日本では白檀は自生しないため、唐代以降白檀が手に入らないときには栢木という材を用いることができるという考えが出され、代用檀像への道が開かれたという。栢木にあてる樹木は中国では一様ではないが、日本ではカヤと認識されていた（松浦正昭「檀像―白檀仏から日本の木彫仏へ」奈良国立博物館『特別展檀像　白檀仏から日本の木彫仏へ』一九九一年）。

○**紫檀**　マメ科の常緑高木。材は淡紫褐色ないし濃紫色、緻密重硬で磨けば光沢があり、古来唐木として尊重され、高級家具・器具や彫刻などに使われてきた。

○**諸楽京**　平城京。上序（上19頁）「諸楽」、中36（450頁）「奈良京」。

○**工巧人**　工巧（くぎょう）は、工芸を業として行うこと。また、その人（日国大）。先行注釈は「たくみ（のひと）」と訓む（註釈・旧大系・新全集・集成・ちくま・新大系）。和名抄「四声字苑云、工功反和名太久美、匠上反、巧人也」。工巧明（くぎょうみょう）は、声明、工巧明、医方明、因明、内明に区分される五明の一つ。技術・工芸・暦数などの学問（広説）。

○**規**　名義抄「ハカル」。

○**函**　経を納める箱。法隆寺献納宝物や正倉院御物にのこる八世紀の経箱に、香木を素材に用いたり、白檀・紫檀・黒檀などを装飾に用いたりした例が認められる。法隆寺献納宝物の木画経箱（列品番号七一）は、広葉樹を芯材として内外に白檀と沈香貼りを施した被印籠蓋造りの箱。玉荘箱（列品番号八九）は、箱の蓋と身を舌で合わせる合口造りの長方形箱で紫檀縁を持つ（東京国立博物館『法隆寺献納宝物特別調査概報XVI 木漆工2』一九九六年）。正倉院御物の沈香木画箱（中倉一四二－一〇号）は、黒柿材を蘇芳染めした被印籠蓋造りの箱で床脚を備える。蓋の表は沈香を一面に貼り、三個の水晶板を配す。沈香木画箱（中倉一四二－一一号）は、心材は不明ながら長方形印籠蓋造りで床脚を備える（正倉院事務所編『正倉院の木工』日本経済新聞社、一九七八年）。奈良時代の経箱は、関根俊一「奈良時代の「経箱」に関する私考」（『奈良学研究』一八、二〇一六年）、寺院資財帳記載の箱は、上原真人『古代寺院の資産と経営―寺院資財帳の考古学』（すいれん社、二〇一四年）に詳しい。

○**檀越**　寺や僧に物を施す信者。寺院の檀信徒。上7（上136頁）。

○**屈請**　尊い人を迎え講ずること。上8（上147頁）。

○**衆僧**　修行道場における一般の修行僧。大衆ともいう。上3（上68頁）。

○**三七日**　二一日間。祈願・勤行などを行う日数の単位である七日を三つ重ねた期間。また、その最後の日にあたる二一日目。人の死後二一日目に行う仏事（日国大）。

○**悔過**　仏前に懺悔して、罪報を免れることを求める儀式。上5（上110頁）。
○**哭**　名義抄「カナシブ」。
○**亦令得木歴二七日**　この部分の解釈を、全集は「亦令得。未歴二七日」（十四日もたたないうちに）とし、旧大系・新大系は「亦令得木（未）、歴二七日」（また木〈未は木の誤写〉を得させて下さい。十四日を経て）とする。後者に従う。
○**垂**　名義抄「ホト〳〵」。上31（上356頁）「せムドス」。
○**本経**　写経の原本。
○**侔**　説文「斉等也」、名義抄・字鏡集「ヒトシ」。ひとしい、そろう、ならぶ（字通）。
○**至深**　至誠。この上なく真実の心（字通）。

【現代語訳】

誠の心をもって法華経をお写しし、霊験があって不思議なことが起こった話　第六

聖武天皇の御世に、山背国相楽郡に、発願の人がいた。姓名は不詳である。四恩に報いようとして、法華経をお写しし、写した経を納めるために、使を四方に遣わして、白檀・紫檀を探させた。そうしたところ平城京にて求めることができたので、銭百貫で買い求め、工人を喚んで、測って経を納める函を造らせた。そこで、経をお納めしようとすると、経は長く函は短く、経を納めることができなかった。檀越は大いに悔やんだが、改めて用材を探し求めるのにあてもなかった。そこで誓願を起こし、法華経の作法にのっとって法会を行うこととし、衆僧をお招きし、二十一日のあいだ悔過を行い、悲しみながら、「新たに木を得させて下さい」と祈った。十四日たって、経をお持ちして試みに函に納めようとしたところ、函が自然に少し延びたが、ほんの少し納めることができなかった。檀越は、いよいよ精進し悔過を行い、二十一日たって納めようとしたところ、今度は納めることができた。このことを、「不思議なことだ」と思い、「経が短くなったのか、函が延びたのか」と考えた。そこで、もとの経を改めて借用し、写した経と比べ測ってみると、やはり同じ大きさで違いはなかった。つ

まり、法華経が不思議な力を現し、願主の深い信心を試したことがよく分かる。このことを疑ってはならない。

【関連説話】

1　三宝絵 中、第十話

聖武天皇ノ御世ニ、山城国相楽郡ニ願ヲオコセル人アリ。姓名ハイマダツマビラカナラズ。四恩ヲムクヒムガタメニ、法花経ヲ書タテマツレリ。此経イレタテマツラムトテ、筥ヲツクラムトオモフ。白檀紫檀ヲモトム。諸楽郷ヨリトブラヒエタリ。銭百貫シテカヒトリツ。細工ヲヤトヒスヘテ、ハコヲツクリイダサシメタルニ、経ハナガク、ハコハミジカウシテ、イレタテマツルニタラズ。檀越大ニナゲク。又コト木ヲモトムルニ、トブラヒエズ。心ヲイタシテ願ヲオコシテ、アマタノ僧ヲ請ジテ、三七日ヲカギリテ此木トブラヒエサセ給ヘトイノリコフ。二七日アリテ心ミニ経ヲイレミルニ、経ナヲイラネド、ハコスコシノビタリ。檀越悦ビアヤシビテ、マス〳〵フカクツヽシミイノル。三七日ヲスグシテイルヽニ、ヨク入給ヌ。人〳〵アヤシビウタガフ。若経ノシヾマレルカ、若ハコノヽビタルカ、トテ本経ヲトリテアタラシキ経ニクラブレバ、是モタケヒトシ。人二ノ経ヲナラベテ一ハコニ入レバ、フルキハイラズ、アタラシキハイル。マサニシルベシ、大乗ノフシギノ力、願主ノフカキマコトニカナヒ給ヘル也。霊異記ニシルセリ。

2　大日本国法華験記 巻下百五話

第百五　山城国相楽郡善根男

聖武天皇御代、山城国相楽郡有善根人。姓名未詳。為報父母四恩之徳、書写法華経。以百貫銭買白檀紫檀、細工雇居、令造経箱。見所造箱、経長箱短、不能奉入。見是箱短、檀越悲歎、為改造箱。求他貴木不買得。念佗歎悲、殊発信力啒請僧、三七日間、読法華経、祈願当得貴木之由。過二七日、試取経巻奉入此箱、経頗雖不入箱長倍。檀越喜奇、勧進諸僧、令作祈禱、満三七日、以経入箱、無障入給。人々見此、奇念無限。若経巻縮、若箱延長。即以本経比量、新古弐経斉等、又新故二経双入一箱、雖入新経、不入故経。当知大乗不可思議、檀越信力亦復甚深、感応道交、有此奇事矣。出霊異記。

3　今昔物語集　巻十二第二十六話
奉入法華経筥、自然延語第二十六
今昔、聖武天皇ノ御代ニ、山城ノ国、相楽ノ郡ニ一ノ人有ケリ。願ヲ発テ父母ノ恩ヲ報ゼムガ為ニ、法花経ヲ写シ奉レリ。

供養ノ後、此ノ経ヲ納メ奉ムガ為ニ、遠近ニ白檀・紫檀ヲ求テ、此レヲ以テ経筥ヲ令造ム。細工ヲ呼テ、経ノ程ヲ量テ令造ムルニ、既ニ造リ出セリ。其ノ時ニ、経ヲ入レ奉ルニ、経ハ永ク、筥ハ短シ。然レバ、願主経ヲ筥ニ入レ奉ル事不能ズシテ、大ニ歎テ、懃ニ誓ヲ発シテ、僧ヲ請ジテ、三七日ノ間、此ノ失錯ヲ悔テ、亦木ヲ得ム事ヲ令祈請ルニ、二七日ヲ経ル時ニ、経ヲ取テ試ニ此ノ筥ニ入レ奉ルニ、自然ラ筥少シ延テ、経ヲ入レ奉ルニ僅ニ不足ズ。

其ノ時ニ、願主、奇異也ト思テ、「此レ、祈請セルニ依テカ」ト、心ヲ発シテ弥ヨ祈念スル間、三七日ニ満テ、経ヲ取テ筥ニ入レ奉ルニ、筥延テ経吉ク入リ給ヌ。少モ不足ズト云フ事無クシテ叶ヘリ。願主此レヲ見テ、奇異也ト思テ、「此レ、若シ経ノ短ク成リ給ヘルカ、筥ノ延タルカ」ト疑テ、此ノ経ニ等カリシ経ヲ以テ此ノ経ニ量ルニ、等クシテ本ノ如ク也。

爰ニ、願主涙ヲ流シテ経ニ向ヒ奉テ礼拝シケリ。

此レヲ見聞ク人、「偏ニ願主ノ誠ノ心ヲ発セルニ依テ也」ト云テ、貴ビケリ。

此レヲ思フニ、三宝ノ霊験ハ目ニ不見給ズト云ヘドモ、誠ノ心ヲ至セバ如此ク有ル也トナム語リ伝ヘタルトヤ。


【参考文献】

郷家忠臣「平安時代経箱の装飾性」（『日本仏教』二四、一九六六年）
西山厚「法華経の信仰と装飾経」（仏教史学会編『仏教の歴史的・地域的展開―仏教史学会五〇周年記念論集』法藏館、二〇〇三年）

（山本）

智者変化の聖人を誹り妬みて現に閻羅の闕に至り地獄の苦を受くる縁　第七

【原　文】

*智者誹[1]二*妬変化聖人一、而現至二*閻羅*闕一受二地獄苦一縁第七

釈*智光者、河内国人、*其安宿郡*鋤田寺之*沙門也。俗姓(*)鋤田速[2]、後改二姓*上村主一也。母氏*飛鳥部[3]造也[4]。*天年聴[5]明、智恵第一。製二盂[6]蘭瓫大般若心[7]般若等経疏一、為二諸*学生一、読伝二仏教一。時有二*沙弥行基一。俗姓*越史也。*越後国頸城郡人也。母*和泉国大鳥郡人、*蜂田薬師[8]也。捨レ俗離レ欲、弘レ法化レ迷。*器宇聡敏、*自然生知。内密[9]二菩[10]*薩儀一、外現二*声聞形一。聖武天皇感二於威徳一、故重信之。時人欽貴、美称二菩薩一。以二天平十六年甲申冬十一月一、任二*大僧正一。於レ是、智光法師、発二*嫉妬之[11]心一、而非[12]之曰、吾是智人。行基是

沙弥。何故天皇不レ*歯二吾智一、唯誉二沙弥一而[13]用焉。恨レ時、罷二[14]鋤田[15]寺一[16]而住。儵得二*痢病一、経二一月許一、臨二命終[17]時一、誡二[18]弟子一曰、我死莫レ焼。(*)九日一[19]日置而待。学生問レ我、答之[20]応レ曰下有二*縁東西一、而留[21]供養上。*慎勿レ知レ他。弟子受レ教、閉二師室戸一、不レ令レ知レ他、[22]而窃涕泣、昼夜護レ*[23]闕、唯待二期日一。学生問求、如二遺言一、答二留供養也一。時閻羅王使二人、来召二於[24]光師一、向レ西而往。見之、前路有二*金*楼閣一。問、是何宮。答曰、於二*葦原国一名聞智者、何故不レ知。当レ知。行基菩薩、将二来生一之宮。其門左右、立二*二神人一、身著二*鉀鎧一、額著二*緋[25]蘰一。使*長跪[26]白之曰、召也。問曰、是有二於豊葦原水穂国一、所謂智光法師[27]矣。智光答[28]白、*唯然。即指二北方一曰、従二此[29]道一将往。[30]制使[31]歩前、[32]不レ見[33]大、非二日光一、甚熱之気、当レ身炙レ面。雖二極熱悩一、而心欲二近就一、問二何是熱一。答、為レ煎レ汝、地[34]獄熱気。往前[35]極熱鉄柱立之。使曰、抱レ柱。光就抱

（第十一紙）

レ柱[36]、肉皆*銷*爛、唯[37]骨*璅存。歴之三日、使以二*蘩[38]*箒一、撫二於其柱一而言二活々一、如レ故身生。又、指レ北将往、倍二勝於先一熱銅柱立。極熱之柱、而所レ引[39]悪、猶就欲[40]レ抱。言、抱之。即就抱之、身皆爛銷。逕之三日、如レ先撫レ柱而言二活々一、如レ故更生。又指レ北而往。甚熱火気、如二雲霞[41]一而、従レ空飛鳥、当二於熱気一而落煎之。問、是何処。答、為二師煎*熬一(*)[42]何鼻地獄。即至、執[43]レ師焼[44]入焼煎。*唯聞二打レ鍾音一時、冷乃憩。逕之三日、叩二地獄辺一而言二活々一、如レ本復生。更将還来[45]、至二金[46]字門[47]一、如レ先白言、将還来之。在二于宮門一二人告言、召レ師因縁、有三葦原国誹二謗行基菩薩一。為レ滅二其罪一故、請召耳。彼菩薩化二葦原国一、已将レ生二此宮一。今、*垂レ来時。故待候也。慎*黄[48]竈火[49]物莫レ食。今者忽還[50]。与レ使倶[51]向レ東還来、即見之、項[52]逕[53]二九日一、蘇[54]喚二弟子一。弟子聞レ音、集会哭喜。智光大歎[55]、向二弟子一具述二閻羅状一。大懼、念レ言下向二*於大徳一挙中

（第十二紙）

誹妬心上。時行基菩薩、有二難波一[56]、令[57]下*渡二椅堀江一造中船津上。光[58]、身漸息、往二菩薩所一。菩薩見之、即以[59]二*神通一、知[60]二光所レ念[61]、含[62]嘆[63]爰言、何[64]窂(*)面[65](*)奉。光[66]、*発露*懺悔曰、智光、於二菩薩所一、致[67]二誹妬心[68]一、而作二是言[69]一。光者古徳大僧[70]、加以智光生[71]。行基沙弥者、*浅識之人、不レ受二*具戒一。何故天皇、唯誉二行基一、捨二智光一也。由二*口業罪一、閻羅王召レ我、今抱[72]二於鉄銅柱一、経[73]之九日、償二誹謗罪一。恐レ至二余罪於*後生世一、是以*慙愧発露。当願、免レ罪。行基大徳和レ顔嘿然。亦[74]更白[75]、見二大徳生処一、以二黄金一造レ宮。行基聞レ之言、歓矣貴哉。誠知、*口傷レ身之災門、舌[76]剪レ善之銛鉞[77]。所以*不思議光菩薩経云、*饒財菩薩[78]、説二賢天菩薩過[79]一故、(*)九十一劫[80]、常堕二*婬女腹中[81]一生、々[82]已葉之[83]、為二狐狼所一レ食、其斯謂之矣。従レ此已来、智光法師[84]、信二行基菩薩一、明知二聖人一。然菩薩、感レ機尽[85]レ縁、以二天平廿一年乙丑春二月二日丁酉時一[86]、*法儀捨二*生馬山一、*慈

（第十三紙）

神遷二彼金宮一也。智光大徳、弘レ法伝レ教、化レ迷趣レ正。以二白壁天皇卅[87]一、*智囊*蛻[88]二日本地[89]一、*奇神遷二不レ知堺一矣。

国本文ナシ。題目下に「上同故略之」
1誹妬、攷証高野本作妬
2速、来群連攷証連原作速意改来に従う
3部、来ナシ
4也、来ナシ
5聴、群聡攷証原作聴意改群に従う
6盂、来盖
7心般若、来ナシ
8師、来師子
9密、来秘
10菩薩、来井、以下同じ
11之、来ナシ
12非、来誹
13用、来破損
14鋤、来破損
15寺而、来破損
16而住、攷証疑往字
17時、来破損
18弟子、来破損
19一、来十攷証恐有誤字来に従う
20応、来暦
21供、来倦供として一字目を見セ消チ
22而、来ナシ
23闕、来闐攷証清水氏曰疑開字
24光、来智光
25蘰、来縵
26白、来曰
27矣、来乎
28白、来曰
29道、来過
30制、来群副攷証副原作制来に従う
31歩、来止少
32不、来ナシ
33大、群火攷証火原作大意改群に従う
34獄熱気、来破損
35極熱鉄柱立、来破損
36柱肉皆、来破損
37唯骨璅存、来破損
38蔽、来弊
39引、群川
40欲抱言、来抱使言
41霞而、来而霞
42何、来群阿攷証原作何意改来に従う
43執、来報を見セ消チして執を傍書
44焼、来投来に従う
45将還、来将更将還として上二字を見セ消チ
46至、来ナシ
47字、来宮来に従う
48黄、来黄泉来に従う
49火、群大
50忽、来破損
51俱、来ナシ
52項、来破損攷証恐頃字攷証に従う
53准、唯に意改
54蘇喚弟子弟子、来破損
55歎、来嘆
56波、来破
57令渡、来令令度
58光、来先
59以、群ナシ
60知、来智
61念、来ナシ
62嘆、来咲来に従う
63爰、来群愛来に従う
64窄、群罕攷証原作窄意改群に従う
65奉、来挙来に従う
66光、来智光
67致、来到
68妬、来如

69言、[来]智
70徳大、[来]大徳
71生、[来]智者[攷][証]恐誤字[来]に従う
72今、[来][群]令[攷][証]意改[来]に従う
73経、[群]遥[攷][証]意改
74亦、[来]赤
75白、[来]曰
76剪善、[来]破損
77鉞所以不、[来]破損
78菩薩説賢天、[来]破損
79過故九十一却常墮、[来]破損
80却、[群]劫[群]に従う
81中、[来]破損
82々、[来]破損
83葉、[来][群]棄[来]に従う
84法、[来]ナシ
85尽縁、[来]縁尽
86乙、[群]己[攷][証]意改[群]に従う
87卅、[来][群]世[攷][証]意改[来]に従う
88蜺、[来]毀
89地、[来]地井として二字目を見セ消チ

【書き下し文】

智者《ちしゃ》、変化《へんげ》の聖人《しょうにん》を誹《そし》り妬《ねた》みて、現《うつつ》に閻羅《えんら》の闕《みかど》に至り地獄の苦を受くる縁　第七

釈智光《しゃくちこう》は、河内《かわち》国の人、其《そ》の安宿《あすかべ》郡鋤田《すきた》寺の沙門《しゃもん》なり。俗姓は鋤田　連《すきたのむらじ》、後に姓を上村主《かみのすぐり》と改むるなり　母の氏は飛鳥部　造《あすかべのみやつこ》なり。天年《てんねん》聡明にして、智恵第一なり。盂蘭瓫《うらぼん》・大般若《だいはんにゃ》・心般若《しんはんにゃ》等の経疏《きょうしょ》を製《つく》り、諸《もろもろ》の学生《がくしょう》の為に、読みて仏教を伝ふ。時に、沙弥行基《しゃみぎょうき》有り。俗姓は越史《こしのふひと》なり。越後《えちご》国頸城《くびき》郡の人なり。母は和泉《いずみ》国大鳥《おおとり》郡の人、蜂田薬師《はちだのくすし》なり。俗を捨て欲を離れ、法を弘《ひろ》めて迷を化《け》す。器宇《ひととなり》聡敏にして、自然　生《おのずからうまれながら》知る。内には菩薩《ぼさつ》の儀《かたち》を密め、外には声聞《しょうもん》の形を現す。聖武《しょうむ》天皇、威徳《いとく》を感じ、故に重《おも》みし信《う》く。時の人欽《つつし》み貴び、美《ほ》めて菩薩と称《い》ふ。天平十六年甲申《きのえさる》冬十一月を以て、大僧正《だいそうじょう》に任ぜらる。是《ここ》に於いて、智光法師《ほうし》、嫉妬《ねたみ》の心を発《おこ》して、非《そし》りて曰《い》はく、「吾《われ》は是智人《これちにん》なり。行基は是沙弥なり。何の故にか天皇、吾が智を歯《かぞ》まへず、唯《ただ》沙弥をのみ誉めて用ゐむ」と。時を恨《うら》み、鋤田寺に罷《まか》りて住む。儵《たちまち》に痢病《りびょう》を得、一月許《ばかり》を経て、命終はる時に臨《のぞ》みて、弟子に誡《いさ》めて曰はく、「我れ死なば焼くこと莫《な》かれ。九日十日置きて待て。学生、我を問はば、答へて『縁、東西に有りて、留まりて供養《くよう》す』と曰ふべし。慎《ゆめゆめ》　他《ひと》に知らすること勿《な》かれ」と。弟子、教へを受けて、師の室の戸を閉ぢ、他に知らしめずして、窃《ひそ》

かに涕泣《な》き、昼夜闕《みかど》を護《まも》りて、唯期日を待つ。学生問ひ求むれば、遺言の如く、「留まりて供養するなり」と答ふ。時に閻羅王の使二人、来りて光《こう》師を召し、西に向かひて往《ゆ》く。見れば、前の路に金《こがね》の楼閣《たかどの》有り。問ふに、「是《こ》は何の宮ぞ」と。答へて曰はく、「葦原《あしはら》国に名の聞こへたる智者、何の故にか知らざるか。当《まさ》に知るべし。行基菩薩、来りて生まれむとする宮なり」と。其の門の左右に、二《ふたり》の神人立ち、身に鉀鎧《よろい》を著け、額《ぬか》に緋《あけ》の蘰《かずら》を著く。使長跪《ひざまず》きて白《もう》して曰はく、「召すなり」と。問ひて曰はく、「是は豊葦原水穂国《とよあしはらのみずほのくに》に有る、所謂《いわゆる》智光法師か」と。智光答へて白さく、「唯《うけたまわる》、然《しか》り」と。即ち北方を指して曰はく、「此の道より将《い》往け」と。使に副《そ》ひて歩み前《すす》むに、火を見ず、日の光に非《あら》ずして、甚《はなは》だ熱き気、身に当たりて面《つら》を炙《あぶ》る。極めて熱く悩むと雖《いえど》も、心に近就《ちかづ》かんと欲《おも》ひ、「何ぞ是《か》く熱き」と問ふ。答ふ、「汝《なんじ》を煎《い》らんがための、地獄の熱気なり」と。往き前むに極めて熱き鉄《くろがね》の柱立てり。使曰はく、「柱を抱け」と。光、就きて柱を抱けば、肉は皆銷《と》け爛《ただ》れ、唯骨璅《ほねぐさり》のみ存《のこ》れり。歴《ふ》ること三日にして、使蘗《ついえ》たる箒《ははき》を以て、其の柱を撫《な》で、「活《い》きよ活きよ」と言へば、故《もと》の如く身生く。又、北を指して将往くに、先より倍《ま》勝《さ》りて熱き銅《あかがね》の柱立てり。極めて熱き柱にして、悪に引かれて、猶《な》ほ就きて抱《うだ》かむと欲ふ。言はく、「抱け」と。即ち就きて抱けば、身皆爛れ銷く。逕《ふ》ること三日、先の如く柱を撫で、「活きよ活きよ」と言へば、故の如く更に生く。又、北を指して往く。甚だ熱き火の気、雲霞《うんか》の如くして、空より飛ぶ鳥、熱き気に当たりて落ち煎る。問ふ、「是は何の処《いずく》ぞ」と。答ふ、「師を煎《い》熬《ら》むが為の阿鼻《あび》地獄なり」と。即ち至れば、師を執《とら》へて投げ入れ焼き煎る。唯鐘を打つ音の聞こゆる時のみ、冷めて乃ち憩《いこ》ふ。逕ること三日、地獄の辺を叩き、「活きよ活きよ」と言へば、本《もと》の如く復《ま》た生く。更に将《い》て還《かえ》り来たり、金の宮の門に至りて、先の如く白して言はく、「将て還り来つ」と。宮門に在る二人告げて言はく、「師を召すの因縁《いんねん》は、葦原国の行基菩薩を誹謗《ひぼう》するに有り。其の罪を滅《ほろぼ》さむが為の故に、請《う》け召すのみ。彼《そ》の菩薩、葦原国を化《け》し、已《お》はりて此の宮に生まれむとす。今、来たらむとするの時なり。故に待ち候《さぶら》ふなり。慎黄竈火物《よもつへもの》を食ふこと莫かれ。今は忽《たちまち》ち還れ」と。使と倶《とも》に東に向かひて還り来り、即ち見れば、頃《あいだ》唯九日を逕たり。蘇《さ》めて弟子を喚《よ》ぶ。弟子音《こえ》を聞き、集ひ会ひ哭《な》き喜ぶ。智光大いに歎《なげ》きて、弟子に向かひて具《つぶさ》に閻羅の状《さま》を述ぶ。大いに懼《おそ》れ、大徳《だいとく》に向かひて誹《そし》り妬《ねた》むの心を挙《おこ》せしことを言はんと念《おも》ふ。時に行基菩薩、難波《なにわ》に有りて、椅《はし》を堀江に渡し船津《ふなつ》を造らしむ。光、身漸《ようや》く息《やす》まりて、菩薩の所へ往く。菩薩見て、即ち神通《じんつう》を以て、光の念ふ所を知り、咲《え》みを含みて愛《いつく》しみて言はく、「何ぞ面挙《おもておこ》すこと罕《かた》からん」と。光、発露懺悔《ほつろさんげ》して曰はく、「智光、菩薩の所《もと》に、誹り妬む心を致して、是の言を作《な》せり。『光は古徳《ことく》の大僧《だいそう》、加以《しかのみならず》智光は智者なり。行基沙弥は、浅識《せんしき》の人にして、具戒《ぐかい》を受けず。何の故にか天皇、唯行基のみを誉め、智光を捨つ』と。口業《くごう》の罪に由《よ》りて、閻羅王、我を召し、鉄銅の柱を抱かしめ、経ること九日、誹謗の罪を償《つくの》ふ。余罪の後生《ごしょう》の世に至らんことを恐れ、是を以て慙愧《ざんぎ》発露す。当に願はくは、罪を免《ゆる》されむことを」と。行基大徳、顔を和《やわ》らげ嘿然《もだあ》り。亦《ま》た更に白さく、「大徳の生まるる処を見るに、黄金を以て宮を造れり」と。行基、聞きて言はく、「歓《よろこ》ばし、貴きかな」と。誠に知る、口は身を傷《そこな》ふ災《わざわい》の門、舌は善を剪《き》る銛《と》き鉞《まさかり》なることを。所以《ゆえ》に不思議《ふしぎ》光菩薩経《こうぼさつきょう》に云はく、「饒財《にょうざい》菩薩は、賢天《けんてん》菩薩の過《あやま》ちを説くが故に、九十一劫《ごう》、常に婬女《いんじょ》の腹の中に堕《お》ち生まれ、生まれ已はれば棄《す》てられ、狐狼の食らふ所と為る」とは、其れ斯《こ》れを謂《い》ふなり。此れより已来、智光法師、行基菩薩を信じ、明らかに聖人なるを知る。然《しか》るに菩薩、機に感じ縁に尽きて、天平二十一年己丑《つちのとうし》春二月丁酉《ひのととり》の時を以て、法儀《ほうぎ》を生馬《いこま》山に捨て、慈神は彼の金の宮に遷《うつ》りき。智光大徳は、法を弘め教へを伝へ、迷を化し正《しょう》に趣《おもむ》かす。白壁《しらかべ》天皇の世を以て、智嚢《ちのう》は日本の地を蛻《もぬ》け、奇神知らざる堺《さかい》に遷りき。

【語　釈】

○**智者**　仏の教えに明るい人。智慧高才の僧。高僧。善知識。ちさ（日国大）。

○**変化聖人**　変化は、種々に形を変えてすがたを現わすこと。すがたを変えること（広説）。聖人は、仏のこと（広説）。行基を仏が姿を変えてこの世に現れた存在とする。上5では、行基を文殊菩薩の化身としている。上5（上111頁）「行基大徳」。

○**閻羅**　閻魔王に同じ。中5（91頁）。

○**闕**　下9真訓釈「弥加止」。宮城。また、宮城の門（日国大）。門観（字通）。ここでは閻羅王の宮のことを指す。

○**智光**　奈良時代の学僧。本縁では鋤田寺に住んだとあるが、天平勝宝七歳（七五五）八月二十一日紫微中台請経文には「八田寺智光師所」（正倉院文書続々修第十六帙七。大日古〈編年〉十三―一五四頁）とみえる。鎌倉時代の学僧凝然の三国仏法伝通縁起には、三論宗の智蔵の弟子とされていることから、一般的には元興寺三論宗の僧侶とされている。生年は不明だが、没年は本縁によると光仁天皇の時代（七七〇～七七九）にあたる。彼の著作である摩訶般若波羅密多心経述義によると、九歳で出家したという。多くの著作を残したことで知られ、本縁にみられる疏（経典の注釈書）としては、上述の般若心経述義のほか、盂蘭盆経述義・大般若経疏がある。他に中論疏述義・浄名玄論略述・法華玄論略述・無量寿経論釈・観無量寿経疏・四十八願釈・正観論・初学三論標宗義・安養賦・肇論述義・玄音論を著したことが知られる。また浄土教との関係でも注目される僧で、日本往生極楽記などでは、浄土変相図を感得した僧侶として登場する。凝然の浄土法門源流章では、日本における浄土六祖の始とされている。感得した浄土変相図は、智光曼荼羅と呼ばれる。

○**安宿郡**　現在の大阪府柏原市南部と羽曳野市の南東部にあたる地域。和名抄「安宿　安須加倍」。

○**鋤田寺**　安宿郡賀美郷（現在の羽曳野市駒谷）に所在した寺院との説がある（吉田東伍『大日本地名辞書』上方・旧大系・新全集）。鋤田寺跡は、東条尾平廃寺に比定されてきた。当地の発掘調査では、八世紀末前後に位置づけられる遺構や出土遺物が検出されている。一方、文献史料からは、八世紀前半から後半までに鋤田寺が存在したことが確認できるが、この時期に位置づけられる遺物はみつかっておらず（元興寺仏教民俗資料研究所『東条尾平廃寺―柏原市国分東条町・鋤田寺跡推定地発掘調査報告書』一九七三年）、尾平廃寺が鋤田寺跡であることを決定づけるにはいたっていない。

○**沙門**　仏道修行者。出家して仏道を修める人（広説）。

○**鋤田連**　新撰姓氏録河内神別「吹田連　火明命児、天香山命之後也」。日本書紀天武天皇十年（六八一）四月庚戌条には「次田倉人、椹足〈椹、此云武矩。〉石勝、（中略）賜姓曰連。」とある。

○**上村主**　上村主は、新撰姓氏録には、左京諸蕃上「上村主　広階連同祖。陳思王植之後也」のほか、右京諸蕃上・摂津国諸蕃・和泉国諸蕃にみえ、いずれも渡来系氏族である。河内国では、大県郡に本貫を持つ上村主が存在したことが、上村主馬養優婆塞貢進文の「上村主高成河内国大県郡津積郷戸主正六位上上村主馬養戸口」（正倉院文書続修別集四十七。大日古〈編年〉六―四〇五頁）という記載から確認できる。なお、鋤田（吹田）連が上村主に改氏姓した記事は見当たらない。

○**飛鳥部造**　河内国に本拠地を有した渡来系氏族。新撰姓氏録河内国諸蕃「飛鳥戸造　同（百済）国主、比有王男、現伎王之後也」。

○**天年**　生まれつき。上4（上85頁）。

○**学生**　大寺にあって、学問を修めた僧。または、仏道を修めて、師匠の資格を有する者。修学僧。学侶。学匠。学僧（日国大）。

○**沙弥**　出家しているが、まだ一人前の僧侶でないもの。上19（上243頁）、中1（33頁）。

○**越史**　続日本紀（参考史料A）・大僧正舎利瓶記（参考史料B）には「高志氏」とある。高志氏は、新撰姓氏録和泉国諸蕃「古志連　文宿祢同祖。王仁之後也」。出自について、井上薫は、本縁では越氏とするが、高志氏を越氏と記す例は見当たらず、本縁の記述は誤りであるとする。本縁は、高志を越と誤った結果、行基を越後の人としてしまい、さらに頸城郡が国府のある著名な郡で、なおかつ同郡の大領に高志公氏がいたことから、行基をこの郡の出身と誤解した可能性が指摘されている（井上『行基』吉川弘文館、一九五九年）。一方で、フミヒト系氏族の地方の国家的施設への派遣事例から、七世紀後半頃、行基の父である古志連才智もコシ国（後の越後国頸城郡）に派遣され、それに幼少期の行基も随伴し一定期間その地で過ごしたとして、本縁の記述を認める見解もある（加藤謙吉「古志史とコシ国―『日本霊異記』中巻七の記事の解釈をめぐって」佐伯有清編『日本古代史研究と史料』青史出版、二〇〇五年）。

○**越後国頸城郡**　越後国の最南西部に位置した郡。現在の新潟県糸魚川市・妙高市・上越市周辺。和名抄「頸城　久比岐」。越後国は持統天皇三年（六八九）から同六年（六九二）の間に成立したとされ、それ以前は、後の越中・越前地域を含めてコシ（越）と呼ばれた。行基の生年は天智天皇七年（六六八）とされており、その時にはまだ越後国は存在していなかった。また頸城郡は、大宝二年（七〇二）に越中国から分割され、越後国に編入された。

○**和泉国大鳥郡**　和泉国の北東部に位置した郡。現在の大阪府堺市の大部分、高石市の全域にあたる。和名抄「大鳥　於保止利」。和泉地域は、霊亀二年（七一六）に河内国から分離され和泉監となった。行基の出生時には、大鳥郡は河内国に属していた。

○**蜂田薬師**　和泉国に本拠地を有した渡来系氏族。新撰姓氏録和泉国諸蕃には、「蜂田薬師　呉主、孫権王之後也。出自呉主、孫権王也」と「呉国人、都久尓理久尓之後也。又云、怒久利」と二系統の蜂田薬師が載せられている。行基の母方氏族は、本縁では蜂田薬師とするが、大僧正舎利瓶記（参考史料B）には蜂田首とあり、母方の氏姓について二つの伝承が残されていることになる。吉田靖雄は、霊異記の記述の史料的価値を低くみて、舎利瓶記を重視する立場から考察を加え、行基の生地とされる家原寺が和泉国大鳥郡蜂田郷に位置することから、蜂田首氏が当地に居住していたとする。ここを本拠とする氏族には、蜂田薬師二氏と蜂田連（新撰姓氏録和泉国神別「大中臣朝臣同祖、天児屋根命之後」）がおり、この三つの氏族と蜂田首の関係を検討している。蜂田薬師は、奈良薬師とともに薬部の負名氏であり、もともと薬師を姓としていたはずで、蜂田首とは無関係とする。蜂田首は史料上全く見当たらず、また蜂田連も実例が少なく、日本三代実録貞観六年（八六四）九月四日戊子条に「和泉国大鳥郡人民部少録正七位下蜂田連瀧雄」がみえるばかりであるが、蜂田氏は、薬師と連の二系統しかなく、蜂田薬師が蜂田首と無関係とすると、蜂田連が蜂田首と関係のある氏族であり、蜂田首が後に連姓を賜ったのが蜂田連氏とする（吉田靖雄『行基と律令国家』吉川弘文館、一九八七年）。一方、蜂田薬師と蜂田首の関係については、蜂田首が西漢氏の同族の渡来系氏族とみられ、薬部として朝廷に奉仕したことにより薬師の姓を賜ったとの理解もある（和田萃「蜂と古代史」『高岡市万葉歴史館紀要』九、一九九九年）。舎利瓶記を信頼するに足る史料とできるか問題はあるが（吉田一彦「行基と霊異神験」速水侑編『民衆の導者行基』吉川弘文館、二〇〇四年。加藤謙吉前掲論文）、本縁も行基の大僧正補任の年月日を誤るなど、不正確な内容を含んでおり、父母の氏姓について事実誤認をしている可能性がある。

○**器宇**　来傍訓「ヒト、ナ□（リ）」。心の広さ。度量（字通）。人がらのことであるからヒトトナリという訓をあてる（旧大系）。

○**自然**　名義抄「ヲノツカラ」。

○**儀**　名義抄「スカタ」、字鏡集「カタチ」。

○**声聞**　教えを聞く修行僧。自分のさとりしか考えない聖者。自己の完成だけを求め励む出家（広説）。

○**大僧正**　僧綱（僧正・僧都・律師）のうち、僧正の最上位。上5（上109頁）。従来僧綱の最上位は僧正であったが、行基が初めて大僧正に任じられた。その後の大僧正補任は、天元四年（九八一）の良源までみえない。行基の大僧正補任を、本縁は「天平十六年甲申冬十一月」とするが、続日本紀は天平十七年正月己卯（二十一日）とし、大僧正舎利瓶記では「天平十七年」とのみ記す（参考史料B）。本縁の補任年月は誤りであろう。

○**嫉妬**　字類抄「子タム」。中1（35頁）。

○**歯**　名義抄・字鏡集「カソフ」、来傍訓「カソマヘ」。

○**痢病**　激しい腹痛を伴う下痢をする病気。今日の赤痢の類。痢疾。痢患（日国大）。和名抄「久曽比理乃夜万比」、字類抄「痢　クソヒル」、字鏡集「痢　クソヒリヤマヒ」。

○**九日十日**　春陽堂は「一日」を間に改めているが、ここでは来に従い、九日か十日の間、の意味に解しておく。

○**東西**　ここでは、あちらやこちら、あらゆる方向（日国大）。上15（上214頁）。
○**慎**　上30興訓釈「由女」、字鏡集「ユメ、、」（上344頁）。
○**闕**　ここでは具体的には、智光の住房とその門を指すか。
○**金**　和名抄「古加祢」、名義抄・字鏡集「コカ子」、字類抄「コカネ」。
○**楼閣**　字類抄「タカトノ」、中5国訓釈「多加度野」。
○**葦原国**　日本国の異称（日国大）。古事記・日本書紀の神話などに見える呼称。
○**神人**　神主（かんぬし）など、神に仕える人。かんづかさ。かんびと（日国大）。本縁では行基が生まれてくる宮の門を守る冥官で、智光を連れていく使よりも上位の存在として描かれている。下19にみえる神人は、桙を持った護法神的存在として描かれているが、本縁では鎧を着て額に緋の蘰を着けるといった姿をしている。この姿は、上1の小子部栖軽が雷神を呼ぶ時の姿と似通っており、神を降ろす際の風態で、神官として描かれているとする理解がある（守屋俊彦説）。
○**緋蘰**　緋は、上1興訓釈「安介」。蘰は、上1興訓釈「縵　可川良」。赤い色の神事用のかぶり物（上38頁）。
○**鉀鎧**　名義抄・字鏡集「鉀　ヨロヒ、カフト」。名義抄・字鏡集「鎧　ヨロヒ」。二合して訓む。
○**長跪**　上18興訓釈「二合比左末川支天」、字類抄「跪　ヒサマツク」。上30（上345頁）、中3（68頁）、中5（92頁）。
○**唯**　石山寺蔵金剛波若経集験記平安時代初期点「ウケタマハル」。
○**銷**　名義抄「クサル、トク」、字鏡集「トク」。
○**爛**　名義抄・字鏡集「タヽル」。
○**璅**　名義抄・字鏡集「クサリ」。骨璅は、骨骸の意。骨が鎖状になっているところからいう（日国大）。
○**蔽**　名義抄「弊　ツヒエ」。
○**箒**　和名抄「波々木」、新撰字鏡「皮々支」、名義抄・字類抄・字鏡集「ハヽキ」。「羽掃き」の意で、古く鳥の羽毛を用いたところからという。ほうき（日国大）。

○**煎熬**　名義抄・字鏡集・字類抄「煎　イル」「熬　イル」、新撰字鏡「熬　伊留」。二合して訓む。

○**阿鼻地獄**　無間と漢訳する。最低の地獄。八大地獄の一つ。無間地獄のこと。間断なく苦を受けるから無間といい、閻浮提の下二万由旬の所にあって、諸地獄の中の最も苦しい場所で、五逆・謗法の重罪を犯した者が堕ちる所とされる（広説）。

○**唯聞打鍾音時冷乃憩**　鍾は鐘に同じ。集成は、智光の遺言通りに弟子が追善供養で鐘を打ち、その音が地獄まで伝わり、その時だけ熱気が冷めて苦痛が和らいだとするが、根拠は定かでない。

○**垂**　名義抄「セムドス、トス」。上31（上356頁）、中6（104頁）。

○**黄竈火物**　黄泉国の火で調理された食べ物。これを食べると黄泉国の人となってしまい、蘇れなくなる。古事記神代の条にみられる黄泉戸喫と同様の観念で、火神を生み亡くなったイザナミは「吾黄泉戸喫」したために黄泉国から還ってこられなくなった。

○**大徳**　徳ある人。徳行のある者の意。長老・仏・菩薩・徳高き僧などに対する敬称。上11（上177頁）「慈応大徳」。

○**渡椅堀江造船津**　堀江は、地を掘って水を通した人工の川。疏水（日国大）。船津は船着き場。行基は、大僧正に補任された天平十七年（七四五）に、大福院・大福尼院（ともに摂津国西城郡御津村）・難波度院・枚松院・作蓋部院（摂津国西城郡津守村）を建立した。その他、天平二年（七三〇）に、西城郡に善源院・同尼院が（以上、行基年譜）、天平十三年（七四一）以前には長柄橋・中河橋・堀江橋・度布施屋が、また比売嶋堀川・白鷺嶋堀川が造作されており（行基年譜所引天平十三年記）、同郡は、行基集団が活発に活動していた地域であった。

○**神通**　無礙自在で超人的な不思議な力。また、そのはたらき。霊妙ではかり知れず、自由自在にどんな事をもなしうる働きや力（日国大）。

○**罕**　字鏡集「カタシ」。希・稀と通じ、まれ（字通）。上序（上23頁）。

○**挙**　あげる、ささげる、高くあげる（字通）。篇立「オコス」。

○**発露**　犯した罪を隠さず申しあらわすこと。悪事を告白すること（広説）。
○**懺悔**　人に罪のゆるしを請うこと（広説）。
○**浅識**　知識があさはかなこと。見識が浅いこと。また、その人やさま（日国大）。
○**具戒**　具足戒のこと。沙弥が比丘となる時に受ける戒。二百五十の内容から成る。具足戒を受けた比丘とそうではない沙弥の間には厳然とした区分があり、僧侶集団の上下関係を決定づける重要な要素であった。
○**口業**　語業ともいう。言語的行為。身・口・意による三つの行為（三業）の一つ。口によってする行為。すなわち善悪種々の言語をなすこと（広説）。
○**後生**　死後の生存のこと。死後の世。死後に住む世界。または、死後生まれかわること。後世（ごせ）。来世（らいせ）。あの世（日国大）。
○**慙愧**　いろいろと自分のことを反省して心からはずかしく思うこと。恥じ入ること（日国大）。
○**口傷身之災門、舌剪善之銛鉞**　舌禍を戒めるこの句について、攷証は弁意長者所問経の「人心是毒根。口為禍之門」（大正新脩大蔵経十四－八四〇頁）を典拠としてあげる。舌に関しては典拠不詳ながら、諸経要集巻十四「所以発言一怒銜口焼心、損害前人痛於刀割」（大正新脩大蔵経五十三－八五四頁）や諸経要集巻十五に引用される大方便仏報恩経「一切衆生禍従口出、口舌者鑿身之斧滅身之禍」（大正新脩大蔵経三－一四一頁）のように類似する表現があることから、景戒の造句との理解もある（註釈）。上5興訓釈「銛　止支」、名義抄・字鏡集「銛　トシ」、新撰字鏡「鉞　万佐加利」、名義抄「鉞　ホコ、マサカリ」、字鏡集「鉞　マサカリ、テオノ」。
○**不思議光菩薩経**　不思議光菩薩所説経。鳩摩羅什訳。一巻。当該箇所は経典からの直接引用ではなく、梵網経古迹記巻下の摘記よりの引用。梵網経古迹記は新羅・太賢の著作。八世紀成立。三巻あるいは二巻、または四巻。智顗・法蔵・義寂などによる梵網経の解釈を参照しながらも、新たな解釈を提示しようとするところに本書の特色がある（大蔵経全解説大事典）。

○**饒財菩薩・賢天菩薩**　不詳。
○**九十一劫**　劫は、インドの時間的単位のうち最も長いもの。極めて長い時間のこと（広説）。
○**婬女**　好色な女。多情な女（日国大）。
○**法儀**　僧侶としての姿。法体（日国大）。
○**生馬山**　行基は天平二十一年（七四九）二月二日に平城右京の菅原寺東南院で没し、二月八日に、遺言により生駒山東陵で火葬された。山上は結界され多宝塔が建てられたという（参考史料B）。生駒竹林寺縁起や竹林寺略録（嘉元三年〈一三〇五〉）によると、文暦二年（嘉禎元年〈一二三五〉成立）に行基の遺骨が発掘された。この時に、発見されたのが大僧正舎利瓶記（参考史料B）。竹林寺は、生駒市有里にあり、現在律宗。
○**慈神**　いつくしみ深い神霊（日国大）。
○**智嚢**　たくわえもった知恵。また、知恵に富んだ人。知恵袋（日国大）。
○**蜕**　新撰字鏡「蜕　毛奴介加波」、名義抄「蟺　モヌケ」、字類抄「モヌク」、字鏡集「蜿　モヌク」「蟺　モヌケ」「蛻　モヌク」。
○**奇神**　不思議な神霊。鬼神（日国大）。

【現代語訳】

智のある者が、人の姿をとった聖人を非難し妬み、現実に閻羅王の宮城に行き、地獄の苦しみを受けた話　第七

僧智光は、河内国の人で、その国の安宿郡の鋤田寺の僧侶である。俗姓は鋤田連で、後に姓を上村主と改めた 母の氏は飛鳥部造である 。生まれつき聡明であり、知恵に極めて優れていた。盂蘭盆経・大般若経・般若心経等の注釈を造り、多くの学生のために読んで仏教を伝えた。時に沙弥行基がいた。俗姓は越史で、越後国頸城郡の人である。母は和泉国大鳥郡の人で、蜂田薬師である。俗世を捨て欲から遠ざかり、仏法を弘めて迷える人々を教え導いていた。ひととなりは聡明俊敏

で、生まれながらに道理に通じていた。菩薩の姿を内に秘めながら、外見は声聞の姿であった。聖武天皇は、行基の威厳と徳に感じ入り、重んじて帰依した。その時代の人々も、敬い貴び、菩薩と称えた。天平十六年（七四四）冬十一月には大僧正に任じられた。その時、智光は嫉妬の心を起こして、行基を誹謗して、「私は知恵のある者である。行基は沙弥である。どうして天皇は、私の知恵をお認めにならず、沙弥行基だけを称えて尊重されるのか」と言い、時勢を恨み、鋤田寺に戻って住んだ。すると突然に痢病になり、一ヶ月ほど経過した。智光は臨終にあたって、弟子に指示をして、「私が死んでも焼いてはいけない。九日か十日の間置いて待ちなさい。学生が私を尋ねてきたならば、『あちらこちらに縁があり、留まって供養している』とでも答えておきなさい。私が死んだということは、決して他に知らせてはいけない」と言った。弟子は教えを受けて、師の房室の入り口を閉め、他に知らせず、人目を避け涙を流して泣き、昼夜寺の門を護り、ひたすら期日を待った。学生が尋ねてくれば、遺言の通りに、「他所に留まって供養しています」と答えた。さて、閻羅王の使二人が来て、智光を召して西に向かって行った。見ると、行く先に金の楼閣があった。智光は、「これは何の宮か」と尋ねた。使は、「日本国に名の聞こえた智者が、どうして知らないのか。これは行基菩薩が未来の世に生まれてくる宮であるぞ」と答えた。その門の左右には、神人二人が立ち、身には鎧を着て、額には緋色の蘰を着けていた。使は跪き、神人に、「召しました」と申し上げた。神人が「これが日本国の智光法師といわれる者か」と問うと、智光は、「はい、そうです」と答えた。そこで神人は北方を指し、「この道を進んで行け」と言った。使に付き従って歩き進んでいくと、火は見えず、日の光もないのに、大変な熱気が身に当たって顔を炙る。極めて熱く苦しいけれども、心には近寄りたいと思ってしまい、「どうしてこのように熱いのか」と問うた。使は、「お前を煎るための地獄の熱気である」と答えた。行き進むと、極めて熱い鉄の柱が立っていた。使は、「柱を抱け」と言った。智光が柱を抱くと、体の肉はみな焼け溶け、ただ骨だけが鎖のように残った。三日経って、使は使い古した箒を持って、その柱を撫で、「生き返れ、生き返れ」と言うと、元のように体が生き返った。また北を目指して行くと、前よりもさらに熱い銅の柱が立っている。極熱の柱であったが、罪過のため、それでもくっついて抱きたいと思ってしまう。使は、「柱を抱け」と言った。そのまま従って柱を抱くと身は皆溶け崩れた。三日経って、先のように柱を撫でて、「生き返れ、生き返れ」というと、元のように蘇った。また北を目指して行くと、甚だ熱い火の気が、雲霞のようで、飛んでいる鳥も熱気に当たり落ちて煎られてしまう。智光が「ここはどこか」と問うと、使は、「お前を煎るための阿鼻地獄である」と答えた。着くと、智光を捕らえて投げ入れ焼き煎った。ただ鐘を打つ音の聞こえる時のみ、熱気は冷めてわずかに休息することができた。三日を経て、使が地獄のほとりを叩き、「生き返れ、生き返れ」というと、元のようにまた生き返った。使はさらに智光を引き連れて帰ってきて、金色の楼閣の門に至り、先のように、「連れて帰ってきました」と申し上げた。宮の門にいる二人が智光に告げて、「お前を召した因縁は、日本国の行基菩薩を誹謗したことにある。その罪を消すために召したのである。彼の菩薩は日本国を遷化すると、やがてこの宮に生まれることになっている。行基が参られる頃なのでお待ちしているのだ。決して黄泉の国の火を通した物を食べてはいけない。今はすぐに帰りなさい」と言った。使と一緒に東に向かって帰ってきた。この間、わずかに九日経過していた。蘇って弟子を喚ぶと、弟子は智光の声を聞き、集まって大声で泣いて喜んだ。智光は大いに嘆いて、弟子に向かって詳しく閻羅王のいる冥界の様子を述べた。智光はたいそう畏れ多く思い、行基大徳に対して非難と嫉妬の心を起こしたことを申し上げようと思った。その頃、行基菩薩は難波にいて、橋を堀江に渡し、船津をお造りになっていた。智光は、体がようやく回復してきたので、菩薩のもとへと向かった。菩薩は智光を見ると、すぐに神通力により、智光の考えていることを知り、微笑みを浮かべ、愛しみの心をもって、「なぜ顔をお上げ下さらないのですか」と言った。智光は、罪を告白して、「私智光は菩薩に対して非難と嫉妬の心を起こして『智光は古くから智徳の優れた僧である。それに加えて智光は生まれながらの智者である。行基沙弥は知識が浅はかな人であり、具足戒も受けていない。どうして天皇は行基のみを称え、私を顧みられないのか』と言いました。この口業の罪により、閻羅王は私を召して、九日間鉄や銅の柱を抱かせて、誹謗の罪を償わせました。しかし償いきれなかった罪が死後の世に及ぶことを恐れます。そこで慚愧を表します。どうか罪をお許し下さい」と言った。行基大徳は、柔和な顔で黙っていた。またさらに智光は、「大徳が後世に生まれる所を見ましたが、黄金で造られた宮でした」と申し上げた。行基はこれを聞いて、「喜ばしいことだ、畏れ多いことだ」と言った。本当によくわかる、口は身を損なう災いの門であり、舌は善を断つ鋭い鉞であるということが。それ故、不思議光菩薩経に「饒財菩薩が賢天菩薩の過ちを説いたために、九十一劫の間、常に婬女の腹の中に堕ち生まれ、生まれれば棄てられ、狐や狼に食われた」と説くのは、このことをいうのである。これ以降、智光法師は行基菩薩を信じ、行基が本当に聖人であることを知った。さて、菩薩は、兆しを感じ、縁を尽くして、天平二十一年春二月二日に、僧侶としての姿を生駒山に捨て、愛しみ深い神霊はあの金の宮に還っていった。智光法師は、仏法を弘め教えを伝え、迷える人々を教化し正しい道に趣かせた。光仁天皇の世に、知恵に優れた人は日本の地を脱け、不思議な神霊として知らない境地へと遷っていった。

【関連説話】

1　三宝絵 中、第三話

三　行基菩薩

行基菩薩ハモト薬師寺ノ僧也。俗姓ハ高階氏、和泉国大鳥郡ノ人也。ワカクテ頭ヲソリテ、ハジメテ瑜伽論ヲ誦ス。即其心ヲ明ニサトリヌ。アマネク諸国ニアソビテ、人ヲシテ法道ヲシラシメテ、仏ノ道ニオモムケテ、仏法ヲオコナヒツトメトシテ、行基スグル所ニハ家ニヲル人ナク、競イデ、ヲガミタテマツル。アシキ道ニイタリテハ橋ヲツクリ、堤ヲツキテワタシ給。ヨキ所ヲミ給テハ堂ヲタテ、寺ヲツクリ給。畿内ニハ卅九所、他国ニモ甚ダヲホシ。其寺イマニアヒツギテサカユル事、イマニタヘズ。

アマネク雨ノシタニアリキ行テ、利益セズトイフ所ナシ。フルサトニ帰時、或人〳〵池ノホトリニアツマリヰテ、魚ヲトリテクフ所アリ。其前ヲスグルニ、イサメル人ドモトラヘトヾメテ、ナマスヲツクリテ、アナガチニス、メ、シヰテマイラス。是ヲウケテ口ノウチニイレテ、即ハキイデタルヲミレバ、ミナコト〴〵クチヰサキ魚トナリテ、又池ニ入ツ。ミル人オドロキテ、戯ノトガヲクユ。カクノゴトクニアヤシクタエナルコト甚ヲホシ。

古京元興寺ノ村人、大法会ヲマウケテ、行基菩薩ヲ請ジテ、七日ノ間法ヲトカシム。男女僧尼オホク来テ見ルニ、其中ニ、一人ノ女ノ鹿ノアブラヲ調テ、聊ヒタヒノカミニヒキヌリテ、人ニマジリテトオクヲリ。ソノカタハラノ人ダニシラズ。カヽルニ、行基ハルカニミヤリテ云、
我甚クサキモノヲミレバ、カシコナル女ノ頭ニケダモノヽアブラヲヌリテヲル。

トイヘバ、女大ニハヂヲソリテ、イデヽサリヌ。ミル人ミナアヤシミヲドロク。カクノゴトキアヤシキコト甚オホシ。

天朝フカクタウトビ給テ、一向ニ師ヲシ給テ、天平十六年冬、ハジメテ大僧正ノ職ヲサヅケ給、度者四百人ヲ給。

于時智光大法師ト云僧アリ。サトリトクミテル大シ也。大僧正名徳タカクヒロクシテ、アタマノ経論ノ疏ヲ作伝へ、法ヲヒロメテ、ヨニタウトミラルヽヲソネミネタミテ云ク、
我ハ智深キ大僧也。行基ハサトリアサキ沙弥也。ナニヽヨリテカ、オホヤケ彼ヲバタウトビ、我ヲバステ給ゾ。

トウラミテ、河内国鋤田寺ニユキテ籠居ヌ。然間、俄ニ病ヲウケテシヌ。十日ト云ニ蘇生シテ云、
閻羅王ノ使我ヲメシテユクニ、道ノマヽニミレバ、金ノ宮殿ヲカザリツクレル所アリ。此使ニ問ニ、答テ云、「是ハ行基菩薩ノ生給ベキ所也」ト云。又ユケバ、アツキケブリタチオホフ所アリ。又トヘバ、答云、「汝ガ生ベキ大地獄ゾ」トイフ。即イタリ付タレバ、クロガネノシモトヲモチテウチ、鉄ノ火ノ柱ヲイダカシムルニ、肉ミダレ、骨クダケヌ。諸ノ苦ヲウクル事ハカリナシ。閻羅王ノ云ク、「汝、豊葦原ノ水穂国ニアル行基菩薩ヲソシリソネメル罪、甚ダヲモシ。ソレヲカムガヘ給ハムトテ、メシツルナリ」。「今ハキテ返ネ」ト仰給テ、使ヲソヘテカヘシユルシヲクリツルゾ。

トイヘリ。即其罪ヲアラハサムガタメニ、行基菩薩ノ難波ニヲハシマシテ橋ヲツクリ、江ヲホリ、船ヲワタシ、木ヲウヘ給所ニ、杖ニカヽリテ尋イタリヌ。行基菩薩暗ニソノ心ヲシリテ、ホヲエミテ云、
ナニヽヨリテカ目ヲミアハスル事カタクオボユル。

トイヘバ、智光イヨ〳〵ヲソリハヂテ、涙ヲナガシテトガヲクユ。

又天皇東大寺ヲ作給テ、供養ジ給ハムズルニ、講師ニハ行基菩薩ヲ定テ宣旨ヲ給ニ、行基ハ其事ニタヘズ侍リ。外国ヨリ大師来給ベシ。ソレナムツカウマツルベキ。

ト奏スレバ、供養ゼムトスルホドニ成テ、摂津国ノ難波ノ津ニ大師ノムカヘトテユク。即オホヤケニ申給テ、百僧ヲヒキキタリ。次ニ行基ハ第百ニアタリ給ヘリ。治部玄蕃雅楽司等ヲ船ニノリクハヘテ、音楽ヲ調テユキ向ニ、難波ノ津ニイタリテミレバ、人モナシ。行基閼伽一具ヲソナヘテ、ソノムカヘニイダシヤル。花ヲモリ、香ヲタキテ、潮ノ上ニウカブ。ミダレチルコトナシ。ハルカニ西ノ海ニウカビ行ヌ。シバラクアリテ、小船ニノリテ婆羅門僧正名ハ菩提トイフ僧来レリ。閼伽又コノ舟ノ前ニウカビテ、ミダレズシテ帰来レリ。菩薩ハ南天竺ヨリ、東大寺供養ノ日ニアハムトテ、南海ヨリ来レリ。舟ヨリ浜ニヨセテヲリテ、タガヒニ手ヲトリ、喜ヱメリ。行基菩薩先読歌曰、

霊山ノ尺迦ノミマヘニ契テシ真如クチセズアヒミツルカナ

婆羅門僧正返歌曰、

伽毗羅衛ニトモニ契シカヒアリテ文殊ノ御皃アヒミツルカナ

トイヒテ、トモニ宮コニノボリ給ヌ。爰ニ知ヌ、行基ハ是文殊ナリケリト。天平勝宝元年二月二日ヲハリヌ。時二年八十也。居士小野仲広撰日本国名僧伝、并僧景誡造霊異記等ニ見タリ。

2　日本往生極楽記

行基菩薩、俗姓高志氏、和泉国大鳥郡人也。菩薩初出胎、胞衣裹纏。父母忌之閣樹岐上。経宿見之、出胞能言。収養之。少年之時、隣子村童相共讃嘆仏法。余牧児等、捨牛馬而従者、殆垂数百。若牛馬之主有用之時、令使尋呼。男女老少来覓者、聞其讃嘆之声、不問牛馬、泣而忘帰。菩薩自上高処、呼彼馬喚此牛、応声自来。其主各牽而去。

菩薩出家為薬師寺僧、読瑜伽唯識論等了知奥義。菩薩周遊都鄙、教化衆生。道俗慕化、追従者動以千数。菩薩行処、巷無居人田無耕者。男女幼艾捨耒耜投機杼、争来礼拝。随器誘導、改悪趣善。尋諸要害処、造橋梁修道路、点検其田可耕種水之蓄灌、穿渠池築陂堤。聞見所及咸来加功、不日而成。百姓于今受其賜焉。菩薩畿内建立道場凡四十九処。諸州亦往々而存之。昔修行諸国帰於故郷。里人大小会集池辺、捕魚喫之。菩薩過於其処、年小放蕩者相戯、以魚膾薦於菩薩。食之。須臾吐出、其膾変為小魚。見者驚恐。聖武天皇甚敬重、詔授大僧正位。于時智光以為、我是智行大僧。行基浅智沙弥也。朝

家何因棄我賞彼。内恨皇朝、退隠山寺。智光忽死。依遺言不暫葬。十日得蘇、告弟子等云、閻王宮使駆逐我矣。路有金殿。高楼麗壮光耀。我問使者、答云、行基菩薩可生之処也。復行遠見、煙炎満空。亦問使者、答云、汝欲入之獄也。便到已。閻王呵曰、汝於閻浮提日本国、有嫉悪行基菩薩之心、今所以召汝、懲其罪。即令我抱銅柱、肉解骨融。罪畢放還。智光得蘇欲謝菩薩。々々在摂津国。造難波江橋。智光尋到。菩薩遥見智光含咲。智光伏地致礼、流涙謝罪。

天皇造東大寺了。命菩薩曰、欲供養此寺、以菩薩為講師。奏曰、行基不堪為大会講師。従異国一聖者可来。及于会期奏曰、異国聖者今日可相迎之。即有勅、菩薩率百僧及治部玄蕃雅楽三司等、向難波津。於浜頭調音楽相侍之。行基加百僧末、以閼伽一具、焼香盛花、泛於海上、香花自然指西而去。俄頃遥望西方、小舟来向。近而見之、舟前閼伽之具不乱次第、小舟着岸。有一梵僧上浜。菩薩執手相見微咲。菩薩唱和歌曰、

霊山能、釈迦乃美麻部邇知岐利弖之、真女久智世須、阿比美都留賀毛。

異国聖者答和云、

迦毘羅衛邇、等毛邇知岐利之、賀比安利天、文殊能美賀保、阿比美都留賀奈。

行基菩薩謂緇素曰、異国聖者是南天竺婆羅門、名菩提也。集会人又知、行基菩薩是文殊化身。自余霊瑞不遑羈縷。菩薩天平勝宝元年二月二日唱滅。時年八十。

仏子寂心在俗之時、草此記及序等、既成巻軸了。出家之後、無暇念仏、已絶染翰。近日訪得往生人五六輩、便属中書大王、令加入記中。兼亦待潤色。大王不辞。響応下筆。大王夢、此記中可奉戴聖徳太子行基菩薩。此間大王忽有風痾、不能記畢。寂心感彼夢想、自披国史及別伝等、抽入二菩薩応迹之事焉。

3　大日本法華験記　巻上二話

第二　行基菩薩

行基菩薩、俗姓高志氏、和泉国大鳥郡人也。菩薩初出胎胞衣裹纒。父母忌之閣樹枝上、経宿見之出胞能言、収而養之。少年之時、隣子村童相共讃歎仏法。余牧児等、捨牛馬而従者、殆成数百。若牛馬之主有用之時令使尋呼。男女老少来覔者、

聞其讃歎之声、不問牛馬、住而忘帰。菩薩自上高処、呼彼馬喚此牛、応声自来。其主各牽而去。菩薩出家為薬師寺僧、読瑜伽唯識論等了知奥義。菩薩周遊都鄙、教化衆生。道俗慕化、追従動以千数。菩薩行処、巷無居人田無耕者。男女幼艾、捨耒耜投機杼、争来礼拝。随器誘導、改悪趣善。尋諸要害処、造橋梁修道路、点検其田之可耕種、水之可蓄灌、穿渠池、築陂堤。聞見所及咸来加力、不日而成。百姓于今受其賜矣。菩薩畿内建立道場、凡四十九処。諸州亦往々而在之。菩薩修行諸国帰於故郷。里人大小会集池辺、捕魚喫之。菩薩過於其処、年少放蕩者、相戯以魚膾薦於菩薩、食之須臾吐其膾為小魚。見者驚恐。聖武天皇甚敬重、詔授大僧正位。于時智光以為、我是智行大僧正。行基浅智沙弥也。朝家何因棄我賞彼。因恨皇朝遂隠山。智光忽死。依遺言暫不葬。十日得蘇、告弟子等云、閻王宮使駆逐我矣。路有金殿高楼、麗荘光曜。我問使者、答曰、行基菩薩可生処也。復行遠見煙火之満。亦問使者、答曰、汝欲入之地獄也。便到已。閻王呵曰、汝於閻浮提日本国、有嫉悪行基菩薩之心、今所以召汝者懲其罪。即令我抱銅柱、肉解骨融。罪畢放還。智光得蘇先欲謝菩薩。菩薩在摂津国。造難波江橋。智光尋到。菩薩遥見智光含咲。智光伏地流涙謝罪。

天皇造東大寺畢。命菩薩曰、欲供養此寺、以菩薩為講師。奏曰、行基不堪為大会講師。従異国一聖者可来。及于会期奏曰、異国聖者今日可相迎之。即有勅、菩薩率九十九僧及治部玄蕃雅楽三司等、向難波津。於浜頭調音楽相侍之。行基菩薩加百僧末、以閼伽一具、焼香盛花泛於海上、香華自然指西方而去。俄頃遥望西方小舟来向。而見之舟前閼伽之具不乱次第、小舟着岸。有一梵僧上浜。菩薩執手相見微咲。菩薩唱和歌曰、

霊山能釈迦能美麻部尓知岐利天之真如久智世須阿比美都留賀那

異国聖者答云、

迦毘羅衛尓等毛尓智岐利之賀比阿利天文殊能美賀保阿比弥都留賀那

行基菩薩謂緇素曰、異国聖者是南天竺婆羅門、名菩提也。集会人又知、行基菩薩是文殊化身。自余霊瑞不遑覼縷。菩薩天平勝宝元年二月四日唱滅。時年八十矣。抑此験記中不入行基菩薩。其所以者見其別伝。於此経不見読誦書写流通供養。是故所不奉入也。然夢有宿老、襴衫姿取此験記。従外至奥両三反披見、畢作言、行基菩薩日本第一法花持者也。既過去二万

億日月灯明仏時、妙光法師受持法華経。是故無量阿僧祇劫以前持者、驚此夢告後所奉入之矣。

4 扶桑略記抄 天平十七年正月己卯条

十七年乙酉正月己卯日、以行基井為大僧正、幷賜四百人出家僧侶。大僧正職此時始矣。井未経僧位、不受於具足戒。尚是沙弥也。一云、年十五歳出家入道、二十四歳受具足戒。俗姓高志氏、和泉国大鳥郡人也。初出胎時、胞衣裹纏。父母忌之。閣樹枝上、経宿見之、出胞能言、収而養之。出家入道、住薬師寺。周遊天下広化群迷。道俗慕化、追従者動数千。所行之処、聞和尚来、巷無居人、争来礼拝。諸要害処、造橋築陂。見聞老少咸集加功、不日而成。所止之房、多植菓樹。建立道場、四十九所。古老云、井好行度。勅捕其身、禁固枳林。雖蔵内而身尚遊外。仍散禁。又井少年之時、隣子村童相共讃嘆仏法。余牧児等捨牛馬而従者、殆垂数百。若牛馬之主有用之時、令使尋呼。男女老少来覔者、聞其讃嘆之声、不問牛馬、泣而忘帰。井自上高処、呼彼馬喚此牛、応声自来。其主牽去。井読瑜伽唯識論等、了知奥義。又行諸国帰於故郷。里人大少会集池辺、捕魚喫之。井過於其処、年少放蕩者相戯、以魚膾薦於井。々食須臾吐出、其膾変為小魚。見者驚恐。本伝爰有尺智光者。河内国安宿郡鋤田寺沙門也。俗姓鋤田連。後改姓上村主。母飛鳥部氏也。天性聡明、智恵殊勝。製盂蘭盆大般若等経疏、広為学徒読伝仏教。智光於行基井発嫉妬心、而誹之曰、吾是智人也。行基是沙弥也。天皇不歯吾智、唯誉沙弥。恨其時政、渡鋤田寺。忽得痢病、経一月許、爰去已畢。臨命終時、誡弟子曰、我死已後、莫忩葬焼。至第九日、甦来語、閻羅王二人使来召、向西去行、有金楼殿。問、是何処。答云、聞智者何故不知。行基井将来生宮也。又指北方歩行。熱気炙身、漸近弥熱。問言、是何所哉。副使答云、豊葦原水穂国智光法師之所堕地獄也。往向抱熱鉄柱。肉皆鎖爛、唯骨璅存。歴于三日、使以蔽箒撫於其柱、而言活々、如故身生。又指北行。熱苦如前。亦経三日、漸向北方。極熱焼身。苦痛倍前。不可具言。唯聞鐘音暫冷。憩行又逕三日、至金宮門。二人告言、今吾召汝、誹謗井為徴其罪也。言畢還免。光向弟子述冥途事。恭往行基井之所、発露悔咎。已上異記

5 今昔物語集 巻十一第二話

行基菩薩、学仏法、導人語第二

□行基菩薩ト申ス聖在ケリ。和泉ノ国、大鳥ノ□時、物ニ被裹テ生レタリケレバ、父此レヲ見テ、□時ニゾ、父母此ヲ取テ養レケル。

漸ク長大シテ、幼童也ケル時、隣ノ小児等・村小童部ト相共ニ、仏法ヲ讃歎スル事ヲ唱ヘケリ。先ヅ馬・牛ヲ飼フ童部多集リ□テ此ヲ聞ク。馬・牛ノ主、馬・牛ノ用有テ、人ヲ遣テ尋ネ呼スルニ、使行テ、此讃歎ノ音ヲ聞クニ、極テ貴クシテ、皆馬・牛ノ事ヲバ不問ズシテ、涙ヲ流シテ此ヲ聞ク。如此シテ、男女、老タル若キ、来集テ此ヲ聞ク。郷ノ刀祢等此事ヲ聞テ、「田ヲモ不令作シテ如此キ由無キ態為ル者追ム」ト云テ行ヌ。寄テ聞クニ、云ハム方無ク貴シ。然レバ、泣テ此ヲ聞ク。亦、郡ノ司此ノ事ヲ聞テ、大ニ嗔テ「我レ行テ追ハム」ト云テ、行テ聞クニ、無限ク貴ケレバ、亦泣テ留ヌ。亦、国ノ司、前ニハ使ヲ遣ツ、令追ルニ、使毎ニ不返来シテ、皆泣々此ヲ聞ク。然レバ、国ノ司極テ怪ク成テ、自ラ行テ聞クニ、実ニ恐ク貴キ事無限シ。隣ノ国ノ人ニ至デ聞キ伝ヘツ、来テ是ヲ聞ク。此ニ依テ、此ノ事ヲ公ニ奏ス。然レバ、天皇召テ此ヲ□給フニ、極テ貴キ事無限シ。

其後、出家シテ薬師寺ノ僧ト成テ、名ヲ行基ト云フ。法門ヲ学ブニ、心ニ智リ深クシテ、露計モ不悟得ル事無シ。然レバ、諸人ニ勝タリ。

然ル間、行基慈悲ノ心深クシテ、人ヲ哀ブ事仏ノ如ク、諸ノ国々修行シテ本ノ国ニ返間、一ノ池ノ辺ヲ通ルニ、人多ク集テ魚ヲ捕リ食フ。行基其ノ前ヲ過ルニ、若キ勇タル、戯レテ、魚ノ膾ヲ以テ行基ニ与ヘテ、「是ヲ可食給シ」ト云ヘバ、行基其ノ所ニ居テ、此ノ膾ヲ食給ヒツ。其ノ後ニ、程モ無ク口ヨリ吐キ出スヲ見レバ、膾、小魚ト成テ、皆池ニ入ヌ。是ヲ見テ、驚キ怖レテ、「止事無カリケル聖人ヲ、我等不知シテ軽メ慢レル事ヲ悔ヒ恐ケリ。如此ク貴ク止事無クテ、天皇此ノ人ヲ敬テ、帰依シ給フ事無限シ。然レバ、一度ニ大僧正ニ被成ヌ。

其時ニ、元興寺ノ僧、知光ト云フ人有リ。止事無キ学生也。心ニ思フ様、「我ハ智深キ老僧也。行基ハ智浅キ小僧也。公何ゾ我ヲ棄テ彼ヲ賞シ給ハムヤ」ト、公ヲ恨ビ奉テ、河内国、椙田寺ハ□。其後、智光身ニ病ヲ受テ死ヌ。房ニ□不ザル間、十日ヲ経テ蘇テ、弟子等ニ語テ云ク、「我レ、閻羅王ノ使ニ被捕テ行シ間、道ニ金ヲ以テ造レル宮殿有リ。高ク広クシテ光リ耀ク事無限シ。「是ハ何ナル所ゾ」ト、我ヲ将行ク使ニ問ヘバ、答云ク、「是ハ行基菩薩ノ可生キ所也」ト。亦、行バ、遠クテ見ルニ、煙炎空ニ満テ猛恐ク見ル事無限シ。亦、「彼ハ何ゾ」ト問ヘバ、使ノ云ク、「彼ハ汝ガ可堕キ地獄」ト。使我ヲ将至リ着スレバ、閻羅王我ヲ呵シテ宣ハク、「汝ヂ、閻浮提、日本国ニシテ、行基菩薩ヲ嫉ミ悪テ謗レリ。今其ノ罪ヲ試ムガ為ニ召ツル也」ト。其後、銅ノ柱ヲ我令抱ム。肉解ケ骨融、難堪キ事無限シ。其罪畢テ後、被免返タル也」ト云テ、泣キ悲ム。

其後、智光此ノ罪ヲ謝セムガ為ニ、行基菩薩ノ所ニ詣デムト為ルニ、行基、其ノ程、摂津国ノ難波ノ江ノ橋ヲ造リ、江ヲ堀テ船津ヲ造リ給フ所ニ至ル。菩薩空ニ其ノ心ヲ知テ、智光ノ来ルヲ見テ、咲ヲ含テ見給フ。智光ハ杖ニ懸テ、礼拝恭敬シテ、涙ヲ流テ罪ヲ謝シケリ。

此ノ行基菩薩ハ、前ノ世ニ、和泉国、大鳥ノ郡ニ住ケル人ノ娘ニテ御ケリ。幼稚也、祖父母是ヲ悲ミ□スル事無限シ。而ニ、其家ニ仕フ下童有リ。庭ノ糞令取棄ル者也。名ヲ真福田丸ト云フ。此ノ童、心ニ智有テ思ハク、「我レ難受キ人身ヲ得タリト云ヘドモ、下姓ノ身ニシテ、勤ル事無クハ、豈ニ後ノ世ニ頼ム所有ジ。然レバ、大寺ニ行テ、法師ト成テ仏ノ道ヲ学バム」ト思得テ、先ヅ主ニ暇ヲ請ヘバ、主ノ云ク、「汝ハ何ゾノ暇ヲ申スゾ」ト。童ノ云ク、「修行ニ罷出ムト思フ本ノ心有リ」ト。主ノ云、「実ノ心有ラバ、速ニ免」ト云テ免シツ。「但シ、年来仕ツル童也。今修行ニ出ム剋ニ、水干袴着セテ遣セ」ト云テ、忽ニ水干袴ヲ令調ルニ、此ノ幼キ娘有テ、「此ノ童ノ修行ニ出ヅル料也。功徳ノ為也」ト云テ、此ノ片袴ヲ継テケリ。童此ヲ着テ、元興寺ニ行テ出家シテ、其寺ノ僧ト成ヌ。名ヲバ智光ト云フ。法ノ道学ブニ、極テ止事無キ学生ト成ヌ。彼主ノ幼カリシ娘ハ、此ノ童出テ後、幾シ無テ□益無テ止ヌ。其後、其娘、同国ノ同郡ノ□。

而ニ、菩薩未ダ幼キ少僧ニテ在マシケル時、河内国ノ□郡ニ法会ヲ修スル事有ケリ。智光ハ止事無キ老僧ニテ有ケルヲ、其ノ講師トス。元興寺ヨリ行テ、其ノ講師トシテ高座ニ登テ法ヲ説ク。聞ク人皆心ニ染テ、貴ブ事無限シ。説畢テ高座ヨリ下ムト為ルニ、堂ノ後ノ方ニ論義ヲ出ス音有リ。見レバ、頭青キ少僧也。講師、「何計ノ者ナレバ、我レ

ニ対テ論義ヲセム為ナラム」ト疑ヒ思テ、見返タルニ、論義ヲ出様、
真福田ガ修行ニ出デシ日藤袴我レコソハ縫ヒシカ片袴ヲバ
ト。其時ニ、講師大ニ嗔テ、少僧ヲ罵云ク、「我、公・私ニ仕ヘテ年来ヲ経ルニ、聊ニ恙無シ。異様ノ田舎法師ノ論義ヲセムニ、不吉ヌ事也。況ヤ我レヲ罵ル事、極テ不安ヌ事也」ト云テ、怒々出ヌ。少僧ハ打咲テ逃テ去リニケリ。少僧ハ行基菩薩也ケリ。智光然計ノ智者ニテハ、罵ト咎ムマジ。暫可思廻キ事也カシ。思フニ、其ノ罪モ有テム。
此行基菩薩ハ畿内国ニ四十九所ノ寺ヲ□給ヒ、悪キ所ヲバ道ヲ造リ、深キ河ニハ橋ヲ亘シ給ヒケリ。文殊ノ化シテ生給ヘルトナム語リ伝タルトヤ。

6　行基年譜

行年六十六歳　癸酉

聖武天皇十年天平五年癸酉閏三月、朝廷与輦車一両・得度卅五人給、爰井和歌付勅使献天皇云云
止不久留未和礼仁多末部利以加仁東毛諸共
尓古曽於久利和多佐女云云。于時、智光大法師云人有。智光名高経疏造、伝法弘世被貴、妄誹我智深大僧也、行基智浅沙弥也、何因云家彼貴、我捨、恨世、河内国行鋤田寺籠居、俄病受死。経十日甦云、閻羅王使我召行、道見金口疝造、使問、行基井可生給所也云々。更行熱煙来覆、又問、汝可生地獄也云云。至着我打鉄火柱令抱、解骨砕、苦受事無量、閻羅王云、汝豊葦原水穂国坐行基誹謗、其罪

勘給召也云云、今将返云、使副免送了。仍難波堀江橋渡給所至。井暗知咲云、何因来、智光悔咎云云。智光死後諸弟子等請奉井為導師、霊令報恩息之日行基登高宣云、孟乞陀加修行仁以天志藤袴麻呂曽怒悲計牟行袴ト宣テ即下了給ヌ

7

私聚百因縁集 第七 三行基菩薩ノ事

心地観経ニ云ク。文殊師利大聖尊ハ、三世諸仏以テ為ス母。十方如来ノ初発心ハ、皆是文殊ノ教化ノ力ナリ。已上。宝積経ニ云ク、若仏刹ノ中ニ無クハ文殊師利仏不出世ニ。非サレハ文殊師利不能成就スルコト一切衆生広大衆善ヲ。已上。仏ノ本意ハ本在大乗ニ、大乗ハ文殊ヲ上座トシテ演説スル事ナリ。若離文殊修起スルハ可不成亦大聖文殊ハ在三世ノ諸仏ノ母ニ其ノ中ニ殊ニ弥陀ニ形取レリ密教ノ意ニテ弥陀文殊大威徳豈殊ニ異ンヤ乎。顕教ノ中ノ観音大悲論ニ云ク以諸仏ノ他力門ヲ名ケ弥陀ト以テ諸仏知恵門ヲ名ク文殊ト。以テ諸仏ノ大悲門ヲ名ク観音ト。此ハ是レ一ニシテ而非ス一二。取意。爾ルニ往生極楽ノ勝法頓教大乗ノ念仏ハ文殊上座トシテ説ク之ヲ。罪悪凡夫ノ出離新発道心ノ衆生文殊ヲ智母トシテ成就スヘシ。宜ナル哉善財求メシ知識ヲ文殊ヲ始メトシテ九代ノ諸仏ハ妙光為祖師ト。凡ソ菩薩ハ三世成シ正覚ヲ給フ。然ルヲ衆生済度ノ故ニ常ニ成ル文殊ト。生シ彼ノ梵徳婆羅門ノ家ニ給シニ有十種ノ不思議得ナリ名ルコトヲ即妙吉祥ト。抑釈尊説弥陀ノ教門ヲ給ニ不離給文殊ヲ。双巻経ノ初メニ列子タリ十六正士ヲ。先挙普賢、妙徳ト。妙徳ハ是レ文殊ナリ。観無量寿経ノ証信序ニ、大乗ノ衆三万二千人ナリ。其ノ中ニ文殊ヲ而モ為上首ト。小阿弥陀経同之ニ。又文殊ハ常ニ在五台山ニ詣ス法照禅師ニ教テ欲セ疾成仏セント者無ト過タルコト念仏ニ給フ。又日本我朝ニ聞ル行基菩薩ハ即チ文殊也。初ハ薬師寺ノ僧ナリ。俗姓高階氏或ハ云ク、父ハ高子ノ貞千世。母ハ半田ノ薬師也。大鳥ノ大承ノ下女也。半田ト云フハ里ノ名也。和泉ノ国大鳥ノ郡ノ人。若シテ剃リ頭ヲ初テ読ム瑜伽論。即チ知ル其ノ意ヲ。普ク遊フ諸国。人ニ令知ラ仏道ヲ。亦見テハ悪キ道ヲ作ル橋ヲ。見吉キ所ヲ立テ堂塔ヲ作ル寺ヲ事。畿内ニ四十九箇所。別ノ国ニモ甚多之。行基ノ一ツノ不思議ニハ、行キ道ヲ過ルニ不催サ家々ニ居タル人モ競ヒ出テ、拝

ミ之。往還ノ輩モ不ルニ告必ス礼ス。天下帰ス其ノ行徳ニ。道俗併ラ仰ク其ノ化導ヲ。殊ニハ聖武天王深ク貴ヒ信シテ此憑師匠ニ給フ。仍天平十六年正月二十一日ニ任ス大僧正ニ。度スル者、四百人ヲ給フ。其ノ時ニ智光法師ト云フ人アリ。智広ク名高ク作伝ヘテ数ノ経疏ヲ弘メ法ヲ貴マレキ人ニ。然ルヲ妬行基ヲ謗リテ云ク、吾ハ智深キ大法師ナリ。行基ハ智浅キ僧ナリ。帝ハ何ソ吾レヲ不シテ貴トマ帰スル彼ニ。仍テ成シテ恨ヲ河内ノ国行テ鋤田寺ニ籠居シヌ。俄ニ受ケテ病患ヲ死ス。云フニ十日ト還活シテ云ケルハ、炎王ノ使我レヲ召テ行ク道ニ荘作レリ金ノ宮。問ヘハ可キ住ス行基菩薩ノ処也云云。更ニ尚去リ行ケハ熱煙来ツテ覆フ。問ヘハ汝カ可キ往ク地獄ナリト答フ。行キ付シカハ、獄卒逼我ヲ令懐鉄ノ火ノ柱ヲ。解ケ肉ヲ砕テ骨受ル苦ヲ事無量ナリ。炎魔王ノ言ク、汝在ス豊葦原水穂ノ国ニ謗セリ行基菩薩ヲ。勘ヘテ其ノ罪ヲ召タルナリ。今ハ将ニ返。副使ヲ返シ遣レタルト云云。即チ顕ハシ其ノ罪ヲ悔サセン為ナリ。行基菩薩難波ノ庭ニ渡シ橋ヲ掘リ江ヲ作クル船津処ニ懸テ杖ニ尋子至ル。行基先キ立テ知テ其ノ事ヲ語ル智光法師ニ。法師弥々恐レ恥ヲ流シテ涙ヲ悔過ヲ。天帝造リ東大寺ヲ給フ遂ゲントテ供養ヲ行基ヲ定ム其ノ導師ト。行基ノ言ク我身ハ其ノ事ニ不堪ヘ。此ノ程南天竺ニ相知テ侍ヘル僧会ハン此ノ寺ノ供養ニトテ可来渡ス。其ノ人目出タキ導師ナリト云云。王臣共ニ作ス不思議ヲ処ニ、既ニ彼ノ寺ノ成リテ可キ供養ス、比ニ。行カン大師ヲ迎ニトテ、申請フテ帝ニ引将シメ百僧ヲ行ク摂津ノ国。故ニ治部ノ玄蕃ノ寮加リ具シ乗リ船ニ調ヒケル音楽ヲ至ツテ見ルニ無シ来レル人モ。諸人興ヲ惺シム。于爰行基折リ花ヲ焼キテ香ヲ備ヘテ閼伽一具ヲ浮ヘリ潮ノ上ニ。遥ニ行西海ニ。暫有テ乗セテ小船ニ人ヲ遣閼伽ヲツルニ、浮ンテ船前波ノ上ニ来ツテ即チ南天竺ノ人婆羅門僧正名ヲハ曰フ菩提ト。（又云菩提僧正。天平八年丙子来至ス。正嘉元年丁巳五百二十三年。帝王四十余代云。）船ヨリ下テ浜ニ行基ト行キ合ヒ玉テ互ニ取テ手ヲ喜ヒ含ム咲ヲ。行基菩薩ノ云ク、霊山ノ釈迦ノ御前ニ契テシ真如不朽セ会見ツル哉。婆羅門僧正ノ返事ニ云ク、迦毘羅衛ニ共ニ契シ甲斐有テ文殊ノ御貌相見ツル哉ト。自尓時行基ハ知文殊師利菩薩ト。而シテ登ル都ニ。天帝殊ニ喜ヒ信シ給フ。本朝ノ内偏ニ如ニ生身ノ無上世尊ノ奉ル思ヒ爾ハ化導弥広ク利生益深シ凡ソ自闇入闇灯自道迷道ニ輩知ル也。爾ハ千秋万歳モ御坐。若シ入滅シ給ハヽ、将来ノ悲何為ト有ル心人々ハ兼テ歎キ申ケル如ク此ノ経ル年月ヲ程ニ御年八十二ノ春ノ半ハ之比ヲヒ入滅ミ給ケリ。貴賤男女悲ミ愁ヘ門徒門弟泣呼ハル別離ノ厚クシ雲ヲ誰カ不ラン歎カ跡ノ闇路ヲ必滅ノ深クシ露ヲ豈恨ノ袖ヲシホラサランヤ。行基菩薩モ哀トヤ思召レケン。見渡シテ衆会ノ悲歎ヲ。浮ヘ涙ヲ給ケリ。最後ノ名残限ノ之ヲ教爾ハ悲シカリケシテ、凡ソ泣ク花ノ中ニ鸎、吟スル樹ノ上ニ蝉、渡峯嵐シ寄ル岸ニ波ダニモ、今ハノ音ハ悲シク限リノ思哀ナリ。崑明池ノ蓮、落チナントテハ馴露ニ。東平王ノ塚ノ草、朽チナントテハ霜寒ル双樹林ノ風ノ声、涅槃ノ夕ハ冷シク、跋提河ノ波ノ音、滅度ノ朝ハ苦カリキ。鳥ハ死セントスル時音哀レナリ。人ハ別レントスル時詞和カナリ然ルニ行基菩薩最後ノ遺言ニ教ヘ置テ言ヒケルハ、不スン浄土ニアラ者、何クカ有ラン称フ思ニ処。非スン聖衆ニ者誰カ有ン随フ心人。随ハ世ニ似タリ有ニ望。背ケハ俗ニ如シ狂人ノ穴憂ノ世間、隠ン一身ヲ何クノ処ニカ骸ハ曝サレテ閻浮ノ蓬カ下ニ。神ハ訴フ炎魔ノ庁ノ前ニ。可キハ厭フ流転ノ苦域、可キハ欣フ浄土ノ楽邦。欲セハ出ント火界ヲ速ニ抛ヨ名利ヲ。欲セハ登ラント蓮台ニ常ニ励セ称名已上。行基ハ文殊ナリ。文殊ハ覚母ナリ。背ハ之ヲ者不孝ノ責不浅ラ。于時孝謙天王ノ御宇天平勝宝元年己丑二月二日ニ卒スト云云。

8　元亨釈書　巻第十四檀興

釈行基、世姓高志氏、泉州大鳥郡人、百済国之王胤也。天智七年生。及出胎、胞衣裹纏。母忌之、棄懸樹枝。経宿往見、出胞能言。父母大悦、収而鞠育。童稚之時、与児輩遊。動讃仏乗。村里牧竪之児、捨牛馬而従者数百人。其主或覔児童馬牛到基所、聞其讃説。不問児畜、感泣而忘帰。基之説誨頃、牛馬散諸所。主各以為已失也。説已、基上高処呼牛馬。応声而来。各主牽去、率以為常。十五出家、居薬師寺、学瑜伽唯識等論於新羅慧基。又従義淵益智証。二十四受具足戒於徳光法師。基事行化、道俗追随之者以千百数。所過遇険難、架橋修路。指某地之可耕墾点某水之可瀦灌穿渠池。築堤塘。計画功績不日而成。州民至今頼之。王畿之内、建精舎四十九所、諸州往往而在焉。基嘗行化返故里、里人捕魚而宴池辺。基過其地、年少戯以膾薦基。基喫之、須臾臨池吐出。皆為小魚游泳去。見者驚伏。基私度沙弥。勅禁囹。身在獄中。而出遊里閈。獄吏以聞、詔赦之。聖武帝甚敬重之。天平十七年、為大僧正。此任始于基。時智光法師者有弁慧、嘗疏盂蘭盆般若心等経。聞基栄授曰、我才智宏淵。行基只営小行耳。朝庭棄我取彼何乎。抱嫉恨隠山谷。光一夕俄死。其徒以忽殂未葬。十日而蘇。語諸弟子曰、冥使駆我而行。路有金殿、高広光耀。我問使者、此所何。冥使曰、汝称智人、何不知之。行基僧正受生之処也。又進行。望見煙焔満空。問之、答曰、汝当堕之地獄也。既而到閻王所。王呵曰、汝於閻浮提日本国、有誇嫉行基僧正之心。今所以召汝者、治其罪也。非命終也。即令抱火銅柱。我肉鎔骨融而後放還。言已馳謝基。基時在摂州、造難波橋。遥見光来而微笑。光伏地、作礼悔謝、説夢事。二十一年正月、皇帝受菩薩戒、及皇太后、皇后。乃賜号大菩薩。二月二日、於菅原寺東南院右脇而寂。年八十二。基之所過、耕夫捨耒耜、織婦投機杼。奔波礼謁。村閭闐咽而不容易往来云。

賛曰、仏法入日域而二十歳。豊聡皇子在襁褓而讃仏乗。居儲弐而宣真諦。其後五十年、基公出焉。伴孩癡而顕異。受皇王之大賜。欲揚教法、先営刹寺、畿甸半百、諸服相次、韙乎基之為名也。我道之地乎。

9　聖誉抄 上（大日本仏教全書一一二、聖徳太子伝叢書）

推古二十七年己卯。四十八。此望大県山ノ西ノ下、謂左右曰、一百年後有一愚僧。於彼立寺造像高大ナラン。一万ノケサヲ縫テ諸ノ比丘ニ施シ云云。河内国安宿郡ニ麻福田ト云卑賤ノ者アリ。其郡ノ々士ノ女ヲ或所ニテ一目見之。心此女ニ懸ル故、食事ヲ忘テ悩病ム事已ニ危ク見之。彼ノ母時ニ所懐ヲ問フ。麻福田アリノ任ニ事ヲ語ル。我レハ卑賤也。彼レハ位勝レリ。不叶事ヲ思フ故ニ悩ムト云フ。母聞之種々ノ方便ヲ廻ラシ郡士ノ女メニ此由ヲ伝ウ。彼女答テ云ク、先ツ修行ニ出テ諸国ヲ見メクリ、帰リ来ラハ契テ可ト結云フ。麻福田聞之、病モナヲリヌ。悦フ事限ナシ。サテ旅用意袴ヲヌワントスルニ、郡士ノ女カタ袴ヲ縫テ約束ノ為ニ彼ニ与フ。麻福田脱テ著之修行ニ出ヅ。或所ニ到ルニ、家ノ内事ノ外ニヒソメク何事哉覧ト思フニ、人死シテ葬送ヲ営ト云フ。誰人ソト問ニ、此郡士ノ女也ト云。聞之サテハ我心ヲ懸ル所ノ女也。泪ニ咽ヒ心ノ中ニ無常ヲ思ヒ道心発リ。其ヨリ直ニ南都元興寺ニ到リ、出家学問シテ大学生トナレリ。其名ヲ智光ト云。郡士ノ女メ生ヲカヘテ生レタリシ時ニ、聖武天皇ノ御代ナリ。行基ト名テ年僅ニ二十計ナル小僧ヲ僧正ニナサル。天王ノ御帰依最モ甚シ。智光念ラク年少ノ行基無智ノ僧也。彼レ吾ニ越テ僧正ニ成ル、事無念也。時ノ天皇人ノ有智無智ヲ撰ヒ給ハスト云。此事公家ニ聞ヘテ、サラハ行基ト智光ト於朕カ前講問シテ決択スヘシ。智ノ勝劣ヲ知ラン。議定了テ点日ヲ、行基講師登座、智光問者也。行基論義不始。登座後一首ノ歌ヲ詠シテ云、麻福田カ修行ニ出シ藤袴、ヌイテシ物ヲ其ノカタハカマ。智光聞之思ハク、サレハ此行基ハ先生郡士ノ女也。吾ガ所恋慕此人ニ有テ論ヲ停テ去ヌ。サレ共尚行基ヲ欺リ上リ智人トハ不信。智光有所労。殺入ス。十日マデ不可葬送遺言ス。魂冥途ニ赴テ遥ナル野ヲ行ニ、西ニ殊妙荘厳ノ宮殿ニ伎楽歌詠シテ、仏菩薩影向ノ所アリ。到テ拝スレハ其門ニ守門ノ者多在テ、智光不ト可入云フ。吾入テ欲ス拝セント。何ナル人ノ所居ソト問フ。守門答云ク、是ハ日本国行基菩薩命尽テ来リ玉フヘキ浄土也。汝カコトキ者ハ堅ク制シテ不可入処也ト云テ、追帰サレヌ。サテ其ヨリ北ヘユケハ、火焔燃上レル地獄ト覚シキ処アリ。驪テ獄卒走リ出テ、智光ヲ追フ。逃走ルニ獄卒追ツク。何事ソト問ヘハ、汝チ娑婆ニシテ行基菩薩ヲアナツリ奉ル咎難遁トテ、火柱ヲ抱ス。々ケハ身命失テ無ニナリヌ。獄卒箒ノ様ナル物ヲ以其跡ヲハケハ、又活テ智光トナル。如此スル事度々也。氷ノ柱ヲ抱ク事モ亦同シテ寒クツメタクシテ苦痛極ナシ。然後獄卒告テ云、汝チ報命未尽。行基悔ル故ニ爰ニメセリ。早ク娑婆ニ帰テ其咎ヲ謝シ、行基ヲ信仰シ上ルヘシト云ト思テ、七日ト云ニ蘇生シ了ヌ。智光則行基ノ御在所ニ到テ咎ヲ謝シ上リ。好テ御弟子トナリヌ。年ハ雖高藹、行基ノ智徳ニ帰シテ御弟子トナレリ。深ク行基ヲ信仰シ上ル事誠ニ甚シ。智光ハ鋤田寺ヲ作ル。是安宿郡亀瀬西シナトノ頭ニアル鋤田寺是也。又其頭文殊ノ墓トテアリ。是郡士ノ女ノ墓也。又文殊寺ト云寺アリ。是彼郡士ノ女ノ為ニ所造寺歟。此智光ハモト元興寺ニ住シ、兼テ鋤田寺ニ住ス。俊厳記云、聖武天皇ノ時、行基菩薩ヲ名愚僧、智光禅師称無智ノ僧是也。

10　当麻曼荼羅疏　巻四（浄土宗全書十三）

方今被称揚讃歎極楽界九品曼荼羅聖容上来挙諸余曼荼羅中月氏震旦之両朝曼荼羅畢。次於本朝曼荼羅又有多種。第一是智光曼荼羅也。其言出現細相者、抑本朝四十五代帝聖武天皇之御代南都有智光法師人。智解抜群名聞絶倫、広作経論章疏、伝法利生。爰有行基菩薩人。帝王被帰敬、人民被恭敬。実其徳至不思議常行、不経催人。家家競出礼拝之、天下悉帰其行徳、道俗併随彼化導。剰帝王御帰依深、天平十六年正月二十一日被任大僧正、総度僧四百人造寺安仏事、畿内許四十九箇処也。況諸国造営。爰智光法師彼行基菩薩誹謗嫉妬事無限。其故行基年若智浅。我年闌智広人不随我。帝不敬我、世間顚倒云、河内国鋤田寺籠居セラレケリ。哀哉。此隠居誠隠遁、仏道修行助嫉妬偏執籠居、争地獄因非。誠此事不違俄受病患、魂去将至炎魔庁。炎魔王使者冥官冥衆等早来迎取為至王庁。行道有金宮殿荘作。智光問冥官、此誰人住所。答云、此是行基菩薩来可住給宮殿也。又更去行火焔充満鉄城。此何問、答曰、彼汝可住処也云、軈至彼鉄城。獄率忽来逼智光、鉄縄以炎柱縛付肉裂砕骨、受苦無間。爰炎魔王言、汝是大罪人。忝閻浮第一尊者、豊葦原無双菩薩行基誹謗為勘其罪召来耳也。何汝如是耶。爰智光巻舌無陳答。雖悔無益。只罪泣泪紅地流体逼炎赤身焼。悲哉。因果必然毫末無辞処。爰閻魔王言汝正還帰菩薩、可奉崇行基者。可返娑婆矣。爰智光合掌詔諾、炎王副使返送ケレバ、十日蘇発露涕泣悔前非。行基菩薩奉尋、折節難波辺江堀橋渡所、杖係尋行至行基菩薩前、先打泣奉向。行基兼知見此事言、汝行地獄受苦身早還来哉。地獄有様見不違語智光法師。智光法師弥恐恥、流涙悔過。誠我慢嫉妬悪業設、雖誹謗浅智愚闇僧。僧是三宝随一依誹謗三宝過。地獄業因必定。況行基菩薩親文殊師利菩薩在奉謗、其罪争可浅耶。爾行基菩薩定文殊在事知。故聖武天皇御願東大寺大仏殿修造御供養導師行基菩薩指。行基云、我不堪其器。此程南天竺相知僧侍。近比此寺供養遇来給其人目出導師也。相侍給云々。聞此由王臣共作奇特之思。行基菩薩日本辺州出生不行他国。南天竺知音言不思議事アレト思処、爰行基菩薩百僧引率摂津国難波浦行以治部玄蕃等勅使相伴乗船調音楽、雖行向更無人諸人興醒思処、行基菩薩閼伽一膳用意備花香焼潮上浮遥指西海、浮行暫アテ小船一艘来。船中僧形見。人人見之、不思議思作処、彼小船前行基所備花香閼伽塗香花鬘置処、不遠波上、先船サ、メイテ浮来。奇特中中不及言乗船人、即南天竺婆羅門僧正也。又云菩提僧正。比天平八年丙子来至。船浜下、行基行合互手取喜合。見誠年来知音対面隔。今寄合喜不違。爰行基歌

霊山釈迦御前契真如不朽相見

婆羅門僧正返歌

迦毘羅衛共契カイアリテ文殊御貌相見

此歌由婆羅門僧正釈迦在、行基文殊在。霊鷲山久馴伽毘羅衛共契成結コトハ知タリケリ。如是無疑文殊誹謗由行地獄給智光悪業ケニ打定事コソ。扨智光法師向行基合掌言今出生死到菩提行法示教。爰行基言、仏三世在以弥陀第一仏浄土十方多以極楽為最上。汝宜帰弥陀、可欣極楽云々。已上百因縁已下十因意也。依之智光南都元興寺傍結庵、頼光法師相共住今号極楽房是也。草庵創已来遂不焼寺也。

11　行基大菩薩行状記（続群書類従第八下）

六十六の歳にいたりて、弥聖主の御帰依あさからず。万乗首を傾給へば、一天掌を合る物か。而に其時智光大法師とて、有智高徳の僧有。彼僧は諸経の疏をつくり、弘法利生たにことなり。爰彼智光慢心をおこしていひけるは、自は深智の高位なり。行基は浅知の沙弥なり。一向に智光をさしおかれて、蓋行基を御帰依あらんや。しかじ世をそむきて朝廷にまじはらざらむにはと思とりて、河内国鋤田寺に籠居して後、十ケ日ばかりを過て、智光頓死したりけり。獄卒来て焔王の庁庭に行て、其みちの間に厳浄の宮殿有。智光焔王の使に、此宮殿はいかなる所ぞと問ば、行基の生ずべき所なりと答。扨焔王の庭にひきすへられて、見れば一のもゑたる銅柱あり。彼はなにぞと問ば、焔王、是は汝がいだくべき柱なりと答給へば、智光涙をながし、愚僧初発心の時より、止観上乗の窓の前には、蛍雪のつとめ年をつみ、五重唯識の床の上には、観念の月光をます。内には慈悲の思を先とし、外には済度の心を同くす。仏法興隆に私なし。利益衆生に人を撰ばず。此上はなにの過によりてか、焔柱をいだくべきぞやと泣申ければ、汝がのべ申所一としても私なし。させる罪なしといへども、とがなき行基をそしる故也との給ける。彼口業の罪をざんげして、則娑婆にかへされ、たちまちによみがへり。ひとへに行基を帰依し奉りけり。

智光よみ帰て、弟子同法をあつめて語けるは、我一念の慢心を発し、行基を誹過によりて、忽ちに銅柱をいだきて、劫の重罪を受べきに定ぬ。各々努々あやまりても、そしる事なかれと語ければ、弟子ども涙を流けり。智光幾なくして、禅定に入がごとく終を取けり。追善の仏事導師には、行基を召請じけるとかや。

【補　説】

1　竹林寺

大僧正舎利瓶記（参考史料B）によると、行基は菅原寺で死去し、遺言により「生馬山東陵」で火葬されたという。この生馬山東陵は現在の竹林寺に比定されている。謹注進奉開行基菩薩生馬山御廟（大和国有里村）子細事（生馬山竹林寺縁起）によると、天福二年（一二三四）行基と行基の母が相次いで慶恩（寂滅）に託宣を下し、墓所を開くように命じた。その後、様々な奇事が起きたが、文暦二年（一二三五）になり、墓所に参詣した慶恩は、集まった住民に薦められ共に墓所を開いたところ、八角形の石筒が出現、開くと鎖のかかった銅筒があり、その中に銘文を刻んだ銅筒があった。さらにその中に銀の瓶があり、「行基菩薩遺身舎利之瓶」と記された札が付けられていたという。舎利瓶の銘文は書写され、唐招提寺に提出され、さらにそれを写したのが大僧正舎利瓶記である。この行基墓所の発掘に関わったのは律僧であり、彼らは、行基墓所の発掘を契機に民衆の結束をはかり、当地に竹林寺が建立されていったと考えられている（細川涼一『中世の律宗寺院と民衆』吉川弘文館、一九八七年）。吉田一彦によると、発掘の経緯等が、律宗の尼が夢告により法隆寺の蔵から発見されたという天寿国繡帳のそれに類似しており、当時の律宗が聖遺物を発見して寺院を復興させる活動を展開していたことを考えれば、舎利瓶記の銘文についても慎重な史料批判が求められるとする。ただし、舎利瓶記自体が一部しか残存しておらず、銘文の真偽を確認するのは困難であることや、天平二十一年の文章として矛盾はないことから、信憑性については継続して検討すべきとする（吉田一彦「行基と霊異神験」前掲）。生馬山と行基の関係は他の史料からも窺える。行基年譜には、若き日の行基は生馬仙房で母を看病し看取り（四十歳）、その後、生馬草野仙房に住し、山林修行をしたと伝える（四十三歳条）。行基が生馬山を火葬の地としたのは、母を看病し看取り、孝養を尽くした地であるためと考えられているが（吉田靖雄『行基』ミネルヴァ書房、二〇一三年）、生馬山寺は、山林修行の場であり、民間布教の最初の拠点であったため、行基にとって重要な場であったとの説も出されている（吉川真司『天皇の歴史02 聖武天皇と仏都平城京』講談社、二〇一一年）。

【参考史料】

A　続日本紀 天平二十一年（天平勝宝元年・七四九）二月丁酉条

二月丁酉。大僧正行基和尚遷化。和尚、薬師寺僧。俗姓高志氏、和泉国人也。和尚、真粋天挺、徳範夙彰。初出家、読瑜伽唯識論、即了其意。既而周遊都鄙、教化衆生。道俗慕化追従者、動以千数。所行之処、聞和尚来、巷無居人、争来礼拝。随器誘導、咸趣于善。又親率弟子等、於諸要害処、造橋築陂。聞見所及、咸来加功、不日而成。百姓至今、蒙其利焉。豊桜彦天皇甚敬重焉。詔、授大僧正之位、幷施四百人出家。和尚、霊異神験、触類而多。時人号曰行基菩薩。留止之処、皆建道場。其畿内凡卌九処。諸道亦往々而在。弟子相継、皆守遺法、至今住持焉。薨時年八十。

B　大僧正舎利瓶記（行基事典）

大僧上舎利瓶記

和上法諱法行、一号行基、薬師寺沙門也。俗姓高志氏、厥考諱才智、字智法君之長子也。本出於百済王子王爾之後焉。厥妣蜂田氏、諱古爾比売、河内国大鳥郡蜂田首虎身之長女也。近江大津之朝戊辰之歳、誕於大鳥郡、至於飛鳥之朝壬午之歳、出家帰道、苦行精勤、誘化不息。人仰慈悲、世称菩薩。是以天下蒼生、上及人主、莫不望塵頂礼、奔集如市。遂得聖朝崇敬、法侶帰服、天平十七年、別授大僧上之任、並施百戸之封。于時僧綱已備、特居其上。雖然不以在懐、勤苦弥厲。寿八十二、二十一年二月二日丁酉之夜、右脇而臥、正念如常。奄終於右京菅原寺、二月八日火葬於大倭国平群郡生馬山之東陵。是依遺命也。弟子僧景静等、攀号不及、瞻仰無見。唯有砕残舎利然尽軽灰。故蔵此器中、以為頂礼之主、界彼山上、以慕多宝之塔。

天平二十一年歳次己丑三月二十三日沙門真成

C　不思議光菩薩所説経（大正新脩大蔵経十四－六七二頁）

以此不善業行因縁、身壊命終生婬女胎、為彼賢天菩薩所護、不生地獄、婬女生已恒常棄之、為狐狼狗之所噉食、大王、以是縁故、九十一劫常如是死、生生常棄、

D　梵網経古迹記巻下（大正新脩大蔵経四十－七〇六頁）

談他過失戒第六

経若仏子口自説至是菩薩波羅夷述曰、初制意者、説仏法過必壊他信失壊菩薩興法利生、況復能招広大苦果、是故制為他勝処法、如正法念処経云、入抜舌地獄耕其舌等、大智論云、勝意比丘持戒清浄、聞喜根比丘無戒説偈婬欲即是道恚痴亦復

然、便生誹謗陥入地獄、又不思議光菩薩経云、饒財菩薩説賢天菩薩過故、九十一劫常堕婬女腹中生、生已棄之、為狐狼所食、

【参考文献】

堀一郎「民間仏教の原始形態」（『我が国民間信仰史の研究』一、創元社、一九五五年）

岩城隆利「元興寺智光の説話について」（『大和文化研究』一一―七、一九六六年）

守屋俊彦「金の宮―霊異記における他界」（『日本霊異記の研究』三弥井書店、一九七四年。初出一九七二年）

志田諄一「日本霊異記と法相宗―中巻七と下巻三十七の説話をめぐって」（『日本霊異記とその社会』雄山閣、一九七五年。初出一九七二年）

米山孝子「中巻第七縁考・行基と智光の説話伝承」（『行基説話の生成と展開』勉誠社、一九九六年。初出一九九二年）

小林真由美「行基と智光―『日本霊異記』中巻第七縁」（『日本霊異記の仏教思想』青簡舎、二〇一四年。初出一九九二年）

中村史「『日本霊異記』破戒説話と法会唱導（上）」（『日本霊異記と唱導』三弥井書店、一九九五年。初出一九九三年）

根本誠二「行基と智光」（『奈良時代の僧侶と社会』雄山閣出版、一九九九年）

霧林宏道「『日本霊異記』中巻第七の成立背景と選者景戒」（『國學院雑誌』一〇四―七、二〇〇三年）

加藤謙吉「古志史とコシ国―『日本霊異記』中巻七の記事の解釈をめぐって」（佐伯有清編『日本古代史研究と史料』青史出版、二〇〇五年）

松本信道「智光堕地獄説話成立の背景―『霊異記』中巻七話を中心として」（『駒沢史学』六五、二〇〇五年）

伊藤由希子「「聖」と「凡人」」（『仏と天皇と「日本国」―『日本霊異記』を読む』ぺりかん社、二〇一三年）

（駒井）

蟹と蝦の命を贖ひて放生し現報を得る縁　第八

【原　文】

贖二*蟹*蝦命一放生得二現報一縁第八

*置[1]染臣鯛女者、奈良京*富尼寺*上座尼*法[2]迩之女[3]也。*道心純熟、*初婬不レ犯。常懃採レ菜、一日不レ闕、奉[4]レ*仕二侍於[5]行基大徳一。入レ山採レ菜、見三之大*虵飲二乎大蝦一。*誂二大虵一曰、是蝦免レ我。不レ免猶飲。亦誂レ之曰、我作二汝妻一。故幸免レ吾。大虵聞レ之、高捧レ頭[6]而瞻[7]二女面一、吐レ蝦而放。女*期レ虵曰、自二今日一経[8]二七日[9]一而来。然[10]到二期日一。閉レ屋[11]塞レ穴、堅[12]レ身居[13]レ内。誠如レ期来。以レ尾拍[14]レ壁。女恐、明日白[15]二於大徳一。大徳[16]住[17]二在*生馬山寺一。而告之言、汝不レ得レ免。唯[18](*)堅受レ戒。乃全[19]*受二*持三帰五戒一、然還来。道不レ知老人[20]、以二大蟹一而逢。問レ之、誰[21]老。乞蟹免レ吾。老答、我*摂津国兎[22]原郡

人、*画[23]問迩麻呂[24]。年七十八、而无㆓子息㆒、*活㆑命无㆑使[25]。往㆓於難波[26]㆒、*偶得[27]㆓此蟹㆒。但有[28]㆓期人㆒、故汝不㆑免。女脱㆑*衣贖。猶不㆓*免[29]可㆒。復脱㆑*裳贖。老乃免㆑之。然蟹持更返、*勧㆓請大徳㆒、*咒願而放。大徳歎[30]言、貴哉善哉。彼八日之夜、又其虵来、登㆓於屋*頂㆒、抜㆑草而入。女、*悚[31]慄[32]焉。唯床前有[33]㆓*跳(*)熼[34]之音㆒。明日、見㆑之、有㆓一大蟹㆒、而彼大虵[35]、*条然*段切。乃知、贖放蟹報㆑恩矣、并[36]受戒之力也。欲㆑知㆓虚実㆒、問㆓于(*)耆宛[37]姓名㆒、遂无。定*委、耆是聖化也。斯奇異之事也。

（第十四紙）

[国]本文ナシ。題目下に「如上略之」
1置染、[来]赤深
2法迩、[来]法迩迩、二字目の迩を見セ消チ
3女、[来]女子
4奉供、[来]供養奉、養を見セ消チ
5於、[来]ナシ
6頭、[来]頭頚
7女面吐蝦而、[来]破損
8経、[来]破損
9日、[来]破損
10然到期日閉、[来]破損
11屋塞穴、[来]塞屋
12竪、[来][群]竪[攷][証]依第十二条改[来]に従う
13居、[来]破損
14拍、[来]柏
15白、[来]向
16大徳、[来]ナシ
17住、[来]□住
18竪、[来][群]竪、[来]に従う
19全、[来]令
20老、[来]耆、以下同じ
21誰、[来]詎
22兎、[来]菟
23画、[来]書
24麻呂、[来]磨
25使、[来][群]便[攷][証]意改[来]に従う
26波、[来]破
27得、[来]ナシ
28有、[来]ナシ
29免、[来]許
30歎、[来]嘆
31悚、[来]ナシ
32慄、[来]慓

33有、[来]在
34熯、[来][群]爆[攷証]依第十二条改[来]に従う
35虵、[来]蟹
36幷以下二一字、[来]ナシ
37宛、[群]老[攷証]意改[群]に従う

【書き下し文】

蟹《かに》と蝦《かえる》の命を贖《あがな》ひて放生《ほうじょう》し現報を得る縁　第八

置染臣鯛女《おきそめのおみたいめ》は、奈良の京、富《とみ》の尼寺の上座《じょうざ》の尼法迩《ほうに》の女《むすめ》なり。道心純熟にして、初婬《しょいん》犯さず。常に懃《ねんご》ろに菜を採り、一日も闕《か》かず、行基大徳《ぎょうきだいとく》に供侍《きょうじ》し奉《たてまつ》る。山に入りて菜を採り、大虵の、大蝦を飲むを見る。大虵に誂《あつら》へて曰はく、「是の蝦、我に免《ゆる》せ」と。免さずして猶《な》ほ飲む。亦《ま》た之に誂へて曰はく、「我、汝が妻と作《な》らむ。故に幸ひに吾に免せ」と。大虵、之を聞きて、高く頭を捧《ささ》げて女の面《おもて》を瞻《み》て、蝦を吐きて放つ。女、虵に期《ちぎ》りて曰はく、「今日より七日を経て来たれ」と。然《しか》して期日に到る。屋を閉ぢて穴を塞《ふさ》ぎ、身を堅めて内に居り。誠に期りしが如く来たり。尾を以て壁を拍《う》つ。女恐りて、明日《あくるひ》、大徳に白《もう》す。大徳、生馬《いこま》山寺に住して在り。而して告げて言はく、「汝、免るることを得じ。唯《ただ》堅く戒を受けよ」と。乃ち全く三帰五戒《さんきごかい》を受持《じゅじ》し、然して還り来たる。道に知らざる老人《おきな》、大蟹を以て逢《あ》ふ。之に問ふ、「誰《た》が老《おきな》ぞ。乞ふ蟹を吾に免せ」と。老答ふ、「我は摂津《せっつ》国兎原《うはら》郡の人、画問迩麻呂《えどいのにまろ》なり。年七十八、而して子息無く、命を活《やしな》ふに便《たより》無し。難波《なにわ》に往《ゆ》きて、偶《たまさか》に此の蟹を得たり。但《ただ》し、期りし人有り、故に汝に免さじ」と。女、衣を脱ぎて贖ふ。猶ほ免《ゆる》可さず。復《ま》た裳《も》を脱ぎて贖ふ。老、乃ち之を免す。然して蟹を持ち更に返りて、大徳を勧請《かんじょう》し、呪願《じゅがん》して放つ。大徳、歎じて言はく、「貴きかな、善《よ》きかな」と。彼《そ》の八日の夜、又其《そ》の虵来たり、屋の頂《うえ》に登り、草を抜きて入る。女、悚《お》じ慄《おそ》る。唯床の前に跳爆《あつちはため》く音有る

のみ。明日、之を見れば、一《ひとつ》の大蟹有り、而して彼の大蛇、条然《つだつだ》に段切《つたき》る。乃ち知る、贖ひ放つ蟹、恩を報い、并《あわ》せて受戒《じゅかい》の力なることを。虚実を知らむと欲《おも》ひ、耆老の姓名を問ふに、遂に無し。定めて委《し》る、耆は是れ聖《ひじり》の化《け》なることを。斯《こ》れ奇異《めずらし》き事なり。

【語　釈】

○**蟹**　和名抄「加仁」。[来]傍訓「カニ」。

○**置染臣鯛女**　未詳。臣姓の置染氏は他にみえず。置染連には、新撰姓氏録に物部十市根の兄弟の大新河命の後とする長谷置始連（左京神別中）、大椋置始連（右京神別上）がみえる。また日本書紀・続日本紀には、置始連大伯（白雉五年〈六五四〉二月条）、置始連菟（天武天皇元年〈六七二〉七月辛卯条ほか）、置始連秋山（和銅四年〈七一一〉四月壬午条ほか）などの人物が確認され、延喜式には伊勢国安濃郡に置染神社がみえる（神名帳上）。伊場遺跡出土三〇号木簡にも「置染部」と釈読できる部分がある（浜松市・奈良文化財研究所『伊場遺跡総括編（文字資料・時代別総括）』〈伊場遺跡発掘調査報告書一二〉二〇〇八年、三〇号。『木簡研究』三〇－二〇一頁⒆）。

○**富尼寺**　行基建立寺院の一つである隆福尼院のこと。大和国添下郡登美郷に所在。行基年譜には、養老二年（七一八）に行基が大和国添下郡登美村に隆福院を建て、天平三年（七三一）には、同じく登美村に隆福尼院を建てたとある（参考史料B）。続日本紀には宝亀四年（七七三）に行基建立の修行院四十余のうち六院へ田を施入したことがみえ、大和国登美院には三町が施されたとある（参考史料A）。奈良市大和田町字追分にある追分廃寺を隆福院跡とする説が有力（菅谷文則「奈良市大和田町追分の寺院遺構」『青陵』一四、一九六九年）。また奈良市三碓町の追山廃寺を隆福尼院に比定する説がある（吉川真司『天皇の歴史02　聖武天皇と仏都平城京』講談社、二〇一一年）。

○**上座**　法臈の高い上位の僧、または長老の尊称。また、三綱の一つで、寺の法事などの事務を処理し、衆僧を統括した年長・上席の僧（日国大）。ここでは、尊称に近い用法か。

○**法迩**　未詳。

○**道心**　さとりを求める心。中2（57頁）。

○**純熟**　立派なものに仕上げること。純正な方に熟達せしめること。心のよくねりあげられること（広説）。

○**初婬**　はじめての男女の性交渉（日国大）。

○**供侍**　そばに控えさせること。側近として使うこと。

○**虵**　虵は蛇。和名抄「倍美　久知奈波」。

○**誂**　頼むこと。とくに注文して作ってもらうこと（日国大）。名義抄「アツラフ」。

○**期**　互いに固く将来を約束すること（日国大）。名義抄「チギル」。

○**生馬山寺**　行基が建立した寺院の一つである竹林寺のこと。行基の墓がある。行基年譜に慶雲四年（七〇七）、行基四十歳の時生馬仙房に移ったとある。中7補説1（140頁）。

○**唯堅受戒**　行基は、女性が三帰五戒を受けた出家者であることをふまえ、不邪淫戒を守ることを説いている。この点からすると本縁は、蟹・蝦による報恩だけではなく、持戒の重要性を大きなモチーフとしているといえる。

○**受持**　教えを受け、しっかり覚えておくこと（日国大）。

○**三帰五戒**　三帰は仏法僧の三宝に帰依すること。五戒は不殺生・不偸盗・不邪淫・不妄語・不飲酒。これを誓うことにより仏教徒となる。

○**摂津国兎原郡**　現在の兵庫県神戸市の東半分と芦屋市。和名抄「兎原　宇波良」。

○**画問迩麻呂**　未詳。「画問」を来迎院本は「書問」とする。

○**活**　いかす、やしなう（字通）。名義抄「ヤシナフ」。

○**偶**　偶然にあう、たまたま、思わずも（字通）。㊌傍訓「タマサカニ」、名義抄「タマサカ」。

○**衣**　人のからだ、とくに胴体をおおう物の総称（日国大）。
○**免可**　名義抄「免 ユルス」「可 ユルス」。二合して訓む。
○**裳**　古代、腰から下にまきつけた衣服の総称（日国大）。
○**勧請**　神仏の来臨や神託を請い願うこと。また、高僧などを請い迎えること（日国大）。
○**咒願**　法語を唱えて施主の福利を祈願すること。食事または法会の時、導師が施主の願意を述べ、成就を祈ること（広説）。
○**頂**　名義抄「ウヘ」。
○**悚慄**　おそれふるえる。[来]傍訓「慄 ヲノ、ク」。上11（上178頁）。
○**跳**　とぶ、はねる（字通）。[来]傍訓「アツチ」、名義抄・字鏡集「アツチ、ハタラク」。
○**爆**　やく、はじける（字通）。[来]傍訓「ハタラク」、名義抄・字鏡集「ハタメク」。
○**条然**　細かくきれぎれのさまを表す語。ずたずた。中27[国訓釈]「二合都太々々」。中12（187頁）。
○**段切**　ずたずたに切る。切れ切れにする（日国大）。名義抄「段 ツタキル、ツタ〱」。
○**耆老**　六、七十歳の老人。としより（日国大）。礼記は、「五十曰艾。六十曰耆。七十曰老。八十九十曰耄。百年曰期」とするが（曲礼上）、養老令では、六十一歳以上を「老」とし、六十六歳以上を「耆」とする（戸令6三歳以下条）。名義抄「耆 オキナヒト」、字鏡集「耆 ヲキナ」。
○**委**　上序[興訓釈]「知也」。

【現代語訳】

蟹と蛙を買い求めて放生し、現実の報いを得た話　第八

置染臣鯛女は、奈良の都の富の尼寺の上座である法迩の娘である。仏道への心が純正で、いまだ淫事をなしたことがな

かった。いつもつとめて菜を採り、一日も欠かさず行基大徳に供していた。ある時、山に入って菜を採っていると、大蛇が大蛙を飲み込もうとしているのを見つけた。そこで大蛇に頼んで、「その蛙を私のために許してやって下さい」と言った。大蛇は聞かずに飲み続けた。女はさらに頼んで、「私がお前の妻になりましょう。だからその蛙をぜひとも許してやって下さい」と言った。大蛇はそれを聞いて、頭を高くもたげて女の顔をじっと見て、蛙を吐き出した。女は蛇に約束して、「今日より七日後に来なさい」と言った。そして約束の日が来た。女は家を閉め切って穴もすべて塞ぎ、身を固くして中に籠った。大蛇は本当に約束した通りに来て、尻尾で壁を叩いた。女は恐れて、次の日、行基大徳に相談した。大徳は生駒山寺に住んでいた。行基は告げて、「お前は逃れることができないだろう。ここはただ、固く戒を受け守りなさい」と言った。そこで専一に三帰五戒を受けて帰った。道中見知らぬ老人が大きな蟹を持っているのに出会った。女は、「いずれのご老人ですか。どうか蟹を私に譲って下さい」と尋ねた。老人は、「私は摂津国兎原郡の者、画問迩麻呂です。年は七十八、子も孫もなく、生きてゆく手立てもない。難波に行って偶然この蟹を手に入れた。約束している人がいるのであなたに譲ることはできない」と答えた。女は衣を脱いで買い求めようとしたがそれでも承諾せず、裳を脱いで買い求めようとしたところ、老人は聞き入れた。そうして蟹を持って帰り、大徳をお招きしお祈りして放した。行基大徳は賛嘆して、「貴いことだ、善いことだ」と言った。その八日目の夜、またあの蛇が来て、家の上に登って草を抜いて入って来た。女は恐れ慄いた。ところがただ寝床の前で跳ねてどたばた音がしただけであった。次の日見ると、一匹の蟹がいて、かの大蛇はずたずたに寸断されていた。それで買い取って放した蟹が恩返しをしたのであり、また受戒の力であると知った。その真偽を確かめようと思って老人を探したが、とうとう見つからなかった。それで老人は聖者の化身であることがはっきりとした。これは不思議なことである。

【関連説話】

1　三宝絵　中、第十三話

十三　置染郡臣鯛女

置染郡臣鯛女ハ、ナラノ尼寺ノ上座ノ尼ノ娘也。道心フカクシテ、ハジメヨリ男セズ。ツネニ花ヲツミテ、行基菩薩ニタテマツル事一日モ不怠。山ニイリテ花ヲ摘ニ、大ナル虵ノ大蝦ヲノムヲミル。女カナシビテ云、

此蝦我ニユルセ。

トイフニ、猶ノム。深クカナシブニタヘズシテ、

虵ハ如此云ニナムユルスナル。

ト云テ、

我汝ガ妻トナラム。猶ユルセ。

ト云時ニ、虵タカクカシラヲモタゲテ、女ヲマモリテ蝦ヲハキイダシテユルシツ。女アヤシト思テ、日ヲトヲクナシテ、

今七日アリテキタレ。

ト、タハブレニイヒテサリヌ。其夕ニナリテ、思イデ、オソロシカリケレバ、ネヤヲトヂ、アナヲフタギテ、身ヲカタメテ、ウチニコモレリ。虵来テ尾ヲモチテ壁ヲタ、ケドモ、イルコトアタハズシテサリヌ。アクル朝ニイヨ〳〵ヲヂテ、行基菩薩ノ山寺ニ居給ヘル所ニユキテ、

コノコトヲタスケヨ。

トイフニ、答テ云ク、

汝マヌカル、コトヲエジ。タヾカタク戒ヲウケヨ。

ト云テ、スナハチ三帰五戒ヲウケテ、女帰ミチニ、シラヌヲキナアヒテ、大ナル蟹ヲモタリ。女ノ云ク、

汝何人ゾ。コノ蟹我ニユルセ。

トイフニ、翁ノ云ク、

我ハ摂津国宇原郡ニスメリ。姓名ハ某甲ト云也。年七十八ニ成ヌルニ、一人ノ子ナシ。ヨヲフルニタヨリナケレバ、難波

ノワタリニユキテ、タマ〳〵コノ蟹ヲエタル也。人ニトラセムトチギレル事アレバ、コト人ニハトラセガタシ。ト云。女キヌヲヌギテカフニユルサズ。又裳ヲヌギテカフニウリツ。女蟹ヲモチテ寺ニ帰テ、行基菩薩シテ呪願セシメテ、谷河ニハナツ。行基菩薩ホメテ云、

善哉、貴哉。

ト。

女家ニ帰テ、其夜タノミ思テヰタルニ、蛇屋ノ上ヨリオリクダル。大ニヲソレテ、トコヲサリテノガレカクレヌ。トコノマヘヲキクニ、踊騒コヱアリ。アクル朝ニミレバ、一ノ大ナル蟹アリテ、蛇ヲツダ〳〵トキリヲケリ。即シヌ、蟹ノ我恩ヲムクヒ、我仏ノ戒ヲウケタル力ナリト。マコトイツハリヲシラムトテ、人ヲ摂津国ニヤリテ、翁ノ家尋トハスルニ、コノ郡里ニサラニナキ人也ト云。又シリヌ、翁変化人也ト。霊異記ニミヘタリ。

【補　説】

1　持戒の功徳

蟹満寺の建立縁起として注目されてきた本縁だが、その内容については寺院建立縁起としてよりも、放生と持戒の功徳を説くものとして理解すべきであろう。置染臣鯛女は、放生のために蛇と交わしてしまった約束を恐れ、行基のもとに赴く。そこで行基から五戒を受け、それを保つことで、蛇に襲われる寸前に蟹に救われたというのが本縁の内容である。本縁では、放生に加え、戒律を守り、清浄であったことによって救われたとされている。また鯛女自身、本縁の冒頭に記されているように、深く仏教に帰依し、男性と交わらない生活を送っており、戒律（とくに不邪淫戒）を守る生活を実践していた。もちろん、放生の功徳も重要なものとして説かれているが、本縁では持戒も強く進められていると考えられる。日本では、戒律を守り清浄であることは様々な祈願が仏に受け入れられる前提と考えられていたようである。曽根正人は、戒律に関わる事項が見られる国家の仏教政策を取り上げ、古代においては「浄行者は仏の教えを実践する行者であるから仏意に適う者

である。したがって彼らの祈願は仏にも入れられやすいはずだ。よって浄行者の祈りは目的実現の呪力を伴うものとなる」との論理があり、持戒と呪力が結び付けられていたとする（曽根正人「中世初期戒律復興運動の戒律観とその背景」『古代仏教界と王朝社会』吉川弘文館、二〇〇〇年。初出一九九三年）。類聚三代格天平六年（七三四）十一月二十一日太政官奏では、得度の要件として「浄行三年以上」（持戒が含まれていると考えられる）が求められているし、続日本紀天平九年（七三七）四月壬子条で大安寺僧の道慈は、浄行僧を集めて大般若経を転読させているため、大安寺は落雷を被っていないとし、今後は調庸を布施として転読させるように求めている。浄行と祈願の達成が結び付けられている事例と言えよう。他にも宝亀三年（七七二）に置かれた十禅師にも「或持戒足称、或看病著声」す僧侶が選ばれる（続日本紀宝亀三年三月丁亥条）等、持戒を重視した多くの政策を挙げることができる。本縁には、このような持戒を前提として功徳を得ようとする信仰が反映されていると考えられる。

【参考史料】

A　続日本紀　宝亀四年（七七三）十一月辛夘条

十一月辛卯、勅、故大僧正行基法師、戒行具足、智徳兼備。先代之所推仰、後生以為耳目。其修行之院、惣卌余処。或先朝之日、有施入田。或本有田園、供養得済。但其六院、未預施例。由茲、法蔵堙廃。無復住持之徒、精舎荒涼、空余坐禅之跡。弘道由人。実合奨励。宜大和国菩提・登美・生馬、河内国石凝、和泉国高渚五院、各捨当郡田三町。河内国山埼院二町。所冀、真筌秘典、永洽東流、金輪宝位、恒斉北極、風雨順時、年穀豊稔。

B　行基年譜

行年五十一歳　元正天皇四年養老五年戊午。

隆福院、登美、四月二十三日起

在大和国添下郡登美村。

（中略）

行年六十四歳　聖武天皇八年天平二年辛未

（中略）

隆福尼院　在大和国添下郡登美村、十月十五

日起

【参考文献】

山根賢吉「蟹報恩譚の展開」（『国語と教育』二、一九六七年）

神谷吉行「蟹満寺縁起譚の生成―報恩昔話から縁起説話への展開」（『昔話伝説研究』一、一九七一年）

守屋俊彦「中巻第八縁考」（『日本霊異記の研究』三弥井書店、一九七四年。初出一九七一年）

臼田甚五郎「『日本霊異記』の蟹報恩譚」（『仏教文学研究』二―二、一九七六年）

中里隆憲「蟹満寺説話と南山城」（日本霊異記研究会編『日本霊異記の世界』三弥井選書一〇、三弥井書店、一九八二年）

松倉文比古「『日本霊異記』中巻第八について」（『龍谷史壇』九七、一九九一年）

丸山顕徳「『日本霊異記』蟹報恩説話の性格」（『日本霊異記説話の研究』桜楓社、一九九二年）

寺川真知夫「『霊異記』蟹報恩譚の考察」（『日本国現報善悪霊異記の研究』和泉書院、一九九六年）

三舟隆之「蟹報恩譚の成立」（『日本霊異記』説話の地域史的研究』法藏館、二〇一六年）

（藤田　補説1駒井）

己が寺を作り其の寺の物を用ゐて牛と作りて役はるる縁　第九

【原　文】

己[1]作レ寺[2]用二其寺物一作レ牛[3]役縁第九
*大伴赤麻呂[4]者、*武蔵国[5]多磨郡[6]大領也。以二天平勝宝元年[7]己丑[8]冬十二月十九日一死、以二二年[9]庚寅夏五月七日一、生二*黒斑犢一。自負二*碑文一矣。*探[10]二之斑文一謂、赤麻呂[11]者、*檀[12]二於己所レ造[13]寺一、而随二*恣心[14]一、借二用寺物一、未二報納一之[15]死亡焉。為レ償二此物一故、受二牛身一者也。於レ兹諸*眷属[16]及二同僚[17]一、発二*慚愧心一、而*慄无レ極。謂作レ罪可レ恐。豈応レ无レ報矣。此事可レ*報[18]二(*)季[19]業[20]*楷模一。故以二同年六月一日一、伝二乎諸人一矣。冀无二慚愧一者、*覧[21]二乎斯録[22]一、改レ心行レ善。寛[23]飢苦所レ迫[24]雖レ欽[25]二銅湯一、而不レ食二寺物一。古人*説[26]曰、*現在甘露、未来鉄丸者、其斯謂之歟[27]。誠知、非レ无二因果[28]一、不二怖

慎㆒歟。所以*大集経㆓云、盗㆓僧物㆒者、罪過[29]㆓*五逆㆒云々。

1己、[国]己以下一三文字ナシ
2寺用其、[来]破損
3牛役縁第、[来]破損
4麻呂、[来][国]麿
5国多、[来]破損
6磨、[来]破損[国]麿
7年、[国]李、以下同じ
8丑、[国]刄
9二、[国]ナシ
10探、[来]採
11麻呂、[来]磨[国]麿
12檀、[群]擅
13造、[来]遣
14心、[国]ナシ
15之、[来][国]之而[攷証]高野本之而
16眷、[来]春
17僚、[来][国]寮[攷証]高野本作寮
18報、[来]録[国]縁[攷証]作縁
19季、[国]秀
20業、[来][国][群]葉[攷証]依高野本改[来]に従う
21覧、[国]賢
22録、[国]縁[攷証]高野本作縁
23寛、[来][国][群]寧[来]に従う
24雖、[国][群]ナシ[攷証]原衍雖字依高野本改削
25欽、[来][群]飲[攷証]意改[来]に従う
26説、[来][国][群]諺
27歟、[来][国][群]矣[攷証]依高野本改[来]に従う
28因、[来]破損
29過、[群]過於

【書き下し文】

己《おの》が寺を作り其《そ》の寺の物を用ゐて牛と作《な》りて役《つか》はるる縁　第九

大伴赤麻呂《おおとものあかまろ》は、武蔵《むさし》国多磨《たま》郡の大領《たいりょう》なり。天平勝宝元年己丑《つちのとうし》の冬十二月十九日を以て死に、二年庚寅《かのととら》の夏五月七日を以て、黒の斑《まだら》の犢《こうし》に生れぬ。自ら碑文《ひぶん》を負ひたり。斑文を探《あなぐ》るに謂《い》はく、「赤麻呂は、己が造れる寺を檀《かざ》り、恣《ほしきまま》なる心に随《したが》ひて、寺の物を借り用ゐ、報《むく》い納めずして死に亡《う》すなり。此の物を償《つぐの》はむが為の故に、牛の身を受くる者なり」と。茲《ここ》に諸《もろもろ》の眷属《けんぞく》と同僚と、慚愧《ざんき》の心を発《おこ》して、慄《おそ》るること極《かぎり》無し。謂《おも》はくは、「罪を作《な》すこと恐るべし。豈《あ》に報い無かるべけむや。此の事は季《すえ》の葉《よ》の楷模《かたき》に報《つく》るべし」と。故に同年六月一日を以て、諸人《もろひと》に伝ふ。冀《ねが》はくは慚愧なき者も、斯《こ》の録を覧《み》て、心を改め善を行はむことを。寧《むし》ろ飢ゑの苦に迫《せ》められて銅《あかがね》の湯を

飲むと雖《いえど》も、寺の物を食《は》まざれ。古人《こじん》の説きて曰《い》はく、「現在の甘露《かんろ》は、未来の鉄丸《てつがん》なり」とは、其れ斯れを謂ふなり。誠に知る、因果《いんが》無きにあらず、怖れ慎《つつし》まざらむや。所以《このゆえ》に大集経《だいじっきょう》に云はく、「僧の物を盗む者は、罪五逆《つみごぎゃく》に過ぐる」と云々。

【語　釈】

○**大伴赤麻呂**　未詳。武蔵国はじめ古代の関東地域には、大伴氏が多く分布する。本縁の大伴氏は、郡領であることを考えると、カバネは「直」と推測される。

○**武蔵国多磨郡**　多摩郡。現在の東京都西部地域。中3（67頁）。

○**黒斑犢**　黒いまだら文様のある子牛（集成）。

○**碑文**　石碑にほりつけた文章（日国大）。ここでは、子牛の斑文様が文字として解読できたので、碑文というのであろう。

○**探**　[国訓釈]「アナクルニ」。さぐる。探し求める。また、さぐり調べる。穿鑿する（日国大）。

○**檀**　[国訓釈]「カサリテ」、[来]傍訓「カチリテ」（カサリテの誤か）。寺院などを荘厳する意味か。[群]「擅」に従うと「ほしきまま」という意味になる。

○**恣**　[来]傍訓「ホシキママニ」、字類抄「ホシキマ、」。ほしいままにする。気ままにする、かってにする（字通）。

○**眷属**　血のつながっているもの。親族。上31（上356頁）。

○**慚愧**　いろいろと自分のことを反省して心からはずかしく思うこと。恥じ入ること。中7（121頁）。

○**慓**　[国訓釈]「恐也」、[来]傍訓「オソル」。

○**報**　名義抄「ツク」。書きつけるの意（旧大系）。

○**季葉**　末の世、衰えた世。上序（上25頁）「流季葉」。

○**楷模**　[国訓釈]「楷摸　二合加多岐」。手本。模範（日国大）。
○**覧乎斯録**　この記録を見て。本縁との類縁性を指摘される上30には、豊前国宮子郡少領・膳臣広国の地獄巡りの様子を、広国が現世に戻った後で「顕録流布」したという記述がある。「覧」について[国]は本文・訓釈ともに「賢」とし、訓釈で「見也」とする。
○**説**　この部分、[来][国][群]は「諺」とし、[国訓釈]「去砥和左尓」、[来]傍訓「コトワサニ」。先行注釈は、「諺」とするものが多いが、[真]のままでも意味は通る。
○**現在甘露未来鉄丸**　この句は、上30では「経云」として引用される。[攷証]は、経に出典を求めるのは誤りかとする。大般涅槃経巻十二聖行品第七之二に類似句がある（参考史料A）。
○**大集経云**　上20に本縁と同様の部分を引用する。出典は、梵網経古迹記巻下劫盗人物戒第二が引用する大方等大集経。上20（上251頁）「大方等経」。
○**五逆**　五つの逆罪。大宝・養老律で規定された君主への謀叛など八つの大罪とは異なる内容。上20（上251頁）。

【現代語訳】
自分で寺を建立し、その寺の所有物を使用して、牛に転生して使役された話　第九
大伴赤麻呂は、武蔵国多磨郡の大領である。天平勝宝元年己丑の冬十二月十九日になって死去し、二年庚寅の夏五月七日になって、黒のまだら模様のある子牛に生まれ変わった。自らの背に碑文を負っていた。斑の文章を探り調べたところでは、「赤麻呂は、自分が造立した寺を荘厳し、恣に欲するところに従って寺の物を借用し、いまだ相応のものを返済せぬうちに死亡するに至った。この借りた物を償却させるためということで、牛の身を与えられた者である」ということであった。ここにすべての親族と同僚とは、つね日頃の行いを省み恥じる心を起こして、恐れおののくこと限りがなかった。彼らが思うところでは、「罪を犯すことは恐ろしいことだ。どうして報いがないことがあろうか。このことは、後世の手本とし

て書き付けておこう」ということであった。そこで同年六月一日になって人々にこれを伝えたのである。自分の行いに恥じるところがない人も、この記録を見て、心がけを改め善を積むようになることを、こいねがうところである。むしろ飢えの苦しみに迫られて溶けた銅の液体を飲むようになったとしても、寺の物を食べるようなことがあってはいけない。昔の人が説いていうところでは、「現在、甘い汁を吸っていると、未来には鉄の玉を飲まされる」というのは、このことをいうのである。本当によくわかる、因果応報というものはないものではない、怖れ慎まずにいられようか。こういう訳で大集経では、「僧の物を盗む者は、罪は五逆に過ぎる」というのである。

【関連説話】

1　今昔物語集　巻二十第二十一話

武蔵国大伴赤麿、依悪業受牛身語第二十一

今昔、武蔵ノ国、多磨ノ郡大領トシテ、大伴ノ赤麿ト云者有ケリ。天平勝宝元年ト云フ年ノ十二月十九日ニ、忽赤麿死ス。

次年ノ五月七日、其ノ家ニ黒斑ナル犢生レタリ。其ノ牛ノ背ニ碑文有リ。云ク、「赤麿ハ寺ノ物ヲ恣ニ借用テ、未ダ返シ不納シテ死ス。此ノ物ヲ償ハムガ為ニ、牛ノ身ヲ受タル也」ト。而ルニ、赤麿ガ眷属・同寮等此ヲ見聞テ、恐ヂ怖ル、事無限。「罪ヲ造ツレバ、必ズ其報有リ。此レ必ズ可記事也」ト云テ、此録ヲシテ、同年六月ノ一日ノ諸ノ人ヲ集メテ、此ノ録ヲ伝ヘ令見ム。諸ノ人此レヲ見テ、本ヨリ懺悔ノ心無キ者ハ此ヲ見テ始テ心改メテ善ヲ行ズ。本ヨリ因果ヲ知レル輩ハ弥ヨ心ヲ深ク悪ヲ止ケリ。

実ニ此ヲ思ニ、譬ヒ銅ノ湯ヲ飲ト云トモ、人、寺ノ物ヲバ不可食ズ。此レ極テ罪有ル事也知ヌ。努々犯ス事不可有ズトナム語リ伝ヘタルトヤ。

【補　説】

1 「寺物」の借用と返済

本縁は、いくら檀越であっても寺物を借用して返さなければ、転生してその債務を返済しなければならないとの思想を前提としている。未納の財物については、もし家財が尽きて返済ができないときは、雑令に「役身折酬」せよとの規定がある（参考史料C）が、牛に転生することが「役身折酬」に他ならない。律令制以前においても、返済が滞ると自身を奴婢などとし、実役によって返済する社会的慣習があったことが知られている（日本書紀持統天皇元年〈六八七〉七月甲子条。中15参考史料B）。霊異記の説話では、寺の財産を借用して、それについて返済ができない者が、牛に転生して働く、という説話類型がいくつかみられる（上20、中32）。これらも、そうした社会的慣習を基盤とするものであろう。

2 本縁にみる説話の生成

本縁もいわゆる化牛説話のひとつであるが、本縁が如何なる経緯で形成され、共有されてきたのかを示す内容となっていることに特徴がある。まさに説話の生成過程を示すのが本縁と言えよう。本縁で注目すべき内容としては、牛として生まれ変わったことを「探り」、その意味を理解できる人物が赤麻呂の周辺にいたこと、そしてそれを記文として残していることである。流布という点に着目した虎尾俊哉は、板に書かれたであろう記文が、赤麻呂が造った寺に掲げられ、「諸人に伝え」「流布」されとし、「六月一日」という具体的な日付も記文の記されていたものとする（「顕録して流布しき―日本霊異記の一素材」『日本歴史』二二二、一九六六年）。法会において語られるのとは異なる流布のあり方が窺えて興味深い。だが、財産未返済による牛への転生という因果応報的な理解を示すにも、そのような知識を有する人物による意味づけが必要不可欠であるし、それを受容する信仰基盤がなければ、説話自体が説得力を持ち得ない。その点、赤麻呂の建立した寺院が、東京都府中市宮町の京所廃寺の可能性が高いとされる点は重要である。この寺院は郡家に近接しており、多磨郡には国府・国分寺が存在する。説話の生成には中央の官大寺から派遣された国師や国分寺僧の存在が重要であった（三舟隆之説）。本縁の元となった記文は、当然文字で書かれており、その内容が理解できる者も限られていたと考えられる。記文はあくまでも赤麻呂の親族や同僚の郡司に対する戒めを記したものであったろう。なお多磨郡に関わる説話は本縁の他に、中3、下7がある。先述の通り、多磨郡には国府・国分寺が立地していたから、国分寺に滞在した国師や国分寺僧が多磨郡関係説話の生成に大きな役割を果たしたとする三舟の指摘は妥当であろう。

【参考史料】

A　大般涅槃経　巻十二聖行品第七之二（大正新脩大蔵経十二―六七七頁）

復次迦葉、譬如有人四衢道頭器盛満食色香味具而欲売之、有人遠来飢虚羸乏、見其飯食色香味具、即指問言、此是何物、食主答言、此是上食色香味具、若食此食得色得力、能除飢渇得見諸天、唯有一患所謂命終、是人聞已即作是念、我今不用色力見天、亦不用死、即作是言、食是食已若命終者、汝今何為於此売之、食主答言、有智之人終不肯買、唯有愚人不知是事、多与我価貪而食之、善男子、菩薩摩訶薩亦復如是、不願生天得色得力見於諸天、何以故、以其不免諸苦悩故、凡夫愚痴随有生処皆悉貪愛、以其不見老病死故、復次善男子、譬如毒樹根能殺人枝幹茎節皮葉花実悉亦能殺、善男子、二十五有受生之処、所受五陰亦復如是一切能殺、復次迦葉、譬如糞穢多少倶臭、善男子、生亦如是、設寿八万下至十歳倶亦受苦、復次迦葉、譬如嶮岸上有草覆於彼岸辺多有甘露、若有食者寿天千年、永除諸病安隠快楽、凡夫愚人貪其味故、不知其下有大深坑、即前欲取不覚脚跌堕坑而死、智者知已捨離遠去、善男子、菩薩摩訶薩亦復如是、尚不欲受天上妙食、況復人中、凡夫之人乃於地獄呑噉鉄丸、況復人天上妙肴饌而能不食、迦葉、以如是譬及余無量無辺譬喩、当知是生実為大苦、迦葉是名菩薩住於大乗大涅盤経観於生苦、

B　梵網経古迹記　巻下・劫盗人物戒第二（大正新脩大蔵経四十―七〇四頁）

問瑜伽倶舎云劫奪僧物破僧同類、何故大集盗僧物者罪過五逆、方等経云四重五逆我亦能救、盗僧物者我所不救、答所望各別、破僧暫時、且現前僧、盗和合財普障三世常住僧道、非親障聖故名同類、言劫賊物者、物已属彼、律不許奪、

C　雑令　19公私以財物条

凡公私以財物出挙者、任依私契。官不為理。毎六十日取利、不得過八分之一。雖過四百八十日、不得過一倍。家資尽者、役身折酬。不得廻利為本。若違法責利、契外掣奪。及非出息之債者、官為理。其質者、非対物主。不得輙売。若計利過本不贖、聴告所司対売。即有乗還之。如負債者逃避、保人代償。

【参考文献】

雨宮尚治「霊異記に於ける『楷模』私考」（『立命館文学』四－一二、一九三七年）
橘井清五郎「大伴赤麿懺悔文に対する異見」（『書誌学』第一巻、一九三三年）
三舟隆之「『日本霊異記』における東国関係説話」（『日本霊異記』説話の地域史的研究』法藏館、二〇一六年）

（毛利　補説2駒井）

常に鳥の卵を煮て食ひて以て現に悪死の報を得る縁　第十

【原　文】

常鳥[1]卵煮食、以現[2]得二悪死報一縁第十
*和[3]泉国和泉郡*下痛脚村有二一*中男一。姓名未[4]レ詳也。[5]*天年[6]邪見、不レ*信二因果一。常求二鳥卵一、煮食為レ業。*天平勝宝六年[7]甲午春三月、不レ知*兵士来、告二中男一言、*国司召也。見二兵士腰一負二(*)四尺於[8]一。即副共往、*纔至[9]二郡[10]内*於山直里一、押二入麦畠一。々一町余、麦生[11]二尺許。眼見二*爝火一、*践レ足无レ間。走[12]二廻[13]畠内一、而[14]叫哭曰、熱哉、々々。時有二*当村人一。入レ山拾レ薪。見二於走[15]*転哭叫之人一、自レ山下来。執[16]之而[17]引、*拒不レ所レ引。猶強追[18]捉[19]、乃従二*籬之外一、[20]事之而出、*躃レ地而臥、*嘿然*不レ曰。良久*蘇起、然病叫[21]言、痛[22]レ足矣云々。山人問言、何故然也。答曰、有二一兵士一、召レ我将[23]来、押二入爝

（第十五紙）

火一。焼足如レ煮。見二四方一者、皆*衛[24]二火山一、無レ間レ所レ出。故叫走廻。山人聞レ之、(*)塞[25]レ袴見レ*膞、々肉[26]*爛*銷、其骨*璅[27]在。准[28]逕[29]之一日而死也。誠[30]知、地獄[31]現在。応レ信二因果[32]一。不レ可レ如下烏[33]烏[34]慈二己児一、而[35]食中他児上。無二慈悲一者、雖レ人如レ烏矣。*涅槃[36]経云、雖レ得[37]二人数[38]尊卑差別一、*宝レ命重レ死、二[39]倶无レ異[40]云々。*善悪因果経云、*今[41]身焼二煮鶏子[42]一、死堕二*灰河地獄一者、其[43]謂之矣。

1卵煮、[来]破損
2現以下八字、[来]破損
3泉以下一一字、[来]破損
4未、[来]破損
5也、[国]ナシ
6年、[国]季
7年、[国]季
8於、[来]札[国][群]杜[来]に従う
9至郡、[来]至郡至郡とあり上二字を見セ消チ
10内、[国][群]部内
11生、[国]坐
12走、[国]麦に走を傍書
13畠、[来]昌
14而、[来]ナシ
15走、[国]麦
16執、[来]報
17而引、[来]引而
18追、[国]ナシ[攷証]高野本無追字
19捉、[来]投
20事、[来][国][群]牽[攷証]原作事依高野本改[来]に従う
21叫、[国]呻[攷証]高野本作呻
22痛、[来]病
23将、[来]時
24衛、[攷証]原作街依高野本改
25塞、[来][国][群]褰[攷証]原作塞依高野本改[来]に従う
26肉爛銷其、[来]破損
27璅在、[来]破損
28准、[来]破損[国][群]唯[国]に従う
29逕之、[来]破損
30誠、[来]破損
31獄、[来]破損
32果不可、[来]破損
33烏、[国]烏
34烏、[来]破損[国][群]之[攷証]原作烏烏意改高野本作烏之[国]に従う
35而食他児、[来]傍書挿入
36涅槃、[来][国]炎[攷証]高野本作炎経二字
37得、[群]復[攷証]原作得依梵網経古迹記引改
38数、[来][国][群]獣[攷証]原作数依高野本改[来]に従う
39二、[国]ナシ
40云々、[国]ナシ
41今、[国]今以
42子、[国]子者[国]に従う
43其、[来]斯[国][群]其斯[攷証]原脱斯字依高野本増[国]に従う

【書き下し文】

常に鳥の卵を煮て食ひて、以て現《うつつ》に悪死の報《ほう》を得る縁　第十

和泉《いずみ》国和泉郡下痛脚《しもあなし》村に一《ひとり》の中男《ちゅうなん》有り。姓名　詳《つまびら》かならず。天年邪見《てんねんじゃけん》にして、因果《いんが》を信《う》けず。常に鳥の卵を求め、煮て食ふを業《わざ》と為す。天平勝宝《てんぴょうしょうほう》六年甲午《きのえうま》の春三月、知らざる兵士《へいし》来たりて、中男に告げて言はく、「国司《こくし》が召すなり」と。兵士の腰を見るに四尺の札《ふむた》を負《お》ふ。即ち副《そ》ひて共に往《ゆ》き、纔《ひたた》郡内の山直里《やまたえ》に至り、麦畠《むぎばたけ》に押し入る。畠一町余り、麦の生ひたること二尺許《ばかり》なり。眼に燗火《おきび》を見、足を践《ふ》むに間無し。畠の内を走り廻《めぐ》り、叫び哭《な》きて曰《い》はく、「熱きかな、熱きかな」と。時に当《そ》の村の人有り。山に入り薪《たきぎ》を拾ふ。走り転《まろ》び哭き叫ぶ人を見て、山より下り来たり。執《とら》へて引くも、拒《こば》みて引かれず。猶《な》ほ強いて追ひ捉《とら》へ、乃ち籬《かき》の外より、之を牽《ひ》きて出すに、地に躃《たお》れて臥《ふ》し、嘿然《ひそか》なりて曰はず。良久《ややひさ》にありて蘇《さ》めて起《た》ち、然《しか》して病み叫びて言はく、「足痛し」と云々。山人問ひて言はく、「何の故にか然《しか》る」と。答へて曰はく、「一の兵士有りて、我を召し将《ひきい》て来たりて、燗火に押し入る。足を焼くこと煮るが如し。四方を見れば、皆火の山を衛《かく》み、出でむに間無し。故に叫び走り廻る」と。山人、之を聞きて、袴《はかま》を褰《かきあ》げて膊《はぎ》を見るに、膊の肉爛《ただ》れ銷《と》け、其《そ》の骨璅《ほねぐさり》のみ在り。唯逕《ただへ》ること一日にして死ぬ。誠に知る、地獄の現《うつつ》に在ることを。因果を信《う》くべし。鳥の己《おの》が児を慈《うつく》しび、他の児を食むが如くにあるべからず。慈悲《じひ》無き者、人と雖《いえど》も鳥の如し。涅槃経《ねはんぎょう》に云《い》はく、「人と獣と尊卑《そんぴ》の差別を得ると雖も、命を宝《とうと》び死を重みす、二つは倶《とも》に異なること無し」と云々。善悪因果経に云はく、「今身《こんじん》に鶏の子を焼き煮る者は、死して灰河《けが》地獄に堕《お》つ」とは、其れ断《こ》れを謂《い》ふなり。

【語　釈】

○**和泉国和泉郡**　現在の和泉市・泉大津市・泉北郡忠岡町・岸和田市と貝塚市の過半。中2（55頁）「泉郡」。

○**下痛脚村**　現在の泉大津市我孫子付近の旧称。同地には式内社の泉穴師神社が鎮座する（泉大津市豊中）。穴師神は、新撰姓氏録和泉国神別に穴師神主がみえ、延喜式に安那志社（玄蕃寮式94新羅客条）とあって、古代より崇敬された神であると考えられる。

○**中男**　令においては、十七歳から二十歳までの男子を指す（参考史料A）。天平宝字元年（七五七）に十八歳から二十一歳までの男子と改められた（続日本紀天平宝字元年四月辛巳条）。

○**天年**　天性、生まれつき。上4（上85頁）、中7（116頁）。

○**因果**　原因と結果。善悪の行為には必ずその報いがあるという道理。上序（上21頁）。

○**天平勝宝六年**　七五四年。中9と本縁は、いずれも天平勝宝年間の話で孝謙天皇の時代にあたるが、次の中11から聖武天皇の在世時に戻る。年代順の説話配列からずれる点は注意すべきだが、理由は不詳である。

○**兵士**　軍団兵士のこと。律令制下、諸国には軍団制が敷かれ、各戸から平均二人の成年男子を兵士として徴発し、軍団を組織していた。

○**国司**　律令制下で諸国に置かれた国の官人（四等官）、守・介・掾・目の総称。

○**四尺札**　約一一八センチメートルの木札で、ここでは国司からの召喚状。麦の背が二尺であるから異様な大きさである。東野治之は、後代の絵画や彫刻に冥官が長大な木簡を持った姿に表現されていると指摘している（東野「美術に現れた木簡」『正倉院文書と木簡の研究』塙書房、一九七七年）。本縁における木簡を背負っていた兵士は、冥界の使者と考えられよう。国傍訓「杜　フムタ」、名義抄「札　フムタ」。補説1。

○**纔**　国訓釈「比太丶」。忽ち、とっさに。上21（上258頁）。

○**山直里**　大阪府岸和田市。和名抄「山直　夜末太倍」。

○**爓火**　熾火に同じ。熾火は、おこした炭火。火勢の盛んな炭火（日国大）。来傍訓「オキ」。国傍訓「ヲキ」。国訓釈「爓於紀」。下36真訓釈「爓　於支比」。

○**践**　来傍訓「フム」、字鏡集「フム」。

○**当**　名義抄・字類抄「ソコ」。

○**転**　名義抄「マロブ」。

○**拒**　国傍訓「コハムニ」。

○**籬**　竹や柴などで目をあらく編んだ垣（日国大）。和名抄「末加岐、一云末世」、名義抄「マカキ、ミツカキ、マセ、シハカキ」。

○**躃**　国訓釈「太布礼奴」。

○**嘿然**　嘿は、黙っていること（日国大）。字鏡集「嘿　モノイハス、ヒソム、ヒソカ、モタ」。国訓釈「二合二古耳奈リ」は、ヒソカナリなどの誤りか。

○**不曰**　国傍訓「モノイハス」。

○**蘇**　国訓釈「サメテ」。

○**衛**　国傍訓「カコメル」、名義抄「カクム」。中5（91頁）。

○**褰**　かかげる。かきあげる（字通）。名義抄「カ、グ」。

○**腨**　足のふくらはぎ（日国大）。国訓釈「波支乎」、名義抄「ハギ」。

○**爛**　名義抄・字鏡集「タ、ル」。中7（119頁）。

○**銷**　名義抄・字類抄「トク」。中7（119頁）。

○**璅**　名義抄・字鏡集「クサリ」。骨璅は、骨骸の意。中7（119頁）。

○**涅槃経**　大般涅槃経。上20（上250頁）。ただし攷証は、ここでの引用は、梵網経古迹記によるかという（参考史料B）。梵網経古迹記については、中7（121頁）「不思議光菩薩経」。

○**宝**　[来]傍訓「タウタキ」、名義抄「タフトフ」。

○**善悪因果経**　唐代に成立した経典。著者は不明。衆生の色相には貧富貴賤、善悪美醜などの違いがあるのは皆前世の業因によって、現在の果報を招いていることを説明している。近代にいたるまでさかんに行われていた因果応報を説いたもの（大蔵経全解説大事典）。集成は、日本で撰述された偽経とする。

○**今身**　この世での体（日国大）。

○**灰河地獄**　灰に覆われた川の中で罪人を苛責する地獄をいう。十六遊増地獄の一つ（広説）。

【現代語訳】

いつも鳥の卵を食べ、この世で悪い死に方の報いを受けた話　第十

和泉国和泉郡下痛脚村に一人の中男がいた。姓名は不詳である。生まれながらにしてよこしまで因果応報を信じなかった。いつも鳥の卵を探し求めては、煮て食べることを習慣としていた。天平勝宝六年甲午の春三月に知らない兵士が来て、その中男に、「国司がお前を呼んでいる」と告げた。兵士の腰を見ると四尺の札を付けていた。そこで兵士について一緒に行った。ようやく同じ郡内にある山直里にいたり、麦畑に押し込められた。畠は一町ほどの広さで、麦は二尺ほどのものが生えていた。すると麦が燃え上がる火のように見え、足の踏み場がない。中男は畠の中を走りまわり、泣き叫んで、「熱い、熱い」と言った。その時、その村の人がいた。山に入って薪を拾っていたのである。畠の中で走り転げ回り泣き叫ぶ人を見て、山から下りて来た。男を捕まえて引っ張ろうとしたが、拒んだので引き出すことができなかった。なおも強引に追いかけて捉え、籬の外から引っ張って畠から出したところ、男は地に倒れて臥したままで静かになって何も言わなかった。しばらくして目を覚まし起きて、痛み苦しみ叫んで、「足が痛い」と言った。村の人は、「何故、このようなことになったのか」と尋ねた。男は答えて、「一人の兵士がいて、私を呼び出して火の中に押し込んだのだ。足が焼かれ、まるで煮られるかの

ようであった。周りを見れば、火の山に囲まれて出る隙間も無かった。そのため叫び走りまわっていたのだ」と言った。村の人は、これを聞いて、男の袴をまくってふくらはぎを見ると、肉は爛れ溶けており、骨が鎖のように残っているだけだった。わずか一日で男は死んだ。本当によくわかる、地獄が現世にあるということが。因果応報は信じなければならない。鳥は自分の子を慈しんでも、他の鳥の子を食べるが、そのようなことをしてはいけない。慈悲の無い者は、人であっても鳥のようなものである。涅槃経に、「人と獣は、尊卑の差があるといっても、命を尊び死を重んじる点においては、両者ともに異なることはない」と述べている。善悪因果経に、「現世で鶏の卵を焼き煮る者は、灰河地獄に堕ちる」と説くのは、このことをいうのである。

【関連説話】

1　今昔物語集 巻二十第三十話

和泉国人、焼食鳥卵得現報語第三十

今昔、和泉ノ国ノ和泉ノ郡、下ノ痛脚村ニ、一人ノ男有ケリ。心邪見シテ、因果ヲ不知ズ。常ニ鳥ノ卵ヲ求テ、焼キ食ヲ以テ業トス。

而ル間、天平勝宝六年ト云年ノ三月ノ比、不見知ル人、此男ノ家ニ来レリ。其ノ姿ヲ見レバ、兵士ノ形也。此ノ男ヲ呼ビ出デ告テ云ク、「国ノ司汝ヲ召ス。速ニ我ニ具テ可参」ト。然バ男、兵士ニ具テ行ニ、此兵士ヲ吉見バ、腰ニ四尺許ノ札ヲ負ヘリ。纔ニ郡ノ内ニ至ルニ、山真ノ里ニシテ、山辺ニ麦畠ノ有ルニ、男ヲ押入テ、兵士ハ不見ヘズ。畠一町余許也。麦二尺許生タリ。忽ニ見レバ、地ニ炎火有テ、足ヲ踏ニ隙無シ。然バ、畠ノ内ニ走廻テ、叫テ、「熱ヤ熱ヤ」ト云フ。其ノ時ニ、村ノ人、薪ヲ切ラムガ為ニ山ニ入ト為ニ、見バ、畠ノ中ニ哭叫テ走廻ル男有。此ヲ見テ、「奇異也」ト思ニ、山ヨリ下リ来テ、男ヲ捕ヘテ引ニ、辞テ不被引ズ。然ドモ強ク引テ、垣ノ外ニ引出。男地ニ倒臥ヌ。暫有テ、活リ起タリ。痛叫テ足ヲ病事無限シ。山人、男ニ問テ云ク、「汝、何ノ故ニ此ク有ゾ」ト。男ム答テ云ク、「一ノ兵士来テ我ヲ召シ、将来テ此ニ押入ツ。地ヲ踏ニ、地皆焔火ニシテ、足ヲ焼事煮タルガ如シ。四方ヲ見レバ、皆火ノ山ヲ衛テ隙無クテ、不出ザルガ故ニ、叫テ走廻ル也」ト。山人此ヲ聞テ、男ノ袴ヲ褰ゲテ見バ、膊爛ニ骨現也見ユ。一日ヲ経テ、男遂ニ死ニケリ。

人皆此ヲ聞テ、「殺生ノ罪ニ依テ、現ニ地獄ノ報ノ示也」トゾ云ケル。然レバ、人此ヲ見聞テ、邪見ヲ止メ因果ヲ信ジテ、不可殺生ズ。

「「卵ヲ焼煮ル者ハ、必ズ灰地獄ニ堕」ト云ハ実也ケリ」トゾ人云ケルトナム語リ伝タリトヤ。

2　冥報記 下、周武帝説話

周武帝好食鶏卵一食数枚、有監膳儀同名抜彪帝進御食有寵、隋文帝即位独猶監膳進食、開皇中暴死、而心尚暖、家人不忍殯之、三日乃蘇能語先云挙我見至尊為周武帝伝語、既而請見文帝、引向言曰始忽見人喚随至一処有大池穴所行之道佳入穴中、纔到穴口遥見西方有百余騎来衛如王者俄至穴口乃周武帝也、儀同拝之、帝曰、喚汝証我事耳、汝身無罪言訖、即入穴中、使者亦引儀同入便見官門引入庭見武帝共一人同座而有加敬之客、使者令儀同拝王々問汝為帝作食前後進白団幾枚儀同不識白団顧左右、々々教曰名鶏卵為白団也、儀同即答帝食白団実不記数、王謂帝曰、此人不記当須出之、帝惨然不悦而起、忽見庭前有一鉄床幷獄卒数十人皆牛頭人身、帝至已臥牀上獄卒用鉄梁押之帝両脇割裂之処鶏子全出俄与牀斉可十余斛乃尽、王命数之訖、牀及獄卒忽皆不見、帝又已起在王座王謂儀同云還去有人引出至穴口中、又見武帝出来謂儀同云、為我相聞大随天子昔帝与我共事倉庫玉帛、亦我儲之、我今身為皇帝為滅仏法極受大苦、可為吾作功徳也、於是文帝勅天下人出一銭為追福焉臨外祖斉公親見時帰家具説云尓。

3　冥報記 下、冀州小児説話

隋開皇初冀洲外邑中有小児年十三、常盗隣家鶏卵焼而食之、後早朝村人未起其父聞叩門呼此児声父令児令出応之、見一人云、官喚汝、児曰喚我役請入取衣粮、使者曰不須也、因引児出村門、村南旧是桑田、耕訖未下種、是旦此児忽見道右有一小城、四面門楼丹素甚衆、児恠曰、何時有此、使者呵之使勿言、因引至城北門令児前入児入度閫、城門忽閉不見一人唯是空城、地皆熱灰砕火深纔没踝児忽呼叫、走趣南門垂至而閉、又走東西北門亦皆如是未往則開、既至便闔時村人出田男女大小皆見此児在耕田中、口似啼声四方馳走皆見相謂曰、此児狂耶旦来如此遊戯不息至日食時採桑者皆皈、児父問見児不、桑人答曰、在村南走戯喚不肯来、父出村遥見児走大呼其名一声、便往城灰忽不見々父而倒号泣言之視其足半脛已上血宍燋乾其膝已下洪爛如炙抱帰養療之、脾已上肉合如故膝下遂為枯骨、隣里聞之共往視其走処足迹通利了無灰火、於是邑人男女大小皆持戒練行有大徳僧道恵本冀洲人為臨言之此其隣邑也、

【補説】

1　四尺の札

本縁には、ある中男のもとに兵士が四尺の木札に記された国司の召喚状を携えて訪れるくだりがある。本縁のような、国司が木簡を用いて直接召喚を行う事実は想定し難いが、郡司からの下達文書である郡符木簡の中には召文がみられ、郡司が直接の召喚を行っていたことがわかる。郡符木簡は、各地の官衙遺跡から出土している。新潟県長岡市の八幡林遺跡から出土した木簡（参考史料C）は、養老年間頃の年代と推定される、越後国蒲原郡の郡司が青海郷に宛てた文書で、高志君大虫に越後国府に参向して告朔の儀に出席することを求めたものと考えられる。この木簡を所持した者が蒲原郡から古志郡を経て国府に出向き、その帰途に八幡林遺跡で廃棄したと考えられることから、小林昌二は、過所木簡の性格も兼ねていたと推測している（『木簡研究』一四、一九九二年）。郡符木簡の特徴としては、大型の形状が挙げられ、平川南は、その要因として符式文書の書式であること、郡符木簡の重要な機能が召喚状であったことを指摘した。郡符木簡は、里（郷）長など、その支配下の責任者宛てに命令された後、召喚人などとともに差出または召喚先に携行・提示されることから一種の証明書として官衙諸施設内で有効に機能したと推測している。また平川は、本縁の「四尺の札」について、郡符木簡の形状は二尺を標準としていたと考えられることに着目し、在地社会における郡司と国司の対比から郡符二尺の倍の長さとして、「四尺の札」が架空されたとしている（平川「郡符木簡」『古代地方木簡の研究』吉川弘文館、二〇〇三年。初出一九九五年）。他方、東野治之

はやや大に失するとし、召すべき人の歴名が連ねられていたか、あるいは冥官の用いる木簡を念頭において表現したと推測する（東野「奈良平安時代の文献に現われた木簡」『正倉院文書と木簡の研究』塙書房、一九七七年。初出一九七四年）。正倉院文書には紙に書かれた召文もあるが、本縁のように命を受けた者が携行する際には、紙よりも木簡の方が便利であったのだろう。

【参考史料】

A　戸令6　三歳以下条

凡男女三歳以下為黄。十六以下為少。二十以下為中。其男二十一為丁。六十一為老。

B　梵網経古迹記　巻下・快意殺生戒第一（大正新脩大蔵経四十–七〇三頁）

如涅槃経、仏告阿闍世王言、大王汝王宮中常勅屠羊、心初無懼、云何於父独生懼心、雖復人獣尊卑差別、宝命重死二俱無異、若中彼寿尽刹那殺如何得罪、文殊問経説得同罪、以加彼苦縁具足故、広如彼説、違教之罪軽重雖同、随心境等業有軽重、

C　八幡林遺跡出土第一号木簡（新潟県和島村教育委員会編『八幡林遺跡Ⅳ』和島村埋蔵文化財調査報告書第一六集、二〇〇五年）（木簡学会方式の釈文に改めた）

・「郡司符　青海郷事少丁高志君大虫　右人其正身率□　」

・「虫大郡向参朔告司□〔身カ〕率申賜　符到奉行　火急使高志君五百嶋　九月廿八日主帳丈部□」　585×34×5　011

【参考文献】

徐志紅「『日本霊異記』熸火考―中巻十縁を中心に」（『人間文化研究科年報』二〇、二〇〇五年）

（吉岡　補説1浅野）

僧を罵ると邪婬するとにより悪病を得て死ぬる縁　第十一

【原　文】

*罵[1]レ僧与[2]二*邪婬一得二悪病一而死縁第十一

聖武天皇御世[3]、*紀伊国伊刀郡桑原[4]之*狭屋寺尼等発願[5]、於二彼寺一備二法事一。請二奈良右京薬師寺僧題恵禅師[6]一、（*字[7]曰二依網禅師一。[8]俗姓依*網連、故以為レ字。）奉二仕*十一面観音悔過一。時彼里有二一[10]凶人[11]一。姓[12]*文忌寸也。（字[13]云二*上田三郎[14][9]一矣。）*天骨邪見、不レ信二三宝一。凶人之妻、有二*上毛野公大[15]掃之女[16]一。一日一夜[17]、受二*八斎戒[18]一、参二行悔過一、居二於衆中一。夫、従レ外帰レ家而見無レ妻。問二家人一、答曰、参二往悔過[19]一。聞之*瞋怒、即[20]往喚レ妻。*導師見レ之、宣レ義教化。不二*信受一曰[21]、為二無用語[22]一。汝、*婚二吾妻[23]一。頭可レ所二罰破一。*斯下[24]法師矣[25]。*悪口多言、具不レ得レ述[26]。喚レ妻帰レ家、即[27]犯[28]レ其[29]。*卒尓、*閛著レ*蟻*爵[30]、痛[31]死。雖レ不レ加レ刑、而発二悪心一、*濫罵[32]令レ恥、不[33]レ恐二邪婬[34]一故、得二

（第十六紙）

現報一也。口生[35]二百舌[36]一、雖二万言白[37]一、慎、莫レ俳[38]レ僧。(*)蒙[39]交[40]故也。

1罵、[来]詈
2与、[来]興
3御、[来]ナシ
4伊、[国]ナシ
5尼等、[来]寺
6右、[国]古[攷証]高野本作古
7曰、[来]田
8俗姓、[来]□石
9以、[攷証]原作改以刀字依高野本改
10一、[国]ナシ
11人、[来]挿入
12姓、[国]姓文に名と傍書
13云、[来]曰
14三郎矣、[来]二良
15掃、[来][国][群]椅[攷証]原作掃依高野本改
16女、[来]女子
17一、[来]ナシ
18戒、[来]破損
19往、[来][国][群]行[攷証]原作往依高野本及上文改
20即往、[国]則行[攷証]高野本作則行
21日、[来]破損
22語汝婚、[来]破損
23妻頭可所罰破、[来]破損
24斯下法師、[国]斯下法師斯下法師
25矣、[来]破損
26述喚妻帰、[来]破損
27即、[国]則[攷証]高野本即作則
28犯、[来]破損
29其、[来][国][群]其妻[攷証]原脱妻字依高野本増
30爵、[来]ナシ[国][群]嚼
31痛、[来]病
32罵、[来]挿入
33不、[来]ナシ
34邪、[国]耶
35生、[来]出
36舌、[来]无
37白、[国]曰
38俳、[来][国][群]誹[来]に従う
39蒙、[来][国]絛蒙[群]倐蒙[攷証]原脱倐字依高野本増[群]に従う
40交、[来][国][群]災[来]に従う

【書き下し文】

僧を罵《の》ると邪婬《じゃいん》するとにより悪病を得て死ぬる縁　第十一

聖武《しょうむ》天皇の御世に、紀伊《きい》国伊刀《いと》郡桑原《くわはら》の狭屋《さや》寺の尼等発願《ほつがん》し、彼《そ》の寺に法事《ほうじ》を備ふ。奈良《なら》の右京の薬師《やくし》寺の僧題恵禅師《だいえぜんじ》 字《あざな》を依網《よさみ》禅師と曰《い》ふ。俗姓は依網連《むらじ》、故《か》れ以て字と為す を請《う》け、十一面観音悔過《じゅういちめんかんのんけか》に奉仕す。時に彼の里に一《ひとり》の凶《あ》しき人有り。姓は文忌寸《ふみのいみき》なり 字、上田三郎と云《い》ふ。天骨邪見《てんこつじゃけん》にして、三宝《さんぼう》を信《う》けず。凶しき人の妻に、上毛野公《かみつけののきみ》大掃の女有り。一日一夜に、八斎戒《はちさいかい》を受け、悔過に参《ま》ゐ行《ゆ》きて、衆中に居《お》り。夫、外従《よ》り家に帰りて見

るに妻無し。家人に問ふに、答へて曰はく、「悔過に参ゐ往《ゆ》く」と。之《これ》を聞きて瞋怒《いか》り、即ち往きて妻を喚《よ》ぶ。導《どう》師《し》、之を見、義を宣べて教化《きょうけ》す。信受《しんじゅ》せずして曰はく、「無用の語を為す。汝《なんじ》、吾が妻に婚《くながい》す。頭罰《かしらう》ち破らるべし。斯下《いや》しき法師《ほうし》なり」と。悪口《あっく》多言《たごん》、具《つぶさ》に述ぶることを得ず。妻を喚びて家に帰り、即ち其《そ》れを犯す。卒尓《にわか》に、閛《まら》に蟻著きて齧《か》み、痛み死にき。刑を加へずと雖《いえど》も、悪心《あくしん》を発《おこ》し、濫《みだりがわ》しく罵り恥づかしめ、邪婬を恐れざるが故に、現報《げんぽう》を得たり。口より百舌《ひゃくぜつ》を生じ、万言を白《もう》すと雖も、慎《ゆめ》、僧を誹《そし》ること莫《な》かれ。倐《たちまち》に災を蒙《こうむ》らむが故なり。

【語釈】

○**罵**　名義抄「ノル」。ののしる（字通）。

○**邪婬**　夫または妻でない者に対して、よこしまな行為をすること。よこしまな淫事、道にはずれた姦淫。また自分の夫または妻であっても、不適当な方法・場所・時間に行うことも含まれる。中2（55頁）。悔過の法事中のために問題になる（集成）。

○**紀伊国伊刀郡桑原（郷）**　現在の和歌山県伊都郡かつらぎ町西部。吉田東伍は、「今詳ならず、疑ふらくは笠田村大谷村等郡の西偏の地なるへし。霊異記に伊刀郡桑原狭屋寺と云者あり、笠田村大字佐野は古の狭屋の地にや」という（大日本地名辞書）。

○**狭屋寺**　和歌山県伊都郡かつらぎ町の佐野廃寺であろう。補説1。

○**薬師寺**　平城京右京六条二坊におかれた官大寺。奈良市西ノ京町にあり、現在法相宗大本山。上序（上20頁）。

○**題恵禅師**　未詳。

○**字**　実名のほかに人々が呼びならわしている別名。また、その名を言うこと。通称。あだな（日国大）。

○**依網連**　新撰姓氏録左京神別、右京神別、河内国諸蕃にみえる。

○**十一面観音**　十一の面に人々の苦しみを救う力を秘めた観音。頭に十ないし十一面の化仏を置いて、衆生済度の力を表示した観音（広説）。下3・30。
○**悔過**　仏前に懺悔して、罪報を免れることを求める儀式。上5（上110頁）、中6（104頁）。
○**文忌寸**　新撰姓氏録左京諸蕃、右京諸蕃にみえるほか、坂上系図所引の新撰姓氏録逸文には、東漢氏系の坂上一族に紀伊国伊都郡文忌寸がみえる。また、延喜十一年（九一一）三月二十三日平田福刀自子家地充文案（根岸文書。平安遺文二〇五号）に検校・郡老・郡司の文伊美吉の署判がみえる。
○**上田三郎**　吉田東伍は、「川南に上田郷あり即そこの人なる可し」という（大日本地名辞書）。
○**天骨**　国傍訓「ヒト、ナリ」、国訓釈「二合比上々那利」（「上」は「止」の誤写か）。生まれつき。天性。上16（上221頁）。
○**邪見**　よこしまな考え、誤った見解。上29（上331頁）。
○**上毛野公**　新撰姓氏録左京皇別、右京皇別にみえる。吉田東伍は、「按に上野は真土山のふもとに上野村あり上田郷より一里許あり上毛野公も其地の人なる可し」という（大日本地名辞書）。上野村は、現在の奈良県五條市上野町。
○**八斎戒**　八戒斎に同じ。一日一夜を限って男女の在家信者が守る八つの戒め。戒としては、出家生活を一日だけ守るという形をとったもの。五戒と衣の贅沢と住の贅沢と食の贅沢についての戒め。生物を殺さない、盗みをしない、性交しない、うそをいわない、酒を飲まない、装身化粧をやめ（きらびやかに飾らぬ）歌舞を聴視しない、高くゆったりしたベッドに寝ない、昼以後何も食べない。以上八つの戒を守るもので、八戒ともいう。これをウポーサタの日、すなわち毎月（陰暦）の八日・十四日・十五日・二十三日・二十九日・三十日に守って行う（広説）。この説話では、邪婬し妻の八斎戒を破らせた。僧を罵ったことは悪口。結果的にいずれも破戒者。八斎戒の女犯戒を犯した。上24補説1（上284頁）「六斎日」。
○**瞋怒**　いかること。腹を立てること。中1（36頁）。
○**導師**　大勢の僧の中心となって法要をとり行う僧。主要な行事を執行する僧（広説）。ここでは題恵。

○**信受**　信じて受け入れること。また、信仰すること（日国大）。
○**婚**　国訓釈「クナカヒス」。上1興訓釈「婚合　久奈可比」。くながい。くなぐこと。性交。交合。交接。まぐわい（日国大）。
○**斯下**　国訓釈「二合賤」。
○**悪口**　十悪の一つ。人をあしざまにののしること。あっこう（日国大）。
○**卒尓**　にわかに（字通）。名義抄「卒尒　ニハカニ」、字類抄「卒尓　ニハカ」。
○**閞**　国訓釈「万良」。陰茎をいう。もと僧侶が用いた語（日国大）。関連説話2。
○**蟻**　枕草子にみえる蟻通神社と関わる、紀ノ川、吉野川流域の蟻信仰を、本縁の下地に推定する説もある（丸山顕徳説）。
○**爵**　国傍訓「カミ」、国訓釈「嚼　可弥」。
○**濫**　下16真訓釈「ミタハカハシク」、下16群訓釈「ミタリカハシク」。「みだりがわしい」は、秩序や規律、作法に反するさま。中1（34頁）。
○**倐**　国訓釈・国傍訓「タチマチニ」。上序（上24頁）。

【現代語訳】

僧を罵ることとみだらな行いとにより、悪病にかかって死んだ話　第十一

聖武天皇の御世に、紀伊国伊刀郡桑原にあった狭屋寺の尼たちが発願し、その寺で法事を計画した。奈良の右京薬師寺の僧の題恵禅師　通称を依網禅師といった。姓は依網連で、そこでこれを通称としていた　を招いて、十一面観音悔過を行った。その時、その里に悪人がいた。姓は文忌寸であった　通称は、上田三郎と言った。生まれつきよこしまで、三宝を信じなかった。悪人の妻は、上毛野公大掃の女であった。一日一夜の間、八斎戒を受けるため、悔過に参加し、法会に集った人々の中にいた。夫が外から家に帰ると妻がいなかった。家の者に尋ねると、「悔過に行った」と答えた。夫はこれを聞い

て怒り、すぐに寺に行って妻を喚んだ。導師はこれを見て、教えを説いて聞かせた。夫は耳を貸さずに、「無用な説法はいらない。お前は、私の妻を犯した。頭を打ち割ってやるぞ。いやしい法師だ」と罵った。その悪口雑言は、書けたものではない。夫は妻を喚んで家に帰ると、すぐに妻を犯した。するとすぐに、蟻が夫の陽根にかみつき、痛みで死んでしまった。とくに刑を加えなくても、悪い心を起こし、みだりに僧を罵り恥ずかしめ、みだらな行為を恐れなかった故に、この世で報いを受けたのである。口の中に百の舌があって、一万の言葉をいうとしても、決して僧を罵ってはならない。すぐさま災をこうむるからである。

【関連説話】

1　今昔物語集　巻十六第三十八話

紀伊国人、邪見不信蒙現罰語第三十八

今昔、紀伊ノ国ノ伊都ノ郡、桑原ノ里ニ狭屋寺ト云フ寺有リ。其ノ寺ニ住ム尼共等有ケリ。

聖武天皇ノ御代ニ、彼ノ尼共願ヲ発シテ、彼寺ニシテ法事ヲ行フ。奈良ノ右京薬師寺ノ僧、題恵禅師ト云フ人ヲ請ジテ、十一面観音ノ悔過ヲ行フ。

其ノ時ニ、彼ノ里ニ一ノ悪人有ケリ。姓ハ文ノ忌寸、字ハ上田ノ三郎ト云フ。邪見ニシテ三宝ヲ不信ズ。其ノ人ノ妻有リ。姓ハ上毛野ノ公、字ハ大橋ノ女ト云フ。其ノ女形チ有様美麗シテ、心ニ因果ヲ知テ、夫ノ外ニ行タル間ニ、一日一夜、戒ヲ受ケ、彼ノ悔過ヲ行フ所ニ詣デ、聴聞ノ人ノ中居キヌ。而ル間、夫外ヨリ返テ家ヲ見ルニ、妻無シ。家ノ人ニ、「妻何コヘ行タルゾ」ト問フニ、家ノ人、「悔過ヲ行フ所ニ参ヌ」ト答フ。夫此コレヲ聞テ、大キニ嗔テ、即チ□彼ノ導師此レヲ見テ、慈ノ心ヲ発シテ教ヘテ導ス。而ルニ、夫此レヲ□「汝ハ此レ我ガ妻ヲ婚ムト為ル盗人法師也。速ニ我レ汝ガ頭ヲ可打破シ」ト詈テ、妻ヲ呼テ家ニ将返ヌ。即チ夫其ノ妻□テ、「汝ヂ必ズ此ノ法師ニ被盗ヌラム」ト嗔テ、妻ヲ寝所ニ引入テ、二人臥ヌ。即チ婚グニ、夫ノ閛ニ忽ニ蟻付テ嚙ム様ニ思テ、此ヲ痛ミ病テ、程無ク死ヌ。
此ヲ見聞人、「打ツ事無シト云ヘドモ、悪心ヲ発シテ、監ニ法師ヲ詈リ令恥タル故ニ、現報ヲ得ル也」トテ、愢ミ謗ル事無限シ。

然レバ、僧ヲ謗スル事無カレ。亦、此レ観音ノ悔過ヲ行フヲ来テ聞ク人ヲ妨ル過也トナム語リ伝ヘタルトヤ。

2　和名抄 巻三、茎垂類第三十九玉茎
日本霊異記云、紀伊国伊都郡有一凶人。不信三宝、死時蟻著其閑。

【補説】

1　狭屋寺
狭屋寺は、和歌山県伊都郡かつらぎ町佐野の紀ノ川右岸の河岸段丘上にある佐野廃寺に比定される。佐野廃寺は、周辺に「塔ノ壇」の小字が残るほか、古来塔の心礎とみられる礎石が遺存し、古瓦の散布が知られていた。一九七五年の町道整備に伴う調査において関連する遺構が発見され、一九七六年から七九年にかけて和歌山県教育委員会による発掘調査が行われた。寺域は、東西約八〇メートル（二七〇尺）、南北約一二〇メートル（四〇〇尺）の規模をもち、南半部は伽藍地区、北半部は僧房や倉庫群などの房舎地区と推定されている。主要伽藍は、東に塔、西に金堂、両者の北側に講堂を配する法起寺式伽藍配置であり、塔は三重塔と推測される。このほか、講堂の北東隅の東に隣接して輪堂形式の六角経堂や、金堂の南に木製灯籠とみられる遺構を検出している。佐野廃寺の建立は、佐野寺式軒丸瓦と三重弧文・四重弧文軒平瓦、行基葺丸瓦と凸面布目平瓦を主体とする金堂にはじまり、やや遅れて塔を東に配したとみられる。八世紀にいたり、重圏文軒丸瓦と重廓文軒平瓦を用い、北で西に四度振る再建建物が創建期講堂に重複して建設される。金堂や塔からは奈良時代後期の瓦は出土せず、再建建物と六角経堂の軒先が接することなどから、八世紀には創建堂塔の多くは退頽し、再建建物が寺の中心施設となっていたらしい。加えて、房舎地区の建物遺構や出土土器は、八世紀から九世紀にかけての繁栄を示唆している。したがって、創建期講堂の再建建物が、本縁にみえる尼らが備えた「法事」の場とみられる。創建時の軒瓦は、同じ伊都郡にある神野々廃寺、名古曽廃寺出土のものとよく似た川原寺式で、奈良県五條市の荒坂瓦窯産と考えられる。他に、同牧代瓦窯産の本薬師寺式、奈良県御所市に所在する巨勢寺式のものがみられ、そのいずれもが、奈良県御所市の朝妻廃寺から出土した瓦に酷似し、巨勢寺式のものは同笵とみられる。佐野廃寺の造営には川原寺造営に関わった瓦生産機構の影響が強く認められ、その造営時期は天武朝頃と推測される。なお、佐野廃寺の造営氏族は、伊都郡において大きな勢力を占める文忌寸とする理解が有力である（和歌山県教育委員会『佐野廃寺発掘調査概報』一九七七年。佐野廃寺の研究刊行会『和歌山県伊都郡かつらぎ町佐野所在　佐野廃寺の研究』二〇一六年）。

【参考文献】

丸山顕徳「狭屋寺説話（中11縁）」（『日本霊異記説話の研究』桜楓社、一九九二年。初出一九九一年）
栄原永遠男「紀伊の氏族と住民」（和歌山県史編さん委員会『和歌山県史』原始・古代、一九九四年）
小谷徳彦「瓦からみた紀ノ川流域の古代寺院」（『帝塚山大学考古学研究所研究報告』Ⅳ、二〇〇二年）
藤井保夫「紀伊の川原寺式軒瓦」（奈良文化財研究所『古代瓦研究Ⅲ―川原寺式軒瓦の成立と展開』二〇〇九年）

（山本）

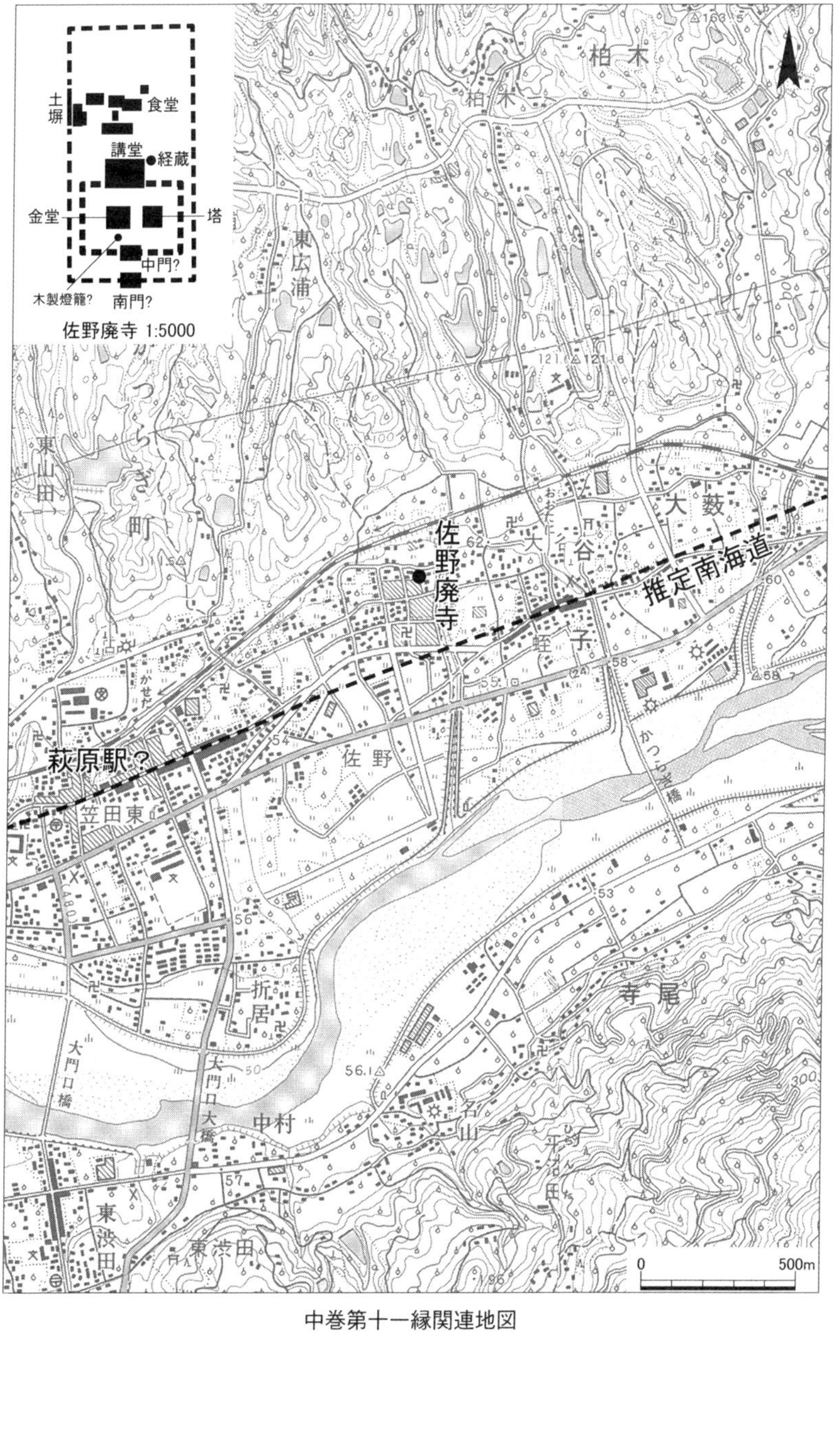
土塀
食堂
講堂
経蔵
金堂
塔
中門?
木製燈籠?
南門?
佐野廃寺 1:5000
柏木
東広浦
東山田
佐野廃寺
大藪
大谷
推定南海道
蛭子
萩原駅?
佐野
笠田東
折居
寺尾
大門口橋
大門口大橋
中村
名山
東渋田
0
500m

中巻第十一縁関連地図

蟹と蝦の命を贖ひて放生し現報に蟹に助けらるる縁　第十二

【原　文】

贖二蟹蝦命一*放生、現報蟹所レ助縁第十二

山背国*紀伊郡部内有二一女人一。姓名未レ詳也。*天年*慈心、(*)櫝[1]信二因果一、*受二*持五戒*十善一、不レ殺二生物一。聖武天皇代、彼里*牧牛*村童、山川蟹取レ八而将二焼食一。是女見レ之勧二牧牛一白[2]、*幸願此蟹免レ我。*童男*辞[3]不レ聴曰、猶焼噉。*慇*誂[4]乞、脱レ衣而買[5]。童男等乃免レ之。*勧二請*義禅師一、令二*咒願一以放生。然後、入レ山見レ之、*大虵飲二於大蝦一。唍[6]大虵言、是蝦是[7]蝦免レ我。*賂二奉多(*)弊[8]帛一。虵不レ聴客[9]。女募二弊[10]帛一而(*)擣[11]レ之曰[12]、汝為レ神祀。幸乞[13]免レ我。不[14]レ聴猶[15]飲。又語レ虵言、替二此蝦[16]一、以レ吾為レ妻[17]。故乞[18]免レ我。虵乃聴[19]レ之、高捧二頭頸[20]一、以[21]瞻二女面[22]一、吐レ蝦而放。女*期レ虵言、自二今日一経二七日一而来。然白二父母一、

具陳二蚍状一。父母愁言、汝了[23]唯一子。何*誑*託故[24]、作二不レ能語一。時行基大徳有二紀伊郡深*長寺一。往白二事状一。大徳同[25]曰、烏呼、難レ量之[26]語。唯能信二三宝一耳。奉レ教帰レ家、当二期日之夜一、閉レ屋堅レ身、種々発願以信二三宝一。蚍繞レ屋*蜿*転腹行、以レ尾打レ壁、発[27]二於屋頂一、咋レ*草抜[28]開、落二於女前一。雖レ然、蚍不レ就二女身一。唯有二*爆音一、如二*跳*鱭䱇一。明日見レ之、大[29]蟹八集、彼蚍*条*然*攋段切之。乃知、贖放蟹報レ恩矣。无レ悟之虫、猶受レ恩返報レ恩[30]。豈人応レ忘レ恩歟。自[31]レ此已[32]後、(*)山背[33]背国貴二乎山川大蟹一、為レ善放生也。

（第十七紙）

[国]本文ナシ。題目下に「大体上蟹蝦縁同故略之」
1櫝、[来]捨[群]賾[群]に従う
2白、[来]曰
3辞、[来]辞否
4誂、[来]桃
5買、[来]置
6咜、[来]言[群]誂[群]に従う
7是蝦、[来][群]ナシ[来]に従う
8弊、[来]ナシ[群]幣[群]に従う
9吝、[来]呑[群]答[来]に従う
10弊、[群]幣[群]に従う
11擣、[来][群]禱[来]に従う
12之、[群]之而
13乞免、[来]破損
14不、[来]破損
15猶飲又語蚍言、[来]破損
16蝦以、[来]破損
17妻、[来]破損
18免、[来]破損
19聴之高捧、[来]破損
20頚、[群]頸
21以、[来]破損
22面、[来]面而
23了、[来]ナシ[来]に従う
24故、[来]放
25同、[来][群]聞[来]に従う
26之、[来]ナシ

27発、〔来〕〔群〕登〔来〕に従う
28抜、〔来〕折抜
29大、〔来〕傍書挿入
30恩、〔来〕恩矣无悟之出猶受恩返報恩
31自、〔来〕自豈とし豈を見セ消チ
32已、〔群〕己
33背、〔来〕〔群〕ナシ〔来〕に従う

【書き下し文】

蟹《かに》と蝦《かえる》の命を贖《あがな》ひて放生《ほうじょう》し、現報に蟹に助けらるる縁　第十二

山背《やましろ》国紀伊《きい》郡の部内《ぶない》に一《ひとり》の女人《おみな》有り。姓名詳《つまびら》かならず。天年《てんねん》慈心《じしん》あり、賾《ふか》く因果《いんが》を信《う》け、五戒十善《ごかいじゅうぜん》を受持《じゅじ》し、生物《いきもの》を殺さず。聖武《しょうむ》天皇の代に、彼《そ》の里の牧牛《うしかい》の村童《むらわらべ》、山川に蟹を八つ取りて焼き食はむとす。是《こ》の女、之《これ》を見て牧牛に勧めて白《もう》さく、「幸《むが》しくも願はくは此の蟹を我に免《ゆる》せ」と。童男《おのわらわいな》辞びて聴かずして曰はく、「猶《な》ほ焼き噉《くら》はむ」と。慇《ねもころ》に誂《あつら》へ乞ひ、衣を脱ぎて買ふ。童男等乃ち之を免す。義禅師《ぎぜんじ》を勧請《かんじょう》し、咒願《じゅがん》せしめて放生す。然《しか》る後に、山に入りて之を見れば、大きなる蛇、大きなる蝦を飲む。誂へて大きなる蛇に言はく、「是の蝦を我に免せ。多《あまた》の幣帛《みてぐら》を賂《まいない》し奉《たてまつ》らむ」と。蛇聴さずして呑む。女、幣帛を募りて之に禱《いのり》して曰はく、「汝を神として祀《まつ》らむ。幸しくも乞《ねが》はくは我に免せ」と。聴さずして猶ほ飲む。又蛇に語りて言はく、「此の蝦に替へて、吾を以て妻とせよ。故に乞はくは我に免せ」と。蛇乃ち之を聴し、高く頭頸《かしらくび》を捧《ささ》げて、以て女の面《おもて》を瞻《み》て、蝦を吐きて放てり。女、蛇に期《ちぎ》りて言はく、「今日より七日を経て来れ」と。然して父母に白して、具《つぶさ》に蛇の状《さま》を陳《の》ぶ。父母愁《うれ》へて言はく、「汝は唯一《ただひとり》の子なり。何に誑《まど》ひ託《くる》へるが故に、能《あた》はざる語《こと》を作《な》せる」と。時に行基大徳《ぎょうきだいとく》、紀伊郡の深長《ふかおさ》寺に有り。往《ゆ》きて事の状を白す。大徳聞きて曰はく、「烏呼《ああ》、量《はか》り難《がた》き語なり。唯能《よ》く三宝《さんぼう》を信けむのみ」と。教へを奉《うけたまわ》りて家に帰り、期りし日の夜に当り、屋を閉ぢ身を堅め、種々発願《くさぐさほつがん》して以て三宝を信く。蛇、屋を繞《まつわ》り

蜿転《もごよ》ひ腹《はらば》ひ行き、尾を以て壁を打ち、屋の頂《うえ》に登り、草《かや》を咋《く》ひて抜き開き、女の前に落つ。然りと雖《いえど》も、蛇、女の身に就《つ》かず。唯爆《はため》く音有り。跳《あつ》ち躃《か》み齧《くら》ふが如し。明日《あくるひ》に之を見れば、大蟹八つ集り、彼の蛇を条然《つだつだ》に之を揃《むし》り段切《つたき》る。乃ち知る、贖《あがな》ひ放ちし蟹の恩を報ひしことを。悟無き虫も、猶ほ恩を受くれば返りて恩に報ゆ。豈《あ》に人にして恩を忘るべからむや。此より已後、山背国に山川の大蟹を貴び、善を為して放生するなり。

【語　釈】

○**放生**　山野池沼に捕らえられている魚鳥など、生きものを放ち逃がしてやること。慈悲行の一つとして行う。上7（上134頁）、上35補説1（上384頁）、中5（90頁）。

○**紀伊郡**　現在の京都市伏見区の全域、南区の一部。郡内に深草郷を含む。法華験記以下の関連説話は久世郡（紀伊郡の西に隣接する郡）としている。

○**天年**　天性、生まれつき。上4（上85頁）、中7（116頁）、中10（166頁）。

○**慈心**　情け深い心。慈愛の心。慈悲の心（日国大）。

○**贖**　名義抄「フカシ」。

○**受持**　教えを受け、しっかり覚えておくこと。中8（148頁）。

○**五戒**　不殺生・不偸盗・不邪淫・不妄語・不飲酒のこと。これを誓うことで仏教徒となる。中8（148頁）「三帰五戒」。

○**十善**　十種の善い行い。十悪の対。十悪とは殺生・偸盗・邪婬・妄語・両舌・悪口・綺語・貪欲・瞋恚・邪見をいう。以上の十悪を行わぬこと（広説）。

○**牧牛**　牛を放し飼いにすること。また、その牛（日国大）。名義抄「牧　ウシカフ」、[来]傍訓「ウシマキ」。

○**村童**　村の子ども（日国大）。ただし古代の童は、いわゆる子どもではなく、成人前の男性全般を指した。

○**幸**　こいねがう。興訓釈「牟我之久母」。上序（上26頁）。
○**童男**　男の子。少年。おのわらわ（日国大）。和名抄「乎乃和良倍」。
○**辞**　承知しないということを表わす。断る（日国大）。名義抄「イナフ」。
○**慇**　慇懃、したしむ、ねんごろ（字通）。名義抄「子ムコロ」。
○**誂**　頼むこと。とくに注文して作ってもらうこと。中8（148頁）。
○**勧請**　高僧などを請い迎えること。中8（149頁）。
○**義禅師**　教義に通じた禅師の意で、個人名ではないと見られる。上8（上147頁）。
○**咒願**　法語を唱えて施主の福利を祈願すること。食事または法会の時、導師が施主の願意を述べ、成就を祈ること。中8（149頁）。
○**路**　捧げ贈るもの。神への捧げ物や人に贈る金品などをいう。またとくに、賄賂（日国大）。
○**蚫**　ヘビのこと。和名抄「倍美、久知奈波」。中8（148頁）。
○**幣帛**　神に奉納する物の総称。布帛・紙・玉・兵器・貨幣・器物・獣類など（日国大）。上1（上40頁）。
○**禱**　いのる、幸いを求める。まつる、まつりいのる（字通）。名義抄・字鏡集「イノル」。
○**期**　互いに固く将来を約束すること。いいかわすこと。名義抄「チギル」。中8（148頁）。
○**誑**　あざむく。たぶらかす、まどわす（字通）。名義抄「マトフ」。
○**託**　よせる、よる、たよる、たのむ。上28（上317頁）「託譏」。
○**深長寺**　紀伊郡にあった寺院。行基年譜は、天平三年（七三一）に紀伊郡深草郷に法禅院を建立したとあり、これを深長寺とみる説が有力。日本文徳天皇実録嘉祥三年（八五〇）三月乙巳条にも深草寺がみえる（参考史料A）。また広隆寺末寺別記に「深長寺又号深草寺、山城国木郡在之」とある。比定地については、京都市伏見深草鞍ヶ谷にあった、おうせんどう廃寺をあてる説がある。

○**蜿転**　虫などが、ゆるやかにくねって動くさま（日国大）。[来]傍訓「モコヨヒ」、名義抄「蜿蜒　モコヨフ」。
○**腹行**　[来]傍訓「ハラハイユク」。
○**草**　屋根材の萱のことを指すのでカヤと訓んだ。先行注釈も同様。日本書紀・神代上「草野姫」を古事記上が「鹿屋野比売」とするのが参考になる。
○**爆**　やく、はじける。中8（149頁）。
○**跳**　とぶ、はねる。中8（149頁）。[来]傍訓「アトチ」。
○**齚齧**　訓みは旧大系・集成による。[来]傍訓「齧　ロフ」。「カフ」の誤か、「齧」の送り仮名の可能性もある。
○**条然**　細かくきれぎれのさまを表す語。中27[国訓釈]「二合都太々々」。中8（149頁）。
○**揃**　名義抄「ムシル」。
○**段切**　ずたずたに切る。切れ切れにする。中8（149頁）。
○**山背国貴乎山川大蟹為善放生也**　放生会を行うようになった場所が山背国であると解釈するのが普通だが、「山背国」を主語とみるならば、放生会を催したのが山背国で、国庁での仏教行事である放生会の起源を述べたものとする解釈も可能であろう。

【現代語訳】
蟹と蛙の命をあがなって放生し、現実の報を得、蟹に救われた話　第十二
山背国紀伊郡の管下に、一人の女性がいた。姓名は不詳である。生まれつき慈悲の心があって、因果の道理を深く信じていた。五戒と十善をよく守って、生物を殺すことはなかった。聖武天皇の御世、彼女の里の牛飼の童が、山と川で蟹を八匹捕まえ、焼いて食べようとしていた。彼女はこれを見て、牛飼に頼んで、「お願いだからこの蟹を私に免じて放してやって下さい」と言った。童は拒んで聞き入れず、「やはり焼いて食べよう」と言った。心を込めて頼み込み、着物を脱いで買い

取ると、童たちはやっと放してくれた。彼女は、仏道に通じた禅師を招き迎え、呪文を唱えて拝んでもらい、蟹を放してあげた。それから後、彼女は山に入った時、大蛇が大蛙を飲み込んでいるのを見た。そこで大蛇に頼み込んで、「この蛙を私に免じて許してやって下さい。たくさんの幣帛を贈り物として奉りましょう」と言った。蛇は聞き入れないで飲み込んだ。彼女は、幣帛を増やし、蛇に祈って、「あなたを神として祀りましょう。だから許してやって下さい」と言った。それでも聞き入れないので、「この蛙を助ける替わりに、私をあなたの妻にしなさい。それで許してやって下さい」と言った。蛇はやっと聞き入れ、鎌首を持ち上げて、彼女の顔を見つめ、蛙を吐き出した。彼女は蛇に約束し、「今日から七日経ってから来なさい」と言った。それから両親につぶさに蛇との一件を語って聞かせた。父と母は愁いを込めて、「あなたは私たちのたった一人の子供であることを考えなさい。何にだまされとり憑かれて、出来もしない約束をするのか」と言った。ちょうどその頃、行基大徳が紀伊郡の深長寺に滞在していた。出向いて行って事情を申し上げた。大徳はそれを聞いて、「ああ、ちょっと考えられないような話だ。ただただ三宝の助力を信じるばかりだ」とおっしゃった。彼女は教えを受けて家に帰った。約束の日の夜になると、家屋を閉じて、身を慎み、様々に願を立てて、三宝の助力を信じた。蛇は家屋を囲んで、身をくねらせて這い廻り、尾で壁を打った。屋根の上に登って、葺いてある茅をくわえ抜いて穴を開き、彼女の前に落下した。ところが蛇は、彼女の身に触れることができず、ただばたばたする音が聞こえるばかりであった。何者かがとびかかって、噛みついているような様子だった。夜があけて見ると、大蟹が八匹集まって、あの蛇をずたずたに切り刻んでいた。すなわち、買い取って放してあげた蟹が、その恩に報いてくれたのだと知った。悟りを持たない虫であっても、恩を受ければ、恩を返す。どうして人間が恩を忘れてよいものであろうか。これ以後、山背国は大蟹を貴んで、供養して放生するようになった。

【関連説話】

1　大日本国法華験記　巻下百二十三話

第百二十三　山城国久世郡女人

山城国久世郡有一女人、従年七歳、誦法華経観音品。毎月十八日持斎、奉念観音。至十二歳、読法華経一部。深有善心、慈悲一切。有人捕蟹持行。此女問云、為充何料此蟹持行。答曰、為宛食也。女言、此蟹与我。我家死魚多。此蟹代与汝。即得此蟹、以憐愍心放入河中。

其女人父翁、耕作田畠。有一毒虵、追蝦蟇来、即為済之。翁不意曰、汝虵当免蝦蟇。若免捨者、以汝為聟。虵聞此事、挙頭見翁面、吐捨蝦蟇而還走去。翁後時思念、我作無益語。此虵見我捨蝦蟇去。心生歎憂、還家不食、愁歎形居。妻及女云、依何等事、不食歎居。翁説本縁。女言、但早被食。無歎息念。翁依女語即用食了。

臨初夜時、有叩門人。翁知此虵来、語女女言、過三日来、可作約束。翁開門見、五位形人云、依今朝語所参来也。翁云、過三日可来坐。虵即還了。此女以厚板令造蔵代、極令堅固。臨其日夕、入居蔵代、閉門籠畢。至初夜時、五位来。開門入来、見女籠蔵代、生忿恨心、現本虵形。囲巻蔵代、以尾叩之。父母大驚怖。至夜半時、虵尾叩音不聞。只聞虵鳴音。其後又不聞。及明朝見之、大蟹為上首、千万蟹集、螫殺此虵。諸蟹皆還去。

女顔色鮮白、開門出来、語父母云、我通夜誦観音経、一尺計観音告言、汝無怖畏。当念蚖虵及蝮蝎、気毒煙火燃等文。我依妙法観音威力、得免此害。此虵死骸穿埋此地、為救虵苦及多蟹罪苦、其地建寺、造仏写経、供養恭敬。其寺名蟹満多寺、在今不失。時人只云紙幡寺、不称本名矣。

2　今昔物語集　巻十六第十六話

山城国女人、依観音助遁虵難語第十六

今昔、山城ノ国、久世ノ郡ニ住ケル人ノ娘、年七歳ヨリ観音品ヲ受ケ習テ読誦シケリ。毎月ノ十八日ニハ精進ニシテ、観音ヲ念ジ奉ケリ。十二歳ニ成ルニ、遂ニ法花経一部ヲ習ヒ畢ヌ。幼キ心也ト云ヘドモ、慈悲深クシテ人ヲ哀ビ、悪キ心無シ。

而ル間、此ノ女家ヲ出デヽ遊ビ行ク程ニ、人、蟹ヲ捕ヘテ結テ持行ク。此ノ女此レヲ見テハ、問テ云ク、「其ノ蟹ヲバ何ノ料ニ持行ゾ」ト。蟹持答テ云ク、「持行テ食ムズル也」ト。女ノ云ク、「其ノ蟹、我ニ令得メヨ。食ノ料ナラバ、我ガ家ニ死タル魚多カリ。其レヲ此ノ蟹ノ代ニ与ヘム」ト。男、女ノ云フニ随テ、蟹ヲ女ニ令得メツ。女、蟹ヲ得テ、河ニ持行テ放チ入レツ。

其ノ後、女ノ父ノ翁田ヲ作ル間ニ、毒蛇有テ、蝦ヲ呑ガ為ニ追テ来ル。翁此レヲ見テ、蝦ヲ哀テ、蛇ニ向テ云ク、「汝ヂ其蝦ヲ免セ。我ガ云ハムニ随テ免シタラバ、我レ汝ヲ聟ト為ム」ト不意ズ騒ギ云ヒツ。蛇此レヲ聞テ、翁ノ顔ヲ打見テ、蝦ヲ棄テ、藪ノ中ニ這入ヌ。翁、「由無キ事ヲモ云テケルカナ」ト思テ、家ニ返テ、此ノ事ヲ歎テ物ヲ不食ズ。妻幷ニ此ノ娘、父ニ問テ云ク、「何ニ依テ物ヲ不食シテ、歎タル気色ナルゾ」ト。父ノ云ク、「然々ノ事ノ有ツレバ、我レ不意ニ騒テ然カ云ツレバ、其レヲ歎ク也」ト。娘ノ云、「速ニ物可食シ。□歎キ給フ事無カレ」ト。然レバ、父、娘ノ云ニ随テ、物ヲ食テ不歎ズ。

而ル間、其ノ夜ノ亥時ニ臨テ、門ヲ叩ク人有リ。父、「此ノ蛇ノ来タルナラム」ト心得テ、娘ニ告ルニ、娘ノ云ク、「『今三日ヲ過テ来レ』ト約シ給ヘ」ト。父門ヲ開テ見レバ、五位ノ姿ナル人也ト、云ク、「今朝ノ約ニ依テ参リ来レル也」ト。父ノ云ク、「今ヲ三日ヲ過テ可来給シ」ト。五位此ノ言ヲ聞テ返ヌ。

其ノ後、此ノ娘、厚キ板ヲ以テ倉代ヲ令造メテ、迴ヲ強ク固メ拈テ、三日ト云フタニ、其ノ倉代ニ入居テ、戸ヲ強ク閉テ、父ニ云ク、「今夜彼ノ蛇来テ門ヲ叩カバ、速ニ可開シ。我レ偏ニ観音ノ加護ヲ憑ム也」ト云ヒ置テ、倉代ニ籠居ヌ。初夜ノ時ニ至ルニ、前ノ五位来テ門ヲ叩クニ、即チ門ヲ開ツ。五位入来テ、女ノ籠居タル倉代ヲ見テ、大ニ怨ノ心ヲ発シテ、本ノ蛇ノ形ニ現ジテ、倉代ヲ囲ミ巻テ、尾ヲ以テ戸ヲ叩ク。父母此レヲ聞テ、大ニ驚キ恐ル、事無限シ。夜半ニ成テ、此ノ叩ツル音止ヌ。其ノ時ニ、蛇ノ鳴ク音聞ユ。亦、其ノ音モ止ヌ。夜明テ見レバ、大ナル蟹ヲ首トシテ、千万ノ蟹集リ来テ、此ノ蛇ヲ螫殺テケリ。蟹共皆這去ヌ。

女、倉代ノ開テ、父サマニ語テ云ク、「今夜我レ終夜観音品ヲ誦シ奉ツルニ、端正美麗□僧来テ、我ニ告テ云ク、『汝ヂ、不可怖ズ。只、『蚖蛇及蝮蝎気毒烟火燃』等ノ文ヲ可憑シ』ト教ヘ給ヒツ。此レ偏ニ観音ノ加護ニ依テ、此ノ難ヲ免レヌル也」ト。父母此ヲ聞テ、喜ブ事無限シ。

其ノ後、蚰ノ苦ヲ救ヒ、多ノ蟹ノ罪報ヲ助ケムガ為ニ、其ノ地ニ堀テ、此ノ蚰ノ屍骸ヲ埋テ、其ノ上ニ寺ヲ立テ、、仏像ヲ造リ、経巻ヲ写シテ供養シツ。其ノ寺ノ名ヲ蟹満多寺ト云フ。其ノ寺于今有リ。其レヲ、世ノ人和カニ紙幡寺ト云フ也ケリ。本縁ヲ不知ザル故也。

此レヲ思ニ、彼ノ家ノ娘、糸只者ニハ非ズトゾ思ユル。観音ノ霊験不可思議也トゾ世ノ人貴ビケルトナム語リ伝ヘタルトヤ。

3　古今著聞集 巻二十第六八二話
山城国久世郡の女観音経を読誦して蚰の難を免るる事幷に蟹報恩の事
山城国久世郡に人のむすめありけり。おさなくより観音につかへけり。慈悲深くしてものをあはれぶに、人蟹をとりてころさんとしけるをみて、あはれみて、買とりてはなちてけり。其父田をすかすとて、田づらにいでたりける時、くちなはかへるをのみてありけるを、うちはなたんとすれども、はなたざりければ、誠になをざりがてら、「そのかへるはなて。さらばわがむこにとらん」といひかけたりける時、くちなは、このぬしが顔をうちみて、のみかけたるかへるをはき出して、藪の中へはい入ぬ。げにはよしなきことをもいひつる物かな、くちなはゝさる物にてあるにと、くやしく思へどかひなし。さて家に帰ぬ。夜にも入ぬれば、いかゞとあんじゐたるに、五位のすがたしたるおのこいりきたれり。今朝の御やくそくによりて、まいりたるよしをいふ。さればこそ、いよ〳〵あさましく悔しき事限なし。何といふべきかたなくて、今両三日をへて来るべきよしをいひければ、則帰ぬ。むすめ此ことをききて、をぢわなゝきて、ねどころなどふかくかためて隠居たり。両三日をへてきたり。此たびはもとのくちなはのかたちなり。むすめのかくれ居たる所をしりて、そのあたりをはいめぐりて、尾をもちてその戸をたゝきけり。これをきくに、いよ〳〵おそろしき事せんかたなし。心をいたして観音経をよみたてまつり居たり。かゝる程に夜半ばかりにいたりて、百千にかにあつまりきて、此蚰をさん〴〵にはさみきりて、かにはみえず。この事信力にこたへて、観音加護し給ふ故に、かに又恩を報じける也。その夜観音経をよみたてまつりて、他念なく念じ入たりけるに、御たけ一尺ばかりなる観音、現ぜさせ給て、「汝恐る丶事なかれ」と仰せられけるとぞ。此むすめ七歳より観音経をよみたてまつりて、十八日ごとに持斎をなんしける。十二歳よりは、さらに法華経一部をよみたてまつりてけり。法力誠に空しからず。現当ののぞみたれかうたがひをなさんや。

4　元亨釈書 巻第二十八寺像志

蟹満寺者、在山州久世郡。有郡民、合家慈善奉仏。有女、七歳誦法華普門品、数月而終全部。一日出遊。村人捕蟹持去。女問、捕此何為。答曰、充飡。女曰、以蟹恵我。我家有魚、相報酬。村人与之。女得放河中、帰家多貺乾魚。其父耕田中。一虵追蝦蟆而含之。父憐而不意曰、汝捨蝦蟆以汝為壻。虵聞言、挙頭見翁、吐蝦而去。父帰舎思念、誤発言。恐失愛子、懊悩不食。婦及女問曰、翁何有憂色而不食。父告実。女曰、莫慮也。早飡焉。父悦受膳。初夜有叩門人。女曰、是虵也。只言三日後来。父開門、有衣冠人曰、依約来。父随女語曰、且待三日。冠人去。女語父、択良材固造小室、室成。女入内閉居。三日後、冠人果来。見女屛室、生忿恨心、乃復本形。長数丈。以身纏室、挙尾敲戸。父母大恐、不得争奈。半夜後、叩声息、聞悲鳴声。頃刻、悲声又止。明旦父見之。大螃蟹百十、手足乱離。蛇又被瘡百余所幷皆死。女開室出、顔色不変曰、我聞戸外、大小蟹千百、夾殺此虵。大蟹多帰、小蟹死。今存者皆小蟹耳。然大於尋常。我通夜誦普門品。有一菩薩。長尺余。語我曰、無怖也。我擁護汝。父母大悦、便穿土埋衆蟹及虵。就其地営寺、薦冥福。故号蟹満寺。又曰紙幡寺。

【補　説】

1　中巻八縁との比較

本縁は、中8と同じ蟹の報恩譚であり、現在京都府木津川市山城町綺田に所在する蟹満寺の縁起譚として定着するまでの過程について多くの検討が加えられてきた（この他、蛇と人との神婚譚としても解釈される）。現在の蟹満寺は、真言宗智山派の寺院で、本尊の銅造釈迦如来坐像は白鳳期から天平期の作とみられ、国宝に指定されている。境内の調査で出土した瓦から、創建が七世紀末であることも判明している。本縁は、末尾で山背国の放生会の起源譚として位置づけられるのみで、蟹満寺が直接登場するわけではない。本縁を継承した『法華験記』以下ではじめて蟹満寺の縁起として語られるようになる（関連説話1234）。このことから、白鳳期以来の古刹であった蟹満寺が、平安期にもともと無関係だった霊異記の蟹報恩説話をとりこんで「蟹満寺縁起」を創り出したものと考えられる。ただし『法華験記』は、山城国久世郡の「蟹満多寺」「紙幡寺」としていて、蟹満寺の所在地（相楽郡蟹幡郷）に合致しない点は、なお検討が必要であろう。

本縁と中8とは、蛙の身代わりに大蛇の嫁になる約束、蟹の放生、行基の介在、蟹の報恩という説話の基本的な筋に一致があるが、舞台となる土地（中8は大倭と摂津、中12は山背）に相異があり、それに連動して行基の居場所（中8は大倭国の生駒山寺、中12は山背国の深長寺）にも違いがある。小泉道は、大倭・生駒山寺と山背・深長寺（法禅院）のそれぞれで、法会の時などに実際に語られるうちに異同が発生し、双方ともに別の意味づけで『霊異記』に採録されたと推測している（集成「古代説話の流れ」）。三舟隆之は、中8・中12という類似説話の成立背景に、摂津・大倭・山背にかけての行基集団による布教活動があることを推測している。

2　行基と山背地域

本縁の舞台は山背国紀伊郡、また類話である第八縁では大和国の富（登美）の尼寺ということになっているが、同じく蟹の報恩の縁起譚を伝える蟹満寺（現京都府木津川市山城町所在）は、山背国相楽郡に所在する。ただし、同寺の縁起には、行基は登場しない。神亀元年（七二四）頃に、活動の拠点を大和から移したと目される行基は、河内（含・和泉）・摂津と並び、山背でも多くの足跡を残している。『行基年譜』によると、天平三年（七三一）山背国紀伊郡に法禅院、葛野郡に河原院と大井院、乙訓郡に山埼院を、さらに天平六年（七三四）には愛宕郡に吉田院を設けている。天平十二年（七四〇）の藤原広嗣の乱に際し、聖武天皇は平城京を離れ、山背国相楽郡に新都・恭仁京を建設する。ちょうどこの頃に、行基は同じく山背国相楽郡に泉橋院（発菩提院）、隆福尼院を設置したとされるが、『行基年譜』によれば、聖武天皇や橘諸兄が泉橋院に食封を施入したと伝える。行基による泉大橋の架設が伝わるように、行基とその集団が、恭仁京造営に関わる事業に何らかの役割を果たしたことも否定できない。

【参考史料】

A　日本文徳天皇実録　嘉祥三年三月乙巳条

乙巳。晏駕之後、初盈七日。仍遣使於近陵七ヶ寺、以修功徳。右近衛少将兼土左守従五位下小野朝臣千株及内舎人一人、内竪十人、為紀伊寺使。正四位下行大舎人頭兼越前権守高枝王、侍従従五位上嶋江王、刑部大輔正五位下藤原朝臣行道、内舎人一人、内竪十人、為宝皇寺使。従四位上行加賀守正行王、中務大輔従五位上並山王、散位従五位下藤原朝臣正岑、駿河守丹墀真人貞岑、為来定寺使。従四位下行大学頭時宗王、従五位下正親正善永王、刑部少輔藤原朝臣関雄、為拝志寺使。従三位行大蔵卿平朝臣高棟、散位従四位下世宗王、従五位下永直王、内舎人一人、内竪十人、為深草寺使。散位従四位下基棟王、従五位下安原王、大原真人宗吉、橘朝臣三夏等、内舎人一人、内竪十人、為真木尾寺使。散位従四位下道野王、従五位下高原王、大判事藤原朝臣本雄、加賀介良岑朝臣清風、内舎人一人、内竪十人、為檜尾寺使。

【参考文献】

山根賢吉「蟹報恩譚の展開」（『国語と教育』二、一九六七年）
神谷吉行「蟹満寺縁起譚の生成―報恩昔話から縁起説話への展開」（『昔話伝説研究』一、一九七一年）
臼田甚五郎「『日本霊異記』の蟹報恩譚」（『仏教文学研究』一一、一九七六年）
中里隆憲「蟹満寺説話と南山城」（『日本霊異記の世界』三弥井書店、一九八二年）
上田正昭監修『山城町史』本文編（山城町役場、一九八七年）
八田達男「南山城蟹満寺にみる古代寺院の歴史的展開」（『龍谷史壇』九三・九四、一九八九年）
松倉文比古「蟹満寺縁起と狛（高麗）氏」（『龍谷史壇』九九・一〇〇合併号、一九九二年）

丸山顕徳「『日本霊異記』蟹報恩説話の性格」（『日本霊異記説話の研究』桜楓社、一九九二年）
寺川真知夫「『霊異記』蟹報恩譚の考察」（『日本国現報善悪霊異記の研究』和泉書院、一九九六年）
三舟隆之「蟹報恩譚の成立」（『日本霊異記』説話の地域史的研究』法藏館、二〇一六年）

（毛利　補説2本郷）

愛欲を生じて吉祥天女の像に恋ひ感応して奇しき表を示す縁　第十三

【原　文】

[1]生二愛欲一恋二*吉祥天女[2]像一感応示二奇表一縁[3]第十三

[4]和泉国[5]泉郡*血[6]渟山[7]寺有二吉祥天[8]女[9]*摂像一。聖武天皇御世、信[10]濃国*優[11]婆塞、来二住於其山寺一。*睇二之[12]天女像一、而生二愛欲一、繫レ心恋レ之、毎二*[13]六時一願、[14]々如二天女一*容好女賜レ我。優婆塞夢見レ*婚二天女像一。明日*[15]瞻之、彼像*裙腰[16]*不浄染[17]汚。*行者視レ之、而*慚愧言、我、願二似女[18]一、何*[19]忝天女専自交之。*媿不レ語二他人[20]一。弟子*偸聞レ之。[21]後其弟子、於レ師無レ礼故、*嘖擯[22]去。所レ擯出レ里、*訕レ師*[23]程レ事。里人聞レ之、往問二虚[24]実一、並[25]瞻二彼像一、*[26]淫[27]精染穢。優婆塞不レ得レ隠レ事、而具陳。*[28]諒語*委、深信之者、无二[29]感不レ応也。是奇[30]異事矣。如二*[31]涅槃経[32]云一、*多婬之人、画レ女生レ欲者、其

斯謂之矣。[33]

1生以下六字、来破損
2像以下五字、来破損
3第十、来破損
4和泉、来破損
5泉郡、来破損
6渟、来停国渟上攷証高野本渟下上字
7山寺有吉、来破損
8天女、来破損
9摂、群撮攷証依訓釈改
10濃、国農
11婆塞、国ハソク
12天女、国夫
13六、来亦
14々、群云
15瞻、国矚
16腰、国要
17汚、国訏
18女、国ナシ
19忝、国添攷証高野本作添
20人、来国ナシ
21後、来故国従
22去、来出
23程、来呈
24実、国ナシ
25瞻、国矚
26淫、来婬
27精、国情
28諒語、来語国群語諒攷証依高野本改国に従う
29感不、来不感
30異、来国異之
31涅槃、来国炎攷証涅槃経高野本炎経二字
32云、来曰
33斯、国ナシ

【書き下し文】

愛欲を生じて吉祥天女《きちじょうてんにょ》の像に恋《こ》ひ感応《かんのう》して奇《あや》しき表《しるし》を示す縁　第十三

和泉《いずみ》国泉郡の血渟《ちぬ》の山寺に吉祥天女の摂像《しょうぞう》有り。聖武《しょうむ》天皇の御世、信濃《しなの》国の優婆塞《うばそく》、其《そ》の山寺に来たり住す。天女の像に睇《めかりう》ちて愛欲を生じ、心に繫《か》けて之を恋ひ、六時毎《ごと》に願ふらく、「願はくは天女の如き容《かお》好き女、我に賜へ」と。優婆塞、夢に天女の像に婚《くなが》ふと見る。明日《あくるひ》瞻《まわ》れば、彼《そ》の像の裙《も》の腰に不浄染み汚《けが》れたり。行者《ぎょうじゃ》、之を視《み》て、慚愧《ざんき》して言はく、「我、似たる女を願ふ、何ぞ忝《かたじけな》くも天女専《もは》ら自《みずか》ら交はる」と。媿《は》ぢて他人に語らず。弟子偸《ひそ》かに之を聞く。後に其の弟子、師に礼《いや》無き故、嘖《せ》めて擯《お》ひ去る。擯はれて里に出で、師を訕《そし》りて事を程《あらわ》す。里人、之を聞きて、往《ゆ》きて虚実を問ひ、並びに彼《そ》の像を瞻れば、淫精《いんせい》染み穢《けが》れたり。優婆塞、事を隠すを得ずして、

具《つぶさ》に陳《の》べ語る。諒《まこと》に委《し》る、深く信ずれば、感じて応ぜざること無し。是《こ》れ奇異《めずら》しき事なり。涅槃《ねはん》経に云ふが如し、「多婬《たいん》の人は、画《か》ける女に欲を生ず」とは、其れ斯《こ》れを謂《い》ふなり。

【語　釈】

○**吉祥天女**　仏教の天部に属する女神。ヒンドゥー教の女神であるラクシュミーが仏教に取り入れられ、幸福を施す神として信仰された。護国経典である金光明最勝王経などに説かれ、古代日本では同経に基づいて吉祥天悔過が行われた。補説1。

○**血渟山寺**　所在地未詳。攷証は槙尾山施福寺にかつてあった吉祥院とする泉州志（元禄十三年〈一七〇〇〉刊の和泉国地誌。石橋直之著、全六巻）を引く。施福寺は大阪府和泉市に所在し、西国三十三ヶ所第四番霊場。巻尾山縁起証文等之事（大日本仏教全書85）によれば、欽明天皇の世に行満が開いたと伝わる古刹。また役行者が法華経を安置したとも伝え、葛城修験との関連がある。なお中37には「泉国泉郡」の「珎努上山寺」がみえ、国本縁には「血渟上山寺」とある。これが正しいか。

○**摂像**　塑像。土で造った像。攷証は本縁訓釈によって塴と改め、塑像のことかとし、大安寺伽藍縁起幷流記資財帳にみえる「摂四天王」は塴の訛字とする。しかし法隆寺伽藍縁起幷流記資財帳にも「合塔本四面具摂」とあり、必ずしも改める必要はない。なお奈良時代の塑像の吉祥天女像の例としては、法隆寺金堂、東大寺法華堂の像がある。

○**優婆塞**　在家のままで、仏道修行にはげんでいる人。上3（上69頁）

○**睇**　ながし目をする。ちらりと見る。上2（上53頁）。国訓釈・国傍訓「メカリウツ」。

○**六時**　一日を晨朝・日中・日没・初夜・中夜・後夜の六時に分けた名称。それぞれの時間に仏を礼拝する。

○**容**　かたち、人の容貌や姿態。上27（上306頁）。

○**婚** くなぐこと。性交（日国大）。中11（177頁）。

○**瞻** みる、みはるかす、みあげる（字通）。[国訓釈]「見也。又云万波礼波」、[国傍訓]「マハレハ」。上18（上236頁）。

○**裙** 裳に同じ。スカート状の衣服。[国訓釈]「母乃」、[来傍訓]「モノ」、名義抄・字類抄「モ」。中8（149頁）「裳」。

○**不浄** 清浄でないこと。心身の汚れていること。精液（日国大）。

○**行者** 仏道を修行する者。上11（上178頁）。

○**慚愧** 心からはずかしく思うこと。恥じ入ること。中7（121頁）。

○**忝** おそれ多い。恐縮だ。申しわけない（字通）。[国訓釈]「添 カタ之ケナク」、[来傍訓]「カタシケナシ」。

○**媿** はじる（大漢和）。

○**偸** [国傍訓]「ヒソカニ」、[来傍訓]「ミソカニ」。

○**擯** すてる。しりぞける。上30（上343頁）。[来傍訓]「オウ」、[国傍訓]「オヒ」、名義抄「ヲフ」、[国訓釈]「ヲヒ」。

○**訕** [国傍訓]「ソシリテ」、[来傍訓]「ソシリ」、名義抄・字類抄「ソシル」、[国訓釈]「ソ、リテ」。

○**程** [国訓釈]・[来傍訓]「アラハス」。

○**淫精** 男女交接のときに性器から出る液。淫水に同じ（日国大）。

○**諒** [国訓釈]「万去止尓」、[国傍訓]「マコトニ」。

○**委** 上序[興訓釈]「知也」、[国訓釈]「知也」、[国傍訓]「シリヌ」。中8（149頁）。

○**涅槃経** 大般涅槃経のこと。上20（上250頁）。大般涅槃経高貴徳王菩薩品に「譬如有人見画女像、亦復生貪、以生貪故、得種々罪」とある（大正新脩大蔵経十二－三七四頁）。

○**多淫** 性的欲望がさかんなこと。淫事の度が過ぎること。また、そのさま（日国大）。

【現代語訳】

愛欲を生じて吉祥天女の像に恋い、感応して不思議な事が起こった話　第十三

和泉国血渟山寺に、吉祥天女の塑像があった。聖武天皇の御世、信濃国の優婆塞がその山寺に来て住んでいた。天女の像を流し目で見て、愛欲の心を起こし、心にかけて恋い慕い、一日六度の礼拝ごとに、「願わくは、この天女の像のように美しい女性を私に下さい」と願った。ある夜、優婆塞は天女と交わる夢を見た。翌日見ると、天女の像の裳の腰に、不浄の物がしみて汚れていた。優婆塞はそれを見て恥じ入り、「私は似た女性をお願いしたのに、どうして勿体なくも天女ご自身が私と交わったのでしょうか」と言った。このことは恥じて人に語らなかった。しかし弟子がひそかにこれを聞いていた。その後、この弟子は師に無礼があったので、叱られ追い出された。追い出された弟子は里に下り、師の悪口を言って吉祥天女との事を暴露した。里人はこれを聞いて、山寺に行って真偽を尋ね、同時にかの像を見ると、精液が染み付き汚れていた。優婆塞は事実を隠すことができず、事の次第を詳しく語った。本当によくわかる、深く信ずれば思いが通じて必ずしるしがあるのだということが。これは不思議なことである。涅槃経に、「淫欲が多い人は、描いた女性にも愛欲を起こす」と説くのは、このことをいうのである。

【関連説話】

1　今昔物語集　巻十七第四十五話

吉祥天女摂像奉犯人語第四十五

今昔、聖武天皇ノ御代ニ、和泉ノ国、和泉ノ郡ノ血淳上山寺ニ、吉祥天女ノ摂像在マス。其ノ時ニ、信濃ノ国ヨリ事ノ縁有テ、其ノ国ニ来レル一人ノ俗有ケリ。其ノ山寺ニ行テ、此ノ吉祥天女ノ摂像ヲ見テ、忽ニ愛欲ノ心ヲ発シテ、彼ノ像ニ心ヲ懸ケ奉テ、明ケ暮レ此レヲ恋ヒ悲テ、常ニ願テ云ク、「此ノ天女ノ如クニ、形チ美麗ナラム女ヲ、我レニ令得メ給ト。

其ノ後チ、此ノ俗、夢ニ、彼ノ山寺ニ行テ、其ノ天女ノ摂像ヲ婚奉ルト見テ、夢メ覚ヌ。「奇異也」ト思テ、明ル日彼ノ寺ニ行テ、天女ノ像ヲ見奉レバ、天女ノ像ノ裳ノ腰ニ、不浄ノ婬付テ染タリ。俗此レヲ見□、過ヲ悔テ泣キ悲テ申サク、「我レ、天女ノ像ヲ見奉□愛欲ノ心ヲ発ニ依テ、「天女ニ似タラム女ヲ令得給ヘ」ト願ツルニ、忝ナク□身ヲ自ラニ交ヘ奉ル事ヲ恐レ歎ク」ト。然レバ、此レヲ恥テ、此ノ事ヲ努々他人□不語ズ。

而ルニ、親シキ弟子、自然ラ窃ニ此ノ事ヲ聞ケリ。其後チ、其ノ弟子、師ノ為メニ無礼ヲ成ス故ニ、弟子追ヒ被去テ、其里ヲ出ヌ。他ノ里ニ至テ、師ノ事ヲ謗テ、此ノ事ヲ語ル。其ノ里ノ人、此ノ事ヲ聞テ、師ノ許ニ行テ、其ノ虚実ヲ問ヒ、幷ニ彼ノ天女ノ像ニ婬穢ノ付ケル事ヲ尋ヌルニ、師隠シ得ル事不能シテ、具ニ陳ブ。人皆此ノ事ヲ聞テ、「希有也」ト思ヒケリ。誠ニ懃ニ心ヲ至セルニ依テ、天女ノ権ニ示シ給ケルニヤ。此レ奇異ノ事也。

此ヲ思フニ、譬ヒ多婬ナル人有テ、好キ女ヲ見テ、愛欲ノ心ヲ発ト云トモ、強ニ念ヲ繋ル事ヲ可止シ。此レ極テ無益ノ事也トナム語リ伝ヘタルトヤ。

2　古本説話集　下巻　第六十二話

六二　和泉国々分寺住持艶寄吉祥天女事

今は昔、和泉の国国分寺に、鐘撞き法師ありけり。鐘撞き歩きけるに、吉祥天のおはしましけるを見たてまつるだに、思ひかけたてまつりて、掻き抱きたてまつり、引き抓みたてまつり、口吸う真似などして、月ごろ経る程に、夢に見るやう、鐘撞きに上りたるに、例の事なれば、吉祥天をまさぐりたてまつるに、うちはたらきての給やう、「わ法師の、月来我を思ひかけてかくする、いとあはれ也。我、汝が妻にならむ。その月のその日、播磨の印南野にかならず来会へ。そこにてぞ会はむずる」と見て、覚めて、嬉しきこと限りなし。物仰せられつる御顔の、現のやうに面影に立ちて見えさせ給へば、「いつしかその月日になれかし」とおぼゆ。

明け暮るゝも静心なき程に、からうじて待ちつけて、まづかしこにきをゝきて、印南野に、その日になりて、いつしか〳〵とし歩くに、えもいはぬ女房の、色〳〵の衣着て、裾取り、出で来たり。見つけて、「これか」と思へど、わななかれて、ふとえ寄り付かず。女房、「いとあはれに来会ひたり」とて、「今はまづ入るべき家一造れ」。「あはれ、いかにしてか造り候べき」と申せば、「ことにもあらず。とく始めよ」とある程に、男の、ある一人出で来て、「かく野中には、いかなる人のおはしますぞ」と言へば、「この辺に住まむと思ひて来たるに、家もなし。便りもなければ、いかゞせまし」と言へば、「さては事にも候はず。己れが候へば、何事に候と仕らん」と言へば、「まづおはしまし所造り候はん」とて、「人召して参らむ」とて往む。その辺の宗とある物の、党多かるなりけり。告げまはしたりければ、集りて、桁一つをの〳〵持て続きて来たり。何も彼も降り湧くやうに出で来れば、このかく物する物とても、かつは、をのが物ども取り持て来。又物取らせなどして、程なく家めでたく造り、えもいはずしつらひて、据ゑたてまつりつ。近く参り寄りて臥したる心地、置き所なし。仰せらるゝ様、「我、今は汝が妻になりにたり。我を思はば、異妻なせそ。たゞ我一人のみをせよ」と仰せらるゝ。これは、たゞあらん女の、少し思はしからんが言はんだに、従はざるべきにあらず。まして、これは言ふ限りなし。「いかにも、たゞ仰せに従ひてこそ候はめ」と申せば、「いとよく言ひたり」とて、あはれとおぼしたり。

かくて田を作れば、この一段は異人の十町に向はりぬ。よろづに乏しき物つゆなし。その郡の人、叶はぬなし。隣の郡の人も、聞きつゝ、物乞ふに従ひつ取らす。又持て居る馬、牛多かり。かくしつゝ、一国に満ちにたれば、国の守も、やむごとなき物にして、言ひと言ふ事の聞かぬなし。

かく楽しくて年来ある程に、事の沙汰しに上の郡に行きて、日来ある程に、追従する物、「あはうの郡の、なにがしと申物の女のいとよきをこそ召して、御足など打たせさせ給はめ」と言ひければ、「好き心湧きたりとも、犯さばこそはあらめ」と思ひて、「よかんなり」と言ひければ、心うく装束かせて、出で来にけり。近く呼び寄せて、足もたせなどしける程に、いかゞありにけむ、親しくなりにけり。思ふとならねど、日来有りける程置きたりけり。

事の沙汰果てて帰りたりけるに、御気色いと悪しげにて、「いかで、さばかり契りしことをば破るぞ」とて、むつからせ給て、「今は我帰りなむ。こゝにえあらじ」と仰せられければ、ことはり申、なを慕ひ申けれど、「これ、年来の物なり」とて、大きなりける桶に、白き物を二桶かき出して賜びて、いづちともなくて失せ給にければ、悔い泣きしけれども、甲斐なし。この桶なりける物は、この法師の年来の淫欲といふ物を、溜め置かせ給へけるなりけり。さて後は、いとゞをのやうにもこそなけれど、いと貧しからぬ物にて、いとよくて、聖にて止みにけると、人の語りし也。

【補　説】

1　古代日本における吉祥天像

吉祥天は金光明最勝王経大吉祥天女品に説かれ、同経が護国経典として重視された古代に国家的な吉祥天悔過が行われた。天平勝宝元年（七四九）に天下諸寺で行われた悔過（続日本紀天平勝宝元年正月丙寅条）が正月吉祥悔過の初修とされるが、確実な例は正倉院文書中の天平宝字八年（七六四）三月十七日の吉祥悔過所請雑物解案帳（正倉院文書続修別集第十巻裏。大日古〈編年〉十六－四九三頁）である。また諸国の吉祥悔過は、神護景雲元年（七六七）に始まるという（続日本紀神護景雲元年正月己未条）。三代実録元慶元年（八七七）八月二十二日条によれば、神護景雲二年の官符によって吉祥天の画像を描いて国分寺に安置して吉祥悔過を修したが、長年の使用により剝落したため、貞観十三年（八七一）、五尺の木像に替えたという。奈良時代の作例としては薬師寺の画像、法隆寺金堂安置の塑像、東大寺法華堂安置の塑像がある。また記録上では西大寺四王堂に三尺彩色の塑像が安置されていたという（西大寺資財流記帳）。こうした像はいずれも悔過法に用いられたものと考えられ、本縁の吉祥天女像は山林寺院における吉祥悔過のありさまを示すものと考えられる。

像容に関しては東大寺二月堂・法隆寺金堂の塑像が参考となるが、この二像および薬師寺像は裙の上に前掛けのような蔽膝を着しており、腰の部分は覆われている。それに対し本縁では腰の部分の裙に直接不浄が付着したとあるので、本縁の吉祥天像は蔽膝を着していなかったとも考えられる。

【参考史料】

A　続日本紀　天平勝宝元年正月丙寅朔条

天平勝宝元年春正月丙寅朔、廃朝。始従元日七七之内、令天下諸寺悔過、転読金光明経。又禁断天下殺生。

B　続日本紀　神護景雲元年正月己未条

神護景雲元年春正月己未、勅、畿内七道諸国、一七日間、各於国分金光明寺、行吉祥天悔過之法。因此功徳、天下太平、風雨順時、五穀成熟、兆民快楽、十方有情、同霑此福。

（藤田）

【参考文献】

播磨光寿「吉祥天感応（中13）」（『日本霊異記　古代の文学4』、一九七七年）
池辺実「『日本霊異記』中巻の第十三吉祥天女説話について」（『文芸研究』四七、一九七八年）
魚尾孝久「吉祥天信仰と吉祥天説話―日本霊異記中巻第十三・十四話を中心として」（『国文学試論』五、一九七八年）
永田典子「吉祥天女感応譚考―『日本霊異記』中巻第一三縁について」（『上代文学』四五、一九八〇年）
守屋俊彦「吉祥天女への恋」（『日本霊異記論―神話と説話の間』和泉書院、一九八五年。初出一九八三年）
山岸常人「悔過から修正修二会へ」（『南都仏教』五二、一九八四年）
鬼頭清明「国府・国庁と仏教」（『国立歴史民俗博物館研究報告』二〇、一九八九年）
石井公成「行為としての信と夢見―『日本霊異記』中巻第十三を手がかりとして」（『駒沢大学仏教文学研究』五、二〇〇二年）
海老澤るりは「奈良時代における吉祥天像の着衣とその源流に関する考察」（『成城美学美術史』一一、二〇〇五年）
伊藤由希子『仏と天皇と「日本国」―『日本霊異記』を読む』（ぺりかん社、二〇一三年）

窮しき女王吉祥天女の像に帰敬し現報を得る縁　第十四

【原　文】

窮*女王*帰二*[1]敬吉祥天女[2]像一、得二[3]現報一縁第十四
[4]聖武天皇御世、*王宗廿三人結二*同心一、次第為レ[5]食、設二備[6]宴楽一。有二[7]一窮[8]女一、[9]入二宴[10]衆[11]列一。[12]廿二王、以二次[13]第一設二宴楽一[14]已訖。但此女王、独未レ設レ食。備レ食無レ便、大恥二貧報一。至二于*諸楽左京服部堂一、対二面吉祥天女像一、而哭之曰、我、*先世殖二貧窮之因一、今、受二*窮報一。我牙[15]為レ食入二於宴会一、徒[16]噉二人物一、設レ食無レ便。願我賜レ財。于時、其女王之[17]児、*忩々走来[18]白レ母曰、*快従二*故京一備レ食而来。母王[19]聞レ之、走到見レ之、養レ王*乳母。々談之曰、我聞レ得レ[20]客故、具レ食来。其飲食*[21]蘭、美味*[22]芬馥。無レ比、無レ等、無下不二[23]具足一物上。設器皆*[24]鋺、使

（第十八紙）

レ荷之人卅人也[25]。王衆皆来、受レ饗以喜。其食、倍二先王衆一、讃称二富王[26]一。不レ然[27]何貧、敢[28]能余*溢飽[29]盈。*佐二我先設[30]一。*儛歌奇異、如二*鈞[31]天楽一。或脱レ衣以与、或脱レ裳以与、或[32]送[33]二銭絹[34]布綿[35]等[36]一。不レ勝二悦望[37]一、捧[38]二得衣裳一、著二之[39]乳母一。然後参レ堂、将レ拝二尊像[40]一、著[41]二之乳母一衣裳、被二之其天女像一。疑之而往問レ之、乳母答之、不レ知。定知[42]、*菩[43]*薩感応所レ賜。因大富レ財、免二貧窮愁一。是奇異之事矣。

1敬、国ナシ
2女、国ナシ攷証依高野本増
3現、来ナシ
4聖以下一五字、来破損
5食設、来破損
6宴、来破損
7一窮、来破損
8女、来破損国群女王国に従う
9入、来破損
10衆、来破損
11列、来破損国例
12廿、来破損
13第、群弟、以下同じ
14已、来也
15牙、国群身攷証依高野本改国に従う
16噉、国厳
17女王、来王女
18白母曰、来曰母
19聞、来聞問とし聞を見セ消チ
20客、来密
21蘭、来ナシ
22馥、来馥馥とし上一文字を見セ消チ
23足、来国之攷証高野本作之
24銃、来国銃攷証高野本作銃
25人、来八
26富、攷証原作百依高野本改
27然、国愁攷証高野本作愁
28敢、来噉
29飽、国ナシ
30先設、来先王設倍、倍は傍書挿入
31鈞、国釣
32或、来破損
33送、来破損国送于
34銭絹布、来破損
35綿、来帛
36等不勝、来破損
37悦望、来破損国脱至
38捧得衣、来破損
39之、来以下破損
40像、攷証高野本像也
41著之、国之著

42定知、国ナシ　　43菩薩、国井

【書き下し文】

窮《まず》しき女王、吉祥天女《きちじょうてんにょ》の像に帰敬《ききょう》し、現報《げんぽう》を得る縁　第十四

聖武《しょうむ》天皇の御世に、王宗《おうしゅう》二十三人同心を結び、次第《しだい》に食《じき》を為して、宴楽を設備《もう》く。一《ひとり》の窮しき女王有りて、宴《えん》衆《しゅう》の列に入る。二十二王、次第を以て宴楽を設くること已《すで》に訖《お》はりぬ。但し此の女王は、独り食を設けず。食を備くるに便無く、大きに貧報《ひんぽう》を恥づ。諾楽《なら》の左京の服部堂《はとりべどう》に至り、吉祥天女の像に対面して、哭《な》きて曰はく、「我、先の世に貧窮の因《たね》を殖ゑて、今、窮報《きゅうほう》を受く。我が身、食の為に宴会に入り、徒《いたずら》に人の物を噉《くら》ひて、食を設くるに便無し。願はくは我に財《たから》を賜へ」と。時に、其《そ》の女王の児、忩々《いそ》ぎ走り来て母に白して曰はく、「快《たくま》しく故京より食を備けて来れり」と。母の王、之を聞きて、走り到りて之を見れば、王を養ひし乳母《めのと》なり。母談《かた》りて曰はく、「我、客を得たりと聞きしが故に、食を具《そな》へて来つ」と。其の飲食《おんじき》蘭《こうば》しくして、美味芬馥《ふんふく》たり。比《たぐい》無く、等しきもの無く、具へ足らざる物無し。設くる器皆鋺《かなまり》にして、荷《にな》はしむる人三十人なり。王衆皆来たりて、饗《あえ》を受けて以て喜ぶ。其の食、先の王衆に倍《ま》し、讃《たた》へて富める王と称《い》ふ。「然《しか》らずは何ぞ貧しくして、敢《あ》へて能《よ》く余り溢《あふ》れ飽き盈《み》ちむや。我が先に設けしより佐《すぐ》れたり」と。儛歌《まいうた》の奇異《めずらし》きこと、鈞天《きんてん》の楽の如し。或るは衣《きぬ》を脱ぎて以て与へ、或るは裳《も》を脱ぎて以て与へ、或るは銭・絹・布・綿等を送る。悦《よろこび》の望《おもい》に勝《た》へずして、得たる衣・裳を捧《ささ》げて、乳母に著《き》せる。然して後に堂に参り、尊像を拝せむとするに、乳母に著せたりし衣・裳、其の天女の像に被《かがふ》れり。疑ひて往《ゆ》きて之を問ふに、乳母答ふらく、「知らず」と。定めて知る、菩薩《ぼさつ》の感応《かんのう》して賜はりしこと

を。因《よ》りて大きに財に富み、貧窮の愁《うれい》を免《まぬが》る。是《こ》れ奇異き事なり。

【語　釈】

○**女王**　女性の王。「王」は王族の身分を示す称号。大宝令の継嗣令は、天皇から一世の皇子を「親王」、二世から四世までの皇孫・皇曽孫・皇玄孫を「諸王」と定め、五世王は「王」を称するものの皇親の範囲外とした（その後、慶雲三年〈七〇六〉に五世王も皇親とされた）。また諸王（女王）は蔭位で五位以上に叙され、季禄・時服料・女王禄の支給を受けた。

○**帰敬**　仏を心から信仰して、尊敬すること。上6（上126頁）。

○**吉祥天女**　仏教の天部に属する女神。中13（198頁）。本縁は、中13に続く吉祥天女の霊験譚。

○**王宗**　皇族の中の王たち（日国大）。後段の「王衆」と同じ。

○**同心**　同じ考えを持つこと、同意すること、また、気持や意見などが同じであること（日国大）。

○**諸楽左京服部堂**　平城京の左京にあった仏堂。[来]傍訓「服部　ハトリヘ」。[攷証]は「吉川氏曰奈良吉祥寺町吉祥天女堂疑ハ此」とする。註釈は『大和志』の記述をふまえ、この吉祥天女堂を元興寺の界内にあった堂かとする。『日本歴史地名大系　奈良市の地名』は、現在の奈良市西九条町に所在していた、中世の史料にみえる「服寺」とみている。

○**先世**　この世に生まれる前に生きていた世。上3（上69頁）。

○**窮報**　貧乏というむくい（日国大）。

○**忩**　名義抄「イソガハシ、イソグ」。

○**快**　[国訓釈]「タクマ之ク」、字鏡集「タクマシ」。力が満ちあふれている。勢いが盛んである。また、豪勢である。立派である（日国大）。

○**故京**　飛鳥・藤原京のこと。上1（上40頁）「古京」、上15（上213頁）。

○**乳母**　雇われて母親に代わって自分の乳を飲ませ、幼児を養い育てる女。また、幼時から貴人の子どもを養い育て、現在でもその世話をしている女。うば（日国大）。
○**蘭**　名義抄・字類抄「カウハシ」。「こうばしい」は、かおりがよい、においがよい、かぐわしい（日国大）。
○**芬馥**　香気が高いさま。かおりがいいさま（日国大）。
○**鋺**　国「鋺　カナマリ」。金属製の椀（日国大）。
○**湓**　国訓釈「アフ之」、来傍訓「アフシ」。
○**佐**　国訓釈・来傍訓「スクレタリ」。
○**儛歌**　舞楽と歌謡（集成）。
○**鈞天楽**　天上の音楽。鈞天広楽（日国大）。
○**菩薩**　本縁は吉祥天女の霊験譚であるが、吉祥天女は菩薩ではないので、この記述は疑問。
○**感応**　衆生の信心・善根が諸仏菩薩に通じてその力が現れること。上8（上148頁）。

【現代語訳】

貧しい女王が吉祥天女の像に敬い帰依して、現世に報を得た話　第十四

聖武天皇の御世に、王の一族二十三人が心をあわせて団結し、順番に食事を作って宴席を用意した。ひとりの貧しい女王がいて、この宴会の参加者に席を連ねていた。二十二人の王が順番に宴席を用意することをすでに終えたが、この女王だけは、独りいまだ宴席を設けていなかった。食事を用意しようにも頼りとするものは無く、前世の報いで貧乏となったことを大いに恥じていた。そこで諸楽の左京の服部堂に参拝し、吉祥天女の像に対面して、慟哭して、「私は、先の世で貧窮の原因をつくって、今、貧窮するという報いを受けている。私自身は食事にありつくために宴会に加わり、いたずらに人の出す物を喰らうだけで、私が宴席を設ける方法はありません。願わくは私に財貨を賜って下さい」と言った。ちょうどその時に、その女王の子が急いで走ってきて母親に、「故京からたくさんの食事を用意してきました」と告げ知らせた。母の王は

それを聞いて走って行ってみると、女王を養育していた乳母であった。乳母は、「私は、女王さまが客を招待すると聞きましたので、食事を用意してやってきました」と語った。その食べ物・飲み物は香りが高く、おいしそうで香りがあたりにまき散らされること、比べるものもなく同じものもない。何一つ足りないものもなかった。用意された食器類はすべて金属製の鋺であって、荷駄を運ばせた人夫は三十人だった。王たちは全員やってきて、饗宴のもてなしを喜んだ。その食事は、先の王たちの倍の量があり、女王を讃えて、「富める王」と呼び、「富める王でなくて、貧しくては、どうして食事が有り余るほどにあふれ、飽きるほど満腹させることができようか。我々が先に設けたものよりも優れている」と言った。舞楽・歌謡がすばらしいことは、天上の音楽のようであった。ある者は衣を脱いで与え、ある者は裳を脱いで与え、またある者は銭・絹・布・綿等を贈った。喜びの気持を抑えることができなくて、手に入れた衣と裳を捧げて、乳母に着せた。そして後に服部堂に参拝し、尊像を拝もうとしたところ、乳母に着せた衣・裳が、あの天女の像にかかっていた。不思議に思って、乳母のところに行って尋ねると、乳母は答えて、「知らない」と言った。はっきりとわかる、菩薩が女王の信心に感じて食事を賜ったということが。女王は大いに財貨に富み、貧窮の愁いを免れることができた。これは不思議な出来事である。

【関連説話】

1　今昔物語集　巻十七第四十六話

王衆女、仕吉祥天得富貴語第四十六

今昔、聖武天皇ノ御代ニ、王衆二十三人有テ、心ヲ同クシテ契ヲ結テ、次第ニ食ヲ儲テ宴ヲ成ス事有ケリ。而ルニ、一人ノ女王有ケリ。此ノ中ニ交リト云ドモ、身貧クシテ、食ヲ儲ルニ力無シ。然レバ、二十二人ノ王衆ハ次第ニ食ヲ儲テ、宴ノ楽ヲ成ス事既ニ畢ヌ。而ルニ、此ノ女王独リ、未ダ此ノ備ヲ不遂シテ、女王大キニ貧報ヲ恥ヂ悲ムデ、奈良ノ左京、服部ノ堂ニ詣テ、吉祥寺天女ノ像ニ向テ、泣々ク申シテ云ク、「我レニ前世ニ貧窮ノ種ヲ殖テ、今生ニ貧キ報ヲ得タリ。而ルニ、我等契ヲ結テ、二十三人互ニ各食ヲ儲テ次第宴ヲ成ス。我レ其ノ中ニ入レリト云ヘドモ、食ヲ儲ルニ便無クシテ、徒ニ人ノ物ヲ食テ、我レ其ノ饌ヲ不遂ズ。願クハ、我レヲ哀ビ給テ財□。

然ルニ、其ノ女王ニ一人ノ児有リ。忽テ走リ来テ□「□古京ヨリ大キニ食ヲ儲テ持来レリ」ト。女王、此レヲ聞□女王ヲ養ヒシ乳母ノ来レル也ケリ。乳母、女王ニ語テ云ク、「我レ自然□「客人ヲ得給ヘリ」ト。然レバ、其ノ故ニ、我レ饌ヲ具シテ来レリ」ト。女王此レヲ聞テ、喜ブ事無限シ。飲食ノ味ヒ殊ニ美ナル事無比シ。亦、飲食トシテ不具ザル物無シ。儲タル器ハ皆鋺也。使三十八人ニ荷ヒ令持タリ。女王此レヲ見テ、喜テ王衆ヲ呼ブニ、即チ、皆来レリ。此ノ饗ヲ食フニ、前々ノ饌ニ増レリ。王衆等皆喜テ此レヲ讃メテ、「富王」ト云テ、吉ク食フニ、皆飽キ満ヌ。然レバ、舞ヒ歌ヒ、遊ビ戯レテ、或ハ衣ヲ脱テ女王ニ与ヘ、或ハ裳ヲ脱テ与ヘ、或ハ銭・絹・布・綿等ヲ与フルニ、王女皆喜テ受ケツ。「此レ偏ニ乳母ノ徳也」ト思テ、得タル所ノ衣裳ヲ捧テ、乳母ニ令着ム。乳母此レヲ着テ、即チ返ヌ。

其ノ後、女王彼ノ服部ノ堂ニ詣テ、「吉祥天女ヲ礼ミ奉ラム」ト思テ、詣テ見ルニ、彼ノ乳母ニ令着ツル衣裳、天女ノ像ニ令着奉タリ。此レヲ見テ、疑ヒ恠ムデ、家ニ返テ、乳母ノ許ニ人ヲ遣テ、此ノ事ヲ尋ネ聞クニ、乳母、更ニ飲食ヲ不送ザル由ヲ答フ。其ノ時ニ、女王涙ヲ流シテ、泣々ク思ハク、「此ノ事定メテ知ヌ。天女ノ我レヲ助ケ給テ、授ケ給也」ト思テ、弥ヨ心ヲ至シテ天女ニ仕ケリ。其ノ後、女王大キニ富テ、財多クシテ、更ニ貧窮ノ愁無カリケリ。「此レ奇異ノ事也」トテ、見聞ク人皆讃メ貴ビケリトナム語リ伝ヘタルトヤ。

【補説】

1　本縁にみる奈良時代の王族

本縁からは、王たちが集まってそれぞれ宴を開催するという、王族間の交遊がうかがえる。また、それだけでなく、一人の貧しい女王の存在から、王族内に経済的な格差があったことがわかる。後宮職員令17親王及子乳母条によると、乳母が支給されるのは二世王までである（参考史料A）。ここから、本縁の「窮しき女王」は二世の女王であるといえる。令制においては、皇親に対して様々な国家的給付が与えられていた。しかし、令制の資養制度は有品親王中心であり、他の王族については、前述の乳母の支給規定を除き、令文に規定されていない。伴瀬明美は、無品親王について、キサキの居住形態から、皇子女は内裏外の母の邸に居住し、外戚から資養料の供与を受けたとする（伴瀬「八～九世紀における皇子女扶養体制について—令制扶養体制とその転換」『続日本紀研究』三〇六、一九九七年）。そうであるならば、二世以下の王族の資養にもその外戚が関わっていたと推測することができよう。また本縁の乳母は、「故京」からやって来ることから、女王と乳母は同居していないことがうかがえる。中34に乳母が窮地を救うという類似した説話があることから、勝浦令子は、女王が故京にいたであろう幼年期に何らかの経済的関係が乳母と結ばれており、それがすでに切れている成人期においても窮地には助けに来てくれても不思議ではないという乳母像を引き出すことができ、これは八世紀における乳母の実態的なイメージの反映であるとしている（勝浦「乳母と皇子女の経済的関係」『史論』三四、一九八一年）。ただし、中34に登場するのは隣家の乳母である。霊異記において、王族と乳母との個人的な関係がみられるのは本縁のみであり、すべての王族と乳母の関係の実態を表しているとは断言できない。

【参考史料】

A　後宮職員令17親王及子乳母条

凡親王及子者、皆給乳母。親王三人、子二人。所養子年十三以上、雖乳母身死、不得更立替。其考叙者、並准宮人。自外女竪、不在考叙之限。

B　継嗣令1皇兄弟子条

凡皇兄弟皇子、皆為親王〈女帝子亦同。〉以外並為諸王。自親王五世、雖得王名、不在皇親之限。

C　継嗣令4王娶親王条

凡王娶親王、臣娶五世王者聴。唯五世王、不得娶親王。

D　禄令11皇親条

凡皇親、年十三以上、皆給時服料。春、絁二疋・糸二絇・布四端・鍬十口。秋、絁二疋・綿二屯・布六端・鉄四廷其給乳母王者、絁四疋・糸八絇・布十二端。

E　続日本紀 天平五年（七三三）閏三月戊子条

戊子、諸生飢乏者二百十三人、召入於殿前、各賜米塩。詔、責其嬾惰、令治生業。

【参考文献】

魚尾孝久「吉祥天信仰と吉祥天説話―日本霊異記中巻第十三・十四話を中心として」（『国文学試論』五、一九七八年）

福田ひでみ「『霊異記』にみる吉祥天女感応譚」（『大宰府国文』九、一九九〇年）

（毛利　補説1浅野）

法華経を写し奉り供養することに因りて母の女牛と作る因を顕はす縁　第十五

【原　文】

奉レ写二*法[1]華経一、[2]同供養、[3]顕下母作二[4]女牛一之因上縁第十五
*高橋連東人者、(*)伊[5]勢国山田郡噉代里人也。大富*饒レ財。奉二為
母一写二法華経一、以盟之曰、請下於二我願一有縁之師上欲レ所二*済度一。*厳二
法会一訖、将レ供二明日一、而(*)[6]試使曰、値二*第一一以為二我縁師一。有二修法状一、
不レ過必請。其使随レ願出レ門。試往二至於同郡*御谷之里一、見
有二*乞者一。*鉢嚢懸レ肘、酔レ酒臥[7]洛。姓名未レ詳。有二*伎戯人一、剃
レ髪懸レ縄、以為二袈裟一。雖レ為レ然、猶曽不二覚知一。使見起礼、*勧請
帰レ家。*願主見レ之、*信心*敬礼、一日一夜、家内隠居、*頓作二*法服一、
以レ之奉レ施。爰乞者問レ之、所以者何。答曰、請令レ[8]講二法花経一。乞者、
我无レ所レ学。唯誦二持*般若陀羅尼一、*乞食[9]活レ命。願主猶請。乞

（第十九紙）

者思議、不レ如二窃逃一。兼心知レ逃、副[10]レ人令レ守。彼夜請師夢見。赤牸来至、告言、我此家*長公母也。是家牛中、有二赤牝牛一。其[11]児吾也。我昔先世、*偸二用子物一。所以、今受二牛身一、以*償二其*債一。明日、為レ我将レ説二*大乗一之師故、貴而慇[12]告知。欲レ知二虚実一、説法堂裏、為レ我敷レ座。我当二上居一。請師、自レ夢驚醒、心内大怪。明朝、登二*講座一言、我无レ所レ覚。随二願主心一、故登二此座一。唯有二夢悟一。具陳二夢状一。*檀主聞起、敷座喚レ牝、々伏レ座。於レ是、檀主大哭言、実我母。我曽不レ知。今我奉レ免。牛聞*大息。法事訖後、其牛即死。法会之衆、悉皆*号哭、響二于堂庭一。往古已後、莫レ過二斯奇一。更為二其母一、重修二功徳一。*諒知、願主顧二母恩一、至[13]深之信、乞者誦二*神咒一、積レ功之験也。

来本縁を欠く
国本文ナシ。題目下に「三宝絵下帖書之。故略之」
1華、国花
2同、国群因国に従う
3顕、国頭
4女、国ナシ攷証高野本及総目並無女字
5勢、群賀攷証原作伊勢国依法花験記今昔改群に従う
6試、攷証疑誠字攷証に従う
7洛、群路群に従う
8講、攷証原作称依今昔改
9活、攷証原作治意改
10副、群制
11其、攷証原作甚意改

12慇、群慇

13至、攷証原作主依今昔改

【書き下し文】

法華《ほけ》経を写し奉《たてまつ》り、供養《くよう》することに因《よ》りて、母の女牛《めうし》と作《な》る因を顕《あら》はす縁　第十五

高橋連東人《たかはしのむらじあずまひと》は、伊賀《いが》国山田郡噉代《はみしろ》里の人なり。大きに富みて財《たから》に饒《ゆたか》なり。母の奉為《おおんため》に法華経を写し、以て盟《ちか》ひて曰《い》はく、「我が願ひを有縁《うえん》の師に請《こ》ひて済度《さいど》せられむと欲《おも》ふ」と。法会《ほうえ》を厳《か》ざること訖《お》はり、明日《あくるひ》供《く》せむとして、使に誡《かた》めて曰はく、「第一に値《あ》ひたるを以て我が縁師《えんし》とす。修法《しゅほう》の状《かたち》有らば、過《すご》さず必ず請へ」と。其《そ》の使、願ひに随《したが》ひて門を出づ。試みに同郡御谷《みたに》の里に往《ゆ》き至り、見るに乞者《こつしゃ》有り。鉢嚢《はつのう》を肘《ひじ》に懸《か》け、酒に酔ひ路に臥《ふ》せり。姓名詳《つまびら》かならず。伎戯《きぎ》の人有りて、髪を剃り縄を懸け、以て袈裟《けさ》となす。然《しか》すと雖《いえど》も、猶《な》ほ曽《かつ》て覚め知らず。使、見て起《お》こし礼《らい》し、勧請《かんじょう》して家に帰る。願主《がんしゅ》、之を見て信心敬礼《しんじんきょうらい》し、一日一夜、家内に隠し居《お》き、頓《にわか》に法服を作り、之を以て施し奉《たてまつ》る。爰《ここ》に乞者、之を問ふ、「この所以《ゆえ》は何ぞ」と。答へて曰はく、「請ひて法花経を講ぜしむ」と。乞者、「我れ学ぶ所なし。唯《ただ》、般若陀羅尼《はんにゃだらに》を誦持《じゅじ》し、乞食《こつじき》して命を活かすのみ」と。願主猶ほ請ふ。乞者、思議するに、窃《ひそか》に逃《のが》るるに如《し》かじ、と。兼ねて心に逃れむことを知り、人を副へて守らしむ。彼《そ》の夜、請けし師、夢に見る。赤き牸《めうし》来たり至り、告げて言はく、「我れ此の家長《いえぎみ》の公《きみ》の母なり。是《こ》の家の牛の中、赤き牝牛《めうし》有り。其の児、吾れなり。我れ昔、先の世に、子の物を偸《ぬす》み用ゐき。所以《ゆえ》に、今牛の身を受けて、その債《もののかい》を償《つくの》ふ。明日、我が為に大乗《だいじょう》を説かむとするの師なるが故に、貴びて慇《ねむごろ》に告げ知らすなり。虚実を知らむと欲《おも》はば、説法《せっぽう》の堂の裏《うち》に、我が為に座を敷け。我れ、当《まさ》に上り居るべし」と。請われし師、夢より驚《おどろ》き醒《さ》め、心の内に大

いに怪しぶ。明朝、講座に登りて言はく、「我れ、覚《さと》れる所無し。願主の心に随ひて、故に此の座に登る。唯夢に悟ること有り」と。具《つぶさ》に夢の状《さま》を陳《の》ぶ。檀主《だんしゅ》聞き起《た》ち、座を敷きて牝《めうし》を喚《よ》べば、牝、座に伏す。是《ここ》に、檀主大いに哭《な》きて言はく、「実《まこと》に我が母なり。我れ曽て知らず。今我れ免《ゆる》し奉る」と。牛聞きて大息《たいそく》す。法事訖はりて後、其の牛即ち死す。法会の衆、悉《ことごと》く皆、号《おら》び哭き、堂の庭に響く。往古より已後、斯《こ》の奇《あや》しきに過ぎたるは莫《な》し。更に其の母の為、重ねて功徳《くどく》を修せり。諒《まこと》に知る、願主の母の恩を顧《かえり》みて、至深に信ぜしと、乞者の神咒《しんじゅ》を誦して、功を積みし験《しるし》なることを。

【語　釈】

○**法華経**　妙法蓮華経。上11（上177頁）、中6（102頁）。

○**高橋連東人**　未詳。高橋連は、新撰姓氏録右京神別上、山城神別、河内神別にみえるニギハヤヒノミコト後裔氏族で、高橋朝臣（橘臣）とは別の氏族である。

○**伊賀国山田郡噉代里**　真は「伊勢国」とするが、伊勢国には山田郡は存在しない。隣国である伊賀国の山田郡には、和名抄によると木代郷があるので、噉代里は木代郷を指すと考えられる。現在の三重県伊賀市喰代付近。

○**饒**　字類抄「ユタカニ」、名義抄「ユタカナリ」。

○**済度**　迷える衆生を導いて、さとりの境界に救い渡すこと（広説）。

○**厳**　名義抄「カザル」。

○**誡**　名義抄「イマシム」、上22国訓釈「加太米弖」。

○**値**　あう、あたる（字通）。名義抄「アタル、アフ」。

○**御谷之里**　所在地未詳。

○**乞者**　こつじきをして仏道修行をする僧。名義抄・字類抄「乞児　カタヒ」。上4（上87頁）「乞匃人」。
○**鉢嚢**　食器（鉢）を入れる袋（広説）。
○**伎戯人**　ふざけた人がいて（旧大系）。ふざけるのが好きな人、おどけた者（集成）。
○**勧請**　高僧などを請い迎えること。中8（149頁）、中12（186頁）。修行僧を招待すること（広説）。
○**願主**　造像・写経など、すべて仏道に関する善根をなそうと発願する人（広説）。
○**信心**　仏の教えを信じて疑わない心。信念（広説）。
○**敬礼**　敬いおがむ。恭敬礼拝すること（広説）。
○**頓**　とみに、にわかに、急に（字通）。名義抄・字鏡集「ニハカニ」。上11（上178頁）。
○**法服**　袈裟。出家の人の着る衣（広説）。
○**般若陀羅尼**　般若心経の呪文。陀羅尼は、梵語の句を漢訳せずとなえる呪文。なお、続日本紀天平宝字二年（七五八）八月丁巳条および宝亀五年（七七四）四月己卯条によると、天下諸国の老若男女に般若心経の念誦を命じており、奈良時代において般若心経が多くの人に知られた経であったことを示している。
○**乞食**　托鉢。僧が人家の門に立ち、食を乞い求めること。上15（上213頁）。上15補説1（上216頁）。
○**家長公**　一家の長。「公」は尊称。上2（上54頁）、上10（上166頁）、上10補説2（上171頁）。
○**偸**　名義抄「ヌスミ、ヌスム」。
○**償**　名義抄「ツクノフ、アカフ」。
○**債**　上序興訓釈「毛乃々可比乎」。金銭などを借りて、償わなければならないもの。上序（上24頁）。
○**大乗**　大乗経典。ここでは法華経のこと。上序（上22頁）「大乗経」、中6（102頁）。
○**講座**　講義の座席。講師のすわる席（日国大）。
○**檀主**　施主。後援者。檀越に同じ。上10（上166頁）。

○**大息**　大きく息をすること（日国大）。
○**号**　字鏡集「サケフ、ヲラフ」。
○**諒**　名義抄・字鏡集「マコト」。中13（199頁）。
○**神咒**　呪句。不思議な呪文。陀羅尼（広説）。

【現代語訳】

法華経を写し、供養することによって母が女牛となった原因を明らかにした話　第十五

高橋連東人は、伊賀国山田郡噉代里の人である。大変富んでおり、財宝もたくさんもっていた。母親の為に法華経を写し、誓いを立てて、「私の願いにご縁のある僧を師として招き、救ってもらおうと思います」と言った。法会の場の荘厳が終わり、明日、供養しようとして、使者に、「最初に会った僧を私にご縁のある師としよう。仏道修行者らしい格好をしていれば、見逃さないで、必ず依頼してきなさい」と堅く言いつけた。その使者は、東人の命令を了解して門を出た。試みに同じ郡の御谷里に行くと一人の乞食僧がいた。鉢の嚢を肘に懸け、酒に酔って路に臥していた。姓名は不詳である。ふざけた者がいて、乞者の髪を剃って縄を懸け袈裟としていた。そうされているにもかかわらず、覚めることがない。使者は、起こして礼をあつくして、頼み込み招いて家に帰った。願主は、この乞食僧を見て、信仰心をもって敬い礼拝し、一日一夜、家の中に隠れていてもらい、急いで法服を作り、これを施した。ここにいたって乞食僧は、「どうしてこのようなことをするのか」と尋ねた。願主は、「あなたに法華経を講じてもらおうと思っています」と答えた。乞食僧は、「私は学んだことなどありません。ただ般若陀羅尼を唱え、乞食をして生きながらえているだけです」と言った。願主は、なおもお願いした。乞食僧は、考えた末に、「窃かに逃げるのが一番だ」と思った。東人も前もって、この僧が逃げようとしていることを知り、人をつけて守らせた。その夜、乞食僧は、夢を見た。赤い牝牛がやって来て乞食僧に、「私は、この家の家長の母です。この家が所有している牛の中に赤い牝牛がいます。その牛は私なのです。私は昔、前世に子どもの物を盗み用いました。その

報いを受けて今は、牛の身になって、その罪を償っているのです。あなたは明日、私のために法華経を説いてくれる師であるので、尊んで心から告げ知らせるのです。ことの真偽を知りたければ、説法を行うお堂の裏に私の為の座を敷いて下さい。私はその上に座ります」と告げた。乞食僧は、驚いて夢から覚め、内心たいへん不思議に思った。明朝、講説の座に登って、「私は仏法について知っていることはありません。願主の思いがあり、そのためにこの座に登っているのです。ただし、夢にお告げがありました」と言った。乞食僧は、詳しく夢の内容を陳べた。檀主は、これを聞いて立ち上がり、座を敷いて牝牛を喚んだところ、牝牛は座に上がり伏せた。ここに檀主は大いに泣いて、「たしかに私の母です。私は今まで知りませんでした。私は今、あなたをお許し申し上げます」と言った。牛はこの言葉を聞いて、大きくため息をついた。法事が終了して、その牛はすぐに死んだ。法会に集まった人たちは皆泣き叫び、その声は庭中に響いた。昔から今にいたるまで、これよりも不思議なことはない。東人は、さらに母の為に重ねて功徳を積んだ。本当によくわかる、これらは願主が母の恩をしのび非常に深い信仰の心をもったことと、乞食僧が呪文を唱えて功徳を積んだことの現れであるということが。

【関連説話】

1　大日本国法華験記　巻下百六話

第百六　伊賀国報恩善男

高橋連東人、伊賀国山田郡噉代郷人矣。家室大富、財宝豊稔。為死悲母、書写法華。供養恭敬。請講師時告請使云、出宅行時、最初遇師。為有縁師、可修此善。時使者随施主之命、最初値遇同郡里内乞食沙門。定途臂懸鉢袋乞食。此法師酔酒而臥路辺。使者礼拝呼起将来。壇越敬貴、一日一夜隠居家中、忽造法服。施与乞者、時乞者言。有何因縁、労養法師。壇越語云、為母報恩、明日供養妙法花経。奉請聖人、為有縁師。乞者驚言、弟子愚痴不知法門。只持般若心経陀羅尼、乞食資命。従是以外更無所知。云何奉仕法会講師。壇越雖聞此事、更不聴許。乞者思念、我窃逃去。願主気知、付人令守。乞者夢見、黄斑牝牛語沙門言、我家主母。此家有多牛。其中黄斑牛是我也。先生時窃盗子物。是故今受牛身償報。明日為我講説大乗。講師汝也。是故来告。欲知虚実、講莚堂内為我敷座。我当来坐。夢覚内心奇念。臨於当日、述不堪由、更不許之。令登高座。法用如例。即表白言、卑身甚愚、更無所知。三宝証明。即将去願、主忽捕講師、請順壇越志。罷登高座、唯去夜夢語申施主。説上件夢、壇越大驚、為牛敷座。家有黄斑牝牛。起立歩来堂内、此座跪伏。願主大啼泣、実是祖。更我不知、辱奉駆使。我心愚頑不知此事也。今依経力講師威力、始知此縁。今日已後、更不奉駆。殊加労養、奉酬恩徳。牛聞此事、流涙悲泣。講莚畢時、此牛則死。集会大衆見之、挙声啼泣無極。其日講師是非凡夫。諸仏分身説法教化、甚貴倍常。施主後々勤修功徳、報父母恩、引導菩提矣。見霊異記。

2　三宝絵 中、第十一話

十一　高橋連東人

高橋ノ連東人ト云ハ、伊賀国山田郡噉代郷ノ人也。大ニ富テタカラニユタカ也。シニケル母ノタメニ、法花経ヲカヽシメタリ。供養ジタテマツラムトテ、堂ヲカザリ、法会ヲアスヲコナハムトテ、講師モトメニヤル。使ニイマシメテ云ク、マヅハジメニアハム人ヲ、ワガタメニ有縁師トシテ、法会ヲバ行ズベシ。形ヲバ不可求。必ズ請ゼヨ。トイフ。使ヲシヘニ随テ門ヲイヅルニ、同郡ノ益志郷ニ乞者アリ、鉢ト袋トヲ臂ニカケテ、酒ニヱイテ路ニフセリ。使コレヲミテ、請ジトリテ家ニカヘリヌ。願主アヒテウヤマフ。一日一夜家内ニコモリヰタリ。忽ニ法服ヲツクリテアタフ。乞食、

ナニワザヲシ給ハムズルゾ。

ト、ヘバ、

法花経ヲ講ゼムトスル也。

トコタフ。乞食又云、

オノレハマナベル所スクナシ。タヾワヅカニ般若心経陀羅尼ヲ誦持シテ、食ヲコヒテ命ヲヤシナフ。イカデカ経ヲバ講ズベキ。

トイフニ、願主ナヲユルサズ。乞食、「ヒソカニニゲム」ト思ヰタリ。願主カネテウタガヒテ、人ヲツケテマモラシム。其夜、乞食ノ夢ニアメナルメ牛キタリテ云、
我ハコノ宅ノアルジノ母ナリ。コノ家ノ牛ノ中ニアメナル牛アリ。ソレヲ我トシレ。我イケリシ時、子ノ物ヲ犯用シキ。コノユヘニ、今牛ノ身ヲウケテ、其罪ヲツグノフ也。アス我タメニ大乗ヲトクベキ師ナレバ、今夜丁寧ニツゲシラスル也。実否ヲシラムト思ハヾ、説法ノ堂ノ内ニ、我タメニ座ヲシケ。我マサニノボリヰム。
トイフ。ユメサメテ、心ノウチニ大ニアヤシブ。アクル朝ニイナブレドモ、ユルサネバ、高座ニノボリテ云ク、
鄙身甚ヲロカニシテ、モトヨリサトリモナシ。仏ニ申、経ヲ説ベキ事ヲモシラズ。タヾ願主ニシタガフユヘニ、コノ座ニノボル也。但ネヌルヨノユメニシメサル、コトアリ。
トテ、ソノユメヲカタル。
壇越ヲドロキテ、テヅカラ座ヲシキツ。宅ニカヘルアメナル牛来テ、堂内ニノボリキテ、此座ニヒザマヅキテフシヌ。願主大ニナキテ云ク、
マコトニ我サラニシラザリケリ。年来クルシメツカヒタテマツリケル、我心ノヲロカニカナシクモアルカナ。今日此事ヲシリヌレバ、一乗ノ力ウレシクタウトクモアルカナ。今日ヨリノチハ、イタハリヤシナヒタテマツリテ、ナガクツカヒタテマツル事ヲトヾムベシ。
トナキカナシブ。牛コノ事ヲキヽテ、気ヲナゲキ、涙ヲナガス。法事オハルホドニ、コノ牛即シヌ。来リアツマレルソコバクノ人〳〵、コヱヲアゲテミナ、ク。ソノコヱ堂ノ庭ヲヒヾカス。
昔ヨリコノカタ、イマダカクノゴトクノ事ナシ。
トアヤシビテ、サラニソノ母ガタメニ、カサネテ功徳ヲ修ス。即知ヌ。願主ノ恩ヲムクイムト思フ心ノネムゴロニ、マコトヲイタセルチカラ也。乞食神呪ヲタモテル験也。霊異記ニ見タリ。

3　今昔物語集　巻十二第二十五話

伊賀国人母、生牛来子家語第二十五

今昔、伊賀ノ国、山田ノ郡、噉代ノ里ニ高橋ノ東人ト云フ者有ケリ。家大ニ富テ財ニ飽キ満タリ。死タル母ノ恩ヲ報ゼムガ為ニ、心ヲ発シテ法花経ヲ写シ奉テ供養セムト為ルニ、東人ガ云ク、「我ガ願ニハ、縁有ラム師ヲ請ジテ講師トセム」ト思テ、法会ヲ儲テ明日ニ供養セムト為ルニ、使ヲ以テ講師ヲ請ゼムガ為ニ遣ニ、使ニ教テ云ク、「始メテ汝ニ値ヘラム僧ヲ以テ我ニ縁有ケリト知テ可請シ。此レ我ガ本ノ心也」ト。使此ノ教ヲ聞テ出テ行クニ、其ノ郡ノ御谷ノ郷ニ一人ノ乞者ノ僧値ヘリ。見レバ、鉢幷ニ嚢ヲ肘ニ懸テ酒ニ酔テ道辺ニ臥セリ。此レヲ其ノ人ト不知ズ。但シ檀主ノ教ニ依テ、「始メニ此レ値ル。必ズ此レヲ可請シ」ト思フ。

而ル間、道ヲ行ク人此レヲ見テ、此レヲ嘲テ寄テ、其ノ髪ノ長キヲ剃テ縄ヲ懸テ袈裟トセリ。尚不覚驚ズ。而ルニ、使此レヲ請ゼムガ為ニ起シ令驚テ礼シテ請ズ。既ニ家ニ将至ヌ。願主此レヲ見テ、心ヲ発シテ敬ヒ礼ム。一日一夜家ニ隠シ居ヘテ、法服ヲ造リ調ヘテ与フ。

其ノ時ニ、乞者問テ云ク、「此レ、何事ニ依テゾ」ト。願主答テ云ク、「我レ汝ヲ請ズル事ハ、法花経ヲ令講ムガ為也」ト。乞者ノ云ク、「我レ少モ智無シ。只般若心経陀羅尼許ヲ読テ年来乞食ヲシテ命ヲ継グ。我レ更ニ講ノ師ニ不堪ズ」ト。然レドモ、願主尚此レヲ不許ズ。爰ニ、乞者ノ思ハク、「我レ経ヲ令講ムニ可云キ事聊モ不思ズ。只不如ジ、窃ニ逃ナム」ト。願主兼テ其ノ心ヲ知テ、人ヲ副ヘテ此レヲ令守シム。

其ノ夜、乞者、夢ニ、赤キ牸来テ告テ云ク、「我ハ此レ、此ノ家ノ男主ノ母也。此ノ家ニ有ル牛ノ中ニ赤キ牸ハ、此レ我レ也。我レ前世ニ此ノ男主ノ母トシテ子ノ物ヲ恣ニ盗ミ用シタリシニ依テ、今牛ノ身ヲ受テ其ノ債ヲ償フ也。而ルニ、明日、男主我ガ為ニ法花経ヲ供養ス。汝ヂ其ノ師ト有ルガ故ニ、貴ビテ懃ニ令告知ムル也。虚実ヲ知ムト思ハゞ、法ヲ説カム堂ノ内ニ我ガ為ニ座ヲ敷テ、其ノ上ニ我レヲ令居ヨ。我レ必ズ其ノ座ニ登ラム」ト云フ、ト見テ夢覚ヌ。心ノ内ニ大ニ怪ムデ、明ル朝ニ法会ヲ始ムルニ、不許ズシテ既ニ法服ヲ令着メツ。

然レバ、高座ニ登テ、法ヲ説クニ不能ズシテ、先ヅ云ク、「我レ少ノ智無クシテ法ヲ説クニ不堪ズ。只願主不許ザル故ニ此ノ座ニ登ル。但シ夢ニ告ル所有リ」ト云テ、具ニ夢ノ事ヲ説ク。願主此レヲ聞テ、忽ニ其ノ座ヲ敷テ彼ノ牸ヲ呼ブニ、即チ牸来テ此ノ座ニ登ル。其ノ時ニ、願主此ヲ見テ、大ニ泣キ悲テ云ク、「此レ、実ノ我ガ母也ケリ。我レ年来此レヲ不知ズシテ仕ヒ奉ケリ。今我レ免シ奉ル。我ガ咎ヲ免シ給ヘ」ト。牸此ヲ聞テ、法会畢テ後ニ、即チ死ヌ。法会ニ来レル道俗・男女、此レヲ見テ、悲ムデ泣ク音、堂ノ庭ニ満タリ。願主亦、其ノ牸ノ為ニ重ネテ功徳ヲ修シケリ。此レ誠ニ、願主ノ深キ心ヲ至シテ母ノ恩ヲ報ゼムト思フ功徳ノ至レル、亦、法花経ノ霊験ノ示ス也ト知ヌ。亦、乞者年来陀羅尼ヲ誦シテ功ヲ積メル験也ト、見聞ク人皆讃メ貴ビケリ。

此レヲ思フニ、人ノ家ニ牛・馬・犬等ノ畜ノ来ラムヲバ、皆前世ノ契有ル者也ト知テ、強ニ打チ責ムル事ヲバ可止シトナム語リ伝ヘタルトヤ。

【補　説】

1　古代における盗みと処罰

唐制を継受した日本律令では、盗に対する刑罰が賊盗律に規定されている（参考史料A）。強盗と窃盗に大別され、強盗に対する処罰の最高刑が死刑であるのに対して、窃盗についての最高刑は、三年の役を遠処で科す流刑であった。しかしながら本縁で子の物を盗み用いた母は、牛となって「役身折酬」（「身を役（つか）いて折（へ）ぎ酬ゆ」。労働で債務を返済すること）する状況が常態化している。隋書倭国伝には、盗みを犯した者で、財物を持っていない者は、役身して賠償する慣行があったことが知られる（参考史料B）。また雑令では、出挙の債務不履行の場合、債務者の使役で返済するよう定められており（中9参考史料C〈161頁〉）、本縁で子の物を盗み牛となった母親が、労働力として、債権者である実の子に使役されるというモチーフは、令制以前から広く行われていた慣行をふまえたものであったと思われる。

【参考史料】

A　賊盗律 35窃盗条

凡窃盗不得財。笞五十。一尺杖六十。一端加一等。五端徒一年。五端加一等。五十端加役流。

B　隋書倭国伝

其俗殺人強盗及姦皆死。盗者計贓酬物、無財者没身為奴。自余軽重、或流或杖。

【参考文献】

井上光貞「古典における罪と制裁」（『日本古代国家の研究』岩波書店、一九六五年）

八重樫直比古「高橋東人とその母―中巻第一五話」（『古代の仏教と天皇―日本霊異記論』翰林書房、一九九四年。初出一九八九年）

勝浦令子「『霊異記』にみえる盗み・遺失物をめぐる諸問題」（平野邦雄・東京女子大学古代史研究会編『日本霊異記の原像』角川書店、一九九一年）

（吉岡）

布施せざると放生するとに依りて現に善悪の報を得る縁　第十六

【原　文】

依下不二*布施一与中*放[1]生上而現得二善悪報一縁第十六

聖武天皇御代[2]、*讃岐国香川郡坂田里、有二一富人一。夫妻同姓、*綾[3]君也。隣有二耆*嫗一、各居二*鰥寡一、曽无二*子息一。極*窮裸衣、不レ能レ活レ命。綾君之家、為レ所レ乞[4]レ食、日々不レ闕、*鋪[5]時而逢。主将レ試[6]レ之、而毎二夜半一窃起*爨、令レ食二*於家口一、猶来相レ之。*合家怪レ之、*家室告二*家長一曰、此二耆嫗、駆[7]使非レ便。我慈悲故、入二家児数一。長聞レ之曰、*採[8]レ飯而養、自レ今已後、各欠二自分一、施二彼耆嫗一。功徳之中、(*)割自身完[9]、施[10]レ他赦[11]レ命、最上之行。今我所レ作、*称二彼功徳一。家口応[12]レ語、*折[13]二分飯一而養。彼家口中、有二一使人一。不レ随二主語一、厭二於*耆姥一。漸[14]使人、又[15]厭不レ施。家室窃*攡二分飯一而養。常愢之人[16]、*讒[17]二長公一曰、欠二使人分一、育二

（第二十紙）

耆嫗一。故噉飯*尠少、飢疲之者、不レ能二*営農一、令レ懈レ*[18]産。[19]説レ之不レ*輟、猶送二於養一。[20]説レ之家口、*副二置釣人一、入レ海経レ釣。[21]々縄*[22]集二[23]著*⿰虫隶十[24]貝二而上。誂二釣主一曰、此⿰虫隶欲レ贖。釣主不レ免。*[25]呵々至レ心、教二化之一言、能人作レ寺。何甚不レ*脱。乃脱レ之言、充十[26]具[27]京、欲二*米五斗一。如レ乞而贖、勧二請法師一、[28]令二呪願一、放二[29]之於海一。放生之[30]人、与二使人一倶入レ山拾レ薪、登二于枯松一、脱之落死。託二*卜者一曰、我身莫レ焼、七日置レ之。随二卜者語一、自レ山荷出、置二之於外一、唯待二期日一。七日乃[31]蘇、語二妻子一[32]言、法師五[33]人、有レ前而行、*優婆塞五人、有レ後而行。(*)[34]々路広平、直如二黒[35]縄一。其路左右、[36]立二[37]烈*宝幡一、前有二*金宮一。問レ之、何宮。優婆塞*睇*[38]諱*喭曰、斯汝家[39]主将レ生之宮。養二於耆[40]嫗一。因二此功徳一、為二作是宮一。汝知レ我耶。答、不レ知也。教曰、当レ知。十人法師[41]優婆塞者、汝贖放之⿰虫隶十[42]具也。宮門左右、有下額生二一[43]角一之[44]人上、捧二大[45]力一、為レ殺二於吾頸一。法師[46]優婆寒諫レ之不レ令レ*戮。門左右備二*蘭餅[47]饌一、諸人楽食。吾居二于中一七日、*飢渇自レ口出レ*焰。然言、汝不レ[48]施二飢耆嫗一、而

(第二十一紙)

厭罪報也。法師優婆寒[49]、将レ吾而還、*纔見乃蘇[50]。是人観レ之、*湶状[51]好レ施。放生贖レ命之報者、返救翬[52](*)、不レ施之報者、返[53]令二飢渇一矣。非レ无二善悪之報一也。

[来]本縁を欠く
1放生、[国]施
2代、[国]世
3君、[国]公[攷証]高野本作公
4乞、[国]乞々
5鋪、[群]舗[攷証]原作鋪意改
6試、[国]誠
7仗、[国][群]使[攷証]原作仗[国]に従う
8採、[国][群]操[攷証]原作採依高野本改
9完、宍に意改
10施他、[国]他施[攷証]高野本作他施
11赦、[国][群]救[攷証]原作赦依高野本改
12語、[国]ナシ
13折、[群]析[攷証]原作折依訓釈改
14漸使、[国][群]漸諸使[攷証]原脱諸字依高野本改
15又厭、[国]然
16人、[国]ナシ
17長以下二五文字、[国]ナシ
18産、[国]ナシ[群]産業[攷証]原脱業字依訓釈増
19説、[国]ナシ[群]讒[攷証]原作説依高野本改
20説、[国][群]讒[攷証]依高野本改
21々、[国][群]之
22集、[国][群]嘆[攷証]原作集依高野本改
23著、[群]着
24貝、[国][群]具
25呵、[国][群]叮[攷証]原作呵
26具、貝に意改
27京、[国][群]直[攷証]原作京依高野本改[国]に従う
28令、[国]令合
29之於、[国]ナシ
30人与、[国]ナシ
31蘇、[国]甦
32言、[国]ナシ
33人、[国]仁[攷証]高野本人作仁
34々、[国]之
35黒縄、[国][群]墨[攷証]原作黒[国]に従う
36立、[国]ナシ
37烈、[群]列[群]に従う
38諍、[攷証]原作諍依高野本改
39主、[群]室[攷証]室原作主意改
40嫗、[国]妣
41優婆塞、[国]ウハソク
42具、[国]貝
43角、[攷証]原作甬
44人、[国]ナシ
45力、[国][群]刀[攷証]原作力依高野本改
46優婆寒、[国]ウハソク[群]優婆塞[群]に従う
47饌、[国]饍
48施、[国]破損
49優婆寒、[国]ウハソク[群]優婆塞[群]に従う
50蘇、[国]甦
51状、[国][群]然[攷証]然原作状依高野本改
52翬、[国][群]翼[国]に従う
53返、[国]還[攷証]高野本作還

【書き下し文】

布施《ふせ》せざると放生《ほうじょう》するとに依《よ》りて現《うつつ》に善悪の報《ほう》を得る縁　第十六

　聖武《しょうむ》天皇の御代、讃岐《さぬき》国香川《かがわ》郡坂田《さかた》里に、一《ひとり》の富める人有り。夫妻同姓にして、綾君《あやのきみ》なり。隣に耆嫗《おきなおうな》有り、各鰥寡《おのこやもめやもめ》に居《お》りて、曽《かつ》て子息《うまご》無し。極めて窮《まず》しく裸衣《はだかぎぬ》にして、命を活《やしな》ふこと能《あた》はず。綾君の家を、食を乞ふ所として、日々に闕《か》かず、餔《けごと》の時にして逢《あ》ふ。主、之《これ》を試《こころ》みむとして、夜半毎《ごと》に、窃《ひそか》に起きて爨《いいかし》きて、家口《かこう》に食はしむるに、猶《な》ほ来たり之に相《あ》ふ。合家《いえしかしながら》之を怪しぶ。家室《いえのとじ》、家長《いえぎみ》に告げて曰《い》はく、「此の二《ふたり》の耆嫗、駆《お》ひ使ふに便《たより》非《あら》ず。我、慈悲《じひ》の故に、家の児の数に入れむ」と。長、之を聞きて曰はく、「飯を採りて養ふは、今より已後、各自らの分を欠きて、彼《そ》の耆嫗に施せ。功徳《くどく》の中、自身の宍《しし》を割き、他に施して命を敇《ゆる》すは、最も上《すぐ》れたる行なり。今我が作《な》す所は、彼の功徳に称《かな》はむ」と。家口、語に応《こた》へ、分の飯を折《さき》て養ふ。彼の家口の中に、一の使人あり。主の語に随《したが》はずして、耆姥《おうな》を厭《いと》ふ。漸《ようや》く使人、又厭ひて施さず。家室、窃に分の飯を摕《と》りて養ふ。常に慳《にく》める人、長公《おさぎみ》に讒《しこ》ぢて曰はく、「使人の分を欠きて、耆嫗を育ふ。故に噉《くら》ふ飯尠《すくな》くして、飢《う》ゑ疲れたる者、営農《たつく》ること能《あた》はず、産《なりわい》懈《おこた》らしむ」と。之を説きても輟《やま》ず、猶ほ養を送る。之を説ける家口、釣人を副《そ》へ置きて、海に入り釣を経む。釣の縄に蠣《かき》十貝集ひ著《す》きて上る。釣主に誂《あつら》へて曰はく、「此の蠣を贖《あがな》はむと欲《おも》ふ」と。釣主免《ゆる》さず。呵々心を至し、之を教化《きょうけ》して言はく、「能《よ》き人は寺を作る。何ぞ甚《はなは》だ脱《ゆる》さざる」と。乃ち之を脱して言はく、「十貝の直《あたい》に充《あ》つるに、米五斗を欲《ねが》ふ」と。乞ふが如くにして贖ひ、法師《ほうし》を勧請《かんじょう》し、咒願《じゅがん》せしめて、之を海に放つ。放生の人、使人と倶《とも》に山に入り薪《たきぎ》を拾ひ、枯松に登り、脱《はっ》りて落ち死ぬ。卜者《かみなぎ》に託して曰はく、「我が身を焼くこと莫《な》かれ、七日之を置け」と。卜者の語に随ひ、山より荷出して、之を外に置き、唯《ただ》期日を待つ。七日にして乃ち蘇《さ》め、妻子に語りて言はく、「法師五人、前に有りて行き、優婆塞《うばそく》五人、後に有りて行く。行く路広く平かにして、直《なお》きこと墨縄《すみなわ》の如し。其《そ》の路の左右に、宝幡《ほうばん》を立て列《つら》ね、前に金宮《きんきゅう》有り。之に問ふに、『何の宮ぞ』と。優婆塞睇《めをみ》せて誨《ひそか》に嗲《ささめ》て曰はく、『斯《こ》は汝《なんじ》の家主の生まれむとする宮なり。耆嫗を養ふ。此の功徳に因《よ》りて、是《こ》の宮を為作《つく》る。汝、我を知るか』と。答ふ、『知らざるなり』と。教へて曰はく、『当《まさ》に知るべし。十人の法師優婆塞は、汝が贖ひ放ちし蝀十具なり』と。宮門の左右に、額《ぬか》に一角を生ひたるの人有り。大力を捧げて、吾《わ》が頸《くび》を殺《き》らむとす。法師優婆塞、之を諫《いさ》めて戮《きら》しめず。門の左右に蘭《こうば》しき餚《よきくらいもの》饌を備《もう》けて、諸人楽しび食ふ。吾、中に居ること七日、飢渇《きかつ》して口より焔《ほむら》を出す。然《しか》らば言はく、『汝飢ゑたる耆嫗に施さずして、厭ひし罪の報なり』と。法師優婆塞、吾を将ひて還《かえ》り、纔《ひたた》見れば乃ち蘇めたり」と。是の人、之を観て、淚状《せみ》として施《せ》を好む。放生し命を贖ふの報は、返りて救ひ翼《たす》け、施さざる報は、返りて飢渇せしむ。善悪の報無きに非ざるなり。

【語　釈】

○**布施**　与えること。他に与えること。金や品物を与えることばかりではなく、親切な行いも布施である（広説）。

○**放生**　山野池沼に捕らえられている魚鳥など、生きものを放ち逃がしてやること。慈悲行の一つとして行う。上7（上134頁）。上35補説1（上384頁）。中5（90頁）、中12（185頁）。

○**讃岐国香川郡坂田里**　現在の香川県高松市街部より南の香東川右岸地域周辺。和名抄「坂田　佐加多」。康治二年（一一四三）八月十九日太政官牒案（安楽寿院古文書。平安遺文二五一九号）に宇野原庄四至の南限として「香西坂田郷三条十七里卅二坪」とみえる。高松市西春日町には、坂田廃寺がある（香川県編『香川県史』第一巻通史編原始・古代、一九八八年）。

○**綾君**　綾氏は、讃岐国阿野郡を本拠とした氏族。姓は初め君、天武天皇十三年（六八四）の八色の姓制定に際し、朝臣を賜った（日本書紀同年十一月戊申朔条）。本拠地阿野郡の綾君（公）氏は、続日本紀の讃岐国阿野郡人綾公菅麻呂言上によると、文武天皇三年（六九九）にいたりはじめて朝臣姓を賜ったという（参考史料A）。香川郡にも綾君が居住していたことは、天平宝字年間（七五七〜七六四）以降讃岐国山田郡司牒案（東寺百合文書ル函一号。大日古〈編年〉未収）にみえる。

○**嫗**　国訓釈「於于那」、名義抄「オムナ」。年老いた女。老女。老婆（日国大）。

○**鰥寡**　国訓釈「鰥 乎乃古夜母」。ずっと独身を通している男。また、妻に死別あるいは生別したひとり暮らしの男（日国大）。上33補説3（上370頁）。

○**子息**　子と孫。国訓釈「息 于万古」。

○**裸衣**　小袖袴に衣一領のみの、礼装として最も簡略な服装（日国大）。中34（425頁）、下16・26。ここでは粗末な服装程度の意味か。

○**餔**　国訓釈「計古止」。ケゴトは食（ケ）事か（旧大系）。「餔」は、説文段注に「凡食皆曰餔」とみえる。

○**爨**　国訓釈「イ井カ之キテ」、字類抄「イヒカシク」。飯をたく（日国大）。

○**家口**　家長以外の家族（日国大）。上10補説2（上171頁）。

○**合家**　家の者すべて。石山寺本金剛般若経集験記「家ノ内合シカシナガラ咸ミナ此ノ経ヲ誦ス」、下10真訓釈「惣家 シカシナカラ」。上31（上356頁）「合家財物」。

○**家室**　国訓釈「二合家刀自」。主婦を尊んでいう語。上2（上54頁）。

○**家長**　一家の首長。家や家族を頭となって統率する者。上10補説2（上171頁）。中15（218頁）「家長公」。

○**採**　国は「操」とし、国訓釈「取也」。

○**割自身宍施他赦命**　尸毘王本生譚などとの関連が想起される（新大系）。類話は多いが、経律異相に「尸毘王割肉代鴿」とみえる（大正新脩大蔵経五十三ー一三七頁）。

○**称**　前田家本日本書紀巻十一平安時代院政期点「カナフ」（仁徳天皇即位前紀）。上27（上306頁）「イフ」。

○**折**　国訓釈「々岐弖」。々は左か。

○**姥**　老女。国訓釈「ヲウナ」、名義抄「オウナ」。

○**撈**　下27真訓釈「取也」。

○**譏**　名義抄「シコヅ」。そしる（大漢和）。上28（上317頁）「託譏」。中1（35頁）。

○**勘**　国訓釈「ハレ之ク之テ」。「須久ナクシテ」の誤記か（旧大系）。名義抄「スクナシ」。

○**営農**　下30真訓釈「ナリハヒヲシ」。「産業」との重複をさけ、「タツクル」と訓む（旧大系）。家口の農業労働力としての性格が明瞭に示されている。国訓釈「営 ツクル」。

○**産**　国訓釈「産業 ナリハヒ」、名義抄「ナリハヒ」。

○**輟**　国訓釈「ヤミヌ」。「ヤマヌ」の誤り（旧大系）。上1（上38頁）。

○**副置釣人**　置、新大系「罝」に作るが不明。

○**集**　国は「嗟」とし、国訓釈「スヒ」。

○**蝀**　国訓釈「河支」、和名抄「蠣 加木」。イタボガキ科に属する二枚貝の総称。日本近海に約二五種知られ、おもな食用種にマガキ、イワガキ、イタボガキなど（日国大）。平城宮跡出土木簡に、「献上蠣一籠」（『平城宮木簡三』三二七号）、「蠣腊三籠」（『平城宮木簡七』一二六〇号）、藤原宮跡出土木簡に「河鬼加布打」（『藤原宮木簡三』一三五〇号）などとみえるほか、延喜式によると、伊勢国が贄として蠣・磯蠣を貢進しており（宮内省式45例貢御贄条、内膳司式42年料御贄条）、古代におけるカキの食用は確実である。

○**呵々**　笑う声（大漢和）。「叮」の意味は、旧大系補注四四。

○**脱**　国訓釈「ユルス」。

○**米五斗**　十束の稲から穀十斗、舂米五斗を得る。

○**松脱**　国訓釈「ハツリキ」。名義抄「脱 ハツル」。松は誤入か。

○**卜者**　かみなぎ。かんなぎ。神に仕え、神楽を奏して神意をなぐさめたり、神おろしをしたりする人。通常は女性がなる。みこ。中序（17頁）。

○**優婆塞**　在家のままで、仏道修行にはげんでいる人。上3（上69頁）。中13（198頁）。

○**行路広平直如墨縄**　和名抄「縄墨　内典云、端直不曲、喩如縄墨。涅槃経文也。縄墨和名須美奈波」。墨縄は、墨壺についている糸巻き車に巻いてある麻糸。木材などに線を引くのに用いる（日国大）。「斐太人乃　打墨縄之　直一道二」（万葉集巻十一―二六五六番歌）のように、直線を示して用いられる。道の広さが一町とするなど信ずるに足りないとする理解もあるが、この記事が宝亀元年（七七〇）にかけられることは、宝亀年間頃に整備された大和国条里との関係を推測し、路面と条里地割の一町分を路と見紛った故の表現とする理解もある（山本「斑鳩の歴史的・地理的特質―道・宮・地割」本郷真紹編『和国の教主　聖徳太子』日本の名僧1、吉川弘文館、二〇〇四年）。

○**宝幡**　金銀や玉で飾った垂れ旗（日国大）。

○**金宮**　黄金で造った宮殿。美しい宮殿。また帝王の宮殿（日国大）。上30「東方金宮」（上344頁）、中7「金」「楼閣」（119頁）、下22「黄金宮」。

○**睇**　国訓釈「メヲミセテ」。上2興訓釈「米加利宇都又云米見須」、上2国傍訓「メカリウツ、メミス」。ながし目をする。ちらりと見る。秋波を送る。上2（上53頁）、中13（198頁）。

○**諍**　国訓釈「ヒソカニ」。攷証「原作諍。今並依高野本改訓釈有諍字」。

○**喭**　国訓釈「サ、之テ」。中1「喭」（35頁）。

○**戮**　国訓釈「支羅志乎受」。

○**蘭餙饌**　攷証「餙字諸字書無見。疑餙字之譌。訓釈同餙与肴、同見広韻。神仙伝王遠伝云、餚膳多是諸花。後漢書辺譲伝云、蘭肴山ノ如竦」。国訓釈「餚饍　ヨキクラヒモノ」。名義抄「蘭　カウハシ」。

○**飢渇**　空腹と、のどのかわき。飲食物の欠乏すること。けかつ（日国大）。

○**焰**　国訓釈「ホムラ」。

○**纔**　中10国訓釈「比太々」。わずかに、かろうじて。上21（上258頁）、中10（166頁）。

○**淥**　国訓釈「世弥」、名義抄「泙　古泉字、淥 谷（俗）」。この箇所については、「淥」を「せみ」と訓むか、「よみ」と訓むかで、先行注釈の解釈が分かれている。「せみ」と訓む場合、「淥」を「泉」と同じ意味として、「水が土地を潤すように、あまねく施すこと」と解釈する（旧大系・新全集）。一方、「よみ」とする場合は、「淥」を「泉」の俗字と解して「泉」は冥の意と解するとともに国訓釈「世弥」は「よみ」の訓とみる（新大系）。その上で、「淥の状を観て、施を好み生を放ちき」と書き下し、「黄泉国の様子を見てから、施しを好み、生き物をはなすようになった」と解釈する（集成）。ここでは、古辞書を踏まえ、「泉」と同字と理解し、旧大系等の解釈を参考にした。

○**翼**　国訓釈「助也」、名義抄「タスク」。

【現代語訳】

布施しなかったことと、放生したことによって、この世で善悪の報いを受けた話　第十六

聖武天皇の御世に、讃岐国香川郡坂田里に、一人の裕福な人がいた。夫妻はともに同姓で、綾君であった。近くに耆嫗がいたが、ともにやもめ暮らしで、子はいなかった。非常に貧しくて、裸同然の服のみをまとい、一人で生きていくことはできなかった。綾君の家を食事を乞うところとして、毎日欠かさず、食事時にやって来た。家主は、試してみようと思って、夜半になると、こっそり起きて飯を炊き、家口に食べさせると、耆嫗はやはりやって来た。家中の者が怪しんだ。家室は家長に、「この二人の耆嫗は、駆使するには役に立たないけれども、私は、お慈悲をもって、家の児の数に入れようと思う」と言った。家長はこれを聞いて、「飯を与えて養うならば、これ以後、各自の食事を分けて、その耆嫗に施しなさい。功徳の中で、自分自身の肉を割いて、他人に施して命を救うのは、最上の行である。今、することは、その功徳と同じだ」と言った。家口は、家主の命に応えて、自らの飯を割いて養った。家口の中に、一人の使用人がいた。家主の命に従わず、耆

姥を嫌っていた。次第に他の使用人も、嫌って施すのをやめるようになった。家室はひそかに自分の飯を分けて養っていた。老嫗を嫌っていた使用人は、家長に悪口を言って、「使用人の食料を割いて、耆嫗を養っている。だから私たちの食料は少なく、飢え疲れた使用人は、耕作もできず、作業は遅れている」と言った。これを聞いても止めることなく、家室は養いつづけた。悪口を言った使用人は、釣人を伴って海に行き釣りをした。釣糸に蝀十個が吸い付いてきた。使用人は釣主に頼んで、「この蝀を助けてやろうと思う」と言った。釣主は承知しなかった。使用人は、なお丁寧に教え諭していうには、「信仰に篤い人は寺を建てる。なぜ蝀十個ぐらい譲れないのか」と言った。そこで、譲歩していうには、「十個の貝の代価として、米五斗を頂きたい」と。いわれるままにして買い取り、法師を勧請し、呪願させて、海に返した。放生の功徳を施した使用人は、他の使用人と一緒に山に入り薪を拾い、枯れた松に登って、足を踏みはずして落ちて死んだ。卜いをする者に魂が乗り移り、「私の体を焼いてはならない。七日間そのままにしておけ」と言った。その言葉に従って、山から担ぎ出して、家の外に置き、ただ期日を待った。七日たって蘇り、妻子に話して、「法師五人が、私の前を行き、優婆塞五人が後をついてきた。道は広く平らで、まっすぐなこと墨縄のようであった。その道の左右には、宝幡を立て並べ、行く先に金の宮があった。『何の宮殿ですか』と尋ねると、優婆塞は目配せしてひそひそと囁いて、『これはあなたの家主が生まれ変わってくる宮である。耆嫗を養った、その功徳によって、この宮を造った。あなたは私を知っているか』と言った。答えて『知りません』と言った。優婆塞は教えて、『思いあたることがあるでしょう。十人の法師と優婆塞は、あなたが助けた蝀十個です』と言った。宮門の左右に、額に角が生えた人がいた。大力をもって、私の頸を斬ろうとした。法師・優婆塞が、諌めて殺させなかった。門の左右に美味しそうな匂いのするごちそうを用意して、人々は楽しくいただいた。私はこの中に七日いたが、飢え渇いて口から炎を出した。すると彼らは、『あなたが貧しい耆嫗に施しをせず、嫌った罪の報です』と言った。法師と優婆塞が、私をつれて帰り、少し目を開けてみると生き返った」と言った。この人は地獄を見てからは、水が土地を潤すように施を好むようになった。生きものを放ち、命を助ける報は、我が身に返ってきて助け、施さない報は、我が身に返ってきて飢渇させる。善悪の報がない訳はない。

【関連説話】

1　今昔物語集　巻二十第十七話

讃岐国人、行冥途還来語第十七

今昔、讃岐国、香水ノ郡、坂田ノ郷ニ、一人ノ富人有ケリ。姓綾ノ氏也。其妻又同姓也。

而ニ、其隣ニ年老ル嫗二人有リケリ。共ニ寡シテ子無シ。極テ貧クシテ、衣食ニ乏シ。常此ノ隣ノ富家ニ行テ、食ヲ乞テ世ヲ過ス。日々ニ行テ不闕ズ、必食ノ時毎ニ来リ会フ。家ノ主此レヲ厭ハムガ為ニ、夜ノ半毎ニ飯ヲ炊テ食フニ、猶其時ニモ来会テ食フ。

然レバ、家挙テ此レヲ厭テ、家女、夫ニ告テ云ク、「此二人ノ老嫗、我レ慈悲ヲ以児ノ如ク養ハム」ト。夫ノ云ク、「此ヨリ後ハ彼等ニ飯ヲ志シテ、各ノ自分ヲ闕テ可与シ。功徳ノ中ニ、自ノ完村《ママ》ヲ割テ、他ニ施シテ命ヲ救フ、最モ勝レタル行也。然レバ、我所作ヲ其レニ准ヘム。速ニ家ノ人ノ分飯ヲ分テ可養」ト。

而ル間、家ノ人ノ中ニ一人ノ者有テ、主ノ言ニ随フト云ヘドモ、此老嫗ヲ厭テ不食ズ。諸ノ人又漸ク此ヲ厭テ不養ズ。然レバ、家女窃ニ我ガ分飯ヲ分テ此ヲ養ニ、家ノ人此老嫗ヲ悒テ、常ニ主ニ讒テ云、「家ノ人ノ分飯ヲ闕テ、此老嫗等ヲ養ガ故、食物少クシテ、家ノ人疲レテ、農業可闕シ、又家業怠ナムトス」ト。如此ク讒スト云ヘドモ、猶飯ヲ与フ、此等ヲ養フ。

而間、此讒スル者ノ家ニ、釣ヲ業トスル者在リ。海ニ行テ釣ヲスル間ニ、釣ノ縄ニ嚛付テ、蜿十貝上タリ。家主此ヲ見、釣人ニ云ク、「此蜿、我買ハムト思」ト。釣人此ヲ不売ズ。家主釣人ニ教ヘテ云ク、「心有ル人ハ、塔寺ヲ造リ善根ヲ修ス。何ゾ此ヲ惜テ不許ル」ト。釣人此ヲ許シテ云ク、「蜿十貝ハ其直米五斗ト思」ト。家主云ニ随テ直ヲ渡テ、此ヲ買取テ、僧請テ令呪願テ海ニ放ツ。

其後、此放生セル人、従者ト共ニ山ニ入テ、薪ヲ伐ニ、枯タル栢ノ木ニ登テ錯テ木ヨリ落テ死ヌ。其人或ル行者ニ詫テ云ク、「我身死タリト云トモ、暫ク焼ク事無クシテ七日置タレ」ト。然レバ、行者ノ言ニ随テ、此死人ヲ山ヨリ荷ヒ持来テ、外ニ置タリ。

七日ニ至テ活テ、妻子ニ語テ云ク、「我死時、僧五人在テ前ニ行ク。俗五人有テ後ニ行。其行ク道広ク平ニシテ、直シキ事黒縄ノ如シ。其道ノ左右ニ宝幢ヲ立並タリ。前ニ金ノ宮有リ。「是ハ何ナル宮ゾ」ト問ヘバ、此後ナル俗、我ヲ見テ云ク、「此ハ汝ガ家主ノ生レムト為ル宮也。老嫗ヲ養フ功徳ニ依テ、此宮ヲ造レル也。汝ヂ我レヲバ知レリヤ否」。不知由ヲ答フ。俗ノ云、「我等僧俗十人ハ、此汝ガ買テ海ニ放チシ所ノ蜿十貝也」ト。

其ノ宮ノ門ノ左右ニ、額ニ角一生タル者有リ。大刀ヲ捧テ、我ガ頸ヲ切ラムトス。此僧俗防テ不令切。又、門ノ左右ニ馥シキ膳ヲ以テ諸ノ人ニ令食ム。我レ其所ニ居テ、七日飢テ、口ヨリ焔ヲ出ス。此ノ十人ノ僧俗ノ云ク、「此レ汝ガ老嫗ニ食ヲ不施シテ、厭ヒ惚ミシ罪ノ致ス所也」ト云テ、僧俗我ヲ将返ヌ、ト思フ程ニ、活レル也」ト。妻子此ヲ聞テ、喜ビ貴ブ事無限シ。

然バ、人ニ食ヲ施スル功徳量無シ。又、不施ザル罪如此シ。又、放生功徳此ク貴カリケルトナム語リ伝ヘタルトヤ。

【参考史料】

A　続日本紀　延暦十年（七九一）九月戊寅条

戊寅、讃岐国阿野郡人正六位上綾公菅麿等言、己等祖、庚午年之後、至于己亥年、始蒙賜朝臣姓。是以、和銅七年以往、三比之籍、並記朝臣。而養老五年、造籍之日、遠校庚午年籍、削除朝臣。百姓之憂、無過此甚。請、拠三比籍及旧位記、蒙賜朝臣之姓。許之。

【参考文献】

守屋俊彦「黄金の宮」（『日本霊異記の研究』三弥井書店、一九七四年。初出一九七一年）
丸山顕徳「日本霊異記における冥界説話」（日本霊異記研究会編『日本霊異記の世界』三弥井書店、一九八二年）

出雲路修「冥界の金宮について」（『国語国文』六五－四、一九九六年）

（山本）

観音の銅像鷺の形に反化して奇しき表を示す縁　第十七

【原　文】

観音銅像、(*)及[1]二*鷺[2]形一示二奇表一縁第十七

大倭国(*)平群[3]鵤(*)村岡本居寺[4]、観音銅像有二十二躰一。彼銅像六躰昔、*少[5]墾田宮御宇天皇卅、*上[6]宮皇太子所[7]准宮也。[8]大子発二*誓願一、以レ宮成二尼寺[9]一者也。聖武天皇世、彼銅像六躰盗人所レ取、尋求无レ得、経二数日月一。*平群駅[10]西方、有二少[11]池一。夏六月、彼辺[12]有二*牧牛*童男[13]等一。見レ之、池中有二聊木*頭一、々[14]上居レ鷺。牧牛見二彼居鷺一、拾二集*礫*塊一、以レ之擲打、不レ避猶居。擲[15]拍疲解、下レ池取レ鷺。*垂将レ捕レ之、即[16]入二於水一。見二所レ居木一、有二*金之指[17]一。取牽上見、観音銅像。頼二観音像一、名二菩[18]薩池一。牧牛童男[19]、告二知諸人一。々々[20]*転聞、告二知寺尼一。々[21]等聞、来見、実其像也。塗金*褫落。居[22]衆(*)術[23]

*繞彼像、而悲哭云、我告[24]*尊像、日夜奉レ恋、今*邂逅而逢
而[25]逢。我諸*大師、何有二*罪過一、蒙二*斯賊難一。然、厳[26](*)*挙[27]安レ像、
以奉レ請レ寺。道俗集言[28]、*鋳レ銭盗、取用无レ便、思煩而棄。定
知、彼[29]見レ鵄者、非二*現実鵄一、観音変[30]化。更莫[31]レ疑也。如二*涅槃[32]経
説一、雖二仏滅後一、*法身常在[33]者、其[34]斯謂之[35]矣。

[来]本縁を欠く
1及、[国][群]反化[攷証]依高野本及総目改原脱化字依高野本増[国]に従う
2鷺、[国]鵄、以下同じ
3郡群、[真]群に顛倒符[国]群郡
4居、[国][群]尼[攷証]依高野本改[国]に従う
5少、[国]小[攷証]高野本作小
6卅、[国][群]世[攷証]依高野本改[国]に従う
7准、[国][群]住[攷証]依高野本改[国]に従う
8大、[国][群]太[国]に従う
9尼寺、[攷証]原作戸依高野本改
10駅、[国]駅郡[攷証]下高野本有郡字
11少、[国][群]小[国]に従う
12辺、[国]池辺
13男、[国]蒙[攷証]高野本男作蒙
14々、[国]ナシ
15擲、[国]破損
16即、[国]則
17指、[国]拍
18菩薩、[国]井
19男、[国]蒙
20々々、[国]ナシ
21々、[国]ナシ
22居、[国][群]尼[攷証]依高野本改[国]に従う
23術、[国][群]衛[国]に従う
24告、[国]失[国]に従う
25而逢、[国][群]ナシ[攷証]依高野本削[国]に従う
26厳、[国]状
27挙、[国][群]輋[攷証]原作挙依高野本改[国]に従う
28言、[国]云
29彼、[国]彼観音として観音を抹消
30変、[国]反
31莫、[国]ナシ
32涅槃、[国]炎
33在、[国]存[攷証]依高野本及経改
34其、[国]ナシ
35之、[国]ナシ

（第二十二紙）

【書き下し文】

観音《かんのん》の銅像、鷺《さぎ》の形に反化《へんげ》して奇《あや》しき表《しるし》を示す縁　第十七

大倭《やまと》国平群《へぐり》郡鵤《いかるが》村岡本《おかもと》尼寺に、観音の銅像十二体有り　昔、少墾田《おはりだ》宮に御宇《あめのしたしろしめ》しし天皇の世、上宮《かみつみや》皇太子住む所の宮なり。太子誓願《せいがん》を発《おこ》し、宮を以て尼寺と成すものなり。聖武《しょうむ》天皇の世、彼《そ》の銅像六体、盗人に取られ、尋ね求むれども得ること無く、数《あまた》の日月を経たり。平群駅の西の方に、小さき池有り。夏六月、彼の辺に牧牛《うしまき》の童男《おのわらべ》等有り。見れば、池の中に聊《いささ》かなる木の頭《はし》有りて、頭の上に鷺居たり。牧牛、彼の居たる鷺を見、礫《たびいし》・塊《つちくれ》を拾ひ集めて、之を以て擲《な》げ打つに、避らずして猶《な》ほ居る。擲げ拍《う》ち疲れ懈《おこた》りて、池に下りて鷺を取らんとす。垂将《いままさ》に捕《と》らむとして、即ち水に入る。居たる所の木を見るに、金《こがね》の指有り。取りて牽《ひ》き上げて見れば、観音の銅像なり。観音の像に頼《よ》りて、菩薩《ぼさつ》池と名づく。牧牛の童男、諸人《もろひと》に告げ知らす。諸人転《めぐ》り聞きて、寺の尼に告げ知らす。尼等聞きて、来たり見れば、実《まこと》に其《そ》の像なり。塗りたる金褫《あば》け落つ。尼衆、彼の像を衛《まぼ》り繞《かく》み、悲しみ哭《な》きて云はく、「我れ尊《そん》像《ぞう》を失ひ、日夜恋ひ奉《たてまつ》り、今邂逅《たまさか》にして逢ふ。我が諸大師、何の罪過《ざいか》有りて、斯《こ》の賊難《ぞくなん》を蒙《こうむ》る」と。然《しか》して、轝《こし》を厳《かざ》り像を安《お》き、以て寺に請《こ》ひ奉る。道俗集ひて言はく、「銭を鋳《い》らんと盗むも、取り用ゐむとして便《たより》無く、思ひ煩ひて棄《す》てたるならむ」と。定めて知る、彼の鷺と見しは、現《うつ》しの実《まこと》の鷺に非《あら》ず、観音の変化《へんげ》なり。更に疑ふこと莫《な》かれ。涅槃経《ねはんぎょう》に説くが如く、仏の滅後と雖《いえど》も、法身《ほっしん》常に在るとは、其れ斯れを謂《い》ふなり。

【語　釈】

○**反化**　変化に同じ。神仏の化身。上4（上89頁）。

○**鷺**　名義抄・字類抄・字鏡集「サキ」。国傍訓「鵙 クヒナ」。真は後半部で「鵖」と記す。鵖は新撰字鏡「佐支」、字類抄「サキ」。

○**平群郡鵤村**　現在の奈良県生駒郡斑鳩町。飛鳥時代に上宮王家の斑鳩宮が所在した。

○**岡本尼寺**　法起寺のこと。奈良県生駒郡斑鳩町岡本にあり、現在聖徳宗。補説1、上4（上86頁）「鵤岡本宮」。

○**少墾田宮御宇天皇**　推古天皇。小墾田宮は推古天皇の王宮。上1補説4（上45頁）。

○**上宮皇太子**　聖徳太子のこと。上4（上84頁）。

○**誓願**　願を起こして、なし遂げようと誓うこと。上6（上126頁）、上7（上135頁）、中5（92頁）。

○**平群駅**　延喜式や和名抄にはみえず、本縁のみで知られる駅。東大寺要録には、天平勝宝六年（七五四）、鑑真が難波駅に着き、河内国守藤原魚名の庁に至り、「平涼駅宿」を経て平城京に入ったとある（巻四諸院章第四戒壇院）。「凉」ではなく「椋」とみて、河内国府・平城京間にあったと考えられる「平涼駅」が「平群駅」であるとする見解がある（坂本太郎「大和の古駅」『古代の駅と道』坂本太郎著作集八、吉川弘文館、一九八九年。初出一九六七年）。本縁が、斑鳩地域を舞台としていることからすれば、平群駅は、その地を通る龍田道沿いに存在したとみてよかろう。龍田道は大和と河内を結び、法隆寺の南から龍田大社の前を通り、大和川北岸の龍田山を越えて竹原井に抜ける道。上4関連地図（上97頁）。

○**牧牛**　牛を放し飼いすること。また、その牛。中12（185頁）。

○**童男**　和名抄「乎乃和良倍」、字類抄「ヲノハラヘ」、国傍訓「童蒙 ムラハヘ」。中12（186頁）。

○**頭**　字鏡集「ハシ」。

○**礫**　小石。つぶて（日国大）。名義抄「タヒイシ」、字鏡集「タイシ」、国訓釈「タヒイ之」、国傍訓「タヒシ」、上序興訓釈「太比伊之奈利」。

○**塊**　新撰字鏡「豆知久礼」、国訓釈・国傍訓・名義抄・字類抄「ツチクレ」。

○**垂**　なんなんとす、その状態に近い（字通）。名義抄「イマニ」、国訓釈「伊万々弖」。

○**金**　和名抄「古加祢」、名義抄・字鏡集「コカ子」、字類抄「コカネ」。
○**転**　字類抄「ツタフ」、名義抄「メグル」、字鏡集「メクル」。
○**褫**　字鏡集「アハク」、国訓釈「褫　音大伊阿波計」。はげる。くずれ落ちる。崩壊する（日国大）。
○**衛**　名義抄「マホリ、メクル、マモル、カクム」、字鏡集「メクル、マモル、カクム」。中5（91頁）、中10（167頁）。
○**繞**　名義抄・字鏡集「カクム」。
○**尊像**　神仏や高貴の人の姿をうつした像。また、他人の像を敬っていう語（日国大）。
○**邂逅**　上9興訓釈「上音解反下后反二合太万左カ尓」。たまさかは、思いがけないさま。偶然であるさま（日国大）。
○**大師**　偉大なる師。人を教え導く人（広説）。
○**罪過**　罪や過失（広説）。罪とあやまち（日国大）。
○**賊難**　強盗などによる災難を受けること。賊に物を盗まれること（日国大）。
○**轝**　輿のこと。上1（上40頁）「轝籠」。
○**安**　名義抄「オク」。
○**鋳銭盗**　盗んだ仏像で銭を鋳造することは、私鋳銭の罪にあたる。補説2。
○**現**　国訓釈「ウツ之」。
○**涅槃経**　大般涅槃経。上20（上250頁）。攷証は、大般涅槃経巻四如来性品第四之一に基づくかとする（参考史料E）。下28にもほぼ同様の記述がみえる。
○**法身**　法としての身体。法を身体とすること。真理そのものを本体とするもの（広説）。釈迦としての生身の存在は滅しているが、仏陀という法としての身体は滅することなく存在し続けており、その法身が存在し続けていることを示した、ということを述べている（八重樫直比古説）。

【現代語訳】

観音の銅像が鷺の形となって不思議な表を示した話　第十七

大倭国平群郡鵤村岡本尼寺に観音の銅像十二体があった この尼寺は昔、推古天皇の時代に聖徳太子が住んでいた宮である。太子が誓願を立て宮を尼寺としたものである。聖武天皇の世に、その銅像六体が盗人に盗まれ、探し求めたが見つかることなく、長い年月が経った。平群駅の西に小さい池があった。夏の六月、その辺りに牛飼いの少年たちがいた。池を見ると、わずかに木の先が出ていて、その上に鷺がいた。牛飼いたちは、そこにとまっている鷺を見て、小石や土塊を拾い集めて投げつけたが、鷺は逃げることなく依然としてそこにとまったままだった。牛飼いたちは投げ疲れて、池に下りて鷺を捕まえようとした。今まさに捕まえようとして水に入った。鷺のいた所の木を見ると、金色の指があった。取って引き揚げてみると、観音の銅像であった。観音の銅像が出てきたので、その池を菩薩池と名づけた。牛飼いの少年は多くの人々に告げ知らせた。人々は伝え聞き、寺の尼に告げ知らせた。尼たちはそれを聞いて、やって来て見てみると、本当にその盗まれた仏像であった。塗られた金は剝がれ落ちていた。尼たちはその像を囲んで、悲しみ泣いて、「私は尊像を失って、昼も夜も恋い慕い申し上げておりましたところ、今思いがけなく対面することができました。私たち仏様は、どのような罪過があって、このような盗賊の災難を受けたのでしょうか」と言った。そうして、輿を飾って、輿に像を安置し、寺にお連れした。出家者も俗人も集まって、「銭を鋳るために盗んだが、使うには具合が悪く、悩んで棄ててしまったのだろう」と言った。明らかに知るのである、あの鷺のように見えたのは、現実の鷺ではなく、観音の変化であるということを。決して疑ってはいけない。涅槃経の説くように、仏の入滅後でも、法身は常に存在する、というのはこのことをいうのである。

【関連説話】

1　今昔物語集　巻十六第十三話

観音、為人被盗後、自現給語第十三

今昔、大和ノ国、平郡ノ鵤ノ村ニ岡本寺ト云フ寺有リ。其ノ寺ニ銅ノ観音ノ像十二体在マス。此ノ寺、尼ノ住スル所也。而ルニ、聖武天皇ノ御代ニ、彼ノ銅ノ像六体、盗人ノ為ニ被取ヌ。此レヲ求メ尋ヌト云ヘドモ、得ル事無シ。其ノ後、程ヲ経テ、其ノ郡ノ駅ノ西ノ方ニ小サキ池ケ有リ。夏比、其ノ池ノ辺ニ牛飼フ童部数有テ有ルニ、池ノ中ニ小キ木指出タリ。其ノ木ニ鵄居タリ。童部此レヲ見テ、礫・塊拾テ鵄ヲ打ツニ、鵄不去ズシテ尚居タリ。然レバ、童部投ゲ打ツ事ヲ止テ、池ニ下テ鵄ヲ捕ヘムト為ルニ、鵄忽ニ失ヌ。居タリツル木ハ尚有リ。其ノ木ヲ吉ク見レバ、金ノ指ニテ有リ。童部怪ムデ、此レヲ取テ牽キ上ル、観音ノ銅ノ像ニテ在マス。童部此レヲ陸ニ牽キ上テ、里ノ人ニ此ノ事ヲ告グ。里人来テ此レヲ見ル。

彼ノ岡本寺ノ尼等此事ヲ伝ヘ聞テ、来テ見ルニ、其ノ寺ノ観音ニ在ス。塗ル金皆褫テ落タリ。尼等観音ヲ衛繞テ泣キ悲ムデ、「我等失ヒ奉テ年来求メ奉ル観音、何ナル事有テカ、賊難ニ値ヒ給ヘル」ト云テ、忽ニ輿ヲ造テ入レ奉テ、本ノ岡本寺ニ渡シ奉テ、安置シテ礼拝シ奉ケリ。而ルニ、其ノ辺ノ道俗・男女、集リ来テ礼拝恭敬スル事無限シ。此レヲ思フニ、彼ノ池ニ有ケム鵄ハ、実ノ鵄ニハ非ジ。観音ノ変ジテ鵄ト成テ示シ給ヒケル也ト思ガ、貴ク悲キ也。仏ハ人ノ心ニ随ヒテ霊験ヲ施シ給フ事ナレバ、盗人ノ為ニ被取給フモ、如此ク霊験ヲ現ジ給ハムガ為也。人皆此レヲ知テ、心ヲ至シテ観音ニ可仕シトナム語リ伝ヘタルトヤ。

【補　説】

1　法起寺

本縁にみえる岡本尼寺は、法起寺のことと考えられる。本縁によれば、聖徳太子の住んだ宮を尼寺としたとあるが、上4にも「鵤岡本宮」に太子が居住していたことがみえる（鵤岡本宮は上4〈上86頁〉）。また、聖徳太子伝私記所引法起寺塔露盤銘（参考史料A）には、壬午年（六二二）の太子臨終の際に「山大兄王」に「此山本宮」を寺にするように遺言したとある。現在も法起寺には慶雲三年（七〇六）建立の三重塔が現存するが、後補により現在銘文はみられない。「此山本宮」は「岡本宮」の誤写とする説もある（会津八一「法起寺塔婆露盤銘文考」安藤更生等編『会津八一全集』第一巻、中央公論社、一九五八年。初出一九三一年）。法起寺の発掘調査では、金堂前身遺構西側の石敷溝等、多くの西に偏向する下層遺構が検出されている。遺構の振れは、北で西に二十度から二十六度までの間に収まっており、北で西に二十度振れた下層遺構が検出されている法隆寺若草伽藍と近しいという（山本崇ほか「斑鳩地域の発掘調査と地割」独立行政法人文化財研究所奈良文化財研究所『法隆寺若草伽藍跡発掘調査報告』奈良文化財研究所学報七六、二〇〇七年）。発掘調査からも、法起寺前身遺構が若草伽藍と関わるものであり、その前身に岡本宮が存在したとする理解は有力であろう。法起寺の伽藍配置は、法起寺式伽藍配置と呼ばれるもので、三重の塔の他、塔の西に南面する金堂が位置し、中門と講堂をつなぐ回廊があったことが明らかとなっている。本縁では岡本尼寺に十二体の観音像があったとするが、それらは諸堂に独尊像や三尊像のかたちで安置されていたのであろう。また現在奈良国立博物館に寄託されている重要文化財の菩薩立像（銅造、高さ二〇・〇センチメートル・七世紀半ば頃制作）は、本縁にみえる十二体の観音銅像のうちの一つである可能性も指摘されている（『奈良県の地名』、大橋一章『斑鳩の寺』日本の古寺美術15、保育社、一九八九年）。本縁では、池から観音銅像の指が出ていたとあるから、発見されたのは、ある程度の大きさを持つ仏像であったとみられる。大型の仏像から念持仏のような小型の仏像までが盗難にあったのかもしれない。

2　私鋳銭

私鋳銭に対する罰則は、銅銭私鋳は雑律に徒三年と規定されていたと考えられるが（『訳註日本律令』三）、和銅四年（七一一）十月の勅により斬（参考史料B）とされ、罰則が強化されている。天平勝宝五年（七五三）には、首は遠流に、宝亀十一年（七八〇）には従は徒三年、家口は徒二年半に減刑されている（参考史料C）。しかし大赦においては除外される例が多く、重罪であったと考えられる。文献史料上では河内・長門・岡田・田原といった鋳銭司が確認され、これらの工房で銭が造られていたが、平城京内の左京三条四坊七坪や左京八条三坊でも和同開珎の鋳放銭や鋳型やルツボ等の鋳銭関係遺物が出土している（奈良国立文化財研究所『平城京左京三条四坊七坪発掘調査概報』一九八〇年、同『平城京左京八条三坊発掘調査概報―東市周辺東北地域の調査』一九七六年）。そこを、官営工房、鋳銭の権利を与えられた藤原仲麻呂の工房、私鋳銭工房のうちいずれかと考える見方もあるが、いずれも決め手に欠くという（杉山洋「皇朝十二銭の鋳造」大塚初重ほか編『考古学による日本歴史9交易と交通』雄山閣出版、一九九七年）。本縁や参考史料から見てとれるように、私鋳銭は頻発したと考えられる。その原因は、国家が銭貨に地金より遥かに高い公定価値を付与したことにあり、その状況にある限り根絶することはできなかったと考えられる（鎌田元一「改鋳と私鋳銭―奈良時代の銭貨政策」『律令国家史の研究』塙書房、二〇〇八年。初出一九九七年）。なお、仏像が盗まれ、それが発見されるという、本縁と類似した内容を持つ中22では、盗人は寺の銅を盗み、それを帯状に打ち、売りさばいていた。盗まれた仏像は私鋳銭以外にも様々な金工品に加工されていたのだろう。また寺院から金属類が盗まれることは頻繁に起こっていたと推測される。中22では捕まった犯人は一人であったが、続日本紀神護景雲元年（七六七）十一月丙寅条には、「私鋳銭人王清麻呂等卌人賜姓鋳銭部、流出羽国」とあり、大規模な盗鋳が組織的に行われていた様子が窺われる（志田諄一「古代における私鋳銭について」『日本霊異記とその社会』雄山閣出版、一九七五年。初出一九六三年）。本縁でも六体もの仏像が盗まれており、大規模な盗鋳集団の存在が想定される。また時代は降るが、日本三代実録貞観十八年（八七六）六月二十七日壬申条によると、元興寺僧徳操が春日春岑と銭の私鋳を謀ったとあるように（参考史料E）、寺院内部に私鋳銭を行う共犯者がいた場合もあった。

【参考史料】

A　法起寺塔露盤銘（安藤更生等編『会津八一全集』第一巻、中央公論社、一九八二年）

上宮太子聖徳皇壬午年二月廿二日臨崩之時、於山代兄王勅御願旨、岡本宮殿宇即処伝将作寺、乃入大倭国田十二町、近江国田卅町。至于戊戌年福亮僧正聖徳皇御分敬造弥勒像一軀構立金堂。至于乙酉年恵施僧正為竟御願構立宝塔丙午年三月露盤営作。

B　続日本紀　和銅四年（七一一）十月甲子条

（前略）又詔曰、夫銭之為用、所以通財貿易有無也。当今百姓、尚迷習俗、未解其理。僅雖売買、猶無蓄銭者、随其多少、節級授位。其従六位以下、蓄銭有一十貫以上者、進位一階叙。廿貫以上進二階叙。初位以下、毎有五貫進一階叙。大初位上若初位、進入従八位下、以一十貫為入限。其五位以上及正六位、有十貫以上者、臨時聴勅。或借他銭、而欺為官者、其銭没官、身徒一年。与者同罪。夫申蓄銭状者、今年十二月内、録状幷銭申送訖。太政官議奏、令出蓄銭。勅、有進位階、家存蓄銭之心、人成逐繦之趣。恐望利百姓、或多盗鋳。於律、私鋳猶軽罪法。故権立重刑、禁断未然。凡私鋳銭者斬、従者没官、家口皆流。五保知而不告者与同罪。不知情者減五等罪之。其銭雖用、悔過自首、減罪一等。或未用自首免罪。雖容隠人、知之不告者与同罪。或告者同前首法。

C　続日本紀　宝亀十一年（七八〇）十一月壬戌条

十一月壬戌、先是、和銅四年格云、私鋳銭者斬、従者没官、家口皆流者。天平勝宝五年二月十五日勅、私鋳銭人、罪致斬刑、自今以後、降一等処遠流者。而首已会降、従幷家口猶居本坐。首従之法、罪合減降、軽重相倒、理不可然。至是勅刑部、定其罪科。刑部省奏言、謹案賊盗律云、謀反者皆斬、父子没官、祖孫兄弟遠流。名例律云、犯罪者以造意為首。随従減一等。又云、二死三流各同為一減者。今比校軽重、仍従者減首一等、処徒三年。家口減一等、処徒二年半。奏可之。

D　日本三代実録　貞観十八年（八七六）六月二十七日壬申条

廿七日壬申。元興寺僧徳操、元右京人長背村主。与春日春岑、同謀私鋳銭。推問事迹、徳操不承伏。雖然衆証灼然。須依格着鈦役仕。有勅曰、村主本是緇徒。殊処中流。是故配流伊予国。

E　大般涅槃経　巻四　如来性品第四之一（大正新脩大蔵経十二－三九〇頁）

迦葉復言、如来云何名曰常住、如仏言曰如灯滅已無有方所、如来亦尓、既滅度已亦無方所、仏言、迦葉、善男子、汝今不応作如是言、灯滅尽已無有方所、如来亦尓即滅度已無有方所、善男子、譬如男女然灯之時、灯炉大小悉満中油、随有油在其明猶存、若油尽已明亦俱尽、其明滅者喩煩悩滅、明雖滅尽灯炉猶存、如来亦尓、煩悩雖滅法身常存、

【参考文献】

八重樫直比古「『日本霊異記』における「聖霊」の観念」（『古代の仏教と天皇―日本霊異記論』翰林書房、一九九四年。初出一九七八年）
寺川真知夫「仏像霊異譚の受容と変容」（『日本国現報善悪霊異記の研究』和泉書院、一九九六年）
伊藤由希子「仏像に祈るということ」（『仏と天皇と「日本国」―『日本霊異記』を読む』ぺりかん社、二〇一三年）

（駒井）

法花経を読む僧を呰りて現に口喎斜みて悪死の報を得る縁　第十八

【原　文】

*呰下[1]読二*法花経一僧上[2]而現口*喎斜得二悪死報一縁第十八

去天平[3]年中、山背国*相楽郡部内、有二一*白衣一。姓名未レ詳也。同郡*高麗寺僧*栄常、[4]之誦二持法花経一。彼白衣、与レ僧居二其寺一、*暫間、[5]作レ碁。僧作レ*[6]碁*[7]条言、栄常師之碁手[8]乎。毎レ遍之言。[9]白衣呰レ僧、*[10]故*戻二己[11]曰一放言而[12]曰、栄常師碁手[13]乎。如レ是重々不レ止、猶*効。[14]爰*奄*然白衣口喎斜。恐以レ手押レ*頤、出レ寺而去。々程不レ遠挙レ身*躄レ地、*頓命終矣。見聞人云、雖レ不レ加レ[15]刑、呰レ心[16]放言、[17]口喎斜、*忽然而死。何況、発二*[18]恕讎心一、加二刑罰一矣。*法花経云、賢僧[19]与二愚僧一、不レ得レ居二同位一。又*長[20]髪比丘者、白衣不レ剃二[21]髪鬢一而賢也。同レ位同レ器而不レ得レ用。若

強位者、銅*炭上居*鉄丸答[22]、堕二地獄一者、其斯謂之矣。

来本縁を欠く
1読、国ナシ
2而、国面
3年、国季
4之、国群々国に従う
5作、国依
6碁、攷証原皆作基高野本同唯下一字作碁依今昔改
7条、国伎
8乎、国牛
9白、国ナシ
10故戻、国ナシ
11曰放、国口放群口効攷証依高野本改群に従う
12曰、国白を見セ消チして曰を傍書
13乎、国牛
14爰、国受攷証爰原作受意改
15刑、国形
16放、国群効国に従う
17口、国故口
18怨、国死
19与、国寺
20髪、国跪
21髪、群ナシ
22答、国群呑攷証依高野本改国に従う

【書き下し文】

法花《ほけ》経を読む僧を呰《あざけ》りて現《うつつ》に口喎斜《ゆが》みて悪死の報を得る縁　第十八

去《い》にし天平《てんぴょう》年中、山背《やましろ》国相楽《さがらか》郡の部内《ぶない》に、一《ひとり》の白衣《びゃくえ》有り。姓名詳《つまびら》かならず。同郡高麗寺《こまでら》の僧栄常《えいじょう》、常に法花経を誦持《じゅじ》す。彼《そ》の白衣、僧と其《そ》の寺に居《お》り、暫《しまら》くの間、碁《ご》を作《な》す。僧、碁を作す条《おちおち》に言はく、「栄常師の碁の手ぞ」と。遍毎《たびごと》に言ふ。白衣、僧を呰りて、故《ことさら》に己《おの》が口を戻《もと》りて効《まね》び言ひて曰《い》はく、「栄常師の碁の手ぞ」と。是《か》くの如く重ね重ねて止まず、猶《な》ほ効ぶ。爰《ここ》に奄然《たちまちおのず》からに白衣の口喎斜みぬ。恐りて手を以て頤《おとがい》を押《おさ》へ、寺を出でて去る。去る程遠からずして身を挙《あ》げて地に躄《たお》れ、頓《にわか》に命終《いのちお》はる。見聞する人云《い》はく、「刑を加へずと雖《いえど》も、心に呰り効び言へば、口喎斜み、忽然《たちまち》にして死ぬ。何《いか》に況《いわ》むや、怨讎《あた》の心を発《おこ》し、刑罰を加ふるをや」と。法花経に云はく、「賢僧と愚僧と、同じ位に居ること得ざれ。又長髪の比丘《びく》は、白衣にして髪鬢《はつびん》を剃《そ》らざるも賢なり。位を同

じくし器《うつわ》を同じくして用ゐること得ざれ。若し強ひて位する者は、銅《あかがね》炭《あらすみ》の上に居りて鉄丸《てつがん》を呑《の》み地獄に堕《お》ちむ」といふは、其れ斯《こ》れを謂《い》ふなり。

【語　釈】

○**呰**　ばかにして悪く言ったり笑ったりする（日国大）。上19興訓釈「阿佐毛リ」。

○**法花経**　妙法蓮華経。上11（上177頁）、中3（67頁）。

○**喝斜**　国訓釈「二合ユカミヌ」、上19興訓釈「由加三天」。

○**相楽郡**　現在の京都府南部、木津川市・南山城村・笠置町・和束町・精華町にあたる地域。和名抄「相楽　佐加良加」。

○**白衣**　俗人のこと。僧侶が黒衣（墨染の衣）を着けるのに対していう（日国大）。上19（上243頁）。

○**高麗寺**　京都府木津川市山城町上狛高麗寺にあった寺院。法起寺式伽藍配置の遺構が残り国指定史跡。補説1。

○**栄常**　未詳。乾元元年（一三〇二）成立とされる播州増位山随願寺集記には、天平十六年（七四四）三月に、興福寺・薬師寺・播磨増位寺の僧が内裏（恭仁宮）で読経した後、随願寺僧の栄常が高麗寺から戻らなかったとある（参考史料B）。ただし本縁起の実際の成立は中世末から近世初めまでと考えられ（『兵庫県史』史料編中世四、解説）、信憑性には疑問が残る。

○**暫**　少しの間。一時。ちょっと（日国大）。字類抄「シハラク」。

○**碁**　盤上遊戯の一種で古代より存在していた。僧尼は、僧尼令によって博戯が禁じられていたが、碁は許されていた（僧尼令9作音楽条。参考史料C）。上19補説1（上245頁）参照。

○**条**　箇条箇条、かどかど（日国大）より、碁を打つたびごとに、というほどの意味か。上19（上243頁）。

○**故**　わざと、わざわざ、故意に（日国大）。字類抄・名義抄「コトサラニ」。

○**戻**　ねじる、ゆがませる、まげる（日国大）。国訓釈「モトリテ」。
○**効**　名義抄「マ子フ」。中5（92頁）。
○**奄**　名義抄「タチマチ、ニハカ」。
○**然**　名義抄「オノヅカラ」。
○**頤**　下あご（日国大）。国訓釈「ヲ之カヒ」、群訓釈・下39真訓釈「オトカヒ」、新撰字鏡「於止加比」、名義抄「オトカヒ」。
○**躄**　たおれる（字通）。字鏡集「タウス」。
○**頓**　名義抄「ニハカニ」。上11（上178頁）、中15（218頁）。
○**忽然**　たちまちにおこるさま。上4（上89頁）。
○**怨讎**　恨んでかたきとすること、恨みのあるかたき（日国大）。名義抄・字類抄「怨 アタ」「讎 アタ」。二合して訓む。
○**法花経云**　この語は法華経にみえず、他の経典からも見出せない。
○**長髪比丘**　髪を長く伸ばした比丘（僧侶）。本来の比丘の儀相から外れた姿。増一阿含経二十六の沙門出家の五つの毀辱の法のうち、第一に「頭髪長」をあげる。
○**炭**　荒炭は、堅炭に同じ。樫、楢、栗などを蒸し焼きにした、火力の強い堅い木炭（日国大）。ここでは銅炭で、熘の状態になっている銅のこと（集成）。国訓釈「アラスミ」、名義抄・字鏡集「アラスミ」。
○**鉄丸**　灼熱した鉄丸で、地獄の獄卒が拷問の際、食わせるといわれるもの（広説）。上30（上345頁）、中9（158頁）「現在甘露未来鉄丸」。

【現代語訳】
法華経を読む僧を嘲って、現実に口が歪んで悪い死の報いを得た話　第十八
　去る天平年中のこと、山背国相楽郡の管内に一人の俗人がいた。姓名は不詳である。同じ郡の高麗寺の僧の栄常は、いつ

も法華経を誦していた。かの俗人は僧とともに高麗寺に居て、少しの間囲碁を打った。栄常は一手打つたびに、「栄常師の一手だぞ」と言った。石を打つたびにこう言った。俗人は栄常を嘲ってわざと自分の口をゆがめて真似をして、「栄常師の一手だぞ」と言った。このように何度も繰り返して止めず、なおも真似をし続けた。すると突然俗人の口が歪んでしまった。恐れて手であごを押さえ、寺を出て行った。さほど遠くない所で全身がばったりと倒れて突然死んでしまった。見聞きした人は、「刑罰を加えなくても心の中で嘲りの気持を持って、真似して言えば、口が歪んでたちまち死んでしまう。ましてや僧侶に恨みの心を起こして刑罰を加えることはなおさらである」と言った。法華経に、「賢い僧と愚かな僧が同列の席についてはいけない。また剃髪をしていない僧侶は、俗人と同じ衣を着て、髪や鬢を剃っていなくとも賢者なのである。同列の席にいたり同じ食器を使ってはいけない。もし強いて僧侶と同列の席に座る者は、燗の状態になっている銅の上にいて、鉄の固まりを飲み、地獄に落ちるだろう」と説くのは、このことをいうのである。

【関連説話】

1　今昔物語集　巻十四第二十八話

山城国高麗寺栄常、謗法花得現報語第二十八

今昔、山城ノ国、相楽ノ郡ニ高麗寺ト云フ寺有リ。其ノ寺ニ一ノ僧有リ。名ヲバ栄常ト云フ。亦、同郡ノ内ニ一人ノ俗有リ。此ノ俗彼ノ栄常ト得意也。

而ルニ、俗高麗寺ニ至テ、栄常ガ房ニ行テ、栄常ト向テ碁ヲ打ツ。其ノ時ニ、乞食ノ僧其ノ所ニ来テ、法花経ノ□品ヲ誦シテ食ヲ乞フ。栄常此ノ乞食ノ誦スル経ノ音ヲ聞テ咲フ。故ニ口ヲ喎メテ音ヲ横ナバシテ、乞食ノ音ヲ学ブ。俗此レヲ聞テ、碁ヲ打ツ詞ニ「穴恐シ」ト云フ。而ル間、自然ラ、俗ハ毎度ニ勝ツ、栄常ハ毎度ニ負ク。其ノ時ニ、栄常忽ニ居乍ラ口喎ヌ。然レバ、驚キ騒テ医師ヲ呼テ令見メテ、医師ノ云フニ随テ医ヲ以テ療治スト云ヘドモ、遂ニ直ル事無シ。

此レヲ見聞ク人、「此レ偏ニ法花経ヲ誦スル乞食ヲ軽メ咲テ、音ヲ学ベル故也」ト皆謗リ憾ミケリ。此レ正シク経ノ文ニ

説ケルガ如シ、「若シ此経ヲ軽メ謗ル者有ラバ、世々ニ歯闕ケ、脣墨ミ、鼻平ニ、足戻リ、喎ミ、目眇ナルベシ」ト。此レヲ思フニ、世ノ人此レヲ聞テ、乞食也ト云フトモ法花経ヲ誦セム者ヲ、戯レテモ努々不軽咲ズシテ、可礼敬シトナム語リ伝ヘタルトヤ。

2　元亨釈書　巻第二十九拾異志

天平年中、山州相楽郡高麗寺有僧栄常。持法華。一優婆塞常遊寺。一日常与優婆塞碁。常毎下一着曰白衣白衣、優婆塞喎其口。又曰栄常栄常。俄優婆塞口自喎斜。以手拄頤出寺。未到家躄地而死。

【補　説】

1　高麗寺と高句麗系渡来人

和名抄には相楽郡に大狛郷・下狛郷が見え、高句麗系渡来人の居住が考えられる。日本書紀欽明天皇三十一年（五七〇）条には、高句麗使節を饗応するための施設として「高槭館」「相楽館」がみえる。彼らの氏寺として建てられたのが高麗寺で、発掘調査により法起寺式伽藍置を取ることが確認されている。七世紀初頭に造営が開始され、七世紀後半にはほぼ寺容が整った。本縁のほか、高麗寺に関する文献史料は少ないが、法蓮寺の貞治三年（一三六四）の棟札には、敏達天皇の世に「高麗恵使（便）法師」によって建立されたという伝えを記す（『山城町史』）。また中世の史料であるが「播州増位山随願寺集記」には、天平十六年（七四四）に播磨国の随願寺の僧栄常が高麗寺に住したとある（参考史料B）。これを、播磨国府系瓦の出土と関連づけて史実を反映したものとみなす向きもあるが（『南山城の古代寺院』）、同史料では神亀四年（七二七）に大和長谷寺を建立したとされる徳道をも随願寺僧としているので、著名な僧を随願寺に結び付けたにすぎない可能性もある。

【参考史料】

A　日本書紀　欽明天皇三十一年条

夏四月甲申朔乙酉。幸泊瀬柴籬宮。越人江渟臣裙代詣京奏曰、高麗使人辛苦風浪迷失浦津。任水漂流、忽到着岸。郡司隠匿。故臣顕奏。詔曰、朕承帝業若干年。高麗迷路始到越岸。雖苦漂溺。尚全性命。豈非徽猷広被。至徳巍々。仁化傍通。洪恩蕩蕩者哉。有司宜於山背国相楽郡、起館浄治。厚相資養。是月、乗輿至自泊瀬柴籬宮、遣東漢氏直糠児・葛城直難波迎召高麗使人。五月。遣膳臣傾子於越饗高麗使。（傾子。此云舸拕部古。）大使審知膳臣是皇華使。乃謂道君曰、汝非天皇果如我疑。汝既伏拝膳臣。倍復足知百姓。而前詐余取調入已。宜速還之。莫煩飾語。膳臣聞之使人探索其調、具為与之。還京復命。秋七月壬子朔。高麗使到于近江。是月。遣許勢臣猿与吉士赤鳩発自難波津。控引船於狭狭波山、而装飾船乃往迎於近江北山。遂引入山背高槭館。則遣東漢坂上直子麻呂・錦部首大石以為守護。更饗高麗使者於相楽館。

B　播州増位山随願寺集記（兵庫県史編集専門委員会編『兵庫県史』史料編中世四、兵庫県、一九八九年）

同十六年三月興福寺・薬師寺・当寺之住僧三十人奉勅詣内裏読誦大般若経全部、堂寺僧栄常法師者、此会畢往山背国高麗寺不還焉。徳道僧正者、往大和国長谷寺后還此寺。

C　僧尼令　9作音楽条

凡僧尼作音楽、及博戯者、百日苦使。碁琴不在制限。

（藤田）

【参考文献】

上田正昭監修『山城町史』本文編（山城町役場、一九八七年）
同志社大学歴史資料館編『南山城の古代寺院』（同志社大学歴史資料館調査研究報告九、二〇一〇年）

心経を憶持する女現に閻羅王の闕に至り奇しき表を示す縁　第十九

【原　文】

*憶㆓持*心経㆒女、現至[1]*閻羅王*闕示㆓奇表㆒縁第十九
*利*苅優婆夷者河内国人也。姓*利苅村主故以為宗[2]。*天
年[3]*澄情、*信㆓*敬三宝㆒、常*誦㆓持心経㆒、以為㆓業行㆒。誦㆓心経㆒之音、
甚*微妙、為㆓諸道俗㆒所㆓*愛楽㆒也。聖武天皇御世[4]、是優
婆夷夜寝、不㆑病*卒尓[5]而死、到㆓*閻羅王所㆒。時王見㆑之
而起、立㆑床敷㆑*蓐[6]居㆑之、語曰、伝*聆、能誦㆓心経㆒。我欲[7]㆑聴㆑声。
暫[8]*頃耳[9]。願誦、聞㆑之。即誦。王聞*随喜、従㆑坐而起、*長跪、拝曰、
貴哉。当如㆑聞有。逕之三日、告[10]、今[11]*遄還。自㆓王宮[12]㆒出、門有㆓三人㆒、
著[13]㆓之*黄衣㆒。値㆓優婆夷㆒、而歓喜曰、唯*暫[14]所㆑*覲。此*頃[15]不㆑*瞵[16]
故、吾恋思。何*偶今[17]達[18]。往矣。速還。我従㆓今日㆒経㆓于三日㆒、*諾[19]楽

（第二十三紙）

京東市中必逢。別還纔見、更甦之也。至二三日朝一、猶故欲[20]レ往二京之東市一、往[21]居二市中一、而終日待、々人不レ来。但賤人[22]、従二市東之門[23]一而入二市中一、売[24]レ経*衒売、以告之言、誰経買乎[25]。優婆夷前遮歴而過、従二市西門一而出往也。優婆夷欲レ買二彼経一、遣レ使而還、開レ経見レ之、彼優婆夷、昔時奉レ写*梵網[26]経二巻心経一巻也。未レ供而失、逕之多年、求諮不レ得。心内歓喜、知二盗[27]人一、猶忍問、経直、*欲[28]幾何。答、別レ巻直、欲二銭五百文一。随レ乞而買。於レ是乃知、逢期三人者、今即[29]是経三養[30]也。設レ会講読、増信二因果一、*慇懃誦持、昼夜不レ息。噫呼、奇[31]哉。如二*涅[32]槃経[33]云一、若見有[34]、修二行善一者、名見二天人一、修二行悪一者、名見二地獄一者、其斯謂之矣。

来本縁を欠く
1主、国群至国に従う
2宗、国群字攷証依高野本改国に従う
3年、国季
4御、国ナシ
5尓而、国示
6蓐、国辱
7欲、国ナシ
8頃、国項
9耳、国群請耳攷証依高野本改国に従う
10告、国唯
11今、国弊
12宮出、国宮出宮出
13之、国群ナシ攷証依高野本削

14瞥、[国]弊
15頃、[国]項[攷証]原作項意改
16瞵、[群]瞬
17今、[国]命
18達、[国][群]逢[攷証]依高野本改[国]に従う
19諾、[国]譲
20欲、[国]ナシ
21往居、[国]居往
22賤、[国]ナシ
23之、[国]ナシ
24売以下二二文字、[国]ナシ
25乎、[群]ナシ
26網、[国]納
27盗、[国][群]盗経[攷証]依高野本補
28欲幾、[国]幾欲
29即、[国]則
30養、[国][群]巻[国]に従う
31奇、[国]噫
32涅槃、[国]炎
33云、[群]説云
34有、[国]ナシ[群]有人[攷証]依経増[群]に従う

【書き下し文】

心経《しんぎょう》を憶持《おくじ》する女、現《うつつ》に閻羅王《えんらおう》の闕《みかど》に至り奇《あや》しき表《しるし》を示す縁　第十九

利苅《とかり》優婆夷《うばい》は河内《かわち》国の人なり。姓《せい》は利苅村主《すぐり》なるが故に以て字《あざな》とす。天年澄情《てんねんちょうじょう》にして、三宝《さんぼう》を信敬《しんぎょう》し、常に心経を誦持《じゅじ》して、以て業行《ごうぎょう》とす。心経を誦《ず》する音《こえ》、甚《はなは》だ微妙《みみょう》にして、諸《もろもろ》の道俗《どうぞく》の為に愛楽《あいぎょう》せらるなり。聖武《しょうむ》天皇の御世、是《こ》の優婆夷、夜寝《い》ね、病まずして卒尓《にわか》に死に、閻羅王の所に到る。時に王、之を見て起《た》ち、床《とこ》を立て蓐《しとね》を敷きて之に居《す》ゑ、語りて曰はく、「伝へ聆《き》くに、能《よ》く心経を誦すと。我も声を聴かむと欲《おも》ふ。暫《しまら》くの頃《あいだ》請くるのみ。願はくは誦せよ、之を聞かむ」と。即ち誦す。王聞きて随喜《ずいき》し、坐より起ち、長跪《ひざまず》きて、拝して曰はく、「貴きかな。当《まさ》に聞きしが如く有り」と。逕《ふ》ること三日にして、告ぐらく、「今は遄《すみや》かに還《かえ》れ」と。王宮より出づれば、門に三人有りて、黄の衣を著《き》たり。優婆夷に値《あ》ひて、歓喜《よろこ》びて曰はく、「唯瞥覩《ただひとめみ》しところなり。此頃瞵《このころみ》ざる故に、吾恋ひ思ふ。何ぞ偶《たまさか》に今逢ふ。往《ゆ》け。速《すみ》やかに還れ。我、今日より三日を経て、諾楽《なら》京の東市の中に必ずや逢はむ」と。別れ還りて纔《ひたた》見れば、更に甦《よみが》へるなり。三日の朝に至り、猶《な》ほ故《ことさら》に京の東市に往《ゆ》かむと欲ひ、往きて市中に居りて、終日《ひねもす》待つに、待つ人来たらず。但《ただ》賤しき人、市の東の門より市中に入りて、経を売るに衒売《げんばい》

し、以て告げて言はく、「誰か経を買はんや」と。優婆夷の前を遮《さえぎ》り歴《へ》て過ぎ、市の西の門より出で往くなり。優婆夷、彼《そ》の経を買はむと欲ひ、使を遣《つかわ》して還らしめ、経を開きて之を見れば、彼の優婆夷、昔時《むかし》写し奉りし梵網経《ぼんもうきょう》二巻と心経一巻なり。供《く》せずして失ひ、逕ること多年、求め諮《と》ひて得ず。心の内に歓喜し、盗人と知れども、なほ忍びて問ふに、「経の直《あたい》、欲《ねが》ふこと幾何《いくばく》ぞ」と。答ふらく、「巻別《まきごと》に直、銭五百文を欲ふ」と。乞ふに随《したが》ひて買ふ。是《ここ》に乃ち知る、逢はむと期《ちぎ》りし三人は、今即ちこの経の三巻なりと。会《え》を設けて講読し、増《ますます》因果《いんが》を信《う》け、慇懃《いんぎん》に誦持し、昼夜も息《や》まず。嗚呼《ああ》、奇しきかな。涅槃経《ねはんぎょう》に云ふが如く、「若し見《げん》に人有りて、善を修行せむには、名《な》、天人《てんにん》に見《あらわ》れ、悪を修行せむには、名、地獄に見れむ」とは、其《そ》れ斯《こ》れを謂《い》ふなり。

【語　釈】

○**憶持**　心に念じて放さないこと。上14（上206頁）。

○**心経**　般若波羅蜜多心経。般若心経という。唐玄奘訳、一巻。霊異記には、上14・下34にみえ、いずれも「憶持心経」「誦持心経」の功徳を説く。上14（上206頁）。

○**閻羅王**　閻魔王に同じ。中5（91頁）。

○**闕**　宮城・天子の居所（大漢和）。ここでは、閻羅王の楼閣の宮殿。閻羅王庁（集成）。上32［興訓釈］「見可止尓」。

○**優婆夷**　三宝に帰依し、五戒を受けた女子（日国大）。優婆塞に対応することばで、在俗の女性仏教信者を指す。

○**利苅村主**　姓のひとつ。新撰姓氏録にみえない姓だが、河内国渋川郡を本拠とした氏族とみられる。補説1。

○**天年**　生まれつき。上4（上85頁）。

○**澄情**　澄んだ心。上5（上105頁）。

○**信敬**　教えを信じ、うやまうこと。上5（上105頁）。

○**三宝**　仏と法と僧。上5（上105頁）、中序（18頁）、中1（34頁）、中5（93頁）。
○**誦持**　経などを声にだしてよんで覚えること。
○**微妙**　巧妙の。聡敏の。はかりしれぬほど深くてみごとな。いうにいわれない不思議さ（広説）。
○**愛楽**　物事を愛し、好むこと。親しみ愛すること（日国大）。
○**卒尓**　にわかに。字類抄「ニハカナリ」。中11（177頁）。
○**閻羅王所**　閻羅王闕に同じ。
○**蓐**　毛の敷物。しとね（日国大）。名義抄「シキ子」。
○**聆**　きく、神意をきく（字通）。字類抄・名義抄「キク」。
○**頃**　しばらく、しばしの間、やがて（字通）。国訓釈「暫頃　アヒタ」、名義抄「アヒタ」。
○**随喜**　他人のなす善を見て、これにしたがい、喜びの心を生ずること。転じて、大喜びをすること（日国大）。
○**長跪**　上18興訓釈「二合比左末川支天」。上30（上345頁）、中3（68頁）、中5（92頁）、中7（119頁）。
○**遄**　字類抄「スミヤカニ」、名義抄「スミヤカナリ」。国訓釈「勿」、群訓釈「忽」（攷証「意改」）。
○**黄衣**　経巻の霊であるから、経文の黄紙を黄衣となぞらえた（旧大系）、黄色の衣は、経典の料紙の黄麻紙（黄紙とも）からの連想（新全集）といった解釈があるが、黄衣は黄色の衣で、僧侶の服装である糞掃衣を意識した表現であろう。
○**瞥**　みる、ちらりとみる（字通）。国訓釈「弊　止末」、群訓釈「瞥　止米」（攷証「依本条改」）。
○**覩**　まみえる。みる、あう、引見する（大漢和）。
○**此頃**　国訓釈「比頃　コノコロ」。上4興訓釈「比頃　二合己乃己呂」。
○**瞵**　字類抄・名義抄「ミル」。
○**偶**　国訓釈「多真佐可尓」、名義抄「タマサカ」。中8（148頁）。
○**諾楽京東市**　平城京左京八条三坊に所在した官設市場。補説2。

○**衒売**　品物などを実際よりよく見せて売ること（日国大）。国訓釈「衒 弖良波吉弖」。名義抄「衒 テラフ」。

○**梵網経**　梵網経盧舎那仏説菩薩心地戒品第十の略称。全二巻。鳩摩羅什の訳とされるが、五世紀撰述の偽経とみられている。古代においては、大乗菩薩戒の根本経典として尊重された。

○**幾何**　国訓釈「イクハクソ」。数、量、程度などの不明であることを表わす。どれほど、いくらぐらい、どのくらい。また、それのはなはだしいこと。副詞的にも用いる（日国大）。

○**慇懃**　心をこめて念入りにするさま。何度も、または、ことこまかにすること（日国大）。国訓釈「慇 祢母呂尓」「懃 都止米弖」。

○**涅槃経**　大般涅槃経。大涅槃経、大本涅槃経。上20（上250頁）。涅槃経は大般涅槃経の略称。本縁の引用部分は、大般涅槃経巻二十七師子吼菩薩品第十一之一で、上27も同じ箇所を引用する。上27（上307頁）。涅槃経は、霊異記に最も多く引用される経典の一つである。

【現代語訳】

般若心経を常に心に念じていた女が、現実に閻羅王の王宮に行き、不思議な現象を見せた話　第十九

利苅優婆夷は河内国の人である。姓は利苅村主であるために、それをもって通名としていた。生まれつき澄んだ心を持ち、三宝を篤く信じ敬い、いつも般若心経を音読し、もって勤めとしていた。般若心経を読む声は、たいへんはかりしれぬほど見事であって、もろもろの僧尼・俗人によって好み親しまれていた。聖武天皇の御世に、この優婆夷が夜に寝たところ、病気でもないのにたちまちに死亡し、閻羅王の王宮に到った。時に王は、彼女を見て起ちあがり、座席を設けて敷物を敷いてこれに座らせ語って、「伝え聞くところでは、般若心経をたいへん上手に音読するということである。私もその声を聴きたいと願っている。それでしばらくの間、お招きしただけである。どうか音読して下さい。それを聞きましょう」と言った。そこで優婆夷は音読をした。王はこれを聞いて涙を流して喜び、座を立って、優婆夷に跪き、礼拝して、「貴いこ

とだ。まさに世評通りであった」と言った。それから三日経って告げて、「今すぐ急いで現世に戻れ」と言った。王宮から出てくると、門のところに三人の人がいて、いずれも黄色の衣を着ていた。優婆夷に会って、歓喜して、「以前に少しお目にかかっただけでした。このごろお会いできないので、私たちは恋しく思っていました。どうしたわけか偶然、いまお会いできました。さあお行きなさい。速やかに帰りなさい。私たちは今日から三日を経て、平城京の東市の中で必ずやお会いすることになるでしょう」と言った。別れて帰途につくとあっという間にまた甦ったのである。三日目の朝になって、やはり京の東市に行こうと思い、行って市の中に居て、終日待っていたが、待ち人はやって来なかった。ただ賤しい人が、市の東の門から市の中に入り、お経を売るのだが、見せびらかしながら売り、そして告げて、「誰かお経を買いませんか」と言った。優婆夷の前を立ちふさがるように通りながら過ぎ、市の西の門から出て行こうとした。優婆夷はそのお経を買おうと思い、使を遣して戻ってこさせ、お経を開いて見たところ、その優婆夷が昔にお写しした梵網経二巻と般若心経一巻である。いまだ供養の終わらない間に失われ、長い年月を経て探し求めながら得ることができなかった。心の内で大喜びしながら、盗人と解っていたけれども、なお我慢して、「経の値段は、いくらにしようと思っていますか」と問いかけた。答えて、「巻ごとに値段は銭五百文にしようと思っている」と言った。乞われるままに買い取った。ここでようやく了解できた、逢おうと約束をした三人は、つまりこのお経三巻であったと。法会を設けて講読し、ますます因果応報の道理を信じ、真心を込めて勤めて読経し、昼夜も休むことはなかった。ああ不思議なことだ。涅槃経に、「もし現実に人がいて、善行を修したならば、その名は天上に知れ渡り、悪行を修したならば、その名は地獄に知れ渡る」と説くのは、このことをいうのである。

【関連説話】

1　冥報記 中、李山龍説話

右監門校刷馮翊李山龍以武徳中暴亡而心上不冷如掌許、家人未忍殯殓、至七日而蘇自説云、当死時被冥官収録至一官曹庁事甚宏壮、其庭亦広大、庭内有囚数千、或枷鎖或杻械、皆面北満庭中吏将山龍至庁事見一大官坐高床坐侍衛如王者、山龍問吏此何官、吏曰是王也、山龍前至階下、王問、汝生作何福業、山龍対曰、郷人毎設斉講恒施物同之、王曰、汝身作何善業、山龍曰、誦法花経両巻、王曰善可昇階、既上庁上東北間為高坐如講坐者、王指坐謂山龍曰、可昇此坐誦経、山龍奉命至坐側王即起立曰、請法師昇坐、山龍昇坐訖、王向而坐、山龍誦曰妙法蓮花経序品第一者、王曰、誦法師止、山龍即止、下坐復立階下顧庭囚而已尽無在者、王謂山龍曰君誦経福非唯自利乃令庭内衆囚皆以聞経獲免豈不善哉、今放君還去、山龍拝辞行数十歩、王後呼還謂吏曰、可将此人歴視諸獄、吏即将山龍、行百余歩、見一鉄城甚広大、上有屋覆其上旁多有小窓或大如小盆或如盂椀、見諸人男女飛入窓中即不復出、山龍恠問吏、々曰、此是大獄、々中多有分隔罪罰各異、此諸人者各随本業趣獄受罪耳、山龍聞之悲懼称南無仏、称吏求出至院門見一大鑊大湯沸旁有二人坐睡、山龍問之、二人曰、我等報入鑊湯蒙賢者称南無仏故、獄中罪人皆得一日休息疲睡耳、山龍又称南無仏、吏謂山龍曰、官府数移故改今王放君去、若可自王諸抄若不取恐他官不知復追録君、山龍即更謂王諸抄王命紙書一行、付吏曰、可為取五道等暑、吏受命将山龍更歴両曹各有庁事侍衛亦如此之貴吏皆其取官暑各書一行訖付山龍、々持出至門有三人謂山龍曰、王放君去可不留多少乞贈我等山龍未言吏謂山龍曰、王放君不由三人々々者是前収録君使人一是棒主、以棒撃君頭、一是縄主、当以赤縄縛君、一是袋主、当以袋吸君気者、君得還故須乞物耳、山龍惶懼謝三人曰、愚不識公詣至家備物、但不知於何処送之、三人曰、於水辺若樹下焼之、山龍許諾辞吏帰家見家人正哭経営殯具、山龍入至死旁即蘇後日剪紙作銭帛以幷酒肉自送於水辺焼之、忽見三人来曰蒙不失信重相贈遺愧賀言畢不見、山龍自向惣持僧説之、僧転向臨説云尓、

2　今昔物語集　巻十四第三十一話

利荊女、誦心経従冥途返語第三十一

今昔、聖武天皇ノ御代ニ、河内ノ国、□ノ郡、□ノ郷ニ一ノ女人有リ。姓ハ利荊ノ村主。其ノ故ニ名ヲ利荊女ト云フ。幼ノ時ヨリ身清ク心ニ悟リ有テ、因果ヲ信ジテ三宝ヲ敬フ。常ニ心経ヲ誦スルヲ以テ宗トノ行トス。経ヲ誦スル音甚ダ貴シ。此ニ依テ、諸ノ道俗ノ為ニ被愛楽ル、事無限シ。

而ル間、此ノ女、夜ル寝タル間ニ、身ニ病無クシテ死ヌ。即チ一王ノ所ニ至レリ。王此ノ女ヲ見テ床ヲ起テ、蓐ニ此ノ女

ヲ令居メテ、語テ云ク、「我レ伝ヘテ聞ク、汝ヂ吉ク般若経ヲ誦セリト。然レバ、我レ其ノ音ヲ聞ムト思フ。此ニ依テ、暫ノ間、汝請ズル也。願クハ速ニ誦シテ我レニ令聞メヨ」ト。女王ノ言ニ随テ心経ヲ誦ス。王此レヲ聞テ喜テ、座ヨリ起テ跪テ宣ハク、「此レ極テ貴シ」ト。其ノ後三日ヲ経テ返送ル。然レバ、女王宮ノ門ヲ出ヅルト、三ノ人有リ。皆黄ナル衣ヲ着セリ。女ヲ見テ喜テ云ク、「我レ汝ヲ久ク不見ズ、恋フル所也。適マ今値リ。喜ビ思フ事無限シ。速ニ可返シ。我レ今日ヨリ三日ヲ経テ、奈良京ノ東ノ市ノ中ニシテ必ズ値ハムトス」ト云テ、別テ去ヌ。女此ノ言ヲ聞クト云ヘドモ、誰人ト云フ事ヲ不知ズ。女返ル、ト思フ程ニ活ヘレリ。

其ノ後三日ニ至ルニ、女ノ故東ノ市ニ行テ終日ニ待ツト云ヘドモ、冥途ニテ契リシ三ノ人不見エズ。而ル間、賤キ人東ノ市ノ門ヨリ市中ニ入テ、経ヲ捧テ売テ云ク、「誰カ此ノ経ヲ買フ」ト云テ、女ノ前ヲ過ギ行ク。既ニ市ノ西ノ門ヨリ出デ、行クヲ、女経ヲ買ムト思テ、使ヲ遣テ呼ビ返シテ、経ヲ開テ見レバ、女ノ昔シ写シ奉リシ所ノ梵網経二巻・心経一巻也。書写シテ後、未ダ不供養ズシテ、其ノ経失給ヒニキ。年月ヲ経テ求メ尋ヌルニ、求メ得ル事無シ。今此レヲ見ルニ、心ニ喜テ、経ヲ盗メル人ヲ知ヌト云ヘドモ、其ノ事ヲ忍テ経ノ直ヲ問フニ、一巻ノ直ニ銭五百文ト云フ。女乞フニ随テ直ヲ与ヘテ、経ヲ買取ツ。女爰ニ知ヌ、「冥途ニシテ契シ三ノ人ハ、即チ此ノ経ノ在ケル也ケリ」ト思テ、喜テ返ヌ。其ノ後、会ヲ設テ経ヲ講読シテ、懃ニ受持スル事日夜ニ不怠ズ。

世ノ人此レヲ聞テ、此ノ女ヲ貴ビ敬テ軽ムル事無カリケリトナム語リ伝ヘタルトヤ。

【補説】

1　利苅村主

新撰姓氏録にはみえない氏姓であるが、カバネにあたる「村主」はスグリで、渡来系氏族が多く称し、また村落首長級の社会階層に属する者であろう。「利苅」は、河内国にある地名で、日本書紀には「戸苅池」（参考史料A）、延喜式には、河内国古市郡の神社として「利鴈神社」がみえる（参考史料B）。また天平勝宝元年（七四九）の船連石立の勘籍と推定される文書断簡（正倉院文書正集第三十五巻。大日古〈編年〉三ー三四六頁）には、船連石立の所属する戸の戸主として「河内国渋川郡竹渕郷戸主正八位下利苅寸主家麻呂」がみえる。平安期の文書には「渋川郡三条利苅里」といった条里の里名がみえる（承平七年〈九三七〉六月十七日信貴山資財帳写。信貴山文書。平安遺文四九〇四号）。してみれば利苅村主の本拠地は、河内国渋川郡と考えてよく、本縁に登場する優婆夷も、この地域で行われた写経事業に参画していたのであろう。

2　平城京の東市

古代都城には官設の市場が設けられ、平城京には、左京八条三坊に東市が、右京八条二坊に西市があった。関市令の規定によれば、市は鼓の音を合図に正午から日没まで開かれていた（参考史料C）。本縁では「三日の朝に至り、猶ほ故に京の東市に往かむと欲ひ、往きて市中に居りて、終日待つに、待つ人来たらず」とあるので、朝に河内国の居住地を出発し、昼から終日、件の三人を待った、という設定なのであろう。また本縁は、東市に「東門」と「西門」があったことを示す史料として重視されている。藤原京期の市の史料（続日本紀慶雲二年〈七〇五〉六月丙子条）などから、南北にも門が開いていたと推定されているので、市の四面に門があったといえる。平城京の東市は左京八条三坊の五・六・一一・一二坪の四坪分を占めていたことが、天平年間のものと推定される「写経校紙幷上紙帳」（知恩院所蔵「写経所紙筆授受日記」裏文書。正倉院文書正集第三十五巻。大日古〈編年〉十一ー一〇六頁）に描かれた「市指図」から判明しているので、各坪間の小路上に設置された門であったと考えられる。平城京の市は東市司・西市司が管轄し、中央諸官司が必要とする物品・現物を調達するための場所として重要な機能を果たしたが、本縁のように盗人が物品を売買したり、中6（「諾楽京」とあるのみで市は出てこないが）のように経典を収納する函の材料を求める民間人もおり、多様な人々が交易する場所であった。

【参考史料】

A　日本書紀　推古天皇十五年（六〇七）是歳条

是歳冬、於倭国作高市池・藤原池・肩岡池・菅原池、山背国掘大溝於栗隈。且河内国作戸苅池・依網池。亦毎国置屯倉。

B　延喜式 神名帳上・河内国

古市郡二 小並

　利鴈神社　高屋神社

C　関市令 11市恒条

凡市、恒以午時集。日入前、撃鼓三度散。每度各九下。

【参考文献】

栄原永遠男「都城の経済機構」(『奈良時代流通経済史の研究』塙書房、一九九二年。初出一九八七年)

(毛利)

悪しき夢に依り誠の心に至りて誦経せしめ奇しき表を示して命を全うするを得る縁　第二十

【原　文】

依二悪夢一至二誠心一使二誦経一示二奇表一得レ全レ命縁第廿

大和国*添上郡山村里有二一*長母一。姓名未レ詳也。彼母有レ女。嫁生二二子一。*聟官遣二*県主宰一、因率二妻子一、至二所レ任国一、経二歳余一也。但妻之母、留レ*土守レ家。儵為レ女夢見二悪*瑞相一。即驚恐、念二為レ女誦経一。而依二貧家一、不レ得レ敢之。不レ勝二心念一、*脱二自著衣一、洗浄*擎以、為レ奉二誦経一。然*凶夢相、復猶重現。母増心恐、復脱二著*裳一、浄*洒以為二如レ先誦経一。女、在二任県*国司館一。所レ生子、遊二館庭中一、母屋*裏[1]裏。二子見下有二七僧一坐二乎居屋上一而読レ経上也。二子白レ母言、屋上在二七*軀法師一而読レ経矣。*遄出応レ見。彼読レ経音、如二蜂集鳴一。母聞レ之怪、起後

（第二十四紙）

屋出、即当居処之壁仆*也。亦七法師、忽*然不レ見。女大恐怪、自二内心一念、天地助レ吾、不レ圧*二於壁一。後守レ家母、遣レ使到問、陳二凶夢状一、伝二読レ経事一。女聞二母伝状一、大怖通レ心、増信二三宝一。乃知、誦経之力、三宝護*念也。

来本縁を欠く　国本文ナシ。題目下に「三宝絵下帖有之。故略之耳」　1裏裏、群裏群に従う

【書き下し文】

悪《あ》しき夢に依《よ》り誠の心に至りて誦経《ずきょう》せしめ、奇《あや》しき表《しるし》を示して命を全うするを得る縁　第二十

大和国《やまと》添上《そうのかみ》郡山村《やまむら》里に一《ひとり》の長母《ちょうぼ》有り。姓名詳《つまびら》かならず。彼《そ》の母に女《むすめ》有り。嫁《とつ》ぎて二《ふたり》の子を生む。聟《むこ》の官《つかさ》、県《あがた》の主宰《みこともち》に遣《つかわ》され、因《よ》りて妻子を率《い》て、任《ま》けられし国に至り、歳余を経たるなり。但《ただ》し妻の母、土《くに》に留まり家を守る。儵《たちまち》に女の為に夢に悪しき瑞相《ずいそう》を見る。即ち驚《おどろ》き恐れ、女の為に誦経せむと念《おも》ふ。而《しか》るに貧しき家なるに依りて、敢《あ》へてなすことを得ず。心に念ふに勝《た》えず、自《みずか》ら著《き》たる衣を脱ぎ、洗ひ浄め擎《ささ》げ以て、誦経に奉《たてまつ》らむとす。然《しか》るに凶《あ》しき夢の相、復《ま》た猶《な》ほ重ねて現はる。母ますます心に恐れ、復《ま》た著たる裳《も》を脱ぎ、浄め洒《すす》ぎて以て先の如く誦経を為す。女、任ける県の国司の館《たち》に在り。生む所の子、館の庭中に遊び、母は屋の裏《うち》なり。二の子、七僧有りて居たる屋の上に坐して経を読むを見るなり。二の子、母に白《もう》して言はく、「屋上に七軀《はしら》の法師《ほうし》在りて経を読む。遄《すみや》かに出でて見るべし」と。彼の経を読む音《こえ》、蜂の集まり鳴くが如し。母之《これ》を聞きて怪しび、起ちて後《のち》に

屋より出づれば、即ち当《まさ》に居たる処の壁仆《たお》れぬなり。亦《ま》た七の法師、忽然《たちまち》に見えず。女、大いに恐れ怪しび、内心より念ふ、「天地吾《われ》を助け、壁に圧《お》されず」と。後に家を守る母、使を遣《つかわ》して到《いた》り問ひ、凶しき夢の状《さま》を陳《の》べ、経を読みしことを伝ふ。女、母の伝へたる状を聞き、大いに怖りて心を通はし、ますます三宝《さんぽう》を信《う》く。乃ち知る、誦経の力、三宝の護念《ごねん》なることを。

【語　釈】

○**添上郡山村里**　現在の奈良市山町周辺。上10（上166頁）。

○**長母**　年をとった母親。老母（日国大）。ここでは、娘に二人の子がおり、二児の母と区別するために「長母」と表現しているとと考えられる（旧大系・集成）。

○**聟**　字鏡集「ムコ」。

○**県主宰**　県は地方、とくに「国」のことをいう。主宰は、四等官の長官で、ここでは国司の守を指す。釈日本紀巻十一述義「宰　美古止毛知」。中10（166頁）「国司」。

○**土**　くに、ところ、うぶすな（字通）。

○**瑞相**　きざし。前兆。まえじらせ（日国大）。中21国訓釈「瑞　印也」。

○**脱自著衣**　自身の着ている衣を脱いで。霊異記には、自分の衣を脱いで与えるというモチーフがみられ、なけなしの物を施すことの意義を説いている。本縁の他にも、中3、中8など。

○**擎**　字類抄「サ、ク」。

○**凶**　名義抄・字鏡集「アシ」。

○**裳**　古代、腰から下にまきつけた衣服の総称。中8（149頁）、中13（199頁）「裙」。

○**洒**　名義抄「ス、ク、ソ、ク」、字類抄「ソ、ク」。
○**国司館**　国府における国司の居住施設。補説1。
○**裏**　字類抄「ウチ」。
○**軀**　名義抄「ハシラ」。
○**遡**　名義抄「スミヤカニ」。中19（261頁）。
○**仆**　名義抄「タフル」。
○**忽然**　たちまちにおこるさま。名義抄「タチマチニ」。上4（上89頁）、中18（253頁）。
○**圧**　上29 興訓釈「於曽比」、名義抄「オス、オソフ」、字鏡集「ヲス、ヲソフ」。
○**護念**　仏が衆生を心にかけて守護すること。また守護しようと念じていること（日国大）。

【現代語訳】

悪夢を見て、真心を込めて読経してもらい、不思議な事が起こって、命を全うすることができた話　第二十

大和国添上郡山村里に一人の年老いた母親がいた。姓名は不詳である。その母に娘がいた。結婚をして二人の子供を生んだ。その夫である役人が国司として地方に派遣され、妻子を連れて任国にいたり数年が経過した。ただし娘の母は故郷に留まり、家を守っていた。母は急に娘にまつわる悪い夢を見た。母は驚き恐れて、娘のために読経しようと考えた。しかし、家が貧しいために、読経することができなかった。母は不安を押さえられず、自分の着ていた衣を脱ぎ、洗い浄めて読経のために捧げ奉った。ところが悪い夢は、その後も重ねて現れた。母はますます心配になって、さらに着ていた裳を脱ぎ、浄めすすいで、以前と同じように読経を行った。娘は、夫の任国の国司の居館にいた。生んだ子供は館の庭中で遊び、子供の母親は館の中にいた。二人の子供は、七人の僧侶が館の上に坐して読経しているのを見た。二人の子供は母に、「館の上に七人の法師がいてお経を読んでいる。すぐに出てきて見て下さい」と言った。その経を読む声は、蜂が集まって鳴いている

かのようであった。母はこれを聞いて不思議に思って、立ちあがって建物から出たところ、先ほどまで居たところの壁が倒れた。また七人の法師も急に見えなくなった。娘は大変に恐れ不思議に感じ、心の底から、「天地の神々が私を助け、壁につぶされなかったのだ」と思った。その後、留守番の母は使者を送って娘の安否を問い、自分の見た悪い夢のことを話し、そのため読経をしたことを伝えた。娘は母親からの便りを聞き、大変恐れ、真心を込めて、なお一層、仏法僧を信じた。ここに知るのである、読経の力であり、三宝の守護であることを。

【関連説話】

1 三宝絵 中、第十二話

十二 大和国山村郷女人

大和国城上郡山村郷ニ、一人ノ女アリ。姓名イマダ詳ナラズ。此女ムスメアリ。ヲトコシテ二人ノ子ウメリ。聟外国ノツカサニメサレヌ。女コヲヒキヰテソノ国ニイタリテ二年アルニ、女ノ母アリテ、娘ノタメニアシキ夢ヲミテ驚サメテ、ヲソレナゲク。誦経セムトヲモフニ、家マヅシクシテ物ナシ。ミヅカラキタルキヌヲヌギテ、アラヒキヨメテ、誦経ヲシツ。娘ヲトコニシタガヒテ、国ノ館ニスム。二人ノ子イデ、庭ニアソブ。母屋ノ中ニアリ。二人ノ子母ニイフ、家ノ上ニ七人ノ法師アリテ経ヲヨム。ハヤクイデ、ミ給へ。トイフニ、屋ノ上ヲキクニ、マコトニ経ヲヨムコヱアリ。蜂ノアツマリテナクガゴトシ。母アヤシビテ庭ニ出テミレバ、其屋即タウレヌ。七人ノ法師忽ニミヘズ。女オヂアヤシミテ、心ノウチニ思フ、天地ノ我ヲタスケテ、ヤニヲソヒコロサセズ成ヌル也。トヨロコブ。後ニ母使ヲヤリテ、アシキユメヲミシサマヲイヒ、誦経ヲコナヒシヨシヲツグ。娘コノヨシヲ聞テ、マス〳〵三宝ヲ敬タテマツル。即知ヌ、誦経ノ力ニ三宝ノマボリ給ヘルナリ。霊異記ニミヘタリ。

【補　説】

1　国司館

国司は任期中、国庁とは区別された場所に置かれた官舎に居住した。今昔物語集には、こうした国司館の内部構造が描かれている。それによると国司館には、寝殿、侍廊、厩、池などの施設が設けられていた。さらに寝殿には、広庇が存在し、その前に前庭があり、国司本人の私的空間である身舎を含めて、国司館の寝殿は、寝殿（身舎・庇・縁）－前庭という空間構造を有していた（吉田歓「国庁と国司館」今泉隆雄先生還暦記念論文集刊行会編『杜都古代史論叢』二〇〇八年）。本縁で娘の子供が遊んでいた庭は、寝殿前の庭であり、母は、寝殿の身舎にいたのであろう。なお、令集解公式令43諸国給鈴条朱説によると、国印は国庁の官庫に収納され、国司館に持ち帰ることは許されておらず、法制上、国司館は政務の場から切り離された空間であった（参考史料A）。しかし、続日本紀天平宝字五年（七六一）八月癸丑朔条には、館に国印を持ち帰り、公文に印を押す美作介の存在が記されており（参考史料B）、奈良時代から国司館が政務処理の場として利用されることがあったことが分かる。平安時代になると、国庁では決められた日に儀礼化した政務を執り行い、実質的な日常政務は、国司館で行うよう機能分化していった。

2　読経と布施

本来仏教の教説を認識、確認するために行われる読経も、行為そのものが呪的効果を有するものとして受け止められ、法会等では定まった方式に則り、発する音も統一、規制して行われた。一般では、本縁に窺われるような、現世利益あるいは後世安穏を期して、僧尼に依頼して読経が行われたが、これは、生産活動を行わず、専ら俗人の布施により生活することを原則とした僧尼にとっては、重要な意義を有した。しかし、律令国家仏教の体制下においては、朝廷は僧尼が体現するすべての要素の独占を図り、俗人との接触を厳しく制約した。養老僧尼令・非寺院条においても、乞食を希望する僧尼は、所属寺院の三綱を通じて玄蕃寮・国郡司の許可を得ねばならず、またその活動は午前中のみとされた。一般には、反体制的な思想の流布を懸念しての規制と受け止められているが、むしろ、僧尼自身の清浄性が俗人との接触により損なわれる事を懸念しての措置とも考えられる。ただし、このような規制を徹底することは容易でなく、本縁に見られるような事態は広く見られたと受け取られる。

【参考史料】

A　令集解　公式令43諸国給鈴条朱説

朱云。並長官執者、為有鈴関契称並字者。凡長官在日、次官以下不可執耳。以下亦可放此義也。無次官執者、次々主典以上可執耳。凡無者身病幷受仮之類、皆同也。凡印等主夕還館時、封収置官庫耳。不可持還館者、於鈴称可執人也。未知。於印何不称乎。答。可放鈴者

B　続日本紀　天平宝字五年（七六一）八月癸丑朔条

八月癸丑朔、勅曰、頃見七道巡察使奏状、曽無一国守領政合公平。窃悪貪濁人多、清白吏小。朕聞、授非賢哲、万事咸邪。任得其材、千務悉理。止如国司、一色親管百姓籍、其奨導風俗字撫黎民。特須精簡、必令称職。其居家無孝。在国無忠。見利行非、臨財忘恥。上交違礼、下接多諂。施政不仁、為民苦酷。差遣辺要、詐称病重、任使勢官、競欲自拝。匪聞教義、靡率典章。措意属心、唯利是視。巧弄憲法、漸汚皇化。如此之流、傷風乱俗。雖有周公之才、朕不足観也。自今已後、更亦莫任。還却田園、令勤耕作。若有悔過自新、必加褒賞。迷塗不返、永須貶黜。普告遐邇教喩衆諸。美作介従五位下県犬養宿祢沙弥麻呂、不経官長、恣行国政。独自在館、以印公文、兼復不拠時価、抑買民物。為守正四位上紀朝臣飯麻呂所告失官。

（吉岡　補説2本郷）

摂の神王の蹲の光を放ち奇しき表を示して現報を得る縁　第二十一

【原　文】

[1]摂神王蹲放レ光示二奇表一得二現報一縁第廿一

諾楽京東山、有二一寺一。号曰二金[2]熟《鷲》一。[3]々々優婆[4]寒、住二斯山寺一、故以為レ字。今成二東大寺一。未レ[5]造二大寺一時、聖武天皇御世、金鷲[6]以行者、常住修レ道。其山寺、居二一執金剛神[7]攝像一矣。行者、神王蹲[8]蹔レ縄引レ之、願昼[9]夜不レ憩。時従レ蹲放レ[10]先、至二于皇殿一。天[11]皇驚怪、遣レ[12]使看レ之。勅信、尋レ光至レ寺。見有二一優婆塞一、引下於繫二彼神蹲一之縄上、礼仏悔過。信、視遄還、以レ状奏レ之。召二行者一詔、欲レ求二何事一。答曰、欲三出家修二学仏法一。勅許二得度一、金鷲為レ名。誉二彼行一、供四事、無二乏時一。世之人美二讃其行一、称二金鷲[13]菩薩一矣。彼放レ光之執金剛神[14]像、今東大寺於二羂索堂北戸一而立也。賛曰、善哉、金鷲行者。信燧攅二東春一、熟[15]火炬二西秋一。蹲光怟[16]二感火一、人皇慎験レ瑞。誠知、願無レ不レ得者、其斯謂[17]矣。

（第二十五紙）

㊎本縁を欠く
1 摂、群塴攷証原作摂依下文及第十三条訓釈改
2 熟、真見セ消チして鷲と傍書国熟、以下同じ攷証高野本作熟下皆同
3 々々、国金熟
4 寒、群塞群に従う
5 造大寺時、国大寺造
6 以、国群ナシ攷証行上原衍以字依高野本削国に従う
7 塴、国摂国に従う
8 鑿、群繫群に従う
9 昼、国破損
10 先、国群光国に従う
11 皇、国王
12 看、国者
13 菩薩、国井
14 神、国神之
15 熟、国ナシ
16 怟、国群扶国に従う
17 謂、国群謂之攷証原脱之字依高野本増

【書き下し文】

摂《しょう》の神王《じんおう》の蹲《こむら》の光を放ち奇《あや》しき表《しるし》を示して現報《げんぽう》を得る縁　第二十一

諾楽《なら》京の東の山に、一《ひとつ》の寺有り。号《なづ》けて金鷲《こんす》と曰《い》ふ。金鷲優婆塞《うばそく》、斯《こ》の山寺に住し、故《か》れ以て字《あざな》とす。今東大《とうだい》寺と成る。大寺を造らざる時、聖武《しょうむ》天皇の御世に、金鷲行者《ぎょうじゃ》、常住《じょうじゅう》して道を修す。其《そ》の山寺に、一《ひとはしら》の執金剛神《しゅうこんごうしん》の摂像《しょうぞう》を居《す》ふ。行者、神王の蹲に縄を繫《か》けて之《これ》を引き、願ひて昼夜に憩《いこ》はず。時に蹲より光を放ち、皇殿《おおとの》に至る。天皇驚《おどろ》き怪しび、使を遣《つかわ》して之を看《み》しむ。勅信《ちょくしん》、光を尋ねて寺に至る。見れば一《ひとり》の優婆塞有りて、彼《そ》の神の蹲に繫けたる縄を引き、礼仏悔過《らいぶつけか》す。信、視て遄《すみやか》に還《かえ》りて、状《さま》を以て之を奏《もう》す。行者を召して詔《みことの》りして、「何事をか求

めむと欲《おも》ふ」と。答へて曰はく、「出家して仏法を修学せむことを欲《おも》ふ」と。勅《みことのり》して得度《とくど》を許し、金鷲を名とす。彼の行を誉めて、供する四事《しじ》、乏しき時無からしむ。世の人、其の行を美《ほ》め讃《たた》へて、金鷲菩薩《ぼさつ》と称す。彼の光を放ちし執金剛神像は、今東大寺の羂索堂《けんざくどう》の北戸に立てるなり。賛《さん》に曰はく、「善《よ》きかな、金鷲行者。信の燧《ひきりび》を東春に攅《き》り、熟火を西秋に炬《た》く。蹲の光、感火を扶《たす》け、人皇《にんのう》慎《つつし》みて瑞《しるし》を験《あらわ》す。誠に知る、願いて得ざること無し」とは、其れ斯れを謂《い》ふなり。

【語　釈】

○**摂**　国傍訓「ニフノ」。塌像は、粘土をひねって造った像。塑像（日国大）。中13（198頁）「摂像」。

○**神王**　仏教やその行者を守護する神。多く甲冑を着し、忿怒の相に描かれる（日国大）。

○**蹲**　新撰字鏡「古牟良、又牟加波支」、名義抄「コムラ、ハキ、ムカハキ」。国傍訓「ハキヨリ」。

○**諾楽京東山**　平城京東方の山。奈良市旧市街地東部を南北に連なる春日山、若草山、高円山などの一帯。大和高原の西縁、奈良盆地の東縁にあたる山地。

○**金鷲**　東大寺前身寺院の金鐘寺に通じる。補説1。

○**優婆塞**　在家のままで、仏道修行にはげんでいる人。上3（上69頁）。

○**東大寺**　平城京東郊に奈良時代半ばに建立された官大寺。奈良市雑司町にあり、現在華厳宗大本山。大養徳（大倭）国金光明寺。補説1。

○**未造大寺**　天平十四年（七四二）頃以前か。補説1。

○**一**　ひとはしら。柱は、身分の高い人物、僧綱、神、尊、御所などを対象に用いる助数詞。上8（上148頁）「一菩薩」。

○**執金剛神**　不可破壊の武器である金剛杵を持つ神。仏に近侍して常に護衛の任にあたり、非法の者があれば金剛杵をふるってこれを摧破する（広説）。補説2。

○**行者**　仏道を修行する者。上11（上178頁）、中13（200頁）。

○**神王蹲繋縄引之**　同様の例として、観音菩薩の手に縄を掛けて牽いた事例（中34）、大安寺僧弁宗が長谷寺の十一面観音像の手に掛けた縄を引いて称名した事例（下3）がみえる。

○**憩**　国訓釈「イコハス」、国傍訓「ヤマ」、新撰字鏡「伊己不」、字鏡・字鏡集「イコフ」。上20興訓釈「伊己不己止」、上20国訓釈「伊古不止云」。いこう（字通）。上20（上249頁）。

○**皇殿**　天皇の宮殿の意であろう。

○**看**　看験は、調べる（字訓）。

○**勅信**　国傍訓「信　ツカヒ」。勅使に同じ。勅使は、勅旨を伝えるために派遣される使者（日国大）。

○**礼仏**　合掌恭敬して仏を礼拝すること（広説）。

○**悔過**　仏前に懺悔して、罪報を免れることを求める儀式。上5（上110頁）、中6（104頁）、中11（176頁）。

○**遄**　上8国訓釈「スミヤカ尓」。中19（261頁）、中20（271頁）。

○**得度**　僧となること。在家から仏門に入ること。出家に同じ。上3（上69頁）。

○**四事**　修行僧の日常に必要な四種の品。飲食と衣服と臥具と湯薬（医薬）（広説）。

○**讃**　国傍訓「攅　ホメテ」、字鏡集「ホマル、ホム」。上6（上127頁）。

○**羂索堂**　法華堂。不空羂索観音を本尊とする。東大寺要録によると、良弁が天平五年（七三三）に造立し（諸院章第四）、天平十八年から法華会を修したという（諸会章第五）。国訓釈「罷　音券反縄也」。群訓釈「羂　音券反縄也」。

○**北戸**　東大寺法華堂の執金剛神像は、本尊不空羂索観音像背後に北面しておかれる厨子内に安置される。北戸はいわゆる後戸にあたり、従来その神秘性・特異性が強調されてきたが（服部幸雄「後戸の神―芸能神信仰に関する一考察」『文学』四一―七、一九七三年）、山岸常人は、宗教的機能と世俗的機能の併存という観点から、その本質を仏堂内部（法会空間＝宗教世界）と外部（世俗世界）の接点と理解した（山岸「後戸の実態」『中世寺院社会と仏堂』塙書房、一九九〇年。初出一九八六年）。

○**信燧攢東春熟火炬西秋**　国訓釈「燧　ヒキリ備乎」、字鏡集「燧　ヒキリノヒ」、名義抄・字類抄「燧　ヒウチ」。国訓釈「攢岐里又母三」。国傍訓「攢　モミ」。信仰の火を春に燧り出し、よく燃えて秋になって盛だ（全書）。信仰のともし火を春に点じ、盛んな焰を秋に上げて燃やす（若年に信仰に入り、逐年信仰心の高揚されること）（旧大系）。

○**瑞**　国訓釈「印也」。しるし（字通）。

○**願無不得者**　類似する語句は、中31、下11・17・21にみえる。六度集経に「誓令衆生逢仏昇天、苦毒消滅、後世所生願無不得、値仏生天必如志願也」（大正新脩大蔵経三―一二頁）、大智度論に「此清浄業因縁故無願不得、余功徳離般若波羅蜜無有無礙智慧」（大正新脩大蔵経二十五―三一四頁）、法苑珠林に「若能持戒、種種妙楽無願不得、若人破戒憍逸自恣、亦如彼人破瓶失利也」（大正新脩大蔵経五十三―九三三頁）。

【現代語訳】

塑像の神像のふくらはぎが光を放ち、不思議なしるしを示しこの世でご利益を得た話　第二十一

平城京の東の山に、一つの寺があった。寺の名を金鷲寺といった。金鷲優婆塞がこの山寺に住し、それ故に寺の名をもって通称としていた。その寺が、今の東大寺となった。東大寺の造営以前、聖武天皇の御世に、金鷲行者は、常住して修行していた。その山寺に、一体の執金剛神の塑像が安置されていた。行者は、神像のふくらはぎに縄をかけて引き、願をかけて昼夜休むことがなかった。その時にふくらはぎが光を放ち、光は天皇の宮殿にまでとどいた。天皇は驚き怪しまれ、使を遣わして調べさせた。勅使は光源を探して寺にいたった。見ると、一人の優婆塞がいて、その神像のふくらはぎにかけた縄を引き、礼仏悔過していた。勅使は、これを視て急いで宮に還り、事情を奏上した。そこで、天皇は行者を召して、「何を求めて願うのか」と尋ねられた。行者は、「出家して仏法を学びたいと思っています」と答えた。そこで天皇は勅して得度を

お許しになり、金鷲を名とした。その行をお誉めになられ、彼に供する四事に不足なきようにされた。世の人はその行を誉め讃えて、金鷲菩薩とあがめた。光を放った執金剛神像は、今は、東大寺羂索堂の北戸に立っている。賛嘆の言葉に、「よきことよ、金鷲行者は。信仰の火を春に灯し、燃える火を秋に炬く。ふくらはぎの光は感化を扶け、天皇は慎んでよいことをなさった。願いて得ざることはない」とあるのは、このことをいうのである。

【関連説話】

1　扶桑略記抄　天平二十一年（七四九）条

（前略）又云、天平年中、大倭国諾楽京東山有一寺。号曰金熟。金熟優婆塞住斯山寺、故以為名。今謂東大寺、是其処也。於是金熟行者常住其寺、安置一執金剛神像。行者神像之蹲、繋縄引之。発願修行、昼夜不休。時像従蹲放光、至于皇殿。天皇驚怪、遣使令看。勅使尋光至寺見之。有一優婆塞、引彼神蹲之縄、礼仏悔過。以状奏聞。召問行者、欲求何事。答言、出家入道欲修仏。勅許得度。百寮供給。四事無乏。世人美其行、称金熟大井。彼執金剛神、今在東大寺羂索院、立北戸是也。

2　今昔物語集　巻十七第四十九話

金就優婆塞、修行執金剛神語第四十九

今昔、聖武天皇ノ御代ニ、奈良ノ京ノ東ノ山ニ、一ノ山寺有リ。其ノ山寺ニ一人ノ優婆塞有リ。名ヲバ金就ト云フ。此ノ優婆塞ノ此ノ山寺ヲバ造レルニ依テ、此ノ山寺ニ住セル也。

而ル間、未ダ東大寺ヲ不造ザル時ニ、金就行者、其ノ寺ニ住シテ、仏ノ道ヲ行フニ、其ノ山寺ニ、一ノ執金剛神ノ摂像在マス。金就行者、其ノ執金剛神ノ蹲ニ縄ヲ付テ、此レヲ引テ昼夜ニ息ム事無ク修行ス。其ノ時ニ、執金剛神ノ蹲ヨリ光ヲ放ツ。其ノ光リ、即チ天皇ノ宮ニ至ル。天皇、此ノ光ヲ見給テ、此レ何レノ所ヨリ来レル光ト云フ事ヲ知リ不給ズシテ、驚キ怪ビ給テ、使ヲ遣テ尋ネ給フニ、使、勅ヲ奉テ、光ニ付テ彼ノ山寺ニ行テ見レバ、一人ノ優婆塞有テ、執金剛神ノ蹲ニ縄ヲ懸テ、礼拝シテ仏道ヲ修行ス。使、此レヲ見テ、返リ参テ、此ノ由ヲ奏ス。天皇此レヲ聞キ給テ、忽ニ彼ノ金就行者ヲ召スニ、即チ参レリ。天皇、行者ニ宣ハク、「汝ヂ、何事ヲ求メ願フニ依テ、如此ク修行スルゾ」ト。金就行者答テ云ク、「我レ願フ、「出家シテ仏道ヲ修行セム」ト思フ故也」ト。天皇此ヲ聞キ給テ、讃メテ出家ヲ許シテ令度給フ。其ノ時ニ、行者、本意ノ如ク出家シテ、比丘ト成レリ。時ノ人、皆此レヲ見聞テ、行者ヲ□其ノ金就菩薩ヲ天皇深ク帰依□事ヲ仰セ合セ給ヒケリ。

其ノ光ヲ放チ給ヘル執金剛神ノ摂像□東大寺ノ羂索堂ノ北ノ戸ニ于今立給ヘリ。専ニ人詣テ礼シ可奉キ像也。其ノ羂索堂ハ、彼ノ金就行者ノ住ケル昔ノ山寺、此レ也。

亦、古ヘハ出家ヲモ、天皇ノ許サレ無クテハ、輙ク為ル事無カリケレバ、然モ懃ニ祈リ請ケル也ケリトナム語リ伝ヘタルトヤ。

3　東大寺要録　巻一、縁起章第二

霊異記中巻云、諾楽京東山有一寺。号曰金鷲。々々優婆塞住斯寺、故以為字。今成東大寺。未造大寺時、聖武天皇御世、金鷲行者、常住修道。其山寺居一執金剛神像矣。行者神王蹲繫縄引之。願昼夜不憩。時従蹲放光至于皇殿。天皇驚怪遣使者看之。勅使尋光至寺見、有一優婆塞。引於繫彼神蹲之縄礼仏悔過。信視遄環以状奏之。召行者詔、欲求何事。答曰願出家修学仏法。勅許得度、金鷲為名。誉彼行供四事無乏時。世之人美讃其行称金鷲井矣。彼放光之執金剛神像、今在東大寺於羂索院北戸而立也。賛言、善哉金鷲行者。仁燧鑽東春、熟火炬西秋。蹲光扶感火、人皇慎験瑞。誠知願無不得者、斯謂者也。云々。

4　三国仏法伝通縁起　巻中、華厳宗（大日本仏教全書一〇一）

（前略）発願初興者、即良弁僧正是其英也。良弁本随義淵僧正学法相宗。彼七人上足之一也。今正発願初興華厳。金鐘道場執金剛神者、良弁僧正之本尊也。良弁元名金鷲仙人。是弥勒応迹。自造弥勒像安羂索堂。執金剛神放光照内裏、良弁奉祈聖朝安穏音聞内裏已達上聞。乃被立勅使。良弁奏聞奉禱聖朝安隠建立大伽藍。祈禱懇志深契叡慮迺先賜以羂索堂。以公家土功造営已畢。此処名金鐘寺。天平庚辰華厳初講即在此堂。天平五年癸酉初造羂索院。而此院中有二月堂。安十一面像。実忠和尚現身昇兜率天。遷四十九院中観音院行業。勧請補陀落山観音為堂本尊。修懺悔法、兼安小像為堂本尊。今此不空羂索観音惣名金鐘寺。後立東大寺為彼所管処。（後略）

5　元亨釈書　巻第二十八寺像志、東大寺

（前略）十七年八月、移和州添上郡攺造。郡有寺、曰金熟。優婆塞金熟居焉。故名之。持一執金剛神像以縄繋脛、捉之念修昼夜不休。一夜像脛放光照宮。天皇驚怪、勅尋光至此、中使以聞。乃召金熟問、欲求何事。奏曰、求得度。勅許之。四事供給。時人号金熟菩薩。帝以此地為勝区遷之。執金剛像今在羂索院。（後略）

【補説】

1　東大寺前身寺院金鐘寺と東大寺の成立過程

神亀五年（七二八）九月に夭折した皇太子基王の菩提を弔うため、十一月に智努王を造山房司長官に任じたとみえ（続日本紀同月乙未条）、これが金鐘山房（金鐘寺）のはじまりか。東大寺要録によると、金鐘寺の創建は、天平五年（七三三）と伝える。これに加え、東大寺要録巻四諸院章によれば、和銅元年（七〇八）に創建された天地院をはじめ、羂索堂・阿弥陀堂・千手堂・辛国堂・薬師堂など古い由緒を持つ堂宇が知られ、後の東大寺の境内には、大仏鋳造以前にも複数の寺院が存在していた。大養徳（大倭）国金光明寺は、天平十四年（七四二）七月頃には確認され（東大寺要録巻第七雑事章金鐘寺安居宣旨事所引同月十四日太政官符）、大和国分寺の寺観が早く整ったのは、それがこの時、金光明寺に改称された金鐘寺・福寿寺の二寺を転用して成立したことによる。東大寺の寺名は、天平十九年（七四七）十二月にみえ（同月二十二日東大寺写経所解。正倉院文書正集第三巻裏・続修第十五巻裏〈大日古［編年］九－六三二頁・二－七二二頁〉）、翌年七月までには金光明寺造物所を前身とする造東大寺司が成立しており（同月二十四日東大寺写経所解案。正倉院文書続々修二十四帙六巻裏〈大日古［編年］十－三二七頁〉）、これ以降、造営は本格化する。

東大寺前身寺院をめぐる議論は、吉川真司が東大寺境内において従来知られていなかった大規模な古代寺院遺跡（丸山西遺跡）を紹介したことにより、新たな研究段階を迎えている。吉川は、東大寺境内の発掘・表採瓦の検討、測量、地下探査、中世・近世史料の精査によりその寺名比定を行い、上院地区は福寿寺、丸山地区は山房・金鐘寺、戒壇院地区は辛国堂と推定した。また、旧金鐘寺堂宇について、丸山西遺跡堂宇（中山寺）は天平勝宝二年（七五〇）の落雷（続日本紀同年五月辛亥条）、天平宝字六年（七六二）の唐院への移建（四月九日上毛野真人啓。正倉院文書続々修四十五帙四裏〈大日古［編年］十五－四五五頁〉）などによりほぼ退転し、天地院跡堂宇（山堂・上山寺）は一時荒廃したが天平宝字六年から同八年までに再整備され、平安時代の天地院に継承されたと推定した（吉川真司説）。これに対し、高橋照彦は、瓦の年代観をもとに御蓋山の南の香山堂地区が神亀五年の山房であり、金鐘山房とは別であることを考古資料から立論した（高橋照彦説）。なお、法華堂の建立年代は、恭仁宮式文字瓦の分析により天平十二年（七四〇）から十三年までとみられている（上原真人「恭仁宮文字瓦の年代」奈良国立文化財研究所創立三〇周年記念論文集刊行会『文化財論叢』同朋舎、一九八三年。同「東大寺法華堂の創建―大養徳国金光明寺説の再評価」『考古学の学際的研究―濱田青陵賞受賞者記念論文集Ｉ』二〇〇一年）。

2　東大寺法華堂の執金剛神像

東大寺法華堂の執金剛神像は、本尊不空羂索観音像背後に北面しておかれる厨子内に安置され、良弁の忌日十二月十六日だけ開扉される秘仏である。この像の造立時期は、東大寺要録その他の解釈から、天平五年（七三三）良弁が羂索院を創建した時とする説、天平十二年（七四〇）藤原広嗣の乱を鎮めるため本尊とともに造られたとする説、天平十七年（七四五）にこの地に大仏が造立されるにあたってその護法神として造立が考えられたとする説などがある（西川杏太郎「秘仏・執金剛神立像」奈良国立博物館『東大寺のすべて』二〇〇二年）。近年の光学分析の成果は、奈良国立博物館『奈良時代の塑造神将像』（中央公論美術出版、二〇一〇年）を参照。

【参考史料】

A　東大寺要録　巻一、本願章第一

根本僧正。諱良弁。

僧正者相模国人漆部氏。持統天皇。治三年己丑誕生。義淵僧正弟子。金鷲井是也。天平五年建金鐘寺。

天平勝宝三年任少僧都。年六十三。同六年十月十三日兼法務。年六十六 戒壇供養賞。同八年任大僧都。年六十八。

宝亀四年補僧正。年八十五。同年閏十一月十六日入滅。

同十九日拾遺骨送宇多郡賀幡山。云々。

耆老相伝云、根本僧正昔嬰児之時、於坂東為鷲鳥被取未知行方。依之父母大歎流浪諸国。而件児被落山城国多賀辺、彼郷人取之養育。漸以成長。即根本僧正是也。御寺建立之時為聖朝師、威徳巍々住東大寺。其時彼父母尋来陳此由。先問身験、脇下有験。于所陳有実之上、被取鷲事而符合。仍始知父母及子。悲喜満胸、啼涙潸然。云々。

又相伝云、良弁僧正弥勒井之化身。云々。見八嶋寺記。云々。

B　東大寺要録　巻二、縁起章第二

私云、聞諸旧人云、根本僧正為童行者、於大檪下結草菴。安置執金剛神像。於其前行礼拝。口唱聖朝安隠増長宝寿。其声幽達天聴、即遣勅使東山、尋之至大檪下。有一童行者、修此行法。問訊由緒、行者報云、此地是殊勝霊崛也。欲立伽藍興隆仏法。不及私力、持在帝徳。因斯抽懇念勤此事也。勅使返答。皇帝感心、被下綸言、立大伽藍也。雖不見本文、是先達相伝了。件大檪木、天永四年九月仆了。

又古老伝云、聖武天皇瞻望東山、紫雲聳空徐覆殿上。天皇異之遣勅使、尋山之処有童行者。於執金剛神前誦花厳経。勅使慰喩、問其由緒。行者陳云、此度欲建伽藍、由之天皇立東大寺。云々。

又古人談云、金鍾行者、顕霊験之時、朝野崇敬、有造大仏殿之儀。而大仏殿正面以東、金鍾行者之所領也。正面以西者、辛国行者之領也。爰辛国行者奏云、帰依僧事可随霊験、何偏帰依金鍾行者、被収吾地乎。須召金鍾行者、与我争験。随其勝負可被帰依被建寺者。朝庭召彼両人令捔験。各誦咒時、従辛国行者之方。大蜂数万出来。欲螫殺金鍾行者。又従金鍾行者之方、大鉢飛来打蜂。即其蜂逃散。其鉢寄辛国行者許誡之。爰辛国大嗔成寺之讐敵、度々破仏法。云々。

但此事不見本文。但御寺絵図云気比明神巽角、有辛国堂。云々。今見在其礎、是不虚歟。

C　七大寺巡礼私記　東大寺（奈良国立文化財研究所史料）

一羂索院三昧堂一宇、南向、三間瓦葺、金色不空羂索立像、四天王像、同像足下鬼形等神妙也。件寺在大仏殿東山、世俗呼之号南無観寺。云々。此堂修二月行法事。口伝云、毎年二月朔日、開当院宝蔵、舁出小厨子、置本仏前之壇上。其厨子内十一面観音像。云々。堂衆十五六人、自二月朔日籠堂中、二七箇日之間、白地不出住房所勤行也。至十四日夜、堂衆等皆執金剛鈴、又以炬火逆挟腋、火炎出後、相烈唱南無観之宝号、疾是（足カ）廻仏壇奔是（走カ）之。其衆之中尩弱微力之人、気竭斃伏、勁抜勇健之輩尚走。所遣（遺カ）及一人、以之為殊異行、導師及耆老大徳一両許不走者也。其導師持金剛鈴矣。

但此堂仏後北向安等身執金剛神立像。此像金鷲行者之本尊也。不可思議霊像也。件像嗔目張口、右手持金剛杵、左手作拳下テ後ニ向テ右足沓盤□□。屈膝テ爪立タリ。件像無左鬢衣。口伝云、将門諸（謀カ）叛之時、依公家之祈禱、彼反作蜂飛行軍中、趣調伏之間、将門振剣切片翼、其翼者此像之左鬢衣而已。雖然調伏魁首門〔将脱カ〕。云々。件鬢衣雖須加修補、以奇特之験、為□来葉、不令修理云々。同院閼伽井二所。件井者有三昧堂之北、皆六尺許石泉也。東西相連不搾。口伝云、件井自本無水、畳石之後、天王命良弁僧正令祈給之剋、感僧正行験、若狭国小入明神振神力所構出也。云々。

（中略）

一依金鷲行者教天王建東大寺事。

口伝云、件行者宿住根本椙、今在大仏殿東山中。彼木星霜多積、其根朽如洞、其中有行人、是謂金熟（ママ）山之故也。号金熟行者。形体禿童、以執金剛像為本尊、以礼拝之行為常乗（ママ）。其辞云、金輪聖王天長地久云々。其音遙達叡聴。加之又本尊放光、照耀王宮。于時、天皇尋声及光行幸樹下、所出行者拝謁之剋、行者奏云、今思先生者、君是流砂之船師也。我則西域之行人也。為求法趣西域之時、君助成渡流沙。于時我誓願云、君依此功徳、可登王位。我又生一国共為師壇、興隆仏法。云々。

誓願不朽今以如此。爰天王聞此語、忽発井之願、不嫌黔首之民、普唱知識、令営造東大寺給、金熟行者即良弁僧正是也。行者本住此樹下、故云根本椙也。

口伝云金熟行者、近江国粟津人也。其母見奇《シキ》夢之後、遂《ニ》以有身、将生産之時、又感霊夢、母不腸悩生男子。愛養之間、未経幾月、抱児出後薗《ニ》、為未年纏襁褓伏樹下、鷲鳥取《テ》其児、雲飛去、母見雲端、追之。鳥目不及飛去了。母離本《ノ》郷相尋之間、日月推移、乞食於道路《ニ》。或趣坂東《ニ》或往鎮西《ニ》如是求訪已経卅余年件児誕生之時、其母年齢十八云々。母漸及五十余、自鎮西、帰来。淀津《ニシテ》或人語云東大寺別当良弁僧正者、赤子之時鷲鳥所落置也。依為仏法之貫首禽獣尚不加害《ヲ》其母降船、聞斯語、暗《ニ》知為我子。仍従《ヨリ》淀津直趣南都、雖別《到》僧正門下《ニ》其房威勢魏々子細難達辺、窺隟《ヲ》謁見僧正《ヲ》、恩愛之令《ル》爾《ラ》已知為母、忽頂形委聞因縁了。僧正以状奏聞天皇、々々令垂哀憐、賜一官舎、令止宿、令号宮殿是也云々。

【参考文献】

筒井英俊「良弁僧正と漆部氏」（『南都仏教』創刊号、一九五四年）

堀池春峰「金鐘寺私考」（『南都仏教史の研究』上、法藏館、一九八〇年。初出一九五五年）

吉川真司「東大寺の古層―東大寺丸山西遺跡考」（『南都仏教』七八、二〇〇〇年）

吉川真司『東大寺成立過程の研究』（平成10年度〜平成11年度科学研究費補助金〈基盤研究(C)(2)〉研究成果報告書、二〇〇一年）

高橋照彦「東大寺前身寺院に関する試論」（『鹿園雜集』五、二〇〇三年）

濱田恒志「東大寺法華堂執金剛神像をめぐって―後戸安置と霊像化」（『美術史学』二九、二〇〇八年）

濱田恒志「東大寺法華堂天平期諸像の研究―尊像構成と機能について」（『仏教芸術』三〇二、二〇〇九年）

菱田哲郎「東大寺丸山西遺跡と興福寺式軒瓦」（栄原永遠男ほか『東大寺の新研究１　東大寺の美術と考古』法藏館、二〇一六年）

栄原永遠男「東大寺の諸堂―丸山地区をめぐる政治的動向」(栄原永遠男ほか『東大寺の新研究1 東大寺の美術と考古』法藏館、二〇一六年)

(山本)

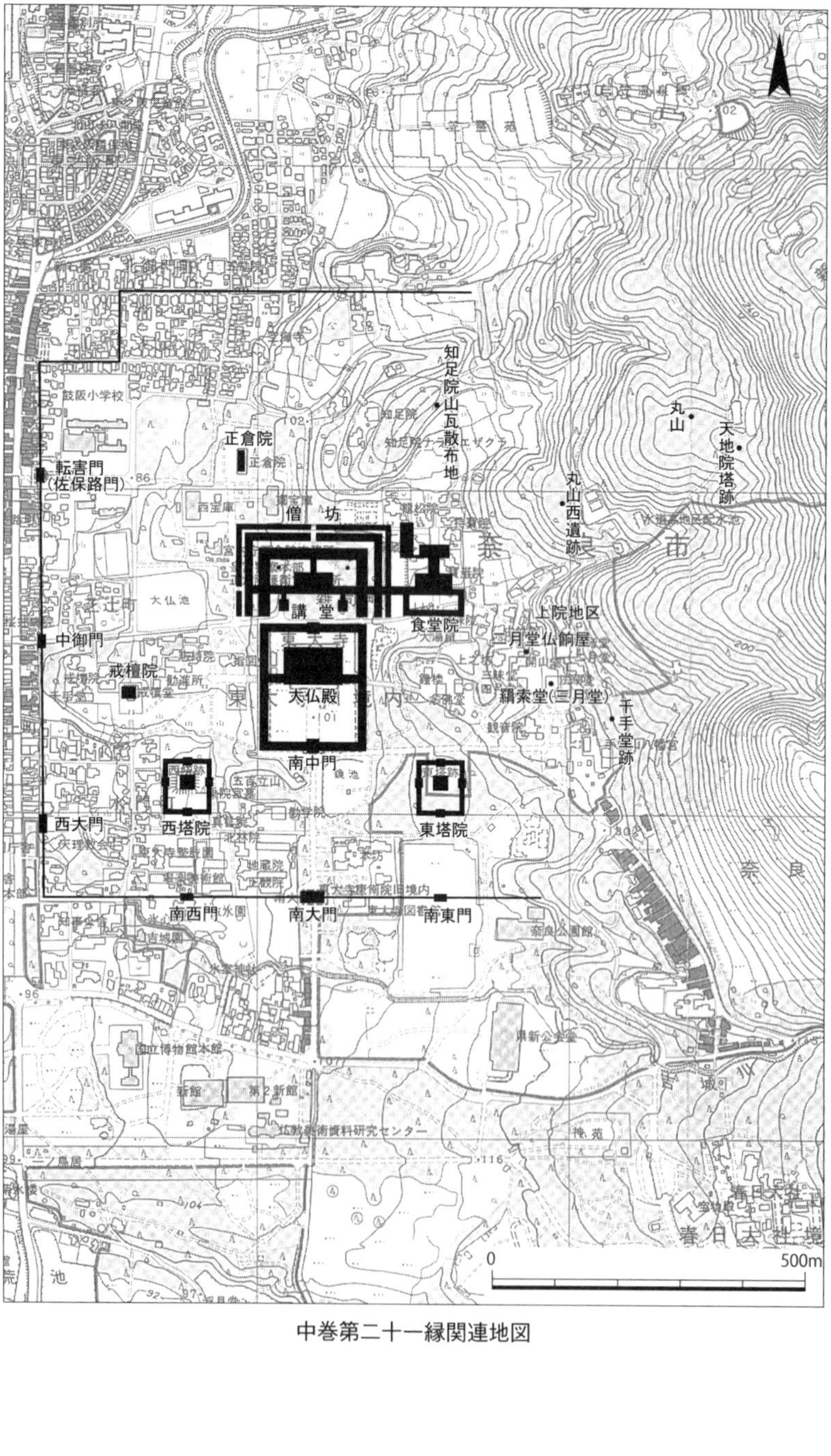

中巻第二十一縁関連地図

仏の銅像盗人に捕れて霊しき表を示し盗人を顕す縁　第二十二

【原　文】

仏銅像、盗人所レ捕、示二*霊表一、顕二盗人一縁第廿二

和泉国*日根郡部内、有二一盗人一。住二道路辺一、姓名未レ詳也。*天年心[1]曲、*殺盗為レ業、不レ信二因果一。常盗二寺銅一、作レ帯*衒売。聖武天皇御世[2]、其[3]部[4]*尽恵寺仏[5]*鎵、盗人所レ取。時有二路[6]往人一、従二寺北路一、乗レ馬而往。聞之有レ声、而叫哭曰、痛哉、痛哉。[7]人聞、思二諫不レ令レ打、*趁レ馬疾前、随レ近、叫音漸[8]告不レ[9]叫。留レ馬聞之、唯有二*鍛音一。所以前レ馬過往。随レ却、如レ先復[10]**呵呻也。不レ得二忍過一故、更還来、叫音復止、而有二鍛音一。疑若殺レ人、必有二*異心一、*良久*俳佪、窃入二従者一、*窺二看屋内一、奉レ仰二仏銅像一、*[11]剔二欠手足一、以レ**錠鍗レ[12]頸。即捕打問、何寺仏像。答[13]尽恵寺之仏像也。遣レ使問之、実

所レ盗矣。使者挙[14]レ語、而具述レ状。僧並檀越、聞之集来、衛二於破仏一而号愁曰、哀哉、悲[15]哉。我[16]大師、聊[17]何有二過失一、蒙二此賊難一*。*尊像有レ寺、以レ像為レ師。今自レ滅後*、以レ何為レ師矣。衆僧厳レ挙[18](*)、安二置損[19]仏一、哭殯[20]*二於寺[21]一。彼盗人不二刑罰*一而捨*。路人繋之*、以送二于官一*、*閉二囚囹*圄一。定知、聖[22]輟二甚[23]悪一、而示二是瑞一。至誠応レ懼。非レ无二聖霊一。*涅[24]槃経十二巻文、如二仏説一、我心重二大乗一。聞三婆[25]*羅門誹二謗*方等一、断二其*命根一。以二是因縁一、従[26]レ是来、不レ堕二地獄一。又彼経卅三巻云[27]、*一闡提輩永*断滅。故以二是[28]義一故、殺二害蟻*子一、猶得二殺罪一、殺二一闡提一、無レ有二殺罪一者、其斯謂之矣。[29]此人者、誹二謗仏法僧一、為二衆生一不レ説レ法。無二恩[30]*義一故、[31]殺无レ罪者也。

（第二十六紙）

来本縁を欠く
1曲、国由
2世、国代
3部、国郡攷証高野本作郡
4尽、国書攷証高野本作書
5鏉、国銅像攷証高野本作銅像二字
6往、国行
7人、国群路人攷証原脱路字
8告、国失国に従う
9叫、国叨
10呞、国群咰攷証依高野本改
11剔、国ナシ
12頸、群頸群に従う
13尽、国書
14挙、国誉
15悲、国群愍攷証依高野本増改
16我、国ナシ攷証高野本無我
17聊、国哉攷証高野本無聊
18挙、国群轝攷証依高野本改国に

従う
19損、国ナシ
20殯、群擯攷証意改
21寺、国群ナシ攷証依高野本削
22聖、国群ナシ攷証依高野本削
23甚、国群其
24涅槃、国炎
25婆羅、国ハラ
26是、国群是以攷証依高野本増国に従う
27云、国ナシ
28是、国此
29此人以下二三文字、国一行書き　攷証以下廿三字高野本大書按此語非経文
30恩義、国思議
31殺、国ナシ

【書き下し文】

仏の銅像、盗人に捕《とら》れて、霊《あや》しき表《しるし》を示し、盗人を顕《あらわ》す縁第二十二

和泉《いずみ》国日根《ひね》郡の部内《ぶない》に、一《ひとり》の盗人有り。道路の辺に住み、姓名詳《つまびら》かならず。天年《てんねん》心曲《まが》り、殺盗を業《わざ》となし、因《いん》果《が》を信ぜず。常に寺の銅《あかがね》を盗み、帯に作《な》して衒売《げんばい》す。聖武《しょうむ》天皇の御世、其《そ》の部の尽恵《じんえ》寺の仏の鐌《ぞう》、盗人に取らる。時に路往《ゆ》く人有りて、寺の北の路より、馬に乗りて往く。聞けば声有りて、叫び哭《な》きて曰《い》はく、「痛きかな、痛きかな」と。人聞きて、諫《いさ》めて打たしめじと思ひ、馬を趍《はし》らせ疾《と》く前《すす》めば、近づくに随《したが》ひて、叫ぶ音《こえ》漸く失せて叫ばず。馬を留めて聞けば、唯鍛《ただかじ》する音のみ有り。所以《ゆえ》に馬を前めて過ぎ往く。却《しりぞ》くに随ひて、先の如く復《ま》た呵《さけ》び呻《によ》ぶなり。忍び過ぐること得ざるが故に、更に還《かえ》り来れば、叫ぶ音復た止《や》みて、鍛する音有り。疑はくは若しくは人を殺すか、必ず異《け》しき心有らんと、良久《ややひさ》に俳佪《たちもとお》り、窃《ひそ》かに従者を入れ、屋の内を窺《うかが》ひ看《み》さしむれば、仏の銅像を仰《の》け奉《たてまつ》り、手足を剔《き》り欠《か》き、錠《たがね》を以て頸《くび》を鍗《き》る。即ち捕《とら》へ打ちて問ふ、「何《いずく》の寺の仏像ぞ」と。答ふるに、「尽恵寺の仏像なり」と。使を遣《つかわ》し問へば、実《まこと》に盗まれたり。使の者、語《ことば》を挙《あ》げて、具《つぶさ》に状《さま》を述ぶ。僧並びに檀《だん》越《おつ》、聞きて集まり来りて、破れたる仏を衛《まぼ》りて号《な》き愁へて曰《い》はく、「哀《かな》しきかな、悲しきかな。我が大師《だいし》、聊《いささ》かに

何の過失有りてか、此の賊難《ぞくなん》を蒙《こうむ》る。尊像《そんぞう》、寺に有りては、像を以て師となす。今滅《き》ゆるより後、何を以てか師となさん」と。衆僧《しゅそう》、輿《こし》を厳《かざ》り、損《そこな》はれたる仏を安置し、哭きて寺に殯《もがり》す。彼《そ》の盗人、刑罰《う》たずして捨《はな》つ。路の人繋《とら》へて、以て官《つかさ》へ送り、囹圄《ひとや》に閉囚《とりあ》へてき。定めて知る、聖甚《はなは》だしき悪を輟《や》めむと、是《こ》の瑞《しるし》を示す。至誠応《まさ》に懼《おそ》るべし、聖霊無きに非《あら》ず。涅槃経《ねはんきょう》十二巻の文に、仏の説くが如く、「我が心大乗《だいじょう》を重みす。婆羅門《ばらもん》の方等を誹《ひ》謗《ぼう》するを聞き、其の命根を断つ。是の因縁《いんねん》を以て、是《これ》より以来、地獄に堕《お》ちず」と。又、彼の経三十三巻に云《い》はく、「一闡提《いちせんだい》の輩《ともがら》、永く断滅せむ。故、是の義を以ての故、蟻子を殺害せば、猶《な》ほ殺すの罪を得れども、一闡提を殺すは、殺すの罪有ること無し」とは、其れ斯《こ》れを謂《い》ふなり 此の人は、仏法僧を誹謗し、衆生《しゅじょう》の為に法を説かず。恩義《おんぎ》無きが故に、殺すに罪無き者なり。

【語　釈】

○**霊**　名義抄「アヤシ」。
○**日根郡**　和泉国の南西端に位置した郡。現在の大阪府泉佐野市・泉南市・阪南市・泉南郡熊取町・田尻町・岬町の全域と貝塚市の一部にあたる。和名抄「日根　比祢」。
○**天年**　天性、生まれつき。上4（上85頁）、中19（260頁）。
○**殺盗**　殺すことと盗むこと（日国大）。
○**衒売**　品物などを実際よりよく見せて売ること。中19（262頁）。
○**尽恵寺**　和泉国日根郡にあった寺院。比定地は不明。
○**鐰**　像の別字。攷証「蓋像以金造故、字从金耳。或銅像二合省字」。校注は碑別字巻三「鐰像也　魏路文助造象記」を引

用する。碑別字は清・光緒二十年（一八九四年）刊行の異体字用例集（杉本つとむ編『異体字研究資料集成』一期別巻一、雄山閣出版、一九九五年）。

○**趁**　新撰字鏡「疾行也」、字類抄「ワシル」、字鏡集「ハシル」、国傍訓「ハセテ」。中序（21頁）。

○**鍛音**　国傍訓「カチスルヲト」。

○**呵**　名義抄・字鏡集「サケフ」、国訓釈「叨　サケヒ」、群訓釈「呴　サケヒ」。

○**呻**　字鏡集「ニヨフ」、国訓釈「尓ト与フ」、群訓釈「尓与フ」。うめく、うめくように声をもらす（字通）。

○**異**　名義抄「ケニ」、国傍訓「異心　アヤシム」。中3（68頁）。

○**良久**　字類抄「ヤ、ヒサシ」、中10国訓釈「二合ヤ、ヒサニアリキ」。

○**徘徊**　字類抄「ハイクハイ」、名義抄「タチモトホル、タチモトヲル」、国傍訓「タチヤスラヒテ」。上30（上344頁）「徘徊」。

○**窺**　国傍訓「ウカ、ヒ」。

○**剔**　新撰字鏡「加弥支留」、名義抄・字鏡集「キル」、国訓釈「木里」。

○**錠**　新撰字鏡「錠鐙　上定音波佐弥又太加尓。登□有足曰錠無足曰鐙也」、名義抄・字鏡集「タカ子」、国訓釈「多加尓」。鋼鉄製の手工具の一つ。木工ののみに似た工具で、ハンマーなどでたたいて、金属の切断、石・コンクリートの破砕などに用いる（日国大）。

○**鍗**　名義抄「キル」、国訓釈「記留」。

○**賊難**　強盗などによる災難を受けること。中17（243頁）。

○**尊像**　神仏や高貴の人の姿をうつした像。中17（243頁）。

○**滅**　名義抄・字鏡集「ホロフ、キユ」。

○**轝**　輿のこと。上1（上40頁）「轝籠」、中17（243頁）。

○**殯**　人が亡くなった際、直ちに埋葬せずに棺をモヤ（喪屋）に仮安置し、諸儀礼を行って幽鬼を慰撫する行為や、その期間。上4（上87頁）。仏像の破壊が人の死と同等に扱われている。国傍訓「殯於　ヲヒステ」。

○**刑罰**　字鏡集「刑　ウツ」、名義抄「罰　ウツ」。二合して訓む。

○**捨**　名義抄「ハナツ」。

○**繫**　国傍訓「トラヘテ」。

○**官**　名義抄「ツカサ、オホヤケ」。

○**閉囚**　捕らえ閉じ込めた。中23国訓釈「囚　ト利阿倍天岐」、名義抄・字鏡集「閉　トラフ」「囚　トラフ」。先行注釈に従い、二合して訓む。中1（36頁）「囚」。

○**囹圄**　名義抄「人ヤ」、国訓釈「二合ヒトヤ」。罪人を捕えて、閉じこめておく所（日国大）。

○**涅槃経**　大般涅槃経。上20（上250頁）。参考史料ＥＦ。

○**婆羅門**　司祭者。インドにおける四姓（カースト）のうち最高のもの。中5（93頁）。

○**方等**　方広とも。大乗経典をいう（広説）。

○**命根**　いのち。生命（日国大）。

○**一闡提**　断善根・信不具足と漢訳する。善根を断じていて救われる見こみのない者。成仏しえない者。どんなに修行しても絶対にさとることのできない者。仏教では仏教の正しい法を信ぜず、さとりを求める心がなく、成仏の素質・縁を欠く者をいう。世俗的快楽だけを希求している人。また仏教の教義を毀謗し、救われる望みのない人（広説）。

○**断滅**　絶え滅びること（広説）。

○**蟻子**　アリ、とくに羽を生じないもの。ありんこ。また、アリの卵・幼虫（日国大）。

○**恩義**　いつくしみの深いこと。また、報いなければならない義理のある恩（日国大）。

【現代語訳】

仏の銅像が盗人に捕らえられて不思議な霊験を表して、盗人を顕した話　第二十二

和泉国日根郡に、一人の盗人がいた。道路の辺に住み、姓名は明らかではない。生まれつき心が曲がっていて、殺生や盗みを生業とし、因果を信じなかった。いつも寺の銅を盗んでは、帯状に作り直しだまし売っていた。聖武天皇の御世に、その部（日根郡）の尽恵寺の仏像が、盗人に取られた。その頃、路を往く人がいて、寺の北の路から、馬に乗って進んでいた。声がするのが聞こえて、「痛い、痛い」と叫び泣いていた。路を往く人は泣いているのを聞いて、諫めて打たせまいと思い、馬を走らせて急ぎ進んでいくと、近づくに従って、叫ぶ声は次第に消え去って叫ばない。馬を止めて聞くと、ただ鍛冶する音が聞こえるだけだった。そのため馬を進めて過ぎ往くと、遠ざかるに従って、先のようにまた叫びうめく。こらえて通り過ぎることができなかったので、もう一度戻ってみると、叫ぶ音はまた止んで鍛冶する音がした。もしかすると人を殺そうとしているのだろうか、きっと普通ではない企てがあるに違いないと疑って、しばらくの間、辺りをうろうろし、こっそり従者を入れて、ひそかに建物の中の様子を見させると、仏の銅像を仰向けにし、手足を切り欠いて、鏨で頸を切っていた。すぐに捕らえ打ち、「どこの寺の仏像か」と問いただすと、「尽恵寺の仏像だ」と答えた。使を尽恵寺に遣わして尋ねてみると、本当に盗まれていた。使は盗人の言った通りのことを話し、事情を詳しく説明した。僧や檀越は、聞いて集まってきて、壊れた仏像を囲み、心を痛めて叫び、「痛ましいことだ、悲しいことだ。私たちの仏様は、仮にもどのような罪過があって、このような盗賊の災難を受けたのでしょう。尊い像は寺では師でした。今いなくなった後には、誰を師とすればよいのでしょうか」と愁えた。僧らは輿を飾って、壊された仏像を安置し、泣いて寺で殯をした。その盗人には罪に対する罰を与えず逃した。しかし仏像を見つけた道路を往来する人が捕まえて、郡司へ突き出し、盗人は獄舎に監禁された。明らかに知る、聖が甚だしい悪事を止めさせようとして、このような霊験を示したということが。極めて誠実な心に畏怖すべきである。仏像に魂がないということはない。涅槃経十二巻で仏が説くように、「私は心では大乗の教えを尊重しているので、バラモンが大乗の教えを誹謗する言葉を聞けば、彼を殺しもする。この因縁により、これ以来、仏法を誹る人を殺し

ても地獄に堕ちることはないのだ」。またその経の三十三巻には、「（信心・努力・思念・注意・理解という悟りへの五つの心が備わっていない）一闡提は永遠に滅ぼそう。一闡提には成仏できる機根がないのだから、蟻の子を殺すと殺生の罪となるが、一闡提を殺しても罪にはならない」と説かれている。それはこのことをいうのである この人は、仏法僧を誹謗し、衆生に法を説くこともない。慈しみの心もないので、殺しても罪にならない人である。

【関連説話】

1　今昔物語集　巻十二第十三

和泉国尽恵寺銅像、為盗人被壊語第十三

今昔、聖武天皇ノ御代ニ、和泉ノ国、日根ノ郡ノ内ニ一人ノ盗人有リ。道ノ辺ニ住シテ人ヲ殺シ人ノ物ヲ盗ミ取ルヲ以テ業トス。因果ヲ不信ズシテ、常ニ諸ノ寺ニ行テ窃ニ銅ノ仏ノ像ヲ伺ヒ求メテ、此レヲ盗テ焼キ下シテ帯ニ造テ売テ世ヲ渡ル。然レバ、此ノ人、現ニハ只銅ノ工トシテ有リ。

而ル間、其ノ郡ニ尽恵寺ト云フ寺有リ。其ノ寺ニ銅ノ仏ノ像在マス。此ノ仏ノ像、忽ニ失セ給ヒヌ。「此レ、盗人ノ為ニ被取ヌ」ト疑フ。其ニ、路ヲ行キ過グル人有リ。其ノ寺ノ北ノ路ヲ馬ニ乗テ通ル間ニ、其ノ人聞ケバ、人ノ叫ブ音髴ニ有リ。叫テ云ク、「我レ、痛哉、々々。路ノ人、此レヲ聞テ思ヒ諫テ、我レヲ不令打ザレ」ト。其ノ時ニ、此ノ路ヲ行ク人、此ノ音ヲ聞テ馬ヲ馳テ疾ク進テ過ギ行クニ、其レニ随テ此ノ音前ノ如ク叫ビ呻フ。然レバ、其ノ人、不過ズシテ返来レバ、叫ブ音亦止ヌ。亦行ケバ前ノ如ク叫ブ。亦返レバ止ヌ。其ノ時ニ、怪ムデ馬ヲ留メテ吉ク聞ケバ、鍛冶ノ音有リ。「若シ此レ、人ヲ殺セルカ」ト疑テ、良久ク徘徊シテ、従者ヲ窃ニ入レテ伺ヒ令見ルニ、従者寄テ壁ノ穴ヨリ臨ケバ、屋ノ内ニ銅ノ仏ノ像ヲ仰ケ奉テ、手足ヲ剔欠キ、鏟ヲ以テ頸ヲ切リ奉ル。従者此レヲ見テ、返テ主ニ此ノ由告グ、主此レヲ聞テ、「定メテ此レ、仏ヲ盗テ壊リ奉ル也。此ノ叫ビツル音ハ仏ノ宣ヒケル也ケリ」ト知テ、其ノ家ニ打入テ、此ノ仏ヲ損ジ奉ル者ヲ搦ツ。子細ヲ問フニ、答テ云ク、「此レ尽恵寺ノ銅ノ仏像ヲ盗メル也」ト。然レバ、即チ使ヲ彼ノ寺ニ遣テ此ノ事ノ虚実ヲ問フニ、実ニ其ノ寺ノ仏被盗タリ。使具ニ此ノ旨ヲ云フ。其ノ時ニ、寺ノ僧共幷檀越等此ノ事ヲ聞キ驚テ、其ノ所ニ来リ集テ、被壊タル仏ヲ衛ムデ、各哭キ悲ムデ云ク、「哀ナルカナ。妬キカナ。我ガ大師、何ノ過在マシテ此ノ賊難ニ値給ヘルゾ」ト云テ、歎キ合ル事無限シ。其ノ後、寺ノ僧共、輿ヲ忽ニ造テ、荘テ、此ノ損ジ給ヘル仏ヲ安置シ奉テ、本ノ寺ニ送リ奉ル。彼ノ盗人ヲバ寺ノ僧共不罰ズシテ棄ツ。然レバ、彼ノ捕ヘタリシ人、使者ヲ相具シテ京ニ将上テ官ニ送ル。官ニ此ノ事ヲ糺シ問フニ、盗人具ニ前ノ事ヲ陳ブ。此レヲ聞ク人、且ハ仏ノ霊験ヲ貴ビ、且ハ盗人ノ重罪ヲ憾テ、速ニ獄ニ禁ジツ。

実ニ此レヲ思フニ、仏ノ御身ニ当ニ痛ミ給フ事有ラムヤ。然レドモ霊験ヲ示シ給フガ故ニ、御音ヲ挙テ痛ミ叫ビ給フ。此レ霊験不可思議ノ事也トナム語リ伝ヘタルトヤ。

【補　説】

1　仏像の窃盗と逮捕

賊盗律によれば、仏像を盗み毀せば、徒三年とある。菩薩の場合は、一等減ぜられて徒二年半となる（参考史料A）。盗の場合は、盗んだものを本主に倍返ししなければならないが、盗賊を告発、ないしは逮捕した者には、その倍にあたる部分を与えることになっている（参考史料B）。また、犯罪発生時の裁判は、犯罪が発覚した場所の官司が審理することになっているから（参考史料C）、本縁の場合では日根郡司がそれにあたったと考えられる。笞罪は郡で刑を執行するが、杖罪已上の判決であった場合は、国に身柄が送られることになっているから（参考史料D）、本縁の犯人は和泉国の獄に拘束されたのであろう。本縁では尽恵寺の僧・檀越は、犯人を逃している。この処置については、犯人の発見と処罰が二段階におよぶものであり、まず盗まれた物品の所有者側に処罰の判断が任されており、その後に官による処罰がなされている。本縁では「彼盗人不刑罰而捨」とあることや、中4では市を舞台に物盗りが力女に鞭で打たれた後に追放されていることなどから、寺院や市という「アジールとしての性格の強い場」では、慣習的刑罰として、犯人に対しては身体刑と追放刑がセットとして科されていたことが窺われ、まず犯人と被害者の間での処分がなされ、追放の後公権力による処分が行われていたようである（勝浦令子「霊異記にみえる盗み・遺失物をめぐる諸問題」平野邦雄・東京女子大学古代史研究会編『日本霊異記の原像』角川書店、一九九一年）。

【参考史料】

A　賊盗律　29仏像条

凡盗毀仏像者、徒三年。即僧尼盗毀仏像者、中流為其盗毀所事先聖形像故、加俗人之法。菩薩減一等其非菩薩之像、盗毀化生・神王之類、当不応為従重。有贓入己者、即依凡盗法。若毀損功庸多者、計庸坐贓論、各令修復。盗而供養者、杖八十盗毀不相須。

B　捕亡令　5糺捉盗賊条

凡糺捉盗賊者、所徴倍贓、皆賞糺捉之人、家貧無財可徴、及依法不合徴倍贓者、並計所得正贓。准為五分。以二分、賞糺捉人。即官人非因検校、而別糺捉。并共盗、及知情主人首告者、亦依賞例。

C　獄令　1犯罪条

凡犯罪、皆於事発処官司推断。在京諸司人、京及諸国人、在京諸司事発者、犯徒以上、送刑部省。杖罪以下当司決。其衛府糺捉罪人、非貫属京者、皆送刑部省。

D　獄令　2郡決条

凡犯罪、笞罪郡決之。杖罪以上、郡断定送国。覆審訖、徒杖罪、及流応決杖、若応贖者、即決配徴贖其刑部断徒以上、亦准此。刑部省及諸国、断流以上若除免官当者、皆連写案、申太政官。按覆理尽申奏。即按覆事有不尽、在外者、遣使就覆。在京者、更就省覆。

E　大般涅槃経　巻第十二聖行品第七之二（大正新脩大蔵経十二－四三四頁）

大王、云何乃令人物同於虚空、善男子、我於尓時心重大乗、聞婆羅門誹謗方等、聞已即時断其命根、善男子、以是因縁従

是已来不堕地獄、善男子、擁護摂持大乗経典、乃有如是無量勢力、

F　大般涅槃経　巻第三十三迦葉菩薩品第十二之一（大正新脩大蔵経十二－五六二頁）

世尊、一闡提輩以何因縁無有善法善男子、一闡提輩断善根故、衆生悉有信等五根、而一闡提輩永断滅故、以是義故、殺害蟻子猶得殺罪、殺一闡提無有殺罪、世尊、一闡提者終無善法、是故名為一闡提耶、仏言、如是如是、世尊、一切衆生有三種善、所謂過去未来現在、一闡提輩亦不能断未来善法、

【参考文献】

八重樫直比古「『日本霊異記』における「聖霊」の観念」（『古代の仏教と天皇―日本霊異記論』翰林書房、一九九四年。初出一九七八年）

寺川真知夫「仏像霊異譚の受容と変容」（『日本国現報善悪霊異記の研究』和泉書院、一九九六年）

江見沢洋祐「『霊異記』中巻22縁の「路往く人」」（『立正大学大学院日本語・日本文学研究』四、二〇〇〇年）

三浦佑之「盗みという罪悪」（『日本霊異記の世界―説話の森を歩く』角川学芸出版、二〇一〇年）

伊藤由希子「仏像に祈るということ」（『仏と天皇と「日本国」―『日本霊異記』を読む』ぺりかん社、二〇一三年）

（駒井）

弥勒菩薩の銅像盗人に捕れて霊しき表を示し盗人を顕す縁　第二十三

【原　文】

*弥勒[1]菩薩銅像盗人所レ捕示二霊表一顕二盗人一縁第廿三

聖武天皇御[2]世、*勅信*巡レ夜、行二[3]於京中一。*其半夜時、其諾楽京葛木[4]居寺前南(*)[5]慕[6]厚、有二哭[7]叫*音一。[8]言、*痛哉々々。勅信聞レ之、馳*陳見レ之、盗人捕二弥勒菩薩銅像一、以レ石破レ之。*打[9]捉問レ之、答レ之白曰、葛木尼寺銅像也。此像置レ寺、然彼盗人送二[10]之*於官一、(*)[11]聞二因*囹圄一焉。*夫理法身仏、非二血肉身一。何有レ所レ痛。唯所三以示二*常住不変一也。是亦奇異之事[12]也。[13]閻羅王使鬼得所召人之賂以免

[来]本縁を欠く
1菩薩、[国]井、以下同じ
2世、[国]ナシ
3於、[国]ナシ
4居、[国][群]尼[攷証]依高野本改[国]に従う
5慕、[国][群]墓[攷証]依高野本改[今昔]蓦
6厚、[国]原[国]に従う
7叫、[国]叨[攷証]高野本作呴
8言、[国]ナシ
9捉、[国]投
10之、[国]ナシ
11聞因、[国][群]閉囚[攷証]依高野本改[国]に従う
12也、[国]ナシ

13闇《ミ》以下一三字、真見セ消チ国群ナシ

【書き下し文】

弥勒菩薩《みろくぼさつ》の銅像、盗人に捕《とら》れて霊《あや》しき表《しるし》を示し盗人を顕《あらわ》す縁　第二十三

聖武《しょうむ》天皇の御世、勅信《ちょくしん》、夜を巡《めぐ》り、京中を行く。其《そ》の半夜《はんや》の時、其の諾楽京《ならのみやこ》の葛木《かずらぎ》尼寺の前の南の墓原《しのはら》に、哭《な》き叫《さけ》ぶ音《こえ》有り。言はく、「痛きかな、痛きかな」と。勅信、之を聞きて、馳《は》せ陳《つら》ねて之を見れば、盗人、弥勒菩薩の銅像を捕《と》りて、石を以て之を破る。打ち捉《とら》へて之に問へば、之に答へて白《もう》して曰《い》はく、「葛木尼寺の銅像なり」と。此の像を寺に置き、然《しか》して彼《そ》の盗人は之を官《つかさ》に送り、囹圄《ひとや》に閉囚《とりあ》へてき。夫《そ》れ理法身《りほっしん》の仏は、血肉の身に非《あら》ず。何ぞ痛む所か有らむ。唯《ただ》常住《じょうじゅう》不変《ふへん》を示す所以《ゆえん》なり。是《こ》れ亦《ま》た奇異《めずら》しき事なり。

【語　釈】

○**弥勒菩薩**　菩薩の一つ。兜率天の内院に住み、天人のために説法しているが、釈迦入滅後五十六億七千万年後にこの世界に現れて衆生を救うという（日国大）。また無著（アサンガ）に瑜伽師地論などの唯識教学を説いたとされるため、法相宗で重視される。

○**勅信**　国訓釈「使也」。勅使に同じ。中21（278頁）。

○**巡**　国訓釈「メクリキ」、名義抄「メグル」。

○**半夜**　午前零時の前後二時間。上3（上68頁）。

○**葛木尼寺**　平城京にあった尼寺。聖徳太子の建立と伝え、平城京遷都とともに左京五条六坊に移った。補説1。

○**慕原**　名義抄・字鏡集「慕 シノフ」をふまえ、「しのはら」と訓読した。故地は未詳。国群「墓原」、今昔「蓼原」とし、先行注釈は、蓼原説が多い（旧大系・新全集・集成・ちくま）。なお下11によれば、越田池（奈良市北之庄町、現在の五徳池）の南に蓼原里があったが、本縁の「慕原」とは距離がある。
○**音**　名義抄「コヱ」。
○**痛哉**　国傍訓「アラヤ」。
○**陳**　国訓釈「ツカミテ」。攷証は「ツラネテ」の誤りとする。名義抄「ツラヌ、ツラナル」。
○**捉**　国傍訓「トラヘテ」、名義抄「トラフ」。
○**官**　名義抄「ツカサ、オホヤケ」。中22（294頁）。
○**閉囚**　捕え閉じ込めた。中1（36頁）「囚」、中22（294頁）。
○**囹圄**　罪人を捕えて閉じこめておく所。中22（294頁）。
○**理法身**　抽象的な真理身（仏の真の身体）。真如の理を法身と名づけたもの。三種法身の一つ（広説）。
○**常住**　いつまでもとどまっていること。永久に存在すること。常に住して不変であること。事物が消滅変化しないこと。無常の対（広説）。

【現代語訳】

弥勒菩薩の銅像が盗人に取られ、不思議なしるしを示して盗人を発覚させた話　第二十三

聖武天皇の御世に、勅使が夜に巡回し、京中を進んでいた。夜半に、平城京の葛木尼寺の前の南の慕原から、泣き叫ぶ声がした。「痛い、痛い」と言っている。勅使は、それを聞いて、数騎で連なって急ぎ駆けつけそこを見ると、盗人が弥勒菩薩の銅像を盗んで、石でたたき壊している。ひっ捕らえて尋問すると、「葛木尼寺の銅像だ」と答えた。その像を寺に安置し、そして盗人は役所に送り牢屋に閉じ込めた。そもそも理法身である仏は、血や肉よりなる身体ではない。どうして痛み

を感じることがあろうか。それにもかかわらず痛みを訴えたのは、ひとえに仏は常にいますということを示すためなのである。これもまた珍しい話である。

【関連説話】

1　今昔物語集　巻十七第三十五話

弥勒、為盗人被壊叫給語第三十五

今昔、聖武天皇ノ御代ニ、奈良ノ京ノ時、勅有テ、夜ル京中ヲ巡テ夜行スル事有ケリ。而ルニ、其ノ夜行ノ人ノ聞クニ、夜半許ニ、葛木ノ尼寺ノ前ノ蓼原ノ中ニ、人ノ哭キ叫ブ音有リ。叫テ云ク、「我レ、痛哉、々々」ト。夜行ノ人此ヲ聞テ、其ノ所ニ馳至ヌ。見レバ、蓼原ノ中ニ人有。怪ムデ、此ヲ捕ヘテ問ヘバ、早ウ盗人也ケリ。其ノ寺ノ弥勒菩薩ノ銅ノ像ヲ盗取テ、破リ損ゼムト為ル也ケリ。即チ、夜行ノ人其ノ盗人ヲ搦捕ヘテ、官ニ送テ獄ニ禁メツ。天皇ニ此ノ由ヲ奏シテ、仏ヲバ取テ、本ノ如ク寺ニ安置シ奉リツ。

此レヲ思フニ、菩薩ハ血肉ヲ具シ不給ハズ。豈ニ痛ミ給フ所有ラムヤ。而ルニ、只此レ凡夫ノ為ニ示シ給フ所也。「盗人ニ重罪ヲ不令犯ジ」ト思ヒ給フ為也。

其ノ比、人皆此ノ事ヲ聞テ、「奇異ノ事也」トテナム悲ビ貴ビケルトナム語リ伝ヘタルトヤ。

2　元亨釈書　巻第二十八寺像志

和州葛木尼寺弥勒銅像者、天平中、官使巡城警夜、至寺前聞南原有悲痛声。尋声到彼、盗取像毀之。像為声也。官使鞫勘送寺。

【補　説】

1　葛木尼寺

葛城寺とも、また妙安寺とも称した（「太子伝古今目録抄」所引「七代記」）。聖徳太子により建立され、葛木臣に下賜されたという（参考史料A）。その位置については、続日本紀光仁天皇即位前紀の歌謡などにより豊浦寺の北西と考えられること（参考史料E）、延久二年（一〇七〇）興福寺大和国雑役免坪付帳（天理図書館文書。平安遺文四六四〇号）にみえる高市郡二十八条二里の「葛木寺田二町九段六十歩」がその旧寺域と考えられることから（田村吉永説）、該当する和田廃寺がその遺址に比定されている。葛木寺は平城京遷都とともに新京に移ったと考えられるが、その寺域について直接示すものはない。ただし天平勝宝八歳（七五六）の孝謙天皇東大寺宮宅田園施入勅および同九歳の附図（随心院文書。大日古〈編年〉四―一一八頁以下）にみえる、佐伯院の西という記述が参考となる。佐伯院の位置については五条六坊十一・十二・十三・十四坪と五条七坊四坪、あるいは五条六坊五・六・十一・十二・十三坪の二説があるが、後者が妥当と思われるので（櫛木謙周説）、葛木寺は平城京左京五条六坊四坪（現西木辻町）にあったこととなる。天平宝字七年（七六三）に播磨国の封五十戸が施入されたが（参考史料D）、宝亀十一年（七八〇）に落雷によって塔・金堂などが全焼した（参考史料F）。平安時代には衰退したらしい。寺域の南は五条大路を隔てて京域外となり、本縁にみえる「慕原」は、京外の土地の利用状況を示すものであろう。

【参考史料】

A　上宮聖徳法王帝説（沖森卓也・佐藤信・矢嶋泉『上宮聖徳法王帝説 注釈と研究』吉川弘文館、二〇〇五年）

太子起七寺。四天皇寺、法隆寺、中宮寺、橘寺、蜂丘寺并彼宮賜川勝秦公、池後寺、葛木寺賜葛木臣。

B　法隆寺伽藍縁起并流記資財帳（松田和晃編『古代資財帳集成』すずさわ書店、二〇〇一年）

天皇歳次丁卯、小治田大宮御宇
天皇并東宮上宮聖徳法王、法隆学問寺、并
四天王寺、中宮尼寺、橘尼寺、蜂岳寺、池後尼寺、葛城尼寺乎敬造仕奉。

C　聖徳太子伝暦 下（大日本仏教全書）

始起四天王寺、法隆寺、元興寺、中宮寺、橘樹寺、蜂岡寺、池後寺、葛城寺、日向寺、定林寺、法興寺、合十一院。

D　新抄格勅符抄（新訂増補国史大系）

葛木寺　五十戸 同年施　播万国　同年五十戸　＊同年は天平宝字七年（七六三）

E　続日本紀　光仁天皇即位前紀

童謡曰、葛城寺乃前在也豊浦寺乃西在也於志度止刀志度止桜井尓白壁之豆久也好壁之豆久也於志度止刀志度止然為波国曽昌由流也吾家良曽昌由流也於志度止刀志度止

F　続日本紀　宝亀十一年（七八〇）正月庚辰条

大雷。災於京中数寺。其新薬師寺西塔、葛城寺塔幷金堂等、皆焼尽焉。

【参考文献】

田村吉永「葛木寺の位置に就いて」（『大和志』四－一一、一九三七年）
櫛木謙周「佐伯院関係随心院文書の諸問題」（『随心院門跡を中心とした京都門跡寺院の社会的機能と歴史的変遷に関する研究』京都府立大学文学部、二〇〇六年）

（藤田）

閻羅王の使の鬼召さるる人の賂を得以て免す縁　第二十四

【原　文】

閻羅王使鬼、得二所レ召人之賂*一、以免縁第廿四

(*)楢磐[1]嶋者、諸楽*左京六条五坊人也。居二住于大安寺之西里一。聖武天皇世、借二其大安寺修*多羅分銭卅貫一、以往二於越前之都*魯鹿津一、而交易、以レ之運超、載レ船将二来家一之将[2]、忽然得レ病。思二留レ船[3]軍独来レ家、借レ馬乗来。至二于近江高*嶋郡磯鹿辛前一、而瞻レ之者三人追来。後程*一町許。至二于(*)山代宇治椅[4]一之時、近追附共副往。磐嶋問レ之、何往人耶。答言曰、閻羅王闕召二於猶磐嶋一之往使也。磐嶋聞問、見レ召者我也。何*故召耶。使鬼答言、我等先往二汝家一而問レ之、答曰、商往未レ来。故至二於津一而求、当相欲レ投[5]レ之者、有二四*王使一誹[6]言、可レ免。受二寺交易銭一而奉レ商故。々暫

（第二十七紙）

免耳。召レ汝累レ日、而我飢疲。若有二食物一耶。磐嶋云、唯有二*干飯一、与之令レ食。使鬼云、*汝病二我気一、故不二依近一。而但莫レ恐。終*望二於家一、備レ食饗レ之。鬼云、我者牛宍[7]味。故牛宍[8]饗。捕レ牛鬼者我也。磐嶋云、我家有二斑牛二頭一。以レ之進故、唯免レ我也。鬼言、我、今汝物多得食。其*恩幸故、今免レ汝者、我入二重罪一、持二*鉄杖一応レ所レ打二百段一。若有二与レ汝同年之人一耶。磐嶋答言、我都不レ知。三鬼之中一鬼議言、汝何年耶。磐嶋答云、我年代[9](*)寅也。鬼云、吾聞、*率川社許相八卦読、与レ汝同有二戊寅年人一。宜二汝替一者。召二将彼人一。唯汝饗受二牛一頭一也。為レ令レ脱二我所レ打之罪一、呼二我三名一、奉レ読二*金剛般若経百巻一。一*名高佐麻呂、二名中知麻呂、三名槌麻呂。夜半出玄[10]。明日見レ之、牛一死也。磐嶋参二入*大安寺南塔院一、請二沙弥仁耀*法師一、未二受戒一之時也。語レ欲レ奉レ読二金剛般若経百巻一。仁耀受レ請、経二二箇日一、読二金剛般若経百巻一説[11]。歴二三箇日一、使鬼来云、依二大乗力一、脱二百段罪一、自二常食一復倍二飯[12]一斗一而賜。喜、貴。自レ今以後、毎レ節為レ我修福供養。即忽然失。磐嶋年九十余歳而死。*大唐徳玄、被二般若力一、脱二閻罪[13]王使所レ召之難一、日本磐嶋、受二寺商銭一、脱二閻羅王使鬼追召之難一也。(*)売レ瓜[14]女人生二*忉利天一、*供レ毒掬多返生二善心一者、其斯謂之矣。

（第二十八紙）

[来]本縁を欠く
[国]本文ナシ。題目下に「三宝絵下帖有。故略之耳」
1嶋、[群]嶋[攷証]依下文改[群]に従う
2将、[群]時[攷証]意改[群]に従う
3軍、[群]単[攷証]意改[群]に従う
4埼、[群]椅[攷証]依今昔改[群]に従う
5投之、[群]捉[攷証]意改
6誹、[群]誂[攷証]意改
7者、[群]嗜[攷証]意改
8宍、[群]完、以下同じ
9代、[群]戊[群]に従う
10玄、[群]去[攷証]依今昔改[群]に従う
11説、[群]訖[群]に従う
12飯、[真]飯に続けて「三箇日使鬼来云依大乗力脱百段罪自常食復倍飯」と竄入あり
13罪、[群]羅[群]に従う
14瓜、[群]花[攷証]依論改[群]に従う

【書き下し文】

閻羅王《えんらおう》の使の鬼、召さるる人の賂《まいない》を得、以て免《ゆる》す縁　第二十四

楢磐嶋《ならのいわしま》は、諾楽《なら》の左京六条五坊の人なり。大安《だいあん》寺の西の里に居住す。聖武《しょうむ》天皇の世、其《そ》の大安寺の修多羅分《しゅたらぶん》の銭三十貫を借り、以て越前《えちぜん》の都魯鹿津《つるがのつ》に往《ゆ》き、交易し、之を以て運び超し、舩《ふね》に載せ家に将《も》ち来たらんとする時、

忽然《たちまち》に病を得。舩を留めて単独《ひとり》家に来むと思ひ、馬を借りて乗り来たる。近江《おうみ》の高嶋《たかしま》郡磯鹿《しが》の辛前《からさき》に至りて、之を睠《かえり》みれば三人追ひ来る。後るる程一町許《ばかり》なり。山代《やましろ》の宇治椅《うじばし》に至る時に、近くに追ひ附き共に副《そ》ひて往く。磐嶋、之に問ふ、「何《いずく》に往く人か」と。答へ言ひて曰はく、「閻羅王の闕《みかど》の楢磐嶋を召しに往く使なり」と。磐嶋聞きて問ふ、「召さるるは我なり。何の故にか召す」と。使の鬼答へて言はく、「我等先に汝《なんじ》が家に往きて之に問ひしに、答へて曰はく、『商《あきない》に往きて来らず』と。故に津に至りて求め、当《まさ》に相《あ》ひて之を投ぜむと欲《おも》へば、四王《しおう》の使有りて誹《そし》りて言はく、『免《ゆる》すべし。寺の交易の銭を受けて商ひ奉《たてまつ》るが故に』と。故に暫《しまら》く免すのみ。汝を召すに日を累《かさ》ね、我は飢《う》ゑ疲れぬ。若し食物有りや」と。磐嶋云はく、「唯干飯《ただほしいい》有り」とて、与へて食はしむ。使の鬼云はく、「汝、我が気を病む。故に依り近づかざれ。但《ただ》恐るること莫かれ」と。終《つい》に家に望み、食《じき》を備けてこれを饗《あえ》す。鬼云はく、「我は牛の宍《しし》を味ははむ。故に牛の宍を饗せよ。牛を捕る鬼は我なり」と。磐嶋云はく、「我が家に斑《まだら》の牛二頭有り。之を以て進《たてまつ》らむが故に、唯我を免せ」と。鬼言はく、「我、今汝が物多《さわ》に得て食ひつ。其の恩《おん》幸《こう》の故に、今汝を免さば、我、重罪に入り、鉄杖《てつじょう》を持ちて百段打たるべし。若し汝と同じ年の人有りや」と。磐嶋答へて言はく、「我、都《かつ》て知らず」と。三《みたり》の鬼の中《うち》の一《ひとり》の鬼議《はか》りて言はく、「汝は何の年なりや」と。磐嶋答へて云はく、「我が年は戊寅《つちのえとら》なり」と。鬼云はく、「吾《われ》聞く、率川《いざがわ》社の許《もと》の相八卦読《そうはっけよみ》に、汝と同じく戊寅の年の人有り。汝に替ふべき者なり。彼《そ》の人を召し将《い》む。唯汝が饗に牛一頭を受く。我が打たるる罪を脱《のが》れしめむが為に、我が三名を呼びて、金剛般若経《こんごうはんにゃきょう》百巻を読み奉《たてまつ》れ。一の名は高佐麻呂《たかさまろ》、二《ふたり》の名は中知麻呂《なかちまろ》、三の名は槌麻呂《つちまろ》ぞ」と。夜半に出で去る。明日《あくるひ》に之を見るに、牛一つ死にたり。磐嶋、大安寺の南塔院に参り入りて、沙弥仁耀法《しゃみにんようほう》師《し》受戒《じゅかい》せざりし時なり に請《こ》い、金剛般若経百巻を読み奉らむと欲ふと語る。仁耀、請《しょう》を受けて、一箇日を経て、金剛般若経百巻を読み訖《お》はる。三箇日を歴《へ》て、使の鬼来りて云はく、「大乗《だいじょう》の力に依りて、百段の罪を脱れ、常の食より復《ま》た飯《いい》一斗を倍《ま》して賜ふ。喜《よろこ》ぼし、貴《とうと》し。今より以後、節毎《せちごと》に我が為に修福《しゅふく》し供養《くよう》せよ」と。即ち忽然《たちまち》に失せぬ。磐嶋年九十余歳にして死にき。大唐《だいとう》の徳玄《とくげん》は、般若《はんにゃ》の力を被《かがふ》りて、閻羅王の使に召さるる難を脱れ、日本の磐嶋は、寺の商の銭を受け、閻羅王の使の鬼の追ひ召す難を脱る。花を売る女人は忉利天《とうりてん》に生まれ、毒を供する掬多《きくた》は返りて善心を生ずといふは、其《こ》れ斯れを謂《い》ふなり。

【語　釈】

○**賂**　捧げ贈るもの。神への捧げ物や人に贈る金品などをいう。またとくに、賄賂（日国大）。

○**楢磐嶋**　未詳。新羅系渡来氏族で、櫟本町楢付近に盤踞していた大楢氏の一族か（集成）。

○**左京六条五坊**　大安寺は左京六条四坊にあった。左京域は四坊までなので、六条五坊はそれに相当する京外里の区域と考えられる。一方、本文ではこの部分に続けて「大安寺之西里」とある。大安寺の西側とするならば、五坊は誤りで（五坊は大安寺の東側になる）、六条三坊というべきであろう。いずれかに誤謬があると考えられる。

○**修多羅分銭**　修多羅＝スタラは梵語 sutra の音訳で、経典を意味する。天平十九年の大安寺伽藍縁起并流記資財帳には修多羅衆銭として一六六八貫六一文が計上されている（中28参考史料B）。修多羅衆とは経典（大般若経とする説が通説だが、諸説がある）を研究する組織で、そのための経費を賄う財源として「修多羅分銭」「修多羅衆銭」が確保されていた。霊異記には本縁の他、中28・下3にもみえる。中28補説1（363頁）。

○**都魯鹿津**　現在の福井県敦賀市。敦賀は、古くは「ツヌガ」と呼ばれ、角賀・都奴鹿などとも表記された。補説1。

○**高嶋郡磯鹿辛前**　高島郡は、現在の滋賀県高島市、辛前は大津市唐崎。唐崎の地域は近江国滋賀郡に属するので、攷証などの指摘の通り、高島郡は誤りであろう。

○**一町**　約一〇九メートル。

○**山代宇治橋**　山背国の宇治橋。現在の京都府宇治市を流れる宇治川に架かる橋。宇治橋は六四六年に元興寺僧・道登が架橋したことが、上12などから知られる。上12（上187頁）。

○**何故召耶**　「どのような理由で召されたのか」というこの質問への答えは、本縁中では出されていない。この他、本縁では身代わりになった率川社の相八卦読がどうなったかも判然としない。「ストーリーの不備」とする指摘（集成）がある。

○**四王**　四天王のこと。大安寺伽藍縁起幷流記資財帳に「即四天王像四軀在仏殿／右淡海大津宮御宇　天皇奉造而請坐者」とあり、大安寺には天智天皇奉納の四天王像四軀が安置されていた。大安寺の修多羅分銭を資本とした交易であることから、この四天王であるとみられる（ちくま）。

○**干飯**　米を蒸して乾燥させた食料。湯水に浸せばすぐ食用となり、兵糧や旅行の際などに用いた（日国大）。

○**汝病我気**　先に磐嶋が病気になった理由を鬼が発する「気」にあてられたものとみる立場（集成）と、それを否定し、これから近付くな、という単なる警告とみる立場（旧大系、新全集、ちくま）とがある。ここでは集成をふまえ解釈した。

○**望**　到着して（新全集・集成）。家の者に頼んで（旧大系）。前者に従う。

○**恩幸**　神または天子が与える特別のめぐみ、いつくしみ（日国大）。

○**鉄杖**　鉄で作った杖。鉄の棒。鉄枴（てっかい）。中序（20頁）「之者鉄杖加身好善之者金珠装鉢」。

○**戊寅**　天武六年（六七七）生まれ。旧大系は、聖武天皇の時代だから、この時、磐嶋は四十六歳過ぎとする。後段に出てくる仁耀法師は、延暦十五年（七九六）に七十五歳で死去するので、養老六年（七二二）の生まれということになる。仁耀が受戒する前の若い頃という点も考慮すると、本縁の時代設定は聖武朝の半ば（七四〇年代）のことではなかろうか。とすると磐嶋は本縁では六十歳を過ぎた年齢ということになろう。

○**率川社**　率川は春日山に発して西流、佐保川に注ぐ川。その畔にあった神社で、延喜式に「率川坐大神神御子神社三坐」とある（神名帳式・上）。奈良市本子守町に現存。

○**相八卦読**　易者（日国大）。
○**金剛般若経百巻**　金剛般若経は、金剛般若波羅蜜経（全一巻）の略。般若経典の一つで、中国・日本の仏教では非常に重視された。「金剛のごとくよく煩悩を断ち、無所住（相対観念の否定）に専念し悟りに達することを説く」経典（集成）。ここに出てくる「金剛般若経百巻」も、大安寺伽藍縁起幷流記資財帳に「金剛般若経一百巻／右飛鳥浄御原宮御宇　天皇以甲午年坐奉者」とみえるものを指すと考えられる。
○**高佐麻呂**　高佐麻呂・中知麻呂・槌麻呂の三人で、身長の高低を示しているとする説が多く、「槌」は「土」に通じ「最低」という意味とされる（全書・集成・ちくま）。一方、「高」は身長だが、「中」は第二子、「槌」は「恐るべき鬼」とする解釈（新全集）もある。
○**大安寺南塔院**　大安寺の東西両塔院の南にある一区を指すものか。日本高僧伝要文抄三巻の引く延暦僧録・戒明伝に「大安寺南塔院中堂」がみえる。
○**仁耀法師**　奈良時代の華厳宗僧。元亨釈書の伝（参考史料A）には、大倭国葛上郡出身で延暦十五年（七九六）に七十五歳で死去したとある。天平勝宝四年（七五二）の大仏開眼会供奉僧名帳（正倉院文書塵芥文書雑帖第一帖―二十二断簡。大日古未収）に同名の僧がみえる。
○**大唐徳玄**　唐の高宗時代の政治家。関連説話1は、徳玄が閻羅王の使の鬼に食物を与える話で、本縁の元になった説話。
○**売花女人**　花を売る人は、花を供養した功徳で天上界に生まれ（旧大系）。大乗荘厳論経巻五にほぼ同文の偈がみえる（参考史料B）。
○**忉利天**　忉利天王。三十三天王のこと。「三十三天」は、六欲天のひとつ。須弥山の頂上にある天。中央に帝釈天がいて、頂の四方に各八人の天人がいるので、合わせて三十三天となる。忉利天ともいう。ヴェーダ神話で、神々は三十三人いると考えられていた観念を取り入れた（広説）。
○**供毒掬多**　毒を盛って釈迦を殺害しようとした掬多は、かえって仏の神通力で懺悔し、善心を起こした（旧大系）。

【現代語訳】

閻羅王の使の鬼が、召された人の賂を得て免された話　第二十四

楢磐嶋は、諾楽の左京の六条五坊の人である。大安寺の西の里に居住していた。聖武天皇の御世に、その大安寺の修多羅分の銭三十貫を借用して、越前の都魯鹿津に行って交易し、これを運んで峠を越し、船に載せて家に持ち帰ってこようとした時、突然に病を得た。船を留めて独りで家に帰ろうと思い、馬を借りて乗って帰った。近江の高嶋郡磯鹿辛前に至って、振り返ってみれば、三人があとをついて来ていた。一町ほど間隔がある。山代の宇治橋に着いた時、すぐ近くまで追いついて一緒に同伴して行った。磐嶋が、「どこに行く人ですか」と問うと、「閻羅王の宮殿の、楢磐嶋を迎えに行く使である」と答えた。また磐嶋が、「召されるのは私です。どのような理由で召されたのか」と聞いた。使の鬼は答えて、「私たちは、先にお前の家に行って問うと、『商いに行ってまだ帰って来ません』との答えであった。それで都魯鹿津まで行って探し求め、まさに遭遇して、これを閻羅王の宮殿につれていこうと思ったところ、四天王の使が来て、非難していうには、『免しなさい。寺の交易の銭を受けて商いをしなさっているのだから』ということであった。それで暫くの間免してやっているだけだ。お前を召し出すのに日数が積みかさなっているので、私は飢えて疲れている。もしや食物はないか」と言った。磐嶋は、「干飯だけならあります」と言って、鬼に与え食べさせた。使の鬼は、「お前は、私の毒気にあてられて病気になったのだ。だから寄り添ったり近づいたりしてはいけない」と言った。最後は磐嶋の家に到着し、磐嶋は料理を用意して鬼たちをもてなした。鬼は、「私は牛の肉を味わいたい。だから牛の肉でもてなしをせよ。牛を捕まえるという鬼は私のことだ」と言った。磐嶋は、「我が家に斑の牛が二頭います。これをたてまつりますので、私を免して下さい」と言った。鬼は、「私は今お前が用意した沢山の物を食べてしまった。その恩幸に免じて今お前を免してしまうと、私は重罪に問われ、鉄の杖でもって百回打たれることであろう。もしやお前と同じ年の人はいるか」と言った。磐嶋は答えて、「私は全く知りません」と言った。三人の鬼のうちの一人が考えて、「お前の干支は何か」と言った。磐嶋は答えて、「私の干支は戊寅です」と言った。鬼は、「私が聞くところでは、率川社のもとにある易者がお前と同じ戊寅の年の人である。まさにお前に替えるべき者

である。その人を召して連れて行こう。お前のもてなしとして牛一頭をいただいた。私たちが鉄杖で打たれる罪を逃れさせるために、私たち三人の名前を呼んで、金剛般若経百巻を読み奉ってくれ。一人目の名は高佐麻呂、二人目の名は中知麻呂、三人目の名は槌麻呂だぞ」と言って、夜半に出て去っていった。翌日に見ると、牛が一頭死んでいた。磐嶋は大安寺の南塔院に参詣して、沙弥の仁耀法師 まだ受戒していない時である に話し、金剛般若経百巻をお読み申し上げていただきたいと願った。仁耀は要請を受諾して、二日間をついやして金剛般若経百巻を読み終わった。三日目が過ぎたところで、使の鬼が来て、「大乗経典読誦の効力に依って、百回打たれる罪を逃れることができ、常に支給されている食事よりまた飯一斗を増やしていただいた。喜ばしいことだ、貴いことだ。今から以後は、毎月の節毎に私の為に福を修め供養するように」と言った。そしてたちまち姿を消してしまった。磐嶋は九十余歳まで生きて死んだ。大唐の徳玄は、金剛般若経の法力を被って、閻羅王の使に召されるという災難を逃れ、日本の磐嶋は、大安寺の交易の銭を借り受けたおかげで、閻羅王の使の鬼に追われ召されるという災難を逃れた。花を売る女人は、花を供養したことによって天上世界に生まれ、釈迦を殺そうとして毒を供えた掬多はかえって善心を発した、というのはこのことをいうのである。

【関連説話】

1　金剛般若経集験記　巻上　救護篇第一（新纂大日本続蔵経　巻八十七　四四九－四五〇頁）

宗正卿竇音豆弾正上也徳玄、麟音隣徳元年中、被使揚州按察、渡於淮水、船已去岸数十歩、見岸上有一人、手賷小幞、形容惨悴、日復将暮、更無余船、徳玄愍之、令船却就岸、喚此人上船同渡、至中流、玄食次、並与之食、及至渡訖、其人不離馬後、行可数里、玄問云、汝是何人、答云、是鬼王、令於揚州追竇大使、玄云、竇大使名何、答云、名徳玄、玄即求守鬼、作何方便得免、鬼去甚、媿公賜食、為公先去、公但誦金剛般若経一千遍、即来相報、玄至揚州、経一月余、日誦経数足、其鬼即来、云、公誦経数已足、大好、終須相随見王、於是公却入房、因便悶絶、経一宿始覚、初与鬼相随、至一所、高門列戟、如大州門、鬼曰、請公且住此、某当先報王、鬼即先入、玄於屏障、遥聴聞王語鬼云、你為他作計、遂箚音癡鬼三十、鬼即出来、袒而示之云、為公喫杖、便引玄入、見一著紫人、下階相揖曰、公有大功徳、尚未合来、請公即還、出門落坑、便覚其鬼復来、見玄索食及紙銭、玄即与食及紙銭、鬼云、公猶有傍厄、須遣道士上章、其正報誦経已銷訖、侍上章了、還来報公、玄即請道士上章、鬼即来云、上章不達、為有錯字、又更上章、鬼又云、還錯一字、玄即自勘之、果並錯字、即更令上章、鬼云、此迴達訖、更無厄難、徳玄問鬼以官禄年命之事、鬼云、公従宗正卿、次任殿中監、次任大司憲、次任太子端尹、次任司元太常伯、次任左相、年六十四、鬼便不見、後所歴官、果如鬼言、当時道士集記此事、号為賓大使上章録云、玄亦奏知、奉勅告群臣、各令誦金剛般若経（徳玄曽孫提於梓州過、具説録之）

2　三宝絵　中、第十四話

十四　楢磐島

楢磐島ハ、聖武天皇御代、奈良ノ右京六条五坊人也。大安寺西郷ニ住セリ。其寺ノスタラ分ノ銭卅貫ヲ借ウケテ、越前国敦賀津ニユキテ、物ヲカヒテ船ニツミテカヘルホドニ、俄ニ病ヲウケツ。船ヲトヾメテ、馬ヲカリテ、ヒトリイソギテ家ニカヘル。近江国高島郡ニシテ見カヘリタレバ、男三人附テ来ル。去程一丁許也。山城国宇治橋ニイタリテ、ヲヒツキテソヒテユク。磐島問テ云、

イヅチユク人ゾ。

答テ云、

閻羅王宮ヨリ、奈良ノ磐島ヲメシニ行使也。

ト云。キ、オドロキテ云、

其人ハ我也。ナニノユヘニテメスゾ。

ト。使ノ鬼ノ云ク、

マヅ汝ガ宅ニユキテ問ツルニ、「アキナヒシニユキテ、イマダカヘラズ」トイヒツレバ、津ニユキモトメエタル。ソコニシテ即トラヘムトシツルヲ、四天王ノ使トイフ物来テ、「コノ人寺ノ銭ヲウケテ、アキナヒテタテマツルベシ。暫ユルセ」

トイヒツレバ、家ニカヘルマデユルセル也。我日来汝ヲモトメツルニ、飢ツカレタリ。若食アリヤ。
トイフ。磐島ガ云、
我ミチニテスカムトテ、糒スコシヲモチタリ。
ト云テ、コレヲアタヘテクハセツ。鬼ノ云、
汝ガヤムハ我ケナリ。チカクハヨラジ。ヲソル、事ナカレ。
トイヒテ、トモニ家ニイタリヌ。食ヲマウケテ大ニ饗ズ。
鬼ノ云、
我ハ牛ノ肉ヲネガヒクフ。ソレヲモトメテクハセヨ。世間ニ牛トル鬼ハ我ナリ。
ト云。磐島ガ云、
我家ニマダラナル牛二アリ。是ヲアタエム。
ト。
我ヲバユルセ。
ト云。鬼ノ云、
我オホク汝ガ食ヲエツ。ソノ恩ムクフベシ。タヾシ、若汝ヲユルシテハ、我ヲモキ罪ヲオヒテ、鉄ノ杖ヲモチテ百度ウタルベシ。若汝ガ同年ナル人ヤアル。
ト、フ。磐島答テ云、
我更シラズ。
トイフ。ヒトリノ鬼タチカヘリテ、
汝ハ何ノトシゾ。
ト、ヘバ、

戊寅ノ年也。
トコタフ。鬼ノ云、
我其年ノ人ノアルヲシレリ。汝ガカハリニ是ヲメシカヘム。タヾシ、ユルシツル牛ハ一ヲナムクヒツル。又、我ウタレム罪ヲマヌカラシメムガタメニ、三人ガ名ヲヨバヒテ、金剛般若経百巻ヲヨマセタテマツレ。我等一ヲバ高佐丸、二ヲバ仲智丸、三ヲバ槌丸トイフ。
トナノリテ、夜中ニイデサリヌ。
アクル朝ニミレバ、牛一死タリ。即大安寺南塔院ニユキテ、沙弥仁耀ヲウケテ事ノヨシヲカタラヒテ、ソノ経ヲヨマシム。二ヶ日ニヨミツ。三日暁ニ、ツカヒノ鬼来テ云、
大乗ノ力ニヨリテ、モ、杖ノ罪ヲマヌカレヌ。又常ノ食ヨリホカニ、食ヲマシテオホクエタリ。ヨロコビタウトブル事フカシ。イマヨリノチハ、節日ゴトニ我タメニ功徳ヲオコナヒ、食ヲグセヨ。
トイヒテ、忽ニキヘウセヌ。此人年九十余ニテ、命ヲハリヌ。大唐ニハ徳厚トイヒシ人、般若ノ力ニヨリテ閻羅王ノメシヲマヌカレタリ。日本ニハ磐島アリテ、寺ノ銭ヲウケテ、使ノ鬼ノトラフルヲマヌカレタリ。霊異記ニミヘタリ。

3　今昔物語集 巻二十第十九話

橘ノ磐島、賂使不至冥途語第十九
今昔、橘ノ磐島ト云者有ケリ。聖武天皇ノ御代ニ、奈良ノ京ノ人也。大安寺ノ西ノ郷ニ住ケリ。而ルニ、其ノ寺ノ修多羅供ノ銭四十貫借請テ、越前ノ国、敦賀ノ津ニ行テ、要物ヲ買テ、船ニ積テ還ル程ニ、俄ニ身ニ病ヲ受ケツ。然レバ、船ヲ留テ、馬ヲ借テ其ニ乗テ、独急還ル間ニ、近江国、高島ノ郡ノ浜ヲ行ニ、後ヲ見返タレバ、一町許下テ、男三人来ル。山城ノ国、宇治ノ橋ニ来ルニ、此三人ノ男追着テ副テ来ル。
磐島、男ニ問テ云ク、「汝達ハ何チ行人ゾ」ト。答テ云ク、「我等ハ閻魔王ノ使也。奈良ノ磐島ヲ召ニ行也」ト。磐島此ヲ聞キ驚テ云ク、「然カ云フハ我也。何ノ故在カ召スゾ」ト。云ク、「我等先ヅ汝ガ家ニ行テ問ツルニ、「商ノ為ニ外国ニ行

テ、未返来ズ」ト云ツレバ、彼津ニ行テ求メ得タルニ、其所ニシテ即チ捕ヘムト為ツルヲ、四王ノ使ト云フ者来テ、語テ云ク、「此人ハ寺ノ銭ヲ借請テ、商テ返シ可納シ。然レバ暫ク免セ」ト云ツレバ、家ニ返マデ免タル也。而ルニ、日来汝ヲ求ムル間ニ、我等飢羸レニタリ。若食有ヤ」ト。磐島ガ云ク、「我道シテ捶カムガ為ニ、糒少有リ。此ヲ与テ令食ム」ト為ニ、鬼ノ云ク、「汝ガ病ハ我等ガ気也。近ハ不可寄ズ」。恐ル事無シテ、共ニ家ニ至ヌ。食ヲ儲テ、大キニ饗ス。鬼ノ云ク、「我等ハ牛ノ肉ヲ以テ願食ス者也。速ニ其ヲ求テ、可令食シ。世ノ中ニ牛ヲ取ル者ハ我等也」ト。磐島ガ云ク、「家ニ斑ナル牛二ツ有。此ヲ与ヘム。我ヲバ構テ免セ」ト。鬼ノ云ク、「我等多汝ガ食ヲ受ケツ。其恩ヲ可報也。但シ、汝ヲ免シテ、我等重キ罪ヲ負テ、鉄ノ杖ヲ以テ、百度可被打シ。而ルニ、若汝ト同年ナル人ヤ有」ト。磐島ガ云ク、「我レ更ニ同年ノ人不知ズ」ト。一ノ鬼大ニ怒テ、「汝ヂ何ノ年ゾ」ト問フニ、磐島、「戊寅ノ年也。」ト答フ。鬼ノ云ク、「其年ノ人有ル所ヲ知レリ。汝ガ代ニ其人ヲ召サム。但シ、与ツル牛ヲバ食ツ。又、我等ヤ打被責ム。罪ヲ令脱ムガ為ニ、我等三人ガ名ヲ呼テ、金剛盤若経百巻令読誦メヨ」ト。「我等ヲバ、一リヲバ高佐丸云フ、二ヲバ仲智丸ト云フ、三ツハ津知丸」ト名乗テ、夜半ニ出テ去ヌ。

明ル朝ニ見レバ、牛一ツ死タリ。磐島、此レヲ見テ、即チ大安寺ノ南塔院ニ行テ、沙弥仁耀ウ請ジテ、事由ヲ委シク語テ、金剛般若経ヲ令読誦テ彼鬼ノ為ニ廻向ス。二日ノ間既ニ百巻ヲ読誦シ満テシ。三日ト云フ暁ニ、彼ノ有リシ使ノ鬼来テ云ク、「我等般若ノ力ニ依テ、既ニ百度ノ杖ノ苦ヲ脱レヌ。又常ノ食ノ外ニ、食ヲ増シテ得タリ」ト語テ、喜貴ブ事無限シ。又云ク、「今ヨリ後、節日毎、我ガ為ニ功徳ヲ修シ、食ヲ供セヨ」ト云フ、忽ニ掻消ツ様ニ去ヌ。其後、磐島九十余ニシテ命終ケリ。

此レ偏ニ大寺ノ銭ヲ借リ請テ商テ、未ダ返シ不納ザル故ニ命ヲ存セル也。又鬼錯レリト云ヘドモ、般若ノ力ニ依テ苦ヲ免ル、極テ貴事也、語伝ヘタリトヤ。

4　元亨釈書　巻第二十九拾異志

大安寺側有商賈。名盤嶋。借寺修多羅分銭三十緡、往越州都魯鹿津貿易。帰路受病、下船乗馬。至近州高島郡、有三人。

中途相従。至山州宇治橋、島問、公等何往。答曰、閻王使召汝者也。将捉嶋。一鬼使曰、不可取也。是寺銭交易商使也。乃語曰。我飢甚。汝有飡乎。嶋曰、有糗与之。鬼食畢曰、汝定応死。然我饗汝飡。恩意深。有与汝同年人当相貸。答曰、無。三鬼中一鬼曰、率川社畔有一人。与汝同戊寅年也。宜替彼。且我等噉牛鬼也。汝至家必饗之。嶋曰、我宅有斑牛二頭当薦。鬼曰、我等以同歳人替汝。必受重罰。汝呼我等名、読金剛般若一百巻、定脱苦罰。乃称名曰、一高佐。二中知。三槌。言畢而去。目送之不見。嶋帰宅。一牛果斃。便入大安寺、請南塔院沙弥仁曜、二日読金剛般若経一百巻。三日朝、鬼亦来曰、依大乗力、我等免罰。只願毎年修之。言已不現。嶋年九十余終。

【補　説】

1　楢磐嶋とその交易

この縁は、古代の交易・交通、あるいは寺院経済の実態を考える上で貴重な史料である。主人公の楢磐嶋は大安寺の修多羅分銭三〇貫を借り受け（銭出挙）、それを資本として越前・都魯鹿津（敦賀津）に赴き、商品を仕入れて平城京に運送・販売し、その差益を得るという商売をしていたと思われる。敦賀は渤海などとの日本海ルートを通した外交の窓口が置かれ、また北陸道の物資が集積される場所であった。磐嶋は敦賀から荷駄で愛発関を越えて塩津に出、ここで病を得る。白石ひろ子によると、本来ならば瀬田津→瀬田川・宇治川→山崎津→木津川→泉津→平城京という水上運搬ルートを経由して、平城京に到るものであったと考えられ、塩津・瀬田・山崎・泉の各津には庄所など大安寺の拠点的施設があったことが大安寺伽藍縁起幷流記資財帳から推測できるという。磐嶋は大安寺の銭を資本に交易を行っているが、商品の運搬ルートについても大安寺の施設を利用していた可能性は十分考えられる。磐嶋は病を得た際も「馬を借り」ることができたが、これも塩津に大安寺の拠点が存在したためであろう。楢磐嶋の出身氏族である楢（ナラ）氏は、これまでの研究では新羅系の帰化人で、ワニ氏の支配下にあり、天理市櫟本付近を本拠としていたとされている（黒沢幸三説）。奈良時代は添上郡や平城京内に分布が確認でき、写経生や下級官人を出している（栄原永遠男説）。楢磐嶋自身は、大安寺の付近に居住し、その関係で大安寺からのいわば「投資」を獲得し、渡来系氏族のネットワーク（秦氏・己智氏との関係を推測する説もある。白石説）も生かして、広く商業を展開していたものであろう。

【参考史料】

A　元亨釈書　巻第十二感進

釈仁耀、姓石寸氏、和州葛木上郡人。幼歳薙染、姿儀卑矮、取侮路人。而不以介懐。性慈愍、餧身蚤虱蚊蝤。忍可苦辱遊心真乗。延暦十五年二月卒。歳七十五。

B　大乗荘厳論経　巻五（大正新脩大蔵経四－二八四頁）。

復次凡愚之人、若有軽毀於彼賢人、賢人終不生於瞋恚、得他毀罵生随順語、我昔曽聞、有一人於其家中施設客会、多作花鬘以与衆会、衆人得鬘皆戴頂上、有一賢者極為貧悴詣客会中、次得花鬘不著頭上以置傍辺、衆人皆言、此人貧窮欲売此鬘、是以不著、時優婆塞聞是語已、答言実尓、我若売時、極得貴価、然後当与、即説偈言、

如昔日須鬘　本曽売一花
九十一劫中　天上受快楽
今日最後身　得於涅槃楽
如似放牛女　以臭悪草花
衆人所不喜　女人売此花
得生忉利天　如彼女所売
我今欲向仏　亦欲売此花
能発如是心　希有極難値
如此売花者　三界中無比

【参考文献】

黒沢幸三「『霊異記』の殺牛祭神系説話―楢磐嶋の話を中心に」（『日本古代の伝承文学の研究』塙書房、一九七六年）
藤森賢一「鬼の来る道―霊異記中巻二十四縁考」（『高野山大学国語国文』三、一九七六年）
丸山顕徳「死の原型と仏教説話―日本霊異記・中巻二十四縁から」（『日本文学の重層性』桜楓社、一九八〇年）
守谷俊彦「若狭への幻想―説話における伝承的基盤」（『日本霊異記論―神話と説話の間』和泉書院、一九八四年。初出一九八一年）
丸山顕徳「楢磐嶋説話（中24縁）」（『日本霊異記説話の研究』桜楓社、一九九二年。初出一九八八年）
山崎裕人「磐嶋説話―蘇生説話の一環として」（『説話』八、一九八八年）
白石ひろ子「霊異記からみた遠距離交易」（平野邦雄・東京女子大学古代史研究会編『日本霊異記の原像』角川書店、一九九一年）
栄原永遠男「奈良時代の遠距離交易」（『奈良時代流通経済史の研究』塙書房、一九九二年）
三舟隆之「『日本霊異記』地獄冥界説話の形成」（『『日本霊異記』説話の地域史的研究』法藏館、二〇一六年。初出二〇一一年）
山口敦史「〈やまい〉と鬼神―『日本霊異記』中巻第二十四縁考」（『日本霊異記と東アジアの仏教』笠間書院、二〇一三年。初出二〇〇三年）
山口敦史「冥界の王宮―東アジアにおける霊魂のゆくえ」（『日本霊異記と東アジアの仏教』笠間書院、二〇一三年。初出二〇一〇年）

（毛利）

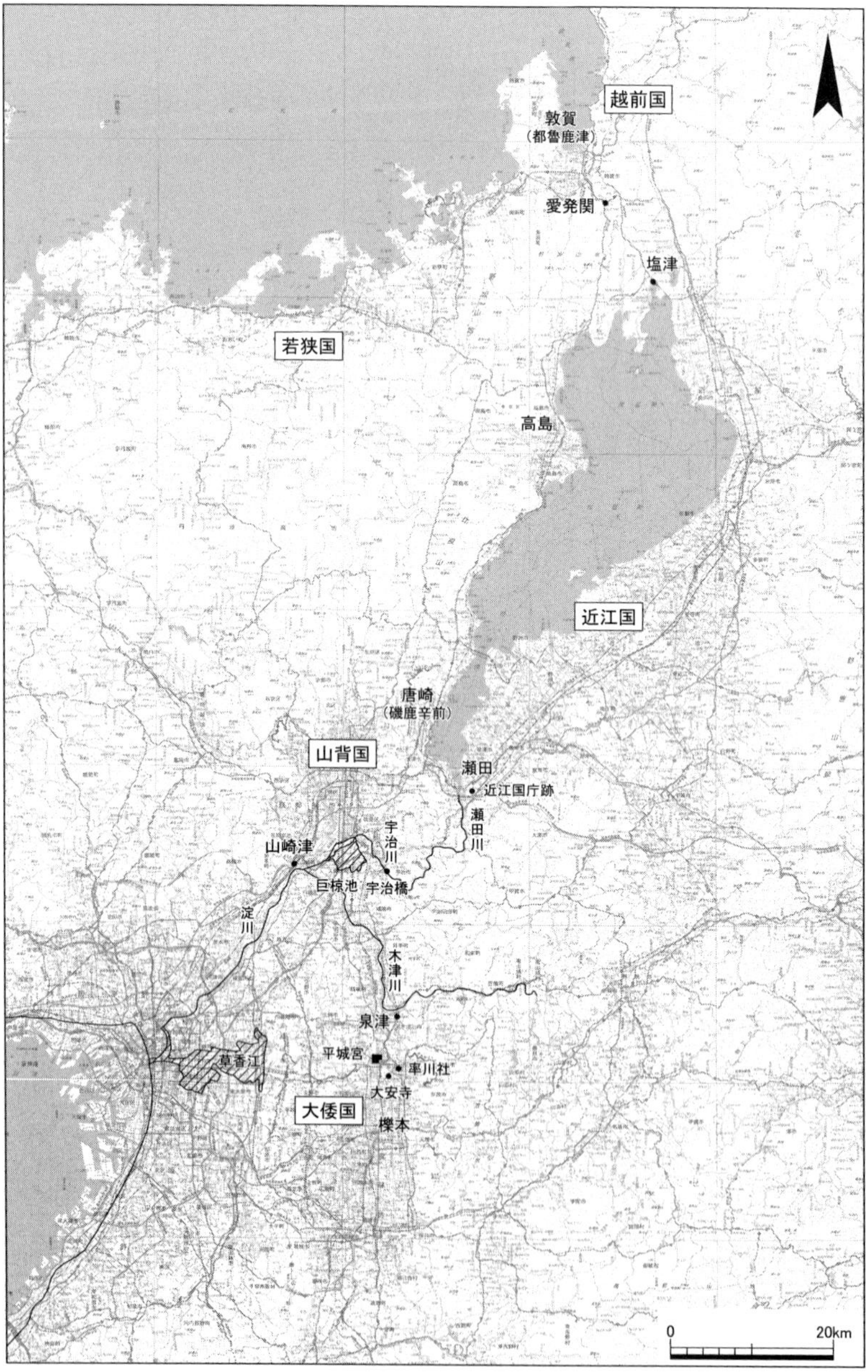

中巻第二十四縁関連地図

閻羅王の使の鬼召さるる人の饗を受け恩に報いる縁　第二十五

【原　文】

*閻羅王使鬼、受二所レ召人[1]之*饗一而報レ恩縁第廿五
*讃岐国山田郡有二*布敷臣衣女一。聖武天皇代、衣女忽得レ病。時*偉[2]備二*百味一、祭二門左右一、*賂二於*疫神一、而饗レ之也。閻[3]羅王使鬼、来召二衣女一。其鬼走疲、見二祭食一、*覥就而受レ之。鬼語二衣女一言、我受二汝饗一故、報二汝息[4]一。若有二同姓同名人一耶。衣女答言、同国*鵜垂郡[5]、有二同姓衣女一。鬼*率[6]二衣女一、往二於鵜垂郡衣女之家一而対面。即従二(*)緋[7]嚢一出二一尺*鑿一、而打二立額一即召時[8]去。彼山田郡衣女、*憖帰レ家[9]也。時閻羅王、待*校[10]之言、此非二召衣女一。誤[11]召[12]レ之也。然暫此留。*捷[13]往召二山田郡衣女一。鬼、不レ得レ憖、*荐召二山田郡衣女一、而将来也。閻羅王待見而言、

当是召衣女也。往彼鵜垂郡[14]衣女者、帰レ家、経二三日頃一、焼二失鵜垂郡衣女之身一矣。更還愁二於閻羅王一白、失レ*躰无レ依。時王問言、[15]有二山田郡衣女之躰一[16]耶。答言、有レ之。王言、得レ其為二汝[17]之身一。因為二鵜垂郡衣女之身一、而甦。[18]即言、此非二我家一。[19]々々有二鵜垂郡一。父母言、汝者我子也。何故然言[20]耶。衣女猶不レ聴。往二[21]於鵜垂郡衣女之家一言、当此我家也。其父母言、汝非二[22]我子一。我子焼滅。於レ此衣女、[23]貝陳二閻羅王詔状一。時[24]彼二郡父母聞レ之、*諾信、以二二家財一、許可*付属。故、現在衣女、得二四父母一、得二二家宝一矣。備レ饗賂レ鬼、此非二功虚一。[25]糺有レ物者、猶可二賂饗一。是亦奇[26]異事[27]矣。

（第二十九紙）

来本縁を欠く
1人之、国令
2偉、国ナシ
3闇以下二八字、国ナシ
4息、群恩攷証原作息群に従う
5垂、国乗、以下同じ
6率、国卒
7誹、国群緋国に従う
8時、国群将国に従う
9家、国衣
10校、攷証原作授依高野本改
11誤、国設
12召以下三〇字、国ナシ
13摙、群槤
14衣女、国女之
15有、国ナシ
16耶、国ナシ
17之、国ナシ
18即言、国言即
19々々、国我家者
20耶、国哉
21於、群ナシ
22我子我子、国我之我之
23貝、国群具国に従う
24彼、国群彼此
25糺、国群凡攷証原作糺依高野本改国に従う
26異、国異之

27矣、国也

【書き下し文】

閻羅《えんら》王の使の鬼、召さるる人の饗《あえ》を受け恩に報《むく》いる縁　第二十五

讃岐《さぬき》国山田郡に布敷臣衣女《ぬのしきのおみきぬめ》有り。聖武《しょうむ》天皇の代に、衣女 忽《たちま》ちに病を得たり。時に偉《たた》はしく百味《ひゃくみ》を備へ、門の左右に祭り、疫神《えきしん》に賂《まいない》して、之を饗す。閻羅王の使の鬼、来たりて衣女を召す。其《そ》の鬼走り疲れ、祭食を見て、靦《おもね》り就《つ》きて之を受く。鬼、衣女に語りて言はく、「我、汝《なんじ》が饗を受くるが故に、汝の恩に報いむ。若し同姓同名の人有りや」と。衣女答へて言はく、「同じ国の鵜垂《うたり》郡に、同姓の衣女有り」と。鬼、衣女を率《い》て、鵜垂郡の衣女の家に往《ゆ》きて対面す。即ち緋《あけ》の嚢《ふくろ》より一尺の鑿《のみ》を出し、額《ぬか》に打ち立て即ち召し将《い》て去る。彼《そ》の山田郡の衣女、慊《かく》れて家に帰りぬ。時に閻羅王、待ち校《かんが》へて言はく、「此れ召したる衣女に非《あら》ず。誤りて之を召すなり。然《しか》れば暫《しまら》く此《ここ》に留まれ。捷《すみ》やかに往きて山田郡の衣女を召せ」と。鬼慊すことを得ず、荐《しきり》に山田郡の衣女を召して、将て来たる。閻羅王、待ち見て言はく、「当《まさ》に是《こ》れ召したる衣女なり」と。往きし彼の鵜垂郡の衣女は、家に帰るに、三日の頃《あいだ》を経て、鵜垂郡の衣女の身を焼失せり。更に還《かえ》りて閻羅王に愁ひて白《もう》さく、「躰《かたち》を失ひて依《よ》りどころ無し」と。時に王、問ひて言はく、「山田郡の衣女の躰有りや」と。答へて言はく、「之有り」と。王言ひて、「其れを得て汝の身と為せ」と。因《よ》りて鵜垂郡の衣女の身と為りて、甦《よみがえ》りたり。即ち言はく、「此れ我が家に非ず。我が家、鵜垂郡に有り」と。父母言はく、「汝は我が子なり。何の故にか然《しか》言ふや」と。衣女猶ほ聴《き》かず。鵜垂郡の衣女の家に往きて言はく、「当に此れ我が家なり」と。其の父母言はく、「汝、我が子に非ず。我が子は焼き滅《ほろぼ》せり」と。此に

於いて衣女、具《つぶさ》に閻羅王の詔《みことのり》の状《さま》を陳《の》ぶ。時に彼の二郡の父母、之を聞きて、諾《う》べなりと信《う》けて、二家の財《たから》を以て、許可《ゆる》し付属《さず》く。故に、現在の衣女、四《よたり》の父母を得、二家の宝を得るなり。饗を備へ鬼に賄するは、此れ功虚《むな》しきに非ず。凡《およ》そ物有らば、猶ほ賄し饗すべし。是《こ》れ亦《ま》た奇異《あや》しき事なり。

【語　釈】

○**閻羅王**　閻魔王に同じ。中5（91頁）、中7（115頁）「閻羅」、中19（260頁）。

○**饗**　飲食のもてなしをすること。饗応。馳走（日国大）。名義抄「アフ、アヘス」。

○**讃岐国山田郡**　現在の香川県高松市の地域。

○**布敷臣衣女**　不詳。新撰姓氏録和泉国皇別に「布師臣」とあり、また奈良時代に讃岐国鵜垂郡川津郷の戸主として布師部宮麻呂がいたことが知られる（参考史料A）。

○**偉**　大きくて威厳がある。いかめしく、立派である。上1（上40頁）。上1[興訓釈]「大々波之□」（上35頁）、[国訓釈]「タ、ハシク」、名義抄「タ、ハシク」。

○**百味**　様々な美味、珍味。多くの料理（日国大）。

○**賂**　捧げ賜るもの。神への捧げ物や人に贈る金品などをいう。字鏡集「マヒナヒ」。中24（310頁）。

○**疫神**　疫病をもたらすと信じられてきた悪神。補説1。

○**睍**　[真]は䩄で、[攷証]は「諸字書無見、或是䩄字之異文」かとするが、先行注釈は別字とみる。ひとまず[攷証]の説に従う。[国訓釈]「於母祢利弖」。他人のきげんを取って、気に入られようとする（日国大）。

○**鵜垂郡**　現在の香川県丸亀市・坂出市・まんのう町の一部と宇多津町の全域にあたる。

○**率**　名義抄「キル」。

○**緋** 国訓釈「アケ」。赤い色、または、赤く染めたもの。広く、朱、紅、緋（ひ）などの色を含み、また、血の色などにもいう（日国大）。上1（上38頁）「緋縵着額、擎赤幡桙」。
○**鑿** 国傍訓・国訓釈「ノミ」。
○**僁** 愆の俗字。国訓釈「カクレテ」、名義抄「カクシテ」、国分注「ヒソカニ」。
○**校** 字鏡集「カムカフ」。
○**㨗** 捷の俗字。字鏡集「捷 スミヤカナリ」。
○**荐** 国訓釈「之キリニ」、名義抄「シキリ」、字鏡集「シキリナリ」。しきりに、しばしば、あつまる（字通）。
○**躰** 体の俗字。字鏡集「体 カタチ」。
○**諾** 国訓釈「ウヘナリ」。
○**付属** 名義抄・字類抄「付 ツク、サツク」。名義抄「属 ツク」。二合して「さずく」と訓む。

【現代語訳】

閻羅王の使の鬼が、召す人のもてなしを受け、その恩に報いた話　第二十五

讃岐国山田郡に、布敷臣衣女という人がいた。聖武天皇の御世に、衣女は突如、病気を発症した。時に十分に様々な美味・珍味を用意して門の左右に祭り、疫神に贈って饗応した。閻羅王の使の鬼がやってきて衣女を召した。その鬼は走り疲れていて、祭の食を見て媚びた態度を示して食べてしまった。鬼は衣女に、「私は、あなたに饗応してもらったので、あなたの恩に報いてあげよう。もしや同姓同名の人はいますか」と言った。衣女は、「同じ国の鵜垂郡に同姓の衣女がいます」と言った。鬼は衣女を連れて、鵜垂郡の衣女の家に行って対面した。すると緋の袋から一尺の鑿を出し額に打ち立てて、連れ去っていった。山田郡の衣女はこっそりと家に帰った。時に、閻羅王は待ち受け調べ上げて、「これは私が召した衣女ではない。間違って召したのだ。なので暫くの間、ここに留まりなさい。急いで行って、山田郡の衣女を連れてこい」と言っ

た。鬼は隠すことができず、重ねて山田郡の衣女を召し連れてきた。閻羅王は待ち受けて見て、「まさにこれが私が召した衣女だ」と言った。閻羅王のもとを去っていった鵜垂郡の衣女は家に帰ったが、三日が過ぎていたので、鵜垂郡の衣女の身体は焼かれてしまっていた。再び還ってきて閻羅王に、「身体を失ってしまいました。拠り所がありません」と愁いながら言った。その時、王は、「山田郡の衣女の身体はあるのか」と聞いた。「有ります」と答えた。王は、「それをもってお前の身体としなさい」と言った。これによって山田郡の衣女の身体は鵜垂郡の衣女の身体となり蘇った。そして、「ここは私の家ではない。私の家は鵜垂郡にある」と言った。山田郡の衣女の父母は、「お前は私たちの子です。何故、そのようにいうのですか」と言った。衣女は、それでも聞き入れなかった。鵜垂郡の衣女の家に行って、「まさにここが私の家だ」と言った。鵜垂郡の衣女の父母は、「あなたは、私たちの子ではありません。私たちの子は火葬しました」と言った。そこで衣女は閻羅王の詔の内容を詳しく陳べた。二つの郡のそれぞれの父母はこれを聞いて、もっともだと信じて、二家の財産を譲り渡すことを認めた。それ故、現在衣女は四人の父母を得て、さらに二家の宝を得たのである。饗を設けて鬼に取り入ることは功徳がないものではない。物が有るのであれば、やはり取り入って饗応すべきなのである。これもまた不思議な話である。

【関連説話】

1　冥報記　下、馬嘉運説話

魏郡馬嘉運以貞観六年正月居家、日晩出大門忽見両人各捉馬一疋先在門外樹下立、嘉運問是何人、答云東海士使来迎馬生、嘉運素有学識知名洲里毎有台使四方貴客多請見之、及是聞名弗之恠也、謂使者曰吾無馬、使者曰進馬以此迎馬生、嘉運即於樹下上馬而去、其実倒仆於樹下也、俄至一官曹将入大門有男女数十人也、在門外如訟者、有一婦人先与嘉運（相識同郡張公謹妻姓崔氏手執紙文書謂嘉運曰馬生尚）相識不、昔与張総管交遊毎数相見、総管無状理殺我、々訴天曹於今三年、為王天主救護土瑾故常見抑今乃得申官已追之不久将至疑我独見枉害馬生那亦来也、嘉運先知崔氏被殺、及見方自知死、使者引入門曰公眠未可謁宜引就霍司刑処坐、嘉運見司刑乃益洲行台郎中霍璋也、見嘉運延坐曰、此府記室欠東海公聞君才学欲屈為此官至、嘉運曰家貧妻子不願君為言得免為幸、璋曰、若尓便可自陳無学吾当有相明、俄有人来云、公眠已起引嘉運入、見一人在庁事坐肥短黒色、呼嘉運前謂曰聞君才学欲屈為記室耳、能為之乎、嘉運拝謝曰幸甚、但辺鄙人、田野頗以経業教授後生不足以当管記之任耳、公曰、識霍璋不、答曰識之因使召璋、問以嘉運才休、璋曰平生知其経学不見作文章、公曰誰有文章者、嘉運曰有陳子良者解文章、公曰放馬生帰、即命追子良、嘉運辞去、璋与之別曰請君語我家苟放吾臨終語汝売我所乗馬作浮図、汝那売我所乗馬自費、速如我教造浮図、所云家我苟謂其長子、嘉運因而問向見張公瑾妻所云王天主者為誰、璋曰公璋瑾郷人王五戒者死為天主死為天主常救公瑾、故得至今云似不免言畢而別、遣使者送嘉運至一小渋道指令由此路帰、嘉運具言之、其年七月、綿洲人、姓陳、字良、暴死、経宿而蘇自言、見東海公欲用為記室辞以不識文字、別有呉人陳子良卒、公瑾亦、但二人亡後嘉運嘗与人同行於路忽若見官符者、嘉運神色憂怖唯趍走、須之乃定、同俗問之、答曰、向見東海公使人云欲往益洲追人仍説陳子良極訴君霍司刑為君被誚譲君幾不免頼君贖生之故得免也、初嘉運在蜀々人将殃池取魚、嘉運時為人講書得絹数十疋、因買池魚云贖生謂此也、貞観中車駕在成宮聞之、便中書侍郎岑文本就問其事、文本具録以奏云尓、嘉運後為国子博士官卒、

2　今昔物語集　巻二十第十八

讃岐国女行冥途、其魂還付他身語第十八

今昔、讃岐国、山田郡ニ一人ノ女有ケリ。姓ハ布敷ノ氏。此ノ女忽ニ身ニ重キ病ヲ受タリ。然バ、直シク□味ヲ備テ、門ノ左右ニ祭テ、疫神ヲ賂テ此レヲ饗ス。

而ル間、閻魔王ノ使ノ鬼、其ノ家ニ来テ、此ノ病ノ女ヲ召ニ、其鬼走リ疲レテ、此祭ノ膳ヲ見ルニ、此レニ、䡄テ、此膳ヲ食ツ。鬼既ニ女ヲ捕テ将行ク間、鬼、女ニ語テ云、「我レ汝ガ膳ヲ受ツ。此恩ヲ報ゼムト思フ。若シ、同名、同姓ナル人有ヤ」ト。女答云ク、「同ジ国ノ鵜足ノ郡ニ、同名、同姓ノ女有」ト。鬼、此ヲ聞テ、此女ヲ引テ、彼鵜足ノ郡ノ女ノ家ニ行テ、親リ其ノ女ニ向テ、緋ノ囊ヨリ一尺許ノ鑿ヲ取出テ、此家ノ女ノ額ニ打立テ、召テ将去ヌ。彼山田郡ノ女ヲバ免シツレバ、恐々家ニ返ル、ト思程ニ活ヌ。

其時ニ、閻魔王此ノ鵜足ノ郡ノ女ヲ召テ来ルヲ見テ、宣ハク、「此レ召ス所ノ女ニ非ズ。汝ヂ錯テ此ヲ召セリ。然レバ暫ク此女ヲ留テ、彼山田ノ郡ノ女ヲ可召」ト。鬼隠ス事不能テ、遂ニ山田ノ郡ノ女ヲ召テ将来レリ。閻魔王此ヲ見テ宣ハク、「当ニ此レ、召ス女也。彼ノ鵜足ノ郡ノ女ヲバ可返シ」ト。然バ、三日ヲ経テ、鵜足ノ郡ノ女ノ身ヲ焼失ヒツ。然バ、女、女ノ魂身無シテ、返入ル事不能シテ、返テ閻魔王ニ申サク、「我被返タリト云ドモ、体失テ寄付所無シ」ト。其時ニ王、使ニ問テ宣ク、「彼山田ノ郡ノ女ノ体ハ未ダ有リヤ」ト。使答テ云ク、「未ダ有リ」。王ノ宣ハク、「然ラバ、其ノ山田ノ郡女ノ身ヲ得テ、汝ガ身ト可為シ」ト。

此ニ依テ、鵜足郡ノ女ノ魂、山田ノ郡ノ女ノ身ニ入ヌ。活テ云ク、「此我ガ家ニハ非ズ。我ガ家ハ鵜足ノ郡ニ有リ」ト。父母活レル事ヲ喜悲ブ間ニ、此レヲ聞テ云ク、「汝ハ我ガ子也。何ノ故ニ此ハ云フゾ。思ヒ忘タルヤ」ト。女更ニ此ヲ不用シテ、独家ヲ出テ、鵜足ノ郡ノ家ニ行ヌ。其家ノ父母、不知ヌ女来レルヲ見テ、驚キ怪シム間、女ノ云ク、「此レ我家也」ト。父母ノ云ク、「汝ハ我子ニ非。我ガ子ハ早ウ焼失テキ」ト。其時ニ、女具ニ冥途シテ閻魔王宣シ所ノ言ヲ語ルニ、父母此ヲ聞テ、泣キ悲テ、生タリシ時ノ事共ヲ問聞ク。答フル所一事トシテ違事無シ。然バ、体ニハ非ト云トモ、魂現ニ其ナレバ、父母喜テ此ヲ哀養フ事無限シ。

又、彼山田郡ノ父母此ヲ聞テ、来テ見ルニ、正シク我子ノ体ナレバ、魂非ズト云ヘドモ、形ヲ見テ、悲ビ愛スル事無限。然レバ、共ニ此ヲ信テ、同ジク養ニ、二家ノ財ヲ領ジテゾ有ケル。此以、此ノ女独ニ付嘱シテ、現ニ四人ノ父母ヲ持テ、遂ニ二家ノ財ヲ領ジテ有ケル。

此ヲ思ニ、饗ヲ備テ鬼ヲ賂フ、此レ空シキ功ニ非ズ。其レニ依テ、此レ有ル事也。又人死タリト云フトモ、葬スル事不可怱ズ。万ガ一ニモ、自然ラ此ル事有也トナム語リ伝ヘタルトヤ。

【補　説】

1　疫神の饗応

本縁では、病気を発症した布敷臣衣女は、門の左右に百味を祭って疫神を饗応している。厄神・疫神が京に入らないよう祈願する古代の国家祭祀としては道饗祭がある。神祇令5季夏条の義解によると、道饗祭は鬼魅を京内に入るのを防ぐため、京上四隅において饗を設けることと説明している（参考史料B）が、延喜式神祇15祝詞に載せる道饗祭の祝詞では、チマタにいる精霊的なクナドに奉幣・饗応して、外部からやってくる鬼魅を防ぐ祭とされており（参考史料C）、これが道饗祭の元来の姿であった（和田萃「夕占と道饗祭」『日本古代の儀礼と祭祀』中、塙書房、一九九五年）。続日本紀天平七年（七三五）八月乙未条によると、西海道での疫病流行に対し、長門より東の国司に道饗祭を祀るよう勅が出されており（参考史料D）、外部から侵入するものとして疫神が観念されていたことが分かる。一方民間では、兵庫県朝来市山東町の柴遺跡から出土した、悪霊・邪神・災難から身を守るとされる「急々如律令」の呪句とともに「左方門立」と記された呪符木簡が注目される（参考史料E）。この木簡は時代が降り十世紀ころのものとされるが、本縁に見られる祭祀形態を参考にすれば、門の左右に呪符木簡を立て、その前にご馳走を土器に盛って鬼や疫神を饗応するという祭祀が広く民間で行われていたのであろう。

【参考史料】

A　白絁（松嶋順正編『正倉院宝物銘文集成』吉川弘文館、一九七八年）

讃岐国鵜足郡門津郷□□〔河内カ〕部宮麿調絁壱匹長六丈広一尺九寸　天平十八年十月

B　令義解　神祇令5　季夏条

道饗祭謂、卜部等於京城四隅道上而祭之。言欲令鬼魅自外来者、不敢入京師。故預迎於路而饗遏也。

C　延喜式巻七　神祇　祝詞15道饗祭

道饗祭

高天之原尓事始弖。皇御孫之命止称辞竟奉。大八衢尓湯津磐村之如久塞坐皇神等之前尓申久。八衢比古。八衢比売。久那斗止御名者申弖辞竟奉久波。根国底国与里麁備疎備来物尓相率。相口会事無弖。下行者下乎守理。上往者上乎守理。夜之守日之守尓守奉斎奉礼止。進幣帛者。明妙。照妙。和妙。荒妙尓備奉。御酒者甁辺高知。甁腹満双弖。汁尓母穎尓母。山野尓住物者。毛能和物。毛能荒物。青海原尓住物者。鰭乃広物。鰭狭物。奥津海菜。辺津海菜尓至万弖尓。横山之如久置所足弖。進宇豆乃幣帛乎平気久聞食弖。八衢尓湯津磐村之如久塞坐弖。皇御孫命乎堅磐尓常磐尓斎奉。茂御世尓幸閇奉給止申。又親王等王等臣等百官人等。天下公民尓至万弖尓平久斎給部止。神官天津祝詞乃太祝詞事乎以弖。称辞竟奉止申。

D　続日本紀　天平七年（七三五）八月乙未条

乙未、勅曰、如聞。比日、大宰府疫死者多。思欲救療疫気、以済民命。是以、奉幣彼部神祇、為民禱祈焉。又府大寺及別国諸寺、読金剛般若経。仍遣使賑給疫民。并加湯薬。又其長門以還諸国守、若介、専斎戒、道饗祭祀。

E　柴遺跡出土木簡（兵庫県教育委員会編『柴遺跡』兵庫県文化財調査報告三六〇、二〇〇九年）（木簡学会方式の釈文に改めた）

・（符籙）　□急如律令
　　　　　左方門立　　（400）×52×4　041

【参考文献】

小泉道「説話の享受―霊異記の衣女の話をめぐって」（『国語国文』三八‐二、一九六九年）

守屋俊彦「中巻第二十五縁考」（『日本霊異記の研究』三弥井書店、一九七四年。初出一九七一年）

三舟隆之「『日本霊異記』地獄冥界説話の形成」（『日本霊異記』説話の地域史的研究』法藏館、二〇一六年。初出二〇一一年）

（吉岡）

仏像を作り畢はらずして棄てたる木異霊しき表を示す縁　第二十六

【原文】

未レ作二畢仏像一而棄木示二異霊表一縁第廿六

*禅師*広達者、俗姓*下毛野朝臣、*上総国武射郡人。[1]（一云、*畔蒜郡人也。）聖武天皇代、広達入二於*吉野金峰一、*経二行樹下一而求二仏道一。時*吉野郡*桃花里有レ*椅。*々本伐[2]レ梨引二置之一、而歴二歳余一。同処有レ河、名曰二*秋河一。彼引置梨度二于是河一、人畜倶践而度往[3]*く彼還。広達有レ縁出レ里、度二彼椅一往。*椅下有レ音曰、嗚呼、莫二痛*踰一耶。禅師聞レ之、怪見无レ人。良久*徘徊、不[4]レ得二忍過一。就[5]レ椅起看、未二造レ仏了一而棄木也。禅師大恐[6]、引二置浄処一、哀哭敬礼発二誓[7]願一言、有二因縁[8]一故遇。我必奉レ造[9]。請二*有縁処一、勧レ人集レ物、*雕二造阿弥陀仏・弥勒仏[10]・観音菩薩[11]等像一、既訖。今居二置*吉野郡越部村之岡堂一也。

木是无レ心、*何而出レ声。唯聖霊示。更不レ応レ疑也。

来本縁を欠く
1人、国ナシ
2伐、国代
3彼、真見セ消チして往と傍書
4不、国不不
5椅、国ナシ
6大恐、国問之大恐攷証高野本上有問之二字
7発、国ナシ
8縁、国ナシ
9造、国ナシ
10仏、国ナシ
11菩薩、国并

【書き下し文】

仏像を作り畢《お》はらずして棄《す》てたる木異《あや》しき表《しるし》を示す縁　第二十六

禅師広達《ぜんじこうたつ》は、俗姓下毛野朝臣《しもつけののあそん》、上総《かずさ》国武射《むさ》郡の人なり　一に云はく、畔蒜《あびる》郡の人なり。聖武《しょうむ》天皇の代に、広達、吉野《よしの》の金峰《かねのたけ》に入り、樹下《じゅか》を経行《きょうぎょう》して仏道を求む。時に吉野《よしの》郡桃花《つき》里に椅《はし》有り。椅、本は梨《なし》を伐《き》り之《これ》を引き置き、而《しか》して歳余《さいよ》を歴《へ》たり。同処に河有り、名づけて秋河《あきかわ》と曰《い》ふ。彼《そ》の引き置ける梨、是《こ》の河に度《わた》し、人畜倶《とも》に践《ふ》み度りて往還《かよ》ふ。広達、縁有りて里に出で、彼の椅を度りて往《ゆ》く。椅の下に音《こえ》有りて曰はく、「嗚呼《ああ》、痛く踰《ふ》むこと莫《な》かれ」と。禅師、之《これ》を聞き、怪しびて見れば人無し。良久《ややひさ》にありて徘徊《たちもとお》るに、忍びて過ぐることを得ず。椅に就《つ》きて起《た》ちて看《み》れば、仏を造り了《おわ》らずして棄《す》てたる木なり。禅師大いに恐れ、浄《きよ》き処に引き置きて、哀《あわれ》み哭《な》き敬礼《きょうらい》して誓願《せいがん》を発《おこ》して言はく、「因縁《いんねん》有り、故《か》れ遇《あ》ふ。我必ず造り奉《たてまつ》らむ」と。有縁《うえん》の処に請《う》け、人に勧め物を集めて、阿弥陀仏《あみだぶつ》・弥勒仏《みろくぶつ》・観音菩薩《かんのんぼさつ》等の像を雕《え》り造ること、既に訖《おわ》る。今、吉野郡越部《こしべ》村の岡堂《おかどう》に居《す》ゑ置くなり。木は是《これ》心無し、何《いか》にして声を出さむや。唯聖霊《ただしょうりょう》示《あらわ》るる。更に疑ふべからざるなり。

【語　釈】

○**禅師**　禅定に通達した高僧。上7（上134頁）。

○**広達**　宝亀三年（七七二）三月に十禅師とみえる人物と同一人物であろう（参考史料A）。三国仏法伝通縁起巻中によると、元興寺法相宗の僧という。

○**下毛野朝臣**　新撰姓氏録に「下毛野朝臣　崇神天皇皇子、豊城入彦命之後也。日本紀合」（左京皇別下）とみえる。

○**上総国武射郡**　上総国北東部の郡。東方は太平洋、南西は山辺郡、北西は下総国印旛郡・埴生郡、北東は匝瑳郡に接する。郡域は、現在の山武郡と推定される。和名抄によれば、九郷（高山寺本は八郷）がみえ中郡。

○**畔蒜郡**　上総国西部の郡で、望陀郡の北東部に位置した。郡域は、現在の袖ヶ浦市南東部、木更津市東部、君津市南東部と推定される。和名抄によれば五郷がみえ下郡。国訓釈「畔蒜　阿ヒル」。

○**吉野金峰**　金峰は、奈良県吉野地域にある金峰山のことで、山上ヶ岳の南五キロメートル余の小篠から尾根沿いに吉野川河岸まで、約二十数キロメートルにおよぶ一連の峰続きの呼称。上28（上317頁）「大倭国金峰与葛木峰」。

○**経行**　一定の場所を行ったり来たりして歩くこと。坐禅の疲労や眠気をさますために行うもの。転じて、読経念仏しながら仏堂内などの一定の処を歩くこと。きんひん（日国大）。

○**吉野郡桃花里**　未詳。今昔物語集は「枇花里」（関連説話2）。名義抄「枇　ウツキ」。梨の古訓が、名義抄「ナシ、ツキ、」とみえることと関わるか。奈良県吉野郡下市町秋野周辺に比定する説もある（宮坂敏和『吉野―その歴史と伝承』名著出版、一九九〇年）。

○**桃**　国訓釈「于都川支」、群訓釈「桃花　都支」、攷証「依本条改」。

○**有椅**　国訓釈「下云土知乃木」。

○**椅本伐梨…践而度往還**　新大系は一つの橋を説明したものとするが、なぜ一年余り放置され、架けられたのか不明。説話の故地が吉野川と秋野川の合流点付近であることからすれば、吉野川に架けようとして放置された材を秋野川に架けて利用していたとも考えられる。なお、本縁にみられるような梨の木彫仏は現存する古代木彫仏では知られず、梨の木の仏像を伝える本縁の背景については、なお検討の余地が残されている。

○**秋河**　現在の秋野川。吉野川の左岸に流入する一支流で、吉野町の青根ヶ峰にその源を発し、秋野地区を縦貫し、大字下市で吉野川に注ぐ。

○**往還**　岩崎本日本書紀巻二十四平安時代中期点「カヨフ」（皇極天皇三年正月乙亥朔条）。行き帰り、ゆきき、往来、往復（日国大）。

○**椅下**　国訓釈「上云波止」。

○**踰**　国訓釈「不牟土」。名義抄「コユ、スギタリ、フム」。山、峠、谷、川、溝、関所など、障害となるものを通り過ぎて向こうへ行く（日国大）。

○**徘徊**　字類抄「徘徊　ハイクハイ」、名義抄「徘徊　タチモトホル、タチモトヲル」。上30（上344頁）「徘徊」、中22（293頁）。

○**有縁処**　霊異記の時代に仏が安置されていた越部岡堂の意かと思われるが、岡堂に安置する以前に一旦仮に祀り、後に岡堂へ移したとも解される。

○**雕**　国訓釈「恵リ」。新撰字鏡「恵留」、名義抄「ヱル」。ほる（字通）。上序（上25頁）。

○**吉野郡越部村之岡堂**　現在の奈良県吉野郡大淀町越部にあった古代の堂。補説1。

○**何**　国傍訓「イカソカ」。

【現代語訳】

仏像を作り終えないで棄てられた木が、不思議なしるしを示した話　第二十六

広達禅師は、俗姓は下毛野朝臣で、上総国武射郡の人であった一説には、畔蒜郡の人ともいう。聖武天皇の御世に、広達は吉野の金峰山に入り、樹下を読経念仏しながら行き来して仏道を求めていた。その頃、吉野郡桃花里に椅があった。こ

の椅は、もとは梨の木を伐り倒して引き置いたもので、そのまま一年余りが過ぎていた。同じ所に別の河があり、その川の名を秋河といった。その引き置いたままの梨の木をこの川に渡し、人間も獣もみなその橋を踏み渡り行き来していた。広達は縁あって里に出て、その椅を渡った。椅の下から声がして、「ああ、痛く踏まないでくれ」と言った。禅師はこれを聞き、不思議に思って見たが誰もいない。しばらく徘徊していたが、そのまま通り過ぎることはできなかった。椅について伸び上がるようにしてみると、まだ仏を造り終えないまま途中で棄てた木であった。禅師は大変恐れて、清浄な処に引いて安置し、悲しみ泣きながら敬って拝み、誓願を立てて、「縁あって、それ故にお遇いいたしました。私が必ずお造り申しあげます」と言った。禅師のゆかりの地に仏を勧請し、人々に勧めて寄進を集めて、阿弥陀仏・弥勒仏・観音菩薩などの像を彫り造りあげた。今、これらの仏像は、吉野郡越部村の岡堂に安置されている。木には心などない。どうして声を出すことがあろうか。ただ仏の霊が現れたのであり、このことを決して疑ってはならない。

【関連説話】

1　扶桑略記抄　天平二十一年（七四九）条

天平感宝元年閏五月廿一日、勅施入東大寺封五千戸・水田一万町。同時有禅師広達者、俗姓下毛野氏、上総国武射郡人也。入吉野金峰山、修行仏道。聊有事縁、出里度同郡桃花里秋河椅。時下有音曰、烏呼、莫痛踰矣。広達聞之怪見、無人。良久徘徊、不得忽過。就橋伝、半造仏像之木棄橋下。禅師大恐、引置浄処敬礼、発願遂造仏像。阿弥陀弥勒観音也。今置吉野郡越部村岡堂仏像是也。

2　今昔物語集　巻十二第十一話

修行僧広達、以橋木造仏像語第十一

今昔、聖武天皇ノ御代ニ、一人ノ僧有ケリ。名ヲ広達ト云。俗姓ハ下毛野ノ公、上総ノ国、武射ノ郡、□ノ郷ノ人也。而ルニ、広達、仏ノ道ヲ求テ懃ニ修行シテ年ヲ経ル間、大和国、吉野ノ郡ノ金峰山ニ入テ、樹ノ下ニ居テ専ニ仏道ヲ行フ。其ノ時ニ、其ノ郡ノ枇花ノ郷ニ一ノ橋有リ。其ノ橋ノ本ニ梨ノ木ヲ伐テ曳キ置テ年来ヲ経タリ。其ノ所ニ河有リ。秋河ト云フ。其ノ河ニ彼ノ曳キ置タル梨ノ木ヲ渡シテ、人幷ニ牛・馬、此レヲ踏テ渡リ往反ス。

而ル間、広達要事有テ郷ニ出ルニ、彼ノ梨ノ木ノ橋ヲ渡テ行クニ、橋ノ下ニ音有テ云ク、「嗚呼、痛ク踏哉」ト。広達此ノ音ヲ聞テ、怪ムデ下ヲ見ルニ、人無シ。良久ク其ノ所ニ俳徊シテ不過去ズシテ、此ノ音ニ付テ立テ見レバ、此ノ橋ノ木ノ、仏ノ像ニ造ラムトシテ未ダ不造畢ザル木ヲ棄タルヲ、橋ニ曳キ渡セル也ケリ。広達此レヲ見テ大ニ怖レテ、此レヲ踏ミ奉ケム事ヲ悔ヒ悲ムデ、自ラ浄キ所ニ曳置テ、木ニ向テ泣々ク礼拝恭敬シテ、誓ヲ立テ云ク、「我レ縁有ルガ故ニ、今日此ノ橋ヲ渡テ此ノ事ヲ知レリ。願クハ必ズ仏ノ像ニ可造奉シ」ト云テ、即チ、有縁ノ所ニ此ノ木ヲ運ビ寄セテ、人ヲ勧メ物ヲ集メテ、阿弥陀仏・弥勒・観音ノ三体ノ像□造奉リツ。其ノ郡ノ越部ノ村ノ岡堂ニ安置シテ供養シ奉畢ヌ。

木ハ此レ心無シ。何カ音ヲ出サムヤ。然レドモ、偏ニ仏ノ霊験ヲ示シ給フ所也。

此レニ依テ、若シ人、不慮ザル所ニ自然ラ音聞エバ、必ズ怪ムデ可尋キ也トナム語リ伝ヘタルトヤ。

3　元亨釈書　巻第二十八寺像志

和州村崗寺三像者、沙門広達総州人、居金峰山。一日過桃花里秋河橋。忽橋下有声曰、莫踰莫踰。達聞之、見橋下無人。踟躕細看。只有一木材。達取之作弥陀及観自在、阿逸多三像。霊異日新。

4　本朝高僧伝　巻七十五広達伝

和州金峰山沙門広達伝

釈広達、姓下毛野氏、総州武射郡人。入和之金峰山、結菴樹下、専修仏道。吉野桃花里、有良椅材、経歴多年。郡有秋河。里人架椅、為略彴橋。達一日渡過、歩下忽声曰、嗚呼莫痛蹈耶。達四顧無人、大生希想。哀嘆敬礼曰、有因縁故遇我。須奉請有縁処、便截橋材。雕造弥陀弥勒観音三像。安置吉野郡越部村之岡堂是也。

【補　説】

1　越部村岡堂

越部村岡堂の所在地をめぐる諸説は、越部町堂上説と下市町梨子堂説に大別される。越部説は、古く攷証に、「吉川氏曰、越部村之西北六町許、有田字曰堂跡、又有字曰上堂下堂堂上堂脇、又距堂跡、三町許、有阿弥陀寺。豈非謂三像之一而堂跡者岡堂之跡耶」とみえるのを嚆矢とし、福山敏男がこれを紹介する（福山『奈良朝寺院の研究』綜芸舎、一九七八年。一九四八年原本発行）。『奈良県の地名』「岡堂跡」の項によると、「越部の伊勢南街道から北へ三〇〇メートルばかり入った爪先上がりの坂を堂坂、付近約一町歩の台地を堂の上、台地を囲む一段低い平坦地を堂の脇とよび、古来「越部の寺跡」と伝える。堂坂付近で開元通宝など一〇〇余枚が掘出されたことがあり、背後に蟹宮庵や住吉神社跡、川向い西北に常門の弥生遺跡や小山寺跡がある。南は吉野川を望み、北は高取山系の南斜面の丘陵が延びて風光よく、古代寺院に共通した地形を示す」とみえ、この記述は、宮坂敏和『吉野―その歴史と伝承』（前掲）、奈良県史編集委員会『奈良県史』六 寺院（名著出版、一九九一年。「岡堂跡 越部」の項、大矢良哲執筆）などに継承されている。この系統による注釈は、新全集、ちくまであるが、集成は「所在地は未詳」として見解を保留する。

他方、田中重久は、越部から八世紀の瓦を出土する遺跡は認められない点を踏まえ、越部から南へ約五キロメートルの下市町梨子堂に注目し、この地が「梨」の木を伐って造った三像を据えた岡堂‐梨子仏のあったところと推測した。その際、越部の北約三キロメートル余の谷を越部谷と呼ぶことも含め、もとは広域地名である可能性を示唆し、下市町梨子堂の辺りにおよんだと理解した（たなかしげひさ「日本霊異記に見える寺院址の研究」『奈良朝以前寺院址の研究』白川書院、一九七八年。初出一九四二年）。この理解は、旧大系、『角川日本地名大辞典 二九 奈良県』（角川書店、一九九〇年。「越部」の項）に継承されている。これと関わり、吉野川左岸の下市町新住字堂裏の水田から須恵器の破片が多数出土すること、下市町立阿知賀小学校の南約五〇メートルの小字阿弥陀院にも須恵器片が散布するが、いずれも時期・型式などは不明である（下市町『大和下市史』一九五八年。下市町文化連盟・大淀町文化連盟『しもいち・おおよど古代史展―ふるさとの遺跡』平成26年度共同企画展資料、二〇一五年）。また、梨子堂は、興国三年（一三四二〈北朝康永元年〉）の八幡神社勧請、梨子堂庄司（吉野旧事記）など南北朝時代以降の史料にみえはじめるものの、越部の範囲が吉野川左岸、さらに秋野川流域におよぶとみる田中の推定は根拠に乏しい。

一九九五年、大淀町越部に所在する越部一号墳の発掘調査が行われ、墨書土器「堂」（土師器大皿）が出土した。この古墳は、六世紀後半から七世紀初頭までに築かれた横穴式石室を持つ直径二四メートル、高さ五～六メートルほどの円墳であるが、墨書土器は、十世紀後半頃の黒色土器椀や土師器皿とともに、古墳を再利用して何らかの祭祀行為を行った時期に持ち込まれたものと推定されている（奈良県立橿原考古学研究所『越部古墳』奈良県文化財調査報告書八二、一九九七年）。明治二十一年（一八八八）地籍図によると、古墳すぐ脇に字「堂ノ坂」がみえるほか、周辺の「戸ノ上」「戸ノ脇」は、町村合併前の小字の聞き取りに関わる表記とみられ、それぞれ「堂ノ上」「堂ノ脇」にあたることは確実であろう。以上、現在のところ越部説が有力で、越部の堂ノ上が岡堂の故地である可能性は、さらに高まったといえる。

2　金峰とその登山道

金峰への参詣ルートは、九世紀後半に聖宝が吉野川に渡船を設けて金峰山の修行者の便を図ったと伝え（聖宝僧正伝〈『続群書類従』第八輯下〉、尊師御一期日記〈『大日本史料』第一編之四、延喜九年［九〇九］七月六日条〉）、この後、六田の渡（柳の渡）を渡河点とし、一ノ坂・長峰・丈六・薬師を経て吉野の尾根づたいに峰入りするルートが一般的となった。九世紀末から十一世紀にかけて、昌泰三年（八九九）・延喜五年（九〇五）の二度の宇多太上天皇の参詣をはじめ、寛和二年（九八六）藤原道兼、寛弘四年（一〇〇七）藤原道長、寛治二年（一〇八八）・同四年の藤原師通、同六年の白河太上天皇など、王族・貴族の参詣が相次いだ。そのルートは、寛弘四年の藤原道長の参詣に詳しく、八月三日大安寺、四日井外堂、五日軽寺、六日壺坂寺、七日から八日にかけて観覚寺・野際（吉野町・蔵王堂付近）、九日に登山、祇園に宿り、十日金照房に到着、十一日経供養を行っている（御堂関白記同年八月二日～十一日条）。また、寛治四年の藤原師通参詣に際して、師通は道長の日記を借り出してその行程を検討していることが知られる（後二条師通記同年七月十四日条）。奈良時代については詳らかにしえないが、あるいは、広達が経行していた秋野川ルートが、聖宝による渡船設置に起因する吉野山＝丹治川ルート以前の金峰参詣ルートであるとみることもできよう。

【参考史料】

A　続日本紀　宝亀三年（七七二）三月丁亥条

丁亥、禅師秀南・広達・延秀・延恵・首勇・清浄・法義・尊敬・永興・光信、或持戒足称、或看病著声。詔、充供養、並終其身。当時称為十禅師。其後有闕、択清行者補之。

【参考文献】

直木孝次郎「日本霊異記にみえる『堂』について」（『奈良時代史の諸問題』塙書房、一九六八年）
薗田香融「古代仏教における山林修行とその意義」（『平安仏教の研究』法藏館、一九八一年）
長岡篤「『日本霊異記』にみられる山寺について」（『日本古代社会と庄園図』東京堂、二〇〇一年）
増尾伸一郎「禅師広達とその周辺─古代東国仏教史の一断面」（『日本古代の典籍と宗教文化』吉川弘文館、二〇一五年。初出二〇〇九年）

（山本）

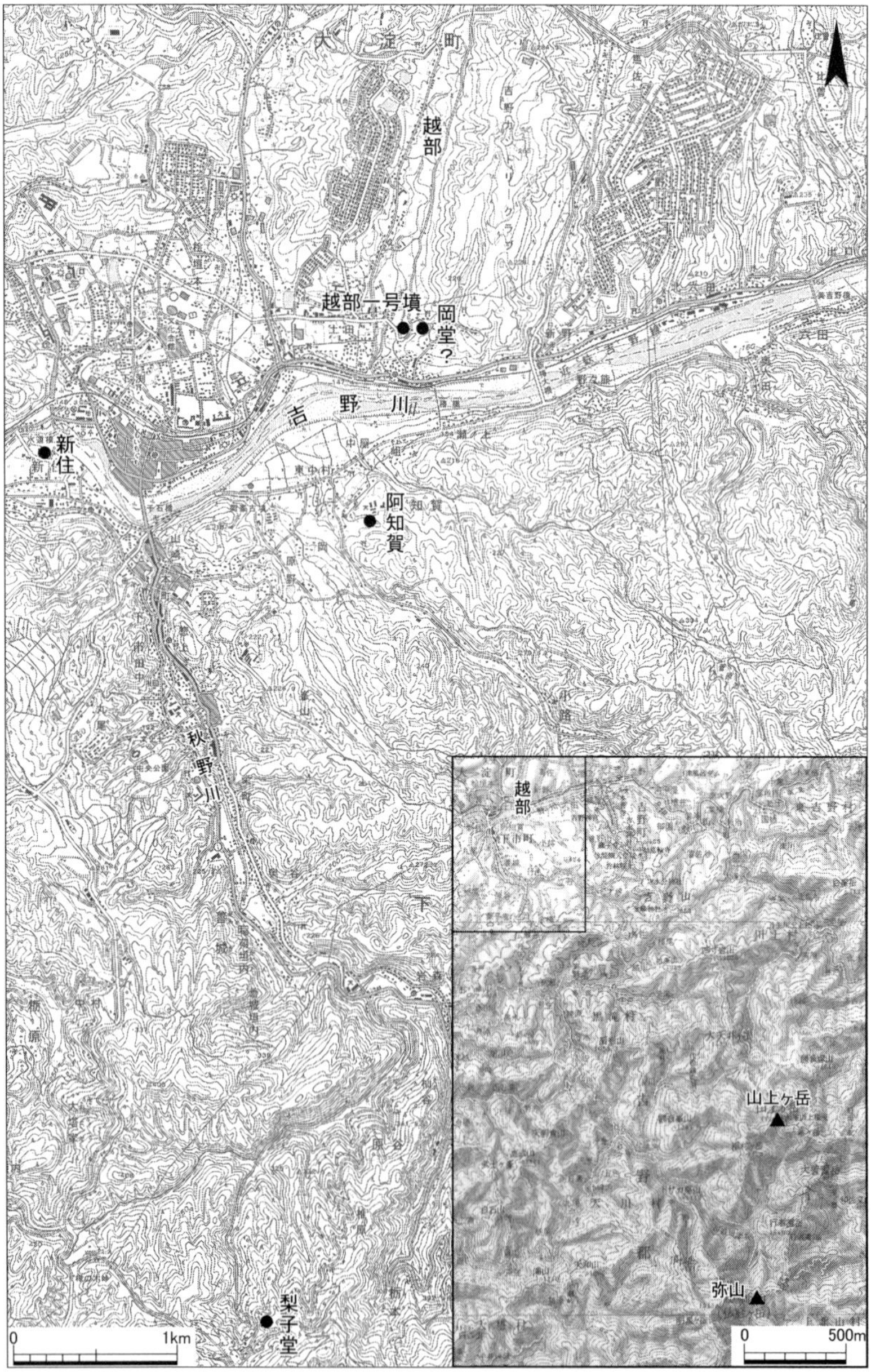

中巻第二十六縁関連地図

力女強き力を示す縁　第二十七

【原　文】

*力女、示二強力一縁第廿七

*尾張宿祢久玖利者[1]、尾張国*中嶋郡*大領[2]。聖武天皇*食レ国之時人也。久玖利之妻、有二同国*愛知郡片蕝里[3]二之女人。是昔有二*元興寺一道場法師之孫也。随レ夫*柔*儒[4]、如二*娕糸*綿[5]一。織二麻細疊一而著[6]二夫大領一。*疊*姝无レ比。時[7]其*国行主雖[8](*)桜部[9]任[10]也。*国上、視下於著[11]二大領一之衣姝上、而取、言レ非二可レ著[12]レ汝之衣一、不レ返也。妻問、何レ衣。答、国上取。復問、彼衣、心惜思耶[13]。答言、甚惜[14]。妻即往、居二国上之前一、乞言、衣賜。尓国上言、何女、引捨。使レ引不レ動。女二指以、取二国上居床[15]之*端一、*居物[16]持二出於*国府門外[17]一。国上*衣襴、捕二*粉*条然一、乞言、衣賜。国上惶煩、彼衣返与。取持帰レ家、*洒浄、*牒二収其衣一。于二*呉竹一

（第三十紙）

[18]捕粉如二*練糸一。大領之父母、見レ之大惶、告二其子一言、汝依二此妻一、国司見レ[19]忽。行事大惶[20]告。*国司作レ是、事[21]各動有、[22]武等何[23]作。不レ能二寝[24]益一。故送二*本家一[25]而不レ[26]勝。然後此嬢、至二彼[27]里*[28]草津川之*河津一而衣洗。時*商人大船載レ荷[29]垂レ過。*船長見レ嬢、言煩*嘲*嗍。女言、黙。女言、犯レ人者、[30]煩痛所レ拍。船長聞[31]瞋留レ船打レ女。々不レ痛レ拍。船[32]半引居*舳下入レ[33]水。*雇二津辺人一船物持々[34]上、然更載レ船。[35]嫌言、无レ礼故引二居船一、何故諸人、令レ*陵二賤女一。船荷載惣、亦一町程引上而居。於レ茲船人大惶、(*)[36]長咒白言、犯也、*服也。故女聴許。彼船五百人引不レ動。故知、彼[37]力過二五百人力一。*如二経説一、作レ*[38]餅供二養*三宝一者、得二*金剛*那羅延力一云々。是以当知、[39]先作二*大枚餅一、供二養三宝衆僧一、得二此強力一矣。

[来]本縁を欠く
1張、[国]張国
2領、[国][群]領也[攷証]原脱也字依高野本増[国]に従う
3知、[国]智[攷証]高野本作智
4儒、[国]瑞
5媡、[国][群]練
6著、[国][群]着
7時、[国]ナシ
8雖、[国][群]稚[攷証]依高野本改[国]に従う
9桜、[国]ナシ
10任、[攷証]高野本作注
11著、[群]着
12著、[群]着
13耶、[群]邪

14惜、国情
15取、国ナシ
16惣、群捴
17府、国符
18捕、国補
19忽、国群怨攷証依高野本改国に従う
20告、国ナシ攷証高野本無国に従う
21各、国群咎国に従う
22武、国群我攷証高野本蠹食依延宝本改国に従う
23作、国仏
24益、群食攷証意改群に従う
25而、国群而亦
26勝、国群賂国に従う
27里、国呉
28草、国真
29垂、国群乗攷証依高野本改
30熕、国群頰国に従う
31瞋、国群嗔
32半、国車半分
33水、国外
34々、国群ナシ国に従う
35嫌、国群嬢国に従う
36咒、国群跪攷証依高野本改国に従う
37力、国ナシ
38餅、国飯
39先、国群先世攷証依高野本増国に従う

【書き下し文】

力女《りきにょ》、強き力を示す縁　第二十七

尾張宿祢《おわりのすくね》久玖利《くくり》は、尾張国中嶋《なかしま》郡の大領《たいりょう》なり。聖武《しょうむ》天皇国食《くにお》しし時の人なり。久玖利の妻、同国愛智《あいち》郡片蕝《かたわ》里にありし女人なり 是は昔、元興寺《がんごう》に有りし道場法師《どうじょうほうし》の孫なり。夫に随《したが》ひ柔《にこや》かに儒《やわら》かにして、煉《ね》りたる糸綿《いとわた》の如し。麻の細き疊《てづくり》を織りて夫の大領に著《き》せたり。疊の姝《うるわ》しきこと比《たぐい》無し。時に其《そ》の国を行ふ主に稚桜部《わかさくらべ》を任《ま》くなり。国上《くにのかみ》、大領の著たる衣の姝しきを視《み》て、取りて、「汝《なんじ》に著すべき衣に非《あら》ず」と言ひて、返さざるなり。妻問ふ、「衣は何《いか》に」と。答ふらく、「国上取れり」と。復《ま》た問ふ、「彼《そ》の衣、心に惜《お》しと思ふや」と。答へて言はく、「甚《はなは》だ惜し」と。妻即ち往《ゆ》きて、国上の前に居《お》り、乞《こ》ひて言はく、「衣を賜へ」と。尓《そ》の国上言はく、「何《いか》なる女ぞ、引き捨てよ」と。引かしむるに動かず。女、二つの指を以て、国上の居る床《とこ》の端《はし》を取り、居《す》ゑ惣《なが》ら国府の門の外に持ちて出《いだ》す。国上の衣の襴《すそ》を、条然《つだつだ》に捕《と》り粉《くだ》き、乞ひて言はく、「衣を賜へ」と。国上惶《おそ》り煩《わずら》ひ、彼の衣を返し与ふ。取

りて持ちて家に帰り、洒《すす》ぎ浄め、其の衣を牒《たた》み収む。呉竹《くれたけ》を捕り粉くこと練糸《ねりいと》の如し。大領の父母、之を見て大きに惶り、其の子に告げて言はく、「汝、此の妻に依《よ》りて、国司に怨まれむ。行ふ事大きに惶ろし。国司をすらにも是《か》く作《す》るを、事の咎動《とがやや》も有らば、我等何《いか》に作《せ》む。寝食《しんしょく》すること能《あた》はず」と。故に本家に送りて亦睠《またかえり》みず。然《しか》して後に此の嬢《おみな》、彼の里の草津《かやつ》川の河津《かわづ》に至りて衣を洗ふ。時に商人の大舩《おおふね》、荷を載《の》せて過ぎむとす。舩長《ふなおさ》、嬢を見て、言ひ煩《わずら》はし嘲《えつらか》し嗍《もちあそ》ぶ。女言はく、「黙《もだ》あれ」と。女言はく、「人を犯す者は、頬《ほほ》痛く拍《う》たれむ」と。舩長聞きて瞋《いか》り舩を留めて女を打つ。女拍たるるを痛しとせず。舩の半ばを引き居《す》ゑ舳《ふねのともさが》 下りて水に入る。津辺《つのほとり》の人を雇ひて舩の物を持ち上げ、然して更に舩に載す。嬢言はく、「礼《いや》無きが故に舩を引き居う。何《なに》の故《ゆえ》にか諸人《もろひと》、賤《いや》しき女を陵《しの》がしむる」と。舩の荷を載せ惣《なが》ら、亦一町程引き上げて居う。茲《ここ》に、舩人《ふなひと》大きに惶り、長跪《ひざまず》きて白《もう》して言はく、「犯せり。服《うべ》なり」と。故に女聴許《ゆる》しつ。彼の舩は五百人《いおのひと》引けど動かず。故に知る、彼の力は五百人の力に過ぎたるを。経に説くが如く、餅《もちい》を作りて三宝《さんぼう》を供養《くよう》すらば、金剛《こんごう》奈羅延《ならえん》の力を得むと云々。是《ここ》を以てまさに知る、先の世に大枚《たいまい》の餅を作りて、三宝衆僧《しゅそう》を供養し、此の強き力を得たりしことを。

【語　釈】

○**力女**　力のある女性。中4（77頁）。

○**尾張宿祢久玖利**　未詳。尾張宿祢は、新撰姓氏録に火明命の二十世の孫、阿曽祢連の後裔とあり（左京神別下）、天武天皇十三年（六八四）に尾張連の本宗家に宿祢が賜姓された（日本書紀天武天皇十三年十二月己卯条）。尾張宿祢は、尾張国造氏で、熱田神宮の祭祀に関わり、草薙剣を奉斎した。また尾張宿祢氏の系統は多数あったとみられ、尾張国内の諸郡で郡領となっている。中嶋郡に関しては天平六年尾張国正税帳に「従八位下尾張連」がみえ、本拠の愛知郡では、大領尾張宿祢乎己志（続日本紀和銅二年五月庚申条）、春日郡には、大領尾張宿祢人足（天平二年尾張国正税帳）、海部郡には、大領尾張宿祢弟広、その子尾張宿祢安文・安郷（日本三代実録仁和元年十二月二十九日条）がみえる。

○**中嶋郡**　現在の愛知県稲沢市・尾西市・一宮市周辺。和名抄には九つの郷がみえ、国府と国分寺の置かれた尾張国の中心的地域。

○**大領**　郡司四等官の長官。上7（上135頁）、中2（55頁）。

○**食国**　天皇の統治なさる国。天下（日国大）。国訓釈「二合久尓宇師之」、群訓釈「二合久尓乎師シ」。

○**愛知郡片蘊里**　愛智郡は、現在の愛知県名古屋市・長久手市・日進市他を含む地域。片蘊里は、名古屋市中区古渡町に片輪の地名が残り、この付近に比定される。上3（上65頁）、中4（78頁）。

○**元興寺**　平城京左京六条四坊に置かれた官大寺。上3（上67頁）、上11（上177頁）「京元興寺」、中1（34頁）。

○**道場法師**　道場（寺院）守護の法師の意。上3（上69頁）。

○**柔**　やわらか、やすらか、おだやか（字通）。国訓釈「尓古也可二」。

○**儒**　やわらか、おだやか、やさしい（字通）。国訓釈「ヤハ良カニ」。

○**㈱**　練に同じ。「ねる」は、固いものやあらいものなどを、伸ばしたり固めたり煮たりして、やわらかいもの、使えるものの、質の良いものなどにする（日国大）。

○**綿**　真綿のこと。繭を煮て引き伸ばして作った綿（日国大）。

○**疊**　手織りの上等の布（日国大）。国訓釈「弖都九里」。

○**姝**　国訓釈「于留和之」、名義抄「ウルハシ」。

○**国行主**　ここでは、国の行政を主宰する国司（守）を指す。後出の国上に同じ。

○**稚桜部任**　稚桜部は、新撰姓氏録に若桜部朝臣（右京皇別）、若桜部造（右京神別・和泉国神別）がみえる。前者は、天武十三年（六八四）に若桜部臣らに朝臣の姓を賜う（日本書紀天武天皇十三年十一月戊申条）とあり、後者は、日本書紀履中天皇三年冬十一月辛未条に始祖伝承を載せる。ここでは姓（カバネ）が不明なのでいずれとも判断しがたい。任は、名義抄に「タフ、タモツ、アタル」などとあり、名前であるとする説が多い（旧大系、新全集、集成）。[今昔]が該当部分を闕字とするためだが、ここでは「任用する」という意味で訓読を作成した。[攷証]は「疑ハ姓ノ字ノ譌」とする。

○**国上**　「国の上」で、国守（国司四等官の長官）のこと。[攷証]も「国守」の借字かとする。中10（166頁）「国司」。

○**端**　とくに、畳のへり。また、敷物などの縁（日国大）。

○**居惣**　[国訓釈]「二合ス恵ナカラ」

○**国府**　尾張国府の所在地は、和名抄などに中島郡とある。愛知県稲沢市松下町国衙が推定地で、平安時代後期から鎌倉時代の建物遺構が確認され、陶硯・緑釉陶器・銅印・石帯など官衙的性格を示す遺物が多く出土しているが、政庁に結びつくものや奈良～平安前期の遺構は発見されていない。同地の近隣の下津地区には、東国府・西国府の小字名が遺り、この付近にもとの国府があった可能性もある。またこの遺跡の北側には東畑廃寺がある。白鳳期の創建とされ、八世紀には国府附属寺院の性格をもったとされる（永井邦仁「尾張国府跡の研究（1）」『愛知県埋蔵文化財センター研究紀要』一四、二〇一三年）。

○**襴**　[国訓釈]「須曽」。上2（上55頁）。

○**粉**　上序[興訓釈]「久大支」、字鏡集「クタク」。上序（上23頁）「頭於粉粟粒」。

○**条然**　細かくきれぎれのさまを表わす語。ずたずた（日国大）。[国訓釈]「二合都太々々」。中8（149頁）、中12（187頁）。

○**洒**　[国訓釈]「ス、支弖」、中20（271頁）。

○**牒**　字鏡集「タ、ム」。

○**呉竹**　漢名は淡竹（はちく）。淡竹は、イネ科マダケ属の一つ。中国原産で、広く栽植され、桿は高さ一〇メートル、径一〇センチメートルに達する（日国大）。「呉竹を捕り粉くこと練糸の如し」は、「呉竹の繊維を細く割いて、練糸のようにやわらかくしてしまう」（旧大系）。旧大系は、「大力の形容で、文脈上、前文と折合わない。これは「捕粉条然」の注文ではないか」とし、新全集は、「平常のこの強力な女のわざをいったもので、文脈の誤りでない」とする。あるいは、中4の「熊葛練韃」と関係するか。

○**練糸** 生糸の膠質（セリシン）を除去して、特有の光沢と手触りを出した絹糸。除去の程度により半練糸、本練糸にわける（日国大）。柔らかくした絹糸のこと。

○**国司作是** 国訓釈「国司 乎主良尓母」「作是 二合加久寸留乎」。攷証は「訓釈恐有誤字」とするが、旧大系は「国の司ヲスラ〈ニ〉モ」とし、「ニは衍か」とする。新全集は、「国の司ヲスラニモ」と訓む。遠藤嘉基は、やや特殊な表現である「ヲスラ」と、普通の表現「ニモ」の併記とする（遠藤『日本霊異記訓釈攷』和泉書院、一九八二年）。

○**本家** 妻の親の家。里方（日国大）。妻の実家、とみるのが攷証以来の説である。

○**草津川** 現在の愛知県あま市甚目寺町に萱津の地名が遺る。この付近を流れていた木曽川の支流とみられ、現在の庄内川にあたるという（集成）。承和二年（八三五）六月二九日太政官符に「尾張国草津渡三艘」とある（類聚三代格）。

○**河津** 河川に設けられた船着き場。

○**商人大舩** 古代に船舶を利用して交易に携わる商人が存在していたことを示す。

○**船長** 船子の長。船頭（日国大）。

○**嘲** 国訓釈「恵都良可志」。ばかにして笑う。あざける。からかう（日国大）。

○**嘱** 国訓釈「母知阿曽弖」、新撰字鏡「毛知阿曽夫」。もてあそぶに同じ。

○**舳** 船の後端部。船尾。船首を舳（へ）または舳先（へさき）というのに対する呼称（日国大）。とも。また、へさき（字通）。国訓釈「フ子ノトモ」、新撰字鏡「止毛」。

○**雇津辺人** 河津の近隣に居住する人を雇用した。国訓釈「雇 ヤトヒテ」。

○**陵** 凌と通じ、しのぐ（字通）。あなどる。見くだす。圧倒する。上9（上158頁）「凌」。

○**長跪**　[国訓釈]「ヒサマツキテ」、上18[興訓釈]「二合比左末川支天」。上30（上345頁）、中3（68頁）、中5（92頁）、中7（119頁）、中19（261頁）。

○**服**　[国訓釈]「宇ヘナリ」。本当にそうである。もっともな道理だ。よくわかった（日国大）。

○**如経説**　出典未詳。[攷証]は方広荘厳経の一節を引いたものかという。

○**餅**　もち。名義抄「モチヒ」。古くは「モチイヒ」の略で「モチヒ」と呼ばれた（日国大）。

○**三宝**　仏と法と僧。上5（上105頁）、中序（18頁）、中1（34頁）、中5（93頁）、中19（261頁）。

○**金剛**　ダイヤモンド。金剛石のこと。金石のうちで最も堅固なもの（広説）。きわめて堅固で何物にもこわされないたとえ。仏道を修めた者が、物に迷わないたとえ（日国大）。

○**那羅延**　「ならえんてん（那羅延天）」または「ならえんこんごう（那羅延金剛）」に同じ。本来は毘紐のこと。大力があるとされ、仏・菩薩の堅固・大力を喩えて那羅延身、那羅延力と名づける。密教では三面で輪宝を持ち、迦楼羅に乗る姿に表される。また金剛力士と混同される（日国大）。

○**大枚**　形の大きいこと（日国大）。

【現代語訳】

力ある女が怪力をみせた話　第二十七

尾張宿禰久玖利は、尾張国中嶋郡の大領で、聖武天皇が国をお治めになった時代の人である。久玖利の妻は、同国愛知郡片蕝里にいた女性であった 彼女は昔、元興寺に在った道場法師の孫である 。夫に従順で、もの柔かかつしなやかな、まるで練った絹糸・絹綿のようであった。彼女は麻の細い糸で布を織り、夫の大領に着せていた。手織の布の美しさはほかに比べるものがない。その当時、尾張国司には稚桜部が任用されていた。国守は、大領の着ている衣が余りに美しいのを見て、それを取り上げ、「お前が着るような物ではない」と言って返さなかった。妻は、「衣をどうしましたか」と夫に問うた。

「国守に取られた」と答えた。妻は、「あの衣を心から惜しいと思いますか」と言い、夫は、「たいへん惜しい」と言った。そこで妻は国守のもとへ往き、その前に座って、「衣を賜わりたい」と乞うた。国守は、「どこの女だ、引きずり出してしまえ」と言った。しかし引きずり出そうとしたが動かない。女は指二本で国守の座る床の端を取って、座らせたままで国府の門の外に運びだした。国守の衣の裾をずたずたに引き裂いて、「衣を賜わりたい」と乞うた。国主は恐れ困惑して、その衣を返し与えた。妻は衣を持って家に帰り、洗い清め、きちんとたたみしまった。呉竹をつかみ砕いて練糸のようにしてしまった。大領の父と母は、これを見て大いに恐れ、息子に、「お前はこの妻のせいで国司に怨まれるだろう。この女の行いはたいへん恐ろしい。国司にすらこんなことをしたのだから、もしお咎めがあったらわしらはどう対処すればよいのか。寝食どころではないぞ」と告げた。というわけで妻を本の家に送り返し、もう顧みることはなかった。その後にこの女は、片蕝里の草津川の船着き場で洗濯をしていた。その時、商人の大きな船が荷物を載せて通り過ぎようとしていた。船長は女を見て、あれこれ困るようなことをいい、ひやかしからかった。女は、「黙れ」といい、「人を悪くいう者は頬をひっぱたかれます」と言った。船長はこれを聞いて怒り、船を留めて女を打った。女はひっぱたかれても痛がることはなく、船を半分ほど陸に引き揚げたので、舳は下って水に浸かってしまった。船長は津の辺りの人を雇い、船の積み荷を陸に揚げ、船を川に引き戻してからもう一度船に載せた。女は、「失礼な事をするから、船を引き揚げたのです。どうしてみんな卑賤の女を辱めるのですか」と言った。そして荷を載せたまま、また一町ほど引き揚げ船を据えた。こうして船人はたいへん恐ろしくなり、ひざまずいて、「悪かった。参った」と言った。女はこれを許した。その船は五百人がかりで引いたが動かなかった。つまりよく判る、女の力が五百人分の力以上であることが。経典に、「餅を作って三宝を供養すると、金剛奈羅延の力を得る」と説いている。これをもって理解すべきだろう、この女は前世で大きな枚餅を作り、三宝衆僧を供養し、この大力を得たということを。

【関連説話】

1　今昔物語集　第二十三巻第十八話

尾張国女、取返細畳語第十八

今昔、聖武天皇ノ御代ニ、尾張国ノ中島郡ニ尾張ノ久坂利ト云者有ケリ。其郡ノ大領也。妻ハ同国ノ愛智郡ノ片輪郷ノ人也。此道場法師ノ孫也。其女形チ柔耎ナル事練糸ヲ繚ルガ如シ。而ルニ、此ノ女麻ノ細畳ヲ織テ、夫ノ大領ニ着セタリケリ。其細畳直クシテ、微妙事幷無シ。

其時ニ其国ノ司有ケリ。若桜部ノ□ト云フ。国ノ司トシテ有ル間、此大領ガ着タル衣ノ直シク微妙ヲ見テ、其ノ衣ヲ取テ大領ニ云ク、「此レ汝ガ着物ニ不能」ト云テ、返シ不与ヘ。大領家ニ返タルニ、妻問テ云ク、「何ノ故ニ汝ガ衣ハ無キゾ」ト。大領答テ云ク、「国司ノ然々云テ取レル也」。妻亦問云ク、「汝、彼衣ヲバ心ニ惜トヤ思フ」。大領ガ云ク、「甚ダ惜シ」ト。妻此レヲ聞テ、即国司ノ許ニ行テ、「其衣給ヘ」ト乞ニ、国司ノ云ク、「此レ何ナル女ゾ。速ニ追ヒ出ヨ」ト。然レバ人来テ女ヲ取テ引クニ、塵許モ不動。其時ニ女、二ノ指ヲ以テ、国司ヲ取テ床ニ居ヘ乍ラ国府ノ門ノ外ニ将出テ、衣ヲ乞フ。国司恐テ衣ヲ返シ与フ。女、衣ヲ取テ濯浄メ置ツ。

此ノ女、力強キ事人ニ不似。呉竹ヲ取砕ク事練糸ヲ取ルガ如シ。而ル間、大領ガ父母此レヲ見テ、大領ニ云ク、「汝、此妻ニ依テ国司ノ怨ノ思ヒ、事ヲ行レム」ト、「大キニ恐レ可有シ。我等ガ為ニモ不吉也。然バ此ノ妻ヲ送テヨ」ト。大領、父母ノ教ヘニ随テ、妻ヲ送リツ。

妻、本ノ郷草津川ト云川津ニ行テ衣ヲ洗フ時ニ、商人船ニ草ヲ積テ、其船乗テ過グトテ、此女ヲ嘲テ頗ル煩ハス。女暫ク物不云。船主尚云懸ルニ、女ノ云ク、「人ヲ犯サムトセム者ハ、シヤ頬痛ク被打ナム」ト。船主此ヲ聞テ船ヲ留テ物ヲ投テ女ヲ打ツ。女此ヲ不咎シテ、船ノ半ノ方ヲ打ツ。舳ノ方ヨリ水ニ入ヌ。船主、津辺ノ人ヲ雇テ船ノ物ヲ取上テ、亦船ニ乗ル。其時女ノ云ク、「礼無キガ故ニ船ヲ引居ヘツ。何ノ故ニ諸ノ人我ヲ掕ジ蔑ルゾ」ト云テ、女、船ノ荷載物ヲ、亦一町許程引上テ居ヘツ。其時ニ船主、女ニ向テ跪テ云ク、「我レ大ニ犯セリ。理也」。然レバ女免シテケリ。

其後、其女ノ力ヲ試ムガ為ニ、其船ヲ五百人ヲ以テ令引ルニ、不動カ。此ヲ以テ知ヌ、彼女ノ力五百人ノ力ニ勝タリト云事ヲ。

此ヲ見聞人、奇異也思ニ、「前世ニ何ナル事有テ此世ニ女ノ身トシテ此ク力有ン」トゾ人云ケル、トナム語リ伝ヘタルト也。

【補　説】

1　道場法師系説話

上1、上2、上3と中4、中27（本縁）は、相互に登場人物に関連性があることから先行研究において一連の説話群として認知され、「道場法師系説話」と呼称される。上1は、小子部氏の始祖伝承としての雷神征服譚、上2は、美濃の狐直氏の始祖伝承、上3は、雷神の子で尾張出身の道場法師の出生と活躍譚となっている。中巻に至りその子孫が登場する。中4は、美濃の狐直の四代目の大女と尾張の道場法師の孫が対決し、道場法師の孫が勝利する。そして本縁では、道場法師の孫の女性が強力をもって「悪」を懲らしめる説話となっている。道場法師系説話については、すでに多くの研究がある。雷神信仰・小さい子・女性といった共通するモチーフに神話的伝承との関係を見る説、この説話群の主要な舞台が尾張・美濃であることから、当該地域の在地説話と見る説、また上3などを根拠に、これらの説話群の成立に飛鳥の元興寺との関係を指摘する説等が呈示されており、それぞれ有力な解釈となっている。これらのうち寺川真知夫は、尾張の力女譚が飛鳥の元興寺の僧によって蒐集され、道場法師系説話に利用されたとし、尾張・美濃両国は力婦（膂力婦女）の貢進国だったこととの関係を指摘している。多田一臣は、本縁と中4が尾張・美濃両国の境界的地域（市や津）を舞台とすることに注目し、水運を利用した濃尾平野一帯の交易圏内で語られた伝承であろうとする（ちくま）。三舟隆之も、美濃を舞台とする下31を併せて「美濃・尾張国説話群」と把握し、説話の形成にこの地域の水上・陸上交通が大きな役割を果たしていると指摘する。このように道場法師系説話は、霊異記説話の生成の場を考える上でさまざまな問題を提起する説話群である。道場法師系説話の形成に元興寺の存在が大きく関連することは間違いないだろう。元興寺の僧が尾張や美濃の地域に法会などで出向いた際、地元と関わりの深い力女譚を道場法師譚と結び付け、地元の実力者（尾張宿祢）も登場させるかたちで説法したものが霊異記に採録されたと考えられる。

2　国司と郡司の関係

律令国家の地方支配について、成立当初（八世紀初頭まで）は、郡司制に編成された在地首長層の伝統的支配力に依存し、派遣官である国司の権力は十分に地域社会には浸透していなかったが、天平期を境に郡司＝在地首長層の抑圧が進み、国司を主体とする地方支配体制が機能しはじめる、と考えるのが現在の通説である（吉田孝「律令国家の諸段階」『律令国家と古代の社会』岩波書店、一九八三年）。こうした歴史像に照らせば、聖武天皇の時代を舞台とする本縁は、天平期を画期として進む中央政府・国司による「郡司抑圧」の一端を示すものと読むことも可能であろう。しかし通説のいう「郡司抑圧」とは、郡司が在地首長として有した共同体的諸関係に基づく支配力の解体である。本縁は、それとは様相を異にする。本縁においては、父母を含む郡領家が国司に怨まれることを大いに懼れており、そのため主人公は郡領から離縁され本家へ送り返されてしまうというストーリーとなっている。ここには国司の郡司（郡領）に対する絶対的優越性が存在する。郡司にとって、自己の権力の地域社会への扶植・伸張は、郡司という官人の立場を維持して初めて可能になるものであり、国司は、その地位を左右する存在である。こうした関係性をふまえると本縁は、中央（国司）側からの一方的な「抑圧」の事例ではなく、郡司側の忖度・阿諛追従を示すものとみるほうがよい。天平期には、国司と郡司の子女との婚姻が問題とされ（類聚三代格巻八牧宰事・天平十六年〈七四四〉十月十四日勅）、正史に事例が散見されるように国司の任地での不正も、郡司との癒着に発するものとみるのが中央政府の認識であった。地方社会における国司と郡司の関係は、両者の癒着と郡司側の自発的隷従を基調とするもので、一方的抑圧による伝統的支配力の解体という単純な道筋をたどるものではないと考えられる。

【参考史料】

A　新撰姓氏録 左京神別下

尾張宿祢。火明命二十世孫阿曽祢連之後也。

【参考文献】

黒沢幸三「『霊異記』の道場法師系説話」（『日本古代の伝承文学の研究』塙書房、一九七六年。初出一九七二年）

守屋俊彦「中巻二十七縁考」（『続日本霊異記の研究』三弥井書店、一九七八年。初出一九七七年）

古橋信孝「説話の流通と形成―道場法師の孫娘の説話をめぐって」（『古代文学』一九、一九七九年）

寺川真知夫「尾張国の力女伝承」（『日本国現報善悪霊異記の研究』和泉書院、一九九六年。初出一九八一年）

原田行造『日本霊異記の新研究』（桜楓社、一九八四年）

原田敦子「大力女の原像と変貌―日本霊異記中巻第四縁・第二十七縁考」（『論集古代の歌と説話』和泉書院、一九九〇年）

河野貴美子『日本霊異記と中国の伝承』（勉誠社、一九九六年）

三浦佑之『日本霊異記の世界―説話の森を歩く』（角川選書四五七、二〇一〇年）

三舟隆之「道場法師系説話群の成立」（『『日本霊異記』説話の地域史的研究』法藏館、二〇一六年）

（毛利）

極めて窮れる女尺迦の丈六の仏に福分を願ひ奇しき表を示して現に大福を得る縁　第二十八

【原　文】

極*窮女於二尺迦丈六仏一願*二福分一、示二奇表一以現得二大福[1]一縁第廿八

聖武天皇世[2]、奈羅[3]京*大安寺之西里、有二一女人一。極窮命活无レ由而飢。*流聞、*大安寺丈六仏、*衆生所レ願、*急能施賜。買*二花香油一、而以参二往於丈六仏前一、奉レ白レ之言、我昔世不レ修二福*因一、現身受[4]二取貧窮之報一。故我施レ宝、令レ免二窮愁一。累レ日経レ月、願祈不レ息。如レ常願レ福、献二花香灯一、罷レ家而寐*、明日起見二于門*椅所一、有二銭四貫一。著二之短*籍一、而注謂之、大安寺大*修多羅供銭。女人恐、急[5]以レ之送レ寺。時宗僧等、見二入レ銭蔵*一、封印不レ誤、唯無二銭四貫一。故取[6]納レ蔵矣。女又参二向于丈六前一、献二花香灯[7]一、罷レ家而寝、明日起見二乎庭中一、有二銭四貫一。又短籍注謂、大安寺常*修

（第三十一紙）

多羅供銭。女以送レ寺。宗之僧等、見二銭器一、封不レ誤也。開見之、唯无二銭四貫一。怪之蔵封。女如レ先[8]女参二往丈六前一、願二[9]白福分一、罷レ家而寝、明日開レ戸見レ之、*閫前有二銭四貫一。著二短籍一謂、大安寺[10]*成実論宗分銭。女以送レ寺。宗僧等、見二入レ銭之器一、猶封不レ誤。開見レ之、唯无二銭四貫一。*爰六宗之*学頭[11]僧等、*集会怪レ之、問二女人一曰、汝為二何行一。答[12]曰、无レ所レ為。唯、依二貧窮一、*存レ命無レ便、無レ帰無レ*怙。故我、是[13]寺尺迦丈六仏、献二花香灯一、願二福分一耳。衆僧聞レ之、而(*)[14]量言、是仏賜銭。故我不レ蔵。返二賜女人一。[15]女得二銭四貫一、為二*増上縁一、*大富饒レ財、保レ身存レ命。*諒知、尺迦丈六*不思議力、女人*至信、奇[16]表之事矣。

来本縁を欠く
1福、国富攷証高野本作富
2世、国代
3羅、国良
4受取、攷証高野本受作更
5急、国忽攷証高野本急作忽
6取、国ナシ
7灯、国花灯
8女、国群ナシ攷証依高野本削国
に従う
9白、群曰攷証高野本作白下答曰
同
10成、国常
11僧、国ナシ
12曰、国自
13寺、国等
14量、国群商量攷証依高野本増国
に従う
15女、国ナシ
16表、国異攷証高野本表作異

【書き下し文】

極めて窮《せま》れる女《おみな》、尺迦《しゃか》の丈六《じょうろく》の仏に福分《ふくぶん》を願ひ、奇《あや》しき表《しるし》を示して現《うつつ》に大福《だいふく》を得る縁　第二十八

聖武《しょうむ》天皇の世、奈羅《なら》の京の大安《だいあん》寺の西の里に、一《ひとり》の女人《おみな》有り。極めて窮りて命を活くるに由《よし》無くして飢《う》う。流《つた》へ聞く、「大安寺の丈六の仏、衆生《しゅじょう》の願ふ所、急《すみ》やかに能《よ》く施し賜ふ」と。花香油《けこうゆ》を買ひて、以て丈六の仏の前に参り往《ゆ》き、之に白《もう》し奉《たてまつ》りて言はく、「我れ、昔の世に福因《ふくいん》を修せず、現身《げんしん》に貧窮《ひんきゅう》の報《ほう》を受け取る。故に我れに宝を施し、窮れる愁へを免《まぬか》れしめよ」と。日を累《かさ》ね月を経、願ひ祈りて息《や》まず。常の如くに福を願ひ、花香灯《けこうとう》を献じ、家に罷《まか》りて寐《ね》て、明日《あくるひ》起《お》きて門の椅《はし》の所を見れば、銭四貫《かん》有り。之に短籍《たんじゃく》を著《つ》けて、注《しる》して謂《い》はく、「大安寺の大修多羅供《だいしゅたらぐ》の銭」と。女人恐れて、急やかに之を以て寺に送る。時に宗《しゅう》の僧等、銭を入れし蔵を見るに、封印《ふういん》誤《あやま》たず、唯《ただ》銭四貫のみ無し。故に取りて蔵に納む。女、又丈六の前に参向し、花香灯を献じ、家に罷りて寐て、明日起きて庭の中を見れば、銭四貫有り。又短籍に注して謂はく、「大安寺の常修多羅供《じょうしゅたらぐ》の銭」と。女、以て寺に送る。宗の僧等、銭の器《うつわ》を見るに、封、誤たず。開き見れば、唯、銭四貫のみ無し。怪しびて蔵《おさ》め封ず。女、先の如く丈六の前に参り往き、福分を願ひ白して、家に罷りて寐て、明日戸を開きて之を見れば、閫《とじきみ》の前に銭四貫有り。短籍を著けて謂はく、「大安寺の成実論宗分《じょうじつろんしゅうぶん》の銭」と。女、以て寺に送る。宗の僧等、銭を入れし器を見るに、猶《な》ほ封して誤たず。開きて之を見れば、唯だ銭四貫のみ無し。爰《ここ》に六宗《りくしゅう》の学頭《がくとう》の僧等、集会《しゅえ》して之を怪しび、女人に問ひて曰《い》はく、「汝《なんじ》、何の行《ぎょう》をか為す」と。答へて曰はく、「為す所無し。唯、貧窮に依《よ》り、命を存《い》くるに便《たより》無く、帰するところ無く怙《たの》むところ無し。故に我れ、是《こ》の寺の尺迦の丈六の仏に、花香灯を献じ、福分を願ふのみ」と。衆僧《しゅそう》、之を聞きて、商量《はから》ひて言はく、「是れ仏の賜へる銭なり。故に我れ蔵めじ」と。女人に返し賜

ふ。女、銭四貫を得て、増上縁《ぞうじょうえん》と為し、大いに富み財《たから》に饒《ゆたか》かに、身を保ち命を存《い》く。諒《まこと》に知る、尺迦丈六の不思議の力、女人の至信《ししん》の、奇しき表の事を。

【語　釈】

○**窮**　貧しくて生活が窮迫する、貧困になる、生活に苦しむ（日国大）。名義抄「セマル、キハム、キハマル」。

○**福分**　福徳分。福徳を得る部分。福は徳の意で、功徳をいう。上31（上354頁）。

○**大安寺**　平城京左京六条四坊におかれた官大寺。上32（上362頁）。

○**流**　上序[興訓釈]「都太不」、上序[国傍訓]・字鏡集「ツタフ」。

○**丈六**　「一丈六尺（約四・八五メートル）」の略。仏像の標準的な高さとされる。また「丈六の仏」「丈六像」の略（日国大）。

○**衆生**　迷いの世界にあるあらゆる生類。仏の救済の対象となるもの。いきとしいけるもの。有情。群生（日国大）。

○**急**　名義抄・字類抄「スミヤカナリ」、中5（91頁）。

○**花香油**　（仏に供養する）花と香と灯油（旧大系）。花香灯も同じ。

○**福因**　福徳の果報を感ずる因。布施などの善根功徳の総称（広説）。幸福をもたらす原因。幸福のもととなる行い（日国大）。

○**寐**　[国訓釈]「子テ」、[国傍訓]「子タリ」、名義抄「フス、イヌ、子タリ」。上1（上31頁）。

○**椅**　国語で逸文丹後風土記「天の椅立」、万葉集、一二八二「倉椅山」のように用いる（字通）。ここでは門の前の道路の側溝に渡した橋をいうか。

○**短籍**　字を書いたり、物の標に付けたりなどする小さく細長い紙（日国大）。短冊に同じ。付札木簡のようなものとみられる。日本書紀には、有間皇子が短籍（ひねりぶみ）を取って謀反を占ったとある（斉明天皇四年十一月三日条）。字類抄

「短冊一作尺（中略）々籍シャク」。

○**大修多羅供**　大修多羅衆（宗）運営のための予算。大安寺伽藍縁起幷流記資財帳に「修多羅衆銭一千六百六十八貫六十一文」（参考史料B）とみえ、これらの銭を貸し出して利殖を行っていたことが、中24から知られる（310頁）。補説1。

○**蔵**　名義抄「ヲサム」。

○**常修多羅供**　常修多羅衆（宗）運営のための予算。補説1。

○**閫**　門の内外、部屋の内外を仕切るために下に敷いた横木。しきみ。しきい。とじき（日国大）。国訓釈「土自支弥」、国傍訓「トシキミノ」、和名抄「度之岐美」、名義抄「トジキミ」。

○**成実論宗**　成実宗。仏教の一派で、南都六宗、中国一三宗の一つ。訶梨跋摩の著わした成実論に基づき、万物はすべて空であり、無であることを悟ることによって、煩悩を解脱することができるとの教義を研究する学派。わが国では三論宗とともに伝えられ、東大寺、元興寺、大安寺、西大寺などで三論と兼学されたが、南都六宗の一つに数えられながら独立の教団として扱われていない（日国大）。

○**六宗**　奈良の諸寺で行われた仏教の六つの宗派。三論・法相・華厳・律・成実・倶舎の各宗。南都六宗（日国大）。

○**学頭**　一宗一派の学事を統理する僧の役名（広説）。諸大寺、諸社の学事を統轄するもの（日国大）。天平勝宝三年（七五一）頃の僧智憬章疏本奉請啓（正倉院文書続々修四六－九、大日古〈編年〉十二－三六）などによれば、東大寺の各宗には大学頭・少学頭・維那の宗三役が置かれていたことが知られる。なお、諸宗の大学頭・少学頭は各一名だが、大修多羅衆は各二名であり、諸宗の学頭が兼任していた。

○**集会**　衆徒・僧などが会合すること。また、その集まり（日国大）。

○**存**　名義抄「イク」。

○**怙**　たのむ、たよる（字通）。名義抄・字類抄「タノム」。

○**商量**　事の由来、すべき方法、事の善悪などをあれこれと考えること。相談すること、相談して考えること（日国大）。

○**増上縁**　倶舎論に説く四縁の一つ。他のものの働きを助長伸展させる縁（日国大）。ここでは利殖の元手ということ。
○**饒**　ゆたか、あまる、おおい（字通）。上23（上274頁）。
○**諒**　真実であること。まこと。国傍訓「マコト」。上5（上111頁）、中13（199頁）、中15（219頁）。
○**不思議**　思いはかることもことばで言い表わすこともできないこと（日国大）。
○**至信**　極めて誠実であること。また、そのさま（日国大）。まことの信仰（広説）。

【現代語訳】

極めて困窮した女が、釈迦の丈六の仏像に幸福を願い、不思議なことが起こって現実に大きな幸福を得た話　第二十八

聖武天皇の御世のこと、平城京大安寺の西の里に一人の女がいた。極めて困窮して、生きてゆく手立てもなく飢えていた。「大安寺の丈六の仏像は、人々の願いをたちまちのうちに叶えてくれる」と聞きおよび、花・香・灯油を買って丈六の仏像の前に参詣し、「私は前世に幸福の原因となる善を修めなかったので、今生で貧乏の報いを受けました。ですから私に財を与え、貧乏の苦しみから救って下さい」と申し上げた。月日を重ねてひたすら祈り願った。ある日いつものように幸福を願い、花・香・灯油を供え、家に帰って寝て、次の日起きて見ると、門の橋の所に銭四貫文があった。短冊が付いており、「大安寺の大修多羅供の銭」と書いてあった。女人は恐れ、すぐにそれを寺に送った。その時、大修多羅宗の僧たちが銭を納めていた蔵を開いて見ると、封印に異状はなく、ただ銭四貫文のみが消えていた。それで銭を受け取って蔵に収めた。女はまた丈六仏像の前に行き、花・香・灯油を供え、家に帰って寝て、次の日起きて庭の中を見ると、銭四貫文があった。また短冊に、「大安寺の常修多羅供の銭」と書いてあった。女は寺に送り返した。常修多羅宗の僧たちが銭を入れていた器を見ると、封はそのままであった。開いて見ると、ただ銭四貫文だけが消えていた。不思議に思って銭を収め封をした。女は以前のように丈六仏像の前に行き、幸福をお願いして、家に帰って寝て、次の日に戸を開くと、しきいの前に銭四貫文があった。短冊が付いており、「大安寺の成実論宗分の銭」とあった。女は、銭を寺に送り返した。成実論宗の僧たち

が銭を入れていた器を見ると、やはり封に異状はない。開いて見ると、ただ銭四貫文のみが消えていた。そこで六宗の学頭の僧たちが集い、不思議に思って女に、「あなたは、何かなさいましたか」と尋ねた。女は、「何もしてはいません。ただ貧乏の故に、命をながらえる手立てもなく、頼るべきものもありません。それで私はこの寺の釈迦の丈六の仏像に花や香や灯油を供え、幸福をお願いしただけです」と答えた。僧たちはそれを聞いてよく考え、「これは仏が女に賜った銭である。だから我々は受け取らないでおこう」と言い、女に返し与えた。女は銭四貫文を得て、これを向上のきっかけとし、大変富裕な財産家となり、身命をながらえた。本当によくわかる、釈迦丈六仏の不思議な力と、女のこの上ない信仰とが、この不思議を表したということが。

【関連説話】

1　今昔物語集　巻十二第十五話

貧女、依仏助得富貴語第十五

今昔、聖武天皇ノ御代ニ、奈良ノ京、大安寺ノ西ノ郷ニ一人ノ女人有ケリ。極テ貧クシテ衣食ニ便無シ。而ルニ、此ノ女人、心ニ少□智リ有テ思ハク、「我レ聞ク、「此ノ大安寺ノ丈六ノ釈迦ノ像ハ、昔ノ霊山ノ生身ノ釈迦ト相好一モ不替給ズト化人ノ示シ給フ所也。此レニ依テ、衆生ノ願ヒ求ムル所ヲ忽ニ施シ給フ」ト聞テ、香花幷ニ油ヲ相構テ買求テ、此レヲ持テ彼ノ釈迦ノ御前ニ詣テ、此ノ香花・灯ヲ仏前ニ供ジ奉テ、礼拝シテ仏ニ申シテ言サク、「我レ、前ノ世ニ福ノ因ヲ不殖ズシテ此ノ世ニ貧シキ報ヲ得タリ。仏、願クハ我レヲ哀ビ助ケ給テ、我レニ財ヲ施シテ窮シキ愁ヘヲ令免給へ」ト。如此ク祈ル事、日月ヲ経テ不止ズ。常ニ福ヲ願テ花香・灯ヲ奉テ祈リ請フ。

而ル間、寺ニ詣テ家ニ帰テ寝ヌ。明ル朝ニ起テ見レバ、家ノ門ノ橋ノ前ニ銭四貫有リ。札ヲ付タリ。其ノ札ニ注セル文ヲ見レバ、「大安寺ノ大修多羅供ノ銭也」ト有リ。女人此ヲ見テ大キニ恐テ、此レ何ニシテ置タリト云フ事ヲ不知ズシテ、銭ヲ忽ギ取テ寺家ニ送ル。寺ノ僧共此レヲ見ルニ、札ニ注セル所如此ク也。然レバ、銭ヲ納タル蔵ヲ令見ルニ、其ノ封不誤ズ。銭ヲ見レバ、蔵ニ納タル銭也。僧共怪ビ思フ事無限シ。

而ル間、女人亦釈迦ノ御前ニ詣テ、花香・灯ヲ奉テ、家ニ返テ寝テ、明ル朝ニ起テ見レバ、庭ノ中ニ銭四貫有リ。札ヲ付タリ。其ノ札ニ注シテ云ク、「大安寺ノ大修多羅供ノ銭也」ト。女人亦恐レテ寺ニ送ル事、前ノ如シ。寺ノ僧共此レヲ見テ、亦銭ノ蔵ヲ令見ルニ、尚封不誤ズ。然レバ、此レヲ怪ムデ蔵ヲ開テ見レバ、納タル銭ノ内四貫無シ。

其ノ時ニ、六宗ノ学者ノ僧等、此ノ事ヲ怪ムデ、忽ニ女人ヲ呼テ問テ云ク、「汝ヂ何ナル行ヲカ修スル」ト。女人答テ云ク、「我レ更ニ修スル所無シ。但シ貧シキ身ト有ルニ依テ、命ヲ存セムニ便無シ。亦憑ム所無キガ故ニ、此ノ寺ノ釈迦ノ丈六ノ御前ニ花香・灯ヲ奉テ、年来福ヲ願フ也」ト。僧等此ノ事ヲ聞テ、「此ノ銭ヲ此ノ女人ノ得ル事度々也。此レ、仏ノ給ヘル也ケリ。此レヲ蔵ニ不可納ズ」ト云テ、女人ニ返シ与フ。女人銭四貫ヲ得テ、此ヲ以テ本トシテ世ヲ渡ルニ、大キニ財ニ富メリ。

此レヲ見聞ク人、皆此ノ女人ヲ讃メ貴ビケリ。亦、此ノ寺ノ釈迦ノ霊験、奇異不可云□。然□世ノ人弥ヨ首ヲ低テ恭敬供養シ奉ケリ。

然レバ、人貧クシテ世ヲ難渡カラムニ、心ヲ至シテ仏ヲ念ジ奉ラバ、必ズ福ヲ可与給シト可信キ也トナム語リ伝ヘタルトヤ。

【補説】

1　大修多羅供・常修多羅供

2　元亨釈書　巻第二十九拾異志

大安寺側有貧女。常詣殿求福。累日祈之。一日詣寺、門橋有銭四緡。簡書曰、大安寺修多羅銭。女入寺告之。知事開庫、果失四千。取之納庫。明日、女赴寺、庭上有緡銭。簡如先。女又送寺。又明日、女家閫内又有四緡。簡曰、大安寺成実論宗分銭。女又送寺。寺僧怪問。女曰、我比来詣大殿祈福。衆僧聞之、知仏慈済、返与於女。女得之漸為富人。

本縁に見える「大安寺大修多羅供銭」については、中24に「大安寺修多羅分銭」、下3に「大修多羅供銭」「大安寺大修多羅宗分銭」と見える。大修多羅衆については、石田茂作の法相宗説、井上光貞の成実宗説などがあったが、林幹弥は一切経の誦経・転読集団とし、天平感宝元年（七四九）の勅（弘福寺文書目録などによれば、この時の勅書は大衆多羅供施入勅書と称される）により、中央の十二寺に大修多羅衆を設置、莫大な墾田・財物が勅施入され、華厳経を中心とした一切経の永久的な講説・転読が命じられた（続日本紀天平感宝元年閏五月癸丑条。平田寺文書〈大日古［編年］三―二四〇頁〉）ことにより大衆多羅供が成立したとされる。鬼頭清明は、大修多羅衆の成立は南都六宗の成立とも密接に関連するとし、中林隆之はこのような一切経講説・転読体制を「大修多羅供体制」と名づけた。なお、中世興福寺では大供と称されていた（鈴木景二説）。常修多羅衆については、三国仏法伝通縁起上・涅槃宗の項に「大日本国、昔於大安寺真言院之傍弘涅槃宗講敷彼経。号常修多羅宗是也」とあるにより、弦証などは涅槃宗を指すとするが、修多羅衆のうち、所定の時期に大規模な講説・転読を行う集団を大衆多羅衆、平常の転読・講説を行う集団を常修多羅衆とする説もある。

2　大安寺関係説話

霊異記には、大安寺に関わる説話が複数見受けられる。本縁と同様に、大安寺の丈六仏に対する祈願に触れた説話が上32で、聖武天皇の獲物である鹿を食したことにより罰せられようとした大倭国添下郡細見里の百姓が、丈六仏に祈願し、皇子誕生という偶然の出来事で赦免されたという。本縁でも、丈六仏に対する祈願が叶い貧困を克服したという運びになっているが、本縁で触れられた大安寺修多羅供の銭についても、中24で、楢磐嶋が交易の元手としてこの銭を借りており、そのことで、やはり延命を果たしたという運びになっている。

舒明天皇の発願に掛かる百済大寺に淵源をもつ大安寺は、最初の勅願寺として、少なくとも聖武天皇による東大寺創建以前は、官大寺の筆頭的立場を維持していた。とすれば、種々の点で厳格な国家的規制が存したことが推測されるが、実態としては、平城京の住民にとっても効験新たな丈六仏の存する寺院として崇敬を集め、親しまれた存在であったと受け取られる。また、その修多羅分とされた蓄銭は、交易の元手として融資されるなど、信仰とは別の次元でも意味のある存在であったことが認められる。因みに、この寺院の造営に主導的役割を果たしたのは入唐して学問を修した道慈であったが、何故か、霊異記には道慈に纏わる説話が登場しない。あるいは、中7に登場する智光のように、道慈もまた、三論宗僧として認識されていたが故の扱いであった可能性も想定し得よう。

【参考史料】

A　続日本紀　天平勝宝元年閏五月癸丑条

癸丑、詔、捨大安・薬師・元興・興福・東大五寺、各絁五百疋、綿一千屯、布一千端、稲一十万束、墾田地一百町。法隆寺絁四百疋、綿一千屯、布八百端、稲一十万束、墾田地一百町。弘福・四天王二寺、各絁三百疋、綿一千屯、布六百端、稲一十万束、墾田地一百町。崇福・香山薬師・建興・法花四寺、各絁二百疋、布四百端、綿一千屯、稲一十万束、墾田地一百町。因発御願曰、以華厳経為本、一切大乗小乗経律論抄疏章等、必為転読講説、悉令尽竟。遠限日月、窮未来際。今故、以茲資物、敬捨諸寺。所冀、太上天皇沙弥勝満、諸仏擁護、法薬薫質、万病消除、寿命延長、一切所願、皆使満足、令法久住、抜済群生、天下太平、兆民快楽、法界有情、共成仏道。

B　大安寺伽藍縁起幷流記資財帳（松田和晃編『古代資財帳集成』すずさわ書店、二〇〇一年）

（前略）

合銭陸仟肆佰柒拾参貫捌佰弐拾弐文

仏物銭二百四十五貫二百六十五文　修多羅衆銭一千六百六十八貫六十一文

法物銭一貫一百文　三論衆銭一千一百十貫八百五十文

律衆銭一百七十九貫四百五十五文　摂論衆銭五百二十一貫九百四十二文

別三論衆銭三百十八貫五百六十四文　涅槃分銭卅二貫文

華厳分銭十八貫文　盂蘭盆分銭十七貫五百一文

（後略）

【参考文献】

井上光貞「南都六宗の成立」（『日本古代思想史の研究』岩波書店、一九八二年。初出一九六一年）
大野達之助「奈良仏教の修多羅宗の教学系統」（『日本歴史』一七四、一九六二年）
田村圓澄「修多羅宗考」（『飛鳥仏教史研究』塙書房、一九六九年。初出一九六三年）
林幹弥「法華修多羅について」（『太子信仰の研究』吉川弘文館、一九八〇年。初出一九七五年）
新川登亀男「修多羅衆論」（『貴族政権と律令国家〈続〉』吉川弘文館、一九七八年）
鬼頭清明「南都六宗の再検討」（『日本律令制論集』上、吉川弘文館、一九九三年）
鈴木景二「現地調査からみた在地の世界―近江国薬師寺領豊浦荘・興福寺鯰江荘」（佐藤信・五味文彦編『土地と在地の世界をさぐる―古代から中世へ』山川出版社、一九九六年）
堀裕「法会に刻まれた古代の記憶―大供と大修多羅衆」（『仏教史学研究』四六―一、二〇〇三年）
中林隆之『日本古代国家の仏教編成』（塙書房、二〇〇七年）

（藤田　補説2本郷）

行基大徳天眼を放ち女人の頭に猪の油を塗れるを視て呵嘖する縁　第二十九

（第三十二紙）

【原　文】

行基大徳放㆓天眼㆒、視㆔女人頭塗㆓猪油㆒而呵嘖縁第廿九

故京元興寺之村、厳㆓備法会㆒、奉㆑請㆓行基大徳㆒、七日説㆑法。于㆑是道俗、皆集聞㆑法。聴衆之中、有㆓一女人㆒。髪塗猪法[1]、居㆑中聞㆑法。大徳見㆑之、嘖言、我甚臭哉。彼頭蒙㆑血女、遠引棄。女大恥出罷。凡夫肉眼、是油色、聖人明眼、見視㆓宍血㆒。於㆓日本国㆒、是化身聖也。隠身之聖矣[2]。

［来］本縁を欠く
［国］本文ナシ。題目下に「三宝絵下帖有之。故略之耳」
1 法、［群］油［攷証］依今昔改［群］に従う
2 矣、［真］矣の後に続けて次縁一八字竄入あるを見セ消チ

【書き下し文】

行基大徳《ぎょうきだいとく》、天眼《てんげん》を放ち、女人《おみな》の頭《かしら》に猪《い》の油を塗れるを視《み》て呵嘖《かしゃく》する縁　第二十九

　故京元興寺《こきょうがんごう》の村、法会《ほうえ》を厳《かざ》り備け、行基大徳を請《う》け奉《たてまつ》り、七日法を説く。是《ここ》に道俗《どうぞく》、皆集ひて法を聞く。聴衆《ちょうじゅ》の中《うち》に、一《ひとり》の女人有り。髪に猪の油を塗り、中に居《お》りて法を聞く。大徳、之を見て、嘖《せ》めて言はく、「我、甚《はなは》だ臭きかな。彼《そ》の頭に血を蒙《こうむ》れる女、遠く引き棄《す》てよ」と。女大きに恥《は》ぢて出で罷《まか》りき。凡夫《ぼんぷ》の肉眼《にくげん》には、是《こ》れ油の色なれども、聖人《しょうにん》の明眼《みょうげん》には、見《あらわ》に宍《しし》の血なりと視ゆ。日本国に於いては、是れ化身《けしん》の聖《ひじり》なり。隠身《おんじん》の聖なり。

【語　釈】

○**大徳**　長老・仏・菩薩・徳高き僧などに対する敬称。上11（上177頁）「慈応大徳」、中7（120頁）。

○**天眼**　超人的な眼。普通見えないものでも見る能力。あらゆるものを見通す能力。神聖な眼。肉眼と区別される透徹した尊い眼。神通を得た眼。あらゆる世界の事がらを見通すはたらき。神通力によってすべてのものを見通す智慧のはたらき。超自然的な視力。六神通の第二。五眼の一つ（広説）。五眼は、肉眼・天眼・慧眼・法眼・仏眼。

○**猪油**　猪の脂肪で製した油（集成）。補説1。

○**呵嘖**　非難する。責めしかりつけること（広説）。

○**故京**　飛鳥・藤原地域を指す。上1（上40頁）「古京」。上15（上213頁）、中14（208頁）。

○**元興寺之村**　元興寺は、平城京の左京四・五条七坊にあった寺院であるが、「故京」の元興寺とは、飛鳥・藤原地域にあった本元興寺（飛鳥寺）のこと。上3（上67頁）「元興寺」。行基は、ここで修行していた時期があると考えられる。補説2。本縁を継承した三宝絵（関連説話2）・今昔（関連説話3）は、行基を招いた法会を「元興寺ノ村」の村人の主催とするが、本縁に明示的な主催者は現れない。

○**厳**　荘厳する。名義抄「カザル」。中15（217頁）。

○**道俗**　僧侶と俗人。上7（上135頁）、中1（35頁）。

○**聴衆**　説法・講説などを聞きに集まった人たち（日国大）。
○**凡夫**　愚かな人。凡庸な人。仏教の教えを知らぬ人。聖者に対していう（広説）。
○**肉眼**　人間の肉体にそなわり、さえぎるもののない可視的なものだけを見ることができる凡夫の目。三眼または五眼の一つ（日国大）。
○**聖人**　仏のこと。さとりを得た人。また、弟子をもあわせていうことがある。上4（上88頁）。ここでは行基を指し「凡夫」と対照される。上4でも「凡夫之肉眼」と「聖人之通眼」（ここでの聖人は聖徳太子）が対照される。
○**明眼**　さとりの眼。真実を明らかに見ることのできる心の眼（日国大）。
○**見**　名義抄「アラハス、アラハル」、字類抄「アラハス」。
○**化身**　仏の二身（法身・化身）、または三身（法身・解脱身・化身あるいは法身・応身・化身など）の一つ。仏が衆生を救うために、それぞれに応じて人や鬼などの姿で現われたものの一つで、釈迦仏などを指す。応身・応化身・変化身・化仏などと呼ばれることもある。転じて、菩薩や鬼神、高僧などが人などの姿で現われたもの（日国大）。
○**隠身**　本身を隠して、人間として現われた仏。上4（上88頁）、中1（37頁）。

【現代語訳】

行基大徳が優れた眼力によって、女人が頭に猪の油を塗っているのを洞察し、叱り責めた話　第二十九

古い都の元興寺の村は、法会をおごそかに飾り立てて準備し、行基大徳をお招きし、七日間にわたって説法を行った。ここに僧尼も俗人もみな集って説法を聞いた。聴衆のうちに一人の女人があった。髪に猪の油を塗って、式場の中に居ながら説法を聞いていた。大徳はこれを見て、「おまえはたいへん臭いことだ。その頭に血を塗っている女は、遠くへ追い出しなさい」と嘖めて言った。女は大いに恥じて、建物を出て去っていった。凡人の肉眼には、全く油の色にしか見えないけれども、聖人のすぐれた眼には、明らかに猪の血であるとみえた。日本国においては、行基大徳こそが化身の聖である。隠身の

聖である。

【関連説話】

1　行基年譜

行年卅七歳甲辰

文武天皇八年甲辰、慶雲元年也、井従少年至卅七歳、棲息山林云云、如是等之間、或修行或安居、築池掘河、宗度歟橋伏通樋、掘溝云云。

此歳掃清於本生家、為仏閣。即家原号日神崎院、◯寺是。修行時、新羅国大臣恵基与行基共申阿弥陀仏、諸国遊行、号和泉国日根郡住人云云。件大臣和泉国日根郡日根渚、従新羅国被流天来云云。今日根禅興寺本願云云。又彼国村ニ祝奉法大臣ト云神是也。行基諸国遊行給、旧里時人々池側集、魚取飡、勇人見行基以鮒鱠奉之、即食之吐出、彼鱠小鮒従口生入池、人驚敬咎悔、今池見在云云、皆無片眼。古宗元興寺邑人大法会儲、請行基七日間法令説、于時有一女人、完脂付額髪、不知人、行基独知之、大令慙之、女人欲出去、人弥奇驚敬礼無極云云。

2　三宝絵 中、第三話（部分）

三　行基菩薩

（中略）

古京元興寺ノ村人、大法会ヲマウケテ、行基菩薩ヲ請ジテ、七日ノ間法ヲトカシム。男女僧尼オホク来テ見ルニ、其中ニ、一人ノ女ノ鹿ノアブラヲ調テ、聊ヒタヒノカミニヒキヌリテ、人ニマジリテトオクヲリ。ソノカタハラノ人ダニシラズ。行基ハルカニミヤリテ云、

我甚クサキモノヲミレバ、カシコナル女ノ頭ニケダモノ、アブラヲヌリテヲル。

トイヘバ、女大ニハヂヲソリテ、イデ、サリヌ。ミル人ミナアヤシミヲドロク。カクノゴトキノアヤシキコト甚オホシ。

3　今昔物語集 巻十七第三十六話

文殊、生行基見女人悪給語第三十六

今昔、行基菩薩ト申ス聖在ス。此レハ五台山ノ文殊ノ日記ノ衆生ヲ利益セムガ為ニ、此ノ国ニ行基ト生レ給ヘル也。而ルニ、古京ノ元興寺ノ村ニ法会ヲ行フ人有テ、行基菩薩ヲ請ジテ、七日ノ間法ヲ令説ケリ。其ノ辺ノ道俗男女、皆来集テ法ヲ聞ク。其ノ中ニ、一人ノ女人有リ。年若クシテ髪ニ猪ノ油ヲ塗テ、其ノ庭ニ人ノ中ニ有テ法ヲ聞ク。行基菩薩、此ノ女人ヲ見テ宣ハク、「我レ甚ダ臭シ。彼ノ女ノ頭ニ血肉ヲ塗レリ。速ニ其ノ女ヲ遠ク追棄テヨ」ト。女此レヲ聞テ、大キニ恥テ其ノ庭ヲ出テ去ヌ。此レヲ見聞ク人、此菩薩ヲ「只人ニハ不在ザリケリ」ト貴ブ。此レヲ思フニ、凡夫ノ肉眼ニハ油ノ色ヲ見ル事無シ、聖人ノ明眼ニハ完血ヲ見ル事顕也。然バ、行基菩薩ハ此レ日本国ノ化身ノ聖ノ、身ヲ隠セル也ケリトナム語リ伝ヘタルトヤ。

【補　説】

1　髪油としての猪油

頭髪につけて色艶をよくし、髪かたちを整える油を髪油というが、日本では、椿から搾った椿油（海石榴油）がその代表である。海石榴油は、古代においては主に西海道諸国の中男作物となっており、大宰府から内蔵寮に貢進された（延喜式内蔵寮式54諸国年料条、民部下式54大宰府調物条、主計上式国別諸条）。また宝亀八年（七七七）に帰国した渤海使からの要請で「海石榴油一缶」（三斗＝二一・六リットル）を賜った例がある（参考史料A）。こうした点からすると、海石榴油のような植物由来の髪油は高級品であったと推定される。一方で、猪油はイノシシの脂肪から精製された動物由来の油である。賦役令1調絹絁条には調副物として「猪脂三合」が規定され、延喜式では、信濃・甲斐の中男作物（主計上式信濃国条・甲斐国条）、信濃・甲斐・美作・大宰府の交易雑物（民部下式63交易雑物条）として「猪脂」「猪膏」がみえる。脂は凝固したもの、膏は液状のものを指す（虎尾俊哉編『訳注日本史料 延喜式』中、集英社、二〇〇七年）。用途は、塗り薬や太刀を磨くための用剤であった（木工式27年料条・主殿式12諸司年料条・典薬式69年料雑薬陸奥国条・左右馬式35馬薬条・兵庫式21大祓横刀条）。藤原宮東面の外濠（ＳＤ一七〇）からは「猪膏油胡麻」と記す木簡の断片が出土している（『藤原宮木簡三』一三九四号）。現代の民俗例では、猪油を食用のほか傷薬として用いる例がある。延喜式の規定などを踏まえると、猪油は本来、薬用に作られたものであろう。その使用は殺生戒に触れるところがあり、そのため本縁の女性は行基から非難されたと考えられる。多田一臣は、奈良時代の髪油には「胡桃・椿・丁字など植物性の油が通常は用いられた。サネカズラの茎の粘液もよく用いられた。ただし、下層階級では獣油や魚油が用いられる場合もあったというから、本話の女も貧しくて植物性の油が買えなかったのかもしれない」（ちくま）とする。

2　飛鳥寺と行基

行基は十五歳で出家した後、飛鳥寺（本元興寺）の道昭（六二九〜七〇〇）の下で修行したとの伝承がある（三国仏法伝通縁起）。井上薫はこれを肯定し、行基が道昭と同様の社会事業に尽力したこと、続日本紀の行基伝（参考史料B）に法相宗で重んじる瑜伽論・唯識論を学んだとあることを根拠としてあげる。道昭は遣唐学問僧として入唐し、玄奘に学んで斉明天皇七年（六六一）に帰国、飛鳥寺の東南隅に禅院を建立して教学を伝授した。一方、吉田靖雄は、道昭と行基の師弟関係を否定している。その根拠として、行基が飛鳥寺で修行していた六九〇年代に主流となっていた唯識学は、真諦訳・摂大乗論釈に依拠する摂論宗系のものであり、玄奘訳・成唯識論に依拠した道昭派の唯識学とは異なっていたことをあげる。行基伝の基礎史料といえる続日本紀行基伝（参考史料B）は、飛鳥寺との関係に触れず、行基を薬師寺僧とするのみである。しかし本縁や、さらに本縁と同一の説話を載せる行基年譜慶雲元年（七〇四）条のような元興寺（飛鳥寺）と行基の深い関わりを伝える説話（関連説話1）の存在を重視するならば、行基が飛鳥寺で唯識学を学んだことは認めてよい史実であろう。これらは、行基の初期の経歴に基づく伝承として、行基の死後、その伝記がまとめられていく過程で広く共有されていったものと思われる。なお行基菩薩伝は「初住法興寺。次移薬師寺」としている。

【参考史料】

A　続日本紀　宝亀八年五月癸酉条

癸酉、渤海使史都蒙等帰蕃。以大学少允正六位上高麗朝臣殿継為送使。賜渤海王書曰、天皇敬問渤海国王。使史都蒙等、遠渡滄溟、来賀践祚。顧慙寡徳叨嗣洪基。若渉大川罔知攸済。王修朝聘於典故、慶宝暦於惟新。懃懇之誠、実有嘉尚。但都蒙等比及此岸、忽遇我風。有損人・物。無船駕去。想彼聞此、復以傷懐。言念越郷。倍加軫悼。故造舟差使、送至本郷。幷附絹五十疋、絁五十疋、糸二百絇、綿三百屯。又縁都蒙請、加附黄金小一百両、水銀大一百両、金漆一缶、漆一缶、海石榴油一缶、水精念珠四貫、檳榔扇十枝。至宜領之。夏景炎熱、想平安和。又吊彼国王后喪曰、禍故無常、賢室殞逝。聞以惻怛。不淑如何。雖松檟未茂、而居諸稍改。吉凶有制、存之而已。今因還使。贈絹二十疋、絁二十疋、綿二百屯。宜領之。

B　続日本紀　天平勝宝元年二月丁酉条

二月丁酉、大僧正行基和尚遷化。和尚、薬師寺僧。俗姓高志氏、和泉国人也。和尚、真粋天挺、徳範夙彰。初出家、読瑜伽唯識論、即了其意。既而周遊都鄙、教化衆生。道俗慕化追従者、動以千数。所行之処、聞和尚来、巷無居人、争来礼拝。随器誘導、咸趣于善。又親率弟子等、於諸要害処、造橋築陂。聞見所及、咸来加功、不日而成。百姓至今、蒙其利焉。豊桜彦天皇甚敬重焉。詔、授大僧正之位。幷施四百人出家。和尚、霊異神験、触類而多。時人号曰行基菩薩。留止之処、皆建道場。其畿内凡卌九処、諸道亦往々而在。弟子相継、皆守遺法、至今住持焉。薨時年八十。

【参考文献】

井上薫『行基』（吉川弘文館、一九五九年。新装版一九九二年）
吉田靖雄「法相宗の教義と歴史」（『行基事典』国書刊行会、一九九七年）
北条勝貴「『日本霊異記』の構想と行基像の変容」（『行基事典』国書刊行会、一九九七年）
根本誠二「説話文学に現れる「行基菩薩」」（『行基事典』国書刊行会、一九九七年）
伊藤由希子「「聖」と「凡人」」（『仏と天皇と「日本国」—『日本霊異記』を読む』ぺりかん社、二〇一三年）

（毛利）

行基大徳子を携ふる女人の過去の怨を視て淵に投げしめ異しき表を示す縁　第三十

【原　文】

行基大徳携[1]レ子女人視二過去怨一令レ投レ淵、示二累[2]表一縁第卅
行基大徳令レ堀二開於*難波之江一而造二*船津一、説レ法化[3]レ人。道俗貴賤、集会聞レ法。尓*時河内国若江郡川派里有二一女人一。携レ子参二往法会一、聞レ法。其子、*哭譴不レ令レ聞レ法。其*児年至二于十余歳一、其脚不レ歩。哭譴飲レ乳、*噉レ物無レ*間。大徳、告曰、*咄、彼嬢人、其汝之子持出捨レ淵。衆人聞レ之、*当頭之曰[4]、有レ*慈聖人、以二何因縁一、而有二是告一。嬢依二子慈一不レ棄。猶抱持、聞レ説レ法。明日復来、携レ子聞レ法。子猶*譶哭、*聴衆障レ*囂、不レ得レ聞レ法。大徳、嘖言、其子捉[5]レ淵。尓母怪之、不レ得二思忍一、*擲二於深淵一。児、更浮二出於水之上一、踏レ足*攅レ手、目大*瞻*暉、而*慷慨曰、*惻哉。今三年微[6]食耶。母

怪レ之、更入レ会聞レ法。大徳、問言、子擲捨耶。時母答、具二陳上事一。大徳、告言、汝、昔先世、負二彼之物一、不二償納*一故、今成二子形一、徴レ*債而食。是昔物*主。嗚呼、恥矣。不レ償二他債一、寧応レ死耶。後世必有二彼報一而已。所以出曜*経云、負二他一銭塩債一故、堕レ牛負レ塩所レ*駆、以償二主力一者、其斯謂之矣。

（第三十三紙）

来本縁を欠く
国本文ナシ。題目の下に「上同故略之」
1携子女人、国女人携子
2累、国群異国に従う
3化、真凡を見セ消チして化を傍書群化
4曰、群日
5捉、群投群に従う
6微、群徴攷証原作微意改群に従う

【書き下し文】

行基大徳《ぎょうきだいとく》、子を携《たずさ》ふる女人の過去の怨《あた》を視《み》て淵《ふち》に投げしめ、異《あや》しき表を示す縁　第三十

行基大徳、難波《なにわ》の江を掘り開かしめて船津《ふなつ》を造り、法を説きて人を化《け》す。道俗貴賤《どうぞくきせん》、集会して法を聞く。尓《そ》の時、河内《かわち》国若江《わかえ》郡川派《かわまた》里に一《ひとり》の女人有り。子を携へて法会《ほうえ》に参り往《ゆ》きて、法を聞く。其《そ》の子、哭《な》き譴《せ》めて法を聞かしめず。其の児《ちご》、年十余《よ》歳に至るまで、其の脚歩まず。哭き譴めて乳を飲み、物を噉《くら》ふこと間《ひま》無し。大徳、告げて曰《い》はく、「咄《や》、彼《そ》の嬢人《おうな》、其の汝《なんじ》の子、持ち出して淵に捨てよ」と。衆人、之を聞き、当頭《つつめ》きて曰《い》はく、「慈《うつくしび》ある聖人《しょうにん》、何の因縁《いんねん》を以てか、是《こ》の告げ有りや」と。嬢《おうな》、子の慈に依《よ》りて棄《す》てず。猶《な》ほ抱《うだ》き持ちて、法を説

くを聞く。明日《あくるひ》復《ま》た来たりて、子を携へ法を聞く。子、猶ほ囂《かまびす》しく哭き、聴衆《ちょうじゅ》囂《かまびす》しきに障《さ》へられて、法を聞くを得ず。大徳、嘖《せ》めて言はく、「其の子を淵に投げよ」と。尓の母怪しびて、思ひ忍ぶことを得ずして、深き淵に擲《な》ぐ。児、更に水の上に浮き出で、足を踏み手を攢《す》り、目大きに瞻《まぼ》り睚《み》て、慷《ね》慨《た》みて曰はく、「惻《ねた》きかな。今三年徴《はた》り食はむに」と。母、之を怪しびて、更に会《え》に入りて法を聞く。大徳、問ひて言はく、「子を擲げ捨つや」と。時に母答へて、具《つぶさ》に上の事を陳《の》ぶ。大徳、告げて言はく、「汝、昔先の世に、彼の物を負《お》ひて、償《つくの》ひ納めざるが故に、今、子の形に成りて、債《もののかい》を徴りて食ふなり。是《こ》れ昔の物主《ものぬし》なり」と。嗚呼《ああ》、恥づかしきかな。他の債を償はずして、寧《なに》ぞ死ぬべきや。後の世に必ず彼の報《ほう》有るのみ。所以《ゆえ》に出曜経《しゅつようきょう》に云《い》はく、「他《ひと》の一銭の塩の債を負ふが故に、牛に堕《お》ち塩を負ひ駆《おいつか》はれて、以て主に力を償ふ」とは、其れ斯《こ》れを謂《い》ふなり。

【語　釈】

○**難波之江**　古代、上町台地北側にあった水路。上5（上107頁）「難破堀江」。補説1。

○**船津**　船着き場（日国大）。中7（120頁）「渡椅堀江造船津」。

○**河内国若江郡川派里**　現在の大阪府東大阪市川俣。玉串川と長瀬川の合流点にあたる。日本書紀応神天皇十三年の歌謡には、「堰杙築く川俣江」とあり、古来から治水事業が行われていた。なお、続日本紀天平十九年（七四七）九月乙亥条によると、当地に居住する川俣連人麻呂が銭一千貫を盧舎那仏の知識に奉っている。これが行基の勧進の成果であれば、当地は行基の布教活動の地であったと考えられる。

○**譴**　せめる、とがめる（字通）。名義抄「セム」、字類抄「セム」。

○**児**　やや成長した子ども。童児。小児（日国大）。名義抄・字鏡集「チコ」。

○**暾**　名義抄「クラフ」。上9（上158頁）。
○**間**　時間的にへだたる、このごろ、しばらく（字通）。名義抄・字鏡集「ヒマ」。
○**咄**　下7［真訓釈］「ヤ」。よびかける。おいとよぶ（字通）。
○**当頭**　大声でいうのをはばかって、ひそひそものをいう。ささやく（日国大）。上34［興訓釈］「川々女支天」。上34（上375頁）。
○**聖人**　仏のこと。さとりを得た人。また弟子をもあわせていうことがある。上4（上88頁）、中29（369頁）。
○**讘**　新撰字鏡「讘　疾言也。利也。加万々志」、名義抄・字類抄・字鏡集「カマヒスシ」。囂に同じ。
○**聴衆**　説法・講説などを聞きに集まった人たち。中29（369頁）。
○**囂**　名義抄・字類抄「カマヒスシ」。かまびすしい、やかましい（字通）。やかましい。さわがしい（日国大）。
○**擲**　投げ捨てる。名義抄「ナゲスツ」、字類抄「ナク」。
○**攢**　名義抄・字類抄・字鏡集「スル」。集まるさま。上3（上67頁）「手拍攢」。
○**瞻**　みる、みはるかす、みあげる。字類抄・名義抄「マホル」。上18（上236頁）、中13（199頁）。
○**睴**　名義抄「ミル」。
○**慷慨**　世の中のことや自己の運命を、憤り嘆くこと。中5［国訓釈］「子タミテ」、名義抄「子タム」。中5（92頁）。
○**惻**　上9［興訓釈］「祢太美」。名義抄「イタム、子タム」。
○**償**　名義抄・字類抄・字鏡集「ツクノフ」。中15（218頁）。
○**債**　上序［興訓釈］「毛乃々可比乎」。金銭などを借りて、償わなければならないもの。上序（上24頁）、中15（218頁）。
○**物主**　物の所有者。もちぬし（日国大）。
○**出曜経**　姚秦・竺仏念の訳。三十巻からなる。内容は教訓的な偈頌とその注釈的説話が収録されている。
○**駆**　上21［興訓釈］「於飛川加不」。少しの暇も与えないで、ひどい使い方をする。追い回して使う。酷使する。こき使う（日国大）。

【現代語訳】

行基大徳が子どもを抱いた女の前世に怨があるのを見抜き、子どもを淵に捨てさせ、不思議な表を示した話　第三十

行基大徳は、難波の堀江を開き船着き場を造り、そこで仏の教えを説いて、人々を教化していた。僧や俗人、高貴な者もそうではない者もみな集まって法を聞いていた。その時に河内国若江郡川派里に一人の女がいた。子を抱いて法会に参加して、説法を聞いていた。その子どもは泣きわめき怒って、説法を聞かせなかった。その子どもは、十歳を超えても歩くことができなかった。泣きわめき怒っては乳を飲み、常に物を食べていた。大徳は、女に告げて、「おい、その女、お前の子を連れ出して淵に捨てなさい」と言った。集まっていた人たちは、これを聞いて、不満をささやき、「慈悲深い大徳が、何の因縁によってそのようなことを告げるのであろうか」と言った。女は子がかわいいために棄てなかった。なおも子どもを抱いて説法を聞いていた。翌日もまたやって来て、子どもを抱いて説法を聞いた。子はまたもやかましく泣き、聴衆は、その泣き声のうるさいのに邪魔されて法を聴くことができなかった。大徳は、女を責めて、「その子を淵に投げなさい」と言った。その母は不思議に思いながらも、我慢できず子を深い淵に投げた。子は、流れの上に浮き出てきて、足を踏み、手をこね、目を大きく見張って、悔しがって、「残念だ。あと三年は取り立てて食べてやろうと思っていたのに」と言った。母は不思議に思い、再び法会に入って説法を聞いた。大徳は、母に問い、「子どもを投げ棄てたか」と聞いた。そこで母は、先ほどのことを事細かに説明した。大徳は、「あなたは前世で、あの者の物を借りて返さなかったので、今、子どもに形を変えて負債を取り立てて食べていたのだ。あの子どもは昔の貸し主なのだ」と言った。ああ恥ずかしいことだ。他人に対する負債を償わずにどうして死ぬことができようか。後世に必ずその報いがあるのである。そのようなわけで出曜経に、「他の人の一銭分の塩を負債としているので、牛に生まれ代わり塩を背負い、駆使されて主に力を償う」と説くのは、このことをいうのである。

【関連説話】

1　今昔物語集　巻十七第三十七話

行基菩薩、教女人悪子給語第三十七

今昔、行基菩薩ハ文殊ノ化身ニ在マス。

而ルニ、難波ノ江ニ行テ、江ヲ堀リ令開メ、船津ヲ造リ、法ヲ説テ人ヲ化シ給フニ、貴賤上下ノ道俗男女、来集テ法ヲ聞ク。其ノ中ニ、河内ノ国、若江ノ郡ノ川派ノ郷ニ有ケル一ノ女人、子ヲ抱テ、法会ノ庭ニ来テ、法ヲ聞ク。其ノ子、哭キ譴テ母ニ法ヲ不令聞ズ。其ノ子、年十余歳ニ至ルマデ、足不立ズシテ、常ニ哭キ譴テ物ヲ噉フ事間無シ。

而ルニ、行基菩薩、此ノ母ノ女ニ告テ宣ハク、「其ノ汝ガ子、持出デヽ、速ニ淵ニ棄テヨ」ト。諸ノ人此ヲ聞テ、当頭テ云ク、「慈悲広大ノ聖人トシテ、何ノ故ヲ以テ、「此ノ子ヲ棄テヨ」トハ宣フゾ」ト。母慈ビノ心ニ不堪ズシテ、子ヲ不棄ズシテ尚抱キ持テ、法ヲ聞ク。明ル日、亦此ノ女、子ヲ抱テ来テ法ヲ聞ク。子尚譶哭ク。聞ク者、皆此ノ子ノ音ノ囂キニ依テ、法ヲ聞ク事不詳ズ。

而ル間、行基菩薩ノ宣ハク、「彼ノ女、尚其ノ子ヲ淵ニ投棄テヨ」ト。母此ノ事ヲ怪ムデ、思ヒ忍ブ事不能ズシテ、深キ淵ニ行テ、子ヲ投入レツ。其ノ子淵ニ入テ、即チ浮出デヽ、足ヲ踏反リ、手ヲ攅ミ、目ヲ大キニ見暉カシテ、揀出ダシテ云ク、「妬哉。我レ今三年徴ラムトシツル者ヲ」ト。母此レヲ聞テ、怪ムデ返来テ、法□聞ク。菩薩、女ニ問テ宣ハク、「何ニ。子ヲバ投棄テツヤ否ヤ」ト。女、具ニ子ノ水ヨリ浮出デヽ云ツル事ヲ申ス。菩薩ノ宣ハク、「汝ヂ前世ニ彼ガ物ヲ負テ不償リキ。然レバ、今ノ子ト成テ、徴リ食也。此ノ子ハ昔ノ物ノ主也」ト。此レヲ聞ク人、皆ナ此ノ菩薩ノ前世ノ事ヲ知テ教ヘ給フ事ヲ貴ビ悲ムデ、「誠ニ此レ仏ノ化身ニ在マシケリ」ト信ジテ、弥ヨ貴ビケリ。

亦、此レヲ思フニ、尚人ノ物ヲ負テ可償キ也、此ク世々ニ責ル也ケリトナム語リ伝ヘタルトヤ。

【補　説】

1　行基による難波地域の架橋事業と法会

難波の堀江掘削の史料上の初見は、日本書紀仁徳天皇十一年条である（参考史料A）。古代において難波地域は、難波―淀川―木津川―泉津に代表されるように水路によって平城京と結びついていた。また難波は、瀬戸内海の東端に位置して、瀬戸内海沿岸や九州と結ばれており、水上交通の要衝であった。その一方で、長雨が続けば海水が逆流して集落が水浸しとなり、道路が泥に覆われてしまうといわれるように（参考史料B）、不安定な地形環境にあり、国家・王権にとってこの地域の治水事業は極めて重要であった。本縁で行基は、難波に江を開き、船津を造ったとあるが、行基年譜の「天平十三年記」には、行基が造営した堀四所として比売島堀川（西成郡津守村）、白鷺島堀川（西成郡津守里）、次田堀川（島下郡次田里）、大庭堀川（河内国茨田郡大庭里）がみえる（参考史料C）。この内、本縁との関係で注目すべきは、西成郡津守村（里）の比売島堀川と白鷺島堀川である。行基年譜によると、西成郡津守村には、行基建立の道場として善源院・同尼院、大福院・同尼院、難波度院、牧松院、作蓋部院の五院がみられる。これらの施設の存在から考えて、西成郡津守村（里）は、難波津の周辺にあって、難波における行基の活動拠点であり、本縁における法会も当地において行われたと考えられる。

【参考史料】

A　日本書紀　仁徳天皇十一年十月条

冬十月。掘宮北之郊原。引南水以入西海。因以号其水曰堀江。又将防北河之澇、以築茨田堤。

B　日本書紀　仁徳天皇十一年四月甲午条

夏四月戊寅朔甲午。詔群臣曰、今朕視是国者、郊沢曠遠。而田圃少乏。且河水横逝以流末不駃。聊逢霖雨、海潮逆上而巷里乗船、道路亦埿。故群臣共視之、決横源而通海、塞逆流以全田宅。

C　行基年譜

堀四所
　比売嶋堀川 長六百丈　広八十丈 深六丈五尺　在西城郡津守村
　白鷺嶋堀川 長百丈　広六十丈　深九尺 在已上西城郡津守里
　次田堀川 長七百丈　広二十丈　深六尺 在嶋下郡　次田里
　　已上三所、在摂津国
　大庭堀川 長八百丈　広十二丈　深八尺 在河内国　茨田郡大庭里
　　已上不記年号、仍不審多、或遊行時、或寺院
　之次、随便云云

【参考文献】

守屋俊彦「日本霊異記中巻第三十縁考」（『日本霊異記論―神話と説話の間』和泉書院、一九八五年。初出一九八二年）
米山孝子「『日本霊異記』中巻第三十縁考―「子を淵に捨てる」説話の成立事情」（『行基説話の生成と展開』勉誠社、一九九六年。初出一九八九年）
矢作武「『日本霊異記』の「行基説話」と中国の「鬼索債譚」―中巻第30話を中心に」（『相模国文』一七、一九九〇年）
青野美幸「『日本霊異記』中巻第三十縁「行基が子を淵に捨てさせる」説話の形成」（『仏教文学』三〇、二〇〇六年）

（吉岡）

塔を建てむとして発願しし時に生める女子舎利を捲りて産まるる縁　第三十一

【原　文】

将レ建レ*塔発願時生女子、[1]*捲二*舎利一所レ産縁第卅一
*丹生[2]直弟一[3]者、*遠江国磐田郡之人也。弟一[4]作レ塔発願、未レ造二
其塔一而歴二*淹年一、猶[5]瞻二願果一、[6]*毎*軫二于壊一。[7]聖武天皇御世、[8]弟
上年七十歳、妻年六十二歳、懐[9]妊生レ女。捲二左方手一、以所二産[10]愁
生一。父母怪レ之、開二于*捲手一、祢[11]増固捲、猶[12]故不レ舒。父母[13]愁曰、*嫗
[14]非レ時産レ子、*根不レ具。斯為二大恥一。以二因縁一、故、汝、生二我子一。廼不二嫌
棄一而慈哺育。漸随二長大一、*面[15]容端正。年至二七歳一、開レ手示レ母
曰、見二是物一。因[16]瞻レ掌、有二*舎利二粒一。歓喜異奇、告二知諸人一。諸[17]
人[18]衆喜、*展転国司*郡[19]卿悉喜。引二*率知識一、建二七重塔一、安二彼
舎利一、以供養了[20]。今磐田郡部内建立*磐田寺之塔是也。立

レ塔之後、其子忽死[*]。[*]闔知、願[(*)]无レ不[21]レ得、先[22]願[23]无レ不レ果者、其斯
謂之矣[24]。

来本縁を欠く
1子、国人攷証高野本子作人
2直、国真
3一、国ナシ群上攷証上原作一依高野本及下文改
4一、国群上
5睠、国睠之
6果、国果之
7壊、群懐群に従う
8天皇、国ナシ
9懐妊、国壊任
10愁、国群ナシ。あるいは衍か国に従う
11祢、国群弥攷証弥原作称依高野本削改国に従う
12故、国ナシ
13曰嫗、国曰猶不舒父母嫗として猶以下五字を見セ消チ
14非以下二二字、国ナシ
15面、国西
16因、国ナシ
17諸人、国群々々
18衆、国群亦攷証依高野本改
19卿、群攷証郷
20了、国子了
21不、国ナシ攷証下原衍先字依高野本削
22先、国群ナシ
23願、国ナシ攷証高野本無願字
24矣、国ナシ

【書き下し文】

塔を建てむとして発願《ほつがん》しし時に生める女子、舎利《しゃり》を捲《にぎ》りて産《う》まるる縁　第三十一

丹生直《にうのあたい》弟一は、遠江《とおとうみ》国磐田《いわた》郡の人なり。弟一、塔を作らむと発願し、其《そ》の塔を造らずして淹《ひさ》しき年を歴《へ》、猶《な》ほ願を果さむと睠《かえり》みて、毎《つね》に懐《こころ》を軫《いた》む。聖武《しょうむ》天皇の御世に、弟上年七十歳、妻年六十二歳にして、懐妊《はら》みて女を生む。左の方の手を捲りて、以て産生《う》まる所なり。父母、之《これ》を怪しびて、捲れる手を開くに、弥増《いやまし》に固く捲りて、猶ほ故《ことさら》に舒《の》べず。父母愁《うれ》ひて曰《い》はく、「嫗《おうな》、時に非《あら》ずして子を産み、根具《こんそな》はらず。斯《こ》れ大きなる恥とす。因縁《いんねん》を以て、故《か》れ、汝《なんじ》、我が子に生まる」と。廼《すなわ》ち嫌《そね》み棄《す》てずして慈《いつくし》び哺育《はぐ》みつ。漸《ようや》く長大《ひとと》なるに随《したが》ひて、面容端正《かおきらきら》

し。年七歳に至り、手を開きて母に示して曰はく、「是《こ》の物を見よ」と。因《よ》りて掌《てのひら》を瞻《み》れば、舎利二粒有り。歓喜《よろこ》び異奇《あやし》びて、諸人に告げ知らす。諸人衆喜び、展転して国司・郡卿悉《ことごと》く喜ぶ。知識《ちしき》を引率《ひきい》て、七重塔を建て、彼《そ》の舎利を安んじて、以て供養《くよう》し了《おわ》る。今磐田郡部内に建立せる磐田寺の塔、是れなり。塔を立てし後、其の子忽《たちまち》に死にき。闓《あきらか》に知る、願ひて得ざることは無く、先づ願ひて果たさざること無しとは、其れ斯れを謂《い》ふなり。

【語　釈】

○**塔**　仏骨を安置したり、供養、報恩などをしたりするために、土石や塼などで高く築いた建造物。その形態、材質など種々変遷し、極めて種類が多い（日国大）。

○**捲**　名義抄「カヾマル、ニギル」。寺川真知夫によると、赤子が舎利を手に握って生まれる話は、舎利出現譚の中でも本縁が早い例であり、この後、聖徳太子関係の伝承に継承される。先行する中国の説話では、幼児が自らの持つ舎利を提供して塔の建立に協力した話がみえる（関連説話2）。

○**舎利**　遺骨のこと。とくに仏または聖者の遺骨をいう（広説）。

○**丹生直弟一**　未詳。丹生直氏は新撰姓氏録にみえない。和名抄によると、遠江国磐田郡に壬生郷がみえ、大東急記念文庫本には「尓布」の訓が付されている。二条大路木簡の天平八年（七三六）七月の年紀を持つ荷札に、「遠江国磐田郡壬生郷」がみえる（『平城木簡概報』三十一―四五頁上）。丹生直氏は、磐田郡壬生（ニフ）郷に関わる氏族か。なお後文には、「弟上」とあるが、いずれかが間違いであろう。

○**遠江国磐田郡**　天竜川の東岸、現在の静岡県磐田市付近。郡内に国府、国分寺、国分尼寺が存在する。

○**滝**　国傍訓「ヒサシキ」、国訓釈「久也」、名義抄・字類抄「ヒサシ」。

○**毎**　国傍訓・字類抄「ツ子」、名義抄「ツネニ」、国訓釈「常也」。

○**軫**　国傍訓・国訓釈・字鏡集「イタム」。
○**捲**　国傍訓「ニキレル」。
○**嫗**　中16国訓釈「於于那」。和名抄「於無奈」、名義抄「オムナ」、字類抄「オウナ」。年老いた女。老女（日国大）、中16（231頁）。
○**根**　眼・耳・鼻・舌・身を五根という（広説）。手が開かないことは、身がそなわらないことを意味する。
○**面容端正**　北野本日本書紀巻七南北朝時代点「容姿端正　カタチキラキラシ」（景行天皇四年条）。国訓釈「容　カヲ」、「端正二合皮良支良シ」。顔かたちが美しい。
○**粒**　国訓釈「ツヒ」。
○**展転**　名義抄「トコカヘリ」。名義抄「展　メクル」、「転　メグル」。めぐりめぐっての意味か。補説2。
○**郡卿**　郡司。ここでの「卿」を「貴人を敬っていう」（日国大）用法とみれば、とくに郡領（郡の長官・次官である大領・少領）のことを指すか。
○**知識**　仏像や堂塔などの造立に、金品を寄進して助けること。その事業に協力すること。また、その人や、その金品。上35（上380頁）。
○**磐田寺**　未詳。遠江国磐田郡の郡名寺院。補説1。
○**忽**　国傍訓「タチマチニ」、名義抄「タチマチ」。
○**閠**　国訓釈「明也」、国傍訓「アキラカニ」、字鏡「アキラカ」。
○**願無不得先願无不果者其斯謂之矣**　この表現は、中21（279頁）、下11・17・21にもみえる。

【現代語訳】

塔を建てようと発願し、その時に生んだ女子が、舎利を握って生まれてきた話　第三十一丹生直弟一は、遠江国磐田郡の人である。弟一は、塔を建てようと発願し、まだ塔を造らない間に長い年月を経てしまったが、それでも願を果たそうとして、つねに心を痛めていた。聖武天皇の御世に、弟上は年七十歳、妻は年六十二歳で、懐妊して女の子を産んだ。その子は、左手を握り、生まれてきた。父母はこれを不思議に思って、握った手を開こうとするが、いよいよ固く握り、開くことはなかった。父母が嘆いて、「老女が、子を産む年を過ぎて子を産んだから、五根が具わらなかったのだ。大変恥ずかしいことだ。前世からの因縁によって、この子は、私の子に産まれた」と言った。そこで、忌み嫌わずに慈しみ育てた。

だんだん成長するに従って、顔かたちも美しくなった。七歳になって、手を開いて母に見せて、「これをみて下さい」と言った。そこで手のひらを見れば、舎利が二粒あった。喜びながらも不思議に思い、周囲の人々に知らせた。人々は皆喜び、めぐりめぐって国司・郡司にまで伝わった。そこで、知識を集めて、七重塔を建て、この舎利を安置して、供養を終えた。現在、磐田郡内に建立されている磐田寺の塔がこれである。塔を立てた後、この子はたちまちに死んでしまった。はっきり分かる、願を立てて得られないことはなく、願を立てて果たせられないことはないというのは、このことをいうのである。

【関連説話】

1　今昔物語集　巻十二第二話

遠江国丹生茅上、起塔語第二

今昔、聖武天皇ノ御代ニ、遠江ノ国、磐田ノ郡、□ノ郷ニ、丹生ノ直茅上ト云フ人有ケリ。心ヲ発シテ塔ヲ造ラムト思フ願有ケリ。而ルニ、公・私ノ営無隙クシテ、其ノ願ヲ不遂ズシテ年来ヲ経ルニ、此ノ事ヲ思ヒ歎ク事無限シ。

而ル間、茅上ガ妻、年六十三ト云フ年、不慮ザル程ニ懐任シヌ。茅上并ニ家ノ人、此レヲ奇異ト思ヒ歎ク間ニ、月満テ、平ラカニ女子ヲ産セリ。茅上、平ラカニ産セル事ヲ喜テ、其ノ生レタル児ヲ見レバ、左ノ手ヲ捲テ開ク事無シ。「自然ラ此レ有ル事カ」ト疑ヒテ、父母此レヲ開カムト為ルニ、弥ヨ固ク捲テ不開ズ。父母此レヲ怪ブ事無限シ。父有テ母ニ云ク、「汝ヂ齢ヒ可産キ齢ニ非ズシテ産セリ。然レバ、其レニ依テ根ヲ不具ズシテ生ゼル也。此レ大ナル恥也。然レドモ、汝ヂ縁有ルニ依テ我ガ子ヲ生ゼリ」ト云テ、憾ミ棄ル事無クシテ悲ビ養フ間ニ、漸ク長大シテ、其ノ児ノ形皃端正ナル事無並シ。

而ル間、児年七歳ニ成ルニ、始メテ其ノ手ヲ開テ父母ニ告グ。父母喜テ此レヲ見レバ、開タル掌ノ中ニ仏ノ舎利二粒有リ。父母此レヲ見テ思ハク、「此ノ児、手ニ仏舎利ヲ捲テ生レタリ。此レ只人ニ非ザルカ」ト思テ、弥ヨ傅シヅキ養テ、諸ノ人ニ此ノ舎利ヲ捲タル事ヲ告テ令知ム。聞ク人皆此レヲ貴ビ讃ム。此ノ事世ニ広ク聞エテ、国ノ司・郡ノ司皆貴ブ。其ノ後、茅上、此ノ塔ヲ起ムト為ルニ、我ガ力ニ不堪ズシテ知識ヲ引テ物ヲ集メテ、其ノ郡ニ有ル磐田寺ノ内ニ五重ノ塔ヲ起テ、彼ノ舎利ヲ安置シ奉テ、遂ニ思ノ如ク供養シツ。塔ヲ供養シテ後、其ノ児幾ノ程ヲ不経ズシテ死ヌ。父母恋ヒ悲ムト云ヘドモ甲斐無クテ止ヌ。智リ有ル人ノ云ク、「此レ願ヲ不遂ザル事ヲ令遂ムガ為ニ、仏ノ化シテ舎利ヲ具シテ生レ来給テ、塔ヲ起テ供養シテ後、隠レ給ヒヌル也」トナム父母ニ告ゲ令知ケル。

実ニ可産キ齢ニ非ズシテ生ゼルニ、舎利ヲ捲レルヲ以テ然カ可知シ。其ノ塔于今有リ。磐田寺ノ内ノ塔、此也トナム語リ伝ヘタルトヤ。

2　法苑珠林　四十舎利篇

晋咸和中、北僧安法開至余杭、欲建立寺無資財、手索銭貫貨之、積年得銭三万、市地作屋、常以索貫為資、欲立刹無舎利、有羅幼者、先自有之、開求不許、及開至寺礼仏、見幼舎利嚢已在座前、即告幼、幼随来見之喜悦、与開共立寺宇於余杭也、

【補説】

1　磐田寺

磐田寺の比定地は確定せず、旧大系、新全集、新大系、ちくま、学術文庫はいずれも所在不明とする。ただし、磐田郡は国府・国分寺・国分尼寺所在郡であること、地方における七重塔は、続日本紀天平十二年（七四〇）の記述や（参考史料A）、いわゆる国分寺建立詔にみえる「宜令天下諸国各令敬造七重塔一区」（参考史料B）など、国分寺塔にほぼ限定されることから、磐田寺を遠江国分寺とみる理解が示されているほか（全書）、古来、寺谷廃寺、大宝院廃寺をはじめとする磐田市内の寺院もその候補としてあげられてきた。

遠江国分寺跡は、磐田市国府台に所在する。一九五一年に発掘調査が行われ、金堂・講堂・塔・回廊・中門などの伽藍中枢の良好な遺構のほか、周囲の土塁により伽藍地の範囲が判明するなど貴重な成果を得ている（石田茂作「遠江」角田文衞『新修国分寺の研究第二巻　畿内と東海道』吉川弘文館、一九九一年。初出一九六二年）。米沢康は、丹生直氏が郡司級氏族と推定されること、「国司郡卿悉喜、引率知識、建七重塔」から国分寺造営が国司の任務とされ、郡司らが部内の農民を動員して造営にあたった武蔵国などの例を参照し、本縁の塔は国分寺塔と推定した（米沢「郡名寺院について―仏教受容の一側面」『日本古代の神話と歴史』吉川弘文館、一九九二年。初出一九五七年）。この理解は、井上薫「郡寺と国分寺」（坂本太郎博士古稀記念会編『続日本古代史論集』上、吉川弘文館、一九七二年）にも引かれるが、その判断は考古学的な調査の裏づけによらなければならないとする。磐田市史編さん委員会『磐田市史』史料編1考古・古代・中世（一九九二年）も国分寺説を採り、百姓の情願による造塔が本縁の背景にあると解するが、その場合でも、単に認可の権限のみならず、その造営に国郡機構（その中心は郡か）が関与している点は留意すべきであろう（参考史料C）。なお、遠江国分寺は、弘仁十年（八一九）に罹災している（参考史料D）。しかし、本縁の伝承のなかに国分寺塔が投影されていた可能性があるとしても、磐田寺そのものは別の寺院の建立に因む説話が本体をなしていたとする指摘もある（静岡県『静岡県史』通史編1　原始・古代、一九九四年。平野吾郎執筆）。

寺谷廃寺は、磐田市寺谷匂坂に所在する。発掘調査は行われていないが、周辺から、二時期の遺物が採集されている。川原寺式の軒丸瓦と桶巻造りの平瓦は白鳳期の創建を示唆し、一枚造りの平瓦と側端末調整の玉縁の丸瓦、灰釉陶器は、寺が奈良時代後半ないし平安時代まで存続したことを示すと考えられる（平野吾郎説）。『静岡県の地名』は寺谷廃寺説を有力とし、安藤寛は寺谷廃寺を磐田寺に比定するものの（安藤「寺谷廃寺遺跡」磐田市史編さん委員会『磐田市史』史料編1考古・古代・中世、前掲）、さしたる根拠は認められないとする異論も呈されている（平野吾郎説）。

大宝院廃寺は、磐田市中泉に所在し、奈良時代の国府である御殿・二之宮遺跡の西にあたることから、国府付属寺院と考えられている。第七次調査において幢竿支柱を検出しており、これを中心に、東西一〇八メートル、西側で九六メートル東側で九九メートルの矩形の範囲が寺域に推定されている（磐田市教育委員会『大宝院廃寺遺跡第七次発掘調査報告書』一九九六年）。遺物は、八葉単弁蓮華文の山田寺系式軒丸瓦、八葉複弁蓮華文の川原寺系式の軒丸瓦とこれらに伴う重弧文軒平瓦のほか、鴟尾、遠江国分寺と同型の軒瓦・鬼瓦も知られている。仏教に関わる遺物として、方形三尊塼仏の左脇侍を単体で表現した菩薩立像の塼仏、土師質の瓦塔などが出土している。加えて、御殿・二之宮遺跡から墨書土器「□寺」が出土しており、これとの関連も注目されるものの（静岡県教育委員会『静岡県の古代寺院・官衙遺跡』〈静岡県文化財調査報告書五七〉二〇〇三年）、直接磐田寺を示す資料は認められない。

以上のように、資料は必ずしも充分ではなく、磐田寺の比定は、今後の調査の進展に俟つといわざるをえない。このほか、松田壽男は、かつての遠江国磐田郡内に存在した二箇所の朱砂産地という全く別の視点から寺を比定する。すなわち、一つは、もと仁豊沢と称され丹生神社が鎮座する袋井市豊沢、もう一つは、磐田市匂坂の壬生であり、後者の地に丹生氏が寺を造営したと考え、岩田山増参寺をその候補とする（松田『古代の朱』ちくま学芸文庫、二〇〇五年。初出一九七五年）。

2　「諸人衆喜展転国司郡卿悉喜」の訓みと解釈

先行注釈によると、当該部分の訓読は、大きく三つの理解が示されている。磐田寺はいわゆる郡名寺院であり、その性格を理解する上で、重要な意味を持つと思われる。第一は、「諸人衆喜び展転ぶ。国司郡卿悉く喜び」。人々は喜びの余りころがりまわり、国司・郡卿も皆喜んだ、とするものである（全書・大系・全集・新全集）。これに対して、集成は、「諸人衆、喜びて国司に展転《つた》ふ。郡卿悉く喜び、知識を引率て」と訓み、人々は喜んで国司に報告した。郡司もまた喜んで、知識を率いて、の意に解した。この訓みを採用することで、国内の奇異瑞祥などは、郡を介してではあろうが国司に報告されたこと、それをうけ、郡内寺院の建立主体が郡司にあることが明確に示される。しかしながら、「展転」に「つたふ」の訓はみえず、やや問題が残る。第三は、攷証・新大系が採る「郡卿」を「郡郷」と読む理解であるが、その根拠は示されていない。「展転」は、例えば、法華経譬喩品に「其人命終、入阿鼻獄、具足一劫、劫尽更生、如是展転、至無数劫」（其の人、命終せば、阿鼻獄に入らん、一劫を具足して、劫、尽くればさらに生まれん、是くの如く展転して、無数劫に至らん）にみえるように、「次から次へと物事が継起する」意味で用いられ、「ころがり回る」の意味で用いられることはない。したがって、本縁においても、「諸人衆の喜びがめぐりめぐって、ついには上層部の国司・郡司まで伝わって国中が喜び一色になった」の意と理解すべきであろう。

【参考史料】

A　続日本紀　天平十二年（七四〇）六月甲戌条

甲戌、令天下諸国、毎国写法華経十部、并建七重塔焉。

B　続日本紀　天平十三年（七四一）三月乙巳条

乙巳、詔曰、朕以薄徳、忝承重任。未弘政化、寤寐多慙。古之明主、皆能光業。国泰人楽、災除福至。修何政化、能臻此道。頃者、年穀不豊、疫癘頻至。慙懼交集、唯労罪己。是以、広為蒼生、遍求景福。故前年、馳使増飾天下神宮。去歳、普令天下造釈迦牟尼仏尊像、高一丈六尺者、各一鋪、并写大般若経各一部。自今春已来、至于秋稼、風雨順序、五穀豊穣。此乃、徴誠啓願、霊貺如答。載惶載懼、無以自寧。案経云、若有国土講宣読誦、恭敬供養、流通此経王者、我等四王、常来擁護。一切災障、皆使消殄。憂愁疾疫、亦令除差。所願遂心。恒生歓喜者、宜令天下諸国各令敬造七重塔一区、并写金光明最勝王経・妙法蓮華経一部。朕、又別擬、写金字金光明最勝王経、毎塔各令置一部。所冀、聖法之盛、与天地而永流、擁護之恩、被幽明而恒満。其造塔之寺、兼為国華。必択好処、実可久長。近人則不欲薫臭所及。遠人則不欲労衆帰集。国司等、各宜務存厳飾、兼尽潔清。近感諸天、庶幾臨護。布告遐邇、令知朕意。又毎国僧寺、施封五十戸、水田一十町。尼寺水田十町。僧寺必令有廿僧。其寺名、為金光明四天王護国之寺。尼寺一十尼。其名為法華滅罪之寺。両寺相去、宜受教戒。若有闕者、即須補満。其僧尼、毎月八日、必応転読最勝王経。毎至月半、誦戒羯磨。毎月六斎日、公私不得漁猟殺生。国司等宜恒加検校。

C　続日本紀　天平十九年（七四七）十二月乙卯条

乙卯、（中略）勅、天下諸国、或有百姓情願造塔者、悉聴之。其造地者、必立伽藍院内。不得濫作山野路辺。若備儲畢、先申其状。

D　類聚国史　巻百七十三災異七火、弘仁十年（八一九）八月甲戌条

八月甲戌、遠江・相模・飛驒三国々分寺災。

【参考文献】

守屋俊彦「中巻第三十一縁考」（『日本霊異記の研究』三弥井書店、一九七四年。初出一九六九年）
守屋俊彦「寺院縁起発掘」（『日本霊異記論―神話と説話の間』和泉書院、一九八五年。初出一九八三年）
平野吾郎「遠江・駿河における屋瓦と寺院」（『静岡県史研究』六、一九九〇年）
寺川真知夫「日本における舎利信仰の展開―敏達紀から『今昔物語集』まで」（『万葉古代学研究所年報』四、二〇〇六年）

（山本）

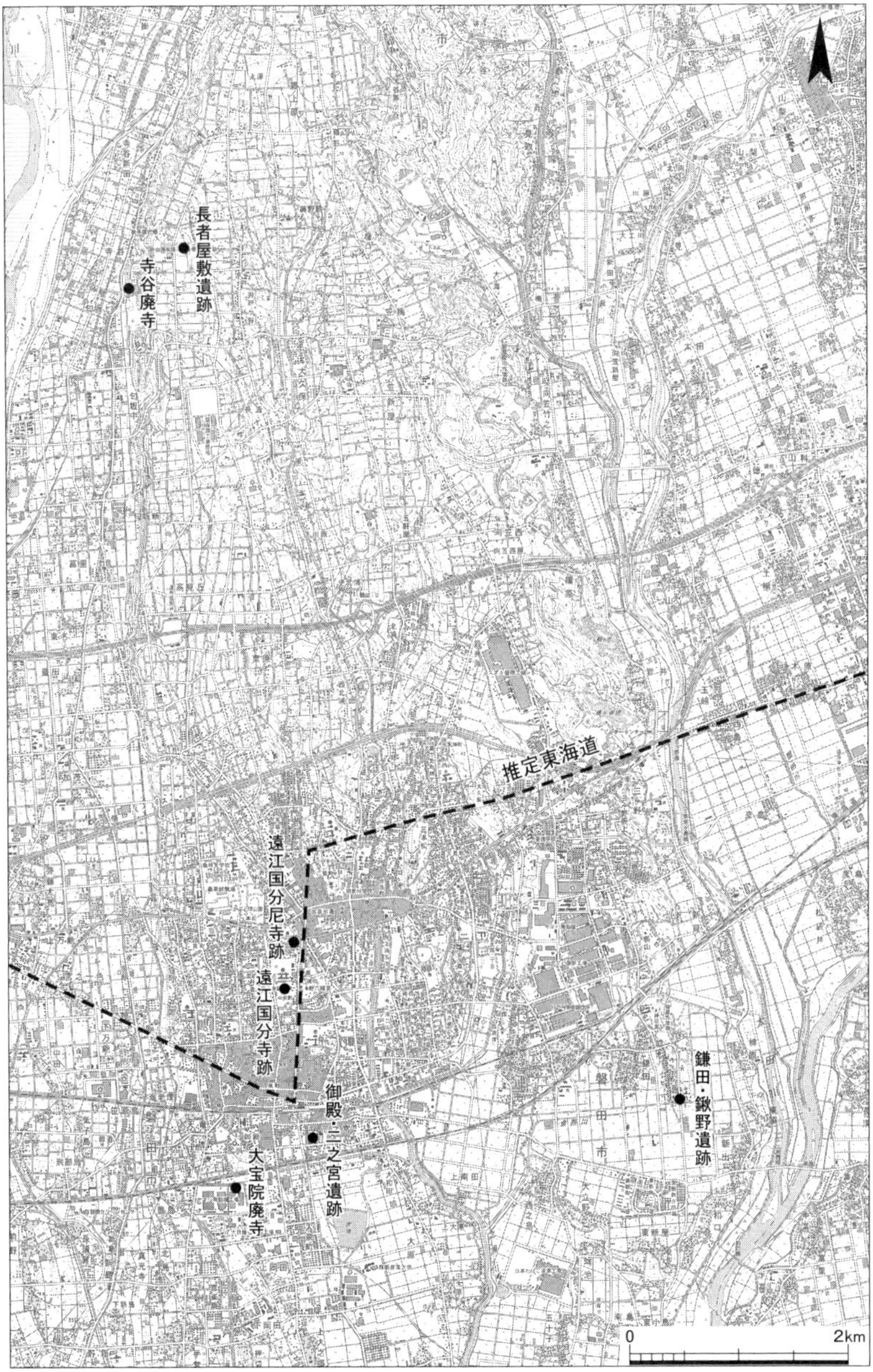

中巻第三十一縁関連地図

寺の息利の酒を貸り用ゐて償はずして死に牛と作りて役はれ債を償ふ縁　第三十二

【原　文】

貸二用寺息利酒一、不レ償死、作レ牛役之、償レ債縁第卅二

聖武天皇世、紀伊国名草郡三[1]村人、為二薬王寺一、率[2]二引知識一息二晋[3]薬[4]分一。薬王寺今謂二勢多寺一也。[5][6]其薬[7]料物、寄[8]二乎[9]岡田村主姑女之家一、作レ酒息レ利。時有二斑犢一。入二薬王寺一、常伏二塔基一。寺人擯[10]出、又猶還来而伏不レ避。怪之問[11]レ他曰、誰家犢。一人而无[12]下言二我犢一者上。寺家投[13]レ之、着レ縄繋餧。送[14]レ年長大、於[15]二寺産業一所二駆使一。歳レ経之五年[16]、時寺之檀越岡田村主石人、夢見、其犢[17]牛追二於石人一、以レ角掌仆[18]、以レ足蹸レ之。石人愕叫。於レ是、犢[19]牛問言[20]、汝知レ我也。答、不レ覚也。彼牛放退、屈レ膝而伏、流レ涙白言、我者有二桜村一物部麿也。

（第三十四紙）

字号二塩*春一也。是人存時[21]、不レ中[22]二呉《矢》[23]猪一、念二我当レ射、春レ塩往荷見之无レ猪。但矢立二於地一。里人見吹《咲》[24]、号曰二塩春一、故以為レ字也。

吾先レ是、寺薬[25]分之酒貸二用二斗一、未レ償以死。所[26]以今受二牛身一而償故《酒債》[27]、役使耳。応レ役之年、限二於八年[28]一。所レ役五年[29]、未レ役二三年[30]一。寺人[31]无レ*慈、打二於我背[32]一而*追駆使。斯甚苦痛。自レ非二檀越一、无二*愍之人一、故申二愁状一。石人問曰[33]、何以故[34]知矣。*牡[35]答之曰、問二*桜大娘一、而知二*虚実一。大娘者[36]、作レ酒家*主、即石人之妹也[37]*。独大怪之往[38]二乎妹家一、具陳二上事一。答、実如レ言。貸[39]二用酒二斗一、未レ償而死。於レ*茲、*知寺僧*浄達[40]並檀越等、悟二於因縁一、垂二*哀愍心一[41]、為修二誦経一。遂二八年一*已[42]、不レ知レ所レ去、亦更不レ見。当レ知、負レ債不レ攅[43]、非[44]レ无二彼報一。豈敢忘矣。所以*成実論之[45]、若人負レ債不レ償、随[46]二牛*羊*麞[47]鹿驢馬等中一、償二其宿債一者、其斯謂之矣。

来本縁を欠く
1 三、国上群三上攷証依今昔増群に従う
2 率、国卒
3 晋、国群音
4 薬、国楽攷証高野本作楽
5 今、国者
6 勢多、国熱大
7 薬、国楽
8 乎、国守
9 田、国由
10 擯、国攢攷証依訓釈攢上疑脱牡字
11 問、国間
12 言、国ナシ
13 投、群捉攷証意改群に従う
14 送、国群迴
15 寺、国ナシ
16 年、国季
17 攢、国社

18掌、国群棠攷証依高野本及訓釈改国に従う
19犢、国牡
20言、国曰
21人、国挿入記号にて人以下一七字挿入
22不、国ナシ
23呉、真呉に見セ消チして矢と傍書
24吹、真吹に見セ消チして咲と傍書国哭
25薬、国楽
26以、国次
27酒債、真傍書挿入
28年、国季
29年、国斗
30年、国季
31人、国入を抹消して人と傍書
32我、国吾
33曰、国ナシ
34故、国ナシ
35牡、国杜
36者作、群ナシ
37人、国大
38乎、国ナシ
39用、国ナシ
40浄、国ナシ攷証高野本無浄字
41心、国心必
42巳、群己
43攢、国群償国に従う
44非无以下二〇字、国ナシ
45之、群云攷証意改群に従う
46随、国群堕国に従う
47轝、国鹿章

【書き下し文】

寺の息利《いらしもの》の酒を貸り用ゐて、償《つくの》はずして死に、牛と作《な》りて役《つか》はれ、債《もののかい》を償ふ縁　第三十二

聖武《しょうむ》天皇の世、紀伊《きい》国名草《なくさ》郡三上《みかみ》村の人、薬王《やくおう》寺の為に、知識《ちしき》を率引《ひ》きて薬分《やくぶん》を息《いら》し晋《すす》む　薬王寺は、今は勢多《せた》寺と謂《い》ふなり。其《そ》の薬の料物《りょうもつ》、岡田村主《おかだのすぐり》の姑女《おばめ》の家に寄せ、酒を作りて利《うまわし》を息す。時に斑《まだら》なる犢《こうし》有り。薬王寺に入りて、常に塔の基《もと》に伏《ふ》す。寺の人、擯《お》ひ出せども、又猶《な》ほ還《かえ》り来たりて伏して避らず。之を怪しびて他《ひと》に問ひて曰《い》はく、「誰《た》が家の犢ぞ」と。一人として我が犢と言ふ者無し。寺家《じけ》捉《とら》へて、縄を著け繋ぎて餧《か》ふ。年を送り長大《ひととなり》て、寺の産業《なりわい》に駆《お》ひ使はる。歳を経ること五年、時に寺の檀越《だんおつ》岡田村主石人《いわひと》、夢見るに、其の犢牛《こうし》、石人を追ひて、角を以て棠《つ》き仆《たふ》して、足を以て之を踰《ふ》む。石人愕《おび》え叫ぶ。是《ここ》に於いて、犢牛問ひて言はく、「汝《なんじ》、我を知るか」と。答ふるに、「覚《し》らざるなり」と。彼《そ》の牛放《はな》れ退き、膝を屈《かが》めて伏し、涙を流して白《もう》して言はく、「我は桜村に有りし物部麿《もののべのまろ》なり　字《あざな》は塩春《しおつき》と号《なづ》くなり。是《こ》の人の存りし時、矢を猪《いのしし》に中《あ》てずして、我当《まさ》に射《い》るべしと念《おも》ひ、塩を舂き往《ゆ》き

て荷《にな》はむと見るに猪無し。但《ただ》矢のみ地に立てり。里人見て咲《わら》ひ、号けて塩舂と曰ふ。故に以て字と為すなり。吾《われ》是より先に、寺の薬分の酒二斗を貸り用ゐ、償はずして死ぬ。所以《ゆえ》に今牛の身を受けて、酒の債を償はむが故に、役使《つか》はるるのみ。応《まさ》に役はるるべきの年、八年を限る。役《つか》はるること五年にして、三年役はれず。寺の人慈《うつく》しび無く、我が背を打ちて追《せ》め駆ひ使ふ。斯《こ》れ甚《はなは》だ苦痛なり。檀越に非《あら》ざるよりは、愍《あわれ》ぶ人無し。故に愁への状《さま》を申す」と。石人問ひて曰はく、「何を以ての故にか知らむ」と。牡《おうし》答へて曰はく、「桜の大娘《おおいらつめ》に問ひて、虚実《こじつ》を知れ」と 大娘は、酒を作る家主《いえぬし》、即ち石人の妹《いも》なり。独《ひと》り大いに怪しびて妹の家に往き、具《つぶさ》に上の事を陳《の》ぶ。答ふるに、「実《まこと》に言ふが如し。酒二斗を貸り用ゐ、償はずして死ぬ」と。茲《ここ》に於いて、知寺《ちじ》僧浄達《そうじょうたつ》並びに檀越等、因縁《いんねん》を悟り、哀愍《かなし》びの心を垂《た》れ、為に誦経《ずきょう》を修す。八年を遂《と》げ已《おは》りて、去る所知らず、亦《ま》た更に見ず。当に知るべし、債を負ひて償はずは、彼の報《ほう》無きに非ず。豈《あ》に敢《あ》へて忘れむや。所以に成実論《じょうじつろん》に云《い》はく、「若し人の債を負ひて償はざれば、牛・羊・麞《くじか》・鹿・驢《うさぎうま》・馬等の中に堕《お》ちて、其の宿債を償ふ」とは、其れ斯れを謂ふなり。

【語　釈】

○**貸**　新撰字鏡「伊良須」、名義抄「カル、ヲキノル、カ爪」、字類抄「僟　イラス」、[国]傍訓「ヲキノリ」。

○**息利**　[国訓釈]「息　イ良之」。[国訓釈]「利　于万皮志又云母寸」。下26[真]・下25[前訓釈]「息利　伊良之毛乃那里」。稲や酒などを利息付きで貸し付けて利益を得ること。またその利益。

○**償**　名義抄「ツクノフ、アカフ」。

○**役**　名義抄「ツカフ」。

○**債**　[国]傍訓「アタヒ」。上序[興訓釈]「毛乃々可比乎」。金銭などを借りて、償わなければならないもの。上序（上24頁）。

○**名草郡三上村**　名草郡は、現在の和歌山市・和歌山県海南市周辺。上5（上105頁）。三上村は、郡内にあった古代村落で、平安期以降の史料には、三上院・三上庄などとみえる。治安三年（一〇二三）十一月二十三日付太政官符案（平安遺文四九三号・参考史料A）に「名草三上野院」とあり、三上（野）院は、名草郡四院（郡内の正倉院を核とする国衙付属の行政単位）の一つ。霊異記写本では、真「三」国「上」だが、攷証が今昔によって「三上」とする。

○**薬王寺・勢多寺**　和歌山市薬勝寺に現存する薬王寺が、本縁の薬王寺の故地と考えられている。境内一帯には白鳳期の薬勝寺廃寺の遺構がある。当地は熊野街道に面した交通の要地で、寺域は山東山地の西南端から南に延びる小高い丘陵の先端にある。瓦は、境内の薬師堂付近から出土したもののほか、昭和二十三年（一九四八）道路改修工事の際、寺の西側に位置する旧菩提院跡から大量に出土している。創建瓦は、川原寺式の複弁七葉蓮華文軒丸瓦と三重弧文軒平瓦。勢多寺については、治安三年十一月二十三日太政官符案（参考史料A）に名草郡三上野院内の村名として「勢田村」がみえ、地名を寺名としていたことが分かる。また、現在の薬王寺の南西約五〇〇メートルに、小瀬田の地名が残る。薬王寺という名称からは、この寺が施薬行為を行っていたとの推測もある（薗田香融説）。

○**率引**　国傍訓「卒　ヒキテ」。二合して訓む。

○**知識**　仏像や堂塔などの造立に、金品を寄進して助けること。その事業に協力すること。また、その人や、その金品。上35（上380頁）。

○**晋**　名義抄・字鏡集「ス、ム、ウレフ、オサフ」。当該箇所は、諸本間で異同があることにより、多くの解釈が示されている。春陽堂は「儲け置く」と改める。全書は「音薬分を息し」と訓み、「音は誤って入ったのであらう」とする。旧大系・新全集は「晋《あまね》く薬分を息す」と訓み、旧大系は薬分を人々に分ける薬の費用の元本とし、「それを、広く貸してふやす」、新全集は「広く薬の基金の増殖に努めていた」と解釈する。集成は「薬分を息し晋《あまね》はしき」とし、「その資金源を利息つきで貸出すことの普及に努めていた」とする。新大系は「貳」とし、「息貳《いら》へ」と訓み、利息を払って借りる、と解する。諸写本は、晋か音かのいずれかで、字を改めることはいささか躊躇される。また「晋」に「あまねく」の訓みは見あたらない。そこで、古辞書類に従い「息し晋《すす》む」と訓んだ。晋には「さしはさむ」の意味があることから、「薬分として集めた元本に出挙の利をさしはさんで、さらに薬分とした」との解釈も示されている（中田興吉説）が、晋は進とも通じ、すすむの意味もあり、また進にはたてまつる、ささげるという意味があり（字通）、三上村知識が「薬分」を出挙し、その元利を薬王寺に献上して納めた、という解釈も可能であろう。

○**薬分・薬料物**　薬分は、寺院などで財物を貸し付け、利息を施薬の費用に充当する、その元本（日国大）。薬料物は、「薬の料物」と訓めば、料物には、それにあてる物、そのことに使う物、費用、といった意味があるから（日国大）、薬の購入費用と理解できる。「薬分」は貸し付けた元本を指す言葉であり、「薬料物」は、「薬分」とその利息を元手に工面される薬の購入費用と考えられる。補説1。

○**岡田村主姑女**　未詳。村主姓は渡来系氏族に与えられる姓。坂上系図所引新撰姓氏録逸文に、百済から帰化して大和檜前郷に住んだ阿智王一族は、「人衆巨多」のため諸国に分置されたといい、岡田村主氏はその中にみえないものの、「大化前代（推古朝か）三上屯倉が設置された際、朝廷によってこの地に送り込まれた東漢氏系の渡来氏族の末裔ではないか」との見解がある（薗田香融説、五五六・五五七頁）。参考史料Aには薬勝寺領として岡田村がみえる。岡田村主氏はここを本拠としていたか（栄原永遠男「紀氏と大和政権」和歌山県史編さん委員会『和歌山県史』原始・古代、一九九四年）。なお岡田村は、現在の海南市岡田付近。姑女という名は、実名というより親族呼称から転化した通称である可能性が高く、姑女が古代では父の姉妹を指すことから、本縁は、石人の子どもたちを中心とする岡田村主一族が語り伝えた物語という一面を持っており、姑女の経営についての描写は真実性が高い（義江明子説）。

○**姑**　名義抄・字類抄・字鏡集「ヲハ」。国訓釈「乎皮」。

○**犢**　和名抄「古宇之」、名義抄・字類抄・字鏡集「コウシ」、国訓釈「牡犢　男牛子」。牛の子。小さい牛（日国大）。

○**擯**　名義抄「ヲフ」、字鏡集「スツ、シリソク」。中13（199頁）。

○**他**　名義抄・字鏡集「ヒト」。

○**寺家**　寺院の運営組織。

○**捉**　国傍訓「トラヘテ」。

○**繋**　国傍訓「ツナキ」。

○**餧**　飼の同義の別字。名義抄・字鏡集・国傍訓「カフ」、国訓釈「餘餧 カフ」、群訓釈「カフ」。

○**長大**　成長して。上3（上66頁）。

○**産業**　生活をいとなむための仕事。様々の職業。なりわい。生業（日国大）。中16（232頁）「産」。

○**駆**　名義抄「カル、オフ」、国傍訓「カリ」、上22興訓釈「於飛川加不」。中30（378頁）。

○**岡田村主石人**　未詳。薬王寺の檀越。彼の妹が姑女（桜大娘）で、岡田村主氏が薬王寺の経営を一手に担っていたとみられる。

○**棠**　名義抄「ツク」、国訓釈「都支」、国傍訓「ツキ」。

○**仆**　名義抄・字鏡集「タフル」、国傍訓「タフシ」。中20（271頁）。

○**踰**　名義抄・字鏡集「フム」、新撰字鏡「布牟」、国傍訓「フム」。中26（336頁）。

○**愕**　名義抄「オドロク、オビユ、オビヤカス」、国訓釈「恐也」、国傍訓「ヲヒエ」。

○**覚**　名義抄・字鏡集「シル」。

○**退**　国傍訓「シリソケテ」。

○**桜村**　サクラという訓みに通じることから、攷証や紀伊国名所図絵は、名草郡坂井村のこととする。坂井村は、現在の海南市阪井。

○**物部麿**　未詳。字に関する割書は、本縁の内容とは直接関係がないが、本縁が唱導の素材とされる際に、参加者を引きつけるために用いられた余談の例とする見解がある（太田愛之説）。

○**塩春**　猪の肉を塩漬けにするためか（旧大系・集成など）。攷証は参考史料Bを引用している。春は、字鏡集・字類抄「ツク」、国訓釈「都岐」。
○**慈**　名義抄「ウツクシヒ」、字鏡集「アハレフ、ウツクシ、ウレフ」。
○**追**　国訓釈「延 世米」、群訓釈「世米」。
○**愍**　名義抄・字鏡集「アハレフ」、国傍訓「アハレム」。
○**牡**　名義抄「ヲウシ」。おす、けもののおす（字通）。ここでは雄牛。
○**桜大娘**　岡田村主姑女を指す。大娘は、大娘女（おおいらつめ）で、第一の女、長女、大姉、おおおみな（日国大）。
○**虚実**　虚と実。虚偽か真実か。うそかまことか。きょじつ（日国大）。
○**家主**　一家の首長。上2（上54頁）「家長」。上10補説2（上171頁）。
○**妹**　ここでは、石人の妻ではなく、姉妹の意。妹は、男性の側から同腹の姉妹を呼ぶ語で、年齢の上下に関係なく、姉をも妹をも呼ぶ（日国大）。
○**茲**　国傍訓「コ、ニ」。
○**知寺**　知寺は知事のことであろう。知事は僧職の一つ。寺院の雑事や庶務を司るもの。または、その僧（日国大）。本縁では誦経も担っており、檀越・知識を教導する教化僧としての役割も果たしていたのだろう。
○**浄達**　浄達と同名の僧侶には、続日本紀に「従五位下美努連浄麻呂及学問僧義法・義基・惣集・慈定・浄達等至自新羅」（慶雲四年〈七〇七〉五月乙丑条）とみえる学問僧、扶桑略記に「右大臣就植槻之浄刹、延浄達法師、修維摩会。惣歴五箇年矣」（和銅二年〈七〇九〉）とみえる僧が知られる。元亨釈書は、両者を同一人物とするが、本縁にみえる知寺僧浄達を含めて同一人物かどうかは不詳。
○**哀愍**　名義抄・字類抄「哀 カナシフ」「愍 カナシフ」。二合して訓む。中3（69頁）。
○**已**　名義抄「ヲハル、ヤム」。
○**成実論**　訶梨跋摩著。後秦の弘始十四年（四一二）に鳩摩羅什が訳出。主要なアビダルマ教学について述べており、四聖諦（苦・集・滅・道）を明らかにすることが本論の目的で、経量部の立場で説一切有部の説を批判している。倶舎論のような体系的な記述ではなかったことからも、インドでは影響を及ぼすことはなかった。中国では主典に注釈書が作られたが、現存していない（大蔵経全解説大事典）。中28（360頁）「成実論宗」。

○麞　名義抄「ヲシカ、シカ」、字鏡集「シカ、クシカ」、新撰字鏡「久自加」、字類抄「クシカ」、和名抄「久之加」。クジカは、キバノロ（牙麞）のこと。キバノロはシカ科のほ乳類。体長約九〇センチメートル、肩高約五〇センチメートル。口上の犬歯が長く、雄では六〜七センチメートルの牙状に突き出る。中国の揚子江流域および朝鮮に分布し、水辺の草やぶなどに単独ないしつがいで住む。

○驢　名義抄・字鏡集「ウサキムマ」、和名抄「宇佐岐無麻」。ロバのこと。

【現代語訳】

寺の利殖のための酒を貸り用いて、償わないで死んだために、牛となって使われて負債を償った話　第三十二

聖武天皇の世に、紀伊国名草郡三上村の人が、薬王寺のために知識を率いて、薬の費用の調達のためにその元本の貸し付けを行い、元利を寺に納めていた　薬王寺は今は勢多寺という。その薬の購入費用は、岡田村主姑女の家に委ねて、酒を作って貸し付け利息を得ていた。ある時、斑の子牛が薬王寺に入って、常に塔の基に伏していた。寺の人が追い出しても、また還ってきて伏して去らない。不思議に思って、周りの人に、「誰の家の子牛ですか」と尋ねても、一人として、私の子牛です、という者はいなかった。寺の者が捉えて、縄を着けて繋いで飼った。歳月が過ぎ成長し、寺の仕事に使われた。五年の歳月が経ち、ある時、寺の檀越の岡田村主石人が夢を見た。その子牛が石人を追いかけて、角で突き倒し、足で踏みつけた。石人は恐れ叫んだ。そこで子牛は、「あなたは私を知っていますか」と尋ねた。石人は、「知りません」と答えた。その牛は離れ退いて、膝を屈めて伏し、涙を流し、「私は桜村にいた物部麿です　字は塩舂という。この人が生きていた時、猪に矢を当てていないのに、きっと射貫いたに違いないと思い、塩を舂いて、猪のもとに行って担ごうとして見てみると猪は

いなかった。ただ矢が地にささっているのみだった。里人はこれを見て笑い、塩舂と名づけた。それ故に字としたのである。私は以前に、寺の薬の購入費を工面するための酒二斗を貸り用いて、償わないまま死にました。今、牛の身となり、酒の負債を償うために、使役されているのです。使われるべき歳月は八年です。使われたのは五年ですから、まだ三年使われていません。寺の人は慈悲がなく、私の背を打ち、責めて使います。これは大変な苦痛です。檀越であるあなた以外に憐んでくれる人はいません。それ故苦しみのありさまを申し上げるのです」と申した。石人は、「どうすれば事情が分かるのか」と尋ねた。牡牛は、「桜大娘に尋ねれば虚実を知ることができるでしょう」と答えた　大娘は酒を造る家の主、つまり石人の妹である。ひとりでたいそう不思議に思って妹の家に行き、子細にそのことについて陳べた。姑女は、「まったくいう通りです。二斗の酒を貸り用い、償わないままに死にました」と答えた。この故に、知事の僧浄達や檀越等は、因縁を悟り、哀愍の心を示し、牛の為に経をとなえた。八年が終わって、牡牛の去った所は分からず、再び見ることは決してなかった。まさに知るべきである、負債を償わなければ、その報いがないことはないということを。どうして負債を忘れられようか。それ故に成実論に、「もし、人が負債を償わなければ、牛・羊・キバノロ・鹿・驢馬・馬等に堕ちて、その前世の負債を償う」と説くのは、このことをいうのである。

【関連説話】

1　今昔物語集　巻二十第二十二話

紀伊国名草郡人、造悪業受牛身語第二十二

今昔、紀伊国ノ名草ノ郡、三上ノ村ニ一ノ寺ヲ造テ、名ヲ薬王寺ト云フ。其後、知識ヲ引テ、諸ノ薬ヲ儲テ、其ノ寺ニ宜テ、普ク人ニ施シケリ。

而ル間ダ、聖武天皇ノ御代ニ、其ノ薬ノ料物ヲ、岡田ノ村主ト云者ノ姑ノ家ニ宿シ置ク。而ルニ、其ノ家ノ主其ノ物ヲ酒ニ造テ、其ヲ人ニ与ヘテ、員ヲ増シテ得ムト為ルニ、其ノ時ニ、斑ナル小牛出来テ、薬王寺ノ内ニ入テ、常ニ塔ノ本ニ臥ス。寺ノ人此ヲ追出スト云ドモ、猶返来テ臥テ不去。人此ヲ恠テ、「此ハ誰ガ家ノ牛ゾ」ト、普ク尋レドモ、一人トシテモ我ガ牛ト云フ人無シ。然レバ、寺ノ内ノ人此レヲ捕テ、繋テ飼フニ、牛年ヲ経テ長大シテ、寺ノ雑役ニ被仕ル。而ル間、既ニ五年ヲ経タリ。

其時ニ、寺ノ檀越岡田ノ石人ト云者ノ夢ニ、此ノ牛、石人ヲ追テ角ヲ以テ突キ倒シテ、足ヲ以テ踏ム。石人恐迷テ叫ブニ、牛、石人ニ問テ云、「汝我レヲバ知レリヤ否」ト。石人、「不知」ト答フ。牛放退テ、膝ヲ曲メテ地ニ臥テ、涙ヲ流シテ云ク、「我ハ此レ、桜村ノ物部麿也。我前世ニ此寺ノ薬ノ料ノ酒二斗ヲ貸用シテ、未其ノ直不償シテ死キ。其後、牛ノ身ト生テ、其事ヲ償ムガ為ニ被仕ル也。可被仕コト八年ニ限レリ。而ルニ、既ニ五年ニ成ヌ。残今三年也。寺ノ人哀ノ心無クシテ、我ガ背ヲ打テ責仕フ。此レ甚痛ム。汝檀越ニ非ズヨリハ誰ノ人カ此レヲ哀ム。此ノ故ニ我示ス」。石人問云ク、「此ク示ト云ヘドモ、実否何ヲ以テカ可知」ト。牛ノ云ク、「桜村ノ大娘ニ問テ云、此虚実ヲ可知シ」ト。其大娘ト云ハ酒造ル主也、即チ石人ガ妹也。

如此ク見テ、夢覚テ後、大キニ驚キ恠テ、妹ノ家ニ行テ、此夢ノ事ヲ語ル。妹此ヲ聞テ云ク、「此レ実也。云ガ如ク、其人酒二斗ヲ貸用シテ、未不償シテ死ニキ」ト。石人此レヲ聞テ、普ク人ニ語ルニ、寺ノ僧浄達此ヲ聞テ、牛ヲ哀テ、為ニ誦経ヲ行フ。其ノ後、牛既ニ八年畢テ失ヌ。更ニ行所ヲ不知シテ、永ク不見シテ止ニケリ。実ニ此レ奇異ノ事也。

此ヲ思ニ、人ノ物ヲ借用シテバ、必可償キ也。況ヤ仏寺ノ物ヲバ、大ニ可恐ベシ。後ノ世ニ、如此ク畜生ト生レテ償也、極テ益無事也トナム語リ伝トヤ。

【補　説】

1　薬王寺の出挙と岡田村主氏

本縁には、「薬分」と呼ばれる利殖行為がみられる。本縁にみられる息利＝出挙については、①稲を貸し出して人々に酒を造らせ、その酒を出挙することによって、寺院運営の費用を再生産する（旧大系）、②上代では、寺院が稲を農民に貸し出し、その米で酒を造らせ、その酒を売らせて寺院が利益をあげた（新全集）、③寺院が知識に稲（薬分）を貸し出して、その息利（薬料物）を姑女に委託して酒を造る。姑女が酒を貸し出すのはオプショナルなもの（太田愛之説）、④人々が施入した財物を資本として、それを姑女＝酒造業者に預け酒を造り、その貸し付けにより、一定の息利（薬分）を得るとともに元本を回収した。物部麿と桜大娘の関係は、単純なる貸し付け（薗田香融説）、と諸説ある。また利殖が、三上村知識による出挙とそれを元手にした姑女による酒出挙という二段階を想定するか、④のように、利殖は酒の貸し付けのみで行われていたとみるか、様々な見解が出されているが、「この史料からは村レベルの寺院においても出挙活動が行われていた事実の確認にとどめる必要があろう」との指摘もある（中田興吉説）。本縁の記述のみではいずれとも解釈可能であるが、ここでは、太田説に則り、まず薬王寺から三上村知識に「薬分」が貸し付けられ、それが利息とともに薬王寺に返還され、さらに「薬分」の元利を元手に桜大女が酒を造り貸し付けていたと理解し、それに基づいた訓読を示したつもりである。さて、本縁にみえる利殖は、知識としての側面を持ち、薬を購入するために不可欠のものであった。先行注釈で示されるように、恐らく三上村の知識には稲が貸し付けられていたのであろう（全書・旧大系・集成）。三上村知識が利殖する「薬分」は、薬王寺が貸し付けていたのであろうが（檀越である岡田村主氏による稲の貸し付けが実態といったところであろう）、姑女が行う酒の貸し付けも、薬の購入のためには必要不可欠なものである。稲出挙は、資本の投入であり農業共同体の再生産と関係しているが（太田愛之説）、酒も「雇傭労働に対する報酬へと転化しつつあった「魚酒」の「酒」」であり（義江明子「祭祀と経営」『日本古代の祭祀と女性』吉川弘文館、一九九六年）、労働力の確保と関係があり、農耕と結びついている。先行研究では、こうした寺院の経済活動に注目が集まってきたが、薬王寺の利殖が、三上村のみならず、桜村にもおよんでいたことは注意され、その政治的意義も見逃すべきではなかろう。酒の貸し付けは知識として記されている訳ではないが、「寺薬分酒」と呼ばれており、薬購入のためのもので、知識の一環として認識されていた可能性があり、薬の購入への参画という宗教的意義を持っていたと考えられる。知識を率いて行われる事業としては造寺や写経がよく知られている。造寺は、七世紀前半では、在地秩序の動揺を背景に、地方の豪族が知識を率いて寺を建て、社会を統合することが目的であったという（竹内亮「古代の造寺と社会」『日本古代の寺院と社会』塙書房、二〇一六年。初出二〇一二年）。本縁に見える様々な財物の貸し付けとその利潤を元手になされる薬の購入も、知識を率いて行われおり、それは農耕サイクルと結び付くことで、檀越氏族の影響力が毎年周辺村落におよぶ構造がつくられる。それは、知識という名のもとで行われる在地秩序の確認という意味を持っていたと考えられる。在地で催される法会が、在地の秩序の形成・維持の役割を果たしていたが（鈴木景二「都鄙間交通と在地秩序―奈良・平安初期の仏教を素材として」『日本史研究』三七九、一九九四年）、知識という宗教的活動を通しても檀越氏族を中心とした秩序が再生産されていたといえよう。加えて注目されるのは、本縁の舞台が紀伊国名草郡であることである。当郡には紀伊国造（紀直氏）がいた。彼らは平安中期まで仏教に対して拒否的な態度をとり続けていたとされ、紀直氏は郡領職をほぼ独占し、また紀伊国造として日前宮祀官を世襲しており、「郡司・国造・神主の三位一体のありかたは、名草郡が神郡なるが故に認められたことであり、彼らの権力ないし権威の根源が日前宮の祭祀に基づいたことの結果」という（薗田香融説）。名草郡に散在する寺院は日前宮とその周辺を避けて建立されている。紀直氏という有力な氏族がいる中で、岡田村主氏は、中心地から離れた地域で、薬王寺を拠点に知識行為を推進することで、薬王寺周辺地域への影響力を維持していこうとしたのではなかろうか。

【参考史料】

A　治安三年十一月二十三日太政官符案（平安遺文四九三号）

太政官符　紀伊国

応免除紀伊国名草郡薬勝寺所領田弐拾町租税官物幷臨時雑役寄人弐拾人等事

在名草三上野院

本渡村弐拾町陸段参佰肆拾捌歩

三宅五図二里拾坪壱町　拾参坪柒段拾柒歩

拾肆坪玖段参佰肆拾歩　拾伍坪玖段参佰歩
拾陸坪壱町　拾玖坪壱町
弐拾坪肆段弐佰弐拾歩　弐拾玖坪壱町
参拾坪壱町　参拾壱坪捌段
参拾弐坪伍段
六図二里拾参坪捌段弐佰拾歩
拾六坪捌段　弐拾参坪捌段柒拾弐歩
弐拾四坪柒段佰肆拾肆歩
岡田村弐町陸段弐拾弐歩
　拾捌坪壱町　拾柒坪捌段佰肆拾肆歩
三宅五図(壱脱カ)里柒坪佰拾捌歩
　弐坪参佰玖拾歩六図里壱段弐佰捌拾歩
多太(村脱カ)参町
旦来四図三里柒坪壱町　捌坪壱町　玖坪壱町
勢多村弐町玖段参佰伍拾弐歩
　旦来四図四坪捌段　伍坪玖段
　拾壱坪陸段　拾弐坪陸段参佰拾弐歩

右得彼国去治安元年十月十五日解状偁、彼寺去九月十日解状偁、件寺天平年中沙門威光上人紀伊秀貞相共合力、為鎮護国家所創立也。自尓以来至于今矣、爰伝天台風跡、始修法華三昧、即施入地利、宛用於仏聖灯油幷三昧供料。其来尚久矣、聖人入滅之後、漸及末代、連水旱為患廃之災、或妨国司有収公之領(煩)。抑此寺霊験第一之砌、仏法興隆之場也。緇素男女莫不時而帰、三昧唄音、聴十方世界、六時行鎮、奉祈天下安穏、無定施供勤可闘《断》絶。仍纔励寺家之衆力、試欲開荒廃之飯《ママ》田、公家寺家共利其益矣。望請国裁、被言上此由於官底、永不輸免除臨時雑役幷寄人、於奉祈　聖皇之宝祚者。今如覆審、所申有其実。仍言上如件。望請官裁、任解状給官符、永免除租税官物臨時雑役寄人等。為代々御願定額寺、令祈聖朝者。従三位行権中納言兼右衛門督藤原朝臣実成宣、依請者。国宜承知、依宣行之。符到奉行。

左少弁藤原朝臣在判　右少史丹生真人在判

　治安三年十一月二十三日

B　日本書紀　仁徳天皇三十八年七月条

秋七月。天皇与皇后居高台而避暑。時毎夜自菟餓野有聞鹿鳴。其声寥亮而悲之。共起可憐之情。及月尽以鹿鳴不聆。爰天皇語皇后曰、当是夕而鹿不鳴。其何由焉。明日猪名県佐伯部献苞苴。天皇令膳夫以問曰、其苞苴何物也。対言、牡鹿也。問之、何処鹿也。曰、菟餓野。時天皇以為、是苞苴者必其鳴鹿也。因語皇后曰、朕比有懐抱。聞鹿声而慰之。今推佐伯部獲鹿之日夜及山野、即当鳴鹿。其人雖不知朕之愛以適逢獮獲。猶不得已而有恨。故佐伯部不欲近於皇居。乃令有司移郷于安芸渟田。此今渟田佐伯部之祖也。俗曰、昔有一人。往菟餓宿于野中。時二鹿臥傍。将及鶏鳴、牝鹿謂牝鹿曰、吾今夜夢之。白霜多降之覆吾身。是何祥焉。牝鹿答曰、汝之出行。必為人見射而死。即以白塩塗其身、如霜素之応也。時宿人心裏異之。未及昧爽。有猟人以射牡鹿而殺。是以時人諺曰、鳴牡鹿矣。随相夢也。

C　成実論　巻八　六業品第一百一十（大正新脩大蔵経三十二―三〇一頁）

又若人觝債不償、堕牛羊麞鹿驢馬等中償其宿債、如是等業堕畜生中、問曰、已知畜生報業、以何業故堕餓鬼中、答曰、於飲食等生慳貪心、故堕餓鬼、問曰、若人自物不与、何故得罪、答曰、是慳人、若人従乞以貪惜故、

【参考文献】

薗田香融「律令制下の文化」（和歌山県史編さん委員会『和歌山県史』原始・古代、一九九四年）

中田興吉「八世紀における仏教活動と神祇信仰」（『政治経済史学』三四七、一九九五年）
加藤謙吉「「聞く所に従ひて口伝を選び……」―古代交通路と景戒の足跡」（小峯和明・篠川賢編『日本霊異記を読む』吉川弘文館、二〇〇四年）
太田愛之「文献史学から見た村落社会と仏教―地方中小寺院と出挙をめぐって」（奈良文化財研究所『在地社会と仏教』二〇〇六年）
吉田一彦「金融、女性、市」（『民衆の古代史―『日本霊異記』に見るもう一つの古代』風媒社、二〇〇六年）
義江明子「「酒を作る家主」と檀越―『日本霊異記』中三二話にみる「家」と経営」（『日本古代女性史論』吉川弘文館、二〇〇七年）

（駒井）

女人悪鬼に点められて食噉はれたる縁　第三十三

【原　文】

女*人悪鬼見レ*点攸[1]二*食噉一縁第卅三

聖武天皇世、*挙レ*国歌詠[2]之謂、奈礼乎曽与羊[3]尓[4]保師登多礼[5]、阿牟*知能古牟*[6]智能余[7]召[8]豆能古。*南无々々邪[9]、仙。*佐加文[10]佐加母、*持酒々利。法万宇師、夜[11]万能知識。[12]*阿[13]万志爾々々々。尓時、大和国[14]*十市[15]郡*菴知村[16]東方、有二*大富家一。*姓鏡作造[17]。有二一女子一、名曰二万之子一。未レ嫁未レ*通、*面容端正。*高姓之人(*)伉々儷[18]、猶辞而経二*年祀一。爰有レ人伉儷、亦々[19]送レ物。*彩帛三車[20]。見レ之*靦レ心、兼近親[21]、随レ語(*)許所[22]、*閨*裏*交通。其夜閨内、有レ音而言、*痛哉。三遍。父母聞レ之、相談[23]之曰、未レ*効[24]而痛。忍猶寐矣。明日(*)暁[25]レ起、*家母*叩レ戸、驚喚不レ答。怪開見、唯遺二頭一指一、自余皆噉。父母見レ之、*悚*慄[26]惆悵、瞻二乎送レ(*)嬪[27]レ妻之彩帛一、返成二*畜骨一、*載レ之三車、亦返成二(*)呉米[28]

（第三十五紙）

與不[29]㆒也。*八方人聞集、臨㆓見之㆒无㆑不[30]㆑怪也。*韓筥入㆑頭、初七日朝、置㆓三宝前㆒、以為㆓*斎食㆒。乃疑、交[31]表先現、波[32]歌是表也[33]。或言㆓*神怪㆒、或言㆓鬼芙[34](*)㆒。*覆㆓思之㆒、猶是過*去怨。斯亦奇異事[35]。

[来]本縁を欠く
1攸、[国]彼[攷証]総目攸作被高野本作彼亦被字之譌
2詠、[国]咏[攷証]高野本作咏
3羊、[国][群]咩[攷証]依高野本改[国]に従う
4尓、[国]邇[攷証]高野本作迩
5礼阿、[国]来何[攷証]高野本作来恐誤
6智能、[国]知[攷証]高野本無能字
7召、[国][群]呂[国]に従う
8豆、[国]定
9邪、[国]耶[攷証]高野本作耶改
10文、[国]又[攷証]作又
11万、[国]太[攷証]万作太
12阿、[国]何
13志爾々々々、[国]去土邇[攷証]作万去土迩
14和、[国]倭
15市、[国]方
16村、[国]□
17造、[国]ナシ
18々、[国][群]ナシ[国]に従う
19亦、[国][群]忿[攷証]原作忩依高野本改
20三、[国]ナシ
21兼、[国]兼復[攷証]高野本兼下有復字
22所、[国][群]可[攷証]原作所[国]に従う
23相、[国]ナシ
24而痛、[国]ナシ
25暁、[国][群]晩[攷証]原作暁依高野本改[国]に従う
26慄、[国]慓
27嬪、[国][群]娉[国]に従う
28米、[国]ナシ[群]朱[群]に従う
29不、[国][群]木[攷証]原作不[国]に従う
30不怪、[国]有
31交、[国][群]災[国]に従う
32波、[国][群]彼[攷証]原作波依高野本改[国]に従う
33也、[国]ナシ
34芙、[国]噉[群]啖[群]に従う
35事、[国]之事也[群]事也[攷証]原脱也字依高野本増

【書き下し文】

女人《おみな》、悪鬼《あくき》に点《し》められて食噉《く》はれたる縁　第三十三

聖武《しょうむ》天皇の世、国を挙《こぞ》りて歌詠《うた》ひて謂《い》はく、なれをそよめにほしとたれ、あむちのこむちのよろづのこ。南《な》無《む》々々や、仙《ひじり》。さかもさかも、もちすすり。法《のり》まうし、やまの知識《ちしき》。あましにましに。尓《そ》の時、大和国十市《とおち》郡菴知《あむち》村の東の方に、大きに富める家有り。姓《せい》は鏡作造《かがみつくりのみやつこ》なり。一《ひとり》の女子有り、名をば万之子《よろずのこ》と曰《い》ふ。嫁《とつ》がず通はず、面容《かお》端正《きらきら》し。高姓の人、伉儷《よば》ふれども、猶《な》ほ辞して年祀《とし》を経たり。爰《ここ》に人有りて伉儷はむとして、亦々《またまた》物を送る。彩帛《さいはく》三つの車にあり。之を見て心に靦《おもね》りて、兼ねて近づき親しみ、語《ことば》に随《したが》ひて許可《ゆる》し、闈《ねや》の裏《うち》に交通《とつ》ぐ。其《そ》の夜、闈の内に音《こえ》有りて言はく、「痛きかな」と。三遍《みたび》す。父母、之を聞きて、相談《かた》りて曰はく、「効《なら》はずして痛むなり」と。忍びて猶ほ寐《い》ぬ。明日《あくるひ》、起《お》くること晩《おそ》く、家母《いえのとじ》、戸を叩《たた》きて、驚《おどろ》かし喚《よ》ばふに答へず。怪しびて開き見れば、唯《ただ》頭と一指とのみを遺《のこ》し、自余は皆噉《く》はる。父母、之を見て、悚《お》ぢ慄《おそ》り惆《かな》しび懆《うれ》ふ。妻を娉《よば》ひしときに送れる彩帛を睠《み》れば、返りて畜《けだもの》の骨と成り、之を載《つ》める三つの車も、亦返りて呉朱臾《からはじかみ》の木と成る。八方の人聞き集《つど》ひ、之を臨《のぞ》み見て怪しまざるは無し。韓筥《からはこ》に頭《かしら》を入れ、初七日《しょなのか》の朝、三宝《さんぼう》の前に置きて、以て斎食《さいじき》を為す。乃ち疑ふらくは、災《わざわい》の表《しるし》先に現れ、彼《そ》の歌は是《こ》れ表なりと。或《あ》るひとは神怪《しんかい》なりと言ひ、或るひとは鬼の啖《く》らふなりと言ふ。之を覆《かえ》して思ふに、猶ほ是れ過去の怨《あた》なり。斯《こ》れも亦《ま》た奇異《めずらし》き事なり。

【語　釈】

○**悪鬼**　死者の霊。上3（上68頁）「霊鬼」。
○**点**　国訓釈「之ニカレテ」は「シメラレテ」の誤か。名義抄・字鏡集「シム」。指定する、指指す。
○**噉**　名義抄「クラフ」。なお本縁後文の噉に国傍訓「ハムテケリ」。上9（上158頁）。
○**挙**　こぞる、みな、ことごとく（字通）。兼右本日本書紀巻二十四平安時代中後期点「コソル」（皇極天皇元年〈六四二〉是歳条）。

○**歌詠**　国訓釈「咏　于多比弖」。二合して「うたひて」と訓む。童謡（わざうた）の類。冒頭の「汝をぞ嫁に欲しと誰」は先行注釈ほぼ一致、次句は新大系以外は「菴知の小道の万之子」とするが、以下はほとんど定訓なし。本来は民謡・流行歌の類と考えられるが、本縁では「災表」を「先現」する予兆歌という位置づけであり、ここでも事件の経緯と対応したものとして解釈を試みた。

○**阿牟知**　菴知に同じ。後文参照。

○**古牟智**　攷証は小道とする。催馬楽・大宮に「大宮の、西の己無知に、漢女子産だり、さ漢女子産だり」とある。

○**南無々々邪、仙**　南無はまごころをこめて仏や三宝に帰順して信をささげることをいう。上5（上110頁）。仙は、仏のこと（広説）。「南無三宝」と同じく、驚いた時や事の成り行きを憂慮する時に発する感動詞か。

○**佐加文佐加母**　佐加文佐加母は、峻（さか）も坂も（註釈）、釈迦文・釈迦母（角川）、たくさんの酒（新全集）、逆手をうって（旧大系）、囃子詞と見る（集成・ちくま）、南無から仙釈迦文（釈迦牟尼仏）へと連想が展開し、釈迦文から同音を共有する「酒持ち」がみちびき出される（新大系）などの解釈があるが、「酒も酒も」と理解する余地もある（後文参照）。

○**持酒々利**　「もちすすり」と訓読し、息を吸い込んで（旧大系）、鼻水をすすり上げ（集成）と解すか、持酒を「さかもち」と解し、酒を持って（新大系）。この句についても「餅を啜る」と解釈する余地がある（後文参照）。なお、「酒利」を、中32「官家専売酒類所得之税利」（漢語大詞典）と解して、転じて酒を販売・貸付して得た利益をいう解釈もありうるか。に「作酒息利」とある。この場合、酒息利の訓は「サカウマハシ」か。

○**阿万志爾々々**　囃子詞と見る（旧大系）、嗚呼《あ》、汝《まし》に、汝に（集成）、尼しに溢《あま》しに（新大系）、余しに余しに（全集）など諸説ある。ここでは「余しに」とみて、万之子の頭部と指一本がのみが残されたことと解する。「余す」は、余分なものとして残る（日国大）。

○**十市郡**　現在の奈良県中部。橿原市・桜井市・磯城郡田原本町。和名抄「止保知」。

○菴知村　十市郡内にあった村。故地は、奈良県天理市庵治《おうじ》町。古事記上に「倭淹知造」、新撰姓氏録に「奄智造」（左京神別下、大和神別）がみえる。国訓釈「菴　音阿无反」。

○大富家　たいへん富裕な家。当該期の富豪については、中34補説2（434頁）。

○鏡作造　鏡作部を統括した伴造。天孫降臨に随った石凝姥命の子孫と伝え（古事記上、日本書紀神代）、天武天皇十二年（六八三）に連の姓を賜った（日本書紀天武天皇同年十月己未条）。その本拠は、大倭国城下郡鏡作郷と考えられ、延喜式に「鏡作坐天照御魂神社大。月次新嘗」（神名帳上・大和国城下郡）がみえる。

○通　密かに情好を交える（大漢和）。

○面容端正　顔かたちが美しい。訓みは中31（386頁）。

○高姓　姓氏・家柄の尊いこと（大漢和）。身分の高い家柄、また、高い家柄をしめす姓（日国大）。

○伉儷　夫婦、つれあい。また、夫婦関係、夫婦の仲（日国大）。名義抄「物ノコノミスルナリ、トコロアラハシ」「伉 ナラフ」「儷 ナラブ」。儷は、対の意。夫妻。配偶（大漢和）。妻、夫婦（字通）。よばう（婚・夜這）は、言い寄る。求婚する。女のもとに忍んで通う。とくに、夜、男が女の寝所に忍び入って情を通じる（日国大）。国訓釈「二合与波不二」に従う。なお平安期には、ところあらはし（露顕・所顕・伉儷）という婚姻儀礼があり、これは男が女の所に通いはじめてから三日目の夜に、女の方で餅をつくって男女が食べ、その時または一日二日の後に、女の家で婿とその従者とを供応し、はじめて舅と婿が対面して互いに酒を酌みかわす（日国大）というものである。これをふまえると、童謡の「さかもさかも、もちすすり」は、「酒も酒も、餅啜り」と解することもできよう。

○年祀　名義抄「年 トシ」「祀 トシ」。二合して訓む。

○彩帛　綵帛・采帛に同じ。美しい綾のあるきぬ（大漢和）。

○覥　中25国訓釈「於母祢利弖」「おもねる」は、追従する、へつらう（日国大）。真は靦。中25（326頁）。

○許可　名義抄「許 ユルス」「可 ユルス」。二合して訓む。

○**閨**　夜寝るために設けられた部屋。寝室（日国大）。国訓釈「祢夜」。

○**裏**　うち、なか、奥（字通）。名義抄「ウチ」。

○**交通**　男女が性交すること。上2（上53頁）。

○**痛哉**　国傍訓「アラヤト」。

○**効**　国傍訓「ナラハ」、名義抄「ナラフ、マナフ」。「ならふ」は、熟達する、なれる（日国大）。

○**晩**　国訓釈「ヲソク」、名義抄「オソシ」。

○**家母**　自分の母（字通）。ここでは万之子の母。また家室に同じ。上2（上54頁）。

○**叩**　国訓釈「タ、キテ」。

○**悚慄**　名義抄・字類抄「悚　オヅ」「慄　オソル」、国傍訓「悚　ヲチ」「慄　ヲチ」。おそれふるえる。上11（上178頁）。

○**惆懆**　国訓釈「惆　哀也」「懆　患也」、国傍訓「惆　カナシヒ」、「懆　ニルヌ」。いたみかなしむ（字通）。

○**娉**　国訓釈「音弁反表也」、国傍訓「ヨハヒニ」、名義抄「ヨバフ」。妻を招き娶る（字通）。

○**畜**　名義抄「ケタモノ」。

○**載**　国傍訓「ツメル」。

○**呉朱臾**　国傍訓「ハシカミノ」。呉茱萸（ごしゅゆ）。ミカン科の落葉小高木。中国の中南部原産で、日本にも古くから伝わり薬用に栽植された（日国大）。和名抄「加波々之加美」、本草和名「加良波之加美」。

○**八方**　あらゆる方向、諸方（日国大）。

○**韓筥**　国傍訓「韓　カラノ」。中国製の箱、唐匣・辛苣とも。また、中国風に作った美しく珍しい箱（日国大）。

○**斎食**　斎とは正午を過ぎて食事をとらぬ制約のこと。正午以前に一回食べるのが仏弟子の正式の食事。上24（上282頁）。

○**神怪**　人為をこえた不思議なこと、あやしいこと。また、そのさま（日国大）。

○**啖**　国訓釈「食也」、国傍訓「噉　クラヘルト」。

○**覆**　国訓釈「カヘ爪」。くつがえる、たおれる、うらがえる（字通）。

○**過去怨**　過去世からの怨敵・怨家のしわざ。法苑珠林巻三十五に、「如婆沙論中、昔有一女。置児在地、縁行他処。時有一狼将其児去。其母見已趁而語言、汝狼何以将我児去。狼即報言、汝是我怨。曽於五百生中常食我児。我今還欲於五百生殺害汝子。此乃怨讐相報。理当法爾。何以生瞋」とある。

【現代語訳】

女が悪鬼に目をつけられて食べられた話　第三十三

聖武天皇の御世に、国じゅうの人が、「汝をそ嫁に欲しと誰、菴知の小道の万之子。南無南無や、仙。酒も酒も、餅啜り。法申し、山の知識。余しにましに（おまえを嫁に欲しい、というが、誰を欲しいのか。菴知村の小道の万之子をいただこう。さあ大変だ。固めの盃を酌み交わし、餅を食べる。初七日には山の善知識がお経を唱える。食い残された頭に向かって）」と歌って言った。その当時、大和国十市郡菴知村の東方に、大変富裕な家があった。姓は鏡作造である。一人の娘がいた。名を万之子と言った。いまだ嫁にも行かず男性と通じてもいなかった。顔形がたいへん美しかった。家柄のよい人が結婚を申し込んだが、それでも断って年月が過ぎた。ここにある人が結婚を申し込み、またさらに物を贈った。車三台に積んだ美しい絹の布であった。万之子は見て心中嬉しく思い、その上で近づき親しみ、言葉に随って結婚を許し、寝室で関係を持った。その夜、寝室の中から「痛い」という声が三度した。父母はそれを聞いて語り合い、「まだ慣れていないから痛むのだ」と言って、こらえて寝た。次の日、遅くまで起きないので、母は戸を叩き、起こそうと呼んだが返事がない。変だと思って開いて見ると、頭部と指一本のみを残して、あとはみな食べられてしまっていた。父母はそれを見て怖れ悲しみ、求婚の時に贈った美しい絹を見ると、変化して獣の骨となり、載せていた三つの車も、また変化してカラハジカミの木となってしまった。あちこちの人が聞いて集い、見て不思議に思わない者はいなかった。頭を唐箱に入れ、初七日の朝に三宝の前に置き、斎会を行った。よって疑われるのは、災いのしるしは事前に現れるのであり、かの歌は、そのしるしなのである、ということだ。ある者は怪異現象であるといい、ある者は鬼に食われたのだという。よくよく考えてみると、やはりこれは過去世からの怨敵のしわざなのである。これもまた珍しい話である。

【関連説話】

1　今昔物語集　巻二十第三十七話

耽財、娘為鬼被噉悔語第三十七

今昔、大和国、十市ノ郡、菴知ノ村ノ東ノ方ニ住ム人有ケリ。家大キニ富メ、姓ハ鏡造也。一人ノ女子在リ。其ノ形端正也。更ニ此様田舎人ノ娘ト不思ズ。

未ダ不嫁ザル程ニ、其ノ辺ノ可然キ者共、此ヲ夜這フ。然レドモ固ク辞シテ、年ヲ経ル間ニ、人在テ強ニ此レヲ夜這ヲ、辞シテ不聞入ザル間、此ノ夜這フ人、諸ノ財ヲ車三両ニ積テ送レリ。父母此レヲ見テ、忽ニ財ニ耽ル心出来テ、心解ヌ。然レバ、父母此ノ人ノ言ニ随テ許シツ。然バ、吉日ヲ定メテ、此ノ人来レリ。即チ寝所ニ入テ、娘ト交通シヌ。而ル間、夜半計ニ、娘音ヲ高カクシテ、「痛ヤ痛ヤ」ト、三度許云フ。父母此ノ音ヲ聞、相諸云ク、「此レ未ダ不習ズテ、交通ノ間痛ム也」ト云テ、寝ヌ。夜明テ後、娘遅起レバ、母寄テ驚カシ呼ブニ、更ニ答不為ネバ、怪ムデ近ク寄テ見ルニ、娘ノ頭ト一ノ指許リ有テ、余ノ体無シ。又血多流レタル。

父母此レヲ見テ、泣キ悲ム事無限シ。即チ彼ノ送レリシ財ヲ見バ、諸ノ馬・牛ノ骨ニテ在リ。財ヲ積タリシ三ノ車見バ、呉朱臾ノ木ニテ有リ。「此レ、鬼ノ人ニ変ジテ来テ噉ゼルカ、又神ノ嗔ヲ成テ、重テ祟ヲ成セルカ」ト疑テ、歎キ悲ム間、其ノ辺ノ人、此ヲ聞テ集リ来テ、此レヲ見テ不怪ズト云フ事無シ。其ノ後、娘ノ為ニ仏事ヲ修シテ、彼娘ノ頭ヲ箱ニ入テ、初七日ニ当ル日、仏ノ御前ニ置テ、斎会ヲ儲ケル。

此レヲ思フニ、人財ニ耽リ靦ル事無カレ。此レ財ニ靦ルニ依テ有ル事也トテゾ、父母悔イ悲ビケルトナム語リ伝ヘタリトヤ。

【参考文献】

守屋俊彦「中巻第三十三縁考」（『日本霊異記の研究』三弥井書店、一九七四年。初出一九七〇年）
杉本栄「日本霊異記・私の視点中巻三十三縁の一考察」（『日本文学』二四―六、一九七五年）
坂本信幸「童謡の方法」（『国文学　解釈と教材の研究』二九、一九八四年）
出雲路修「景戒『日本霊異記』―食われた花嫁」（『国文学　解釈と教材の研究』三四―一五、一九八九年）
寺川真知夫「説話の方法―霊異記と伊勢物語の女が鬼に食われた話」（『日本国現報善悪霊異記の研究』和泉書院、一九九六年。初出一九七七年）
河野貴美子「『日本霊異記』の予兆歌謡をめぐって―史書五行志・『捜神記』・『法苑珠林』との関係」（『説話文学研究』三七、二〇〇二年）
伊藤由希子「「日本国」と天皇」（『仏と天皇と「日本国」―『日本霊異記』を読む』ぺりかん社、二〇一三年）

（藤田）

孤なる嬢女観音の銅像に憑り敬ひて奇しき表を示して現報を得る縁　第三十四

【原　文】

孤*嬢*女、*憑[1]二敬*観音銅像一示二奇表[2]一、得二現報一縁第卅四

*諸楽右京[3]*殖槻[4]寺之*辺里、有二一孤嬢一。未レ嫁无レ夫。姓名未レ詳也。父母有時、*多饒[5]留レ財、数作二屋倉一、奉レ鋳二観世音[6]菩薩[7]銅像一体一。高*二尺五寸。隔レ家成二仏殿一、安二彼像一以レ之供養。聖武天皇御世、父母命終、*奴*婢逃散[8]、馬牛死亡、失レ財貧レ家、独守二空宅一、昼夜哀*啼流レ涙[9]。聞二観音菩薩[10]者所レ願能与[11]一、*其銅像手繫レ縄牽レ之、供二*花香灯一、用[12]願二*福分一曰、我乃一子而无二父母一。孤唯独居。亡レ財貧家、存レ身无レ便。願我施レ福。早*眠[13]、急施。昼夜哭願。里有二富者一。妻死而*鰥。見二之是嬢一、通レ*媒作[14](*)作儷。嬢答[15]レ之言[16]、我今貧身。

裸衣无レ被。何為障[17]レ面、参向相語。媒還告二伏[18]壮[19]一。々聞レ之言、彼身貧窮而无二衣服一、我、明可[20]レ知。唯聴不也。媒往告知。嬢猶否[21]辞。強[22]入〓。廼[23]心聴許、与[24]レ壮而交。明日終日降レ雨不レ止。障レ雨不レ避、三日。留[25]レ之矣[26]。壮飢[27]言、我飢。賜レ飯。妻言、今進。起竈燃レ火、居二于空[28]碣一、押レ頬而蹲、入二于空屋一[29]、俳佪大嗟。嗽レ口洒レ手参二入堂内一。繫レ像引レ縄、涕泣白言、莫レ令レ受レ恥。我急施レ財。罷出如[30]レ先、向二空竈戸一、押レ頬而蹲[31]。爰日申時、急[32]叩レ門喚レ人。出見、有二隣富家乳母一。大櫃[33]貝納百味飲食、美味芬馥、无[34]二不貝[35]物一。器皆[36]鋺[37]牒子。即与レ之言、聞レ有二客人一。故、隣大家、具進納物[38]。唯器後給。嬢[39]大歓喜、不レ勝二幸心一。脱二著黒衣一、与レ使而言、无二物可[40]レ献一。但有二垢衣一。幸受二用之一。使母取著、急々還去。以レ食饗レ夫、見レ食而怪、不レ見二彼食一、猶瞻二妻面一。明日夫去、以二絹十疋[41]、米俵[42]一、送レ妻而言、絹颯縫二衣被一、米急作レ酒。嬢往二彼富家一、而述二幸心一、以慶二貴之一。隣家室[43]曰、

（第三十六紙）

**痴嬢子哉。若*託レ鬼邪[44]。我不レ知也。彼使[45]猶言、我亦不レ知矣。所レ*嘖帰レ家、如レ常将レ礼、入レ堂而見、著レ使黒衣、被二銅像一。尓廼知レ之、観音所レ示。因信[46]、*増加慇懃、*恭二敬彼像一。従此以来、得[47]二本大富一、脱レ飢無レ愁。夫妻无レ*夭、全[48]レ命存レ身也。斯奇異事[49]矣。

[来]本縁を欠く
1憑、[国]潭
2奇、[国]ナシ
3右、[国]古[攷証]高野本作古
4槻、[国]欟
5留、[群]富
6世、[国]ナシ
7菩薩、[国]井
8散、[国]放[攷証]高野本作放
9涙、[国]ナシ
10菩薩、[国]井
11与、[国]去
12用、[国]ナシ
13早、[国]ナシ
14作作、[国]作[群]伉[攷証]依高野本改削[群]に従う
15嬢、[国]ナシ
16言、[国]云[攷証]高野本作云
17障、[国]隠[攷証]作隠
18伏、[国][群]状[攷証]原作伏[国]に従う
19壮、[群]牡
20可、[国][群]所[攷証]原作可
21否、[国]不
22強、[国]壮強[群]牡強[攷証]原脱牡字
23廼、[国]ナシ
24壮、[群]牡
25留、[真]傍書挿入[攷証]原脱留字依高野本改増
26矣、[国]夫[攷証]高野本作夫
27壮、[群]牡
28礪、[国]膵
29入、[国]ナシ
30先、[国]見セ消チ傍書
31蹲、[国]跪
32急、[国]忽
33貝、[国][群]具[攷証]原作具依高野本改[国]に従う
34无、[国]反
35貝、[国][群]具[国]に従う
36皆、[国]ナシ
37銃、[攷証]高野本作銃
38物、[国]持
39嫌、[国][群]嬢
40可献、[国]可瘶可献
41疋、[国]送[群]匹
42俵、[国][群]十俵[攷証]原脱十字依高野本増[国]に従う
43曰、[国]白
44邪、[国]耶[国]に従う
45使、[国]使
46信、[国][群]信因果[攷証]二字原脱依高野本増[国]に従う
47得本、[国]得本得本
48全、[国]令
49事、[国]之事[攷証]高野本有之字

【書き下し文】

孤《みなしご》なる嬢女《おうな》、観音《かんのん》の銅像に憑《よ》り敬《うやま》ひて奇《あや》しき表《しるし》を示して、現報《げんぽう》を得る縁　第三十四

諾楽《なら》右京の殖槻《うえつき》寺の辺《ほとり》の里《さと》に、一《ひとり》の孤《みなしご》の嬢《おうな》有り。嫁《とつ》がず夫無し。姓名詳《つまびら》かならず。父母有りし時には、多く饒《ゆた》かにして財《たから》を留め、数《あまた》の屋《や》と倉《くら》を作《な》し、観世音菩薩《かんぜおんぼさつ》銅像一体《はしら》を鋳《い》奉《たてまつ》れり。高さ二尺五寸なり。家を隔《へだ》てて仏殿と成し、彼《そ》の像を安んじて之を以て供養《くよう》す。聖武《しょうむ》天皇の御世に、父母の命《いのち》終《お》はり、奴婢《ぬひ》は逃散《ちょうさん》し、馬牛は死亡し、財を失ひて家貧しく、独《ひと》り空しき宅《やけ》を守りて、昼夜哀《かな》しみ啼《な》きて涙を流す。観音菩薩は願ふ所能《よ》く与ふことを聞きて、其《そ》の銅像の手に縄を繋《か》けて之を牽《ひ》き、花香灯《けこうとう》を供へ、用ふるに福分《ふくぶん》を願ひて曰《い》はく、「我、乃《すなわ》ち一子にして父母無し。孤にして唯《ただ》独り居《お》る。財を亡《うしな》ひたる貧しき家にして、身を存《たも》つに便《たより》無し。願ふらくは我に福を施さむことを。早く賜《たま》へ、急ぎ施せ」と。昼夜哭《な》きて願ふ。里に富める者有り。妻死にて鰥《やもめ》なり。是《こ》の嬢を見て、媒《なかびと》を通して伉儷《よば》ふ。嬢、之《これ》に答へて言はく、「我、今貧しき身なり。裸衣《はだかぎぬ》にして被《き》るもの無し。何すれぞ面《おも》を障《さ》へて、参《ま》ゐ向ひて相語らはむ」と。媒還《かえ》りて状《さま》を壮《おとこ》に告ぐ。壮、之を聞きて言はく、「彼《そ》の身貧窮《ひんく》にして衣服無きこと、我、明らかに知るべし。唯聴《ゆる》さざるやいなや」と。媒往《ゆ》きて告げ知らす。嬢猶《な》ほ否《いな》と辞ぶ。強ひて入りて翫《なぶ》る。廼《すなわ》ち心に聴許《ゆる》し、壮と交はる。明日終日《あくるひひねもす》、雨降りて止まず。雨に障《さわ》りて避《さ》らずして、三日之に留まれり。壮飢《う》ゑて言はく、「我、飢ゑたり。飯を賜へ」と。妻言はく、「今進《たてまつ》らむとす」と。起《た》ちて竈《かまど》に火を燃《た》き、空の㼣《なべ》を居《す》ゑ、頬を押《おさ》へて蹲《うずくま》り、空しき屋に入り、俳佪《たちもとお》りて大いに嗟《なげ》く。口を嗽《すす》ぎ手を洒《あら》ひて堂の内に参り入る。像に繋けたる縄を引き、涕泣《な》き白《もう》して言はく、「耻を受けしむこと莫《な》かれ。我に急ぎ財を施せ」と。罷《まか》り出でて先の如く、空の竈戸《かまど》に向かひ、頬を押へて蹲る。爰《ここ》に日の申《さる》の時、急《たちまち》に門を叩《たた》きて人を喚《よ》ぶ。出でて見れば、隣の富める家

の乳母《めのと》有り。大きなる櫃《ひつ》に百味《ひゃくみ》の飲食《おんじき》を具《そな》へ納め、美《び》味《み》芬馥《ふんぷく》にして、具はらざる物無し。器は皆 鋺《かなまり》と牒子《うるしぬりのさら》なり。即ち之に与へて言はく、「客人《まれひと》有りと聞く。故《か》れ、隣の大家より、具へて進り納むる物なり。唯、器は後に給へ」と。嬢大いに歓喜《よろこ》び、幸《さいわい》の心に勝《た》へず。著けたる黒衣《こくえ》を脱ぎ、使に与えて言はく、「物の献《たてまつ》るべき無し。但に垢衣《こうい》のみ有り。幸《むが》しくも之を受け用ひよ」と。使の母取りて著け、急々《きゅうきゅう》に還り去りぬ。食を以て夫に饗するに、食を見て怪しび、彼の食を見ずして、猶ほ妻の面《おもて》を瞻《み》る。明日、夫去りしに、絹十疋・米十俵を以て、妻に送りて言はく、「絹は颸《すみやか》に衣被《きぬかずき》に縫ひ、米は急ぎ酒を作れ」と。嬢、彼の富める家に往きて、幸の心を述べ、以て之を慶《よろこ》び貴ぶ。隣の家室《いえのとじ》曰はく、「痴《かたくな》なる嬢子《おうなこ》かな。若《も》しくは鬼に託《くる》へるや。我、知らざるなり」と。彼の使猶ほ言はく、「我れ亦《ま》た知らず」と。嘖《せ》められ家に帰り、常の如く礼せむとし、堂に入りて見れば、使に著せたる黒衣、銅像に被《こうむ》れり。尓《ここ》に廼ち之を知る、観音の示す所なることを。因果《いんが》を信じ、増加《ますます》慇懃《いんぎん》に、彼の像を恭敬《くぎょう》す。此れより以来《このかた》、本の大きなる富を得、飢ゑより脱《まぬか》れ愁《うれ》ふること無し。夫妻 夭《なかなわ》になること無く、命を全うし身を存《なが》らへしなり。斯《こ》れ奇異《あや》しき事なり。

【語　釈】

○**孤・鰥**　孤は小にして父のないもの、鰥は老にして妻のないもの（令集解戸令32鰥寡条）。小は四歳以上十六歳以下、老は六十一歳以上六十五歳以下であるから（戸令6三歳以下条）、孤は年四歳から十六歳までで父のないもの、鰥は六十一歳以上六十五歳で妻のないものを指す。名義抄「孤　ミナシゴ」、字鏡集「孤　ミナシロ（ママ）」、新撰字鏡「鰥　男也毛女」、和名抄「鰥　夜無乎」、名義抄「鰥　ヤモメ」。中16（231頁）「鰥寡」。

○**嬢**　国訓釈「ヲウナ」。「おみな（女）」の変化した語。女。女性。婦人。とくに、若い女。成人したばかりの女（日国大）。

○**憑**　たよる。たのむ。上6（上125頁）。

○**観音銅像**　観世音菩薩の銅像のこと。上6（上125頁）「観音菩薩」・14（上207頁）「観音」・17（上226頁）「観音菩薩」・20（上251頁）「観音菩薩」・31（上354頁）「観音」。

○**諾楽右京**　平城京右京。上序（上19頁）「諾楽」、中1（33頁）「諾楽宮」。

○**殖槻寺**　平城京右京九条三坊、現在の奈良県大和郡山市植槻町付近にあった寺。補説1。

○**里**　「諾楽右京の殖槻寺の辺の里」は、「平城京右京にある殖槻寺の周辺の里」の意と解される。殖槻寺は、平城京右京九条三坊にあったため、すぐ南および西は京外（添下郡）にあたる。さすれば、本縁を平城京住人の存在形態を示す史料とみる必要はない。

○**多饒留財…**　国訓釈「数 アマタ」、国傍訓「饒 ニキハヒ」。富豪の財産が窺われる描写である。補説2。

○**二尺五寸**　小尺で約七四センチメートル。

○**奴婢**　令制における賤。人格を認められず、財産として、売買、譲渡、寄進の対象となった。奴は男、婢は女をさし、所有者が国家であれば官奴婢、私人であれば私奴婢と称される（日国大）。

○**逃散**　大勢の人間が申し合わせて、ひそかに居住地をのがれて山野など他地へ逃げ去ること。とくに、農民が土地を捨てて領主のもとから逃げ去ること。古くは逃亡・浮浪などといわれた（日国大）。

○**流**　国傍訓「ツヒニ」とあるが採らない。

○**其銅像手繫縄牽之**　同様の例として、金鷲菩薩が執金剛神像に掛けた縄を引いて礼仏悔過した事例（中21）、大安寺僧弁宗が長谷寺の十一面観音像の手に掛けた縄を引いて称名した事例がみえる（下3）。

○**花香灯**　（仏に供養する）花と香と灯油。中28（359頁）。

○**福分**　福徳分。福徳を得る部分。福は徳の意で、功徳をいう。上31（上359頁）、中28（360頁）。

○**貺**　説文「賜也」、名義抄「タマフ」、字類抄「タマハル」。中3（68頁）。

○**媒**　国訓釈「ナカヒトヲ」、新撰字鏡「奈加太豆」、名義抄・字類抄・字鏡集「ナカタチ」。中に立つこと。二者の間に立って取り次いだり、関係を結ばせたりすること。また、その人。とくに、男女の仲をとりもち世話をすること（日国大）。

○**伉儷**　国傍訓「儷　ヨハフ」。中33（414頁）。

○**裸衣**　小袖袴に衣一領のみの、礼装として最も簡略な服装。中16（231頁）、下16・26。

○**被**　名義抄・字類抄「キル」。上28（上317頁）。

○**辞**　名義抄「イナフ」。承知しないということを表わす。断る。中12（186頁）。

○**強**　国壮強とあり、国傍訓「壮　ヲトコ」、国訓釈「壮　乎土古尓」「強　之ヒテ」。

○**嬲**　国傍訓「タハカシ」、国訓釈「ナフル」、新撰字鏡「和豆良波須」、名義抄・字鏡集「タハフル、ナフル」。字類抄「ナフル」。なぶる。たわむれる。嬲は嬈の俗字（字通）。

○**晒**　国訓釈「乃也」、名義抄「晒　スナハチ」、字類抄「スナハチ」。

○**聴許**　国傍訓「ユルシツ」。

○**三日**　男の逗留期間を三日とするのは、「三日餅」の三日と同じく男がまだ客人扱いにあることを示し、饗応を受けることによって客人の立場から正式な夫へ昇格するため、とする理解がある（永田典子説）。

○**甂**　国傍訓「ナヘヲ」、国訓釈「奈倍乎」。龍龕手鑑「甂」を正字とする。説文「鬲或従瓦作甂」。「鬲」は「鼎」で陶鼎のこと。

○**押頬**　三教指帰「市辺乞人、押頬俯羗」。

○**俳佪**　名義抄「徘徊　タチモトホル」。上30（上344頁）「徘徊」、中22（293頁）、中26（336頁）。

○**嗟**　国訓釈「ナケキテ」、名義抄「ナゲク」。なげく（字通）。

○**嚹**　国傍訓「ス、キ」、国訓釈「瀬　寸々ク」。

○**洒**　名義抄「ソ、ク、ス、ク、アラフ」。あらう、そそぐ、のぞく（字通）。中20（271頁）、中27（348頁）。
○**蹲**　国訓釈「ウスクマリ」、名義抄「ウズクマリ」。うずくまる、かがむ（字通）。
○**爰**　上5興訓釈「己々尓」。
○**申時**　午後四時前後の二時間。上10（上167頁）・30（上342頁）。
○**急**　名義抄「タチマチ」。
○**乳母**　国傍訓・名義抄・字類抄「メノト」、和名抄「米乃止」。
○**櫃**　和名抄「比都」、名義抄・字類抄「ヒツ」。
○**百味**　すべての珍らしい料理（字通）。中25（326頁）。
○**芬馥**　香気が高いさま（字通）。中14（209頁）。
○**鋺**　鋺、椀ともに名義抄「カナマリ」。金属製の椀。和名抄によると「金椀　日本霊異記云其器皆鋺。（俗云、賀奈万利。今案、鋺字取出未詳。古語謂椀為磨利。宜用金椀二字也。椀即盌字。見瓦器中。）」とみえる。中14（209頁）。
○**牒子**　漆塗りの皿。攷証「大安寺資財帳云、沫塗円牒子壱合。後世作楪子。見下学集・撮壌集及節用集、今俗又用碟字。猶、盌或作椀・鋺・碗之類。按、牒子畳子也。牒畳音義並通。和名抄引唐式云、飯椀・羹椀・畳子各一。楊氏漢語抄云、畳子、宇流之沼利乃佐良」。
○**大家**　新大系は「大（ユタカ）なる家」とみるが、先行注釈はタイコと読む。全集は富豪の家の意、集成は「大姑」の意に解し女性への敬称とみる。旧大系は令集解田令36置官田条古記の「大戸」にあてる。
○**黒衣**　黒の衣服（日国大）。あるいは、出家者の衣服を意味するか。
○**垢衣**　垢のついた衣服（日国大）、汚れた衣（字通）。国傍訓「垢　アカ」。
○**幸**　上序興訓釈「牟我之久母」。上序（上26頁）。
○**使母**　使の乳母の意味か。

○**急々**　物事が非常に急であるさま（日国大）。
○**瞻**　国傍訓「マバル」、名義抄「ミル、マバル」。中13（199頁）、中30（378頁）。
○**絹十疋米十俵**　古代においては、婚約ないし結婚の成立時に「ツマドヒモノ」「ツマドヒノタカラ」という贈物を贈る習慣があり（関口裕子『日本古代婚姻史の研究』塙書房、一九九三年）、これにあたるか。古代の米俵の規格は、延喜式に「凡公私運米、五斗為俵」とみえるごとく五斗が標準であり（雑式27公私運米条）、奈良時代の白米荷札木簡も多くは五斗であった。したがって、米十俵は米五石にあたると推測される。なお、奈良時代の製酒法によると、米七斗から酒一石を醸造していたから（柳生健吉『酒づくり談義』酒づくり談義会、一九七〇年）、米五石からおよそ七石の酒を醸造したことになる。
○**颸**　国傍訓「スミヤカニ」、国訓釈「急也」。
○**家室**　主婦を尊んでいう語（日国大）。上2（上54頁）・10補説2「家長」（上171頁）、中16（231頁）。
○**痴**　名義抄「カタクナ、オロカナリ」。おろか、くるう（字通）。
○**嬢子**　国傍訓「ヲムナコ」。
○**託**　国訓釈「クルヘル」。よせる、よる、たよる、たのむ。つく（字通）。上28（上317頁）「託讖」。
○**嘖**　せめる（字通）。新撰字鏡「加左々支嗚」、名義抄「セム、サキナム、カサ、キナク」。上20（上250頁）。
○**増加**　名義抄「増　マス」、「加　マス」。量や程度がふえたり、はなはだしくなったりするさまを表わす語。増加していっそう。いよいよ（日国大）。
○**恭敬**　つつしみ敬うこと。上6（上126頁）。
○**夭**　ナカナハニ。上5（上110頁）。わかじに（字通）。

【現代語訳】
孤独な娘が、観音の銅像に帰依して不思議なしるしを示し、現世に報いを得た話　第三十四平城京右京の殖槻寺周辺の里に、一人の親のいない孤独な娘がいた。結婚せず夫はなかった。姓名は明らかではない。父母が存命の時には、裕福で財産を蓄えており、たくさんの家屋と倉を建て、観世音菩薩の銅像一体をお造りした。その高さは二尺五寸であった。住居から離れたところに仏殿を建て、この像を安置して供養していた。

聖武天皇の御世に、父母は世を去り、奴婢は逃げ去り、馬牛は死んでしまった。財産を失って家は貧しくなり、独り空っぽの宅を守って、昼夜をとわず哀しみ泣いて涙を流していた。観音菩薩にお願いしたことは、よくかなえていただけることを聞いて、その銅像の手に縄を繋いで牽き、香花と灯明をお供えし、ご利益があるように願っていうには、「私は、子一人で父母もなくなりました。みなしごになってたった一人で生きています。財産を失い家は貧しく、生きていくのに術がありません。どうか私に福を施して下さい。早く下さい。急いで施して下さい」と言った。昼夜をとわず泣いて訴えた。

この里に富める者がいた。妻は死んで鰥であった。この娘をみて、仲立ちを立てて夫婦になろうとした。娘が答えていうには、「私は貧しい身です。裸同然で着る物もありません。どうして恥ずかしさの余り顔を隠して、お越しになるあなたと話をできましょうか」と。仲立ちの者は、戻ってこのことを男に告げた。男は聞いて、「あなたが貧しくて着る物すら不自由していることは、よく知っている。ただ、求婚を受け入れてくれるか否かだ」と言った。仲立ちの者は、娘の所に行ってこのことを伝えた。娘は、なお拒んだ。男は、無理矢理に娘の家に入り戯れた。娘はようやく心を許し、男と交わった。翌日一日中、雨が降って止まなかった。雨に妨げられて帰ることができず、三日間留まることとなった。男は空腹の余り、「私は空腹です。食事を作って下さい」と言った。妻は、「今ご用意します」と言った。起ち上がって竈に火をおこし、空の鍋をおいて、顔を覆って蹲っていた。何もない倉庫に入って、歩き回っては嘆いていた。口をすすぎ手を洗って堂の内に入った。観音像に繋いだ縄を引き、泣きながら祈って、「どうか恥をかかさないで下さい。私に急いで財を施して下さい」と言った。仏堂から出て、さきほどのように、空の竈に向かって、顔を覆って蹲っていた。

この日の午後四時頃、突然門を叩く音が聞こえた。出て見ると、隣の裕福な家の乳母がいた。大きな櫃にたくさんのごちそうを詰めてあり、美味そうないい香りがして、足りないものはなかった。食器は、すべて金属の椀と漆塗りであった。そして娘に与えて、「客人がおられると聞きました。だから、隣の豊かな家から、必要な物を準備してお届けします。ただ、器は後で返して下さい」と言った。娘は大変喜び、幸せな気持ちの余り、着ている黒い着物を脱ぎ、使の者に与えて、「お礼に差し上げるものがありません。ただ薄汚れた着物があるだけです。どうかお受け取り下さい」と言った。使の乳母は、着物をまとい、早々に帰って行った。この食をもって夫をもてなしたが、夫は、食べものを見て怪しみ、その食事を見ずにただ妻の顔をみているばかりだった。翌日、夫が去る時に、絹十疋と米十俵を、妻に送って、「絹はすぐに着物を縫いなさい、米はすぐに酒を造りなさい」と言った。娘は、隣の裕福な家に行って、お礼の心を伝えて、喜び尊んだ。隣家の家室は、「変な娘さんですね。鬼にでも取り憑かれたのでしょうか。私は知りませんよ」と言った。その使の乳母はまた「私も全く知りません」と言った。嘖められて家に帰り、いつものように礼拝しようとして堂に入ってみれば、使に着せた着物が、銅像にかぶさっていた。

ここにすなわち知るのである、食物は観音がお恵みになられたものであることを。娘はこうして、因果を信じ、これまで以上に懇ろに観音像を敬った。これ以来、本来のような大きな富を得て、飢えからも逃れ心配ごともなくなった。夫妻ともに早死にすることもなく、天寿を全うして長生きをした。これは不思議な話である。

【関連説話】

1　今昔物語集　巻十六第八話

殖槻寺観音、助貧女給語第八

今昔、大和ノ国、敷下ノ郡ニ殖槻寺ト云フ寺ラ有リ。等身ノ銅ノ正観音ノ験ジ給フ所也。其ノ辺ニ其ノ郡ノ郡司有ケリ。一人ノ娘有ケルヲ、父母此レヲ愛テ悲テ思ヒ傅ケレバ、常ニ此ノ殖槻寺ニ将参テ、「此ノ女子ニ愛敬・富ヲ令得メ給ヘ」ト祈リ申ケル程ニ、娘ノ年二十ニ余ニケレバ、仮借スル人数有ケレドモ、父母、「心ニ不叶ザラム聟ハ不取ジ」ト思テ、人ヲ撰テ不合セザリケル程ニ、其ノ母身ニ何トモ無キ病ヲ受テ、日来煩テ死ニケリ。父ハ母ヨリモ年老タリケレバ、「何ニカ成ナムズラム」ト思ケル程ニ、亦、日来不煩シテ二三日許悩テ死ニケリ。

其ノ後チ、此ノ女子一人家ニ有テ、月日ノ行ニ随テ、住ム宅モ荒レ以行ク。仕ケル従者共モ皆行キ散リ、領シケル田畠モ人ニ皆押取ナドシテ、知ル所モ無カリケレバ、不合ニ成ル事、日ヲ経テ増ル。然レバ、此ノ娘メ心細キマヽニ、哭キニノミ泣テ日ヲ暮ラシ夜ヲ曉ケル程ニ、四五年ニモ成ヌ。

而ル間、此ノ女子此ノ観音ノ御手ニ糸ヲ懸テ、此ヲ引テ花ヲ散シ香ヲ焼テ、心ヲ至シテ申サク、「我独身ニシテ父母無シ。家空クシテ財物無シ。身命ヲ存セムニ便無シ。願クハ大悲観音、慈悲ヲ垂タレ給マヒテ、我ニ福ヲ授ケ給へ。譬ヒ我レ前世ノ悪業ニ依テ貧キ身ヲ受タリト云フトモ、観音ノ誓ヲ思フニ、何ドカ不助給ザラム」ト、日夜ニ泣々ク礼拝恭敬シテ願ヒ請ケリ。

而ル間、隣ノ郡ノ司ノ子ナル男有リ。年三十許ニテ形皃清気也。心モ直クシテ狂ヲ離レタリ。而ルニ、其ノ妻無限ク相念テ過ケルニ、懐任シテ子産ム程ニ死ニケレバ、夫歎キ悲ムト云ヘドモ甲斐無クシテ、忌ノ程ヲ過シテ、「京ニ上テ、心ニ叶ハム妻ヲ求ム」ト思テ、既ニ京ニ上ルニ、道ニシテ日暮ヌレバ、彼ノ死ニシ敷下ノ郡ノ郡司ノ娘ノ家ニ寄テ宿リ。家主ノ女、不知ヌ人ノ押テ宿レバ、恐レテ片角ニ隠レ居ヌ。不宿サジト為ケレドモ、可立キニモ非ネバ、人ヲ出シテ、「云ハム事、請有テ聞ケ。此ル者ハ腹立ヌレバ悪キ事ゾ」ト云テ、畳ナムド取出シテ令敷メ、可然キ所掃セナドスレバ、「極テ情有ケル所ノ人カナ」ト云テ、其ノ出デ、掃ナド為ル人ヲ呼テ、宿ル人ノ云ク、「此ハ故郡殿ノ家ニハ非ズヤ」ト問ヘバ、「然ニ候フ」ト答フ。亦云ク、「傅キ給ヒシ娘ノ御セシハ何ニカ成リ給ヒニシ」ト問ヘバ、「此ク客人ノ御マセバ、忍テ西ノ方ニ立寄テナム御ス」ト答ケレバ、「然也」ト聞テ、旅籠ナド涼シテ物ナド食ヒテ寝ヌ。

旅所ニテ不被寝ネバ、起テタヽズミ行ク程ニ、家ノ主ノ女ノ隠レ居タル方ニ行ヌ。和ラ立副テ聞ケバ、アテヤカナル女ノ気ハヒニテ、打歎キ泣キナド為ル音忍ヤカニ聞ユ。極テ哀レニ思ユレバ、聞キ過シ難クテ、和ラ遣戸ヲ引開テ歩ミ寄レバ、女イミジク恐シト思テ、□キ居タル所ニ搔寄ヌ。和ラ副臥シテ捜レバ、女破無ト思テ、衣ヲ身ニ纏テ低シ臥シタレドモ、何ノ憚バカリカハ有ラム、男、懐ニ搔入テ臥シヌ。近増シテイミジク哀ニ思ユ。身成モ厳シク、程モ□ニテ、労タキ事無限シ。「田舎人ノ娘、何デ此クハ有ラム。止事無キ人ノ娘モ此ク許ハ非ジ者ヲ」トナム哀レニ思ヒ臥シタル。墓無クテ明ヌレバ、女男ヲ「疾ク起去ネ」ト云ヘドモ、起キム心地モ不為ズ。

而ル間、雨降テ不止ズ。然レバ、男留テ不行ズ。家貧クシテ食物無キニ依テ、男ニ令食ル物無クシテ日高ク成ヌ。女此レヲ歎キテ、口ヲ漱ギ手ヲ洗テ、堂ニ詣デ、、観音ニ懸奉レル糸ヲ引テ、泣キ悲ムデ申シテ云ク、「今日、我レニ恥ヲ令見給フ事無シテ、忽ニ我ニ財ヲ施シ給ヘ」ト申シテ、家ニ返テ空キ竈ニ向テ、頬ヲ押ヘテ蹲居テ歎ケル間、日申時ニ及テ、門ヲ叩テ人ヲ呼ブ音有ケレバ、出デ、見ルニ、隣ニ富メル一人ノ女有リ、長櫃ニ種々ノ飯食・菓等ヲ入レテ持来タリ。見ルニ、不具ヌ物無シ。器・鋺・楪子等モ皆具タリ。此レヲ与ヘテ云ク、「客人在マス由ヲ自然ラ聞テ奉レル也。但シ、器ヲバ後ニ返シ給ヘ」ト。家女、此レヲ見テ、大キニ喜テ男ニ令食ム。

其ノ後、家女尚此ノ事ヲ思フニ、此ノ恩難報ニ依テ、只一ツ着タル所ノ衣ヲ脱テ、隣家ノ使ノ女ニ与ヘテ云ク、「我レ、難有キ恩ヲ蒙ルト云ヘドモ、身貧キニ依テ、可奉キ物無シ。只此ノ垢衣ノミ有リ。此レヲ奉ル」ト云テ、泣々ク与ケレバ、使ノ女此レヲ取テ、打チ着テ返去ヌ。而間、男此ノ食物ヲ見テ、先ヅ不食ズシテ、女ノ顔ヲ守テ怪ブ。然レドモ、餓ヘニ及ベルガ故ニ、食シテ返ス。此ノ女ヲ嫁ケルニ依テ、忽ニ京ニ上ラム事ヲ不好ズシテ、偏ニ永キ契ヲ思フ。

而ル間、彼ノ隣ノ富女ノ許ヨリ、絹十疋・米十表ヲ送テ云ク、「絹ヲバ着物ニ縫テ着給ヘ。米ヲバ酒ニ造テ貯ヘ給ヘ」ト。家女此レヲ得テ、心ニ怪ビ思テ、此ノ事ヲ喜バムガ為ニ、隣ノ富家ニ行テ泣々ク此ノ喜ビヲ云フニ、隣ノ富女ノ云ク、「此ハ若シ物ノ付給ヘルカ。我レ更ニ此ノ事不知ズ。而ル事無シ。亦、彼ノ使ニ行タリケム女、此ニ無キ者也」ト云フ。家女此レヲ聞テ、怪テ家ニ返テ、常ノ如ク堂ニ入テ、観音ヲ礼ミ奉ラムト為ルニ、見奉レバ、彼ノ使ノ女ニ与ヘシ所ノ衣、観音ノ御身ニ懸タリ。女此レヲ見テ、涙ヲ流シテ、「此レ観音ノ助ケ給フ也ケリ」ト知テ、身ヲ地ニ投テ泣々ク礼拝シケリ。暮レヌレバ男来レリ。女泣々ク此ノ由ヲ語テ、共ニ恭敬シ奉ル事無限シ。

其ノ後、夫妻トシテ此ノ家ニ住テ、大ニ富メル事祖ノ時ノ如シ。夫妻共ニ愁ヘ無クシテ、命ヲ持チ身ヲ全クシテ久ク有ケリ。「此偏ニ観音ノ助ニ依テ也」ト思テ、恭敬供養シ奉ル事不怠ザリケリ。

此ヲ思フニ、観音ノ御誓不可思議也。現ニ人ト成テ、衣ヲ被ギ給ヒケム事ノ哀レニ悲キ也。殖槻寺ト云フ、此レ也。亦、其ノ観音、于今其ノ寺ニ在マス。人必ズ参テ可礼奉観音也トナム語リ伝ヘタルトヤ。

2　元亨釈書　巻第二十九拾異志

諾楽古京殖槻寺側有寡女。父母昔日鋳観音銅像、高二尺五寸、造殿安之。父母死後、女貧甚。常対像訴飢寒。隣有鰥夫潜通。一日夫来、雨下不帰。其晩女無供。明旦又不爨。乃入殿泣訴。過午、叩門啓戸、里人送饌。言而曰、聞有客、故贈草具耳。女不勝喜、脱裙与使者。次日、女入殿礼拝像、裙子掛像肩上。

3　金沢文庫本観音利益集

貧女預観音利生事

昔聖武天皇ノ御時、貧女人アリケリ。親ャノ時ヨリノ本尊ニテ、アカ、ネノ観音ノ御坐シケルニ向テ、身ノアヤウキコトヲ祈リ申ケリ。サルホトニ一人ノ人アリケリ。コトノ縁アリテ来リニケルカ、アメニフリコメラレテ、三日マテト、マリニケリ。此女房キヤウヨウヲセムトシケレトモ、□ホカタカナハサリケレハ、観音ノ御前ニ詣リテ、身ノマツシキコトヲ、イマサラカナシミテナキタリケリ。サルホトニ甲(ママ)ノ時計ニ成リテ、トナリヨリトテ、ヨキセムヲメテタクシト、ノエテ、客人ノ御料ニトテ送リタリケレハ、此ノ女人心サシニ絶スシテ、着タル絹ヲヌキテ、使ニカツケテヤリニケリ。次日ハアメモ止ミヌレハ帰リニケリ。此ノ絶々□サノアリサマヲ心クルシク□□見ヲキケン。絹十、米三十石替リ二十貫、其外ヵモサマ〴〵世間ノ具足トモヲ、クリタリ。此ノ女房我アリサマノクモリナク見エニシコトモハツカシナカラ、不思外ニテツキヌルヲウレシク覚エテ、悦ヒ申サムトテ、観音ノ御前ニ詣リタレハ、昨日隣ノ使ヒニトラセシ我絹、此本尊ノ御前ニカツケラレタリ。アヤシト思テ隣エ尋ヌルニ、サルコトナシト答フ。無ク疑ヒ観音ノ御アワレミニテ給セケリト知リヌ。悲願ノタノモシクカタシケナキコトヲ思ニ、ナミタモ更□止マラス。是ヲ見聞貴賤、実ニ不思儀ノ思ヒヲ成シアヘリ。サテ彼ノ男、夫妻ノ契リタカウコトナクシテ、其家ユタカニ成ニケリ。此ノ飯ヲクヒタリケルコト、定テ二世ノ益アリケムト覚エ侍リテ、タノモシクソ覚ケル。

【補　説】

1　殖槻寺

殖槻寺の創建は、奈良時代初頭に遡るとみられ、新羅から帰朝した浄達が、和銅二年（七〇九）十月に「植槻道場」において維摩会を修したと伝える（参考史料ＡＢ）。平城遷都前後の時期の寺の存在とともに、初期の段階から藤原氏との関係を有していたことが窺われる。長和四年（一〇一五）の薬師寺縁起によると、天禄四年（九七三）に薬師寺の鐘楼や鐘が焼亡したと伝え、この時失われた鐘に代え、長保五年（一〇〇三）に建法寺鐘を引き取り、寺の鐘楼にかけたという。柳沢文庫専門委員会『大和郡山市史』（大和郡山市役所、一九六六年）は、建法寺は殖槻寺の別名と理解し（参考史料Ｃ）、長保年間（九九九～一〇〇四）までの殖槻寺の存続を認めている。

奈良時代史料には、殖槻寺は、天平勝宝五年（七五三）五月二十三日の薬師寺三綱牒にみえるほか（参考史料Ｃ）、天平神護初年の経巻の貸借に関わる文書にも散見する（参考史料Ｄ～Ｇ）。この貸借に関わる藤原仲麻呂家の写経事業は、天平勝宝元年（七四九）八月頃からはじめられ、天平宝字三年（七五九）と同六年に中断があるものの、仲麻呂の乱が勃発する同八年九月まで継続的に行われていた。この事業は、テキストに五月一日経を用いた一切経書写をめざしたものと考えられるが、この時用いられた本経は、乱後、仲麻呂家などに貸し出されたままになっていた。乱の翌年、孝謙太上天皇の命をうけた僧綱は牒を発し、上馬養を使者として経巻を捜索し回収することを命じている（参考史料Ｄ）。この牒は、殖槻寺とともに前山寺を宛所とするが、前山寺は栄山寺のことで、両寺が仲麻呂ないし藤原南家と密接な関わりを持つ寺であったことを推測させる。牒をうけた殖槻寺三綱は、大宝積経以下一八五巻の経巻を返却するとともに、最勝王経以下二十一巻が所在不明であることを報告した（参考史料Ｅ）。また、上馬養（飼）の欵状により、天平宝字八年五月二十七日に経巻を奉請したのは、「久須万呂之使猪名部」であることが示され、造東大寺司は、所在不明の経巻を「久酒万呂之家」で捜すように命じている（参考史料Ｆ）。大臣禅師道鏡からも同内容の宣が出されたが、経巻を見つけることができず、このことは四月十日に道鏡に報告されている（天平神護元年四月十日造東大寺司牒、正倉院文書続修別集七、大日古〈編年〉五－五二二頁）。なお、仲麻呂の田村家からは、三五八巻の経巻がみつかっている（天平神護元年五月九日検仲麻呂田村家物使請経文。正倉院文書正集四四。大日古〈編年〉五―五二八頁）。栄原永遠男によると、仲麻呂家の写経事業は、自家において一切経を調え国家的法会に参加することを意図したものと解されるが、田村家と前山寺で論疏を、息子の久須麻呂家＝京職尹宅写経所と殖槻寺で経を写すという分担がとられていたと指摘する（栄原「藤原仲麻呂家における写経事業」『奈良時代の写経と内裏』塙書房、二〇〇〇年。初出一九九九年）。殖槻寺には、このほかにも金剛般若経二〇〇巻が貸し出されていたようで（参考史料G）、同寺が奈良時代中頃に存在したことは確実であるとともに、仲麻呂の活動に密着し、経巻の書写を通じた盛んな寺の活動のさまが窺われる。

殖槻寺の比定地は、奈良県大和郡山市植槻町の植槻八幡宮付近とする理解が大和志などに示されているものの、異論もある。植槻道場縁起によると、薬師寺講堂の薬師三尊は、三町余り北西の小さい池から掘り出したものと伝え（参考史料H）、保井芳太郎は、八幡宮の西北三、四町にあたる字別所字松ノ下の古瓦散布地に同寺を比定する（保井『大和上代寺院志』大和史学会、一九三二年）。これに対し福山敏男は、仏像が掘り出された地を北田中付近とし、別所松ノ下の古瓦散布地は別の寺とみるのが穏当と指摘する（福山『奈良朝寺院の研究』綜芸舎、一九七八年。一九四八年原本発行）。ただし、植槻道場縁起により、薬師寺講堂薬師三尊の原所在を殖槻寺とみる理解には疑問も呈されている（佐藤靖子説）。

2　富豪層の宅と経営

戸田芳実は、富豪層の活動の実態を探る史料として本縁と今昔物語集所収の説話（関連説話1）の比較・対照により、古代から中世への転換を実証的に追究する視角を呈示している。すなわち、本縁にみえる「父母有時、多饒留財、数作屋倉、（中略）父母命終、奴婢逃散、馬牛死亡、失財貧家」から、八世紀頃の富豪の財は、土地所有よりも稲穀の蓄積や奴婢・牛馬などの動産に代表されるのに対し、今昔物語集では、「仕ケル従者共モ皆行キ散リ、領シケル田畠モ人ニ皆押取ナドシテ、知ル所モ無カリケレバ、不合ニ成ル事、日ヲ経テ増ル」のごとく土地所有によって財産が代表され、奴婢に代わり従者が登場する。この点に着目し、後者は中世成立期の在地領主の経営を描いたものと位置づけている（戸田芳実説）。なお、戸田の指摘は明瞭で、その議論は富豪層論として確立していくが、近年、関連説話1は、霊異記以外の散逸した和文説話集を典拠とするものであり、両者にみえる相違点を時代の変化とみた戸田の理解に対する異見も呈されている（吉野秋二説）。
本縁によれば、平城京右京南辺の「里」に、主人公の「嬢」の家以外に、「嬢」に求婚した「鰥」と「嬢」の隣家の、少なくとも二つの富家が存在しており、一つの里内の富豪層の分布を示すものとして注目される。また、当該期の家は、父母の死亡により没落し娘が貧窮することや、婚姻によりもたらされた動産と観音の現報により再び安定化することなど、その経営が必ずしも安定的ではなかったことが窺われる。

【参考史料】

A　元亨釈書　巻第十六力遊
釈浄達、入新羅求法、慶雲四年五月来帰。和銅二年十月、右僕射不比等就植槻道場、延達修維摩会。

B　多武峰縁起（群書類従）
（前略）和銅二年己酉就植槻寺。更名元興寺。延浄達法師為講師。至于同七年甲寅、始移修于興福寺矣。（後略）

C　天平勝宝五年（七五三）五月二十三日薬師寺三綱牒（正倉院文書続々修九帙七、大日古〈編年〉十二－四三九頁）
薬師寺三綱牒　装束仁王会司務所
奉請仁王経壱部事。建法寺者。
右、得彼寺三綱牒云、以去三月五日、件経
二巻、奉請於薬師寺、今欲奉請者、即
依牒旨、具録事状、便付彼寺都維那僧
戒蔵、牒送如件。以牒。
天平勝宝五年五月廿三日少都維那僧「泰輪」

上坐僧「乗固」　　　大都維那僧「脩智」

寺主法師「弘曜」

（異筆）「仁王経一部二巻殖槻寺者

右、以五月廿四日、付便使、令奉請如前。」

（酒主筆）「件状如前。経所領等依員分付

次官佐伯宿祢「今毛人」　判官大蔵伊美吉「万里」

主典阿刀連酒主　　」

D　天平神護元年（七六五）四月五日僧綱牒（正倉院文書続修別集七、大日古〈編年〉五―五一九頁）

僧綱　　牒殖槻及前山寺三綱

正八位上上主村馬養

牒。被　内宣偁、件馬養充使、発遣彼殖槻寺等。仲麻呂等平生之日、借請東大寺経論等類、令捜求取者、三綱承知此旨、至宜任使簡取。但其別名具如別巻、今以状下。牒到准状。故牒。

天平神護元年四月五日従儀師法師　光応

大律師進守大禅師安寛　　従儀師法師善集

E　天平神護元年四月七日殖槻寺鎮三綱牒（正倉院文書続修別集九、大日古〈編年〉五―五一九頁）

殖槻寺鎮三綱謹上　奉請経事

合奉請経一百八十五巻。

大宝積経一百廿巻。紫檀軸牙着レ占綏帙十二枚。

大集経六十巻。朱軸綏帙六枚。　解深密経五巻。紫檀軸綏帙一枚。

　已上経、見奉請。納白木辛櫃一合、居榻足机一前。

最勝王経一部。　　大楼炭経八巻。

摩鄧女形中六事経一巻。　摩鄧伽経二巻。

　已上経者、自検収時不坐。

右、被僧綱今月五日牒偁、被　内宣、差正八位上上村主馬養充使、発遣彼殖槻寺、仲万呂等平生之日、借請東大寺経等類、令求探取者、三綱等依牒旨、令奉請件経如前。以謹牒上。

　　天平神護元年四月七日都維那僧　奉円

　　　　　　　　　　上坐僧　正恵

　　　　　　　　鎮兼寺主法師暇

F　天平神護元年四月九日造東大寺司請経注文（正倉院文書続修四十四、大日古〈編年〉五－五二一頁）

造東大寺司

合可奉請返経二百六巻。

　見請返一百八十五巻。十九帙。

　大宝積経一百廿巻。十二帙。　大集経六十巻。六帙。

　解深蜜経五経。一帙。　　右、自殖槻寺、且返請レ如件

未請返廿一巻。三帙。

最勝王経十巻。一帙。　大楼炭経八巻。一帙。
摩鄧女解形中六事経一巻。
摩鄧伽経二巻。一帙。右、可求探久酒万呂之家。
以前、得散位正八位上上村主馬甘欵状云、以去年五月廿七日、附
久須万呂之使猪名部、所令奉請経如件。望請、其所探求、
欲請返者、司依欵状、検先牒文、実是不空。仍差件
馬養充使、令奉請如前。
天平神護元年四月九日主典雄橋公
判官美努連

G　天平神護二年（七六六）三月二十日奉写御執経所移（正倉院文書続々修十七帙四、大日古〈編年〉十六－四四二頁）
奉写　御執経所移造東大寺司
奉請金剛般若経二百巻。
右、依太政大臣禅師宣、差六人部嶋継
充使、急奉請如件。以移。
天平神護二年三月廿日図書少属従八位下大隅忌寸公足
正八位下守少允日置「浄足」
（異筆）
「依数令奉請。
主典雄橋公」「石正」
（又異筆）
「金剛般若経二百巻。黄紙及表綺帯橿軸間写七百卅三巻内。納白木辛櫃一合。自殖槻寺来之。
行上馬養」

H　植槻道場縁起（佐藤一九七四年により、句読点を付す）

（前略）此道場草創の昔は、諸堂にをのをの霊仏を安置せらる。金堂には右の観音、講堂には丈六金銅の薬師、東堂にも薬師の像、西堂の本尊は不動明王の像なりけり。されとも今は其堂も破れ其像も隠れてこゝにはましまさす。講堂の跡もさたかならす。応永の比、九条の巷に井司三郎といふ人あり。ゆへ有て山をほりけるに、其薬師の像をえたり。丈六の霊像を俗家に安置すへきよしなしとて、薬師寺に寄附せり。今西院の本尊是なり。此故に薬師寺本領の内にをいて此三郎の子孫は永く諸役を免許せらる。是より三町あまり乾の方にちいさき池あり。其像をほり出したる処なり。又東堂の跡は、是より三町あまり北の方に古松のある所なり。其堂破壊しけるを、大永の比井司喜三郎といへる人修理をくはふ。正保の比は堂も絶て尊像さなから雨露にをかされつゝ五躰分離し給ひしを、彼喜三郎の後孫九左衛門といふ人其像を修補し、御堂をたてゝ安置せり。今常楽寺の本尊これなり。又西堂は東堂より半町はかり西にあり。今に土中に礎石あり。本尊は是より四町あまり乾の方の草堂の中にまします。（後略）

【参考文献】

戸田芳実「平安初期の国衙と富豪層」（『日本領主制成立史の研究』岩波書店、一九六七年。初出一九五九年）

佐藤靖子「『植槻道場縁起』と薬師寺講堂三尊」（『芸術学研究』I、東京教育大学芸術学研究会、一九七四年）

永田典子「貧女が福分を得る話―『日本霊異記』中巻第三四縁について」（『甲南国文』三二、一九八五年）

吉野秋二「古代富貴譚考―『日本霊異記』の社会・『今昔物語集』の社会」（『日本古代社会編成の研究』塙書房、二〇一〇年。初出二〇〇二年）

（山本）

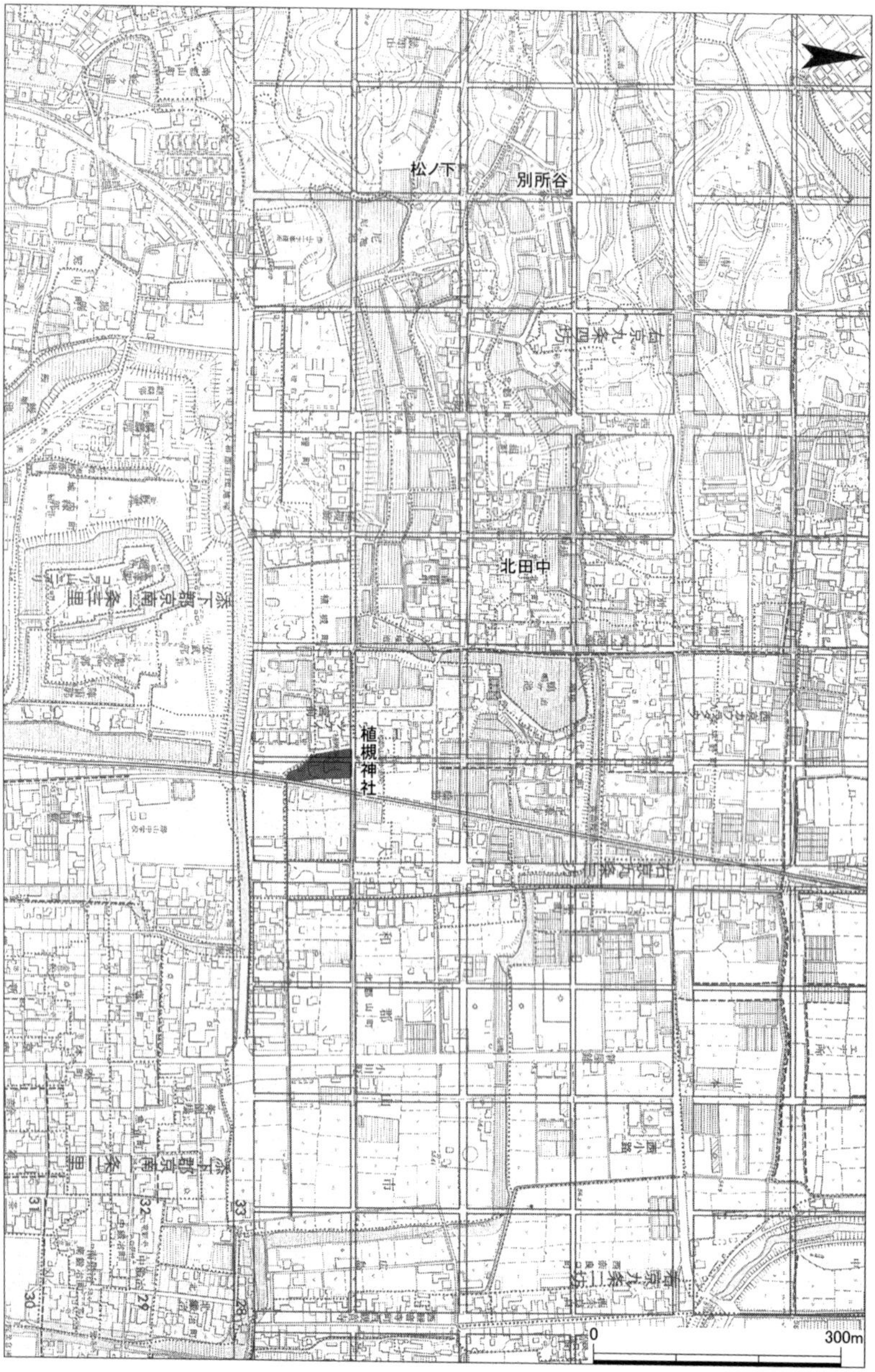

中巻第三十四縁関連地図

法師を打ちて以て現に悪病を得て死ぬる縁　第三十五

（第三十七紙）

【原　文】

打二法師一以現得二悪病一而死縁第卅五

*宇遅王者、天骨邪見、不レ信二三宝一。*聖武天皇御世、是王有レ縁、*俳二佪山背一。八人従レ之。向二於奈良京[1]一時、*下毛野寺沙門諦鏡[2]、自二*奈良京一往二於山背一歩二[3]*綴喜郡一。師*率*値[4]レ王、无レ所二避退一、傾レ笠匿レ面、立二乎路側一。彼王見レ之、留レ馬令レ*刑。師与二弟子一、入二乎[5]水田一而逃避走。猶強追二打師一、負持*蔵、皆撃[6]破損。時法師、呼曰、*奚无二*護法一歟。王去不レ遠、於二其路中一*儵受二重病一、高声叫呻、*躍[7](*)二離[8]于地一、一二三尺許。従者知レ状、*勧二請法師一、々否不レ受。三遍請レ之、猶終不レ受。問曰、病。答、甚為レ痛。法師復曰、*斯下賤王、千遍痛病、万遍痛病。時王眷属[9](*)、奏二於天

皇㆒、諦鏡法師、*咀㆓于宇遅㆒、[10]今提将㆑殺。天皇、知㆑状、猶忍不㆑*可。王、経㆓三日㆒、如㆑墨而卒。眷属復奏、殺報之者、殺而報之。宇遅既死。受㆓於諦鏡㆒、以報㆑怨也。天皇勅詔、*朕亦法師。諦鏡亦僧。法師云何殺㆓於法師㆒。宇遅招㆑災、非㆓諦鏡咎㆒。天皇*剃㆓除*鬢髪㆒、*受戒*行道故、[11]償㆓比法師㆒、不㆑殺㆓諦鏡㆒。狂王宇遅、邪見*太甚、護法加㆑罰。護法非㆑无。何不㆑恐之也。

[来]本縁を欠く
1京、[国]ナシ[攷証]高野本無京字
2諦、[国]訪
3歩、[国]失
4率、[国][群]卒[攷証]依高野本改
5乎、[国]于
6擊、[国]思議事也として以下本文略
7躍、[群]踴[群]に従う
8離、[攷証]原作誰依元亨釈書改
9春、[群]眷[群]に従う
10今提、[群]令捉[攷証]原作今提意改
[群]に従う
11償比、[攷証]疑儻比之誤[攷証]に従う

【書き下し文】

法師《ほうし》を打ちて以て現《うつつ》に悪病を得て死ぬる縁　第三十五

宇遅王《うじおう》は、天骨邪見《じゃけん》にして、三宝《さんぼう》を信ぜず。聖武《しょうむ》天皇の御世に、是《こ》の王、縁有りて、山背《やましろ》を徘徊《たちもとお》る。八人之《これ》に従ふ。奈良京に向かふ時に、下毛野寺《しもつけのでら》の沙門諦鏡《しゃもんたいきょう》、奈良京より山背に往《ゆ》きて綴喜郡《つづきぐん》を歩む。師率《にわか》に王に値《あ》ふも、避《さ》り退くに所無く、笠《かさ》を傾《かたぶ》けて面《おもて》を匿《かく》し、路の側に立つ。彼《そ》の王、之を見て、馬を留めて刑《う》たしむ。師と弟子と、

水田に入りて逃れ避け走る。猶《な》ほ強ひて師を追ひ打ち、負《お》ひ持ちたる蔵《くら》、皆撃ち破り損《そこな》ふ。時に法師、呼びて曰《い》はく、「奚《な》ぞ護法《ごほう》無きか」と。王去ること遠くあらずして、其《そ》の路の中に、儵《たちまち》に重き病を受け、高き声に叫び呻《によ》び、地を踴離《となか》ること、二三尺許《ばかり》なり。従者状《さま》を知りて、法師を勧請《かんじょう》するも、師否《こば》みて受けず。三遍《みたび》之を請《う》くれども、猶ほ終《つい》に受けず。問ひて曰はく、「病《や》むか」と。答ふるに、「甚《はなは》だ痛しとす」と。法師復《ま》た曰はく、「斯《こ》の下賤《いや》しき王、千遍痛み病め、万遍痛み病め」と。時に王の眷属《けんぞく》、天皇に奏《もう》さく、「諦鏡法師、宇遅を咀《のろ》ふ」と。捉《とら》へしめ殺さんとす。天皇、状を知るも、猶ほ忍びて可《ゆる》さず。王、三日を経て、墨の如くなりて卒《そっ》す。眷属、復た奏さく、「殺さるる報《ほう》は、殺して報いむ。宇遅既に死ぬ。諦鏡を受け、以て怨《あた》に報いむ」と。天皇　勅《みことのり》して詔《の》りて、「朕も亦《ま》た法師なり。諦鏡も亦た僧なり。法師云何《いかに》してか法師を殺さむ。宇遅の災《わざわい》を招《まね》くは、諦鏡の咎《とが》に非《あら》ず」と。天皇、鬢髪《びんぱつ》を剃除し、受戒行道するが故に、法師に儻比《かたちは》ひ、諦鏡を殺さず。狂王宇遅、邪見太甚《いとはなは》だしく、護法、罰を加ふ。護法無きに非《あら》ず。何《なに》ぞ恐れざらむや。

【語　釈】

○**宇遅王**　奈良時代の王族。王系は不明であるが、続日本紀によると天平九年（七三七）九月に従五位下、同年十二月に内蔵頭、十年閏七月に刑部大輔、同年十二月に中務大輔を歴任している。

○**聖武天皇御世**　元亨釈書では「神護中」とあり、天平神護年間、すなわち称徳朝の出来事とする（関連説話1）。

○**徘佪**　名義抄「徘佪　タチモトホル、タチモトヲル」。上30（上344頁）「徘佪」、中22（293頁）、中26（336頁）、中34（425頁）。

○**下毛野寺**　平城京に置かれた下毛野氏の氏寺か。所在地不明。

○**諦鏡**　下毛野寺の僧侶。未詳。

○**奈良京**　平城京のこと。中36（450頁）。

○**綴喜郡**　現在の京都府京田辺市の全域、京都市伏見区と城陽市の一部、八幡市・井手町・宇治田原町の大部分にあたる地域。

○**率**　卒と通じ、にわかに（字通）。名義抄「ニハカニ」、字類抄「ニハカ、ニハカナリ」。中11（177頁）「卒尓」。

○**値**　あう、あたる。中15（217頁）。

○**刑**　字鏡集「ウツ」。棒などで打ちたたく（全集）、鞭で打つ（集成）。

○**蔵**　財物や大事な物を保っておく所。ここでは僧の携行する貴重物は経典で、「蔵」は笈（おい）にあたるか（全集）。

○**奚**　何・胡・曷・盍と通じ、「なに」「なんぞ」「いずくんぞ」のような疑問詞・疑問副詞に用いる。名義抄「ナゾ、イヅクソ」、字鏡集「ナンソ、イツクンソ」。「なそ」は「なんぞ」の古形。なぜ、どうして（日国大）。

○**護法**　「護法神」の略（日国大）。護法神は、仏教を保護し、守る神。四天王・堅牢地祇など。中1（37頁）「護法嚬嘁善神憴嫌」。

○**倐**　字類抄「タチマチ」。

○**叫呻**　さけびうめく。字類抄「呻　ニヨウ」。

○**踴離**　飛び上がること。踴は踊の俗字。上27[興訓釈]「踰　止奈加留」。上27（上306頁）「踰離」。

○**勧請**　高僧などを請い迎えること。中8（149頁）、中12（186頁）、中15（218頁）。

○**下賤**　身分が低いこと。身分の卑しいさま。また、その人。げす。卑賤（日国大）。「下」「賤」ともに字類抄「イヤシ」。ニ合して訓む。

○**眷属**　血のつながっているもの。親族。上31（上356頁）。

○**咀**　字類抄「ノロフ」。補説2。

○**可**　名義抄「ユルス」。
○**朕亦法師**　聖武天皇自身が、自分も出家の身であると述べている。扶桑略記によると聖武天皇は、天平二十一年（七四九）に平城中島宮において、行基を戒師として戒を受けたことが知られる。中序（18頁）「剃髪着袈裟」「受戒修善」。
○**剃除**　髪の毛やひげをそり落とすこと（日国大）。
○**鬢髪**　鬢の部分の髪。また、頭髪の総称（日国大）。
○**受戒**　戒律を受けること。
○**行道**　仏道を修行すること（日国大）。
○**太**　名義抄「イト」。

【現代語訳】

法師を打って、悪病にかかり死んだ話　第三十五

宇遲王は、生まれつき邪悪で、三宝を信じなかった。聖武天皇の御世にこの王は、理由があって山背国を歩き回っていた。八人が付き従っていた。平城京へ向かう時に、下毛野寺の沙門諦鏡が平城京から山背に往き、綴喜郡を歩いていた。諦鏡は突然に王に会ったが、避ける場所がなく、笠を傾けて顔を隠し、路の傍らに立っていた。王はこれを見て、馬を止めて諦鏡を打たせた。諦鏡と弟子は水田に入って逃げた。王はなおも従者に命じて諦鏡を追いかけ打たせ、持っていた笈を壊し、すべて打ち破り損なった。時に諦鏡は、「どうして仏法を守護する神がいないのであろうか」と言った。王は、そこからそれほど遠くない道中で、たちまちに重い病にかかり、高い声で叫びうめき、飛び上がること二三尺ばかりであった。従者は、事情を知って、諦鏡を請い迎えようとしたが、諦鏡は拒んで引き受けなかった。三回お願いしたが、ついに引き受けなかった。諦鏡は、従者に、「病んでいるのか」と言った。従者は答えて、「たいへん痛いと言っている」と言った。諦鏡は、また、「いやしい王よ、千度病め、万遍病め」と言った。時に王の親族は天皇に奏上し、「諦鏡法師が宇遲を呪ってい

る」といい、捉えて殺そうとした。天皇は事情を知ったが、あえて許さなかった。王は三日経って、墨のように黒くなって死んだ。親族はまた奏上して、「殺された報いは、殺して報いるのだ。宇遅はすでに死んだ。諦鏡の身を引き取って、恨みをはらそう」と言った。天皇は勅を下して、「私もまた法師である。諦鏡もまた僧である。法師がどうして法師を殺すであろうか。宇遅が災いを招いたのは諦鏡の咎ではない」と言った。天皇は鬚や髪を剃り、受戒して仏道を修するが故に法師に味方して、諦鏡を殺さなかった。狂気の王、宇遅は、甚だ邪悪であったため、護法善神が罰を加えたのである。仏法を守護する神はいないのではない。どうして恐れないことがあろうか。

【関連説話】

1　元亨釈書　巻第二十九拾異志

神護中。有宇遅王者。天性邪見。不信三宝。王従山背赴奈良。時毛野寺沙門諦鏡往山背。中路逢王。無廻避処。傾笠匿面立路側。王見之駐馬。令僕打撃。鏡逃走。王追捕、王行不遠。叫踊離地三尺許。従者知鏡所為。就鏡求救。鏡不受。三日後。王如墨而卒。従者奏曰。諦鏡法師咀宇遅王而死。乞報仇。勅答曰。宇遅自招。非諦鏡咎矣。

【補　説】

1　諦鏡と宇治王の遭遇

路中で僧尼が五位以上の官人と遭遇した際の僧尼が執るべき礼儀については、僧尼令19遇三位已上条（参考史料A）に規定がある。令集解同条によると、道路で三位以上官人と遭遇した場合には、身を隠すこととし、身を隠す場所がなく、馬に乗っている場合には馬から下りて路側によって立つこととする。また五位以上と遭遇した際には、馬から下りて通り過ぎるのを待つとし、徒歩の場合は身を隠すべきと規定されている。五位以上と遭遇した際、身を隠す場所がない時については曖昧である。宇治王は天平十年（七三八）に正五位相当の中務大輔であり、聖武天皇が出家した天平二十一年以降の位階は不明であるが、諦鏡は、身を隠す場所がなかったため、三位以上の場合に準じて、路側に寄って立ったのであろう。

2　呪詛と仏教

用明天皇二年（五八七）、物部守屋討滅の際に、厩戸王子や蘇我馬子が行ったとされる戦勝祈願や、七世紀後半の朝鮮半島情勢を受けて仁王会が催行され、また大宰府の周囲に四天王像が配されたというのも、広い意味での呪詛と言えるかも知れないが、特定の個人を呪詛するのに、僧尼に託して明確に仏教的手法が用いられたと見なされる例は、密教的手段の呪詛が横行する平安期と異なり、奈良時代以前ではほとんど見受けられない。養老僧尼令においても、1上観玄象条で僧尼による殺人が戒められ、また2卜相吉凶条で巫術の利用が禁じられるなど、呪詛に限らず、僧尼が意識的に他者に害を及ぼす行為に及ぶことは厳禁であったと考えられる。ただ、天平宝字八年（七六四）の恵美押勝の乱に際し、藤原仲麻呂の一党の依頼で複数の僧が密かに読経悔過しているとして、僧綱にその取り締まりが命じられたように、特定の個人に対するものではなかったとしても、やはり僧尼に呪詛に通じる行為が依頼されたことも存在したと考えられる。

ただ、注意を要するのは、本縁で語られる状況は、必ずしも僧による積極的な呪詛と断ずるものではない。僧諦鏡が宇遅王より受けた不当な迫害を遁れる為に、仏法守護の神の不在を嘆き訴えたことから宇遅王に生じた身体の異変を、諦鏡による「呪詛」と受け止めて居り、その行為を、出家後の聖武太上天皇が咎めなかったとしている。つまり、宇遅王の異変は、自身の不当な行為に対する仏法の守護神による報いであり、諦鏡の意識的主体的な呪詛とは受け止めていないのである。この点、結果として他者を害する行為であるにせよ、仁王会等の戦勝祈願に通じる性格をそこに見て取るべきであると言えよう。

【参考史料】

A　令集解僧尼令19遇三位以上条

凡僧尼。於道路遇三位以上者隠。謂。若無処可隠者、歛馬側立也。釈云。若無処可隠者、任三位情耳。其僧尼若乗馬者、亦歛馬側立。古記云、遇三位以上者隠。謂若不堪隠者、亦歛馬立側。有歩者、亦同也。穴云、問、遇親王者何。答、以上、謂一品以下並隠耳。若無所可隠者、不下耳。跡云、遇三位者隠。若無所可隠也。朱云、遇三位以上者隠。謂乗馬時也。下文五位以上、斂馬相揖而過者。此則待受上文故者〈未明。尚同〉。而若歩何。又僧不下馬何。答、問、僧綱凡僧並同不。答、先云。並同。何者。依位有下馬礼也。依官無下馬礼。但郡司別立耳者〈私同〉。五位以上。斂馬相揖而過。釈云。駐馬相揖而過耳。若歩者隠。釈云、若無処可隠者。五位下馬耳。一云、五位不可下馬也。神亀五年三月廿八日格云。外五位若有歩行、僧尼急逢道路者、下馬過去也。古記無別。但無一云之説。穴云、問、令釈云、無所可隠者、五位下馬何。答、此文為僧尼立制。不為三位五位禁制也。然則五位亦不下耳也。私案。凡人、亦於理不可下馬。但有私教耳。令釈違条体耳。

【参考文献】

長野一雄「権力と体制に対する景戒の意識―中巻三十五縁考」（『古代説話の文学的研究』井関書店、一九八六年。初出一九八〇年）

伊藤由希子「「日本国」と天皇」（『仏と天皇と「日本国」―『日本霊異記』を読む』ぺりかん社、二〇一三年）

（吉岡　補説2本郷）

観音の木像神力を示す縁　第三十六

【原　文】

観音木像示㆓*神力㆒縁第卅六

*聖武太上天皇世、*奈良京*下毛野寺金堂東脇士観音之頸[1]、无㆑故断落也。*檀主見㆑之、明日将㆑奉㆑継、経㆓一日一夜㆒、而朝見、其頸自然如㆑故継、加以放㆑光。誠知、*理智法身、常住非㆑无。為㆑令㆑知㆓於不信衆生㆒所㆑示也。

（第三十八紙）

来国本縁を欠く。

1頸、群頂

【書き下し文】

観音《かんのん》の木像、神力《じんりき》を示す縁　第三十六

聖武太上天皇《しょうむだいじょうてんのう》の世に、奈良《なら》京の下毛野《しもつけ》の寺の金堂《こんどう》の東脇士《きょうじ》の観音の頸《くび》、故無くして断《き》れ落つるなり。檀主《だんしゅ》、之《これ》を見て、明日《あくるひ》継《つ》ぎ奉《たてまつ》らむとし、一日一夜を経て、朝《あした》に見れば、其《そ》の頸自然《おのずから》に故《もと》の如く継がれ、加《しかのみならず》以光を放てり。誠に知る、理智《りち》の法身《ほうしん》、常住《じょうじゅう》無きに非《あら》ず、不信の衆生《しゅじょう》に知らしめむが為、示す所なるを。

【語　釈】

○**神力**　神の威力。神の通力。人智、人力を超越した霊妙不思議な力（日国大）。観音菩薩が「神力」を示すという。今昔物語集によると「自然継」とみえ（関連説話1）、「神力」はみえない。平安時代院政期には、仏の頸が神力をかりて修復されるという観念は減退していたのであろう。

○**聖武太上天皇**　聖武天皇。上5（上111頁）。聖武天皇が孝謙天皇に譲位して、太上天皇となったのは天平二十一年（天平感宝元年〈七四九〉）である。中序（18頁）「剃髪着袈裟」。崩御は、天平勝宝八歳（七五六）五月。この頃の出来事とみる可能性もあるか。

○**奈良京**　平城京。平城京右京一条二坊四坪（平城第五三〇次調査）で検出した斜行大溝から、「奈良京」と記した木簡が出土しており（『平城木簡概報』四十四—一八頁、一四四号）、平城遷都の前後から、平城京は奈良京とも表記され、ナラノミヤコと訓まれたことが明らかになった。上序（上19頁）「諾楽」、中6（103頁）「諾楽京」。

○**下毛野寺**　平城京におかれた下毛野氏の氏寺か。所在地不明。中35（443頁）。

○**断**　名義抄・字類抄「キル」。

○**檀主**　施主・後援者。檀越に同じ。上10（上166頁）、中15（218頁）。

○**理智法身**　理・智一体の法身（『例文仏教語大辞典』小学館、一九九七年）。道理と智恵を形に表した仏（旧大系）。理法身は、中23（302頁）。仏像は、一見したところではその「智」を発揮しているようには思えないものの、仏像が「法身」としての仏のはたらき・あり方を像としてかたちにしたものであるがゆえに、景戒は、この仏像が不思議な出来事をなせる理由をその「智」に帰し、「理智の法身」と言いあらわしているという（伊藤由希子説）。

【現代語訳】

観音の木像が神力を示した話　第三十六

聖武太上天皇の御世に、平城京の下毛野寺の金堂の東脇士の観音の頸が、訳もなく折れ落ちた。檀主はこれを見て、明日にお継ぎ申しあげようと思い、一昼夜を経て朝になって見れば、仏の頸が自然にもとのように継がれ、それに加え光を放っていた。本当によくわかる、真理と知恵を表す仏は、永遠に不滅であり、仏法を信じない衆生にこのことを知らしめるために、お示しになったということが。

【関連説話】

1　今昔物語集　巻十六第十一話

観音落御頭、自然継語第十一

今昔、奈良ノ京ニ下毛野寺ト云フ寺有リ。其ノ寺ノ金堂ノ東ノ脇士ニ観音在マス。聖武天皇ノ御代ニ、其ノ観音ノ御頭、其ノ故無クシテ、俄ニ頸ヨリ落給ヒニケリ。檀越此レヲ見テ、即チ継ギ奉ラムト思フ間ニ、一日一夜ヲ経テ朝ニ見奉レバ、其ノ頭、人モ継ギ不奉ザルニ、自然ニ本ノ如ク被継給ヒニケリ。檀越此レヲ見テ、「此ハ誰ガ継ギ奉タルゾ」ト尋ヌルニ、更ニ継ギ奉レル人無シ。然レバ、奇異也ト思フ間ニ、観音光ヲ放テ、檀越驚テ、此レ何ノ故ト云事ヲ不知ズ。但シ、智リ有ル人ノ云ク、「『菩薩ノ御身ハ常住ニシテ滅スル事無シ』ト云フ事ヲ、愚痴・不信ノ輩ニ令知メ給ハムガ為ニ、其ノ故無クシテ頭落給テ、人継ギ不奉ザルニ、本ノ如ク成リ給フ也」ト。

檀越此レヲ聞テ、悲ビ貴ブ事無限シ。亦、此レヲ見聞ク人皆貴ビテ、奇異ノ事也トテ語リ伝ヘタルトヤ。

【参考文献】

伊藤由希子「仏像に祈るということ」（『仏と天皇と「日本国」―『日本霊異記』を読む』ぺりかん社、二〇一三年）

（山本）

観音の木像火難に焼けず威神力を示す縁　第三十七

【原　文】

観音木像、不レ焼二火難一示二*威神力一縁第卅七
聖武天皇世、*泉国泉郡部内*弥努上山寺、居二于*正観自在菩薩木像一而敬供之。時失火、焼二其仏殿一。彼菩薩木像、*自二所レ焼殿一出二二丈許一、而伏无レ損。誠知、三宝之*非色非心、雖レ不レ見レ目、而非レ无二威力一。此不思議第[1]一也。

来国本縁を欠く

1第一也、攷証高野本作事也二字

【書き下し文】

観音《かんのん》の木像、火難《かなん》に焼けず威神力《いじんりき》を示す縁　第卅七
　聖武《しょうむ》天皇の世、泉《いずみ》国泉郡の部内《ぶない》の弥努《ちぬ》上山寺に、正観自在菩薩《しょうかんじざいぼさつ》の木像を居《お》きて敬《うやま》ひ供《つか》ふ。時に失火し、其《そ》の仏殿を焼く。彼《そ》の菩薩の木像、焼かるる殿より二丈許《ばかり》出でて、伏《ふ》して損《そこな》はること無し。誠に知る、三宝《さんぼう》の非色非《ひしきひ》

心《しん》、目に見えずと雖《いえど》も、威力《いりき》無きに非《あら》ざることを。此れ不思議《ふしぎ》の第一なり。

【語　釈】

○**威神力**　不思議なる威力。すばらしい力。威光（広説）。

○**泉国泉郡**　和泉国和泉郡。和泉国のほぼ中央に位置した郡。現在の和泉市・泉大津市・泉北郡忠岡町・岸和田市の全域と貝塚市の過半にあたる。和名抄「和泉　以都三」。

○**珎努上山寺**　和泉国和泉郡にあった古代山林寺院。中13（198頁）「血渟山寺」。

○**正観自在菩薩**　聖観音に同じ（日国大）。聖観音は、人々の苦しみを救う根本の観音菩薩（広説）。自在は、仏・菩薩に具わる力のこと。自在力には、世の中を見抜く自在（観境自在）、説法・教化の自在（作用自在）、自由に種々の国土に生まれる自在（刹土自在）、寿命を伸縮できる自在（命自在）など、種々ある（広説）。

○**自所焼殿出二丈許**　火災から逃れるために仏像が動くというモチーフは、集神州三宝感通録隋蔣州興皇寺焚像移縁三十六（関連説話2）にみえ、また同書には、石仏が火災にあって運び出されるときに軽くなったという話（斉番禺石像遇火軽挙縁二十五）もみえる。これらが本縁形成のもとになった可能性もあり、背後に中国の伝承が窺われる（寺川真知夫説）。仏像が火難から逃れた話は、上33・下10。

○**非色**　色ならざるもの。五蘊の中で、色蘊以外の受・想・行・識の四蘊をさしていう（広説）。

○**非心**　精神的存在でないこと。心でないこと。また、そのもの（日国大）。

【現代語訳】

観音の木像が、火災に焼けず仏の不思議な力を示した話　第三十七

聖武天皇の御世、和泉国和泉郡の珎努の上の山寺に、正観自在菩薩の木像があって、（人々は）敬い供養していた。ある

時、火事があり、その（像が安置されていた）仏堂が焼けてしまった。その菩薩の木像は、焼けた堂から二丈ほど外に出て、横になっており、傷ついていなかった。本当によくわかる、三宝の非色非心は、目に見えないとはいっても、威力がないのではないということが。これは大変不思議なことである。

【関連説話】

1　今昔物語集　巻十六第十二話

観音、為遁火難去堂給語第十二

今昔、和泉ノ国、和泉ノ郡ノ内ニ珍努ノ山寺ト云フ所有リ。其ノ山寺ニ正観音ノ木像在マス。国郡ノ人、此ノ観音ヲ崇メ貴ビ奉ル事無限シ。

而ル間、聖武天皇ノ御代ニ、彼ノ山寺ニ火出来テ、其ノ観音ノ在マス堂焼ヌ。而ルニ、其ノ観音、其焼クル堂ヨリ外ニ出デ、二丈ヲ去テ在マス。塵許損ジ給フ事無シ。人皆此レヲ見テ、奇異也ト思テ、「此ハ誰ガ取リ出シ奉ツルゾ」ト尋ヌルニ、取リ出シ奉レル人無シ。其ノ時ニ、山寺ノ僧共泣キ悲ムデ、「此レ、観音ノ自ラ火難ヲ遁レムガ為ニ、堂ヲ出給ヘル也ケリ」ト、泣々ク礼拝恭敬シ奉ツル。

実ニ此レヲ思ニ、菩薩ハ色ニモ現ゼズ、心ニモ離レ、目ニモ不見エズ、香ニモ聞エ不給ズト云ヘドモ、衆生ニ信ヲ令発ムガ為ニ、霊験ヲ施シ給フ事如此クゾ在シケル。

此レヲ見聞ク人、首ヲ低ケテ此ノ観音ヲ恭敬シ奉ケリトナム語リ伝ヘタルトヤ。

2　集神州三宝感通録　隋蔣州興皇寺焚像移縁三十六（大正新脩大蔵経五十二－四二一頁）

三十六隋開皇中、蔣州興皇寺仏殿被焚、当陽丈六金銅大像幷二菩薩、倶長丈六、其模戴顒所造、正当棟下、于時炎火大盛、衆人拱手咸共嗟悼、大像融滅忽見欻起移南一歩棟梁摧下、像得全形、四面瓴瓦木炭皆去、像身五六尺許、雖被火焚而金色不変、趺下有銘、大衆咸駭歎声満路、今移在白馬寺、鳥雀無践、永徽二年、盗者欲利像銅、乃鋸窓櫺断将欲抜出、遂

被夾腕、求抜不脱、至暁僧問、盗者云、有一人著白衣在堂内撮手、求脱不得、云云、

【参考文献】

寺川真知夫「仏像霊異譚の受容と変容」（『日本国現報善悪霊異記の研究』和泉書院、一九九六年）

（駒井）

慳貪に因りて大蛇と成る縁　第三十八

【原　文】

因二慳貪一成二大蛇一縁第卅八
聖武天皇御世、諾楽京馬庭山寺、一僧常住。其僧臨二命終時一、告二弟子一言、我死之後、至二于三年[1]一、室戸莫レ開。然死[2]後、経二七々日一、在[3]二大毒蛇一、伏二其室戸一。弟子知レ因、飛[4]化而開二室戸一見レ之、銭卅貫隠蔵也。取二其銭一、以為二誦経一、修レ善贈レ福矣。誠知、貪[5]レ銭因レ隠、得二大蛇身一、返護二其護[6]一也。雖レ見二須弥頂一、不レ得レ見二欲山[7]頂一者[8]、其斯謂之矣。

来本縁を欠く
1年、国季
2死、国死之
3在、国ナシ攷証高野本無在字
4飛、国群教攷証原作飛依高野本改国に従う
5貪、国ナシ
6護、国群銭攷証原作護依高野本改国に従う
7山、国ナシ
8者、国ナシ

【書き下し文】

慳貪《けんどん》に因《よ》りて大蛇《だいじゃ》と成る縁　第三十八

聖武《しょうむ》天皇の御世、諾楽《なら》京の馬庭《まにわ》山寺に、一《ひとり》の僧常住《じょうじゅう》せり。其《そ》の僧、命終《いのちお》はる時に臨《のぞ》みて、弟子に告げて言はく、「我れ死にて後、三年に至るまで、室《むろ》の戸を開くこと莫《な》かれ」と。然して死にて後、七々日《しちしちにち》を経て、大きなる毒蛇《どくじゃ》在りて、其の室の戸に伏《ふ》せり。弟子、因《ゆえ》を知りて、教化《きょうけ》して室の戸を開きて之を見れば、銭三十貫を隠し蔵《おさ》めたり。其の銭を取りて、以て誦経《ずきょう》を為し、善を修して福を贈る。誠に知る、銭を貪《むさぼ》りて隠せるに因《よ》りて、大蛇の身を得て、返りて其の銭を護《まも》りしことを。「須弥《しゅみ》の頂《いただき》を見ると雖《いえど》も、欲《よく》の山の頂を見ることを得ず」とは、其れ斯《こ》れを謂《い》ふなり。

【語　釈】

○**慳貪**　むさぼり、惜しむこと。物を惜しんで人に与えず、むさぼり求めて飽き足らない心（広説）。

○**馬庭山寺**　未詳。馬庭・馬庭坂の地名は、天平勝宝八歳（七五六）の「東大寺山堺四至図」（日本荘園絵図聚影三、近畿二、大和）、天平宝字六年（七六二）頃かとされる「造金堂所解案」（正倉院文書続修第十六巻。大日古〈編年〉一－四四七頁、参考史料A）、護国寺本諸寺縁起集（参考資料B）にみえる。これらによれば馬庭は、東大寺の東北方、現在の奈良市川上町辺りの地名と思われ、山寺もこの辺りにあったとみられる。

○**常住**　いつもそこに住んでいること（日国大）。

○**三年**　三年の喪の期間。礼記に「事師、無犯無隠、左右就養無方。服勤至死、心喪三年」（檀弓上篇）とある。

○**七々日**　四十九日のこと。人の死後、七日の七倍の期間。人が死んでから四十九日の間は中有に迷ってどこにも転生しないといわれるので、死者のために追善供養をして冥福を祈り、死者が果報を得て成仏するように、初七日から七日ごとに供養をする。七の七倍の四十九日でその供養を終わる。この期間を中陰という（広説）。

○因　名義抄「ユヘ、ヨシ」。

○教化　教え導く。上7（上136頁）。

○修善　善を行うこと。善行を積むこと。正しい行いをすること（日国大）。

○贈福　死者に冥福を贈る（旧大系）。

○須弥　須弥山のこと。古代インドの神話によれば世界の中心に高くそびえる巨大な山。仏教の宇宙観によれば、大海の中にあって、金輪の上にあり、その高さは水面から八万ヨージャナ（由旬）あって環状の七山八海が同心円状にとりまいており、これらの外側の四方に四洲があり、そのうちの南方にある贍部洲が人間の住するところであるという。須弥山のまわりを日月がめぐり、六道・諸天はみなその側面、または上方にある。その頂上に帝釈天の住む宮殿があるという（広説）。

【現代語訳】

物惜しみによって大蛇となった話　第三十八

聖武天皇の御世、奈良の都の馬庭の山寺に、一人の僧が住んでいた。その僧が死に臨んで、弟子に告げて、「私が死んだ後、三年が経つまで部屋の戸を開いてはならない」と言った。そうして死んだ後、四十九日を経ると、大きな毒蛇がその部屋の戸口に伏していた。弟子はそのわけを知って、蛇を教え諭して部屋の戸を開いて見ると、銭三十貫が隠してあった。弟子はその銭を回収して読経をし、善を修して福徳を回向した。本当によくわかる、銭を貪って隠したことによって大蛇の身を得て、戻ってきてその銭を守っていたということが。須弥山の頂上は見ることができても、欲の山の頂上は見ることができないとは、このことをいうのである。

【関連説話】

1　太平広記　巻四百五十七

隋絳州夏県樹提家、新造宅、欲移入、忽有虵無数、従室中流出門外、其稠如箔上蠶、蓋地皆遍。時有行客云、解符鎮。取桃枝四枚書符、遶宅四面釘之、虵漸退、符亦移就之。虵入堂中心、有一孔、大如盆口、虵入並尽。令煎湯一百斛灌之。経宿、以鍬掘之、深数尺。得古銅銭二十万貫。因陳破、鋳新銭、遂巨富。虵乃是古銅之精。出朝野僉載。

2　今昔物語集　巻二十第二十四話

奈良馬庭山寺僧、依邪見受蛇身語第二十四

今昔、奈良ニ馬庭山寺ト云フ所有リ。其ノ山寺ニ一人ノ僧住ケリ。年来其ノ所ニ住テ懃ニ勤メ行フト云ヘドモ、智リ無ガ故ニ邪見ノ心深クシテ、人ニ物ヲ惜テ与フル事無カリケリ。

此クテ年来ヲ経ルニ、僧既ニ老ニ臨テ、身ニ病ヲ受テ、遂ニ命終ラムト為ル時ニ、弟子ヲ呼テ、告テ云ク、「我レ死テ後、三年ニ至ラムマデ、此坊ノ戸ヲ開ク事無カレ」ト云テ、即チ死ヌ。

其後、弟子、師ノ遺言ノ如ク坊ノ戸ヲ開ク事無クシテ、見ルニ、七日ヲ経テ、大ナル毒蛇有テ、其坊ノ戸ニ蟠レリ。弟子此レヲ見テ、恐ヂ怖レテ思ク、「此ノ毒蛇ヲ必ズ我ガ師ノ邪見ニ依テ、成リ給ヘル也ケリ。師ノ遺言有テ、「三年ハ坊ノ戸ヲ不可開ズ」ト云ヘドモ、師ヲ教化セム」ト思ニ、忽ニ坊ノ戸ヲ開テ見レバ、壺屋ノ内ニ、銭三十貫ヲ隠シ納タリケリ。弟子此レヲ見テ、其銭ヲ以テ、忽ニ大寺ニ持行テ、誦経ニ行テ、師ノ罪報ヲ訪フ。実ニ、「師ノ、銭ヲ貪テ此レヲ惜ムニ依、毒蛇ノ身ヲ受テ、返テ其ノ銭ヲ守ル也ケリ」ト知ヌ。此レニ依テ、「三年坊ノ戸ヲ不可開ズ」トハ遺言シケル也ケリ。此ヲ思フニ、極メテ愚ナル事也。「生タリシ時、銭ヲ、「惜シ」ト思フト云ドモ、其ノ銭ヲ以テ、三宝ヲ供養シ、功徳ヲ修タラバ、当ニ毒蛇ノ身ヲ受ケムヤ」トゾ人語ケルトナム語リ伝ヘタルトヤ。

3　日本往生極楽記

律師無空、平生念仏為業。衣食常之。自謂、我貧亡後定煩遺弟。窃以万銭置于房内天井之上。欲支斂葬也。律師臥病、言不及銭、忽以即世。枇杷左大臣与律師有故旧矣。大臣夢、律師衣裳垢穢、形容枯槁。来相語曰、我以有伏蔵銭貨、不度受蛇身。願以其銭可書写法花経。大臣自到旧房、捜得万銭。々中有一小蛇、見人逃去。大臣忽令書写供法花経一部了。他日夢、律師法服鮮明、顔色悦懌、持香鑪来。謂大臣曰、吾以相府之恩、得免邪道。今詣極楽。語了西向飛去焉。

4　大日本国本朝法華経験記　巻上、第七話

律師無空、平生念仏為業。衣食常乏自謂、我貧亡後定煩遺弟。窃以万銭置于房内天井之上。欲支葬斂。律師臥病言不及銭、忽以退世。枇杷左大臣与律師有旧契。大臣夢、律師衣裳垢穢、形容枯槁。来相語曰、我以有伏蔵銭貨、不度而受蛇身。願以其銭可書写法華経。大臣自到旧坊捜得万銭。銭之中有小蛇、見人逃去。大臣忽令書写供法華経一部畢。他日夢、律師衣服鮮明、顔色悦懌、手持香炉来。語大臣曰、吾以相府之恩、得免蛇道。今詣極楽。謂了西向飛去焉。

【参考史料】

A　造金堂所解案（正倉院文書続修第三十六巻。大日古〈編年〉十六―二七九頁）

三百九貫二百七十文運雑物車賃

（中略）

九百文自佐保山馬庭坂運白土三十斛車十両賃両別九十文

B　護国寺本諸寺縁起集東大寺　縁起文

在四至堺、自寺西北角東至染谷、以山足為限、自染谷至飯盛峰、以道為限、自此至佐保石寺、以道為限、自此至於馬庭坂本、以佐保川為限、自此至香山東谷上、以佐保川原為限、自此香山東南角、以道為限、自至御笠山東谷口、以能登川為堺、自此北至氷室谷上、以道為堺、自此至興福寺地東北角、以山足為限、自此至寺西南角以寺。

【参考文献】

たなかしげひさ『奈良朝以前寺院址の研究』（白川書院、一九七八年）
小林信彦「『日本霊異記』中巻第三八話に描かれる「たま」の文化―日本人が仏教を受け入れなかった背景」（『説話論集第五集　仏教と説話』清文堂出版、一九九六年）

（藤田）

薬師仏の木像水に流れ沙に埋もれて霊しき表を示す縁　第三十九

【原　文】

*薬師仏木像、流レ水埋レ*沙[1]示二霊表一縁第卅九
駿河国与遠江国之堺有レ河。名曰二*大井[2]河一。其河上[3]有二*鵜田里一。是*遠江国榛[4]原郡部内也。*奈良宮治二天下一大炊天皇御世、*天平宝字二[5]年戊[6]戌春三月、彼鵜田里河辺沙之中有レ音而曰、取[7]レ我矣取レ我矣。于時有レ僧。経レ国而行過レ*彼当時、取レ我之曰音、猶不レ止。僧呼[8]求之*邂[9]逅得レ聞。沙底有レ音、思二埋死人之蘇[10]還也[11]一、堀見、有[12]二薬師仏木像一。*高六尺五寸、左右耳欠。敬礼哭言、我大師哉。何有二過失一遇二是水難一。有レ縁*偶*値。願我修理。引二率[13]知識一、*勧二請仏師一、令レ造二仏耳一、鵜田里造レ堂、居二

（第三十九紙）

尊像一以之供養。令[14]レ号曰二*鵜田堂一矣[15]。是仏像有レ験放レ光、所レ願能与故、道俗帰*敬。伝聞、*優塡[16]檀像、起致二*礼敬[17]一、*丁蘭木母、動示二生形一者、其斯謂之矣。

[来]本縁を欠く
1沙、[国]砂
2井、[国]并
3河、[国]江
4榛原、[国]捺
5二、[国]三
6年、[国]季
7取、[国]ナシ
8呼、[国群]叩[攷証]原作呼
9邂、[国]避
10蘇、[国]甦
11也、[国]ナシ
12有、[国]ナシ
13率、[国]卒
14令、[国群]今[攷証]原作令依高野本改
15矣、[国]是今
16塡檀、[国]檀塡
17敬、[国]拝

【書き下し文】

薬師仏《やくしぶつ》の木像、水に流れ沙《いさご》に埋《うず》もれて霊《くす》しき表《しるし》を示す縁　第三十九

駿河《するが》国と遠江《とおとうみ》国との堺に河有り。名を大井《おおい》河と曰ふ。其《そ》の河の上《ほとり》に鵜田《うだ》里有り。是《こ》れ遠江国榛原《はいばら》郡の部内《ぶない》なり。奈良《なら》宮に天下治《あめのしたおさ》めたまひし大炊《おおい》天皇の御世、天平宝字《てんぴょうほうじ》二年戊戌《つちのえいぬ》の春三月、彼《そ》の鵜田里の河辺の沙の中に音《こえ》有りて曰はく、「我を取れ、我を取れ」と。時に僧有り。国を経て行き彼《そこ》を過ぐる当《そ》の時に、「我を取れ」と曰ふ音、猶《な》ほし止まず。僧呼び求むるに邂逅《たまさか》に聞くことを得たり。沙の底に音有れば、埋もれたる死人の蘇《さ》め還《かえ》りたるなりと思ひて、堀《ほ》りて見るに、薬師仏の木像有り。高さ六尺五寸にして、左右の耳欠けたり。敬礼《きょうらい》して哭《な》きて言はく、「我が大師《だいし》や。何の過失有りて是《こ》の水難に遇《あ》ふ。縁有りて偶《たまさか》に値《あ》へり。願はくは我修理せむ」と。知識《ちしき》を

引率し、仏師を勧請《かんじょう》して、仏の耳を造らしめ、鵜田里に堂を造りて、尊像を居《お》き、以て供養《くよう》す。号《なづ》けしめて鵜田《うだの》堂《どう》と曰ふ。是の仏像、験《げん》有りて光を放ち、願ふ所を能《よ》く与ふるが故に、道俗帰敬《どうぞくききょう》す。伝へ聞く、優塡《うてん》の檀像《だんぞう》、起《た》ちて礼敬《らいきょう》を致し、丁蘭《ていらん》が木母《もくぼ》、動きて生ける形を示すといふは、其れ斯《こ》れを謂《い》ふなり。

【語　釈】

○**薬師仏**　薬師如来のこと。東方浄瑠璃世界の教主。十二の大願を発して、衆生の病苦などの苦患を救い、身体的欠陥を除き、さとりに至らせようと誓った仏。古来医薬の仏として尊信される。その像は、左手に薬壺または宝珠を持ち、右手に施無畏の印を結ぶのを通例とする。日光・月光の二菩薩を脇士とし、十二神将を護法神とする（日国大）。

○**沙**　石のきわめて細かいもの。すな。すなご。まさご（日国大）。新撰字鏡「磣　石微細而随風飛也。伊佐古又須奈古」、字類抄「イサコ」。

○**大井河**　静岡県を流れる河川。赤石山脈の間ノ岳に発し、南流して太平洋にいたる。古代より大井川は、駿河国と遠江国の境界とされた河川であるが、古代の流路は現在の大井川本流ではなく、支流の栃山川であったとされる（古代地名大辞典）。類聚三代格によれば、平安時代初期には渡船が設置されていた（承和二年〈八三五〉六月二九日太政官符）。

○**上**　名義抄「ホトリ」。川や海などのきわ。ふち（日国大）。

○**鵜田里**　本縁のみにみえる里名だが、現在、静岡県島田市野田に所在する鵜田寺との関係が推定される（『日本歴史地名大系　静岡県の地名』他）。鵜田寺の山号は天正山、真言宗泉涌寺派の寺院で、本尊の薬師如来坐像（寄木造、像高五二・四センチメートル）は、静岡県指定文化財。この像は眼病に霊験あらたかであるとして古くから近隣の信仰を集めている。その由来を記した同寺所蔵の鰐口（大永五年〈一五二五〉の銘、参考史料A）は、元亨釈書（関連説話2）を典拠として、天平宝字二年（七五八）を同寺の創建年次とする。ところがこの鰐口の銘文は、元亨釈書に「遠州鵜田寺」とあるところを

「駿州鵜田寺」と書き換え、薬師像についても「高六尺五寸、左右耳朽闕」とあるのを「高三尺、座像左右耳朽闕」として、寸法を改変し坐像であることを書き加えている。この点からは、本縁にみえる鵜田里・鵜田堂と、現在の鵜田寺との関係及び鵜田里の比定地についてはなお検討を要する問題といえる。

〇**遠江国榛原郡**　榛原郡は、現在の静岡県西部にあたる地域。和名抄「榛原　波伊波良」。本縁の鵜田里はこの榛原郡に属したとするが、現存の鵜田寺は、駿河国志太郡に所在した（参考史料A）。そのため鵜田里の比定地を鵜田寺との関係でみることには問題がある（前項参照）。攷証はこの点に関心を示しており、「里人云、往昔水道変遷属駿河国也。或曰、以野田鵜田訓相近。後人牽強為之説也」と二つの考えをあげている。また『島田市史』は大井川上流にあった堂が流されて野田村にたどり着いたとする説を紹介している。

〇**奈良宮治天下大炊天皇**　淳仁天皇。諱は大炊王。舎人親王の子で、藤原仲麻呂に擁立され即位。孝謙太上天皇と不和になり、天平宝字八年（七六四）の藤原仲麻呂の乱後に廃位され、淡路に送られたが、翌年に逃亡を図り現地で没した。六国史などでは廃帝と呼称され、明治三年（一八七〇）になって淳仁天皇の諡号を追贈された。霊異記が廃帝ではなく大炊天皇と呼称している点は注目される。補説1。

〇**天平宝字二年戊戌春三月**　大炊王の即位は天平宝字二年八月一日。三月は孝謙天皇が在位している。

〇**彼**　名義抄・字鏡集「ソコ」。

〇**邂逅**　上9［興訓釈］「二合太万左加カ尓」。中17（243頁）。中8（148頁）「偶」、中19（261頁）「偶」。

〇**高六尺五寸**　約一九二センチメートル。

〇**偶**　たまさかに。偶然であるさま。中8（148頁）、中19（261頁）。

〇**値**　あう、あたる（字通）。名義抄「アフ」。中15（217頁）、中35（444頁）。

〇**勧請**　神仏の来臨や神託を請い願うこと。また、高僧などを請い迎えること。中8（149頁）、中12（186頁）、中15（218頁）、中35（444頁）。

○**鵜田堂**　鵜田里にあった仏堂。ここに薬師像が安置された。[今昔]は「堂」を「道場」とする。
○**帰敬**　仏を心から信仰して、尊敬すること。上6（上126頁）。
○**優塡檀像**　インドの優塡王が栴檀の木で造った仏像。これが立ち上がって釈迦を恭しく迎えたという説話をふまえている。本縁の出典については諸説があるが（旧大系）、諸注釈はほぼ諸経要集とする（関連説話34）。
○**礼敬**　うやまうこと。礼拝する。敬礼に同じ（広説）。
○**丁蘭木母**　これも諸経要集などに載せる故事。上17（上226頁）。

【現代語訳】

薬師仏の木像が水に流され砂に埋もれながら不思議な現象を見せた話　第三十九

駿河国と遠江国との堺に川があった。名を大井川といった。その川のほとりに鵜田里があった。これは遠江国榛原郡の管轄下にある。奈良宮に天下をお治めになられた大炊天皇の御世、天平宝字二年戊戌の春三月に、その鵜田里の河辺の砂の中から、「私を取り出してくれ、私を取り出してくれ」という声がする。その時にひとりの僧がいた。諸国をめぐって行きながら、ちょうどそこを過ぎるその時にも、「私を取り出してくれ」という声はなお止んでいなかった。僧はその呼び求める声をたまたま聞くことができた。砂の底から声がするのであれば、川底に埋もれた死者が蘇生したものであろうと思って、掘り起こしてみると、薬師仏の木像があった。高さは六尺五寸あって、左右の耳が欠けていた。敬い礼拝して哭きながら、「我が偉大なる師よ。どのような過ちがあってこの水難に遇われたのですか。ご縁があって偶然にお会いできました。どうか私に修理させて下さい」と言った。そして信者を率い、仏師をお迎えして仏の耳を造らせ、鵜田里にお堂も造立して、この尊像を安置し、もって供養を行った。これを名づけて「鵜田堂」といった。この仏像は霊験あらたかで光を放ち、願うことをよくかなえるので、求道者も俗人もみな心から尊崇した。伝え聞くところでは、優塡の造った栴檀の像は起ちあがって釈迦を敬い、丁蘭の造った木像の母は、動きだして生きている姿を示したというが、それはこのことをいうのである。

【関連説話】

1　今昔物語集　巻十二第十二話

修行僧、従砂底堀出仏像語第十二

今昔、駿河ノ国ト遠江ノ国ト堺ニ一ノ河有リ。大井河ト云フ。其ノ河ノ上ニ鵜田ノ郷ト云フ所有リ。此レ、遠江ノ国ノ榛原ノ郡ノ内也。

而ルニ、大炊ノ天皇ノ御代ニ、天平宝子二年ト云フ年ノ三月ノ比、仏ノ道ヲ修行スル一人ノ僧有テ、此ノ国ヲ経テ、彼ノ鵜田ノ郷ノ河辺ヲ行キ過ル時ニ、沙ノ中ニ音有テ云ク、「我レヲ取レ、〻〻」ト。此ノ僧、此ノ音ヲ聞テ、怪ビ思テ徘徊スル間、此ノ音不止ラズ。僧此ノ音ヲ何レノ所ト云フ事不知ズシテ求ムルニ、人無シ。適マ此ノ音ヲ沙ノ中ニ聞キ成シツ。僧、「此レ、若シ死人ヲ埋メルガ活テ云フカ」ト思テ、堀テ見レバ、薬師仏ノ木像ヲ堀出シ奉レリ。高サ六尺五寸也、左右ノ手闕ケ給ヘリ。僧此レヲ見ルニ、「然レバ、此ノ仏ノ御音也ケリ」ト思フニ、悲クテ、泣々礼拝シテ云ク、「此レ、我ガ大師ノ在マスカ。何ノ過在マシテカ、此ノ水難ニ値給ヘル。縁有テ既ニ我レニ値給ヘリ。我レ修理ヲ可加奉シ」ト云テ、忽ニ知識ヲ曳テ物ヲ集メテ、仏師ヲ雇テ此ヲ修理シ奉テ、彼ノ鵜田ノ郷ニ道場ヲ造テ、此ノ像ヲ安置シテ供養シ奉リツ。今此レヲ鵜田寺ト云フ、此レ也。

其後、此ノ仏、霊験掲焉ナル事無限シ。光ヲ放チ給ヒケリ。其ノ国ノ人、願ヒ求ムル事有テ此ノ薬師仏ノ御許ニ詣テ祈リ請フニ、必ズ其ノ願ヲ満給フ事疑ヒ無シ。然レバ、国ノ内ノ道俗・男女、首ヲ低テ恭敬シ奉ル事無限シ。其ノ仏、本何ニシテ沙ノ中ニ在マシケリト云フ事ヲ不知ズ。

現ニ物ヲ宣ヘル仏也。心ロ有ラム人ハ必ズ詣テ可礼奉キ仏也トナム語リ伝ヘタルトヤ。

2　元亨釈書　巻第二十八寺像志

遠州鵜田寺薬師像者、宝字二年三月、一沙門渡大井河。水底有声曰、取我取我。沙門穿声所而得像。高六尺五寸、左右耳朽闕。命工補之。其後時時像放光。

3　諸経要集　巻八　興福部第十五（大正新脩大蔵経五十四－七四頁）

述意縁第一

昔優塡初刻栴檀、波斯始鑄金質、皆現写真容、工図妙相、故能流光動瑞避席、施虔爰至、髪爪両塔、衣影二台、皆是如来在世、已見成軌、自収迹河辺、闍維林外、八王請分、還国起塔、及瓶炭二所、於是十刹興焉、其生処得道、説法涅槃、髪髻頂骨、四牙双迹、鉢杖唾壺、泥洹僧等、皆樹塔勒銘、標碣神異、爾後百有余年、阿育王、遣使浮海、壊撤諸塔、分取舎利、還値風潮、頗有遺落、故今海族之中、時或遇者是、後八万四千、因之而起、育王諸女、亦次発浄心、並鐫石鎔金、図写神状、至能浮江汎海、影化東川、雖復霊迹潜通、而未彰視聴、及蔡愔秦景自西域還至、始伝画畳釈迦、於是涼台寿陵、並図其相、自茲厥後、形像塔廟、与時競列、洎于梁代、遺光奥盛、但法身無像、因感故形、感見有参差、故形応有殊別、若乃心路蒼茫、則真儀隔化、情志慊切、則木石開心、故劉殷至孝誠感、釜底為之生銘、丁蘭温清竭誠、木母以之変色、魯陽迴戈而日転、杞婦下涙而城崩、斯皆隠惻、入其性情、故使徴祥昭乎耳目、是知道藉人弘、神由物感、豈曰虚哉、是以祭神如神在、則神道交矣、敬像如敬仏、則法身応矣、故入道必以智慧為本、智慧必以福徳為基、譬猶鳥備二翼、倏挙万尋、車足両輪、一馳千里、豈不勤哉、豈不勗哉、

4　法苑珠林　巻三十三　興福篇第二十七之一述意部第一

昔優塡初刻栴檀、波斯始鑄金質。皆現写真容、工図妙相。故能流光動瑞、避席施虔、爰至髪爪両塔、衣影二台、皆是如来在世、已見成軌。自収迹河辺、闍維林外、八王請分、還国起塔、及瓶炭二所、於是十刹興焉。其生処、得道、説法、涅槃、髪髻、頂骨、四牙、双跡、鉢杖、唾壺、泥洹僧等、皆樹塔勒銘、標碣神異。尓後百有余年、阿育王遣使浮海、壊撤諸塔、分取舎利、還値風潮、頗有遺落。故今海族之中、時或遇者。是後八万四千、因之而起、育王諸女亦次発浄心、並鐫石鎔金、図写神状。至能浮江汎海、影化東川。雖復霊迹潜通、而未彰視聴。及蔡愔、秦景自西域還至、始伝画氎釈迦。於是涼台、寿陵、並図其相。自茲厥後、形像塔廟、与時競列。洎于梁代、遺光粤盛。但法身無像、因感故形。感見有参差、故形応有殊別。若乃心路蒼茫、則真儀隔化、情志慊切、則木石開心。故劉殷至孝誠感、釜庾為之生銘、丁蘭温清竭誠、木母

以之変色、魯陽迴戈而日転、杞婦下涙而城崩。斯皆隠惻入其性情、故使徴祥照乎耳目。是知道藉人弘、神由物感、豈曰虚哉、是以祭神如神在、則神道交矣、敬像如敬仏、則法身応矣。故入道必以智慧為本、智慧必以福徳為基。譬猶鳥備二翼、儵挙万尋、車足両輪、一馳千里。豈不勤哉、豈不勗哉。

【補　説】

1　大炊天皇

霊異記における天皇の呼称は多様である。「〇〇宮御宇（治天下）天皇」とするものがほとんどだが、古い時代の天皇（孝徳天皇まで）については、漢風諡号が使われ、例外的に聖武天皇にも使われている（なお持統天皇は「大后天皇」とする）。聖武天皇以後の天皇については、「〇〇宮御宇（治天下）天皇」という呼称とともに、即位前の名（諱・実名）を使用するものが多くなる。帝姫阿倍（孝謙・称徳）、大炊（淳仁）、白壁（光仁）、山部（桓武）、神野（嵯峨）と続く。これは霊異記の編纂された時期における天皇の呼称を反映していると考えられる。「〇〇宮御宇（治天下）天皇」といった古事記・日本書紀以来の呼称が根強く使われる一方で、霊異記編纂とほぼ同時代といってよい時期の天皇になると、「諱＋天皇」が使われはじめる。これは霊異記成立期に近い時代の天皇が、「孝謙」（孝謙は聖武とともに天平宝字二年に奉呈された尊号）を除くと尊号・諡号が定まっていなかったことと関わるのであろう。ただ六国史にみえる「高野天皇」（孝謙・称徳）や「廃帝」（淳仁）は使用されていない。

【参考史料】

A　天正山鵜田寺所蔵鰐口銘文（『島田市史』上巻、島田市役所、一九七八年）

（表）元亨釈書曰　駿州鵜田寺薬師像者　宝字二年三月　一沙門渡大井河　水底有声　曰取我取我　沙門穿声所而得像高三尺　座像左右耳朽闕　命工補之　其後時時像放光　駿州鵜田寺薬師開闢以来年代等　人王四十代淡路廃帝天平宝字二年

己亥矣　自尓以来　大永五乙酉七百六十九年也

（裏）駿河国大津本庄志田郡野田村鵜田寺薬師堂　大永五年乙酉五月八日敬白

【参考文献】

原口裕「霊異記出典語句管見」（『訓点語と訓点資料』三四、一九六六年）

山内洋一郎「法苑珠林と諸経要集」（『金沢文庫研究』二二〇、一九七〇年）

川口義照「法苑珠林と諸経要集との関係」（『駒沢大学大学院仏教学研究会年報』九、一九七五年）

白土わか「日本霊異記にあらわれた因果応報思想」（『仏教思想』三、一九七八年）

島田市史編纂委員会編『島田市史』上巻（島田市役所、一九七八年）

寺崎保広「「日本霊異記」を読む―説話配列と天皇名をめぐる覚書」（『奈良史学』三二、二〇一五年）

（毛利）

悪事を好む者以て現に利鋭に誅られ悪死の報を得る縁　第四十

【原　文】

好㆓於悪事㆒者、以現所㆑誅㆓利鋭㆒、得㆓悪死報㆒縁第[1]卌

橘朝臣諸楽麻呂者、葛木王之子也。強窺㆓非望㆒、心繋㆑鴿[2]㆑国、招㆓集逆党㆒、当[3]㆓頭其便㆒。画作㆓宿[4]僧形㆒、以㆑之立㆑的、效㆘射㆓僧黒眼㆒之術㆖。好㆓諸悪事㆒、无㆑過㆓斯甚㆒。諸楽麻呂之奴、於㆓諸楽山㆒為㆓鷹鳥獦㆒。而見㆑之、其山多有㆓狐子㆒。奴投[5]㆓狐子㆒、用㆑木刺㆑串、立㆓其穴戸㆒。奴有㆓嬰児㆒。母狐結㆑怨、返㆑身化、作㆓奴児之祖母㆒。抱㆓奴子㆒、迄㆓于己穴戸㆒、如㆑串㆓己子㆒、貫㆓奴子㆒立㆓穴戸㆒。雖㆓賤畜生㆒、報㆑怨有㆑術。現報甚近。不㆑无㆓慈心㆒。為㆓无㆑慈行㆒、致㆓无㆑慈怨㆒。然後、不㆑久、諸楽麻呂、天皇見㆑嫌、利鋭攸[6]。則以知㆑之、先悪行者、令㆑逢㆓利鋭㆒、

所レ殺之表也。斯亦奇事也。

来国本縁を欠く
1第、群弟
2鴟、群傾群に従う
3当頭、群常覬攷証原作頭意改
4宿、真見セ消チ群宿
5投、群捉群に従う
6攸、攸誅に意改

【書き下し文】

悪事を好む者、以て現《うつつ》に利鋭《りえい》に誅《き》られ、悪死の報《ほう》を得る縁　第四十

橘朝臣《たちばなのあそん》諾楽麻呂《ならまろ》は、葛木王《かつらぎおう》の子なり。強ひて非望《ひもう》を窺《うかが》ひ、心に国を傾《かたぶ》けむことを繫《か》け、逆党《ぎゃくとう》を招集《しょうしゅう》し、其《そ》の便《たより》を当頭《つつめ》く。画《えが》きて僧形《そうぎょう》を作《な》し、之を以て的に立て、僧の黒眼を射る術《すべ》を效《まね》ぶ。諸《もろもろ》の悪事を好むも、斯《こ》の甚《はなは》だしきに過ぐるもの無し。諾楽麻呂の奴《やつこ》、諾楽山に鷹鳥獦《たかがり》を為す。之を見るに、其の山に多くの狐子有り。奴、狐子を捉《とら》へ、木を用ひて串《くし》に刺し、其の穴の戸に立つ。奴、嬰児《みどりこ》あり。母狐、怨《あた》を結び、身を返して化《け》し、奴の児の祖母と作る。奴の子を抱《うだ》き、己《おの》が穴の戸に迄《い》たり、己が子を串《くすぬ》きしが如く、奴の子を貫《つらぬ》き穴の戸に立つ。賤《いや》しき畜《ちく》生《しょう》と雖《いえど》も、怨に報《むく》いるに術有り。現報《げんぽう》甚だ近し。慈《うつくしび》の心無からざれ。慈無き行ひを為さば、慈無き怨を致さむ。然《しか》る後、久しくあらざるに、諾楽麻呂、天皇に嫌《そね》まれ、利鋭に誅られき。則ち以て之を知る、先の悪行は、利鋭に逢《あ》はしめ、殺さるる表《しるし》なり。斯れも亦《ま》た奇《あや》しき事なり。

【語　釈】

○**誅**　字類抄「キル」。きりはらう（字通）。

○**利鋭**　するどいこと。鋭利。また、刃もの。刀剣（日国大）。
○**橘朝臣諸楽麻呂**　奈良麻呂とも。母は藤原不比等の娘。天平勝宝元年（七四九）に参議となった。当時、中央政界では、聖武太上天皇・光明皇太后・孝謙天皇の権威の下、藤原仲麻呂が勢力を伸ばしていた。天平宝字元年（七五七）、仲麻呂による皇太子道祖王の廃太子および大炊王立太子を契機としてクーデタを計画したが、密告により失敗した。奈良麻呂は、その際に逮捕されて拷問を受け、死に至らしめられたものと考えられている。事件を伝える続日本紀には死亡の記事が欠けているが、本縁では、奈良麻呂が処刑されたかのごとき記述をとっている。
○**葛木王**　父は、敏達天皇の裔・美努王、母は県犬養三千代。天平八年（七三六）に上表して橘宿祢姓を賜り、橘諸兄と称した。天平九年の藤原四卿没後、大納言となり、さらに右大臣に昇った。天平十五年に従一位左大臣、天平勝宝元年には正一位、翌年に朝臣の姓を賜った。天平勝宝八歳（七五六）に致仕を請い、天平宝字元年一月に死去した。
○**非望**　身分不相応なことを望むこと。野望（日国大）。
○**逆党**　主君にそむいて、謀反を起こした人々（日国大）。ここは、橘奈良麻呂の変を念頭に置いた記述であろう。続日本紀天平宝字元年七月庚戌条によると、奈良麻呂のもとには安宿王、黄文王、大伴古麻呂、多治比犢養、多治比礼麻呂、大伴池主、多治比鷹主、大伴兄人が集まったという（参考史料A）。
○**当頭**　大声でいうのをはばかって、ひそひそものをいう。上34（上375頁）、中30（378頁）。
○**僧形**　ここでいう「僧」に聖武天皇や行基などを擬する説があるが（全集・集成・ちくま）、従いがたい（新大系）。ただしクーデタに失敗した奈良麻呂は、逮捕尋問された中で「勅使又問奈良麻呂云、逆謀縁何而起。款云、内相行政甚多無道。故先発兵、請得其人、後将陳状。又問、政称無道、謂何等事。款云、造東大寺、人民苦辛。氏々人等、亦是為憂」と述べ、東大寺の造立（大仏建立）を批判するなどしたことが伝えられている。
○**效**　ならう、かたどる、のっとる（字通）。上19［興訓釈］「万尓比」。
○**射僧黒眼之術**　描かれた僧の黒目を標的にして弓を射た。敵対者を呪うための呪術の一種か（ちくま）。

○**奴**　人などをののしっていう語（日国大）。ここでは奈良麻呂家の奴婢を指すのではなく、奈良麻呂本人のこと。
○**諾楽山**　奈良市北方、奈良盆地と京都盆地の間に位置する標高一〇〇メートル前後の丘陵。奈良山、平城山、乃楽山とも記す。日本書紀崇神紀に軍勢が屯聚して山の草木を踏みならしたことからこの名がついたとする伝承がある。上12（上187頁）「奈良山」。
○**鷹鳥獦**　鷹狩のこと。飼いならした鷹を使って鳥を捕えさせる狩猟。「獦」は「猟」の俗字。
○**戸**　ここでは狐の巣穴の入り口をいう。
○**嬰児**　和名抄「美都利古」、新撰字鏡「弥止利子」。三歳ぐらいまでの子ども。赤児。幼児。上9（上156頁）。
○**怨**　うらむ、いかりにくむ（字通）。名義抄「アタ」。
○**祖母**　和名抄「於波」、名義抄「オバ」。
○**迄**　名義抄「イタル」。中5（91頁）。
○**串**　東大寺諷誦文稿平安時代初期点「クスヌク」。
○**嫌**　上5［興訓釈］「曽祢見」。上5（上107頁）。
○**攸**　ところ、所と同じように用いる（字通）。名義抄「トコロ」。解釈が難しいが、字義より「所」と同意解し、また旧大系の説によって「攸」の次を「誅」脱とみて、「誅られき」と訓んでおくが、全集・集成のように「攸」の次の「則」を「剔」と意改し、「剔られき」と訓むのも一案であろう。

【現代語訳】

悪事を好む者が、現世に鋭利な刃物で誅られ、悪死の報いを受けた話　第四十

橘朝臣諾楽麻呂は、葛木王の子である。強引に身分不相応な野望を窺い、国を傾けようと思い、反逆者を集めてその機会を謀議した。僧の形を絵に描いて、これを的にして、僧の黒目を射抜く術を練習した。様々な悪事を好んだが、これより甚

だしいものはない。諾楽麻呂めは、諾楽山で鷹狩りをした。見るとその山にはたくさん狐の子がいた。こやつは、狐の子を捕まえ、木を用いて串刺しにし、狐の穴の入り口に立てた。こやつには、嬰児がいた。母狐は仇を討とうとして、身を変えて化け、こやつの子の祖母となった。子を抱き自分の穴の入り口までやってきて、自分の子が串刺しにされたように、こやつの子を串で貫いて穴の入り口に立てた。賤しい畜生ですら、恨みを報ずる手段があるのである。現実の報いははなはだ近いのである。慈しみの心を持たなくてはならない。慈悲のない行いをすれば無慈悲な仇を討たれるのである。その後、しばらくして諾楽麻呂は、天皇に嫌われ鋭利な刃物で誅られた。そこで知るのである、先に行った悪行は、鋭利な刃物で切られ殺される前兆であったということを。これもまた不思議な事である。

【関連説話】

1　太平広記　巻四百四十九

唐開元中、東光県令謝混之、以厳酷強暴為政、河南著称。混之嘗大猟于県東。殺狐狼甚衆。其年冬、有二人詣台、訟混之殺其父兄、兼他贓物狼籍。中書令張九齢令御史張暁往按之、兼鎖系告事者同往。暁素与混之相善。先疏其状。令自料理。混之遍問里正、皆云不識有此人。混之以為詐。已各依状明其妄以待弁。暁将至滄州、先牒繋混之于獄。混之令吏人鋪設使院、候暁。有里正従寺門前過。門外金剛有木室扃護甚固。聞金剛下有人語声。其扃以鎖。非人所入。里正因逼前聴之。聞其祝云、県令無状、殺我父兄。今我二弟詣台訴冤、使人将至、願大神庇廕、令得理。有頃、見孝子従隙中出。里正意其非人、前行尋之。其人見里正、惶懼入寺。至厠後失所在。帰以告混之。混之驚愕久之。乃曰、「吾春首大殺狐狼。得無是耶。及暁至、引訟者出、県人不之識。訟者言詞忿争、理無所屈。混之未知其故。有識者勧令求猟犬。猟犬至、見訟者、直前搏逐。径跳上屋、化為二狐而去。出広異記。

【補　説】

1　仏僧をめぐる観念

本縁で橘奈良麻呂は、画いた僧の眼を射抜く練習をしていたため、悪死の報いを受けている。ここには、僧は尊敬すべき対象であるという観念があったことが示されている。日本書紀敏達天皇十三年是歳条によると、蘇我馬子は三人の女性を出家させ、ひとり仏法に帰依して三人の尼を崇敬したとあり（参考史料B）、僧尼を尊敬すべきとする観念は仏教の興隆当初からみられる観念であった。吉田一彦は、こうした観念は僧尼が有するマジカルなパワーに由来するとしている（吉田「僧尼と古代人」『日本古代社会と仏教』吉川弘文館、一九九五年。初出一九九一年）。橘奈良麻呂が特定の僧を批判したことを直接的に示す史料はないが、奈良麻呂によるクーデタ計画が失敗し、逮捕尋問される中で奈良麻呂は、東大寺の造立、大仏建立を批判している。景戒は仏教興隆に批判的な奈良麻呂を批判したのであろう。

【参考史料】

A　続日本紀　天平宝字元年（七五七）七月庚戌条

庚戌、詔、更遣中納言藤原朝臣永手等、窮問東人等。款云、毎事実也。無異斐太都語。去六月中、期会謀事三度。始於奈良麻呂家、次於図書蔵辺庭、後於太政官院庭。其衆者、安宿王・黄文王・橘奈良麻呂・大伴古麻呂・多治比犢養・多治比礼麻呂・大伴池主・多治比鷹主・大伴兄人・自余衆者、闇裏不見其面。庭中礼拝天地四方、共歃塩汁、誓曰、将以七月二日闇頭、発兵囲内相宅、殺刧即囲大殿、退皇太子。次傾皇太后宮而取鈴璽。即召右大臣将使号令。然後廃帝、簡四王中、立以為君。於是、追被告人等、随来悉禁着、各置別処、一々勘問。始問安宿。款云、去六月二十九日黄昏、黄文来云、奈良麻呂欲得語言云尓。安宿即従往、至太政官院内。先有二十許人。一人迎来礼揖。近着看顔、是奈良麻呂也。又有素服者一人。熟看此、小野東人也。登時、衆人共云、時既応過。宜須立拝。安宿問云、未知、何拝耶。答云、拝天地而已云尓。安宿雖不知情、随人立拝。被欺往耳。又問黄文・奈良麻呂・古麻呂・多治比犢養等、辞雖頗異、略皆大同。勅使又問奈良麻呂云、逆謀縁何而起。款云、内相行政甚多無道。故先発兵、請得其人、後将陳状。又問、政称無道、謂何等事。款云、造東大寺、人民苦辛。氏々人等、亦是為憂。又置剗奈羅、為已大憂。問、所称氏々、指何等氏。又造寺、元起自汝父時。今噵人憂。其言不似。於是、奈良麻呂辞屈而服。又問佐伯古比奈。款云、賀茂角足請高麗福信・奈貴王・坂上苅田麻呂・巨勢苗麻呂・牡鹿嶋足、於額田部宅飲酒。其意者為令此等人莫会発逆之期也。又角足与逆賊謀、造田村宮図、指授入道。於是、一皆下獄。又分遣諸衛、掩捕逆党。更遣出雲守従三位百済王敬福・大宰帥正四位下船王等五人、率諸衛人等、防衛獄囚。拷掠窮問。黄文（改名多夫礼）・道祖（改名麻度比）・大伴古麻呂・多治比犢養・小野東人・賀茂角足（改名乃呂志）等、並杖下死。安宿王及妻子配流佐度。信濃国守佐伯大成・土左国守大伴古慈斐二人、並便流任国。其支党人等、或死獄中。自外悉依法配流。又遣使、追召遠江守多治比国人勘問。所款亦同。配流於伊豆国。又勅陸奥国、令勘問守佐伯全成。款云、去天平十七年、先帝陛下行幸難波、寝膳乖宜。于時、奈良麻呂謂全成曰、陛下枕席不安。殆至大漸。然猶無立皇嗣。恐有変乎。願率多治比国人・多治比犢養・小野東人・立黄文而為君、以答百姓之望。大伴・佐伯之族、随於此挙、前将無敵。方、今天下憂苦。居宅無定。乗路哭叫。怨歎実多。縁是議謀。事可必成。相随以否。全成答曰、全成先祖、清明佐時。全成雖愚、何失先迹。実雖事成、不欲相従。奈良麻呂云、見天下愁、而述所思耳。莫噵他人。言畢辞去。厥後、大嘗之歳、奈良麻呂云、前歳所語之事、今時欲発。如何。全成答曰、朝庭賜全成高爵・重禄。何敢違天発悪逆事。是言、前歳已忘。何更発耶。奈良麻呂云、汝与吾同心之友也。由此談説。願莫噵他。又去年四月、全成賚金入京。于時、奈良麻呂語全成曰、相見大伴古麻呂以否。全成答云、未得相見。是時、奈良麻呂云、願与汝欲相見古麻呂。共至弁官曹司、相見語話。良久、奈良麻呂云、聖体乖宜、多経歳序。闚看消息。不過一日。今天下乱、人心無定。若有他氏立王者、吾族徒将滅亡。願率大伴・佐伯宿祢、立黄文而為君、以先他氏、為万世基。古麻呂曰、右大臣・大納言、是両箇人、乗勢握権。汝雖立君、人豈合従。願勿言之。全成曰、此事無道。実雖事成、豈得明名。言畢帰去。奈良麻呂・古麻呂便留彼曹。不聞後語。勘問畢而自経。

B　日本書紀　敏達天皇十三年（五八四）是歳条

是歳。蘇我馬子宿祢請其仏像二躯。乃遣鞍部村主司馬達等。池辺直氷田。使於四方、訪覓修行者。於是唯於播磨国得僧還俗者。名高麗恵便。大臣乃以為師。令度司馬達等女嶋。曰善信尼。年十一歳。又度善信尼弟子二人。其一漢人夜菩之女豊女。名曰禅蔵尼。其二錦織壼之女石女。名曰恵善尼。壼。此云都苻。馬子独依仏法、崇敬三尼。乃以三尼付氷田直与達等令供衣食。経営仏殿於宅東方。安置弥勒石像。屈請三尼大会設斎。此時達等得仏舎利於斎食上。即以舎利献於馬子宿祢。馬子宿祢試以舎利置鉄質中、振鉄鎚打。其質与鎚悉被摧壊、而舎利不可摧毀。又投舎利於水、舎利随心所願浮沈於水。由是馬子宿祢。池辺氷田、司馬達等、深信仏法修行不懈。馬子宿祢亦於石川宅脩治仏殿。仏法之初自茲而作。

（吉岡）

【参考文献】

長野一雄「霊異記中巻四十縁—国家主義的理念の波及」（『古代研究』一一、一九八〇年）

女人大蛇に婚はれ薬の力に頼りて命を全くすることを得る縁　第四十一

【原　文】

女人、大蛇所レ*婚頼二薬力一得レ全レ命縁第卌一

*河内国更荒郡馬甘里有二富家一。々有二女子一。*大炊天皇世*天平宝字三年己亥夏四月、其女子、登レ**桑揃レ葉。時有二大蛇一。*纏二於登女之桑一而登。往レ路之人、見示二於嬢一。々見驚落。蛇亦副墮、纏之以婚。*慌迷而臥。父母見レ之、請二*召薬師一、嬢与蛇倶載二於同床一、帰レ[1]充置レ庭。焼二*稷藁三束一、*三尺成レ来[2]為二三束一。合レ湯取レ汁三斗、煮煎之成二二斗一、猪毛十把(*)剋[3]末合レ汁。然当二嬢頭足一打レ*橛懸釣、*開口入レ汁。々入一斗、乃蛇放往殺而棄。蛇子白*凝、如二*蝦蟆子一。猪毛、立二蛇子身一、従レ*閪出五升許。口入二二斗一、蛇子皆出。迷[4]惑之嬢、乃醒言語。二親問之

（第四十紙）

答、我意如レ夢、今醒如レ本。薬服如レ是、何謹不レ用。然経二三年一、彼嬢、復蚍所レ婚而死。愛心深入、死別之時、恋二於夫妻及父母子一、而作レ是言、我、死復世必復相也。其(*)神議[5]者、従二[6]葉因縁一、或生二蚍馬牛犬鳥等一、先由二悪契一、為レ蚍愛婚、或為二恠畜生一。愛欲非レ一。*如二経説一、昔、*仏与二阿難一、自二墓辺一而過、*夫妻二人、共備二飲食一、祠レ墓慕哭。夫恋レ母啼、妻詠レ(*)⿱羽娣[7]泣。仏、聞二妻哭一、出レ音而嘆。阿難白言、以二何因縁一、如来嘆之。仏告二阿難一、是女、先世産二一男子一。深結[8]二愛心一、口嗍二等子[9]*閛一。母、経二三年一、(*)[10]儵条得レ病、臨二命終時一、撫レ子唼レ閛、而斯之言、*我生々世、常生相之。生二隣家女一、終成二子妻一、祠二自夫骨一、而今慕哭。知二*本末事一故、我哭耳者、其斯謂之矣。又*如二経説一、昔、有二人児一。其身甚軽、疾走如二飛鳥一。父常重愛、守育如レ眼。父見二子軽一、譬之而言、善哉、我児、疾走如レ狐。其子命終、後生二狐身一。応レ願二善[11]辟一。不レ欲二悪辟[12]一。必得二彼報一故也。

（第四十一紙）

来国本縁を欠く
1充、群家群に従う
2来、群束群に従う
3未、群末群に従う
4或、群惑群に従う
5議、攷証恐有誤字、識に意改
6葉、攷証疑業字、業に意改
7婦、群姨群に従う
8結、群浴
9等、攷証疑其字、其に意改
10条、倏に意改
11辟、群譬攷証意改群に従う
12辟、群譬攷証意改群に従う

【書き下し文】

女人《おみな》、大蛇《だいじゃ》に婚《くなが》はれ薬の力に頼りて命を全くすることを得る縁　第四十一

河内国更荒《さらら》郡馬甘《うまかい》里に富める家有り。家に女子有り。大炊《おおい》天皇の世の天平宝字三年己亥《つちのとい》の夏四月に、其《そ》の女子、桑《くわ》に登りて葉を揃《こ》きき。時に大きなる蛇有り。登れる女の桑に纏《まつわ》りて登る。路を往《ゆ》く人、見て嬢《おみな》に示す。嬢見て驚き落つ。蛇も亦《ま》た副《そ》ひ堕《お》ち、纏りて婚ふ。慌《ほ》れ迷《まど》ひて臥《ふ》しつ。父母之を見て、薬師《くすし》を請《う》け召し、嬢と蛇と倶《とも》に同じ床《とこ》に載せて、家に帰り庭に置く。稷《きび》の藁《わら》三束《つか》を焼き 三尺を束に成して三束と為す、湯に合はせて汁を取ること三斗、煮煎《にい》りて二斗と成し、猪《い》の毛十把を剋《きざ》み末《くだ》きて汁に合はす。然《しか》して嬢の頭《かしら》と足に当てて橛《くい》を打ちて懸《か》け釣り、開《つび》の口に汁を入る。汁入ること一斗、乃ち蛇放れ往くを殺して棄《す》つ。蛇の子白く凝《こ》り、蝦蟇《かえる》の子の如し。猪の毛、蛇の子の身に立ち、閪《しなたりくぼ》より出づること五升許《ばかり》なり。口に二斗を入るれば、蛇の子皆出づ。迷惑《まど》へる嬢、乃ち醒《さ》めて言語《ものい》ふ。二の親の問ふに答ふるに、「我が意《こころ》、夢の如くなりしも、今醒めて本の如し」と。薬服《やくふくか》是くの如し、何《なに》ぞ謹《つつし》みて用ゐざらむや。然して三年を経て、彼《そ》の嬢、復《ま》た蛇に婚はれて死にき。愛する心深く入りて、

死に別かるる時、夫妻と父母子を恋ひて、是く作して言はく、「我、死にて復たの世に必ずや復た相《あ》はむ」と。其の神識《たましい》は、業《ごう》の因縁《いんねん》に従ひて、或《あ》るは蛇・馬・牛・犬・鳥等に生まれ、先の悪しき契《ちぎり》に由《よ》りて、蛇と為りて愛《うつく》び婚ひし、或るは怪しき畜生と為る。愛欲は一《ひとつ》に非《あら》ず。経に説けるが如く、昔、仏と阿難《あなん》と、墓の辺《ほとり》よりして過ぎしに、夫と妻と二人、共に飲食《おんじき》を備けて、墓を祠《まつ》りて慕ひ哭《な》く。夫は母を恋ひて啼《な》き、妻は姨《おば》を詠《しの》びて泣く。仏、妻の哭くを聞き、音《こえ》を出して嘆く。阿難、白《もう》して言はく、「何の因縁を以て、如来《にょらい》嘆く」と。仏、阿難に告ぐに、「是《こ》の女、先世に一《ひとり》の男子《おのこご》を産む。深く愛心を結び、口に其の子の閛《まら》を嗽《す》ふ。母、三年を経て、儵倏《たちまち》に病を得て、命《いのち》終《お》はる時に臨《のぞ》み、子を撫《な》で閛を唼《す》ひて、斯《か》く言ひき、『我、生々《しょうじょう》の世、常に生まれて相《あ》はむ』と。隣家の女に生まれ、終に子の妻と成り、自《おのれ》と夫の骨《かばね》を祠《まつ》りて、今慕ひ哭く。本末《ほんまつ》の事を知るが故に、我哭くのみ」とは、其れ斯《こ》れを謂《い》ふなり。又経に説くが如く、昔、人の児有り。其の身甚《はなは》だ軽く、疾《はや》く走ること飛ぶ鳥の如し。父、常に重みし愛《うつくし》び、守り育つること眼《まなこ》の如し。父、子の軽きを見て、譬《たと》へて言はく、「善《よ》きかな、我が児、疾く走ること狐の如し」と。其の子、命終はりて、後に狐の身に生まる。善き譬へを願ふべし。悪しき譬へを欲《おも》はざれ。必ず彼《そ》の報を得むが故なり。

【語　釈】

○**婚**　名義抄「クナグ」。くなぐこと。性交。中11（177頁）、中13（199頁）。

○**河内国更荒郡馬甘里**　現在の大阪府大東市・寝屋川市・四条畷市付近。更荒郡は和名抄「佐良々」。馬甘里は和名抄にはみえない。日本書紀天武天皇十二年（六八三）十月己未条の改賜姓記事では、「沙羅羅馬飼造」が連を賜姓されている。馬飼氏は馬の飼養・調教を職掌とする伴造で、河内・大倭・山背国に複数の氏族がいた。沙羅羅馬飼造氏はその一つで、更荒郡に居住していたのであろう。

○**大炊天皇**　淳仁天皇。中39（466頁）「奈良宮治天下大炊天皇」。

○**天平宝字三年己亥夏四月**　七五九年。四月は桑の葉を摘む時期にあたる（集成）。

○**桑**　クワ科クワ属の植物の総称で、葉はカイコの飼料として養蚕に利用される。上11（上178頁）「桑林」。

○**揃**　桑の葉をむしり取ること（新全集）。名義抄「ムシル、コク」。

○**纏**　字類抄「マトフ、マツハル」。からみつく。ぐるぐるとまきつく。まとわる（日国大）。

○**慌**　茫然となる。ぼんやりする。放心する（日国大）。上1国訓釈「保礼天」。

○**薬師**　医者。くすりし（日国大）。古代の氏族として難波薬師・蜂田薬師・奈良薬師などが知られ、医療技術をもって王権に奉仕していた。河内国更荒郡は、渡来系氏族が多数居住しており、薬師も多くは渡来系氏族である。本縁に薬師が登場することもこれと関わるか。

○**稷**　稷はキビで、イネ科の一年草。五穀の一つ。古代においても救荒作物として栽培が奨励された。字類抄「キヒ」、名義抄「アハキヒ」。

○**三尺**　先行注釈は「三尺のものを一束として、それを三束用意した」（集成）など、藁の長さを「三尺」とみているが、「三尺」は藁を束ねた時の周囲の長さである。厩牧令1厩細馬条に「周三尺為囲」とあり、周囲の長さ三尺を「一囲」の基準とする。「囲」は太さの単位で、延喜式などでは、藁についてこの単位が使われることが一般的だが、「束」で示す例もある（天平九年和泉監正税帳に「藁而无穂一佰卅束」）。

○**剋末**　猪の毛を刻んで粉末にした。名義抄「剋　キザム」、字鏡集「末　クダク」。

○**橛**　名義抄「クヒ」、字類抄「ホクシ」。頭の上に二本、足の先に二本。ここに、両手・両足を広げさせ、上向きにぶら下げた。単なる一本ずつのくいとみるのは誤解（新全集）。

○**開**　名義抄「ツビ」、字類抄「陰　イン、ツヒ　開　同」。「つび」は、女性性器をいう。陰門。女陰（日国大）。

○**凝**　ばらばらになっていた同質のものが寄り集まって固まる。結びつく。集まって束になる。凝結する。凝固する（日国大）。

○**蝦蟆子**　オタマジャクシとみる説（新全集）と寒天状のかえるの卵と見る説（旧大系・集成）がある。「白く凝り」とあるところからすると、後者が妥当。

○**閻**　下18 真訓釈「シナタリクホ」。「くぼ」は、女性の性器。女陰（日国大）。

○**神識**　精神と意識。心作用（日国大）。名義抄「神　タマシヒ」「識　タマシヒ」。二合して訓む。「たましい」は、霊魂（日国大）。真国いずれも神議で、攷証は「恐有誤字」とし、全書以下の先行注釈は、神識と意改する。これに従う。

○**如経説**　攷証以下、出典不詳とする。

○**仏与阿難**　仏はここでは釈迦。阿難は、釈迦十大弟子の一人で、釈迦のいとこ。釈迦入滅までの約二十五年間常に侍従した。経文の基となった教説を仏弟子中で最もよく記憶したとされる（日国大）。

○**夫妻二人**　ここでの人物関係を整理しておく。ある夫婦（AとB）に男子（C）が生まれた。母であるBは、Cを溺愛して死去した。Bはその後、隣の家の娘（D）として転生し、前世での実の子どもであるCと結婚した。釈迦と阿難が出会った夫婦はCとDである。夫Cが恋いている「母」はB、妻Dが偲んでいる「姨」もB、すなわち前世の自分自身である。

○**姨**　①妻の同母姉妹。②おば。③父の妾。④女同士の呼称（字通）。名義抄「イモ、シウトメ、コシウトメ、ヲハ」、字類抄「コシウト」。ここでは、②の意味。

○**閛**　中11 国訓釈「万良」。「まら」は、陰茎をいう。もと僧侶が用いた語。中11（177頁）。

○**倐倏**　旧大系に従って「条」を「倏」に意改し、二合して「たちまち」と訓んだ。名義抄「倐　タチマチ」、字類抄「倏忽　タチマチナリ」。

○**生々**　生まれては死に、死んでは生まれることを永遠に繰り返すこと（日国大）。

○**本末**　根本にあって変化しないものと、周辺にあって変化するもの（広説）。過去・現在・未来のことを見通しているから（これらの人が悪い因縁を作ったことについて）、仏は嘆いているのである（旧大系）。

○**如経説**　ここについても攷証以下、出典不詳とする。

【現代語訳】

女が、大蛇に犯されたが、薬の力により命が助かった話　第四十一

河内国更荒郡馬甘里に富裕な家があり、その家には娘がいた。大炊天皇の御世の天平宝字三年己亥の夏四月のこと、その娘は桑の木に登って葉を摘んでいた。その時、大蛇がいて、娘の登っている桑に巻きついて登っていった。路を往く人がそれを見て娘に知らせると、娘は驚いて木から転落した。蛇もまたいっしょに落下し、巻きついて娘を犯した。娘は気を失って倒れてしまった。両親はこれを見て薬師を招いた。娘と蛇とをともに同じ戸板に載せ、家に連れ帰り庭に置いた。稷の藁三束 三尺を一束とし、それを三束 を焼き、湯に混ぜて三斗の汁を得た。さらに煮つめて二斗にし、猪の毛十把をきざんで砕き、汁に混ぜ合わせた。そして娘の頭と足にあたるところに杭を打って娘の体を吊り下げ、陰部の口から汁を入れた。汁は一斗入り、蛇は娘から放れていったので殺して棄てた。蛇の子は白く固まり、蛙の子のようであった。猪の毛が、蛇の子の身に刺さって、陰部より五升ほどが出た。口に汁を二斗ほど注ぎ込むと蛇の子はみんな体外に出た。気絶していた娘が覚醒して口をきいた。両親が尋ねるのに答えて、「私の心は夢のようでした。今醒めて元通りです」と言った。薬の効果はこのようであった。どうして薬を慎重になって用いないようなことがあろう。それから三年がたって、その娘はまた蛇に犯されて死んだ。愛する心が深くなると、死別の時に、夫や妻、また父母や子を恋ひて、こうしたことをいうものである。「私が死んで再び生まれた世でも、必ずまたいっしょになりましょう」と。そもそも魂とは前世の罪悪の因縁に従うものである。あるいは蛇、馬、牛、犬、鳥などに生まれ変わるものである。前世の悪い約束によっては、蛇となって愛したり犯したりし、あるいは怪しい畜生となる。愛欲は一様なものではない。経には、「昔、仏と阿難が墓の辺を過ぎゆくときに、夫と妻が二人、共に飲食物を備えて、墓を供養して泣いていた。夫は母を恋い慕って泣き、妻は姑を偲んで泣いていた。仏は妻

が泣くのを聞いて、声を挙げて嘆かれた。阿難は尋ねて、『何の因縁で、如来様は嘆かれるのですか』と言った。仏は、阿難に、『この女は前世で一人の男の子を産んだ。深く愛する心を抱き、口でその子の男根を吸った。母は三年を経て突然病にかかり、いよいよ命が尽きようとするとき、子を撫でて男根を吸い、『私は今後次々と生まれ変わる世で、常にあなたといっしょになろう』と言った。そして隣の家の娘に生れ変わり、ついに自分の子の妻となって、前世の自分と夫の骨を供養し、それを慕って泣いているのだ。もともとの原因と結果を知っているが故に、私は泣いているのだ』とお答えになった」と説いているのは、このことをいうのである。また経に説くには、「昔、とある人の子供がいた。その身のこなしはとても軽く、速く走るさまは飛ぶ鳥のようであった。父は常に大切にして可愛がり、自分の眼を大切にするのと同じように守り育てた。父は子の身軽なのを譬えて、『すばらしいことだ。私の子供は、速く走ること狐のようだ』と言った。その子は命を終えて後、狐に生まれ変わった」ということである。善い譬えを用いるべきである。悪い譬えを用いてはならない。必ずその報いがあるからである。

【関連説話】

1　今昔物語集　巻二十四第九話

嫁蛇女医師治語第九

今昔、河内ノ国、讃良ノ郡、馬甘ノ郷ニ住ム者有ケリ。下姓ノ人也ト云ヘドモ、大キニ富テ家豊カ也。一人ノ若キ女子有リ。四月ノ比、其女子蚕養ノ為ニ大キナル桑ノ木ニ登テ桑ノ葉ヲ摘ケルニ、其ノ桑ノ、道ノ辺ニ有ケレバ、大路ヲ行ク人ノ道ヲ過グトテ見ケレバ、大キナル蛇出来テ、其女ノ登レル桑ノ木ノ本ヲ纏テ有リ。路ヲ行ク人此レヲ見テ、登レル木蛇ノ纏ヘル由ヲ告グ。女ナ此ヲ聞テ驚テ見下シタレバ、実ニ大キナル蛇木ノ本ヲ纏ヘリ。其時ニ女恐ヂ迷テ、木ヨリ踊リ下ル、、蛇、女ニ纏付テ即チ婚グ。然レバ、女焦迷テ死タルガ如クシテ、木ノ本ニ臥ス。父母此ヲ見テ泣キ悲ムデ、忽ニ医師ヲ請テ、此ヲ問ムトスルニ、其ノ国ニ止事無キ医師有リ。此ヲ呼テ、此事ヲ問フ。其間、蛇、女ト婚テ不離レ。医師ノ云ク、「先ヅ女ト虵トヲ同ジ床ニ乗セテ、速ニ家ニ将返テハ、庭ニ可置シ」ト。然レバ、家ニ将行キテ庭ニ置ツ。

其後、医師ノ云フニ随テ、稷ノ藁三束ヲ焼ク。三尺ヲ一束ニ成シテ三束トス。湯ニ合セテ汁三斗ヲ取テ、此ヲ煎ジテ、二斗ニ成シテ、猪ノ毛十把ヲ剋シ末シテ、其汁ニ合セテ、女ノ頭ニ宛テ、、足ヲ釣リ懸テ、其汁ヲ開ノ口ニ入ル。一斗ヲ入ルニ即チ離レヌ。這テ行クヲ打殺シテ棄ツ。其時ニ蛇ノ子擬テ蝦蟆ノ子ノ如ニシテ、其猪ノ毛蛇ノ子ニ立テ、開ヨリ五升許出デ、蛇ノ子皆出畢ヌレバ、女悟驚テ物ヲ云フ。父母泣々此事共ヲ問フニ、女ノ云ク、「我ガ心更ニ物不思シテ、夢ヲ見ルガ如クナム有ツル」ト。

然レバ、女薬ノ方ニ依テ命ヲ存スル事ヲ得テ、慎ミ恐レテ有ケルニ、其後三年有テ、亦此ノ女蛇ニ婚テ、遂ニ死ニケリ。此度ハ、「此レ前生ノ宿因也ケリ」ト知テ、治スル事無クテ止ニケリ。

但シ、医師ノ力・薬ノ験不思議也トナム語リ伝ヘタルトヤ。

【補　説】

1　三輪山型神婚伝承との関連

本縁は、先行研究において「三輪式神婚説話の崩れ」（藤森賢一説）と解釈されてきた。石田英一郎・藤森賢一らの研究では、本縁における桑・蛇・馬（馬甘里）といったモチーフの存在を、雷神信仰や三輪山説話と結びつけている。例えば桑は、雷神信仰の影響が色濃い上1において、主人公である小子部栖軽が養蚕と関連が深いこととも関わり、また蛇は、三輪山の神＝雷神の化身であることなどが根拠となっている。そして本縁の主人公の女性にも、ヤマトトトヒモモソヒメなどの投影があるという。しかしながら、こうした神話的モチーフだけで本縁を位置づけて良いかは疑問である。黒沢幸三は、神話的断片の多い事を認めつつも、「『霊異記』は神話を神話として継承しているのではない。神話を霊異譚・奇異譚としてうけいれている」「『記紀』から『霊異記』への展開においては、前者からの継承面とともに二者の間にみられる断絶の面も重要視したい。それと同時に同じく口承に依拠し、類似のテーマをとりあげるけれど、神話と説話は区別して考えてみたい」とする。

ところで本縁は、大きく二つの部分に分かれている。後半の釈迦・阿難の登場する「経典」引用部分は因果応報譚として位置づけられている。前半は、娘の死を因果応報譚と読めなくもないが、「信仰の問題はあらわれない」（ちくま）、「仏教説話としての意味を失っていった」（永藤靖）といった解釈がなされてきた。後半部分は、蛇に二度犯されて死んだ娘が生まれ変わっても蛇と結ばれることを願ったということを述べて、人間の持つ愛欲・執着の強さを示している。これは前半部分における女性と蛇のつながりの強さを因果応報譚としてより強調する効果を持っているといえる。また前半における薬による治療で娘が一旦は救われるという、薬師の存在と薬の効能の賞賛も、本縁に仏教説話としての意義を与えていると思われる。例えば薬師恵日に代表されるように、古代において医術の心得のあった者は僧侶に少なくなかった。この場合も娘に治療行為を行ったのは僧侶とみることができないだろうか。

（毛利）

【参考文献】
石田英一郎「桑原考」（『桃太郎の母』講談社、一九六六年。初出一九四七年）
藤森賢一「蛇の恋」（『谷山茂教授退職記念国語国文学論集』塙書房、一九七二年）
黒沢幸三「『霊異記』の文学史的位置」（『日本古代の伝承文学の研究』塙書房、一九七六年）
永藤靖「三輪山型説話」（『日本霊異記の新研究』新典社、一九九六年）
北郷聖「『日本霊異記』中巻第四十一話をめぐって—陰陽五行説の視点から」（『解釈』四三－六、一九九七年）
青野美幸「『日本霊異記』にみる蛇像の変容—中巻第八縁、中巻第十二縁、中巻第四十一縁」（『鳴尾説林』一三、二〇〇六年）

極めて窮しき女千手観音の像に憑り敬ひ福分を願ひ以て大なる富を得る縁　第四十二

【原　文】

極窮女、*憑(*)擎[1]手観音像願二*福分一、以得二大富一縁[2]卌二*海使茭女者、*諾楽左京九條二坊之人也。産二生九子一、極窮无レ比、不レ能二生活一。向二*穂寺於千手像一、而願二福分一。一年不レ満、*大炊天皇之世、*天平宝字七年癸卯冬十月十日、*不レ慮之外、*敢其妹来、以二*皮櫃一寄レ姉而往之。*脚染二*馬屎一。曰、我今来。故、是物置也。待レ之不レ来。故往問レ*弟。々答、不レ知。爰内心思怪、開レ櫃而見、有二*銭百貫一。如レ常買二*花香油一、擎二往千手前一、而見二其足一、著[3]二之馬屎一尓《乃》[4]。及《ミ》疑思、*菩薩既銭歟。過二三年一、聆[5]下収二*千手院一*修理分之銭、无中百貫上。因皮櫃、知二彼寺之銭一。*誾委、*是箴[6]観音所レ賜。賛曰、善哉、海*使氏長母。朝視二飢子一、流二泣血涙一、夕焼香*焼[7]、願二観音徳一。応銭入レ家、滅二*貧窮愁一、感聖留レ福、流二大富泉一。*養レ児飽、発レ衣苑[8]。*晰委、慈子来祐、買レ香得レ価。如二*涅槃[9]経説一、母慈レ子、因自生二*梵天一者、其斯謂之矣。斯奇異之事矣。

日[10]本国現報善悪霊異記中巻[11]

*一交了[12]

来国本縁を欠く
1撃、群敬千群に従う
2縁、群縁第群に従う
3著、群着
4及、真見セ消チして乃と傍書
5聆、群所
6箴、攷証疑誤字、銭に意改
7焼、攷証疑灯字、灯に意改
8苑、充に意改
9槃、群盤
10尾題、国ナシ
11中巻、群巻中
12一交了（校合奥書）、来国群ナシ

【書き下し文】

極《きわ》めて窮《まず》しき女、千手観音《せんじゅかんのん》の像に憑《よ》り敬ひ福分《ふくぶん》を願ひ、以て大なる富を得る縁　第四十二

　海使《あまつかいの》蓑女《みのめ》は、諾楽《なら》左京九条二坊の人なり。九《ここのたり》の子を産生《う》み、極めて窮《まず》しきこと比《たぐい》無く、生活《い》くること能《あた》はず。穂《ほ》寺の千手像に向ひて、福分を願う。一年に満たざるに、大炊《おおい》天皇の世、天平宝字《てんぴょうほうじ》七年癸卯《みずのとう》冬十月十日、慮《おも》はざるの外に、敢《あ》へて其《そ》の妹来たり、皮櫃《かわびつ》を以て姉に寄せて往《ゆ》けり。脚、馬の屎《くそ》に染《し》む。曰《い》はく、「我、今に来む。故《か》れ、是《こ》の物を置くなり」と。之《これ》を待てども来たらず。故れ、往きて弟に問ふ。弟答ふるに、「知らず」と。爰《ここ》に内心に思ひ怪しび、櫃を開きて見れば、銭百貫有り。常の如く花香油《けこうゆ》を買ひ、千手の前に擎《ささ》げ往きて、其の足を見れば、之に馬の屎著《つ》くとのみ。乃《すなわ》ち疑ひ思はく、「菩薩《ぼさつ》の貺《たま》へる銭か」と。三年を過ぐるに、千手院に収めし修理分《すりぶん》の銭、百貫無しと聆《き》く。因《よ》りて皮櫃は、彼《か》の寺の銭なるを知る。闓《あきらか》に委《し》る、是の銭は観音の賜ふ所なるを。賛《さん》に曰はく、「善《よ》きかな、海使氏の長母《ちょうぼ》。朝《あした》に飢《う》ゑたる子を視《み》て、血の涙を流し泣き、夕べに香灯《こうとう》を焼《た》きて、観音の徳を願ふ。応じて銭、家に入りて、貧窮《ひんく》の愁《うれい》を減《げん》じ、感じて聖《ひじり》、福を留めて、大富の泉を流《つた》ふ。児を養ふに飽き、衣を発《おこ》すに充つ。晰《あきらか》に委る、慈子来祐《じしらいゆう》し、香を買ひ価《あたい》を得」と。涅槃経《ねはんきょう》に説くが如し、「母、子を慈《いつくし》みて、因りて自ら梵天《ぼんてん》に生まる」とは、其れ斯《こ》れを謂《い》ふなり。斯れ奇異《あや》しき事なり。

【語　釈】

○**憑**　よる。たのむ。上6（上125頁）。

○**千手観音**　千手千眼観音・千臂千眼観音ともいう。千臂のおのおの掌に眼のある観音。「千」は広大無辺の意を表すも

ので、普通は四十二臂・二十七面の形像で延命・滅罪・除病の功徳があるとされる（広説）。
○**福分**　福徳分。福徳を得る部分。福は徳の意で、功徳をいう。上31（上354頁）、中28（359頁）、中34（424頁）。
○**海使蓑女**　海使氏は新撰姓氏録にみえず、また他に例がないことから不詳。今昔物語集（関連説話1）・観音利益集（関連説話2）は「貧女」とし、海使蓑女の名はみえない。海使氏は平安時代後期にも一般的な氏ではなく、固有人名は継承されなかったとも解される。
○**諸楽**　平城。上序（上19頁）。
○**穂寺**　攷証は、穴穂寺の誤りとし、大和国山辺郡田村（奈良県天理市田町）の安康天皇穴穂宮の跡を穴穂寺の故地とする。今昔物語集（関連説話1）・観音利益集（関連説話2）は「穂積寺」とし、福山敏男は「穂寺」は積の脱したものとみる（福山「穂積寺」『奈良朝寺院の研究』綜芸舎、一九七八年。一九四八年原本発行）。穂寺は穂積寺の脱字とみる説に蓋然性が高い。延久二年（一〇七〇）興福寺雑役免田畠坪付帳（興福寺文書・天理図書館所蔵文書。平安遺文四六三九・四六四〇号）によると、「穂積寺庄」「穂積寺田」がみえる。また、永仁六年（一二九八）西大寺三宝料田畠目録（西大寺文書。鎌倉遺文一九八九三号）によると、建治二年（一二七六）頃の平城旧京左京九条四坊二坪に「ホツミ堂」がみえる。現在、奈良市東九条町に法角堂稲荷神社が鎮座するが、田村吉永は、この周辺からの白鳳期以降の古瓦の散布を伝えており（田村「平城京内の廃寺に就いて」『大和志』五－九、一九三八年）、この周辺が穂積寺の故地とみられる。
○**大炊天皇**　淳仁天皇。中39（466頁）「奈良宮治天下大炊天皇」。
○**天平宝字七年**　七六三年。続日本紀によると、この年は諸国飢疫で（六月条）、大和国も賑給を受けている（同月丙申条）。八月には左右京五畿内七道諸国の田租を免除しているが（同月辛未朔条）、翌天平宝字八年（七六四）にも同様の措置がとられるなど（十月己卯条）、全国的に深刻な飢饉疾疫であったらしい。
○**不慮**　思いがけぬ。深く考えない（字通）。
○**敢其**　攷証疑誤字。

○**皮櫃**　皮を張った上ぶたのついた箱（日国大）。
○**脚**　この脚は、妹の足とする説（松浦・全集・古典新書・集成・新全集・ちくま）、櫃の脚とする説（旧大系・学術文庫）、明示しないもの（東洋文庫）がある。
○**屎**　和名抄「久曽」。
○**弟**　妹のことを弟と記したとする見解もあるが、弟でも問題はない。
○**銭百貫**　和同開珎一〇万枚、あるいは万年通宝（天平宝字四年〈七六〇〉初鋳）一万枚。この場合前者か。奈良時代寺院の蓄銭を例示すると、大安寺には銀銭一〇五三文、銭六四七三貫八二二文（天平十九年〈七四七〉大安寺伽藍縁起幷流記資財帳、国立歴史民俗博物館保管文書。大日古〈編年〉二－六三〇・六三一頁）、法隆寺には銀銭一〇七文、銭三五二貫八三二文（天平十九年〈七四七〉法隆寺伽藍縁起幷流記資財帳、法隆寺所蔵寛政七年〈一七九五〉書写折本。大日古〈編年〉二－五八四・五八五頁）、法隆寺東院には銭一七〇貫九八五文（天平宝字五年〈七六一〉法隆寺東院縁起資財帳、法隆寺所蔵元文元年〈一七三六〉良訓書写本。大日古〈編年〉四－五一七頁）が蓄えられていた。七世紀以来の蓄銭が見込まれる大安寺は別格として、銭百貫は、小規模寺院の修理分銭としては、それなりの分量となろう。なお、天平宝字六年頃は、穀一升六文程度、同年末から八年にかけては、九文から一〇文程度である（関根真隆『奈良朝食生活の研究』吉川弘文館、一九六九年附表1）。
○**花香油**　花香灯に同じ。（仏に供養する）花と香と灯油。中28（359頁）、中34（424頁）。
○**睍**　説文「睗也」、新撰字鏡「睗也　請也　恵也　給也」、名義抄「タマフ」。中34（424頁）。
○**千手院**　千手観音を安置する院。あるいは穂積寺を構成する一院か。
○**修理分之銭**　寺の修理のための費用。
○**闓**　字鏡「アキラカ」。中31（386頁）。
○**箴**　攷証疑誤字。春陽堂以下先行注釈「銭」に意改。
○**長母**　年をとった母親。老母。中20（270頁）。

○**焼**　攷証疑灯字。春陽堂以下先行注釈も「焼」に意改。名義抄「タク」。

○**貧窮**　貧しくて生活が苦しい（字通）。貧しくて生活に苦しむこと。貧窮で困ること。また、そのさま（日国大）。

○**養児飽発衣苑**　攷証恐有誤字。明世堂脚注「不忍文庫本苑は充とも見ゆ」。「飽」は、心にみちたりる（字通）。「苑」は、新撰字鏡「苑 積也、蓄也」。類をもって集るの意（新全集）。先行注釈の読みも一定しない。文字を意改せずともかく読むものに、「児を養ひては飽かしめ、衣には苑を発せしむ」（松浦）、「児を養ふに飽くこと発り、衣苑（あつま）る」（全集・学術文庫・新全集）など。「発」「苑」の処理が難解なため、食・衣服が満ちたりたの意に改める説は古くからあり、「児を養ひ食に飽き衣満つ」（板橋）、「児に養ひ、食に飽き、衣苑つ」（全書）、「児に養ひ、食に飽き、衣宛つ」（角川）、「児を養ふに食に飽き、衣満つ」（ちくま）のほか、「苑」を比較的字形の近い「荘」に意改して、「児を養ふに〈食〉に飽き、衣を荘（かざ）る」（旧大系）、「児を養ふに食に飽き、衣を荘（かざ）る」（古典新書）とする理解もある。「児を養ひ食に飽き、衣を発げて苑に遊ぶ」（集成）は、賛の各行の原文は四字句二つから成っているので、二字脱とみて「食」「遊」を補う。「児を養はむとして徳に飽き、衣発きて晰に委る」（新大系）は、校訂の根拠が不明。ここでは、「不忍文庫本苑は充とも見ゆ」とする明世堂脚注を評価し、充と意改した上で、「飽食暖衣」（孟子滕文公上）を、腹一杯食い、暖かに着る。安楽に生活するさま（大漢和）と解するごとく、安楽に生活したの意味と理解した。

○**晰**　名義抄「アキラカナリ」。

○**涅槃経**　大般涅槃経。北涼曇無讖訳、四〇巻。本経の思想内容は、大まかに仏身常住、涅槃の常楽我浄、一切衆生悉有仏性の三点に認められる。上20（上250頁）・27（上307頁）・29（上332頁）。

○**梵天**　インド思想で万有の根源ブラフマンを神格化したもので、仏教に入って色界の初禅天をいう。これに梵衆天・梵輔天・大梵天の三天があり、その総称。また普通には大梵天を指す。帝釈天と並んで護法神とみなされた（広説）。

○**一交了**　真中巻の校合奥書。本文および尾題と異筆で、真中巻にみえる訂正にはこれと関わると思われる筆跡も認められる。

【現代語訳】

大変窮しい女が、千手観音の像を頼り敬い、幸運を願って大きな富を得た話　第四十二

海使蓑女は、平城京の左京九条二坊の人である。九人の子を産み、大変窮しいことは比べようもなく、生活することが困難であった。穂積寺の千手像に向かい、好運を願っていた。お参りをして一年も立たないうちに、淳仁天皇の時代、天平宝字七年の冬十月十日に、思いがけず、わざわざその妹がやってきて、皮櫃を姉に預けていった。櫃の脚は馬屎に汚れていた。妹は、「私はただちに来ます。だから、この櫃を置いていきます」と言った。その後いくら待っても来なかった。そこで、（実家に）行って弟に尋ねた。弟は「知りません」と答えた。そこで内心に不思議に思い、櫃を開いて見ると、銭百貫が入っていた。いつも通りに花、香、灯油を買い、千手観音の前にお詣りに行き、仏の足を見れば、馬屎がついていた。そこで怪しみながら、「菩薩が下さった銭であろうか」と思った。その後三年が過ぎ、穂積寺の千手院に収めた修理用の銭、百貫がなくなっていると聞いた。そこで皮櫃の銭は、この寺の銭であることが分かり、やはり、この銭は観音が下さったものであることが明らかになった。讃嘆の言葉に、「善いことだ、海使氏の年取った母は。朝に飢えた子をみて、血の涙を流して泣き、夕べに仏前に香を焼いて、観音の功徳を願った。これに応じて銭は家に入って貧困の心配をなくし、感じた観音は福徳を与え留めて大きな財をもたらした。子供を養って、安楽に暮らした。明らかにわかる、慈悲深い方が来てお助けになり、香を買いその価を得たのだということが」とある。涅槃経に、「母は子を慈しむことで、おのずから梵天に生まれる」と説いていることは、このことをいうのである。これは、不思議なことである。

【関連説話】

1　今昔物語集　巻十六第十話

女人、蒙穂積寺観音利益語第十

今昔、奈良ノ左京、九条二坊ニ一人ノ貧女有ケリ。九ノ子ヲ産メリ。家極テ貧シクシテ、世ヲ過スニ便リ無シ。

而ルニ、穂積寺ト云フ寺ニ千手観音在ス。此貧女ノ、寺ノ観音ノ御前ニ詣テ、心ヲ至シテ申サク、「願クハ観音、慈悲ヲ垂レ給テ、我レニ聊ノ便ヲ施シ給ヘ」ト祈リ請リ。然レドモ、一年其ノ験シ無シ。

而ル間、大炊ノ天皇ノ御代ニ、天平宝字七年ト云フ年ノ十月一日ノ夕暮方ニ、不慮ザル外ニ其ノ貧女ノ妹来テ、一ノ皮櫃ヲ持来テ、彼ノ姉ニ寄シテ、返去ルトテ、故ニ足ニ馬ノ屎ヲ塗付テ、姉ニ語テ云ク、「我レ今来テ取ラム程、此レヲ寄シ置ク也」ト云テ去ヌ。其ノ後、姉有テ、「妹ノ来ラムヲ待テ、此ノ皮櫃ヲ取セム」ト思テ待ツニ、久ク不見エズ。然レバ、待煩テ、姉、妹ノ許ニ行テ、妹ニ此ノ事ヲ問フニ、妹不知ザル由ヲ答フ。姉、奇異也ト思テ、返テ皮櫃ヲ開テ見ルニ、銭百貫有リ。

姉此ノ事ヲ思フニ、「妹、「不知ズ」ト云フ。若シ此レ彼ノ穂積寺ノ千手観音ノ、我レヲ助ケムガ為ニ、妹ノ形ト成テ、銭ヲ持来テ施シ給ヘルカ」ト思テ、忽ニ其ノ寺ニ詣デ、観音ヲ見奉レバ、観音ノ御足ニ馬ノ屎ヲ塗付タリ。姉此ヲ見テ泣キ悲テ、「実ニ観音ノ我レヲ助ケテ施シ給ヒケル」ト知ヌ。

其ノ後、三年ヲ経テ聞ケバ、「千手院ニ納メ置タル修理料ノ銭百貫、倉ニ付タル封モ不替ズシテ、失ニタリ」ト云ヒ合タリ。其ノ時ニ、姉、「彼ノ皮櫃ノ銭ハ彼寺ノ銭也ケリ」ト思フニ、弥ヨ観音ノ霊験ヲ深ク信ジテ、涙ヲ流シテ貴ブ事無限シ。朝暮ニ香ヲ焼キ灯ヲ燃シテ、礼拝恭敬シ奉ル間、貧窮ノ愁ヲ止テ、富貴ノ楽ビヲ得テ、思ヒノ如ク数ノ子ヲ養ヒケリ。其ノ観音于今其ノ寺ニ在マス。必ズ詣デ、可礼拝奉キ観音ニ在ストナム語リ伝ヘタルトヤ。

2　金沢文庫本観音利益集　第四十一話

穂積寺千手　貧女之利益

天平宝字年中ノコロ、ナラノ京ニ貧女アリケリ。実ヲイタシテ観音ヲ念タテマツリ、身ノ難キ過キ事ヲ祈誠申ケリ。或時親シカリケル人ノ本ヨリトテ、皮ヒツヲ一アツケヲキニケリ。其後日数経トモ取ラサリケリ。アヤシト思テヒラキテ見ケレハ、馬ノ不浄シミ付キタリ。ナニトモ不得心、アヤシナカラ、此銭ヲモハタラカサスシテヲキツ。カヽル程ニ十八日ニ成リヌレハ、花ヲ捧ケテ香ヲタキテ、観音ノ御前ニ詣リタレハ、御足ヨコレタリ。何ナル事ナラムト能ク奉ル見、馬ノ不浄ナリ。先ノカラヒツノ足ニタカハス。是ヲ見ルニ観音ノ慈悲本誓ノ不疑事カタシケナクテ、ナミタノ流ル、事血ノ色ナリ。其後ハ貧窮ノ愁忽ニ止マリ身ユタカニ成リニケリ。此本尊ハ穂積寺ノ千手観音ノ御事也。

【補　説】

1　千手観音への信仰

天平期以後、千手観音も含めて、変化観音に対する信仰が盛行する。それ以前から、聖観音等を本尊として観音信仰が行われていたが、とくに十一面観音や千手観音といった変化観音に対する信仰が隆盛した契機としては、天平九年（七三七）に帰朝した玄昉による経典の将来を見落とす訳にはいかない。この時、唐に所在するすべての仏典の数に匹敵する五千余巻の仏教典籍がもたらされたが、唐で盛り上がりつつあった密教関係の経典が重視され、とくにその一つである十一面観世音神呪経が、それ以前の観音経（正確には法華経観世音菩薩普門品）に加えて、観音信仰の隆盛を喚起した。変化観音は、これもまた天平期から盛んとなる悔過の本尊として重視され、東大寺修二会に象徴されるように、現世利益を求める祈願の対象となった。その意味で、本縁の設定は、こういった変化観音に対する信仰の盛り上がりを見せた時期を反映したものと受け止めることもできよう。

（山本　補説1本郷）

【参考史料】

A　大般涅槃経　巻十一切大衆所問品第五（大正新脩大蔵経十二―四二五頁）

譬如女人懐妊垂産値国荒乱逃至他土、在一天廟即便生産、聞其旧邦安隠豊熟、携将其子欲還本土、中路値河水漲暴急荷負是児不能得渡、即自念言、我今寧与一処併命終、不捨棄而独渡也、念已母子倶共没命、命終之後尋生天中、以慈念子欲令得渡、

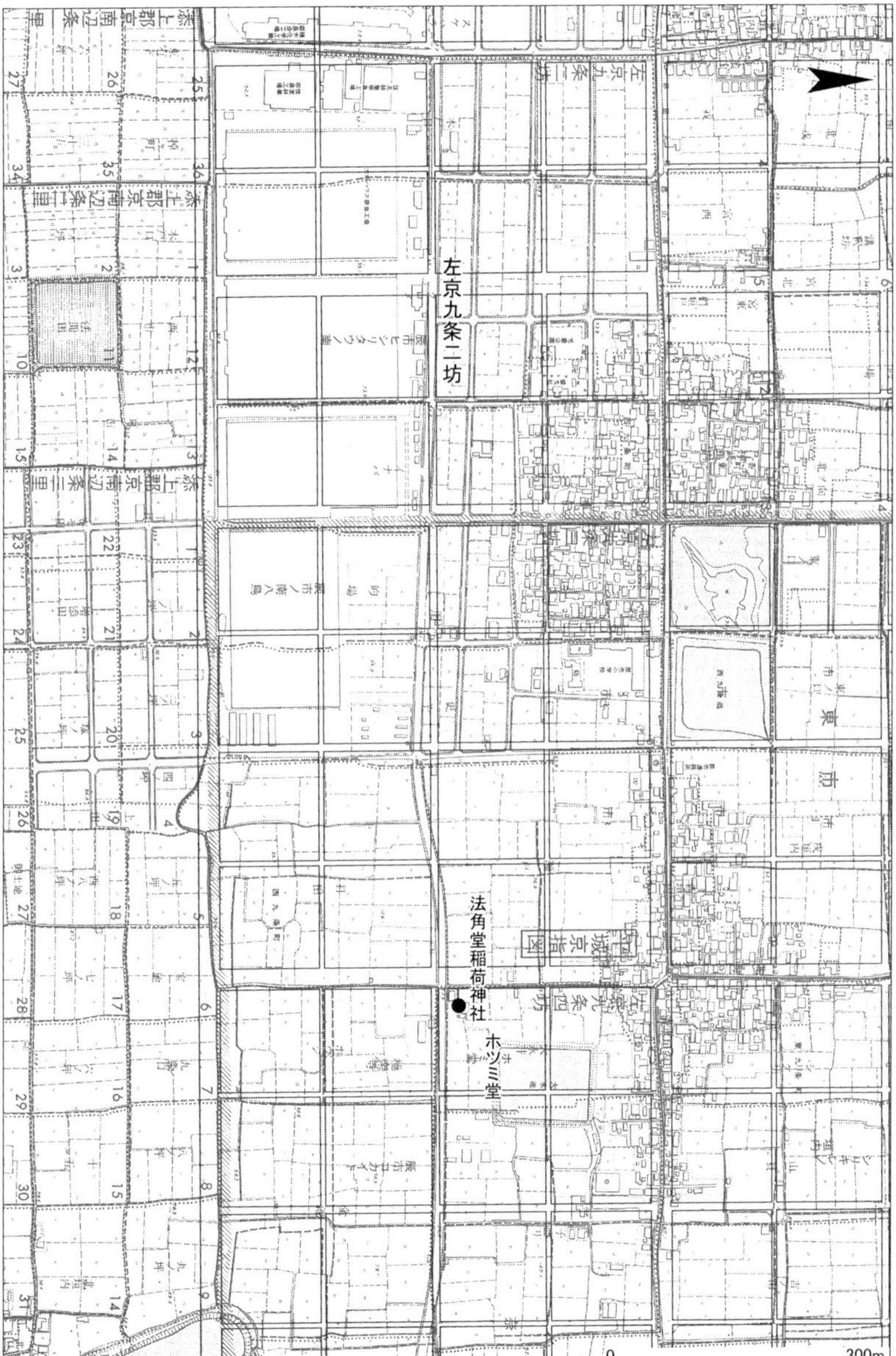

中巻第四十二縁関連地図

諸本訓釈

一、国会図書館本の訓釈を掲げ、群書類従本が異なる場合[群]で示した。
一、見出し字の下の訓注は、二行割書ないし右寄せであるが、一行書きで記した。

序

轡　久ツ波弥乎
攀　ヨチテ
堺　サカヒ
頼　依也
灝[群]顚　深也
饋　止良
羽　鳥也
孟甞　二文人名
魯恭　二合人名也
鐫　ナマリノ
花　ウルワ之ク[群]ウルワシ
惷　音忠反愚也
戇　音下反痴也
刻　キサミ之ニ[群]キサミシニ
編　阿无
贖[群]黷　計加之
媿　恥也
添　カタ之ケナク[群]カタシケナク
顔　面也
醃　イテリ之[群]イテリシ
翮　ツハサヲ
翔　カケル
仲[群]沖　音仲反保浩也
覯　見也

第一縁

濫　ミタレカハ之[群]ミタレカハシ
甑　母ル
冊　尺乎
摩　ナテ
捫　ノコヒテ
悕　ウラメ之ミ
喭　佐之支弖
嫉妬　二合ウラヤミ
囚　止良波留
屍骸　二合死ニ加ハ子[群]ニ合死ニカハ子
都　ミヤコ
妖　災也
窅　せムル[群]セムル

第二縁

沼[群]血沼　ツ奴
遐　ヲヤ
迩　近也
遞　タカヒニ
婚　都流夫
奸　可陀弥
数　此万多
噫　阿
甜　阿万支

詠　シノヒ
鄙　乃比加南流
可　阿古志阿留可奈
貪　フケル
瞰　見也
尅　引也望也
秀　勝也須久礼尓多留又云備伊弖
尓多流

第三縁

節　加ヒ岐
眦　ニラム
率　イサ
侘傺　二合ワヒテ
陥　ヲチイル
貺　給也

第四縁

桶〔群〕捔　久良倍之
韃　ムチ
弊　師倍太計
戢　比曽米ラ縁キ
丞　持也

第五縁

祟　タ、リニ
凹　クホ
禱　イノリ之〔群〕イノリシ
愈　ヤス万愛〔群〕ヤス万受
祓　波浪遍〔群〕波遍
祈　ノ美
訪　問也
頭　末也
楼閣　多加度野
睚眥　二合ニラミ
膾　ナマス
勃然　二合忽也
截　支里天
希〔群〕肴　サカナニ
倪　ナマナ尓〔群〕ナニナ尓
屠　佐加知天
啗　食也
委曲　二合ツ波比良計苦
嘗　ナメツリ
効　万弥乎〔群〕万祢乎
慷慨　子タミテ

第六縁

〔国〕〔群〕訓釈ナシ

第七縁

〔国〕〔群〕訓釈ナシ

第八縁

〔国〕〔群〕訓釈ナシ

第九縁

探　アナクルニ
檀〔群〕擅　カサリテ
慓　恐也
楷摸　二合加多岐
季　末
葉　世也
賢〔群〕覧　見也
迫　世无テ
諺　去砥和左尓

第十縁

脚　阿志
杜　布牟太
纔　比太、〔群〕比多太
嬭　於紀
籬　カ岐
躃　太布礼奴
嘿然　二合二古耳奈リ
良久　二合ヤ、ヒサニアリキ
蘇　サメテ
搴　可岐阿ケテ
膊　波支乎
宝　貴也

第十一縁

婚　クナカヒス
天骨　二合比上々那利
斯下　二合賤
閈　万良
嚼　可弥
倏　タチマチニ

第十二縁

〔国〕〔群〕訓釈ナシ

第十三縁
睇　メカリウツ
⿰土冓群⿰土聶　弥甲反
容　カヲ
瞻　見也又云万波礼波
添　カタ之ケナク群カタシケナク
擯　ヲヒ
程　アラハス
諒　万去止尓
委　知也
裙　母乃
訕　ソヽリテ

第十四縁
快　タクマ之ク群タクマシク
溢　アフ之群アフレ
鋺　カナマリ
佐　スクレタリ

第十五縁
国群訓釈ナシ

第十六縁
嫗　於于那
鰥　乎乃古夜母
息　于万古
鋪　計古止
嚢　イ井カ之キテ群イ井カシキテ
家室　二合家刀自
操　取也
姥　ヲウナ
尠　ハレ之ク之テ群ハレシクシテ
析　々岐弖
営　ツクル
産業　ナリハヒ
輟　ヤミヌ
噍　スヒ
蝀　河支
脱　ユルス
松脱　ハツリキ
睇　メヲミセテ
諄　ヒソカニ
⿰口参　サヽ之テ群サヽシテ
戮　支羅志乎受
⿰食希饍　ヨキクラヒモノ
焰　ホムラ
翼　助也
湶　世弥

第十七縁
礫　タヒイ之群タヒイシ
塊　ツチクレ
現　ウツ之群ウツシ
拍　打也
垂　伊万々弖
號群褫　音大伊阿波計
頼　依也
鋳　伊ル

第十八縁
喎斜　二合ユカミヌ
戻　モトリテ
頤　ヲ之カヒ群ヲトカヒ
炭　アラスミ

第十九縁
蓐　尓口
暫頃　アヒタ
遄　勿群忽
弊群瞥　止未群止米
比頃　コノコロ
偶　多真佐可尓
衒　弖良波吉弖
諮　問
幾何　イクハクソ
慇　祢母呂尓
懃　都止米弖

第二十縁
国訓釈ナシ

第二十一縁
憩　イコハス
燧　ヒキリ備乎
攢　岐里又母三
瑞　印也
罷　音券反縄也

第二十二縁
叫　サケヒ
叨群响　サケヒ

趁 走也
鍛 カチスル
呻 尓ト与フ群尓与フ
剔 木里
錠 多加尓
鍗 記留
猊 アカラシキ
囚 ト利阿倍天岐
囹固群囹圄 二合ヒトヤ

第二十三縁

勅信 使也
巡 メクリキ
陳 ツカミテ群ツカ□テ

第二十四縁

国群訓釈ナシ

第二十五縁

偉 タヽハ之ク群タヽハシク
疲 都加礼尓弖
靦 於母祢利弖
鵜 于此鳥名也

卒群率 為弖
緋 アケ
嚢 布久呂
鑿 ノミ
慥 カクレテ
設群誤 阿夜知弖
捷群棲 スミヤカニ
荐 之キリニ群シキリニ
諾 ウヘナリ
嘱 サツケ

第二十六縁

畔 阿
蒜 ヒル
桃群桃花 于都川支群都支
有椅 下云土知乃木
椅下 上云波止
踰 不牟土群不牟□
雕 恵リ

第二十七縁

食国 二合久尓宇師之群二合久尓
乎師シ

葩 和反
柔 音尓夏及尓古也可二群音尓夏
反尓古也可二
儒 音難反ヤハ良カニ群音難反ヤ
ハラカニ
疊 弖都九里
姝 于留和之群于留和シ
居物 二合ス恵ナカラ
襴 須曽
条然 二合都太々々
惶 恐也
洒 スヽ支弖
国司 乎主良尓母
作是 二合加久寸留乎
動 伊ヤ可母又云也々母又云曽々
土毛寸流去土
何作 二合伊可々セム群伊可尓せ
ム
寝 スミヌル
嘲 恵都良可志
啁 母知阿曽弖
舳 フ子ノトモ
雇 ヤトヒテ

載物 下云奈何良
長跪 ヒサマツキテ
服 宇ヘナリ群ウヘナリ

第二十八縁

寐 子テ
寝 如上
商量 二合ハカラヒテ
闖 土自支弥群止自支弥

第二十九縁

国群訓釈ナシ

第三十縁

国群訓釈ナシ

第三十一縁

淹 久也
毎 常也
軫 イタム
容 カヲ
端正 二合皮良支良シ群二合岐良
支良シ

粒　ツヒ
闔　明也

第三十二縁

息　イ良之[群]イ良シ
利　于万皮志又云母寸
牡犢　男牛子
擯[群]擯　槌也[群]追也
餘餧[群]餧　カフ
棠　都支
愕　恐也
延[群]迫　世米
姑　乎皮
春　都岐

第三十三縁

点　之ニカレテ[群]シニカレテ
咏　于多比弖[群]宇多比弖
菴　音阿无反
伉儷　二合与波不二
晩　ヲソク
闐　祢夜
叩　タ、キテ

惆　哀也
慄　患也
娉　音弁反表也[群]音幷反表也
啖　食也
覆　カヘ爪

第三十四縁

孃　ヲウナ
数　アマタ
媒　ナカヒトヲ
壮[群]牡　乎土古尓[群]乎止古尓
強　之ヒテ[群]シヒテ
嬲　ナフル
廼　乃也
隔　奈倍乎
蹲　ウスクマリ
瀬[群]漱　寸々ク
洒　アラヒテ
颬　急也
託　クルヘル
嗟　ナケキテ

第三十五縁

[国][群]訓釈ナシ

第三十六縁

[国][群]訓釈ナシ

第三十七縁

[国][群]訓釈ナシ

第三十八縁

[国][群]訓釈ナシ

第三十九縁

鵜　于
捺[群]榛　破里[群]波里
邂逅　上音解反下音果遠反二合タマサカニ

第四十縁

[国][群]訓釈ナシ

第四十一縁

[国][群]訓釈ナシ

第四十二縁

[国][群]訓釈ナシ

解説

本郷真紹

中巻に収められた四十二縁のうち、第三十八縁までが、聖武天皇もしくは聖武太上天皇の治世の説話という構成になっている。すでに中巻序で明確に示されているように、著者景戒の聖武天皇に対する尊崇の念は極めて強いもので、平城京の時代の仏教興隆に果たした役割を高く評価しており、本巻の構成もその姿勢を反映したものと受け取ることが可能である。その影響か、孝謙天皇治世の出来事という形で残された縁は見当たらない。

まず序について、「ある臣下は寺を焼いて堀江に仏像を流し、ある臣下は寺を建立して仏教を弘めた」と、『日本書紀』に見える推古朝以前の仏教受容の可否をめぐる争いを引き合いに、聖武天皇の行状を讃美する。景戒の時代からすれば、すでに二百年を遡る時代の情勢を持ち出すことにはいささか奇異な感を禁じ得ないが、ここで想起されるのは上巻第五縁の「三宝を信敬して現報を得る縁」で、この縁では、崇仏・排仏を巡る争いを経験した大部屋栖野古連公が登場し、死後の世界で出会った聖徳太子が、やがて聖武天皇に生まれ変わって寺院や仏像を作ったという件になっている。あるいはそのモチーフを継承したものとも考えられるが、むしろ時代が下った天平期においても、聖武の去就は尋常の成り行きでなく、特筆すべきものと見られていたことを示しているように受け取られる。かつて一部の皇臣が天皇の宗教性に抵触することを理由に排仏を行った点に鑑みれば、すでに仏教が社会に浸透し、朝廷もまたその興隆を図っている段階とはいえ、天皇のとるべき姿勢としては、その正当なることを訴えねばならない必要性も想定されたであろう。のちに称徳天皇が宣命で「神たちをば三宝より離れて触れぬものぞとなも人の念ひてある」と述べたように、神仏関係については、当時の情勢に違和感を懐く向きも少なからず存在したのである。

さて、その聖武天皇に関する記載であるが、①大仏を造立し、②長く法種を紹ぎ、③鬚髪を剃り、④袈裟を着、⑤戒を受け、⑥善を修し、⑦正をもって民を治めた、とされる。

『続日本紀』や「墾田施入勅書」等の史料によれば、天平二十一年（天平感宝元年、七四九）四月、造立途上の大仏に陸奥国小田郡における金の産出を報告した後、五月の段階で「太上天皇沙弥勝満」と自称しており、すでに皇位を退き出家したことが認められる。これを受け、同年七月に阿倍内親王が受禅即位（孝謙天皇）するに至るが、中巻序の表記はこの経緯と矛盾するものでなく、『続日本紀』にあるように、その後聖武が薬師寺宮に入ったという事実にも即して、法体で生活を送ったことを窺わせるものである。正倉院宝物に、聖武天皇着用とされる袈裟が伝わるのも、それを裏づけるものと言えよう。

著者景戒にとって、聖武天皇は極めて重要な意義を有する存在であったのである。

中巻の第一縁は、著名な政治家である長屋王を巡る説話である。興味深い点は、讒言を受けて憤り、軍隊をその邸に派遣して長屋王を自殺に追い込み、さらにその遺骨を土佐国に流した主体が、聖武天皇とされていることである。一般には藤原氏による策謀と言われ、のちに冤罪であることが明らかになったこの事件であるが、何故か景戒は長屋王に憐愍の情を示すことなく、むしろ沙弥の頭を笏で打って流血を招いたことが、やがてその身を滅ぼすことになったという因果を説いている。すなわち、本縁では長屋王の一件はまさに自業自得であり、これを追及した聖武天皇やその他の人物に非を認めてはいない。注目すべきは、長屋王とその子息の遺体は荼毘に付され、長屋王の骨のみ土佐国に流されたとされている部分で、この措置がやがて土佐の地方で災厄を招くことになったため、住民の請願により長屋王の墓を紀伊国の沖の島に設けたとされる。これは、妃・吉備内親王の遺体とともに、生駒山の麓に葬ったとする『続日本紀』の伝える内容と矛盾している。むしろ第一縁の伝には、藤原種継暗殺の首謀とされた早良親王に対する措置を髣髴させる要素があり、死後の遺体（遺骨）を敢えて流刑に処し、またその祟りが噂されて、都にほど近いところに墓を設けるという件は、まさに早良親王と共通する内容ということができる。本縁に「長屋親王」と表記される点が取り上げられ、長屋王家木簡の表記と相俟って、長屋王が皇孫でありながら親王としての扱いを受けていたといった解釈も呈されたが、もし、景戒が早良親王の一件を強く意識してこの縁を認めたとすれば、その影響で「長屋親王」と表記した可能性も否定できない。

第二縁には、もと和泉国和泉郡の郡司（大領）であった禅師信厳が登場する。俗名血沼県主倭麻呂なる人物は、天平九年（七三七）の和泉監正税帳にその名が見える実在の人物で、ここでは少領として稲穀の検定に携わっている。本縁はその発心・出家の経緯を伝えるが、同氏の妻女とともに行基に従って修道したといい、一般農民のみならず地方の官人まで含めて行基集団が成立していたことを裏づけている。なお、この信厳は、行基の死後程なく成立したとされる「大僧正記」にも「故侍者」としてその名が見えている。また、和泉国大鳥郡土師郷に所在した大野寺の土塔（史跡）から、「倭麻」と篦書きした平瓦片が出土しているが、これが「血沼県主倭麻呂」の名の一部か否かは定かでない。

第三縁は、筑紫に防人として赴いた武蔵国多摩郡の吉志火麻呂が、母を欺き殺害しようとして逆にその報いを受け、死去したという件である。不孝の戒めと母の慈愛といった道徳的な色彩が認められるが、母を誘い出す手立てとして、東の山中で七日間開かれる法華経講会に誘い、信心深い母は身を清めた上でこの講会に参詣しようとしたという展開には、筑紫という西海道の地域においてもすでに法華経講会が一般化しており、しかも、清浄なる山中での催しということもあってか、わざわざ身を清めている点など、当時の観念を反映した部分が見て取られ、興味深い。

第四縁では、上巻第二縁に登場した狐の産んだ子の子孫である強力の女子と、同第三縁に記された道場法師の孫にあたる強力の女子が対決する。美濃国片県郡の狐の子孫は、少川の市で他人のものを強奪する悪女として描かれ、これを懲らしめるべく、尾張国愛智郡の道場法師の子孫が、蛤の商いを装って市を訪れ、悪女を打ちのめすというモチーフになっている。尾張で採取した蛤を、川を遡って美濃国内の市で売り捌くという商業活動が行われていたことが認められるが、この縁自体に宗教的な色彩は見出せず、ただ、前出の強力の子孫がやはり力でもって世に知られたという件を示すものである。時として勃発する地域住民間の争いを投影したものとも受け取られよう。

第五縁には、漢神の祭り、殺牛と放生が登場する。すでに七世紀前半の皇極朝において、村の祝部の教えに従い牛馬を殺して神を祀るという状況が窺われるが、同様の習慣は継続していたようで、延暦十年（七九一）においても、諸国で牛を殺し漢神を祀ることが禁じられている。本縁の殺牛も、やはり漢神の祟りを遁れる手段として行われており、あるいは、皇極朝と同様に、祈雨を目的とした可能性も存在する。しかし、この行為により家長は重篤な病となり、放生の功徳を積んだことで、一旦は死去しながらも蘇生する。閻羅王の宮では、その処遇をめぐり殺された牛と放生された畜生とが争うが、結局は、殺生の罪は赦され、天寿を全うすることになる。ここでは異国の神である漢神が「鬼神」として、人々に害悪をもたらす存在とされ、また生け贄を要求すると観念されたことが確認される。その要求に応じることが、逆に殺生の罪を負うことになり、これを克服する手段として放生の功徳が強調されている。

第六縁は法華経に関する奇瑞譚。新たに設えた法華経を納める紫檀の函が寸足らずで困っていたところ、二十一日間悔過を行ったことで不思議にも納めることができたという件であるが、本縁に限らず、当時の信仰の趨勢を反映してか、霊異記には法華経に関する記事が数多く見受けられる。

第七縁には、奈良時代を代表する高僧である智光と行基が登場する。この縁の伝えるところは、智光と行基の確執、とくに智光が行基を誹謗したことにより、病死の後閻羅王の命により阿鼻地獄の苦を体験し、非を悟って蘇生した後、行基に懺悔して余罪が後生に及ぶのを免れようとしたという経緯である。多くの経典の注釈を製したことに窺われるように、智光は当代きっての碩学で、元興寺で智蔵の指導を受けたという。同じ河内国出身の行基が、大僧正補任という破格の待遇を受けたことを嫉んで誹謗した。著者景戒にとって行基はまさに文殊菩薩の再来に他ならず、如何なる高僧と雖も、彼を中傷することは大きな罪となり、地獄に堕ちることにつながるという意識を現した説話と言えるが、このような行基に対する反感は、智光のみならず、他の官僧も少なからず抱いていたことは想像に難くない。例えば、入唐留学を修して帰朝した後、『日本書紀』の編纂にも関わったとされ、律師に任ぜられ大安寺の整備や国家法会の勤修に携わった三論宗の高僧道慈は、剛直な性格で、『愚志』一巻を著し、日本の俗人・出家者の行う仏法の軌模が、唐の道俗が伝える聖教の法則と異なっていると非難した。道慈の活躍した時期は、丁度行基が華々しく活動を展開した時期と重なり、道慈が敢えて「俗人と僧」双方の仏教信仰の実態を論っている点に注目すれば、双方が混在する行基集団の活動を強く意識した可能性を否定することはできない。行基集団の活動に、隋の時代に僧信行が開いた、民間での活動を特色とする三階教の影響を見て取る見解も存在するが、道慈が入唐留学を修していた頃、三階教は危険視され、国家により弾圧を受けている。道慈がその知識を有していたとすれば、行基の活動に批判的であったことも納得されよう。道慈は智光と同門で智蔵門下と言われるが、とくに行基とその集団が朝廷の支持を受けて活動を展開した天平十年代には目立った活動の跡を残さず、律師を辞して逼塞したことを想定する向きもある。実際、行基の大僧正補任は、本縁では天平十六年（七四四）十一月、『続日本紀』では翌十七年の正月とされるが、いずれにせよ、これは、律師道慈が卒した天平十六年十月の直後の出来事であった。

第八縁は、行基の創建にかかる登美尼寺の上座尼の娘が、蛇に飲まれようとしている蛙を救い、また翁から衣服を代償に譲り受けた蟹を放生した報いを受け、蛇との婚姻を免れたという件で、中巻第十二縁の説話とモチーフが共通している。異なる点は、第十二縁では山背国紀伊郡の信心深い女性が登場し、蟹を譲り受けた相手が牛飼いの童となっている。いずれも行基の教示を仰いでいるが、その場所が、第八縁では生駒の山寺、第十二縁では深長寺（深草寺か）となっている。山の神の本体ともされる蛇との約束が問題となったこと、また、いずれも放生する蟹の代償として着用していた衣服を差し出している点など、当時の意識を反映したと目される要素も見受けられる。言うまでも無く、この説話はのちに南山城の古代寺院・蟹満寺の創建譚としても語られることになる。

第九縁は、檀越が寺の物を借りたまま返さずに死去したため、牛に転生してこれを贖うというもので、同類のモチーフは、上巻第十縁・第二十縁、中巻第十五縁・第三十二縁、下巻第二十六縁等にも見受けられる。本縁には、武蔵国多摩郡の大領であった大伴赤麻呂が登場するが、その建立にかかる寺院の物を借用して罪を成したという件には、各地域で在地の豪族がこぞって寺院を建立し、その檀越として管理を図った目的の一端が窺われ、興味深い。

第十縁は、鳥の卵を煮て食することを好んだ和泉国和泉郡の中男が、その報いを受けて脚に大火傷を負い、死に至ったとする話。ここでは、卵を食するのもまた、殺生に繋がるという観念が見て取られる。

第十一縁は、紀伊国伊都郡の狭屋寺で行われた十一面観音悔過にその妻が参じたことを憤り、導師を愚弄し妻を連れ帰って犯した文忌寸なる人物が、その報いを受けて急所を蟻に噛まれ、死去したという説話。紀伊国の尼寺に平城京の薬師寺の僧を請じて十一面観音悔過が行われ、これに篤信家の女性が参詣していたという状況が窺われる。天平年間から悔過が盛んとなったことが諸史料より確認されるが、玄昉の将来した十一面観音神呪経などに依拠した十一面観音悔過が、最勝王経に依拠した吉祥天悔過などとともに隆盛した。この時期に実忠が始めた東大寺二月堂における十一面観音悔過は、修二会、俗に「お水取り」として今日でも多くの参詣者を集めている。中央のみならず地域においても同じ悔過が行われ、中央の官僧が導師として赴いたことが認められる。

第十二縁については、第八縁の解説を参照されたい。

第十三縁には和泉国血渟（茅渟）の山寺が登場する。この山寺に比定される槇尾山施福寺をはじめ、行基の故郷に近い和泉山脈には山寺が多く所在し、修行の場となった。安置された吉祥天女像に関して、天平勝宝元年（七四九）より正月の最勝王経講会に併せて催された悔過は、同経の大吉祥天女品に依拠した吉祥天悔過であった可能性が高く、神護景雲元年（七六七）には諸国で修することとされた。この悔過の隆盛により各地の寺院にも吉祥天像が安置されたことが、本縁などから窺い知られる。その吉祥天像に性的衝動を抱いた優婆塞の行為が語られるが、仏教の戒律観で本来戒められるべき性的衝動も、吉祥天の功徳譚として批判的に語られていない点が注目される。

第十四縁も前縁と同様に吉祥天の功徳に纏わる話。貧しい女王が吉祥天の功徳で皇族の王に振る舞う馳走を与えられ、面目を施したという件で、吉祥天の所在先として平城左京の服部堂が登場する。吉祥天像は、彫像・画像ともに宮廷女性の出で立ちで表現されるのが一般であるが、皇太子阿倍内親王（孝謙天皇）即位の年に吉祥天悔過が始められ、彼女が重祚し皇位に即いていた時期に諸国で恒例行事として吉祥天悔過が行われることになり、また、本縁の如く、女王が信仰してその功徳に預かるといった事例に鑑みて、吉祥天が殊更宮廷女性と関係の深い存在として認識された可能性が想定されよう。

第十五縁は、日本霊異記に類話が多く見られる、牛として前世の過を償う話である。本縁では、富者である伊賀国の高橋連東人の母が、その追善を目的とする法華経講会に際し、講師として招かれた乞者に、生前子の物を盗んだことにより牛に生まれ変わって償っていると告げ、東人に赦されて亡くなるという展開を示す。親であっても子の物を用いて贖わないのは罪として認識されたことが知られる。

第十六縁の解釈には、人間関係にやや錯綜した部分があるが、隣人の貧しい老夫婦に十分な施しを行おうとしない一方で、牡蠣を釣り主から買い取って放生を行った讃岐国香川郡の人物が、死後法師・優婆塞と化した牡蠣により地獄の苦しみを免れ、また飢餓の苦を経験した上で七日目に蘇生し、以後積極的に布施を行うようになったという件で、他者への施しを厭うことの罪と放生の功徳を対照化し、それぞれが如何なる死後の処遇を決するかという教訓を、この人物の体験を通じて描こうとする。

第十七縁は、大和国平群郡岡本に所在した尼寺、すなわち、聖徳太子の岡本宮を尼寺に改めたと伝える法起寺に関する話。その観音銅像六体が盗賊に盗まれ、のち、平群駅西方の池で鷺に導かれて見つかったとする。盗賊が仏像を盗む目的が銭貨鋳造にあり、私鋳銭の横行と、そのための仏像窃盗という当時の実態が窺い知られる。

第十八縁は、上巻第十九縁と類似したモチーフの説話である。双方共に山背国が舞台となっているが、上巻第十九縁では自度の修行者と俗人が碁を打っている時に乞食が来訪し、物乞いして法華経を誦したのを、自度が口真似してその口が歪み、薬物でも治らなかったという展開になっているのに対し、本縁では、高麗寺の僧栄常という具体的な名前が見え、対戦相手の俗人が僧栄常の口真似をしたことで、やはり口が歪み、死に至ったという展開を示す。両縁ともその戒めを説くものとして法華経の一節をあげているが、上巻第十九縁が法華経を持する者を誹ることを戒める内容であるのに対し、本縁で示された一節は法華経には見当たらず、その一節の内容も、徳の異なる者同士の同席を戒めるという、前者とは異なる趣旨の訓戒をあげている。登場人物の立場等が微妙に異なることなどから、同一の原典に基づくものと即断することは憚られるが、法華経の一節としてあげる部分の内容を見る限りでは、景戒がこの出来事を通じて説こうとした訓戒の趣旨が別個に存在し、それ故に敢えて別の縁を仕立てて話を展開したと受け止めることも可能であろう。なお、法華経の持経者に対する誹謗による悪報については、下巻第二十縁でも取り上げられる。

第十九縁も、経典に纏わる話。美声の読経が評判の女性が閻羅王の依頼で面前で読経し、その功徳で蘇生した上、かつて盗難にあった梵網経と般若心経を取り戻すことができたとする。読経の音については、具体的な内容を確かめる術はないものの、外れた音での読経や悔過の際の用音を戒める例が養老四年（七二〇）・延暦二年（七八三）に出されていることから、想像以上に「音の統制」に気を配っていたことが認められる。

第二十縁は、遠隔地に赴いた娘に関わる不吉な悪夢を見た母親が経典の読誦を依頼したことで、娘が間一髪で災難を免れ、さらに信心を篤くしたという話。貧しい母親が読経の代償として着用していた衣や裳を浄めて差し出したとあるが、この時代、女性が自らの衣裳を代償に善行を積むことが美徳と認識されていたと受け取られ、先に第八縁や第十二縁においても、放生を志した蟹の代償として、自身の衣裳が提供されている。現実の衣裳の価値はさておき、代え難いものを敢えて差し出すという行為を通じて、我執の放棄と共に、女性の切実な思いを強調しようとした可能性も想定し得よう。

第二十一縁には、東大寺三月堂に現存する著名な執金剛神像と、金鷲行者が登場する。金鷲山寺（金鐘山房）の神像の腓から発する光が平城宮の聖武天皇に届き、その源を探らせたことが東大寺建立の契機となったと展開する。この縁に登場する金鷲優婆塞（金鷲行者）は、幼児期に鷲にさらわれたという伝承や、のちに金鷲菩薩と称されたとされていることなどから、良弁を指すことは疑いないが、勅使が山寺を訪れ天皇のもとに召し出された時点では「優婆塞」で、その願い出により出家を許可されたとされる点に、些か疑念が抱かれる。聖武天皇が即位した神亀元年（七二四）の時点で良弁はすでに三十代半ばの齢であり、夭逝した基王のために金鐘山房が建立された同五年以後となると、四十を越えることになる。山房におかれた智行僧の一員であるとすると、すでに得度は済ませていたことになり、何故に本縁で優婆塞として描かれたのか、判然としない。山寺に常住する修行者としては、得度以前の浄行を旨とする優婆塞の方がイメージの上で相応しかったのであろうか。

第二十二縁は、盗難にあった仏像が損壊されんとしている時に痛みを訴え、通行人に発見されたという話で、仏像が訴えるというモチーフは本書に多数見られる。ただ本縁で注目すべきは、仏像の発見から尽恵寺に戻され、改めてその殯が行われたと展開しながら、結びの部分で涅槃経の一節を引用し、仏法を誹る者、その迫害に通じる行為をなした者を殺害したとしても、殺生の罪に問われず地獄に堕ちることはないと説かれる点である。本縁に登場する盗人については、通行人により官に送られ投獄されたとあるだけで、その後の処遇について具体的に記していないが、結びの一節との関係で言えば、明らかに盗人に対する仕打ちの是非を問題として、戒めを強調していると受け止めざるを得ない。

第二十三縁も前縁の類話で、仏像盗難と発見に関するもの。仏像が損壊時の痛みを訴えて発見に至るという、全く同じモチーフであるが、本縁では盗人の行為に関する論評でなく、生身でない仏像が痛みを訴えるという奇譚を強調している。

第二十四縁には、当時の社会を知る上で極めて興味深い要素が数多く存在する。主人公である楢磐嶋の楢氏は渡来系の氏族で、大安寺から借りた修多羅分の銭を元手に商売をしていたという。その商いも、渡来人と縁の深い越前・敦賀で交易したとあるから、あるいは半島由来のものを捌いていた可能性も存在する。それを、恐らく琵琶湖の北岸、塩津の辺りに運び、そこからは舟運で琵琶湖を南下するという経路をとったことが知られる。磐嶋自身は病により馬を借りて帰路につき、滋賀郡の辛前（唐崎）の辺りで三人の追っ手に気づいた。さらに進んで、宇治橋の辺りで追跡の目的を知ったとあることから、当時の一般的な経路が知られる。また、磐嶋が大安寺の修多羅分の銭を借りて交易していたことについては、中国の寺院にあった無尽蔵のように、日本でも寺院に金融の習があったことが確認され、また、それを元手にしていたが故に磐嶋が閻羅王の使者による連行を暫く猶予されたとあるのは、仏教に対する信仰の如何を問題にせず、別の論理がそこに窺われて興味深い。あるいは借銭の返済に支障を来す可能性が生じるためとも受け取られるが、その場合でも、寺の金融活動を肯定する意識が見て取られよう。さらに、閻羅王の使者である鬼は、好んで牛の肉を食し、また閻羅王の賞罰に拘りを見せている。それを左右するのが、読経あるいは斎日における供養とされているのが、常とは少し異なる仏事の功徳の有り様を呈している。本縁に登場する仁耀法師が、東大寺の高僧として伝をのこす仁耀と同一人物か否か確言は憚られるが、殊更に受戒以前であるため沙弥仁耀法師と称したと断っている点からすれば、同一人物である可能性も否定できないように思われる。

第二十五縁にも、前縁と同じく、閻羅王の使者で死者を迎えに来た鬼が登場し、やはり饗応を受けてその恩に報いようとする。讃岐国山田郡の女性に代えて、鵜垂郡に住む同姓同名の女性を連行するが、閻羅王に見破られ、最終的に代替えに連行された女性の魂が、本来の対象者の肉体に宿って蘇生し、結果としてその両家の財産を相続することになったと物語は展開する。前縁は同年生まれの他者を連行するとしているのに対し、本縁では同姓同名の他者となっており、いずれの縁でも、本来の対象者に対する功徳を説いているが、あくまでその行為に対する現報を説くことが目的であったためか、代替えとなった犠牲者のことは問題としていない。この他、病気となった際に屋敷の門の両側に疫神に対する饗応の料理を並べていることから、当時の病の観念とそれに対処する手段の一端が窺われる。またそれが、本来疫神とは異なる存在であるはずの閻羅王の使者の鬼に、連行を止めさせる効果を生み、魂は別人であるものの、結果として多くの財産をもたらしたとしている点に、今日の価値観からすればやや違和感の抱かれる景戒の因果に対する認識が見て取られよう。

第二十六縁もまた、不遇の仏像が縁者に訴えたという霊異記に多く見受けられるモチーフで、ここでは、仏像を造ろうとして途中で放棄され橋の踏み板とされていた梨の木が、通りかかった禅師広達に痛みを訴え、阿弥陀・弥勒・観音の三像をその木から彫造して安置したとする。『続日本紀』に登場する、宝亀三年（七七二）に十禅師に任ぜられた広達と同一の僧と見なされ、吉野山での修行者という十禅師の性格とも齟齬の無い人物像で描かれることから、本縁に一層真実味を加えている。

第二十七縁では、第四縁で三野狐との力比べに勝利した強力の女性、道場法師の孫女が再び登場する。本縁でも強力ぶりを発揮し、大領である夫が辱めを受けた尾張国守を懲らしめたため、却って恐れられて実家に戻され、そこでも、自身を侮辱した船頭にその強力ぶりを示して詫びさせたという展開になっている。第四縁にはさほど宗教的な意義は窺われなかったが、本縁では、その強力の由来を、前世で大きな「餅」を三宝に供養したことで金剛力士の力を得たとされている。「餅」は一般に神仏に対する供物を意味することがあり、米を搗いて造る、俗にいう「モチ」のみに限定できるか定かでない。ただ、上巻第三縁では、祖父に当たる道場法師の強力の由来を、雷を救ったことで授かった子である故とされており、本縁で指摘される孫娘の強力の由来とは些か異なる内容が認められる。

第二十八縁にも、第二十四縁に見えた大安寺修多羅分の銭が登場する。大安寺の丈六仏に願いをかけた貧しい女に対し、当初大修多羅供、次に常修多羅供、そして成実論宗分の銭四貫がもたらされ、同寺六宗の学頭の詮議を経て、その女性に釈迦仏の利益として与えられることになる。南都の各寺院に於ける宗（衆）の存在は他の史料でも認められるが、ここでは明瞭に、大安寺の六宗と宗ごとの基金の設定が示されている。

第二十九縁は、聴衆の女性が髪に猪の油を付けているのを行基が見抜き、退出を命じたとする話で、行基の心眼力を賞賛する内容になっているが、この時代に動物性の油を髪に付ける習慣が存したこと、また、殺生に繋がる行為が法会等の場で忌まれたことが窺われる。

第三十縁も行基に纏わる話で、彼の持つ心眼力を強調する。母親にその子の投棄を命じ、結果としてその子が前世での借財を贖わせるために母親に取り憑いた存在であったことが判明するという件になっている。理由はどうあれ、母親が実子を投棄するということは到底考えがたい行為である。しかし、本縁ではそれを、行基の心眼力によってもたらされた功徳であるように評価している。前世での借財を、母が牛等の畜生に身を変えて生存する実子に贖うという内容は本書の他の縁にも複数見受けられるが、逆に、貸した主が生まれ変わって返済を求めるという形は、本縁の特色的なものと言える。あるいは、何某かの理由で実子を手放さねばならなくなるという事態が当時数多く存在し、その親の痛みを少しでも和らげる目的で現報譚が設えられた可能性も想定すべきであろうか。

第三十一縁に見られるように、舎利の霊験譚は数多く見受けられるが、本縁では、長年施主が志して実現に至っていなかった塔の造立を促進するが如くに、舎利を握った女子を授かったという展開になっている。七歳で舎利を両親に示してからその子はすぐに死去するので、まさに舎利を届ける目的で生まれた存在と言える。塔の造立促進、具体的にはその資金の募集に繋がる舎利の出現を説くというのは、他の霊験譚にはあまり窺われないモチーフであるが、異常な高齢出産で授かった子であること、七年の成長を待つ期間が必要であったことは、七という数字にも意味をもたせて、容易には造立しがたい七重塔という大規模な塔が地方に設けられたことの重大性を強調するものとも受け取られる。

第三十二縁も本書に頻出するモチーフで、生前の寺院資財に対する借財を贖うため、牛に生まれ変わって使役され、その苦しみを縁者に訴えるというものである。紀伊国名草郡の薬王寺という地方寺院が、知識の活動を通じて元手を集め、その檀越に委ねて酒を造って出挙していたという事実を踏まえている。中央の官寺でも出挙が行われ寺院の資財に還元されていたが、本縁の薬王寺は、その名の如く薬を施す目的で資本を蓄積していたと目され、当時の地方寺院運営の実態が窺い知られる。

第三十三縁は、当時流行した歌謡の通りに、結婚して交わった夜に頭と指一本を残して女性が悪鬼に食べられてしまったという話。これもとくに仏教的な意味を持つものではないが、景戒は災難の前兆としての歌謡の流行に注目するとともに、女性が悲惨な目に遭ったのも前世の因縁と意味づけている。

第三十四縁は、父母を亡くして窮乏しながらも、観音像に幸福を願っていた女性が、その功徳により新たに夫となった人物への饗応の食物を賜って面目を保ち、将来窮することなく夫婦で安穏な生活を送ったという観音の霊験譚。隣家の乳母により届けられた食物が実は観音より与えられたもので、女性が返礼として与えた垢衣が乳母でなく観音が身に纏っていたという、よく見られる展開となっている。

第三十五縁には、宇遅王という王族が登場する。この人物は、天平十年（七三八）に中務大輔に補された宇治王と同一人物である可能性が高いが、ここでは、下毛野寺の僧諦鏡を追い打ったことにより、重い病気を得て死んだとされている。諦鏡は突然宇遅王と会ったため、避け退く所がなく顔を隠して道路の側に立ったが、その行為が無礼として諦鏡を打たせたとある。この行為の前提となるのは、僧尼令遇三位已上条の規定と考えられ、そこでは、五位以上に出会った際に、歩行の場合は隠れよと定められている。つまり、このような僧尼令の秩序が当時機能していたことの実例と受け止めることが可能である。宇遅王の病死が諦鏡の呪いによるものとの訴えに対し、自身も法師であり諦鏡を処罰することはできないと聖武天皇が述べたとされている点は、大変興味深い。聖武の出家は退位後であり、正確には太上天皇の勅とすべきものを天皇の勅と表記したとも受け取られるが、最澄の著とされる長講願文にも聖武が「法師天皇」とされており、平安初期に聖武在位中の出家と認識されていた可能性も否定できない。

第三十六縁も観音の霊験譚で、下毛野寺本堂の脇侍観音の首が一旦落ちながらも、自然に元通りになったとするものであるが、このような霊験が不信の衆生に対する警告と受け止められているのは、仏教信仰に導く手段として重要な役割を果たしたことを示すものと受け取られよう。

第三十七縁も同類の観音霊験譚で、和泉の珎努（茅渟）の山寺の聖観音像が、自ら仏殿の外に出て火災の被害を免れたという。

第三十八縁では、珍しく貪欲な僧に関わる因縁が説かれる。銭三十貫の蓄財に執着するあまり、僧が死後大蛇となってその財を守ろうとしたとあり、本来我欲を抑制した生活を送るべき僧が、ここでは欲の権化として描かれている。あるいは、僧尼の心得に対する警鐘を意図したものか。

第三十九縁は、第二十二縁、第二十三縁、第二十六縁等にも見られた、仏像が通行人に訴えかけるという件で、本縁では東海道駿河・遠江国境の鵜田里が舞台となっている。第二十二縁と第二十三縁では盗難にあった仏像の訴えであるが、本縁では、舞台を反映して水難で砂に埋もれた薬師像という設定になっており、また失われた耳を復元したという展開が、霊験あらたかで所願を聞き遂げるという利益の内容に繋がっている。

第四十縁には、著名な橘奈良麻呂が登場する。第一縁の長屋王と同様に、その悪業がやがて身の破滅を招いたという件になっており、著者景戒の生きた時代に、奈良朝の政争の敗者がどのように受け止められていたか、その片鱗を窺うことができる。奈良麻呂が僧の形を描いて的とし、その黒目を矢で射る術を行ったというのは、当時の呪詛を髣髴させる表記であると同時に、玄昉・行基・行信・鑑真といった、聖武天皇の厚い信任を得た僧に対する反感をも想定させるものと言える。なお、本縁では、奈良麻呂は斬殺されたとあるが、『続日本紀』では、謀反発覚後の去就は定かでない。

第四十一縁では、本書に屢々見受けられる蛇との通婚の件が説かれるが、本縁では、被害者的な立場で語られるのでなく、前世の因縁であり、また来世にてもこの因果で再び蛇と結ばれることを謳う。愛欲の因果が強調されるが、その過程で、当時民間で行われた可能性を窺わせる避妊・堕胎の方法や、性愛の形態が盛り込まれている。あくまで因果の一環として説かれ、来世の因となる要素は慎むよう勧められてはいるものの、現世での行為そのものが戒むべきものとして批判的に叙述されていない点に注意が引かれる。

第四十二縁は、第三十四縁と類似したモチーフで、貧しい女性の願いに報い、観音の利益がもたらされたことを伝える。第三十四縁では、自身の父母が残した観音銅像が祈願の対象となっているが、本縁では穂積寺の千手観音が登場し、寺の銭がその功徳としてもたらされており、大安寺の丈六仏の功徳を受けた第二十八縁と共通している。いずれにせよ、貧者の祈りが原点となっており、貧者救済の功徳が説得力を持って諸人に受け止められたことを窺わせる説話と言うことができよう。

関連地図一覧

中巻第一縁関連地図（1）（50頁）
一万分の一地形図「西大寺」（一九九八年）を用い、一部加筆。

中巻第一縁関連地図（2）（50頁）
二万五千分の一地形図「初島町」（二〇〇六年）を用い、一部加筆。

中巻第四縁関連地図（83頁）
二〇万分の一地勢図「岐阜」「名古屋」（二〇一七年）を用い、一部加筆。

中巻第十一縁関連地図（181頁）
二万五千分の一地形図「粉川」（二〇〇一年）「橋本」（二〇一一年）を用い、一部加筆。

中巻第二十一縁関連地図（288頁）
一万分の一地形図「奈良」（一九九八年）を用い、一部加筆。

中巻第二十四縁関連地図（322頁）
二〇万分の一地勢図「宮津」（二〇一六年）「岐阜」「名古屋」「京都及び大阪」「伊勢」「和歌山」（二〇一七年）を用い、一部加筆。

中巻第二十六縁関連地図（342頁）
二万五千分の一地形図「吉野山」（二〇〇七年）、二〇万分の一地勢図「和歌山」（二〇〇八年）を用い、一部加筆。

中巻第三十一縁関連地図（393頁）
二万五千分の一地形図「袋井」「磐田」「笠井」（二〇〇七年）「山梨」（二〇〇八年）を用い、一部加筆。

中巻第三十四縁関連地図（440頁）
奈良県立橿原考古学研究所「大和国条里復原図」（一九八〇年）を用い、一部加筆。

中巻第四十二縁関連地図（499頁）
奈良県立橿原考古学研究所「大和国条里復原図」（一九八〇年）を用い、一部加筆。

後　記

二〇一五年に出版した『考証日本霊異記』上巻に続き、ようやく中巻の刊行に漕ぎ着けた。執筆は、上巻のメンバーに浅野咲が加わり、補説の一部を担当した。このシリーズ刊行の経緯等については、上巻の後記を参照願いたい。

中巻の刊行においても多数の方々からご協力を賜った。図版の掲載・写本・板本・写真帳の底本および校合への使用については、大須観音宝生院、国立国会図書館、公益財団法人温故学会、独立行政法人国立文化財機構奈良文化財研究所より好意ある取り計らいを得た。また、法藏館社長の西村明高氏、編集長の戸城三千代氏、中巻で編集実務を担当いただいた今西智久氏にも深甚なる謝意を表したい。校正作業では、大阪大学大学院文学研究科科目等履修生・安東峻氏の助力を得た。

また本書の出版には、立命館大学二〇一七年度学術図書出版プログラムの助成を受けた。以上記して感謝申し上げる。

（駒井）

執筆者紹介

監　修

本郷　真紹　　別掲

中巻編集担当

駒井　匠　　別掲

執　筆

浅野　咲　　一九九三年生　立命館大学大学院文学研究科博士課程後期課程

藤田　琢司　一九七〇年生　公益財団法人禅文化研究所所員

毛利　憲一　一九七三年生　平安女学院大学国際観光学部教授　博士（文学）

山本　崇　　一九七二年生　独立行政法人国立文化財機構奈良文化財研究所都城発掘調査部主任研究員　博士（文学）

吉岡　直人　一九七八年生　京都府立京都学・歴彩館京都学推進課主事　博士（文学）

【監修者・編者略歴】

本郷　真紹（ほんごう　まさつぐ）

1957年大阪市に生まれる。1987年京都大学大学院博士課程学修退学。1992年富山大学人文学部助教授を経て、1996年立命館大学文学部助教授、2000年同教授、現在に至る。博士（文学・京都大学）。著書に、『白山信仰の源流―泰澄の生涯と古代仏教―』（法藏館、2001年）、『日本の名僧１　和国の教主　聖徳太子』（編著、吉川弘文館、2004年）、『律令国家仏教の研究』（法藏館、2005年）、論文に、「天平仏教と民衆」（佐藤信編『日本の時代史４　律令国家と天平文化』、吉川弘文館、2002年）、「奈良・平安時代の宗教と文化」（歴史学研究会・日本史研究会編『日本史講座２　律令国家の展開』、東京大学出版会、2004年）ほか多数。

駒井　　匠（こまい　たくみ）

1984年横浜市に生まれる。2014年立命館大学大学院博士課程後期課程修了。博士（文学・立命館大学）。立命館大学・京都光華女子大学非常勤講師を経て、2017年大谷大学任期制助教、現在に至る。論文に、「宇多上皇の出家に関する政治史的考察」（『佛教史学研究』第55巻第１号、2012年）、「天皇の授灌頂と皇帝の授灌頂」（佐藤文子・原田正俊・堀裕編『仏教がつなぐアジア 王権・信仰・美術』勉誠出版、2014年）、「宇多法皇考」（根本誠二・秋吉正博・長谷部将司・黒須利夫編『奈良平安時代の〈知〉の相関』岩田書院、2015年）ほか。

考証《こうしょう》日《に》本《ほん》霊《りょう》異《い》記《き》　中

二〇一八年三月三〇日　初版第一刷発行

監　修　本郷真紹
編　集　駒井　匠
発行者　西村明高
発行所　株式会社　法藏館
京都市下京区正面通烏丸東入
郵便番号　六〇〇－八一五三
電話　〇七五－三四三－〇〇三〇（編集）
〇七五－三四三－五六五六（営業）

印刷・製本　亜細亜印刷株式会社

ISBN 978-4-8318-5698-2　C3021